中国石油和化工行业工业互联网大会论文集

中国石油和化学工业联合会　编

中国石化出版社

图书在版编目(CIP)数据

中国石油和化工行业工业互联网大会论文集 / 中国石油和化学工业联合会编. —北京：中国石化出版社，2022.9
ISBN 978-7-5114-6776-8

Ⅰ.①中… Ⅱ.①中… Ⅲ.①互联网络-应用-石油化工行业-工业发展-中国-文集 Ⅳ.①F426.72-53

中国版本图书馆 CIP 数据核字(2022)第 136852 号

中国石化出版社出版发行
地址:北京市东城区安定门外大街 58 号
邮编:100011 电话:(010)57512500
发行部电话:(010)57512575
http://www.sinopec-press.com
E-mail:press@sinopec.com
北京富泰印刷有限责任公司印刷
全国各地新华书店经销
*
880×1230 毫米 16 开本 28 印张 831 千字
2023 年 2 月第 1 版 2023 年 2 月第 1 次印刷
定价:280.00 元

《中国石油和化工行业工业互联网大会论文集》
编　委　会

前　言

目前，新工业革命已经深度影响传统产业发展的底层逻辑，数字经济已成为后疫情时代全球经济的新引擎，“云、边、端”成为新的基础设施，数据成为新的生产要素。国务院于2017年发布了《关于深化“互联网+先进制造业”发展工业互联网的指导意见》，规范和指导我国工业互联网发展。工业和信息化部等有关部委先后发布《工业互联网创新发展行动计划（2021—2023）》《推动工业互联网加快发展的通知》等政策性文件，为工业互联网加快发展奠定基础。工业互联网作为新一代信息技术与传统产业深度融合的产物，日益成为新工业革命的关键性基础设施，必将对未来传统产业发展产生全方位、深层次、革命性影响。

当前及今后一个时期，是我国能源转型发展的关键期，传统的石油石化产业面临着结构调整、跨界竞争等一系列变革和挑战。同时，国内新开发油气资源低品位占70%以上，开采难度和成本日益增大；原油对外依存度较高，炼油及石化原料需求矛盾越来越突出，石化产品的市场竞争压力逐年加大；顺应“双碳”发展要求，本质安全、节能减排、绿色低碳成为能源发展主流。面对新形势新挑战，发展工业互联网，赋能石油和化工行业数字化转型和高质量发展，已成为必然抉择。石油和化工行业亟需发挥数字技术的放大、叠加、倍增作用，在引领行业智能化发展、保障国家能源安全上，再立新功、再创佳绩。

云计算、大数据、人工智能等新一代信息技术与我国石油和化工行业深度融合，为行业发展打造新动能、开辟新道路、拓展新边界，进一步驱动转型升级、智能化发展，已成为行业共识。近年来，中国石油、中国石化、中国海油、国家管网、中国中化、延长石油等企业持续推进数字化、网络化、智能化建设，打造工业互联网平台，全方位支撑企业生产运行、经营管理和改革创新，成效显著、亮点颇多。尽管各家企业信息化建设成果丰硕，但是发展水平不够均衡，数字化牵引产业发展的能力不够凸显，对照行业高质量发展的要求还有差距，亟需行业内外各方凝聚共识、共建生态、共谋发展、实现合作共赢。

“中国石油和化工行业工业互联网大会”是围绕工业互联网赋能石油和化工行业高质量发展而搭建的共享交流平台，来自政府机构、科研院所、能源企业的专家学者共聚一堂，深入探讨国内外工业互联网发展的最新进展和未来趋势，广泛交流石油和化工行业工业互联网建设及应用成果，细致研讨标准体系和发展方向，合力推进石油和化工行业高质量发展。

本届会议得到了中国石油、中国石化、中国海油、国家管网、中国中化、延长石油等集团企业的大力支持。行业内各企事业单位、科研院所踊跃投稿，大会共征集论文230余篇。经专家评审择优收录82篇，内容涵盖人工智能、大数据、数字孪生、5G等新技术及应用，工业互联网平台建设与应用、网络安全等经验做法及其在工业智能管控、工控安全、低碳绿色发展等领域的解决方案，总体反映了我国石油和化工行业信息化成果以及工业互联网赋能行业高质量发展的愿景。我们将此次征集的优秀论文集结成册，为探索石油和化工行业与工业互联网如何深度融合发展提供宝贵经验，为我们制定和完善产业发展政策提供重要参考。

相信国内石油化工企业将以本次大会为契机，进一步加快工业互联网发展，为石油和化工行业数字经济发展做出更大贡献。

本书编委会

2023年2月

目　　录

平台应用

平台建设

智能提货系统在荆门石化的建设与应用

李俊峰

（中国石化荆门分公司）

摘　要　荆门石化作为老企业，不断创新，力求从改革中求机遇，从转型中求发展，为有效提升企业市场核心竞争力　以销售为突破口，以客户满意度提升为目标，建设了智能提货管理系统，通过一年多的建设，取得了良好效果，在不断摸索中总结经验，在面临问题时集思广益，在取得成绩后提炼总结，系统将发挥更大的效能，助力企业全面高质量发展。

关键词　智能提货系统（电子提货）；计量管理系统

1　荆门分公司提货现状

荆门石化作为老企业，存在进出厂点分散、缺少停车场、软硬件配置低、设备设施老旧等问题，销售、采购业务基本靠纸质单据传递，客户、司机提、卸货需现场开具票证，流程烦琐，整体体验差。

荆门石化出厂方式主要分为公路、铁路、管输三种方式，公路又分为汽车衡、定量装车、定量包装三种计量方式，汽车衡共计 6 台，品牌 2 种，分布在 4 个不同地点；定量装车 3 套（每套含多个鹤位），品牌 2 种，分布在 3 个地点。定量装车 2 类，分别在聚丙烯库房和石蜡库房。

主要产品分为销售包括炼销、化销、华中销售和自销等渠道，三类涉及汽、煤、柴成品油，白油、石蜡特种油、液化气、丙烯及聚丙烯和石蜡等产品。

具体提货流程主要包括以下方面。

（1）炼销订单（含沥青、液化气、石蜡等产品）。

炼销公司在炼销 ERP 生成采购订单—荆门分公司 ERP 同步生成销售订单（计划经营部销售人员需完善补充部分字段信息）—荆门分公司 ERP 创建交货单（计划经营部销售人员负责）—通过计量管理系统自动集成到各计量点—司机凭纸质交货单进厂提货。

（2）化销订单（含苯、聚丙烯等产品）。

化销公司已于 2015 年实施 IC 卡提货体系统，目前在荆门分公司采用 IC 卡提货。

化销公司在化销 ERP 生成采购订单—荆门分公司 ERP 同步生成销售订单—化销公司在 IC 卡系统中细化为单车计划量—荆门分公司确认单车计划量（计划经营部销售人员负责）—化销公司再确认单车计划量—荆门分公司 ERP 自动生成单车交货单（同时将数据回传到 IC 卡系统）—化销制 IC 卡（同时打印纸质单据）—司机凭 IC 卡和纸质单据进厂提货。

（3）华中销售（含汽、煤、柴等产品）。

销售华中公司在华中 ERP 生成采购订单—荆门分公司在分公司 ERP 根据配置采购合同创建销售订单和交货单（计划经营部销售人员负责）—通过计量管理系统自动集成到新汽车台计量点，司机凭纸质交货单进厂提货。

（4）自销（特种油各类产品）。

荆门分公司在分公司 ERP 创建销售订单和交货单（计划经营部销售人员负责）—通过计量管理系统自动集成到各计量点，司机凭纸质交货单进厂提货。

2　荆门分公司智能提货建设准备情况

分公司智能提货系统（简称电子提货）2017 年立项，2020 年批复实施，为提高系统实施质量和效率，2020 年 8 月 9—19 日，荆门分公司信息管理中心牵头组织计划经营部、技术质量处、检验计量中心成立调研组，分别到扬子公司、上海石化、青岛炼化对智能提货系统实施内容及应用情况、相关问题进行调研，并学习三家企业智能提货信息系统应用的先进经验。

调研过程中发现各家企业各有亮点，也各有不足，调研组结合荆门石化实际，确定了项目建设的总体目标，并对提货凭证进行了变更，对没有停车场进行了方案调整，对出厂流程进行了重新梳理，对系统集成方式进行了规范。

2.1 总体目标

（1）荆门分公司产品进出厂管理从二维码提货方式优化成身份证方式，缩短提货流程，增强用户体验，减少维护和现场卫生保持的工作量。

（2）自助服务功能，提高自动化程度，逐步解放劳动力，提高企业效益。

（3）在线开单功能，提高客户提货自主性，实现客户随时随地按需开单，提升客户体验，降低沟通成本，提高工作效率。

（4）车辆预约信息的实时共享，减少厂外车辆的拥堵情况，实现提货车辆安排与产品发货能力的高质量匹配，降低司机的等候时间，提高客户的满意度，提升企业形象。

（5）进一步加强系统集成度，保证数据交互及时、准确。

（6）加强系统数据的汇总，分析与展示，为营销决策提供数据支持。

2.2 提货凭证变更

简约化实现智能提货。拟采用身份证方式替代之前采用的二维码纸质单据方式，减少纸质单据的产生、扭转，同时避免纸质单据丢失、损坏造成的提货问题。

2.3 停车场问题解决方式

在分公司没有专有停车场的前提下，拟利用装车现场停车场或厂区道路作为排队临时停车场，根据实际装车能力和现场停车容量，将预约时间切分为上午、下午或多时间段。

2.4 出厂流程梳理

公路交货单的生成由提货前创建交货单方式优化为装车完毕后自动生成交货单。该方式可有效提高工作效率，一是订单管理人员无须按车创建交货单，且无须再手动取消因未提货而产生的无效交货单；二是计量人员不再人工拆分交货单，制提货单。

对所有出厂的流程进行了细化，收发货点和计量方式如表1所示。

按照产品的销售、发货和计量模式，荆门石化提货系统中收发货业务流程如表2所示。

表1　收发货点和计量方式

编号	计量方式	收发货点名称	适用产品
F1	定量包装	聚丙烯	聚丙烯
F2	定量包装	石蜡	石蜡
F3	定量装车	5号门装车站	液化气、丙烯等
F4	定量装车	航煤白油发货	航煤、白油
F5	定量装车	地付	汽柴油
F6	定量装车	润滑油公司内	异辛烷
F7	地磅	新汽车台地磅	石脑油(收货)
F8	地磅	五一桥地磅	出厂：苯、润滑油、白油、硫酸、废料、液蜡、液氨、非标石蜡 进厂：甲醇、盐酸、液氮
F9	地磅	重油	重油
F10	地磅	液化气装车台	聚丙烯散料、丙烷等
F11	定量包装	粉状专用脂	粉状专用脂
F12	管输	管输	
F13	铁路	铁路	

表2　收发货业务流程

流程编号	流程名称	适用产品	对应发货点
B1	固体定重包装公路出厂	聚丙烯、石蜡、粉状专用脂	F1、F2、F11
B2	定量装车公路出厂	液化气、丙烯、航煤、白油、	F3、F4、F6
B3	地磅出厂	苯、润滑油、白油、硫酸、液蜡、废料	F7、F8、F9、F10

续表

流程编号	流程名称	适用产品	对应发货点
B4	非公路出厂	—	F12、F13
B5	地付公路出厂	汽柴油	F5
B6	定量装车与地磅比对	—	—
C1	公路进厂	石脑油、甲醇、盐酸、液氮、催化剂	F7、F8

2.4.1　固体定重包装公路出厂流程

固体定重包装公路出厂流程如图1、表3所示。

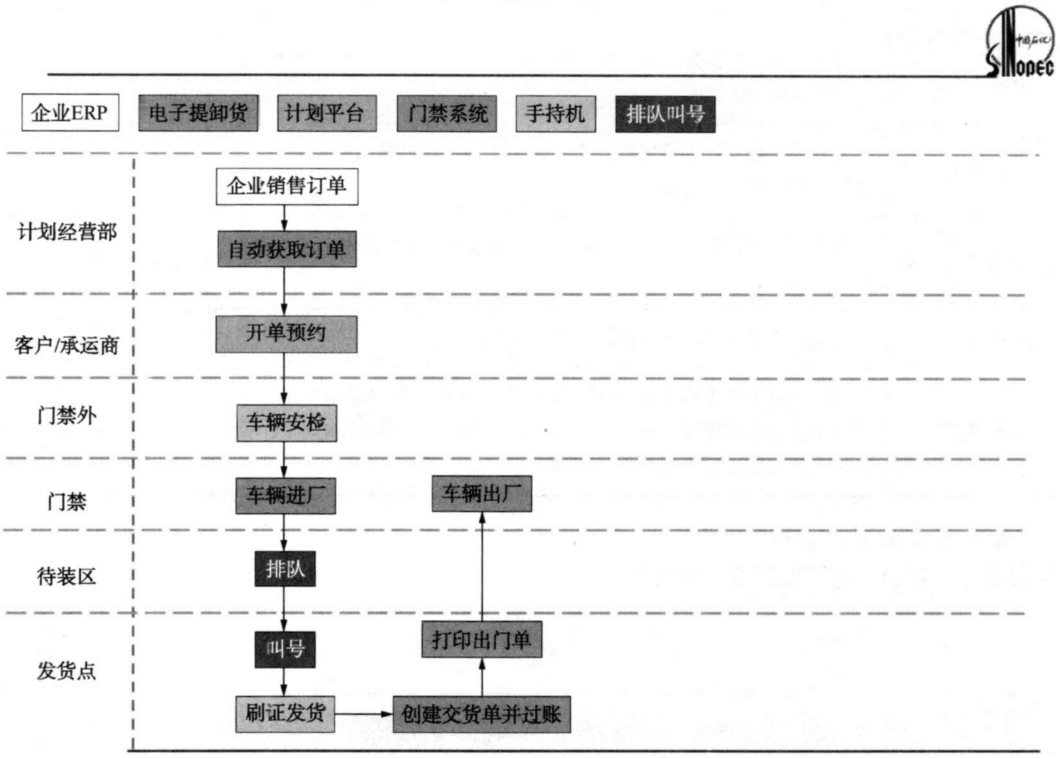

图1　固体定重包装公路出厂流程

表3　固体定重包装出厂环节及流程描述

序号	环节名称	流程描述		
		环节描述	使用系统	责任部门
1	企业销售订单	对于炼销、化销产品，企业销售订单会自动触发；对于油销或自销产品，操作为创建销售订单	企业 ERP	计划经营部
2	自动获取订单	提货系统自动批量抓取企业订单，同时提供业务员按订单号单个抓取订单的功能	电子提货	计划经营部
3	开单预约	客户或承运商在(公网)云平台中进行提货计划提报，根据订单拆分到具体提货车辆，并明确提货数量、提货时间、司机姓名、手机号、身份证号等详细信息。提报成功后，将向司机推送手机短信和微信通知。 注：化销自提产品在“e贸”进行开单操作，化销配送产品在“物联网”进行开单操作，炼销产品在“炼销云平台”进行开单操作，自销产品在“企业云平台”进行开单操作	云平台	客户/承运商

续表

序号	环节名称	流程描述		
		环节描述	使用系统	责任部门
4	车辆安检	对厂外的车辆，门卫通过手持机读取司机身份证，获取对应提货计划的信息，比对车牌后进行安全检查。只有在预约时间段内，车辆才能安检，如时间未到或者超时，则不能安检。只有在计划对应的门岗才能安检，否则不能安检	门禁系统	门岗
5	车辆进厂	门禁会对车辆进行车牌识别符合条件则自动抬杆，抬杆的条件：当前车辆有提货计划、已经车检通过、在预约时间段内、匹配当前门禁点，则自动抬杆，车辆自动按照先后顺序进入排队序列	电子提卸货	门岗
6	排队叫号	计量点发货员根据现场情况，在叫号软件上选择对应物料的车辆叫号，默认按照先后顺序叫号	排队叫号	发货点
7	刷证发货	发货点持移动发货手持机，读取提货人身份证并输入验证码后，确认计划有效性，进行装车发货	移动发货	发货点
8	创建交货单并过账	发货点在移动发货手持终端录入本次发货量，通过接口实现 ERP 交货单及过账	移动发货	发货点
9	打印出门单	司机在发货点电脑刷身份证打印出门凭证	电子提卸货	发货点
10	车辆出厂	门禁会对车辆进行车牌识别，符合条件则自动抬杆，抬杆的条件：当前车辆已完成提货计划、当前车辆完成提货计划 30min 内出厂（时间长短由门禁系统控制），则自动抬杆	门禁系统	门岗

2.4.2 定量装车公路出厂流程

定量装车公路出厂流程如图 2、表 4 所示。

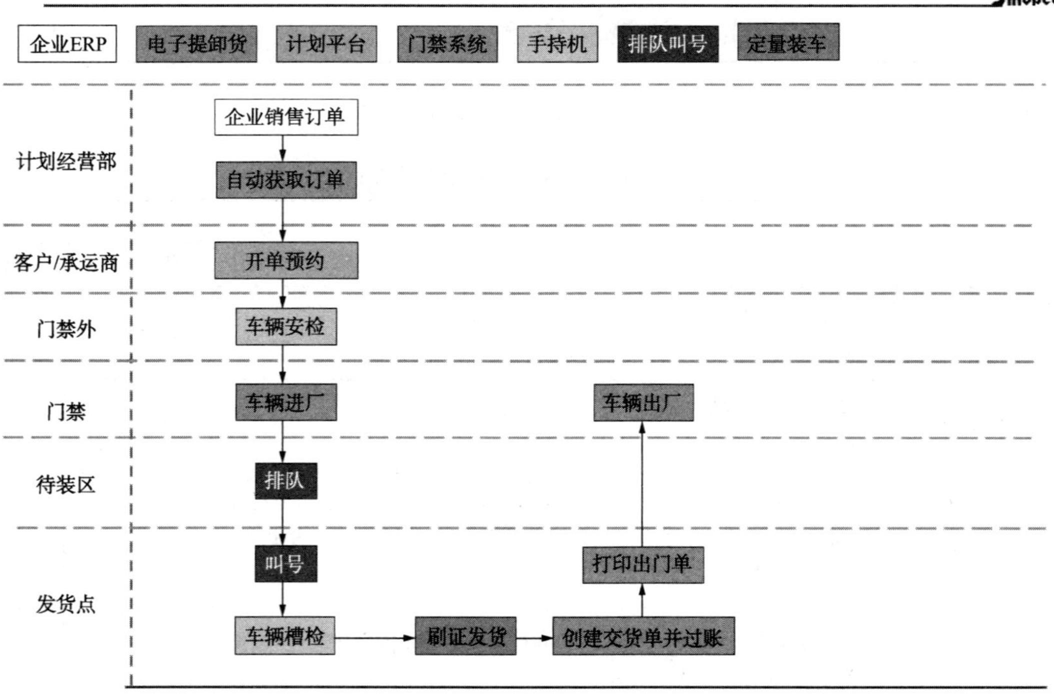

图 2　定量装车公路出厂流程

表 4　定量装车公路出厂环节及流程描述

序号	环节名称	流程描述		
		环节描述	使用系统	责任部门
1	企业销售订单	对于炼销、化销产品，企业销售订单会自动触发；对于油销或自销产品，操作为创建销售订单	企业 ERP	计划经营部
2	自动获取订单	提货系统自动批量抓取企业订单，同时提供业务员按订单号单个抓取订单的功能	电子提货	计划经营部
3	开单预约	客户或承运商在(公网)云平台中进行提货计划提报，根据订单拆分到具体提货车辆，并明确提货数量、提货时间、司机姓名、手机号、身份证号等详细信息。提报成功后，将向司机推送手机短信和微信通知。 注：化销自提产品在“e 贸”进行开单操作，化销配送产品在“物联网”进行开单操作，炼销产品在“炼销云平台”进行开单操作，自销产品在“企业云平台”进行开单操作	云平台	客户/承运商
4	车辆安检	对厂外的车辆，门卫通过手持机读取司机身份证，获取对应提货计划的信息，比对车牌后进行安全检查。只有在预约时间段内，车辆才能安检，如时间未到或者超时，则不能安检。只有在计划对应的门岗才能安检，否则不能安检	门禁系统	门岗
5	车辆进厂	门禁会对车辆进行车牌识别符合条件则自动抬杆，抬杆的条件：当前车辆有提货计划、已经车检通过、在预约时间段内、匹配当前门禁点，则自动抬杆，车辆自动按照先后顺序进入排队序列	电子提卸货	门岗
6	排队叫号	计量点发货员根据现场情况，在叫号软件上选择对应物料的车辆叫号，默认按照先后顺序叫号	排队叫号	发货点
7	车辆槽检	现场安检员持手持机，选择对应车牌，对当前提货车辆进行槽检，通过后才能装车	槽检	发货点
8	刷证发货	发货点读取提货人身份证并输入验证码后，确认计划有效性，进行装车发货	定量装车	发货点
9	创建交货单并过账	定量装车系统把实发量推送给电子提货系统，通过电子提货系统创建交货单并过账	电子提卸货	发货点
10	打印出门单	司机发货点电脑刷身份证打印出门凭证	电子提卸货	发货点
11	车辆出厂	门禁会对车辆进行车牌识别，符合条件则自动抬杆，抬杆的条件：当前车辆已完成提货计划、当前车辆完成提货计划 30min 内出厂(时间长短由门禁系统控制)，则自动抬杆	门禁系统	门岗

2.4.3　地磅出厂流程

地磅出厂流程如图 3、表 5 所示。

表 5　地磅出厂环节及流程描述

序号	环节名称	流程描述		
		环节描述	使用系统	责任部门
1	企业销售订单	对于炼销、化销产品，企业销售订单会自动触发；对于油销或自销产品，操作为创建销售订单	企业 ERP	计划经营部
2	自动获取订单	提货系统自动批量抓取企业订单，同时提供业务员按订单号单个抓取订单的功能	电子提货	计划经营部
3	开单预约	客户或承运商在(公网)云平台中进行提货计划提报，根据订单拆分到具体提货车辆，并明确提货数量、提货时间、司机姓名、手机号、身份证号等详细信息。提报成功后，将向司机推送手机短信和微信通知。 注：化销自提产品在“e 贸”进行开单操作，化销配送产品在“物联网”进行开单操作，炼销产品在“炼销云平台”进行开单操作，自销产品在“企业云平台”进行开单操作	云平台	客户/承运商

续表

序号	环节名称	流程描述		
		环节描述	使用系统	责任部门
4	车辆安检	对厂外的车辆，门卫通过手持机读取司机身份证，获取对应提货计划的信息，比对车牌后进行安全检查。只有在预约时间段内，车辆才能安检，如时间未到或者超时，则不能安检。只有在计划对应的门岗才能安检，否则不能安检	门禁系统	门岗
5	车辆进厂	门禁会对车辆进行车牌识别符合条件则自动抬杆，抬杆的条件：当前车辆有提货计划、已经车检通过、在预约时间段内、匹配当前门禁点，则自动抬杆，车辆自动按照先后顺序进入排队序列	电子提卸货	门岗
6	排队叫号	计量点发货员根据现场情况，在叫号软件上选择对应物料的车辆叫号，默认按照先后顺序叫号	排队叫号	发货点
7	车辆槽检	现场安检员持手持机，选择对应车牌，对当前提货车辆进行槽检，通过后才能装车	槽检	发货点
8	刷证发货	发货点读取提货人身份证并输入验证码后，确认计划有效性，进行装车发货。 如果发货点和地磅计量点距离较远，则先过磅后，通过地磅软件打印提货单，凭着提货单去发货点提货	地磅	发货点
9	创建交货单并过账	地磅系统把实发量推送给电子提货系统，通过电子提货系统创建交货单并过账	电子提卸货	发货点
10	打印出门单	司机在发货点电脑刷身份证打印出门凭证	电子提卸货	发货点
11	车辆出厂	门禁会对车辆进行车牌识别，符合条件则自动抬杆，抬杆的条件：当前车辆已完成提货计划、当前车辆完成提货计划 30min 内出厂（时间长短由门禁系统控制），则自动抬杆	门禁系统	门岗

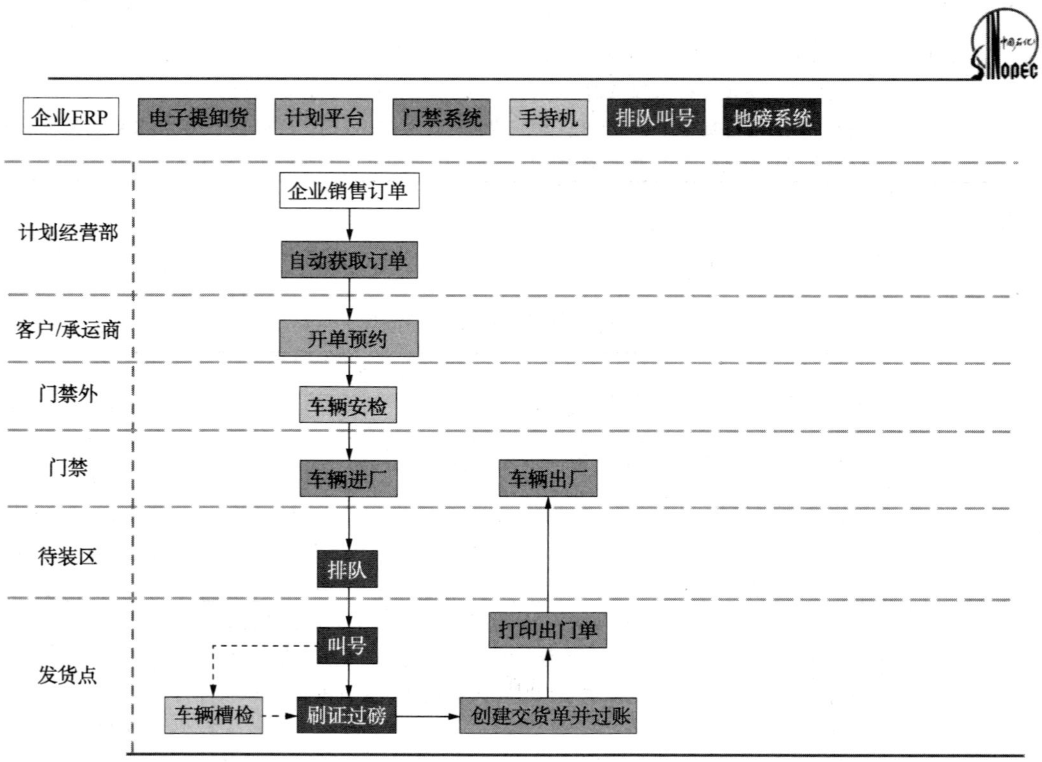

图 3　地磅出厂流程

2.4.4 非公路出厂流程

非公路出厂流程如图4、表6所示。

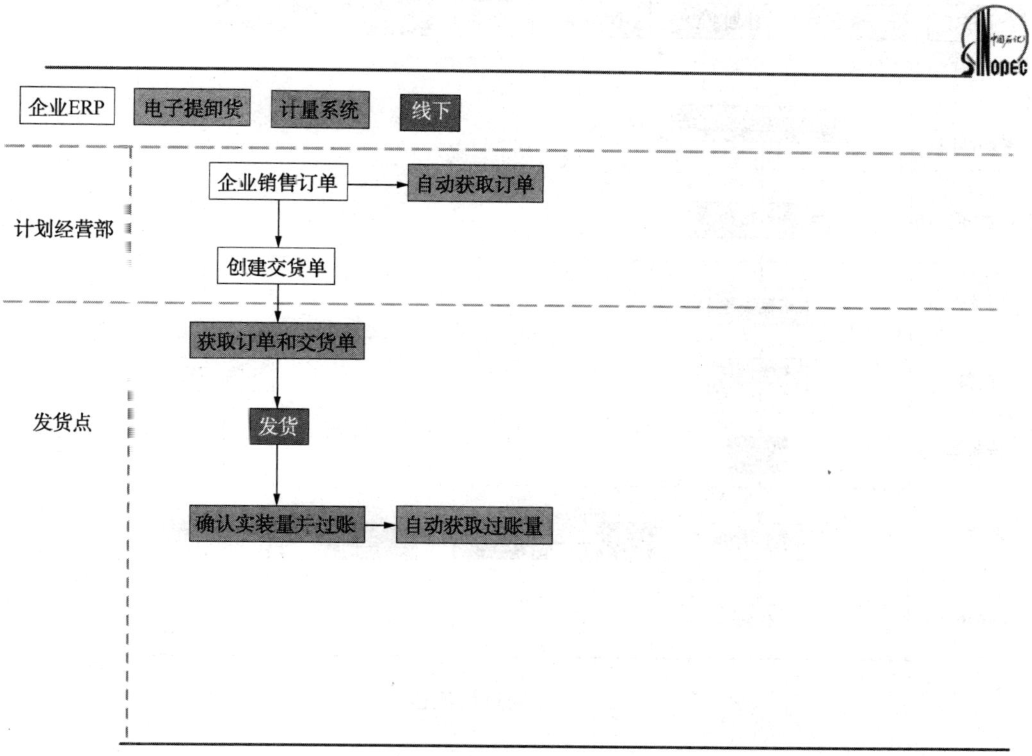

图4 非公路出厂流程

表6 非公路出厂环节及流程描述

序号	环节名称	流程描述		
		环节描述	使用系统	责任部门
1	企业销售订单	对于炼销、化销产品，企业销售订单会自动触发；对于油销或自销产品，操作为创建销售订单	企业 ERP	计划经营部
2	自动获取订单	提货系统自动批量抓取企业订单，同时提供业务员按订单号单个抓取订单的功能	电子提货	计划经营部
3	创建交货单	在 ERP 系统中创建交货单	企业 ERP	计划经营部
4	获取订单和交货单	计量系统自动抓取订单和交货单	计量系统	发货点
5	发货	现场发货	线下	发货点
6	确认实装量并过账	发货完成后在计量系统确认实装量，整个交货单下数量一起过账	计量系统	发货点
7	自动获取过账量	电子提卸货系统自动从 ERP 系统获取每单的过账量	电子提卸货系统	计划经营部

2.4.5 公路进厂流程

公路进厂流程如图5、表7所示。

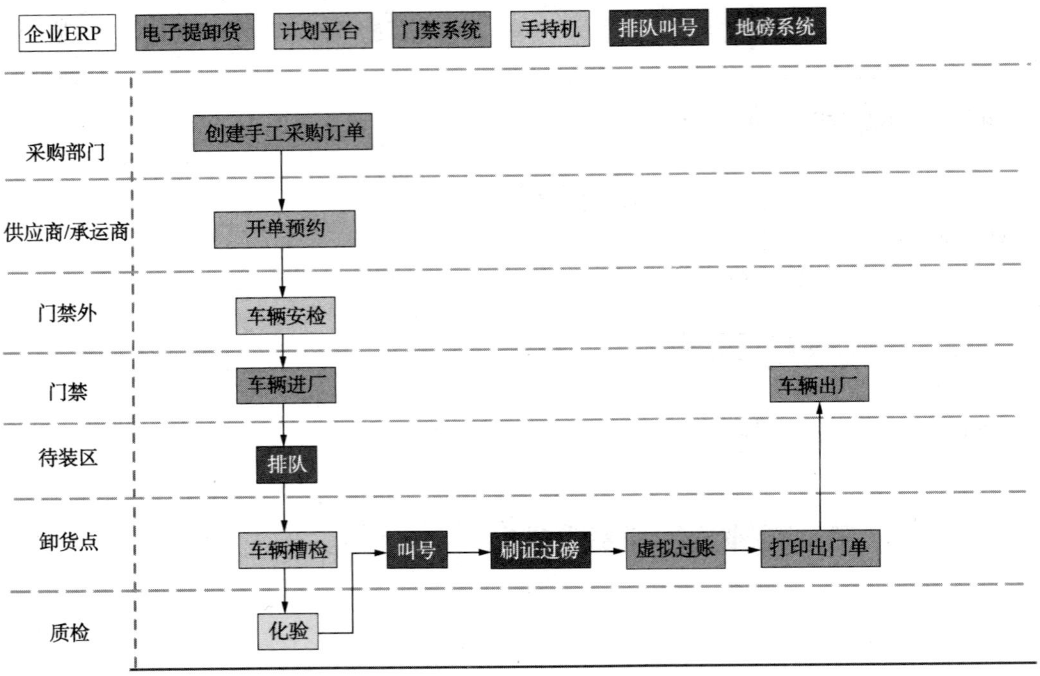

图 5　公路进厂流程

表 7　公路进厂环节及流程描述

序号	环节名称	流程描述		
		环节描述	使用系统	责任部门
1	创建手工采购订单	采购员在电子提卸货系统中手动创建采购订单	电子提卸货	物资采购部
2	开单预约	供应商或承运商在(公网)云平台中进行提货计划提报，根据订单拆分到具体提货车辆，并明确提货数量、提货时间、司机姓名、手机号、身份证号等详细信息。提报成功后，将向司机推送手机短信和微信通知。 注：采购产品在“企业云平台”进行开单操作	云平台	客户/承运商
3	车辆安检	对厂外的车辆，门卫通过手持机读取司机身份证，获取对应提货计划的信息，比对车牌后进行安全检查。只有在预约时间段内，车辆才能安检，如时间未到或者超时，则不能安检。只有在计划对应的门岗才能安检，否则不能安检	电子提卸货	门岗
4	车辆进厂	门禁会对车辆进行车牌识别符合条件则自动抬杆，抬杆的条件：当前车辆有提货计划、已经车检通过、在预约时间段内、匹配当前门禁点，则自动抬杆，车辆自动按照先后顺序进入排队序列	门禁系统	门岗
5	排队	门禁自动抬杆后，进入排队序列	门禁	门岗
6	车辆槽检	现场安检员持手持机，选择对应车牌，对当前提货车辆进行槽检，通过后才能装车	槽检	安检员
7	化验	通知化验员，送货车辆已到厂，及时抽样化验	短信	质检
8	叫号	化验通过后，手动选择质检结果，并发送短信通知司机并通知收货点人员(叫号车辆到卸货点进行卸货)	电子提卸货	收货点
9	刷证过磅	在地磅软件电脑上刷身份证，过两次磅，最后把净重推送给电子提卸货系统，由电子提卸货系统判断是否异常(如超 0.005，可配置)。如果异常，地磅称重数据无法保存，重新卸货，或者在电子提卸货系统中把这车计划的比对按钮关闭(针对这车不限制 0.005)，再重新过磅	地磅	收货点

续表

序号	环节名称	流程描述		
		环节描述	使用系统	责任部门
10	虚拟过账	系统判断在正常范围内，则在电子提卸货系统中虚拟过账	电子提卸货	收货点
11	打印出门单	司机在收货点电脑刷身份证打印出门凭证	电子提卸货	收货点
12	车辆出厂	门禁会对车辆进行车牌识别，符合条件则自动抬杆，抬杆的条件：当前车辆已完成送货计划、当前车辆完成送货计划 30min 内出厂(时间长短由门禁系统控制)，则自动抬杆	门禁系统	门岗

2.4.6　地付(汽柴油)公路出厂流程

地付(汽柴油)公路出厂流程如图 6、表 8 所示。

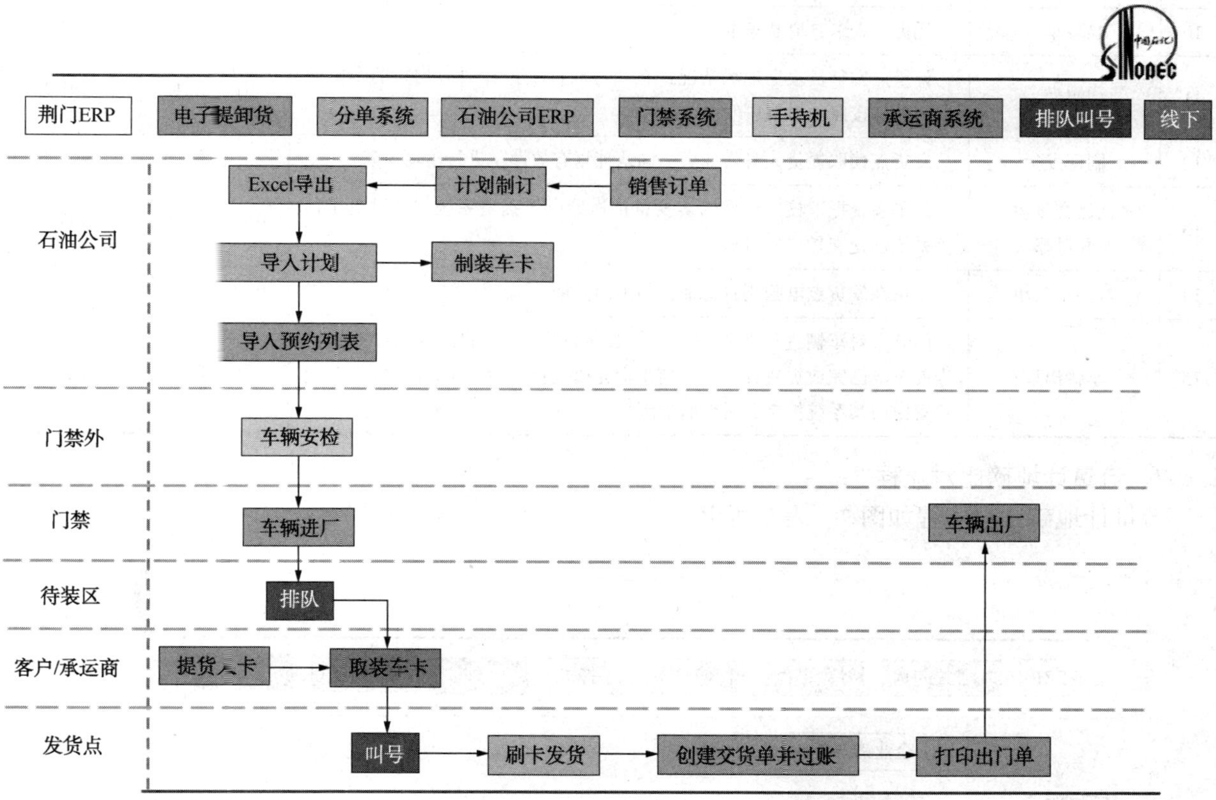

表 6　地付(汽柴油)公路出厂流程

表 8　地付(汽柴油)公路出厂环节及流程描述

序号	环节名称	流程描述		
		环节描述	使用系统	责任部门
1	销售订单	石油公司在 ERP 中创建销售订单	石油公司 ERP	石油公司
2	计划制定	在 ERP 中制订计划(一仓一计划)	石油公司 ERP	石油公司
3	Excel 导出	把制定的计划从 ERP 中导出为 Excel	石油公司 ERP	石油公司
4	导入计划	把 Excel 导入到分单系统中，并通过分单系统推送到电子提卸货系统	分单系统	石油公司
5	制装车卡	根据计划制装车卡(一车一卡)	分单系统	石油公司
6	导入预约列表	电子提卸货系统直接从企业 ERP 抓取订单，并把订单推送分单系统。分单系统把计划信息推送给电子提卸货系统后，自动关联到对应的订单下，自动预约	电子提卸货	石油公司

续表

序号	环节名称	流程描述		
		环节描述	使用系统	责任部门
7	车辆安检	对厂外的车辆，门卫通过手持机读取司机身份证，获取对应提货计划的信息，比对车牌后进行安全检查。只有在预约时间段内，车辆才能安检，如时间未到或者超时，则不能安检。只有在计划对应的门岗才能安检，否则不能安检	电子提卸货	门岗
8	车辆进厂	门禁会对车辆进行车牌识别符合条件则自动抬杆，抬杆的条件：当前车辆有提货计划、已经车检通过、在预约时间段内、匹配当前门禁点，则自动抬杆，车辆自动按照先后顺序进入排队序列	门禁系统	门岗
9	排队	进厂后自动进入排队	电子提卸货	
10	取装车卡	凭提货人卡，取装车卡	线下	司机
11	叫号	计量点发货员根据现场情况，在叫号软件上选择对应物料的车辆叫号，默认按照先后顺序叫号	排队叫号	发货点
12	刷证发货	发货点读取提货人身份证后，确认计划有效性，进行车辆过磅	地磅	发货点
13	创建交货单并过账	分单系统把审核确认后的实发量推送给电子提货系统，通过电子提货系统创建交货单并过账	电子提卸货	发货点
14	打印出门单	司机在发货点电脑刷身份证打印出门凭证	电子提卸货	发货点
15	车辆出厂	门禁会对车辆进行车牌识别，符合条件则自动抬杆，抬杆的条件：当前车辆已完成提货计划、当前车辆完成提货计划 30min 内出厂（时间长短由门禁系统控制），则自动抬杆	门禁系统	门岗

2.4.7 流量计地磅比对流程

流量计地磅比对流程如图 7、表 9 所示。

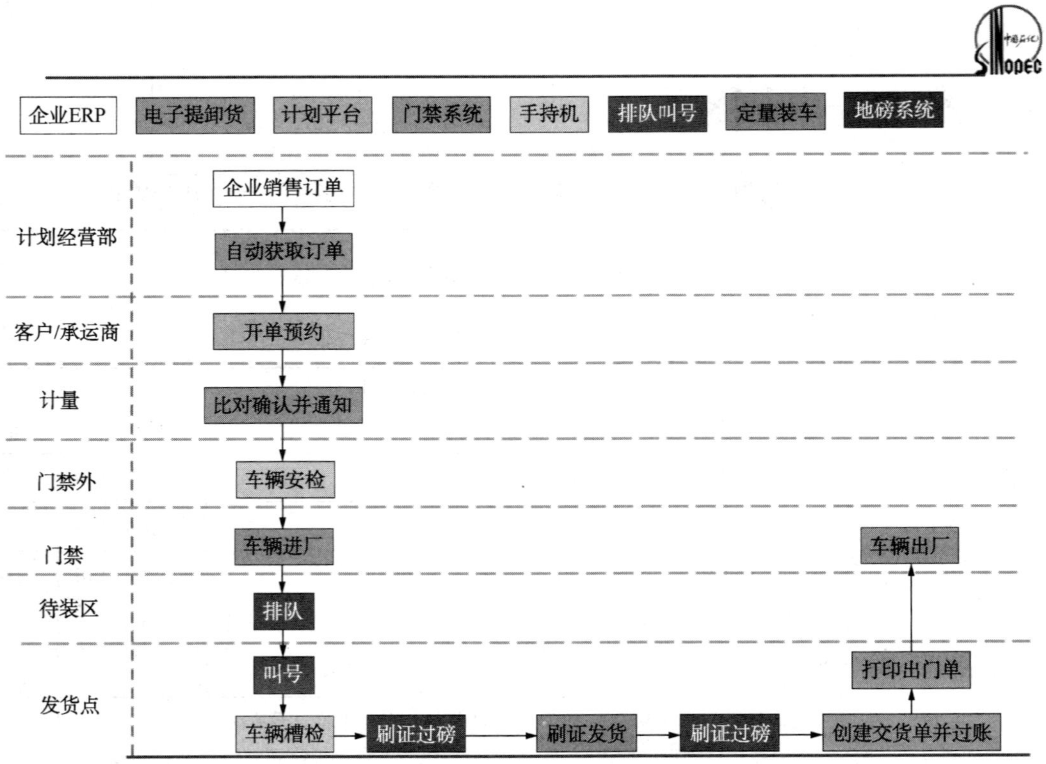

图 7 定量装车与地磅比对流程

表 9　流量计地磅比对环节及流程描述

序号	环节名称	流程描述		
		环节描述	使用系统	责任部门
1	企业销售订单	对于炼销、化销产品，企业销售订单会自动触发；对于油销或自销产品，操作为创建销售订单	企业 ERP	计划经营部
2	自动获取订单	提货系统自动批量抓取企业订单，同时提供业务员按订单号单个抓取订单的功能	电子提货	计划经营部
3	开单预约	客户或承运商在(公网)云平台中进行提货计划提报，根据订单拆分到具体提货车辆，并明确提货数量、提货时间、司机姓名、手机号、身份证号等详细信息。提报成功后，将向司机推送手机短信和微信通知。 注：化销自提产品在“e 贸”进行开单操作，化销配送产品在“物联网”进行开单操作，炼销产品在“炼销云平台”进行开单操作，自销产品在“企业云平台”进行开单操作	云平台	客户/承运商
4	比对确认并通知	计量业务人员在车辆未进厂前，手动选择对应的计划，点击确认需进行比对，并发短信通知给司机此次业务需进行比对	电子提货	计量
5	车辆安检	对厂外的车辆，门卫通过手持机读取司机身份证，获取对应提货计划的信息，比对车牌后进行安全检查。只有在预约时间段内，车辆才能安检，如时间未到或者超时，则不能安检。只有在计划对应的门岗才能安检，否则不能安检	电子提卸货	门岗
6	车辆进厂	门禁会对车辆进行车牌识别符合条件则自动抬杆，抬杆的条件：当前车辆有提货计划、已经车检通过、在预约时间段内、匹配当前门禁点，则自动抬杆，车辆自动按照先后顺序进入排队序列	门禁系统	门岗
7	排队叫号	计量点发货员根据现场情况，在叫号软件上选择对应物料的车辆叫号，默认按照先后顺序叫号	排队叫号	发货点
8	车辆槽检	现场安检员持手持机，选择对应车牌，对当前提货车辆进行槽检，通过后才能装车	槽检	发货点
9	刷证过磅	发货点读取提货人身份证并输入验证码后，确认计划有效性，进行轻车过磅	地磅	发货点
10	刷证发货	发货点读取提货人身份证并输入验证码后，确认计划有效性，进行装车发货	定量装车	发货点
11	刷证过磅	发货点读取提货人身份证并输入验证码后，确认计划有效性，进行重车过磅，并与计量系统数据进行比对，在误差范围，直接以地磅量结算过账，超过误差范围，则提示报错，需审核通过后手动以地磅量结算过账	地磅	发货点
9	创建交货单并过账	地磅系统把实发量推送给电子提货系统，通过电子提货系统创建交货单并过账	电子提卸货	发货点
10	打印出门单	司机在发货点电脑刷身份证打印出门凭证	电子提卸货	发货点
11	车辆出厂	门禁会对车辆进行车牌识别，符合条件则自动抬杆，抬杆的条件：当前车辆已完成提货计划、当前车辆完成提货计划 30min 内出厂(时间长短由门禁系统控制)，则自动抬杆	门禁系统	门岗

2.5　系统集成

实现智能提货系统与 ERP、炼销平台、化销物联网和 e 贸、计量管理系统、定量装车系统(3 套 2 个厂商)、汽车衡器(6 台 2 个厂商)、分单系统(湖北省石油公司建设)、LIMS、门禁系统、统一身份系统的数据集成(见图 8)。

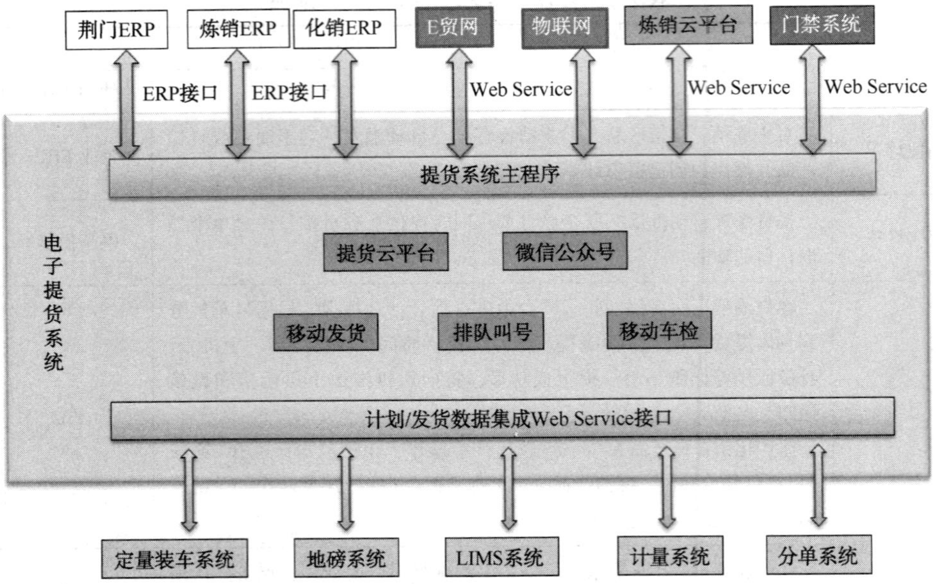

图 8　系统集成架构

3　荆门石化智能提货系统建设过程中遇到的困难和解决方法

3.1　系统推广难

作为一个老企业，业务使用部门及班组员工思想保守，对于新事物存在抵抗情绪，系统推广有很大难度，为了更好地建设系统，通过开会、培训，不断沟通，在介绍系统的优势的同时，让大家认清信息化的趋势，很好地解决了这一问题。

3.2　管理难

荆门石化规模小，但产品种类多，装卸地点分散，想把系统建设好，需要针对不同的角色、不同的岗位进行梳理、分工、细化责任，只有不断完善，才能保证系统的良好使用。业务主管部门不懈努力，通过多次协调，最终职责清晰、分工明确，业务开展得非常顺利。

3.3　技术实现难

3.3.1　汽车衡集成难

荆门石化目前汽车衡有 6 台，分别是 2 个品牌，软件较老，在系统上线计划时间不充裕的情况下，想实现汽车衡集成基本不可能，除了原汽车衡厂商费用高外，还有软件开发周期长等问题。经过反复沟通，最终确定由智能提货软件厂商使用自主开发的软件替代现有的汽车衡称重软件。在实施过程中，又出现了替代软件称重不标准、不规范等问题，通过整改、测试，最终都得到了解决，满足了现场计量要求。目前，自动化程度度高、数据准确。

3.3.2　定量装车集成难

企业目前有汽车液化气、汽车滑油台、新汽车台三个定量装车系统满足集成要求，前两个物理点均采用西安东风装车系统，后一个采用深圳微分公司的定量装车系统。前两个投入使用较早，在升级过程中，不仅要实现与智能提货系统的集成，还需要解决升级后的软件操作简便的问题。与此同时，升级工作要保证现有业务的正常开展，难度很大。通过一个多月的多次讨论、开发、调整、测试，系统正式投用，保存了原来的操作模式的同时，满足了与智能提货的集成。目前系统运行平稳，流程顺畅，微分公司的定量装车系统也参照西安东风系统的最终版进行开发、设计，大大减少了开发时间和工作量。

3.3.3　地付业务集成难

目前地付业务已有微分系统，承担了分单的功能，最后的发货过账由计量系统完成。但没有预约、排队和叫号的功能，无法解决车辆拥堵门口和有序进厂提货的问题。经过多次讨论，由智能提货系统承担预约、排队和叫号的功能，发货由微分系统承担，过账由智能提货系统自动完成。

3.3.4　实现财务需要的计量单无纸化难

原车辆出厂都在地磅点打印出门凭证，随司机带走，作为卸货的凭证。为了提倡无纸化，智能提货系统提供外网(电脑端和手机端)下载电子出库单功能，客户和承运商可以自行下载后打印。为了防伪，出库单中增加了电子水印和电子签章，大大加强了单据的安全性。

3.3.5　实现无纸化的质检合格证难

原客户提货的产品质量合格证需人工查找后手动打印。为了方便客户，智能提货系统与LIMS系统集成，通过订单中指定的罐号或批次号直接获取产品质检合格证，并提供外网(电脑端和手机端)下载电子质检单功能，客户可以自行下载后打印，随时可以在系统中查到某车产品的质量合格证。

3.3.6　门禁集成难

门禁系统配套集成进度慢，在门禁没有集成的情况下，要保证流程畅通，且具有日后门禁集成的可用性，是一个比较复杂的问题。通过多次讨论，最终确定门卫通过手持机安检作为进厂依据，出厂通过手持机自动检验车辆业务是否完成，完成才能放行出厂。

4　荆门石化智能提货系统建设情况和使用效果

项目于2020年12月8日上线，采用系统先上线，各物料分步投用的方式，2021年6月4日实现全业务流程、全物料覆盖，2021年9月23日，顺利通过验收。

(1) 实现手机端、电脑端的预约、查看，实现身份证一卡式提卸货便捷流程，进出厂效率及客户满意度大大提升。

(2) 已完成ERP、e贸、物联网、炼销平台、计量管理系统、LIMS、门禁、安全培训系统、定量装车、地磅、分单系统、统一身份等系统的集成。实现数据的自动采集、回传，提升整体智能化水平。

(3) 实现已售未提、已提未售、计量比对等特殊业务的处理，有效提升了数据及时性、准确性，保证了ERP、MES、计量管理系统、智能提货几套数据的一致性。

(4) 已建设普货和危化品车辆、司押人员管理资源库，实现对车辆及人员基础信息有效管理。

(5) 完成国密加密算法用户账号改造、系统等保测评、漏洞扫描等工作，有效提升网络安全水平。

5　荆门石化智能提货系统下一步工作目标和建议

根据目前实施情况，结合荆门分公司实际，提出下一步工作的目标和建议。

5.1　下一步工作目标

(1) 利用信息化手段提升订单管理水平，避免错误订单的下达。

(2) 提升预约的精准性，提高车辆进厂提货的精细化管理水平，避免厂区内和厂外道路拥堵、司机盲目到厂的情况发生。

(3) 不断提升、完善系统功能，为企业打造安全、可靠、稳定的提货平台。

5.2　下一步工作建议

(1) 应完善销售订单核查功能，实现错误订单锁定。

(2) 通过运行摸索、总结，制定分物料的预约规则，缩短预约有效期，减少车辆拥堵。

(3) 企业获取阿里云认证证书后，完善系统外网域名解析，提升系统网络安全水平。

6　结语

智能提货系统在荆门石化建设很成功，系统目前运行稳定，多系统之间数据扭转顺畅，在提高提货效率的同时，大大提升了客户满意度，为进一步增强企业市场核心竞争力打下了坚实基础。

融合通信　创新作为　支撑油田生产应急智能指挥

段鸿杰　计洪图　万国强　郑　敏　刘　勇　王　飞　丁　熠

（中国石化胜利油田分公司）

摘　要　开展油田生产融合通信技术研究，坚持“平”“战”结合，协同联动的原则，基于应急管理的“事前、事发、事中、事后”的全过程管理原则，围绕“预防准备、监测预警、处置救援、事后评价”能力建设。实现横向上构建三个层次的云视频会议体系，纵向上垂直打通、融合，构建融合通信体系架构。建立反应灵敏、协同联动、高效调度、科学决策的应急指挥信息系统，支撑应急信息全面汇聚、快速展现、上传下达、协同会商、专题研判、指挥调度和辅助决策等能力，实现油田应急指挥智能化、扁平化和一体化作战，全面提升油田应急指挥能力。

关键词　融合通信；油田生产；应急救援；智能指挥

油田在国家经济及其所在的地方经济中承担着重要角色，保障石油开采、油气运输、综合治理、安全生产等各个环节相关设备的正常运转成为石油企业的重要工作之一。“十三五”以来，油田信息化建设按照“十三五”整体规划部署，紧密围绕增储上产、安全环保、节能降耗等中心工作，强化顶层设计，深化信息化与勘探开发的深度融合，持续推进系统的集成整合，信息化在生产经营管理中发挥了不可替代的作用，为油田转变发展方式、提升发展质量和效益提供了有力支撑。

随着油田生产信息化、综合治理、安全监控等项目的大规模建设，融合通信在油田生产、应急、安全、综治等领域中发挥着越来越重要的作用，成为生产监控、技术防范的最有力手段。

1　油田融合通信应用平台建设背景

由于油田所属单位多且比较分散，联系、集中、传达文件及召开会议均不甚方便，现有的视频会议系统和指挥调度系统的覆盖范围以及运行方式已远远不能满足油田生产经营的需要，急需提高通信效率，扩大覆盖范围。

1.1　满足油田应急指挥综合应用的需要

当前胜利油田信息化手段无法高效支撑指挥调度、协同会商、决策支持，需要建设统一的融合通信系统，满足生产运行的突发事件情况下的指挥调度、决策支持、协同会商需求，加强生产（应急）指挥中心在各类突发事件、重大活动中的应急指挥调度能力，解决各级指挥中心与现场远程指挥调度需要，通过多种技术手段，将油田现有的电话、集群、监控、图传、会议、数据等通信手段有机融合，实现高效的应急指挥调度体系，从而更好地支撑油田应急指挥综合应用的建设需要，形成符合胜利油田特色的“智慧指挥调度”示范工程。

1.2　全面提升油田应急预警指挥的需要

胜利油田融合通信系统建设坚持“平”“战”结合，协同联动的原则，基于应急管理的“事前、事发、事中、事后”的全过程管理原则，围绕“预防准备、监测预警、处置救援、事后评价”能力建设。

1.3　从数字化走向智能化转变的需要

基于云通信软件和通信服务是未来的趋势。在这个大趋势下，客户端需求已经发生了变化，所需要的通信功能也不仅仅局限于语音沟通、电话呼叫，同时也逐渐增加了协同软件、团队沟通工具、企业数据等相关业务。传统的设备类型已经很难对这些业务进行扩充。未来融合通信市场收入的比例也发生了变化，这充分体现了“云为先，云服务”的市场趋势。

随着油田企业生产指挥、应急联动的加强，油田各业务之间需要更加紧密的联系，对融合通信实现工作协同的期待越来越高。油田融合通信未来将实现任意时间、任何地点、任一设备的无差别沟通，并朝着移动化、视频化、云协作和融合指挥方向发展。

2　油田融合通信应用平台建设内容

油田融合通信系统架构图、网络拓扑图分别如图1、图2所示。

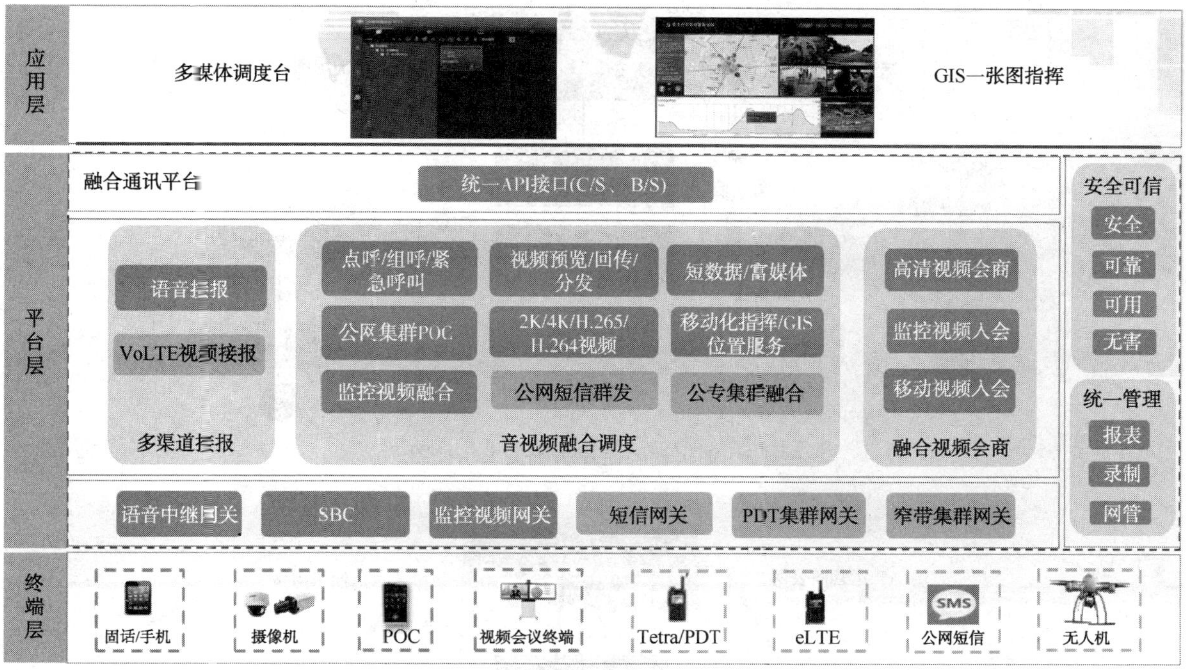

图1　油田融合通信系统架构图

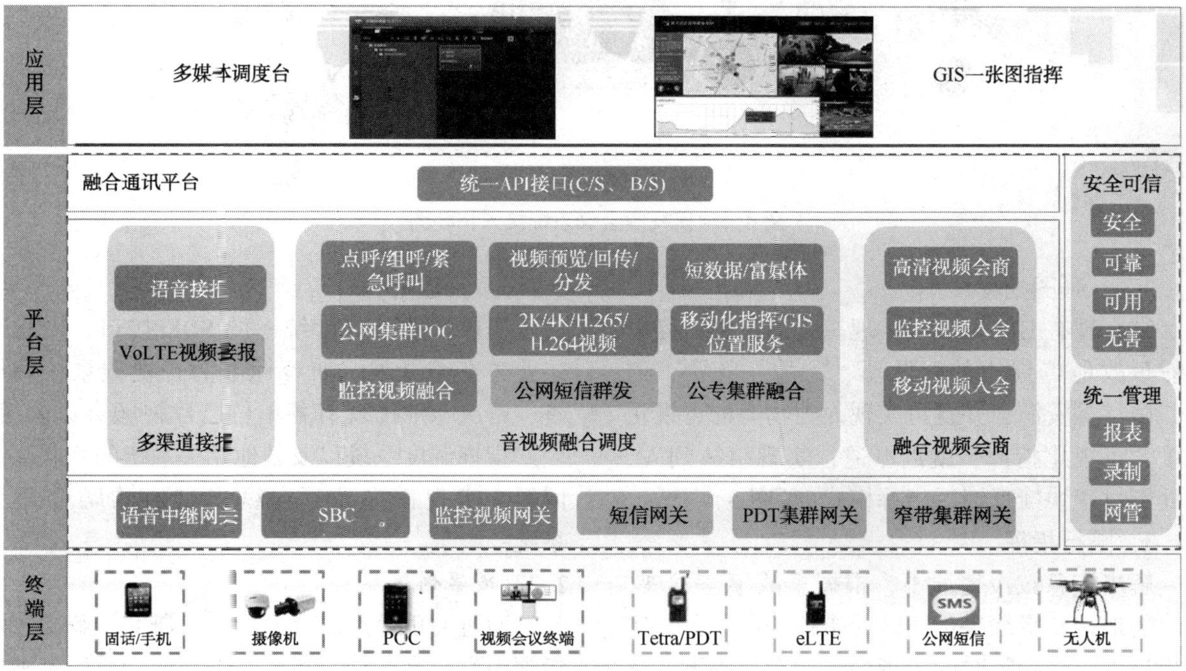

图2　油田融合通信网络拓扑图

2.1　建设内容

结合胜利油田调度指挥、应急管理相关业务需求，油田融合通信系统建设主要开展可视化调度、一张图指挥、随行指挥、平战结合、开放架构五大功能建设。

2.1.1　可视化调度

将油田现有的视频监控(见图3)、视频会议(见图4)、卫星图传、3G/4G图传、宽带集群、调度电话等分散独立的音视频及相关系统有机融合，构建一个集视频指挥、监控调度、视频会商、现场(卫星、3G/4G)图传、态势展现等功能于一体的可视化视频融合指挥系统，实现油田办公网、互联网、3G/4G、卫星等多网络视频资源统一管控和一站式调度，解决油田各级指挥中心与现场远程可视指挥调度的需要。

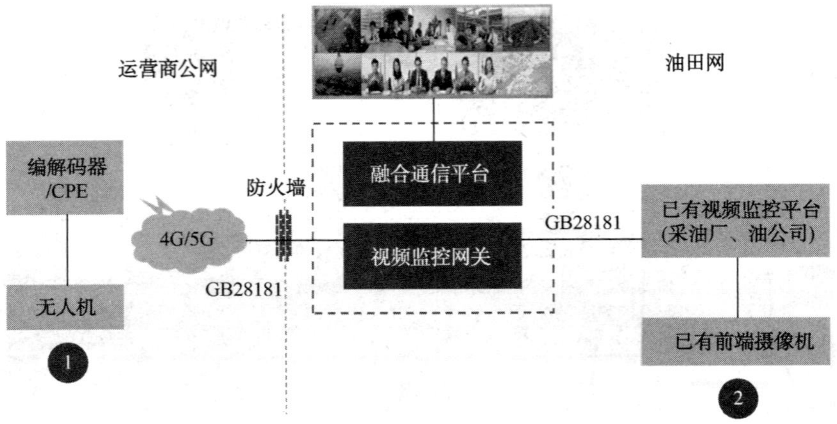

图 3　油田视频监控系统接入拓扑图

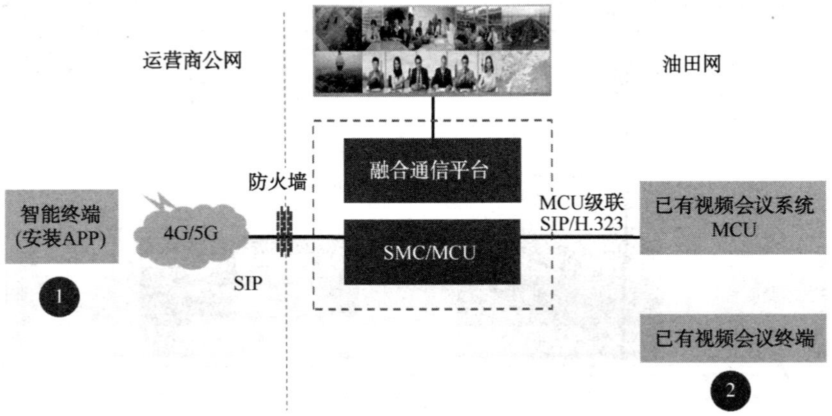

图 4　油田视频会议系统接入拓扑图

2.1.2　一张图指挥

结合现有 GIS 平台，实现一张图指挥，可以查看事故地点周边处置队伍、人力、物资、监控、医疗等资源，并且可实现人力物力的可视化调度、可视化指挥、就近派遣，实现事故到人、对处置过程快捷反馈的指挥模式(见图 5)。

2.1.3　随行指挥

解决应急救援情况下，根据事故事态发展，随时随地构建围绕决策团队的指挥中心平台，实现指挥中心现场随时的可视调度、专家决策、视频会商、感知信息汇聚等能力，有力支撑现场指挥调度能力，提高指挥决策效率。

2.1.4　平战结合

满足平战两种场景下的音视频管理应用，“平时”场景下的制订预案、应急培训、应急演练、科普宣传、可视化巡检等视频交互应用，“战时“场景下的应急值守、突发事件信息接收、核实调度、信息报告、联动单位处置和反馈等视频交互应用。

2.1.5　开放架构

提供音视频调度统一的 SDK 接口，简化上层业务系统开发，兼容标准的音视频系统和设备，解决与油田现有各单位已建视频会议系统、生产指挥调度系统以及其他相关系统的互联互通问题，实现横向联通、纵向贯通的融合通信系统。

2.2　成果创新

通过油田生产融合通信技术研究，解决各级指挥中心与现场远程指挥调度需要，通过多种技术手段，将油田现有的电话、集群、监控、图传、会议、数据等通信手段有机融合，实现高效的应急指挥调度体系，实现应急信息全面汇聚、快速展现、上传下达、协同会商、专题研判、指挥调度和辅助决策等支撑能力，建立反应灵敏、协同联动、高效调度、科学决策的应急指挥信息系统，实现油田应急指挥智能化、扁平化和一体化作战，进而全面提升油田应急指挥能力，形成符合胜利油田特色的“智慧指挥调度”示范工程，从而更好地支撑油田应急指挥综合应用的建设需要，为胜利油田信息化建设打下坚实基础。

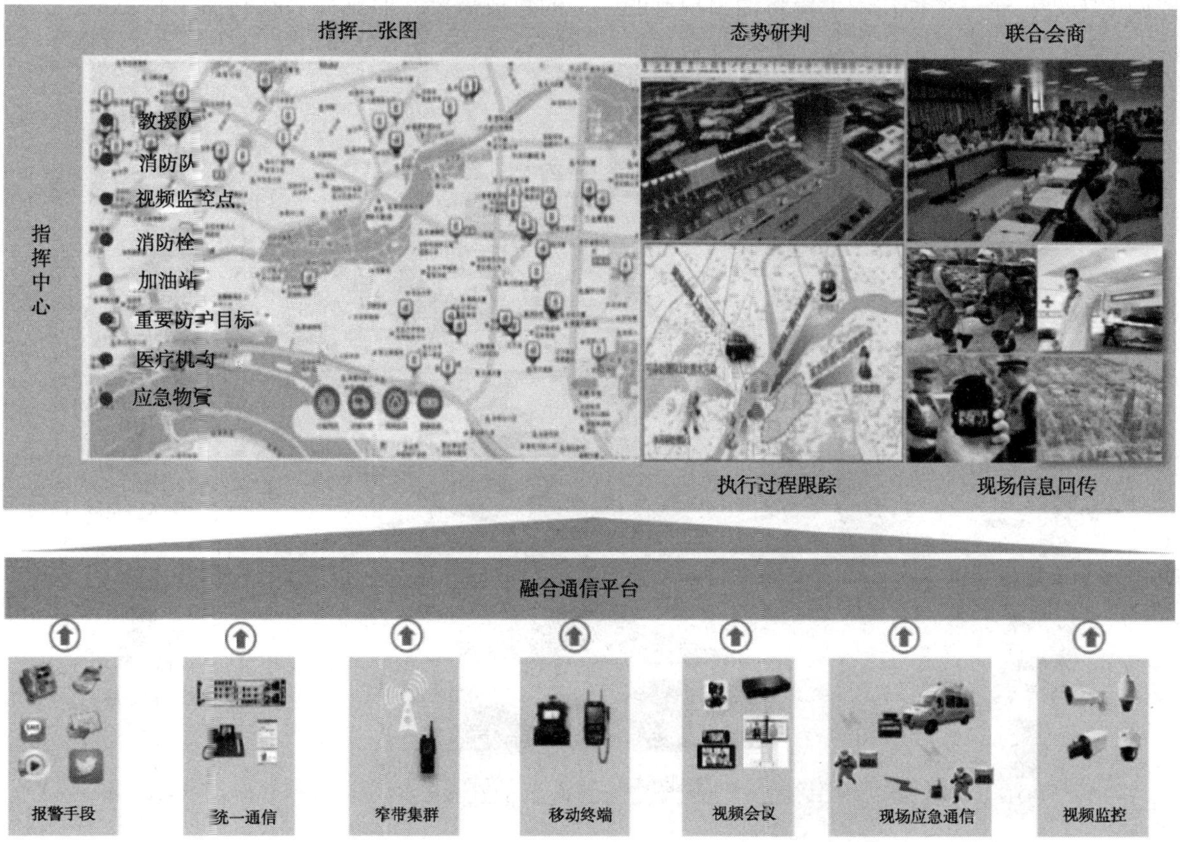

图 5 基于一张图(GIS)专业调度指挥

(1) 加强有线、无线、卫星等通信手段融合，实现指挥调度全面感知。

结合油田生产指挥应用场景，有效融合有线、无线、卫星等通信手段，实现指挥调度一键快速分发、应急资源跟踪定位、任务跟踪反馈等功能，支持短信、语音、传真等多路并发，强化前后方指挥调度通信保障和任务全过程可视化管理。

(2) 整合多媒体的融合通信系统，实现应急生产指挥的集成协同。

通过整合现场视频监控图像、单兵设备、移动终端和视频会议等多媒体手段，建立数据传输、语音通话、视频接入的融合通信系统，实现前后方和相关部门的音视频会商，基于一张图开展各类信息综合关联分析，实现多方协同综合研判会商。

(3) 强化移动指挥能力建设，提升应对突发事件处置能力。

在面向赶赴途中、事故现场等不同作战环境使用需求，充分整合利用现有多种通信系统，并结合各项应急指挥业务系统，实现多终端、多数据、多业务的融合移动应用，提高应急办公和处置效率。

3 应用效果

建立统一的油田生产融合通信平台，将现有系统进行整合，满足油田在生产应急方面的通信和指挥调度需求，加强油田在各类突发事件、重大活动中的应急指挥调度能力，提高生产调度、指挥效率，未来形成与总部上下结构一致、标准统一的融合通信系统，提升油田全面感知、高效协同的能力。

3.1 一个核心平台建设，实现油田指挥通信高效融合

油田融合通信系统采用工业标准的 J2EE 平台和 SOA 面向服务的架构，采用在 J2EE 三层体系结构基础上构建的面向业务的四层体系结构，采用微核心加插件先进架构，支持 WEB SERVICE 标准、LDAP 协议与 SSO 单点登录等先进技术。满足生产运行的突发事件情况下的指挥调度、决策支持、协同会商需求，加强生产(应急)指挥中心在各类突发事件、重大活动中的应

急指挥调度能力，解决各级指挥中心与现场远程指挥调度需要，通过多种技术手段将油田现有的电话、集群、监控、图传、会议、数据等通信手段有机融合，实现高效的应急指挥调度体系（见图6），从而更好地支撑油田应急指挥综合应用的建设需要，形成符合胜利油田特色的“智慧指挥调度”示范工程。

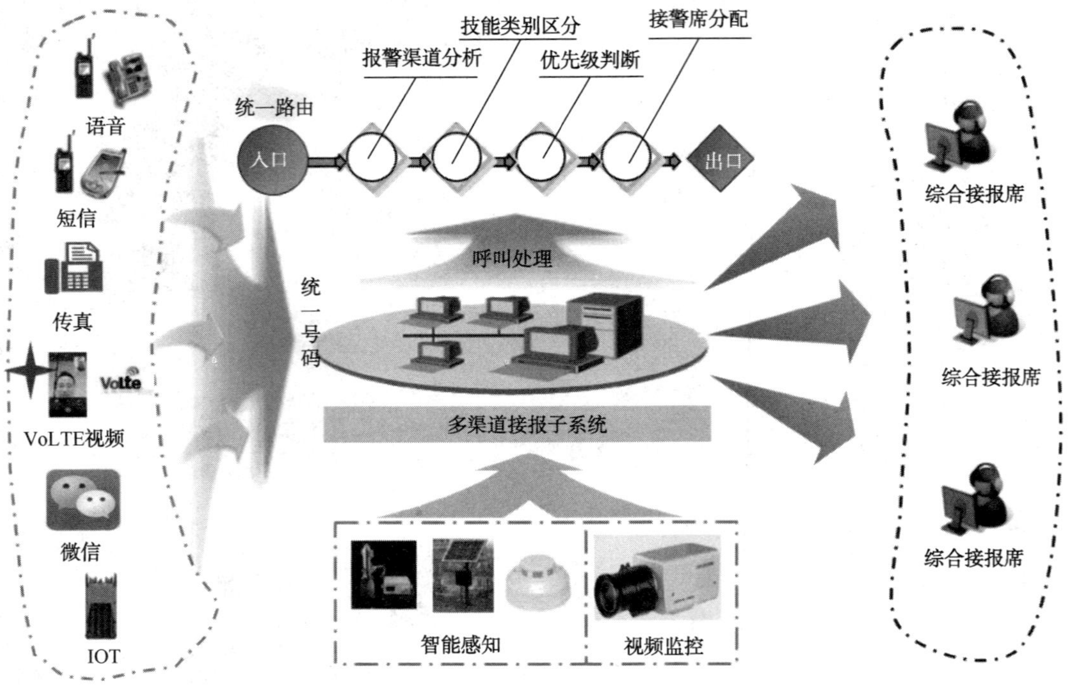

图6　多渠道信息实现统一接入

3.2　两大业务支持引领，推动应急生产指挥协同联动

胜利油田融合通信系统建设坚持“平”“战”结合，协同联动的原则，以生产指挥、应急管理两大业务为主线，基于“事前、事发、事中、事后”的全过程管理原则，围绕“预防准备、监测预警、处置救援、事后评价”能力建设。

基于油田生产指挥、应急管理业务需求，将关联业务紧密联系起来，实现任意时间、任何地点、任一设备的无差别沟通，并朝着移动化、视频化、云协作方向发展。

3.3　三项技术优化应用，构建融合通信体系架构

为提升油田生产指挥、应急管理的通信能力，考虑到融合通信系统对通信质量要求较高，结合油田网络现状，重点从长期演进语音承接（VoLTE）、H.265编解码技术、抗丢包技术三大方面实现技术优应用。VoLTE的语音和数据容量超过3G UMTS三倍以上，超过2G GSM六倍以上。因为VoLTE数据包信头比未优化的VoIP/LTE更小，它也更有效地利用了带宽。VoLTE技术带给4G用户最直接的感受就是接通等待时间更短，以及更高质量、更自然的语音视频通话效果。H.265编解码技术对一些相关的技术加以改进，以改善码流、编码质量、延时和算法复杂度之间的关系，达到最优化设置。抗丢包技术主要包含Opus编解码、AJB自适应缓冲技术、netATE技术、SEC超强纠错技术，用于缩短缓冲延迟时间，减小丢包率，保障生产指挥、应急管理中即时通信质量。

3.4　四大目标参与实现，支撑应急指挥能力发挥

一是“反应灵敏”，采用主流的、先进的技术构建系统平台，面对灾害、安全事故等突发事件，通过现场感知端，结合数据、视频的智能分析，及时获取事故现场相关的数据、视频、图像，做好隐患点的预警、预告，通过现场的移动音视频执法，获取油田安全生产隐患数据，进行事前的监测，综合提升感知、监测的预警能力，实现“信息全面汇聚、快速传达”的效果。

二是“协同联动”，结合融合通信多渠道应急接报能力，及时获取可能突发的应急事件，第一时间给出分析及研判，提前做好事件处置、周

边群众安置等工作，根据预案协调周边各部门的资源，进行现场处置，同时实时进行协同会商，包括移动会商、跨部门会商、多级会商，根据灾情、安全事故的事态发展，指挥决策进一步前移、指挥平台能力前移，强化应用整合、一体化建设，实现系统建设集约化和精细化。

三是“高效调度”，将油田现有的视频会议、视频监控、卫星图传、3G/4G图传、宽带集群、调度电话等分散独立的音视频及相关系统有机融合，构建一个集视频指挥、监控调度、视频会商、现场(卫星、3G/4G)图传、态势展现等功能于一体的可视化视频融合指挥系统，实现油田办公网、互联网、3G/4G、卫星等多网络视频资源统一管控和一站式调度，解决油田各级指挥中心与现场远程可视指挥调度的需要。解决应急救援情况下，根据事故事态发展，随时随地构建围绕决策团队的指挥中心平台，实现指挥中心现场随时的可视调度、专家决策、视频会商、感知信息汇聚等能力，有力支撑现场指挥调度能力，提高指挥决策效率。

四是“科学决策”，满足平战两种场景下的音视频管理应用，“平时”场景下的制订预案、应急培训、应急演练、科普宣传、可视化巡检等视频交互应用，“战时“场景下的应急值守、突发事件信息接收、核实调度、信息报告、联动单位处置和反馈等视频交互应用。

4 结语

油田融合通信系统建设更好地支撑油田应急指挥综合应用的建设需要，为胜利油田信息化建设打下坚实基础。

4.1 提升应急预警能力

结合音视频的多渠道应急接报能力，及时获取可能突发的应急事件，第一时间给出分析及研判，提前做好事件处置、周边群众安置等工作，同时通过现场感知端、结合数据、视频的智能分析，做好隐患点的预警、预告，通过现场的移动音视频执法，获取油田安全生产隐患数据，进行事前的监测，综合提升感知、监测的预警能力。

4.2 提升应急指挥能力

面对灾害、安全事故等突发事件，及时获取事故现场相关的数据、视频、图像，并根据预案，协调周边各部门的资源，进行现场处置，同时可实时进行协同会商，包括移动会商、跨部门会商、多级会商，根据灾情、安全事故的事态发展，指挥决策进一步前移、指挥平台能力前移。

4.3 构建应急指挥一张图

突出应急信息全面汇聚、快速展现、上传下达、协同会商、专题研判、指挥调度和辅助决策等支撑能力，建立反应灵敏、协同联动、高效调度、科学决策的应急指挥信息系统，实现油田应急指挥智能化、扁平化和一体化作战，进而全面提升油田应急指挥能力。

参 考 文 献

[1] 李妍，范筱，黄晓明，等. 面向未来的陆海空天融合通信网络架构[J]. 移动通信，2020(6).
[2] 曹萌晨. 融合通信下对视频会议系统的应用研究[J]. 数字通信世界，2020(6).
[3] 袁志伟. 基于网络负载均衡的矿山多网融合通信系统设计[J]. 世界有色金属，2020(2).
[4] 张伟学. 融合通信在应急指挥调度的应用[J]. 集成电路应用，2020(5).
[5] 杨飞. 一种多场景的融合通信解决方案[J]. 电脑知识与技术，2018(32).
[6] 刘小勇，齐海领. 视联网视频与数据融合应用解决方案[J]. 有线电视技术，2019(3).
[7] 郎海. 基于融合通信的应急指挥调度系统设计及实践[J]. 怀化学院学报，2019(11).
[8] 王慎，孙鹏飞. 多媒体融合通信技术在现代指挥调度中的应用[J]. 警察技术，2019(4).
[9] 刘博. 融合通信技术在电力行业的应用研究[J]. 信息与电脑(理论版)，2018(6).
[10] 曹萌晨. 融合通信下对视频会议系统的应用研究[J]. 数字通信世界，2020(6).

构建中油国际管道公司全域纵深网络安全防护体系

王　铁　曲　伟　皮　斌　杨志远

（中油国际管道有限公司）

摘　要　随着新型数字技术快速发展，以及数字油气管道建设的加快，中油国际管道公司（简称国际管道）在网络安全上面临着日益严峻的风险和挑战。为此围绕满足国内外监管合规要求和公司高质量发展转型的需要，国际管道一方面基于ISO/IEC27001、态势感知技术、等级保护2.0等构建了数字油气管道全域网络安全防护体系；另一方面以基础环境安全、终端安全、应用安全等构建了边界防护、通信安全和计算环境安全的纵深防护措施，以实现"三化六防"为目标，构建"三项体系"，完善"三项措施"，强化"四种能力"，科学合理地规划了国际管道的全域纵深网络安全防护体系。该体系是通过建立健全网络安全管理体系，搭建网络安全运营平台体系，加强网络安全技术体系，重点落实基础环境安全、终端安全、应用安全三项措施，狠抓提升网络安全防护、监测、响应、处置四大关键能力，同时大力开展工控网络安全防护的研究，推进网络安全与工控系统安全深度融合，以全面提高公司整体网络安全防护的自动化和智能化水平，为公司建成世界一流国际管道公司战略目标保驾护航。

关键词　数字油气管道；网络安全；防护体系；全域防护；纵深防护；深度融合

近年来，油气管道快速迈入智慧化、数字化时代，管道信息和工控系统的网络安全事关油气管道的安全稳定运行，也关系到人民群众生命财产安全和国家生态环境和能源保障安全。因此，国际管道把网络安全作为企业治理体系现代化和治理能力提升的重要组成部分，加快构建与"能源丝路"相适应的全域纵深网络安全防护体系（见图1），构筑网络"大安全"新格局，确保国内外统筹推进数字油气管道和智慧化建设，为国际管道在2025年建成高水平"世先"和在2030年实现"创一流"目标奠定坚实基础。

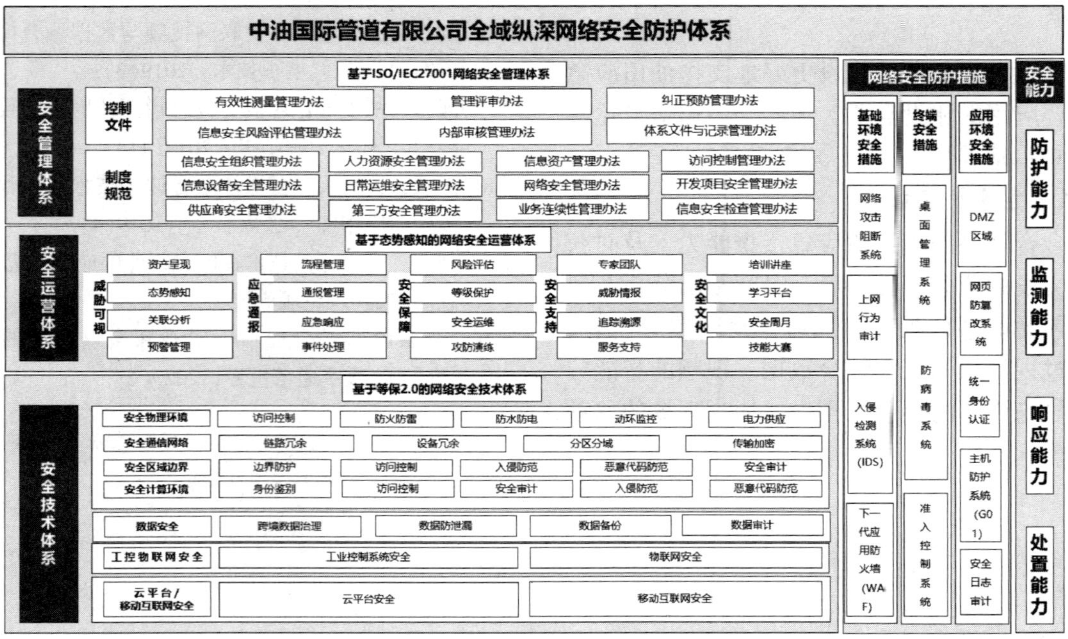

图1　中油国际管道公司全域纵深网络安全防护体系图

1　全域网络安全防护体系的构建

针对国内外网络安全面临的新环境和新趋势，国际管道认真落实国家和集团公司关于网络安全法律法规和工作的相关部署，结合跨国油气管道业务特点，以新理念拓展思路，用新思维破解难题，通过持续引入新知识和新技术来提升自身能力。

以国际通行的 ISO/IEC27001 框架为管理体系基础，以基于态势感知架构为运营体系平台，以国家信息系统等级保护 2.0 制度为技术体系标准，国际管道构建起了覆盖总部、国内分公司和海外项目的全域网络安全防护体系(见图 2)，有力推动了公司网络安全工作向主动、协同和高效的方向发展。

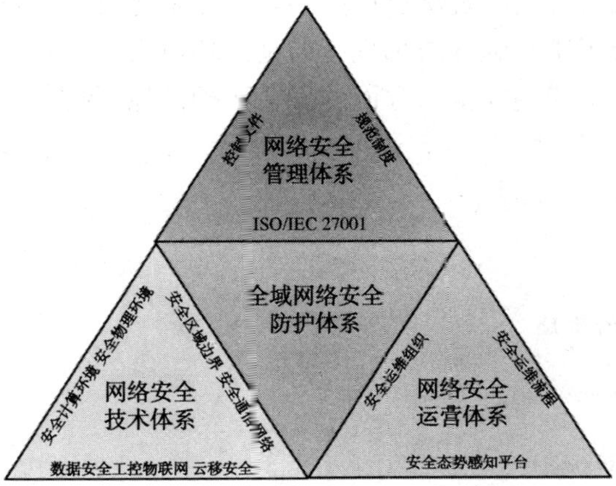

图 2　全域网络安全防护体系架构图

1.1　基于 ISO/IEC27001 的网络安全管理体系

国际管道按照实际业务需求，结合公司网络安全现状，借鉴国际最佳实践 ISO/IEC27001，建立了与国际管道管理相匹配的网络安全管理体系，该体系以网络安全风险预防为主要思想，本着消除隐患与控制风险的原则，确保所拥有的关键信息资产发生风险的概率和结果降低到可接受水平。目前，该体系已经在总部顺利实施，正逐步向中缅、中哈、中乌、中塔、中吉等海外项目和合资公司进行推广。该体系文件包括四级共 115 个文件，其中一级 2 个文件为纲领性文件和适用性声明，二级 20 个文件为管理办法，三级 12 个文件为管理细则，四级 81 个文件为具体执行表单。

国际管道在网络安全管理体系建设的实践过程中，严格落实合规性要求，从风险识别源头出发，保证公司网络安全管理内容与国家、集团和海外项目属地国要求相洽互适。同时，根据公司实际生产经营环境，创造性地做到“体系建设”与“国际认证”同步开展，保障了网络安全管理体系的高效、顺畅运行，做到了体系建设内容不空、认证含金量不虚。公司在经过体系化的网络安全管理和有效的风险控制措施后，提升了公司信息资产的保护能力，规范了全体员工上网行为，增强了包括合作伙伴、中方股东在内的利益相关方信心和公司在海外项目及合资公司的影响力。

1.2　基于态势感知的网络安全运营体系

国际管道业务发展和数字化转型的加速，给公司的网络安全也带来了新威胁和新挑战。国际管道根据国家《信息系统等级保护 2.0》和集团公司《网络安全考核管理办法》安全合规要求、风险规避要求，遵循一体化集成、技管并重、安全开放等原则，从网络安全人员体系、技术体系和流程体系三个维度出发，建设了基于安全态势感知的网络安全运营体系，以应对各类安全挑战和解决安全运营工作遇到的问题，并确保网络及业务系统持续稳定安全运行。国际管道安全运营体系架构包括网络安全运营组织、网络安全运营平台、网络安全运营流程三部分组成。

一是健立健全网络安全运营组织。借鉴集团公司网络安全运营方面的有效工作经验，国际管道在原有信息中心组织架构的基础上，下设网络安全运行中心，配置了网络安全监控、网络安全分析、网络安全通报、网络安全运维、网络安全综合 5 个岗位及职责，以强化技术支撑，规范运行管理流程，实现网络安全的全方位监控管理和日常技术支持。

二是搭建网络安全运营平台。按照分布式架构，部署了态势感知平台和探针，实现了公司本部、国内外分公司和海外项目的全网安全的统一监测与防护。此外，安全运营平台通过与安全设备的联动，实现了安全时间的自动化响应，形成了防护、监测、响应、处置完整闭环，极大地提升了公司整体网络安全防护能力。

三是固化网络安全运营流程。以网络安全运营平台为承载，以合规性要求为支撑，面向等级保护，聚焦网络安全运营能力提升，在网络安全运营平台上固化运营工作、运营服务、事件处置等流程，实现向组织提供统一的网络安全服务能力、高效的网络安全服务体验及良好的运维效率，大幅提升了国际管道整体网络协同防御能力。

1.3 基于等保 2.0 的网络安全技术体系

国际管道凭借多年的网络安全实践，基于《中华人民共和国网络安全法》、集团公司《网络安全管理办法》等法律法规要求，结合公司业务发展需求，从整体网络安全角度，实施了一套合理可落地的、符合信息系统等级保护 2.0 安全防护技术措施。

一是以安全计算环境为重心，提升安全风险管控，强化数据资产防护。在设备安全、应用安全、数据安全等方面，针对访问控制、入侵防范、安全审计、防泄露、恶意代码防范等，按照集团统一要求，以源代码检测、渗透测试、漏洞扫描等技术为支撑，实现安全计算环境的有效防护。

二是以安全区域边界为依托，强化纵深防御，增加攻击成本。围绕边界安全策略的持续改进和提高安全防护能力，部署实施了防火墙、Web 应用防火墙、入侵检测系统、上网审计等设备，实现对威胁的主动防御与检测，确保受到网络攻击和威胁时及时响应，具备审计分析能力，实现对威胁的有效威慑防范，力争防患于未然。

三是以安全通讯网络为桥梁，优化网络基础架构，强化网络隔离扩展能力。通过持续优化基础网络结构，收缩网络攻击面，构建态势感知安全能力组件，有效检测分析全网流量，强化攻防对抗的高效分析判断，以多维协同响应提升全网防护能力。

2 纵深网络安全防护措施的构建

长期以来，国际管道坚持强化筑牢基础设施来提升网络安全防护能力，通过试点实践推动全面落地，实现层层设防的防护体系建设，有效形成了基于纵深防御理念的基础环境安全、终端安全、应用安全三方面的安全防护措施(见图 3)。

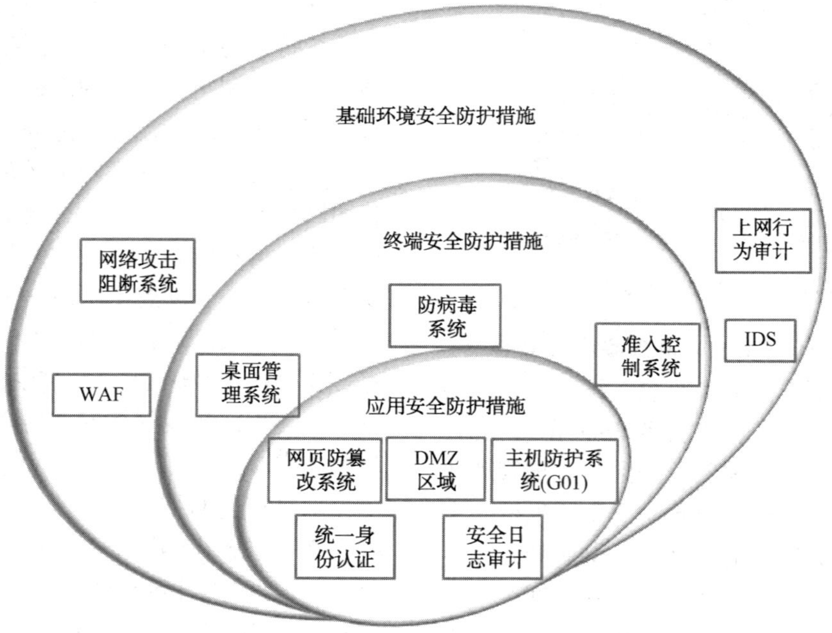

图 3　纵深网络安全防护措施架构图

2.1 基础环境安全防护措施

国际管道在基础环境安全防护方面，一是基于严防边界，御敌于“国门”之外、避免本土作战的策略，在网络边界部署了异构安全监控和防护设备，包括网络攻击阻断系统、WAF、IDS、上网行为审计等设备。

二是严守关键节点，阻断异常流量。根据公司实际业务需求，对于 DMZ 区、骨干网、核心网、办公网等重要网络节点，严格控制系统跨安全区域访问权限，精准管控路由可达路径，及时清理过期访问策略，实现网络通信可信可控。在网络关键节点部署网络流量探针，联动态势感知系统，及时发现潜在的安全风险。

三是严控核心主机，守住安全底线。业务核

心区计算环境启用全面的安全管控机制，部署日志审计、堡垒主机、主机防护系统、主机防火墙、防病毒系统等，及时主动防御核心主机的安全隐患。

2.2 终端安全防护措施

当前，邮件钓鱼、社工攻击成为突破网络边界的重要手段，特别在近几年的攻防演练中被频繁利用。国际管道办公终端由于分布国内国外、数量庞大、环境复杂、用户频繁流动等特点，终端作为内外网之间的接入通道，极易成为外部攻击者进入内网进行横向渗透的跳板。为防范网络攻击者通过终端进入公司内部网络，国际管道在终端安全防护方面，基于纵深防御的原则，构建了终端安全管控防护措施。

一是防范被入侵。在公司总部、国内外分公司、海外项目全面推广桌面管理系统和防病毒系统，确保终端安装全覆盖；通过下发准入控制、账号登录权限、强制安全软件安装、系统补丁推送、软件黑白名单、禁止非法外联等策略，对各类终端设备实行较强的安全管控措施。

二是防止被控制。部署上网行为管理系统，当各类终端感染病毒、蠕虫、木马时，有效阻止恶意进程非法外联，保证各类终端设备不被非法控制。

三是防止被利用。严格控制各类办公终端访问控制权限，通过防火墙安全策略及白名单严格控制各类办公终端访问可达范围，严格控制各类办公终端访问控制权限，同时定期组织全网办公终端的漏洞扫描和弱口令扫描。

2.3 应用安全防护措施

在数字化转型的大背景下，开放应用和API应用成为网络攻击的主要目标。国际管道根据应用系统全生命周期特点，按照网络安全工作前置原则，在应用系统需求、设计、研发、测试、上线等阶段严格落实应用安全管控防护措施。

一是应用系统架构遵从统一的基础环境架构部署要求，外网访问或者第三方API应用前端系统，必须统一部署在DMZ区域内，各应用的前端之间从网络层进行逻辑隔离，后台管理功能界面与前端用户访问界面，从系统架构层面进行有效分离。

二是应用系统部署需符合基础环境安全配置要求，外网访问的应用系统必须部署Web应用防火墙，主机需安装网页防篡改软件、主机安全防护软件（G01）、防病毒软件等，形成实时阻断、监控告警、流量分析等多层面多维度的应用安全防护机制。

三是强化应用安全访问控制权限，计划建设统一身份认证平台，实现统一的认证和鉴权；严格管控应用系统之间的互访互联，避免非必要系统之间的集成。

四是加强应用日志安全分析，通过安全日志审计平台，对应用系统的日志进行集中收集分析和审计，及时甄别和处置系统存在的异常行为。

3 工控网络安全防护体系的研究

随着物联网、智能化等新技术在工控领域的不断深入，工控网络安全隐患日益凸显，作为油气管道生产运营的“神经中枢”工控网面临着前所未有的、复杂严峻的网络安全威胁。国际管道正积极开展工控网络安全管理体系、技术防护体系、人才培养体系的研究。

3.1 工业控制系统网络安全防护的认知

国际管道在工业控制系统网络安全防护的认知实践中，认为工控系统安全和网络安全相互关联，在同一条攻击路径上。当前网络安全的关注重点是数据安全，而工控系统安全更多关注生产运行系统的稳定性和对生产的影响。这也决定了两者的防护体系和结构不同。网络安全强调边界防护、计算环境防护、通信网络防护等，这些对工控系统来说是不够的，“零容忍”才是工控系统安全防护核心，因为工控系统绝对不能在发现风险或者隐患时立即中断，而是要在不影响系统本身和其他系统情况下，将风险或者隐患点进行隔离，所以结构安全、本体安全、行为安全、基因安全才是工控系统的防御之道。

结构安全是指在系统架构安全规划、网络安全分区设计、区域访问控制策略、实现不同网络之间的隔离与认证等方面进行防护；本体安全是指采用补偿性措施来阻止和避免由于ICS自身的漏洞、缺陷被恶意利用或者无意的干扰造成的系统瘫痪；行为安全是指采用态势分析、入侵检测、审计追溯等手段发现ICS中异常行为，分析正常行为特征，固化业务操作行为安全规则，拦截恶意攻击行为；基因安全是指通过可信计算、自主芯片和国产操作系统来实现基因安全，在软硬件体系结构上随时可以切换为国产平台。为及早在工控系统中植入安全基因，国际管道正在大力开展工控系统网络安全基础研究，强化网络安全与工控系统安全深度融合。

4 结语

国际管道始终牢记保障国家能源通道安全的政治责任，认真贯彻国家与集团公司部署关于网络安全相关的重点工作。一是深度解析数字化转型推广路径。国际管道将不断探索升级数字化赋能管道业务的路径，结合数字化能力现状与转型需求，研究制定符合公司发展实际且在海外具有推广价值的网络安全防护体系路线图。二是构建跨境数据全生命安全管理体系。在跨境数据安全方面，国际管道将根据《中华人民共和国数据安全法》要求，构建数据采集与存储、传输与使用、分析与应用、归档与销毁的全生命周期安全管理体系。三是持续推进工控网络安全防护体系研究。在工控网络安全方面，国际管道将以结构安全、本体安全、行为安全和基因安全作为防护研究重点，形成油气管道工控系统网络安全防护体系。四是完善组织机构保障，构建良好的人才生态。国际管道将不断完善推进网络安全人才队伍建设和组织机制保障，建立成一支担当起时代使命、积极作为、素质优良的网络安全人才队伍。

国际管道将持续推进全数字油气管道域纵深网络安全防护体系的建设，大力提升公司整体网络安全管理、网络运营和网络技术能力，锚定"建设世界一流水平国际化管道公司"战略目标，赋能公司业务高质量可持续发展，成为国家社会主义现代化强国建设和集团公司基业长青蓬勃发展中更加坚实、更为可靠的力量。

参 考 文 献

[1] 杨鹏飞，罗奇伟，李尧．数字政府网络安全指数评估体系研究[J]．国脉电子政务网，2022(02).

[2] 刘苍牧．构建纵深网络安全防护体系[R]．金融电子化，2021(09).

[3] 范黎明．浅谈如何构建网络安全防护体系[J]．数字技术与应用，2016(03).

[4] 孙一桉．"4+1"安全保障体系——工控网络安全防御之道[R]．控制工程网，2019(07).

应用工业互联网推进油田本质安全

镇国钧 周 磊 李 尚

（中国石油天然气股份有限公司浙江油田分公司）

摘 要 浙江油田公司矿权分布于苏、皖、滇、黔、川、渝、鄂、湘等8省5个盆地（坳陷），具有地质复杂、环境敏感、油田用工总量少的特点。17年来，油田公司始终坚持“以人为本、质量至上、安全第一、环保优先”理念，实现了零事故、零污染、零伤害。2021年被应急管理部列为工业化互联网+危化安全生产试点建设单位。浙江油田严格按照《“工业互联网危化安全生产”试点建设方案》，结合油田公司安全生产管理的现状，开展需求分析、规划设计和方案编制。完成了油田公司工业互联网+安全生产系统架构、业务架构、技术架构和网络架构设计，加大数据梳理和治理力度、强化系统功能应用，推进工业互联网在安全生产中深度融合，有力地促进了油田公司提质、增效、降本、绿色、安全发展。

关键词 工业化互联网+；危化安全生产；系统架构；业务架构；技术架构；网络架构

浙江油田分公司（下称浙江油田或油田公司）持有9个探矿权，分布在苏、皖、滇、黔、川、渝、鄂、湘等8省5个盆地（坳陷），勘查面积约$2.05\times10^4km^2$，目前主要开采页岩气、煤层气和致密油。2021年实现油气当量146.6×10^4t。

浙江油田自2005年成立以来，面对矿权分散、地质复杂、环境敏感、用工总量少的现状，加大信息技术应用。在油气产量快速增长的情况下，始终保持用工总量500人以内，安全环保形势平稳可控。17年来实现了零事故、零污染、零伤害，连续8年被集团公司评为安全生产先进企业。2021年被国家应急管理部列为“工业互联网+危化安全生产”建设试点单位。

1 应急管理部“工业互联网+危化安全生产”试点建设要求

以信息化促进企业数字化、智能化转型升级，推动操作控制智能化、风险预警精准化、危险作业无人化、运维辅助远程化，提高安全生产管理的可预测、可管控水平。推进新一代信息技术和安全生产深度融合，构建“工业互联网+危化安全生产”技术体系和应用生态系统，推动企业、园区、行业、政府各主体多级协同、纵向贯通，覆盖危险化学品生产、储存、使用、经营、运输等各环节，实现全要素、全价值横向一体化。提升安全生产风险感知评估、监测预警和响应处置能力，排查化解潜在风险，牢牢守住不发生系统性风险的底线，为促进企业和监管部门安全管理数字化转型赋能。

2 浙江油田安全生产管理的现状

2.1 优势

浙江油田牢固树立“以人为本、质量至上、安全第一、环保优先”的理念，坚持强基础、严监管、零容忍的基本思路，持续推进质量、健康、安全和环保（QHSE）管理体系有效运行，全面推行安全生产责任清单，持续培育安全文化，深化双重预防机制建设，保持了较好的安全生产业绩。公司自2005年成立以来，未发生过工业生产安全环保事故。2021年QHSE全要素量化审核得分84.98分，专项量化审核得分86.89分（见图1），处于良好（B1）级。

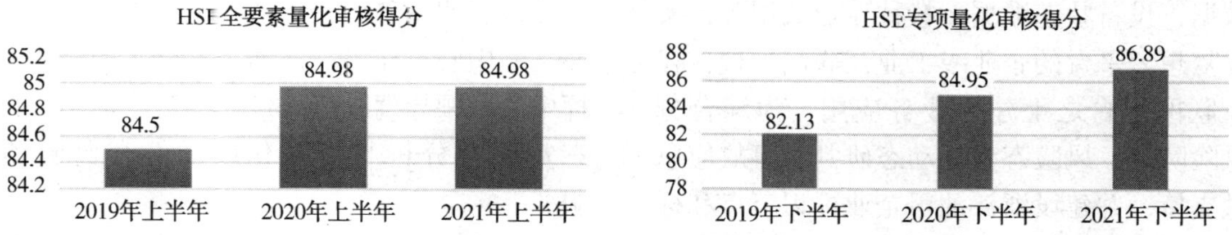

图1 浙江油田公司近三年量化审核得分情况

2.2 存在的问题

（1）浙江油田生产作业点多、线长、面广，高温高压、有毒有害、易燃易爆行业风险特点突出，火灾爆炸、中毒窒息、井喷失控、油气泄漏、环境污染、道路交通等事故概率大，一旦发生事故对环境的影响和破坏性大。野外流动作业频繁、专业繁多、作业风险大，随着勘探开发力度加大，油田公司所面临的各类安全风险、事故隐患压力凸显。

（2）部分干部员工 QHSE 责任落实和执行力问题依然突出。承包商队伍自主管理能力差，队伍变动频繁，现场违章屡禁不止；2021 年流转的大安区块钻采超深层页岩气、100MPa 的压裂以及长江横穿探区等因素导致井控风险、安全环保风险进一步加大。

3 工业互联网+安全生产总体设计

3.1 系统架构

浙江油田工业互联网+危化安全生产试点建设项目系统架构如图 2 所示。

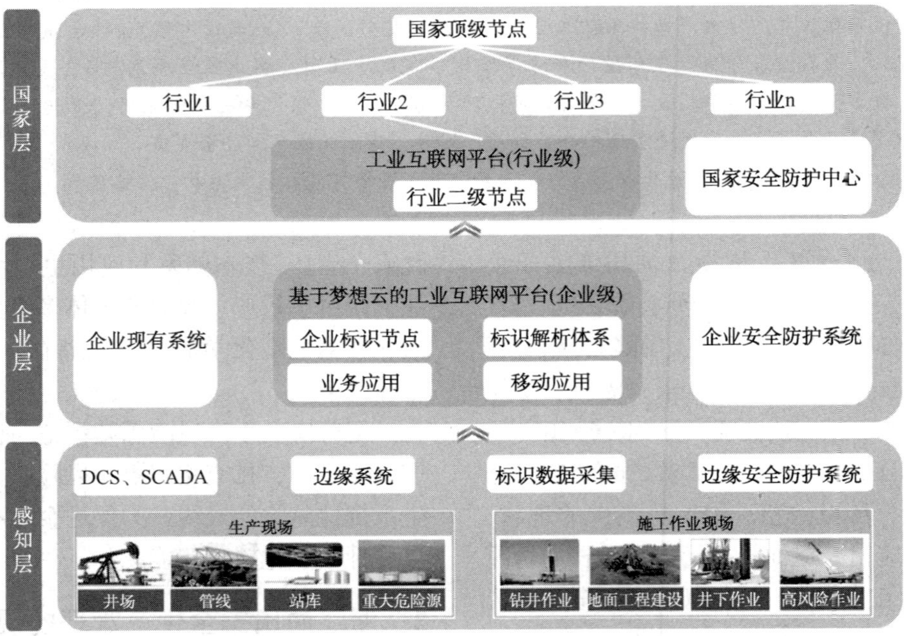

图 2　浙江油田工业互联网+危化安全生产试点建设项目系统架构

感知层：通过对油田公司生产现场和施工作业现场的各种设备设施进行状态监控、参数采集，可实时获知生产设备、井场、管线、站库、特种作业等的运行状况和环境的准确变化，在现场实现简单分析处理，并通过与工业互联网平台工业智能应用的云边协同实现对生产设备、辅助生产设备以及安全设施的远程监控与控制，提高危化领域安全生产的保障水平。

企业层：可依托现有系统基础数据，通过接入企业实时监测数据、视频监控数据、人员定位实时数据、设备状态数据、特种作业数据等，实现基于梦想云平台的企业级工业互联网平台，在工业互联网平台之上建设业务应用，为综合分析、风险防范、风险态势、动态研判、事故应急等提供支持，并建设浙江油田企业标识节点和标识解析体系，与危化安全生产行业二级节点实现对接。

国家层：主要包含工业互联网国家顶级节点建设和各行业二级节点建设。其中，国家顶级节点是我国范围内最上层的标识服务节点，能够面向全国范围提供融合性顶级标识服务，以及标识备案、标识核验等管理能力。二级节点是面向行业提供标识注册和解析服务，工业互联网标识二级节点是工业互联网标识解析体系的中间环节，直接面向行业和企业提供服务。

3.2 业务架构

总体业务架构为一中心、一基地、两支撑、三体系、四专项（见图 3）。

一中心：作为浙江油田安全生产监测运行指挥中心和领导驾驶舱入口，为整个油田提供安全态势综合分析与可视化以及综合监测预警等服务。

一基地：建设浙江油田安全教育培训基地，以系统的课程体系为支撑，通过传统的课堂培训讲授安全理论知识；通过安全体验中心体验培训，增强学员的安全意识；通过安全实训中心，提升学员的安全技能；通过配套各种考核手段，验证学员的学习效果，打造集“教—学—练—测—评—管”于一体的“一站式”培训模式，最终提升学员的安全意识、安全知识和安全技能。

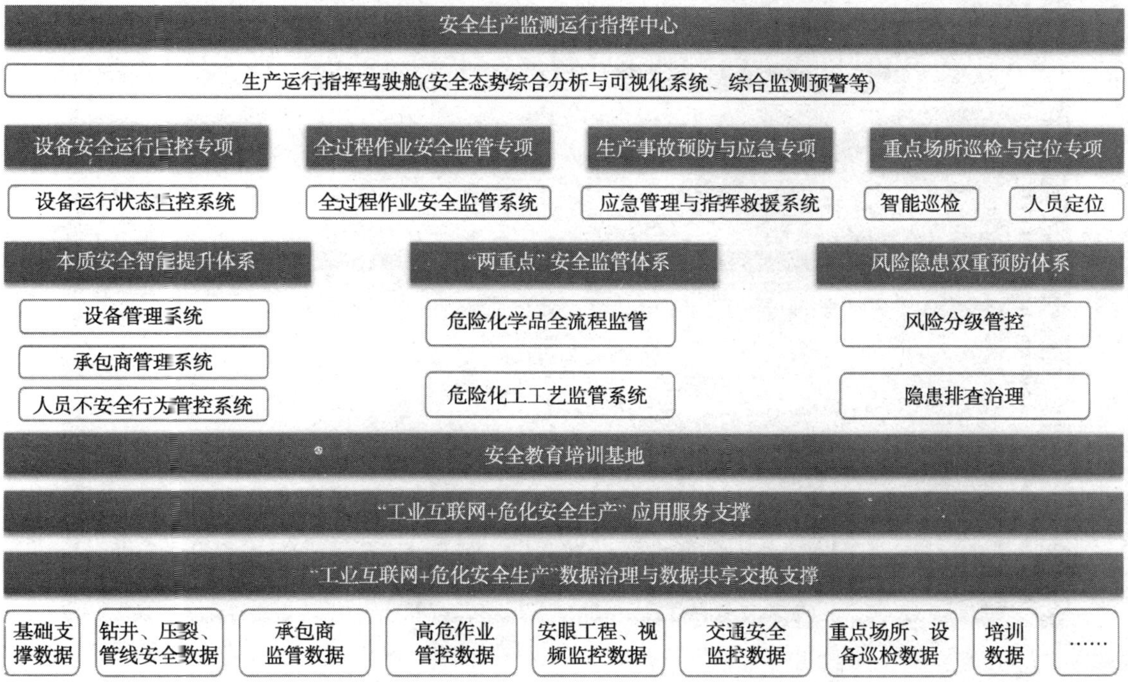

图 3　浙江油田工业互联网+危化安全生产试点建设项目业务架构

两支撑：包括“工业互联网+危化安全生产”应用服务支撑、数据治理与数据共享交换支撑。应用服务支撑为上层业务应用提供技术中间件服务、机理模型服务以及人工智能模型服务等。数据治理与数据共享交换支撑主要汇聚安全相关全业务域数据，通过数据治理与数据交换支撑上层业务应用。

三体系：包括本质安全智能提升体系、两重点安全监管体系、风险隐患双重预防体系。其中，本质安全智能提升体系包括设备管理系统、承包商管理系统和人员不安全行为管控系统。两重点安全监管体系包括危险化学品全流程监管系统和危险化工工艺监管系统。风险隐患双重预防体系包括风险分级管控系统和隐患排查治理系统。

四专项：包括设备安全运行监控专项、全过程作业安全监管专项、生产事故预防与应急专项和重点场所巡检与定位专项。

3.3　技术架构

按照“两统一、一通用”原则，以中石油勘探开发梦想云平台为依托，以四个一(一朵云、一个湖、一个平台、一个门户)建设原则，实现上游全业务链数据互联、技术互通、业务协同与智能化发展。

梦想云平台融合国内外最新 IT 技术，自主研发了开放、稳定、高效、安全的 PaaS 云平台，建立持续迭代的开放技术生态。梦想云总体框架包括统一数据湖、通用底台、服务中台、应用前台 4 个层次及相关的标准规范，支撑 8 大业务体系。本项目基于梦想云平台技术体系，建设“工业互联网+危化安全生产”业务应用(见图 4)。

3.4　网络架构

整体网络架构由企业侧网络部署、行业侧和政府侧网络部署组成。企业侧网络架构主要由边缘层各种物联网感知设备组成，通过无线或有线网络接入油田公司“工业互联网+危化安全生产”平台。同时“工业互联网+危化安全生产”平台需要接入中石油集团公司统建系统、油田公司自建系统相关安全业务数据和危化品安全生产国家标准数据库数据，达到平台“泛在感知、全面融合”的目标。企业侧网络部署从架构上需要与危化安全生产行业工业互联网监管平台交互，同时要满足政府、地区应急管理管理部门的数据对接需求，达到数据“横向连通、纵向贯穿”的目标(见图 5)。

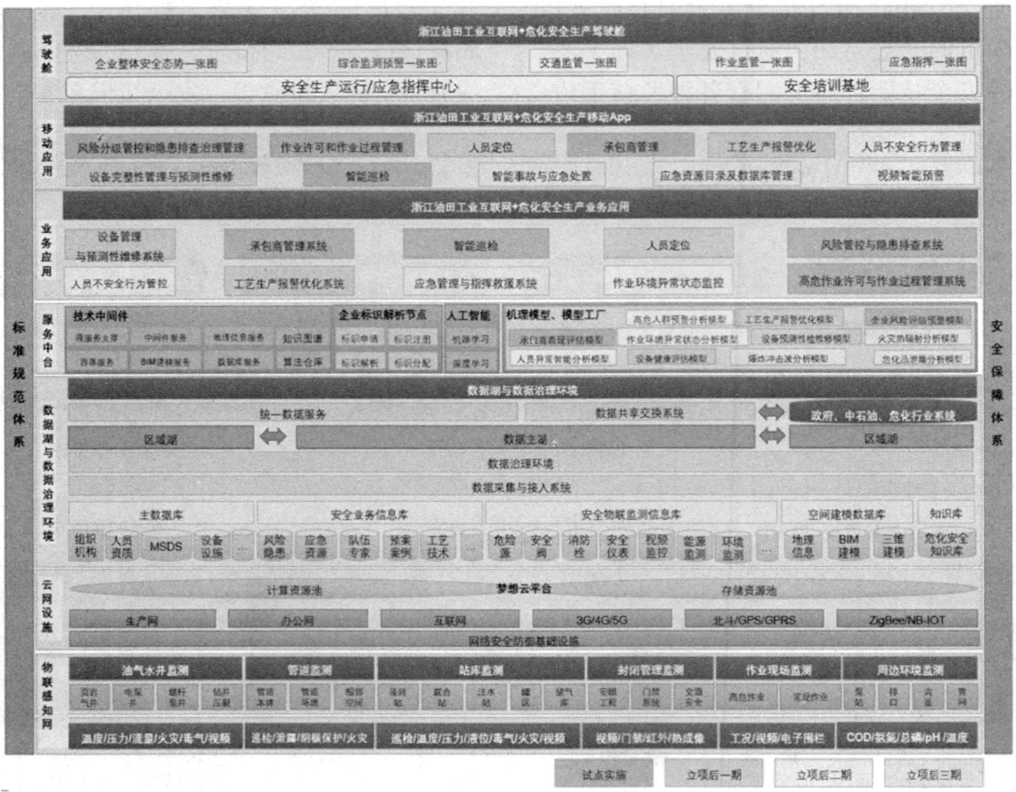

图 4　浙江油田工业互联网+危化安全生产试点建设项目技术架构

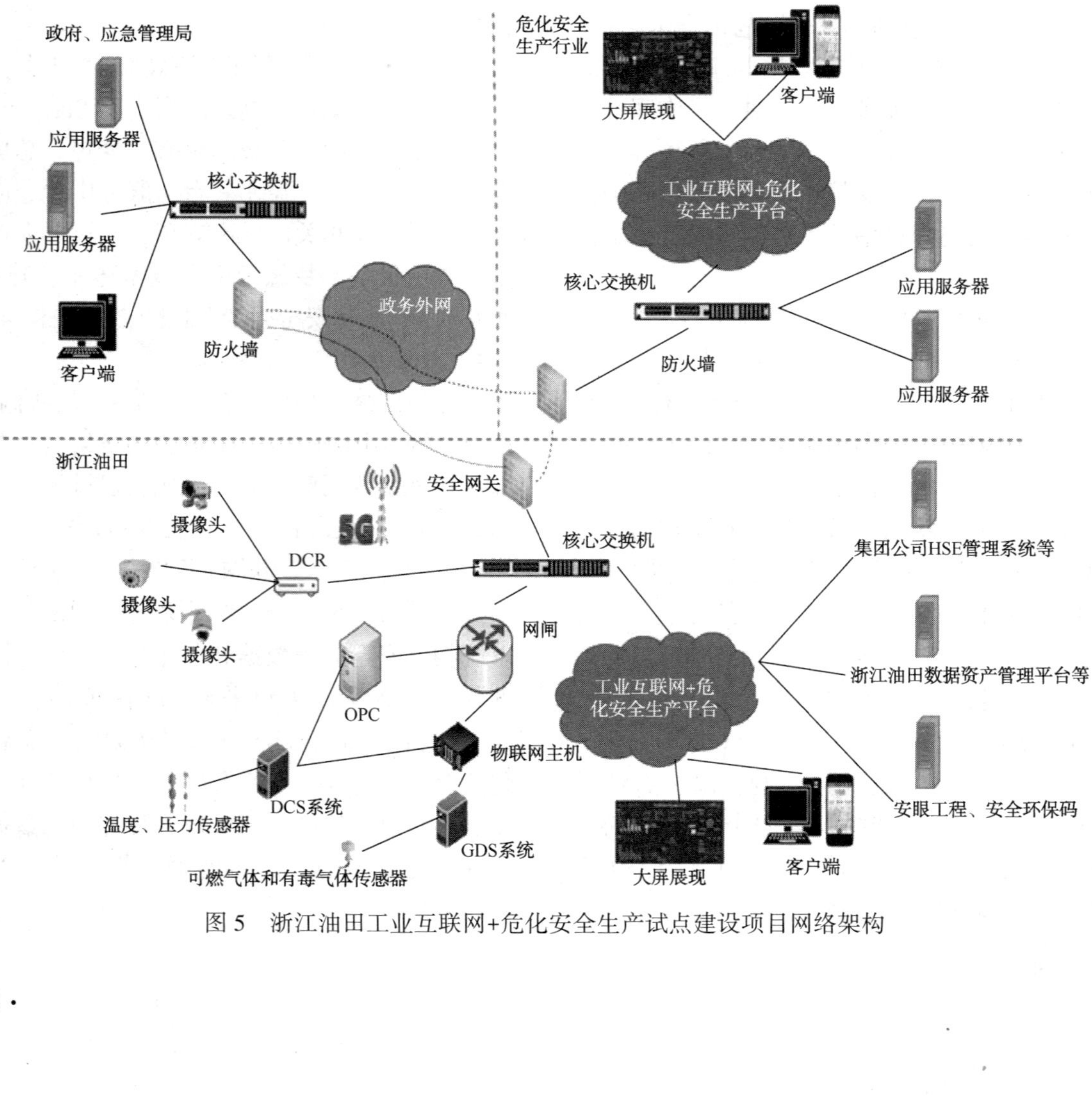

图 5　浙江油田工业互联网+危化安全生产试点建设项目网络架构

4　实施规划

基于应急管理部“工业互联网+危化安全生产”17 个应用场景、21 个工业 App 和 11 个工业机理模型，结合浙江油田分公司安全生产管理现状，坚持统筹规划，试点先行原则。实施规划分两个阶段进行，第一阶段为试点实施阶段，主要解决安全生产管理中的痛点，侧重对现有系统的功能提升，并以浙江油田分公司现有安全环保码系统数据、安眼工程数据以及大数据管理平台中的数据等为基础，选取承包商管理系统、高危作业许可与作业过程管理系统、智能巡检系统、风险分级管控和隐患排查治理系统作为试点实施阶段的建设内容，确保建设成效与问题解决。第二阶段为立项后实施阶段。立项后实施阶段基本涵盖各应用场景、工业 App 和机理模型等。其中以企业整体安全态势一张图(见图 6)、综合监测预警一张图(见图 7)、交通监测一张图、作业监管一张图、应急指挥一张图、设备管理一张图等领导驾驶舱为应用层顶层设计，自上而下梳理各级各类指标和自下而上搭建各类平台。

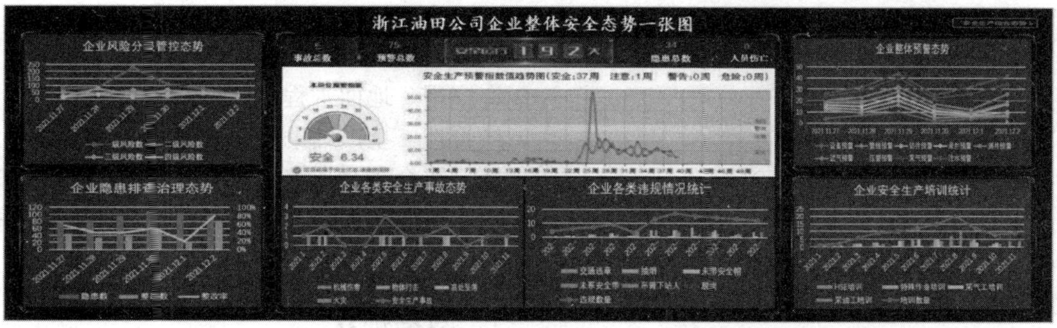

图 6　浙江油田公司企业整体安全态势图

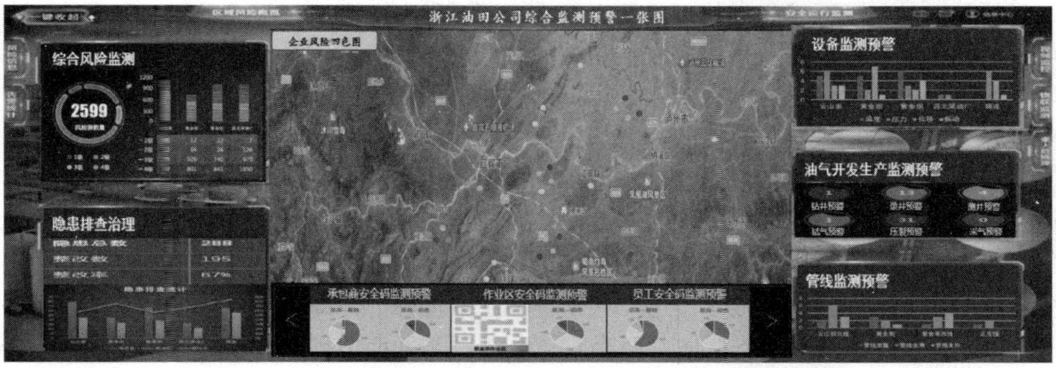

图 7　浙江油田综合监测预警图

5　结语

浙江油田“工业互联网+危化安全生产”试点建成后，将极大地提升油田公司安全生产管控能力。实现安全环保一体化监管，提升综合监管能力；全面动态掌握油田公司风险底数，提升风险防控能力；实现应急管理平战结合，提升综合应急保障能力；筑牢安全生产基础，保障油田公司可持续发展。同时对油气行业具有示范引领作用，形成可复制可推广的危化安全生产现代化管控模板，依托工业互联网平台，汇聚油田公司安全相关全业务域数据，打造智能化业务应用，强化企业快速感知、实时监测、超前预警、动态优化、智能决策、联动处置、系统评估、全局协同能力，实现油田公司危化安全生产监管的“用数、上云、赋智”，引领油气行业创新企业安全管理新模式、新路径。

参　考　文　献

[1] 杨剑峰，杨勇，王铁成，等．梦想云平台[M]．北京：石油工业出版社，2021.

[2] 周良军，邓斌．华为数字化转型：企业持续有效增长的新引擎[M]．北京：人民邮电出版社，2021.

浅谈青海油田 A5 系统应用及管理

胡敏清

（中国石油青海油田公司勘探开发研究院）

摘　要　采油与地面工程运行管理系统(A5)，是中国石油信息技术发展规划中的重点统建项目。系统包括采油与地面工程两大业务模块。满足了中国石油总部、各油气田公司、各采油采气厂各层级业务需求，并基于B/S运行模式能够实现跨平台、跨网络实时存取数据，实现了纵向到底、上下一体的信息化贯通管理，促进了信息流和业务流深度有机融合，建立了具有数据管理、生产管理、分析应用功能的信息管理系统。

关键词　B/S运行模式；跨平台；实时存取；数据管理；生产管理；分析应用

1　系统概述

1.1　系统应用背景

在A5系统运行前，中石油内部采油与地面工程领域的数据和业务规范程度相对较低，没有统一的数据和业务标准，各油气田信息化程度参差不齐，很难深层次开展经济效益应用。因此，建设一套高效的信息化管理系统是企业发展的必然之路，目的是以油气田开发生产管理应用为立足点，成为各级生产管理用户工作中实实在在需要的、可用的平台，不单纯是数据管理系统，更要成为生产组织者的应用工具、决策管理者的决策支持工具。

1.2　项目建设历程

在集团公司信息管理部统一领导下，勘探与生产分公司围绕中国石油上游业务，落实“共享中国石油”发展战略，按照“一个整体、两个层次”工作要求，开展了上游业务信息化顶层设计，并将A5系统划分为1.0和2.0两个阶段。青海油田遵循股份公司要求持续推进，A5 1.0阶段已于2017年8月完成上线验收，上线15个功能模块。A5 2.0是在A5 1.0的基础业务上进行扩展，涵盖的面更广、更深，功能更齐全，青海油田现在正处于A5 2.0项目上线运行阶段，共上线17个功能模块。

1.3　系统业务模块

A5系统目前涵盖勘探与生产领域采油采气和地面工程两大业务。采油(采气)工程包括规划与方案、储层改造、完井管理、采油生产、采气生产、注入生产、井下作业、井完整性、报废井管理、综合管理共10个模块的数据维护和查询应用。地面工程包括前期管理、建设管理、生产管理、生产辅助管理、管道完整性、站场完整性、综合管理共7个模块，每个模块管理分系统、分层次按权限进行基础数据和生产数据维护、审核、汇总。

2　数据现状

在中国石油勘探与生产领域，油藏工程、采油工程和地面工程构成了原油和天然气生产的全部业务。但是，很长时间以来，中国石油采油采气工程与地面工程领域的数据和业务规范程度相对较低，各油气田相关信息化程度参差不齐。股份公司统建信息项目A1、A2在进行上游信息标准化工作，按照POSC的业务类型和模型制定了符合中国石油业务需求和发展要求的中国石油上游数据标准，即EPDM。在EPDM模型中，采油工程与地面工程设计了部分相关数据表，但业务数据没有完全涵盖，也没有进行全部数据的采集。在数据库建设方面，中国石油各油田采油厂根据各自业务需求和信息建设情况建立覆盖局部业务的数据库，但结构和存储方式各异，未形成统一的数据库，共享应用程度不高。A5系统弥补了上述空缺，构建了统一的建设标准、规范体系。目前，A5系统已覆盖中国石油各类井、间、站、库、主要管道、设施设备，实现采油采气与地面工程领域全系列全要素信息化管理。青海油田目前井、间、站、库等动(静)态数据完整高。其中，井下作业管理模块实现了从计划、设计、施工、总结、井控、监督、队伍、装备等全面管理，平均处理周期减少三天。录入情况呈逐年递增，完成率及数据有效性稳中向好，为油气水井提供了多种重要基础数据，达到了油气水井三项设计及施工管理要求。

A5 系统建立了统一标准，但是数据存在不完整、不及时等情况，目前主流方式是做数据接口从其他系统提取。做数据接口，首先，需要梳理对应系统的数据模型进行数据实体、关键数据的相关逻辑关系，然后通过字段映射等方式来完成一一对应，最后通过 SQL 语句等方式来完成数据同步。青海油田先后建立了 A1、A2、A4、A11 统建系统接口，气藏开发动态分析及诊断系统、油气水井远程计量发布系统、水井测试数据等自建系统或软件接口，在一定程度上打通了系统间数据壁垒，避免数据跨平台查询，解决了数据时效问题，实现了信息无障碍流动，形成了数据采集、传输、处理、存储、发布、分析与应用的信息系统。

3 系统管理

3.1 管理模式

青海油田管理模式等级分为油田公司领导、机关处室、二级单位，目前已形成业务层级由上至下管理长效机制，同时做到了纵向和横向相结合管理模式。

3.2 建立健全的制度

为规范 A5 系统运行维护管理，有效指导系统运行工作，保证系统高效有序平稳开展，支撑采油采气与地面工程生产管理，根据集团公司相关信息化管理规定，青海油田制定了《青海油田 A5 系统运行管理规定》，管理办法及实施细则确定了 A5 系统运行维护工作的组织与职责、运行维护管理、系统基础运维、数据及业务生产管理、系统升级管理、应急管理、系统培训、安全与保密、考核等内容，切实做到奖罚分明，大大提高 A5 信息采集的全面性、精准度和时效性。

3.3 提高人员综合应用水平

青海油田通过视频加现场答疑分析相结合的方式，进行系统培训，着重提升人员功能使用和数据处理、查询等方面的应用水平，有效解决实际应用中所遇到的问题，进而大大提升 A5 应用水平；有效支撑了系统运行管理，促进了各专业管理各个环节信息互通，达到了关键节点有效控制，提升了管理水平和工作效率。

3.4 系统考核指标

A5 系统考核分为月度考核和年度考核，年度考核会依据月度的得分进行占比得分，所以月度考核在一定程度上影响到年度考核的得分。月度考核分为系统用户登录比、关键用户、报表指标等三项考核。年度考核分为系统管理、系统应用、人工抽查、额外加分等四项考核。在公司领导大力支持下，青海油田采用预考核的措施，预考核方式是由系统管理员提前对考核指标进行一一检查，对指标不合格的对应二级单位以通报的方式下发至相应机关处室，由该机关处室监督二级单位及时整改。以生产管理模块下的日报、月报表为例，每月 8 日会统计报表的完成情况，对没有完成汇总的二级单位会以通报的方式发至机关处室，机关处室会做好相关记录。这份记录会作为年底考核二级单位的依据，直接与单位效益挂钩。青海油田通过预考核的方式，2021 年度考核在 16 家油气田中与大庆油田、辽河油田、长庆油田、塔里木油田、吉林油田、冀东油田并列第一。

4 结语

A5 系统将油田生产的各个工艺流程汇总到一个系统中，在油田各基层单位运行期间，能精准地把油田开采集输过程中产生的大量数据进行科学归类、细化分析，提高了动(静)态数据的整合效率，有效地提高了数据处理的自动化精细程度，大大提高了油田现代化管理水平。在日趋严峻的发展形势下，石油企业要更好地持续发展就必须增强竞争实力。而企业的内在实力依赖于客观的数据和工作的实效，其根本就是要抓好基础数据的管理工作，以提高数据的时效质量。A5 系统逐步在油田开发新时期起到了越来越重要的作用，为油田可持续发展提供了可靠保障。

参考文献

[1] 毛宏雁 . A5 数据管理系统在油田地面工程中的应用[J]. 油气田地面工程，2016，35(03)：91-93.

[2] 王艳 . 中国石油 A5 系统运行应用研究[J]. 中国管理信息化，2019，22(12)：70-71.

[3] 毛宏雁 . 提升基层单位地面工程生产运行管理系统应用实效的探讨[J]. 油气田地面工程，2018，37(09)：70-73.

[4] 杜树彬 . 采油与地面工程运行管理系统数据标准规范的建设与应用[J]. 油气田地面工程，2018，37(10)：101-104.

青海油田数据管理道路浅析之数据采集正常化的启示

任燕红

（中国石油青海油田公司勘探开发研究院）

摘　要　中国石油勘探开发与生产技术数据管理系统 A1 2.0（以下简称 A1 2.0）经过几年的建设和深化应用，在青海油田的勘探开发研究工作中发挥了越来越大的作用。本文主要以勘探开发技术数据采集及正常化管理为例，介绍了 A1 2.0 系统目前在青海油田的数据现状及管理措施，探讨勘探开发数据正常化业务工作的管理思路，分析总结 A1 2.0 系统应用取得的成果及存在的不足，从而得出数据管理的启示。

关键词　数据管理；A1 2.0 系统；数据正常化；数据应用

1　勘探开发技术数据管理平台推广应用前的数据状况

勘探开发技术数据正常化之前由于历史原因，数据来源范围广泛，历史数据涉及的年代久远、数据类型复杂，长期以来未形成统一的勘探开发信息标准，使得油田各信息系统的开发标准不统一，体系不兼容，数据不共享，各系统的应用单一；另外，由于油田数据业务管理缺乏总体规划和全面统一的数据管理流程及模式，数据的采集及管理存在数据分散、多头管理、系统重复录入、数据更新不及时等问题（见表 1）。

表 1　勘探开发数据应用系统

系统名称	所属单位	业务范围	应用情况
勘探生产信息管理平台	勘探处	探井的各类静态数据、动态数据、生产管理数据	有专业公司维护，应用良好，数据更新及时
青海油田油藏数据管理平台	开发处	油水井的各类静态数据、动态数据、生产管理数据	维护技术力量薄弱，大部分数据更新不及时
青海油田生产信息管理系统	生产运行处	所有探井、开发井的日报数据、生产管理数据	有专业公司维护，应用良好，数据更新及时
气田生产动态分析及开发诊断系统	采气一厂	采气一厂所有井的静态数据、动态数据、生产管理数据	有专业人员维护，应用良好，数据更新及时
实验项目与分析报告管理系统	勘探开发研究院	分析化验数据、文档报告	维护技术力量薄弱，数据更新及时，但应用原始，只展示文档
岩心数字化网络发布平台及应用系统	勘探开发研究院	岩心图片、照片	有专业公司维护，数据更新及时，但应用单一
录井数据采集系统	中油测井青海事业部	各类录井数据、文档报告	有专业公司维护，数据更新及时，但油田单位无权限访问
钻井数据采集系统	西部钻探青海钻井	各类钻井数据、文档报告	有专业公司维护，数据更新及时，但油田单位无权限访问

2　青海油田勘探开发数据正常化的开始

2017 年 1 月，集团公司推广并实施的中国石油勘探与生产技术数据管理系统 A1 2.0（简称 A1 2.0）正式在青海油田上线运行，其业务及数据范围涵盖物探、钻井、录井、测井、试油/试采、分析化验、地质油藏等专业。在项目建设的过程中，结合油田采油气厂业务需求，从企业层面分析并描述了石油天然气勘探开发核心业务流和数据流，按照完整的井的生命周期进行设计；EPDM 模型遵循统一的井筒、地质单元和层位管理技术路线，从基本实体出发，分别描述了钻完井、井筒作业、油气生产、工程监测分析等业务模型；通过使用统一的业务规则、数据属性规范值、计量单位体系和参考基准面等，保障了模型中各专业数据的一致性，最大限度地减小了数据冗余，有效地支撑了数据源头采集、集中存储管理、标准化应用服务等过程。EPDM 数据模型、数据字典的建立，为勘探与生产数据的采集、服务与应用提供了统一的数据标准。

3　青海油田勘探开发数据正常化的措施

因 A1 2.0 系统涵盖范围非常之广，包括地震物探、钻井、录井、测井、试油试采、地质油藏、研究成果、样品实验等 8 大专业，因而在推广初期就确定了以下 5 个目标：

（1）物探数据、地质油藏、研究成果暂缓采集，但物探数据今后需继续从勘探开发研究院拷贝加载。

（2）收集各系统内钻井、录井、测井、试油试采等数据并做数据同步迁移工作，新数据的采集需建立数据正常化录入流程。

（3）样品实验与勘探开发研究院分析化验室做对接，对样品实验数据采集做定制开发。

（4）在油田公司内部建立三级考核制度：数据管理部门考核三个专业处室（勘探处、开发处、天然气处）；三个专业处室考核各采油气厂；各采油气厂考核各数据录入单位。

（5）数据正常化后每月出具质量公报，对数据质量情况进行考核。

通过勘探与生产技术数据管理系统 2.0 的应用，青海油田在 2017 年初圆满地完成了当年油田勘探开发成果数据正常化任务，实现了 8 个专业数据正常化建设目标，使得青海油田成功地步入了数据常态化提交与管理入库的新阶段。

4　勘探与技术数据正常化管理模式

通过对数据正常化工作中数据采集、提交、审核等业务流程全过程研究，逐步探索出了适合数据业务管理的新思路。

4.1　勘探开发数据正常化的业务流程管理

在 A1 2.0 系统上线后，结合采集系统的数据管理流程，绘制各项目建设单位的业务流程图，各建设单位根据业务流程图重新界定项目流程各环节对应的岗位职责与权限，并将每个岗位职责落实到具体的人员。通过任务分解，明确了管理部门、数据录入提交单位、数据审核单位的相关职责，既减轻了基层数据管理人员的工作压力，也提高了数据审核的质量，有效支持了数据质量管理原则（即谁产生、谁负责）的落地（见表 2）。

表 2　数据质量管理专业名称及数据源单位

专业名称	数据源单位
井号建立	勘探事业部（探井）、各采油气厂
钻井	西部钻探、长城钻探、渤海钻探等各钻井公司
录井	中油测井青海事业部
测井（工程测井、裸眼测井）	中油测井青海事业部
测井（生产测井）	测试公司、勘探开发研究院测井室
试油试采	井下作业公司
分析化验	勘探开发研究院

4.2　数据采集和数据正常化业务管理理念及方法

为解决 A1 系统数据来源而研发的勘探开发成果数据采集系统，其最重要的亮点之一是在勘探开发成果数据采集方面引入项目管理理念。按照项目生命周期进行管理，将油田勘探开发数据的采集看作是勘探开发项目中的子项目。勘探开发项目生命周期从项目计划下达开始到最终项目验收结束，其中涵盖了数据采集、审核、入库等一个完整的数据采集子项目管理周期。通过项目生命周期这条主线将勘探开发项目数据、项目管理、数据管理有机地整合起来。

为了加强油田勘探开发数据正常化的管理，数据中心利用帆软（商业智能和数据分析品牌）开发了数据决策系统，该系统主要由项目流程、数据存储、业务管理三部分构成。

A1 2.0 数据正常化业务管理系统主要有以下特点：

（1）以项目的生命周期为主线，设计贯穿科研、勘探、开发三类项目的计划下达、任务指派、数据录入、数据提交、数据审核、数据加载入库全过程的流程管理与监控。

(2) 设立项目建设单位和数据源两级数据审核，提高了数据完整性、准确性和规范性，保证了数据质量。

(3) 根据业务管理的特点，设计了业务管理层、数据管理层两个层次，这两个层次分别对应业务管理部门、项目建设单位和数据提交单位、数据中心，形成了对数据业务的分级监管。

(4) 中心结合数据录入、提交、审核等情况设计了数据正常化工作的考核指标和指标算法，对数据正常化相关单位的数据完成情况、数据提交的及时性以及数据审核质量等方面进行绩效考核，考核结果按季度发布油田网页。

(5) 系统设计了数据下钻等功能，简化用户操作，及时获得用户想要的数据。

5 存在的不足

一是数据的及时性不够。A1 的数据通常会在一口井完井后，才能进行数据的提交工作，所以对钻井、试油、压裂等阶段的现场工艺的及时研究就不能很好发挥作用。

二是数据准确性不够。虽然 A1 2.0 系统增加了数据质量扫描程序控制部分，质量有了一定提升，但计算机只能对超过临界值和有业务规则的数据进行判断，而对于以手工录入为主的数据采集方式，不可避免地存在数据录入错误和不规范的情况。并且由于手工录入的工作量非常大，错误的概率也大大增加。以钻井数据为例，仅一口井的钻井数据需要录入的数据表就有 18 张，共 373 字段，录入的记录数至少有 182 条。这样算下来，需要录入的字段就有 356 个，靠手工录入难免会出错或录入不规范。另外，对于系统建设以前的历史数据，由于入库量大，也会出现错误和不规范数据。A1 数据一旦入库，数据存在的问题只有在使用该数据时才能被发现，否则没有一个二次验证核实的环节，对科研分析而言也会产生一定的影响。

三是统计分析功能不健全。在 A1 2.0 系统内，各类统计功能欠缺，如无法统一浏览项目内容、采集任务下发、录入情况，图表展示功能没有。不能随时了解数据正常化工作的各项进程，掌握项目建设单位、数据产生单位、数据业务管理单位的数据录入、提交、审核、入库等情况。数据正常化各相关单位也不能随时从系统中了解数据提供方、数据提交方、数据审核方等的数据上报、提交、审核情况，未形成业务管理部门、数据中心、各数据源提交单位、乙方公司之间的相互监督机制，大大降低了数据正常化的可管理性和可操控性。

四是专业涵盖不全，缺少井下作业数据。A1 2.0 系统的数据模型虽然有井下作业部分，但在数据采集模块却没有相应的节点。

五是应用程度不够。从 A1 2.0 系统人员登录数量、人员构成、操作来看，勘探开发研究院与钻采工艺研究院使用系统进行相关查询人数较少，大部分用户登录系统都只是进行数据的录入、审核操作。

6 A1 2.0 应用启示

从勘探开发领域数据的要求和 A1 数据正常化管理情况分析来看，数据建设与管理工作应做好以下几点。

数据建设的目标：在统一的数据标准下，利用信息技术与工具，持续开展数据整理，加载和各专业数据正常化工作，实现数据的集中存储、统一管理与安全共享，为勘探开发生产管理提供数据支撑。数据建设工作需达到以下 6 个方面要求。

(1) 统一的数据模型和标准：具备完善的数据标准，满足采油气厂的数据需求，遵循并使用统一的勘探开发 EPDM 数据模型；

(2) 制定数据规范，保证数据的标准化，在数据标准框架下制定基础数据、专业数据的规范和规则；

(3) 保证稳定投入，按计划投入一定比例的人力和资金；

(4) 完备的数据质量保证措施，在数据建设的各个环节建立完善的数据审核机制，完善数据质量管理规范(增加数据反馈机制)，确保数据的准确；

(5) 强力的技术保障措施，利用 IT 技术建立数据采集工具，实现数据自动或半自动模式，建立数据备份机制，制定完善的数据安全管理规范，确保所有数据有备份、可恢复。

(6) 合理完善软硬件配置，配备合理的存储设备、数据库等。

数据管理目标：实现数据整个生命周期的统一管理与共享，实现数据统一集成，保障数据的安全性、可靠性、完整性。为实现目标，数据管理工作需达到以下6个方面要求：

（1）数据管理“有标准”即具备完善的数据管理标准规范，保证油田内遵循并应用统一的数据标准；

（2）在数据整个生命周期的各个环节，建立完善的数据质量审核机制，具备完善的数据质量管理规范；

（3）明确数据的所有权及更改权限，确保对数据的所有更改均有“法”可依，有“据”可查；

（4）建立数据备份机制，确保数据有备份、可恢复；

（5）做好数据保密工作，防止信息泄露；

（6）制定完善的数据服务管理规范，保证数据易查询、易获取、易应用，以充分发挥数据作为资产的价值。

碳中和背景下工业循环水湍流减阻实验研究

代军荣

（中国石化上海高桥石油化工有限公司）

摘　要　为了探究工业循环水添加剂减阻的可行性，研究表面活性剂和高分子聚合物在流体中的减阻机理，本文以阳离子表面活性剂——十六烷基三甲基氯化铵(CTAC)、高分子聚合物-聚氧化乙烯(PEO)以及水杨酸离子(作为 CTAC 抗衡离子)作为减阻添加剂，分别测试了不同浓度下 PEO+CTAC/NaSal 减阻率随雷诺数的变化情况和复合溶液对减阻效果的影响。研究表明：PEO+CTAC/NaSal 减阻效果表现出较强的协同作用，大大优于单个组分的减阻效果；剪切作用对胶束剪切诱导结构的形成与破坏起着至关重要的作用；PEO+CTAC/NaSal 所表现的“最大无关减阻率”可能是二者相互作用形成“诱导胶束”所致。

关键词　工业循环水；湍流减阻；表面活性剂；聚合物；CTAC；PEO

在流体中加入少量添加剂如表面活性剂或高分子聚合物就可以有效降低流体流动阻力，该现象首先由英国科学家 Toms 发现，因此也叫“Toms 效应”。在之后的几十年里，大量学者对添加剂湍流减阻进行了不同程度的研究。表面活性剂减阻和聚合物减阻是迄今最有效的湍流减阻技术。在工业循环水中，由于流体管道和泵输送过程中湍流涡的能量耗散，能源利用率低、损耗大等问题突出，因此有必要对如何减小工业循环水运输阻力展开研究。实验表明在工业雷诺数范围内，通过添加剂最高减阻率可达到 80%，大大节省传送流体所需要的能量。

近半个多世纪以来，大量学者为探索减阻剂新的应用与减阻机理，对减阻剂进行了研究。研究表明，部分高分子聚合物和表面活性剂具有良好的协同作用。国外关于表面活性剂和高分子聚合物协同作用的研究起步较早，应用也较早，比如 Stoll 等人将表面活性剂和高分子聚合物应用到了油品回收领域；Mohsenipour 研究了多种表面活性剂和高分子聚合物相互关系，并且对其减阻性能进行了测试，然而目前我国对复合减阻这一领域还涉及较少。尽管国内外对添加剂减阻开展了一系列研究，但基于减阻的影响因素(温度、管径、雷诺数以及表面活性剂、高分子聚合物种类等)研究较多，相关减阻机理仍没有定论。鉴于此，为了探究表面活性剂和聚合物相互作用的机理以及对工业管道添加减阻剂的应用进行指导，本文对表面活性剂和高分子聚合物的复合减阻进行了研究。

1　实验装置及实验试剂

表面活性剂和高分子聚合物减阻实验系统图 1 所示，实验系统主要包括：容积为 0.8m^3的储水箱，搅拌器，不锈钢防腐蚀离心泵，进/出口箱，二维槽道，涡轮流量计，浮子流量计，微压差变送器，控制柜以及连接所需的管道。搅拌器安装在储水箱上面，用于搅拌溶液，使溶剂快速溶解，均匀分布在溶液中；储水箱下面为圆锥形，便于液体的流出；使用大小两个量程的涡轮流量计，分别安装在 DN32、DN80 的管道上；水平槽道两端分别是进/出口箱，槽道入口采用渐缩状，并设有滤板用于过滤气泡和整流，槽道出口采用渐扩状，方便液体平缓流出，减小尾流对压差测量的影响。压差计第一个取压口设置在距进水箱 1.25m 处，取 1.5m 内的压差。

实验试剂采用的阳离子表面活性剂是由上海思域化工生产的十六烷基三甲基氯化铵(CTAC)，纯度大于 99%，分子式为 $C_{15}H_{33}N(CH_3)_3Cl$，相对分子量为 320。反离子盐使用的是是由 Macklin 生产的水杨酸钠(NaSal)，纯度大于 99%，分子式为 $C_7H_5NaO_3$，相对分子量为 160，CTAC/NaSal 质量比为1∶0.92；高分子聚合物采用的是上海臣启化工生产的聚氧化乙烯(PEO)，纯度大于 99%，分子式为—$(CH_2CH_2O)_n$—，相对分子量为 6×10^6g/mol。水杨酸钠作为反离子盐加入的目的是促进胶束的形成和增加胶束的稳定性。实验未对试剂做进一步提纯处理，直接用蒸馏水配置各浓度梯度的溶液，经搅拌静置后进行流体的减阻实验。

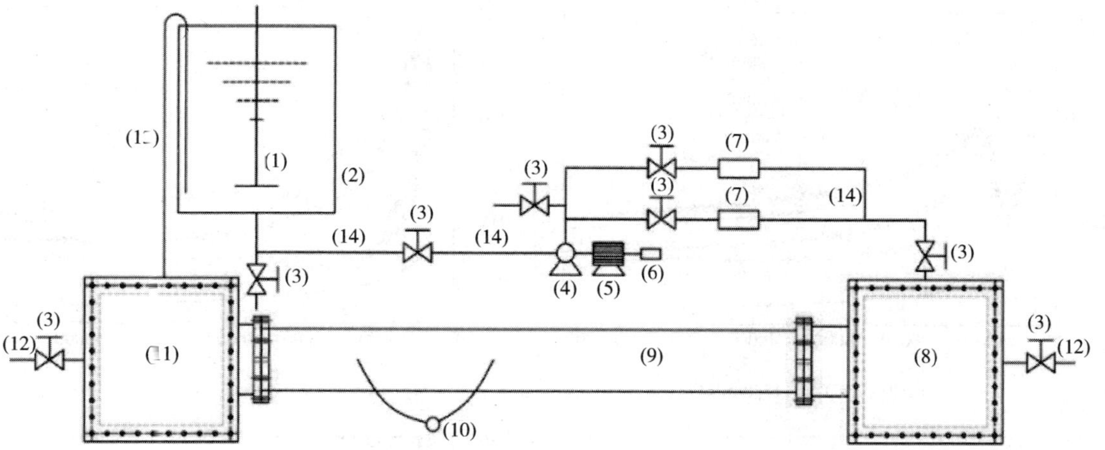

图 1　实验系统示意图

1—拌器；2—不锈钢水桶；3—截止阀；4—不锈钢离心泵；5—电机；6—变频器；7—涡轮流量计；
8—测试段进口箱　9—二维测试槽道；10—压差变送器；11—测试段出口箱；12—排净口；13—回水管；14—连接管道

2　实验结果与分析

2.1　减阻特性分析

为了评价不同溶液的减阻特性，实验记录下同一时刻下取压点间的压差，然后根据式(1)、式(2)和式(3)计算出摩擦阻力系数、雷诺数和减阻率，再分别做出减阻溶液摩擦阻力系数和减阻率随雷诺数的变化情况。

$$C_f=\frac{\Delta PHW}{\rho U_b^2(H+W)\Delta L} \tag{1}$$

$$Re=\frac{\rho UD_e}{\mu} \tag{2}$$

$$DR=\frac{C_{fw}-C_{fc}}{C_{fw}}\times100\% \tag{3}$$

式中，C_f为摩擦系数；ΔP 为测试段压差；W 为槽道宽度，m；H 为槽道高度 m；ΔL 为两个取压口之间的距离，m　Re 为雷诺数；ρ 为流体密度，kg/m^3，（由于本文中使用的稀溶液，溶液密度接近水的密度，因此用水密度代替溶液密度）；De 为槽道的水力直径＝$2WH/(W+H)$，m；U 为断面平均流速＝Q/HW，m/s；Q 为流量，m^3/s；ρ 为水的密度，kg/m^3；μ 为水的动力黏度，Pa·s；C_{fw}为水的摩擦阻力系数；C_{fc}为溶液的摩擦阻力系数；DR 为减阻率。

为了验证实验的准确性，图 2 中引入了牛顿流体 Dean 和 Zakin 摩擦阻力渐近线。从图 2 中可以看出，对于纯水的阻力曲线和 Dean 渐近线趋势完全一致，在高雷诺数区域几乎重合，这充分说明了实验的准确性。

2.2　复合减阻性能与浓度的关系

复合减阻影响因素极为复杂，它不仅仅受表面活性剂和聚合物影响，同时受到表面活性剂和聚合物相互作用的影响。目前关于表面活性剂和聚合物相互作用仅仅停留在关于现象的描述，对相互作用的机理研究还不足够深入，这是由于其复杂的作用机理导致的。本文基于实验，从表面活性剂和聚合物分子角度以及溶液特性分析，给出了其相互作用的力学特征以及化学特征。本文主要探究表面活性剂浓度，聚合物浓度以及雷诺数对复合减阻的影响。

从图 2 中可以看出：表面活性剂和聚合物表现出良好的协同作用，复合减阻性能优于 CTAC/NaSal 和 PEO 单独作用。从整条曲线上看，复合减阻随着剪切率的增加逐渐增加，当达到一定雷诺数时，减阻效果不再增加，开始缓慢下降，直到减阻作用消失；复合减阻最佳减阻范围较大，不存在临界雷诺数；当雷诺数足够大的时候，复合减阻曲线和纯水摩擦阻力曲线有重合的趋势；复合减阻同时结合了表面活性剂和聚合物的优点，减阻范围大大优于表面活性剂溶液，最大减阻率和表面活性剂溶液相近；在 PEO 浓度一定时，减阻性能随着 CTAC/NaSal 浓度提高而提高；复合减阻曲线在低剪切作用下，减阻能力和 CTAC/NaSal 单独作用效果较为一致，减阻率高于 CTAC/NaSal 溶液，随着剪切作用的增强，复合减阻不会发生明显变化，此时的减阻效果和 PEO 单独作用相似，但是减阻效果优于 PEO。

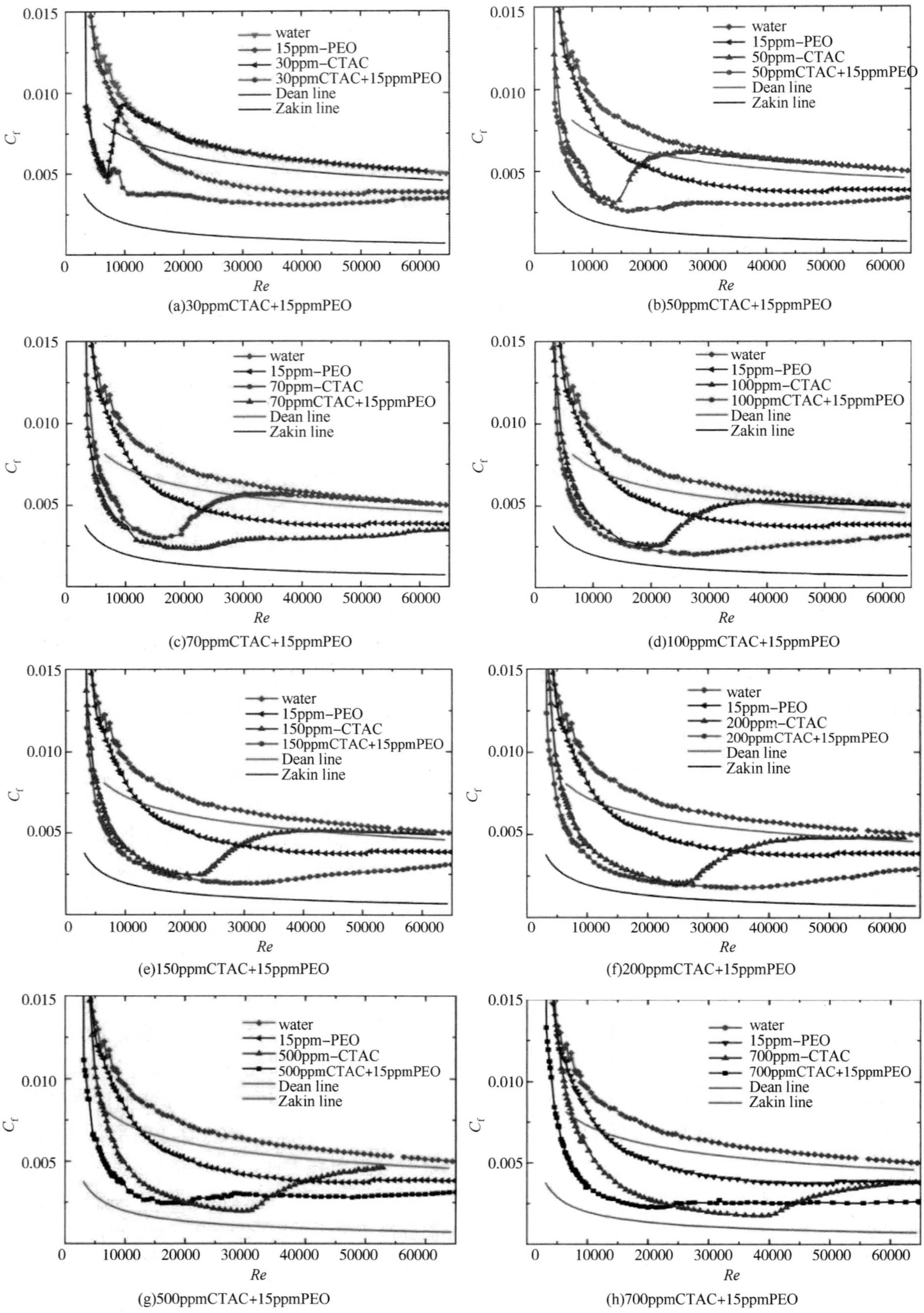

图 2　不同浓度 CTAC/NaSal 和 15ppm PEO 复合减阻

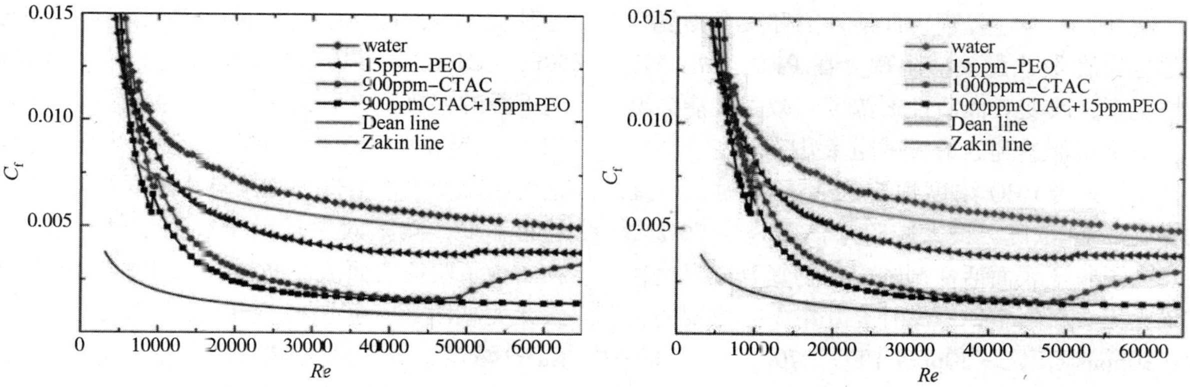

(i)900ppmCTAC+15ppmPEO (j)1000ppmCTAC+15ppmPEO

图 2 不同浓度 CTAC/NaSal 和 15ppm PEO 复合减阻(续)

表面活性剂浓度较低时，复合减阻在低剪切作用下和 CTAC/NaSal 溶液较为一致，尤其是 30ppm CTAC+15ppm PEO，在 30ppm CTAC 的临界雷诺数处，同时出现了减阻下降的趋势，但是复合减阻上升趋势较弱，随着剪切率的增加，减阻效果又开始增加。当表面活性剂浓度增加到 500ppm 和 700ppm 时，表面活性剂在临界雷诺数的时候，减阻率高于复合减阻，随着表面活性剂浓度进一步增加复合减阻最大减阻率和表面活性剂相近。

图 3 显示了不同浓度 CTAC/NaSal 和 15ppm PEO 复合减阻率随着雷诺数的变化情况，从图中可以看出，低浓度表面活性剂对雷诺数较敏感，最佳减阻范围较窄；高浓度的表面活性剂最佳减阻范围宽，能够在高雷诺数的情况下依旧发挥良好的减阻性能；另外从图中还可以看出，在低剪切作用下，不同浓度的复合减阻曲线几乎重合，直到达到最大减阻率，曲线开始分开，浓度越高，减阻效果越好，减阻范围越大；高浓度的溶液在低剪切作用下出现了强烈的增阻现象，且浓度越高增阻越严重。

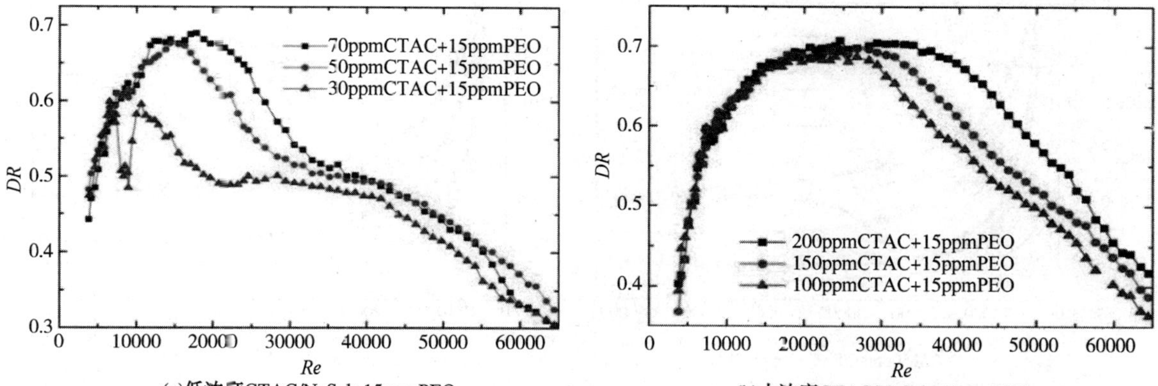

(a)低浓度CTAC/NaSal+15ppmPEO (b)中浓度CTAC/NaSal+15ppmPEO

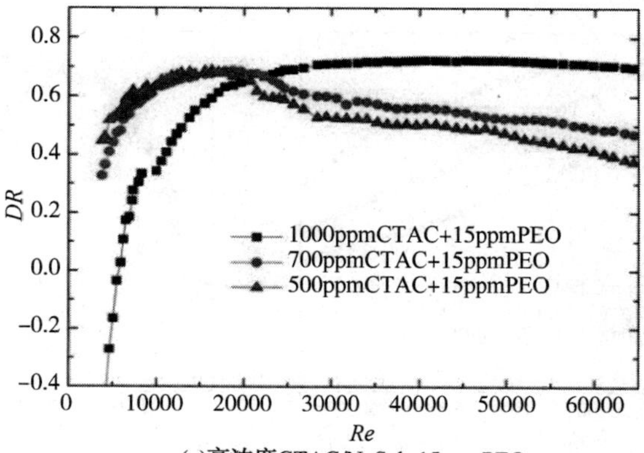

(c)高浓度CTAC/NaSal+15ppmPEO

图 3 不同浓度 CTAC/NaSal+15ppmPEO 复合减阻率

此外，实验还发现表面活性剂和聚合物复合减阻也存在最佳无关减阻率，在 PEO 浓度一定的情况下，改变表面活性剂浓度，减阻性能会增加，但是所能达到的最大减阻率几乎不变。如图 3 中所示，当 PEO 浓度恒定在 15ppm 时，改变 CTAC/NaSal 浓度，最大减阻率依旧是在 70%左右。为了验证表面活性剂和聚合物复合减阻也存在最大无关减阻率，本文补充几组不同浓度的实验：30ppm CTAC + 30ppm PEO，70ppm CTAC + 30ppm PEO，150ppm CTAC+30ppm PEO，70ppm CTAC+70ppm PEO。

图 4 中不同 CTAC/NaSal 浓度和 PEO 浓度减阻性能曲线与上述描述复合减阻特性完全一致，尤其是 30ppmCTAC + 30ppm PEO 溶液在达到 30ppm CTAC 临界雷诺数的时候也出现了减阻性能下降的趋势，之后又恢复减阻性能，与 30ppm CTAC+15ppm PEO 溶液的实验现象十分吻合。这说明改变表面活性剂和聚合物浓度，复合减阻趋势不变，减阻效果均大于表面活性剂和聚合物。为了验证表面活性剂和聚合物复合减阻的最大无关减阻率，实验改变了 PEO 浓度、CTAC/NaSal 浓度，发现最大减阻率几乎是同一值，均在 70%左右。实验很好地证明了表面活性剂和聚合物也存在最大无关减阻率。最大无关减阻率与温度、浓度等因素无关，仅与表面活性剂种类与配比、聚合物种类有关。

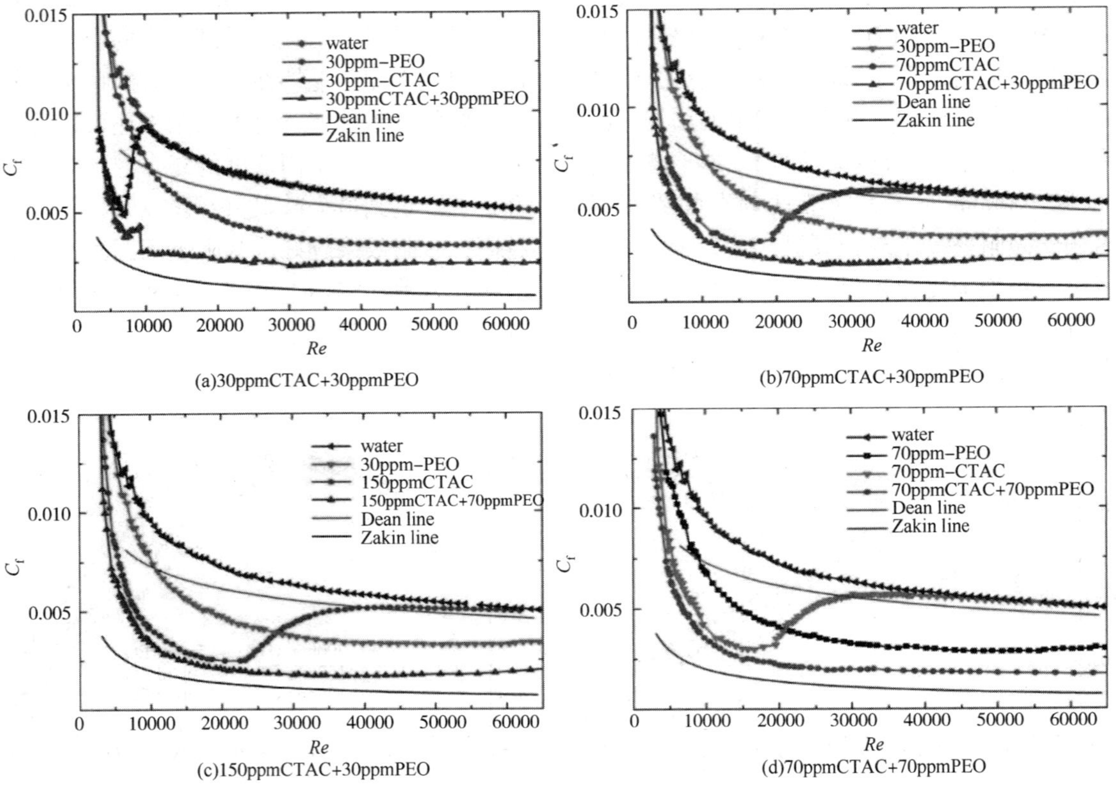

图 4　不同 CTAC/NaSal 浓度和 PEO 浓度减阻性能曲线

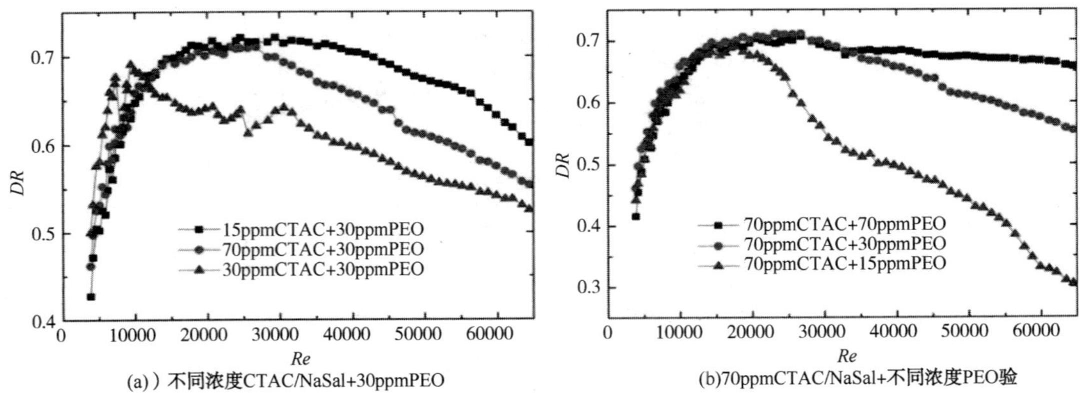

图 5　CTAC/NaSal 浓度和 PEO 浓度对最大减阻率的影响

2.3 表面活性剂和聚合物复合减阻机理分析

表面活性剂在高雷诺数的情况下，剪切诱导结构解缠导致减阻作用丧失，此时复合减阻效果依旧比聚合物高，说明此时发挥减阻作用的不仅仅是聚合物，而是某种其他物质；在表面活性剂达到临界雷诺数的时候，减阻率迅速下降，但是复合减阻的减阻率并没有发生太大变化，说明减阻作用并不是主要由表面活性剂胶束产生。由此我们可以推测，聚合物和表面活性剂在水溶液中发生一定的相互作用，改变表面活性剂和聚合物的构象，减阻也正是由这种新的物质产生的。

当溶液中同时存在 CTAC/NaSal 和 PEO 的时候，CTAC/NaSal 和 PEO 发生相互作用形成新的物质。CTAC/NaSal 亲水头部会和 PEO 上面醚键发生作用，形成氢键导致相互吸引。此时，聚合物和表面活性剂亲水头部极性增强，吸引更多的聚合物亲水基和表面活性剂亲水基，形成较为稳定的物质。目前关于阳离子表面活性剂和非离子聚合物复合减阻主要的模型是链状模型。

Nagarajan 等人提出的所谓的“链状模型”中，形成了由聚合物分子包裹在表面活性剂胶束周围的复合物(见图 6)。在这种情况下，聚合物链部分地渗透到表面活性剂的极性头部区域中。链状模型很好地解释了在低雷诺数复合减阻的情况，在低剪切力作用下，表面活性剂胶束分布在聚合物分子中，当雷诺数上升的时候，表面活性剂胶束和聚合物链相互缠绕，形成剪切诱导结构，产生减阻效果；当达到临界雷诺数的时候，剪切诱导结构开始解缠，减阻效果下降，对应 30ppm CTAC+15ppm PEO 和 30ppm CTAC+30ppm PEO，随着雷诺数继续增加，高分子链将表面活性剂胶束进一步缠绕包裹，减阻效果增加。然而链状模型并不能很好地解释高浓度 CTAC/NaSal 溶液和 PEO 组成的复合减阻情况，当达到 CTAC/NaSal 临界雷诺数的时候，按照链状模型理论，减阻效果会出现下降，但是实际上减阻性能并没有出现较大波动，另外复合减阻减阻效果要大大优于表面活性剂和聚合物单独减阻，也大于它们各自减阻作用之和；最后是复合减阻也存在“最大无关减阻率”，按照“链状模型”理论，最高减阻率应该和聚合物性质较为类似，不应该存在“最大无关减阻率”。因此，我们有理由相信复合减阻有新的减阻结构产生。笔者在参考前人理论成果之后，结合大量的实验结果提出了关于复合减阻诱导胶束结构，即 CTAC/NaSal 和 PEO 在水溶液中形成的络合物并不是以高分子聚合物链包裹表面活性剂胶束结构，而是 CTAC/NaSal 和 PEO 相互作用形成一种新的胶束结构，文中称之为“诱导胶束结构”。

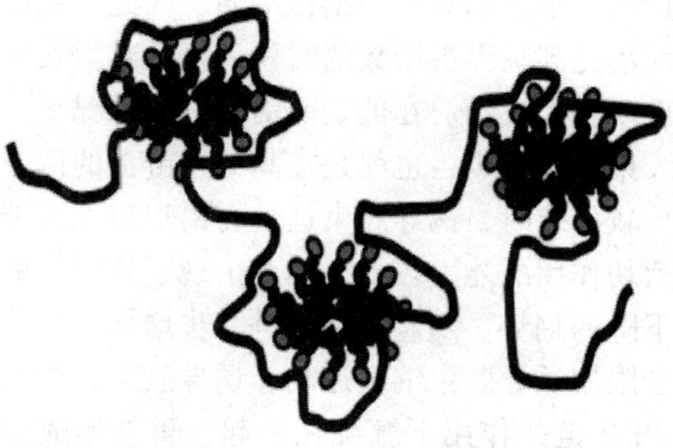

图 6　链状模型

高分子链在水中溶解会出现膨胀的现象，亲水基在外侧，疏水基在内侧。CTAC/NaSal 亲水头基极性较大，取代与 PEO 醚键上结合的水，形成新的氢键；表面活性剂分子将 PEO 胶束围绕起来，亲水头基与醚键结合，形成一个圆环；疏水尾基再与另一个疏水基结合，组成一个外环，形成双 CTAC 分子层围绕聚合物核心的“诱导胶束结构”，即聚合物链诱导表面活性剂形成胶束。“诱导胶束结构”通过聚合物链串联在一起，如图 7 所示。

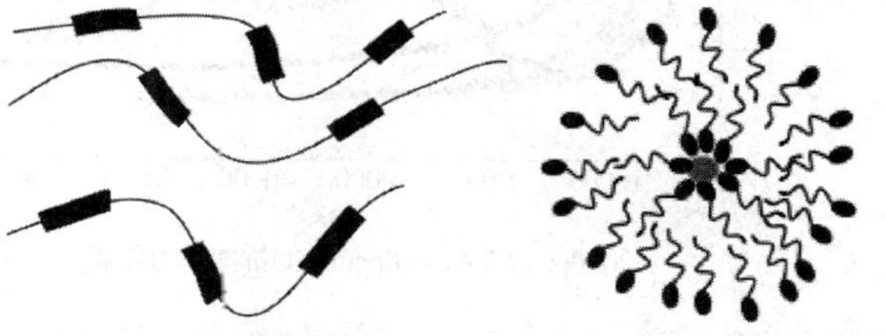

(a)诱导胶束结构　　(b)诱导胶束结构截面图

图 7　复合减阻胶束结构

CTAC/NaSal 和 PEO 在水中形成诱导胶束结构，CTAC/NaSal 以双分子层的形式包裹 PEO 胶束形成新的胶束，即诱导胶束，在高分子 PEO 链的诱导下形成。形成诱导胶束主要是由于氢键的形成，以及疏水作用和亲水作用等共同作用的结果。在剪切作用下，减阻主要由诱导胶束结构产生，诱导胶束如图 7 所示和表面活性剂胶束极为相似，均是棒状结构，因此减阻效果也和表面活性剂胶束相似。当流动雷诺数较低时，诱导胶束是通过聚合物串联在液体中的，处于分散状态，此时没有减阻效果；随着流动雷诺数增加，诱导胶束开始相互交缠，形成网状的诱导剪切结构，产生减阻作用；当达到临界雷诺数的时候，诱导剪切结构开始解缠，此时内部高分子链开始发挥作用，相互交错缠绕高分子链限制了诱导胶束运动，阻止诱导剪切结构解缠。因此，在达到表面活性剂临界雷诺数的时候，复合减阻效果不会出现较大波动。在低表面活性剂的情况下，诱导胶束结构较少，也就是在高分子链上的诱导胶束比较稀疏时，诱导胶束运动自由程较大，抵抗强剪切作用的能力较差，因此出现了暂时的减阻率下降的趋势。随着雷诺数进一步增加，高分子链会限制诱导胶束继续运动，诱导胶束结构很快在 PEO 链的作用下缠绕在一起，重新形成剪切诱导结构，减阻效果恢复。在高表面活性剂溶液时，溶液中形成大量的诱导胶束，诱导胶束相互缠绕，诱导胶束在高分子链上排列比较紧密，抵抗剪切作用大大增强，因此在表面活性剂临界雷诺数的时候，并没有出现较大的减阻波动，复合减阻溶液始终保持在一个较高的减阻水平。因为诱导胶束结构比表面活性剂的胶束直径更大，结构更加稳定，导致诱导胶束减阻比聚合物和表面活性剂减阻更加有效。诱导胶束可以很好地解释复合减阻曲线与实验结果较为吻合。

2.4 复合减阻抗剪切力实验研究

抗剪切力是影响减阻剂使用的重要因素，因为减阻剂大多数用于循环水溶液的输送，液体输送主要由泵提供动力，泵的叶片在高速旋转下产生极高的剪切力，会影响胶束结构，从而影响减阻效果。为了探究复合减阻抗剪切力性能，本文做了以下实验：

图 8(a)是将配置好的 70ppmCTAC+70ppm PEO 减阻溶液在离心泵持续高速运转的情况下，每隔 1.5h 测溶液的减阻性能、分别编号 1、2、3、4、5，观察摩擦阻力系数发生的变化。图 8(b)是将 900ppmCTAC+15ppmPEO 溶液测量一次后，也就是经历过泵高速剪切之后，隔 12h 再测量一次，总共测了三次，分别编号：01、02、03，得到的经过剪切作用后的减阻性能曲线。

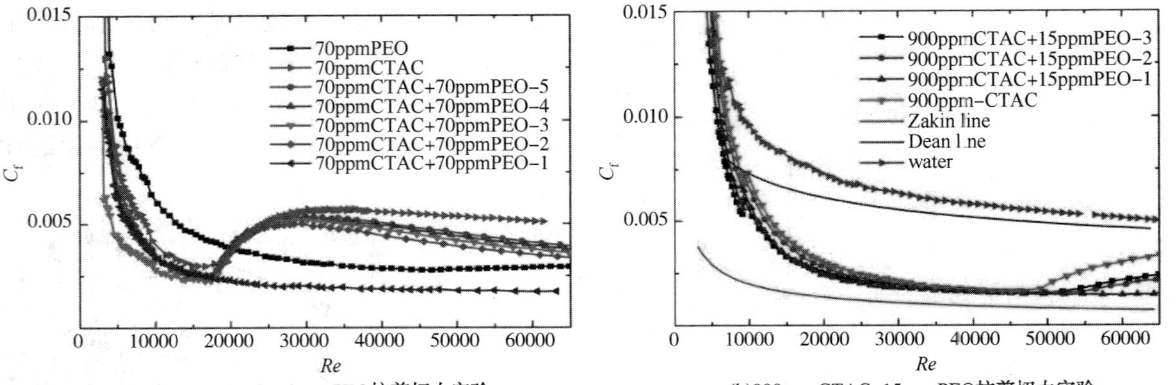

(a)70ppmCTAC+70ppmPEO抗剪切力实验　　(b)900ppmCTAC+15ppmPEO抗剪切力实验

图 8　抗剪切实验

从图 8 中可以看出：表面活性剂和聚合物形成的“诱导胶束”使 PEO 抗剪切性能得到一定的增强，但是剪切之后不具有自我恢复能力，这是由于 PEO 分子链断开之后无法结合的缘故。PEO 分子链中都是通过共价键连接的，键能较大，无法自我恢复。当复合减阻在受到强剪切力的作用下，PEO 分子链被大量剪断，但是“诱导胶束”结构并没有被破坏，“诱导胶束”结构开始变成一个个独立的个体，不能通过高分子链串联在一起。在达到 CTAC/NaSal 临界雷诺数的时候，独立的“诱导胶束”开始表现出和 CTAC/NaSal 胶束相似的性质，诱导剪切结构开始解缠使得“诱导胶束”游离在溶液中，丧失减阻能力。当雷诺数降低到合适的范围之后，“诱导胶束”有开始聚集，形成剪切诱导结构，溶液恢复减阻作用。“诱导胶束”结构相比于表面活性剂胶束结构更加紧凑，胶束直径更大，所以在减阻上表现更好。复合减阻抗剪切实验也从侧面证明了“诱导胶束”的合理性。

2.5 诱导胶束提出理论依据

（1）表面活性剂开始形成胶束的浓度(CMC)大于表面活性剂和聚合物开始作用的浓度(CAC)，说明在聚合物和表面活性剂同时存在的情况下，表面活性剂与聚合物优先发生作用。

（2）Mya等发现：阳离子表面活性剂在大于25℃的时候，与聚合物产生的作用强于温度低于25℃；温度升高聚合物更易于与水分离，与表面活性剂结合形成氢键，表面活性剂主要是取代聚合物上面的水分子与聚合物发生作用的。

（3）中子小角散射实验已经表明，表面活性剂分子以类似胶束的形式附着在聚合物链上：一方面，表面活性剂需要取代水与聚合物发生作用；另一方面，表面活性剂在聚合物上的结构类似于胶束结构，故表面活性剂应该环绕在聚合物长链上。

（4）单层表面活性剂分子环绕在聚合物链上是不稳定的结构，表面活性剂的疏水尾部会聚集在一起，亲水头基包裹在外层，使疏水尾部与水隔绝，参照细胞膜磷脂双分子层结构，表面活性剂为了形成稳定的结构也应该是双分子层结构。

综上所述，本文提出了表面活性剂和聚合物“诱导胶束结构”。

3 结语

（1）表面活性剂和聚合物表现出良好的协同作用，在CTAC/NaSal溶液中加入PEO减阻效果会得到极大的提升，有效地增加了减阻范围，使其在高雷诺数下依旧表现出非常优异的减阻能力，极大地拓展了表面活性剂使用范围；

（2）实验结果发现表面活性剂和聚合物络合物也存在最大无关减阻率，这一点与表面活性剂溶液表现出极大的相似性，1∶0.92配比的CTAC/NaSal和PEO最大无关减阻率为70%。

（3）基于实验结果与溶液特性分析，本文提出了关于表面活性剂和聚合物“诱导胶束”结构，“诱导胶束”很好地解释了复合减阻性能曲线、最大无关减阻率以及抗剪切能力等。

（4）表面活性剂和聚合物形成的“诱导胶束”结构提高了PEO抗剪切能力，但是聚合物长链对剪切力比较敏感，在离心泵高速旋转的叶片产生的剪切作用下会发生降解，此时降解的仅仅是聚合物长链，诱导胶束并没有降解，在剪切力降低的时候，又恢复减阻作用，这一点，“诱导胶束”和表面活性剂胶束性质是一致的。

参考文献

[1] Toms B A. Some observation on the flow of linear polymer solutions through straight tubes at large Reynolds numbers[C]//In：Proc. 1st Int Cong Rheol. Amsterdam，1948.

[2] Burger E D，Munk W R，Wahl H A. Flow increase in the Trans Alaska pipeline through use of a ploymeric drag-reducing additive[J]. Journal of Petroleum Technology，1982，34(2)：377-386.

[3] 庞明军，徐磊，张展，等．小槽道表面活性剂湍流减阻及流变特性的实验研究[J]．节能技术，2017，35(3)，195-198.

[4] 马宁．表面活性剂溶液流变特性和湍流减阻的实验研究[D]．西安：西安交通大学，2012.

[5] 朱蒙生，王悦，曹慧哲，等．十六烷基三甲基氯化铵减阻流动实验[J]．哈尔滨工业大学学报，2012，44(6)：62-64.

[6] 陈昊，毕凯琳，张军，等．非常规油气开采压裂用减阻剂研究进展[J]．油田化学，2021，38(2)：13.

[7] Esfandiari N，Zareinezhad R，Habibi Z. The investigation and optimization of drag reduction in turbulent flow of Newtonian fluid passing through horizontal pipelines using functionalized magnetic nanophotocatalysts and lecithin[J]. Chinese Journal of Chemical Engineering，2020，28(1)：63-75.

[8] Mevawalla A. Achieving Drag Reduction Through Polymer-Surfactant Interaction[D]. Ontario：University of Waterloo，2013.

[9] Mohsenipour A A，Pal R，Prajapati K. Effect of cationic surfactant addition on the drag reduction behaviour of anionic polymer solutions[J]. Canadian Journal of Chemical Engineering，2012，91(1)：181-189.

[10] Stoll W M，Shureqi H A，Finol J，et al. Alkaline/Surfactant/Polymer Flood：From the Laboratory to the Field[J]. Spe Reservoir Evaluation & Engineering，2011，14(6)：702-712.

[11] Mohsenipour A A. Turbulent Drag Reduction by Polymers，Surfactants and Their Mixtures in Pipeline Flow[D]. Waterloo：University of Waterloo，2011.

[12] Nagarajan R. Thermodtnamics of surfactant-polymer interactions in dilute aqueous solutions[J]. Chemical Physics Letters，1980，76(2)：282-286.

[13] Goddard E D，Ananthapadmanabhan K P. Interactions of surfactants with polymers and proteins[M]. Boca Raton：CRC-Press，1993.

[14] Mya K Y，Jamieson A M，Sirivat A. Effect of Temperature and Molecular Weight on Binding between Poly(ethylene oxide) and Cationic Surfactant in Aqueous Solutions[J]. Langmuir，2000，16(15)：6131-6135.

5G 技术助力数字油气田智能化发展

常季成

（中国石油化工股份有限公司东北油气分公司）

摘　要　目前国内油气行业已步入数字化时代，正向着全面智能化方向迈进。随着5G技术的蓬勃发展和普及，网络和信息技术水平得到前所未有的提升，油气行业牢牢把握5G发展的历史机遇，大胆尝试与探索5G为加快油气田数字化实践与创新所起到的战略支撑作用，部分数字油田已成功升级为无人值守油田，并逐步形成智能化油气田新生态，5G也将成为驱动油气行业转型升级的先导力量。

关键词　油气行业；智能油气田；无人值守；5G技术；数字油田

国内油气行业正面临高成本运行、低效开发以及粗犷化管理模式的持续挑战，经营水平始终处于较低水平。随着信息技术的不断发展优化，5G技术应运而生，“物联网+5G”为油田企业降低运行成本、提高生产经营效率、实现绿色低碳发展提供了强大动能，也为实现智能油气田提供了科技支撑。

1　5G 技术在数字油田的建设背景

多年来，油田企业积极推进数字化转型、智能化发展，在数据采集、生产运行衔接、安全生产保障方面取得了一定的成绩。实现了单井、管线、场站的数据采集、远程控制以及异常报警等功能，建成多个“无人值守”场站示范区，实现了“集中监控、电子巡检、专业维修、无人值守”的管控模式，做到了“减人增效、提质降本”，充分发挥出信息技术在油田发展中的强大作用。

但现有的网络技术受带宽窄、覆盖面积有限、延迟长以及功耗高等因素影响，同时常出现网络传输中断的情况，无法实现“无人值守”的全方位覆盖，制约了油气田的智能化发展，而5G可提供更大的带宽、更短的延时以及更可靠的稳定性，在数据勘探、钻井操控、机器人巡检、管道监测等领域有着广泛的适应性。在智能油田的实际建设过程中，5G在物联网信号覆盖、站场的无人值守以及无人操作等方面将发挥良好的应用效果。

2　5G 技术在数字油田建设中的应用

2.1　油气水井中的应用

利用5G技术覆盖面积广、宽带速度高、延迟时间短、功耗低等优点，可对各种偏远、网络条件不佳井场进行数据采集，保持数据传输稳定不中断，随着生产数据量与日俱增，高带宽的特点可保证海量数据传输不掉包。

在大数据、云计算等信息技术的协同下，可对单井生产状态进行分析诊断，通过对油井油套压、功图量油等数据的有效采集、存储、分析与应用，实现对生产井生产过程中的闭环智能控制，保证油气水井生产过程中的安全性与稳定性。

5G技术还可对油气水井中的各种信息化仪表设备进行动态跟踪和监测，比如油气水井生产过程中，对压力、温度、流量的变化进行检测；对视频监控、可燃气体报警器等设备运行稳定性进行智能监测，同时将监测结果输送至后台系统自动评判与分析，标准化处理，提升准确率，杜绝人为漏检、错检，消除人员登高等危险作业隐患；通过对各种设备的运行时间、数据变化、性能指标等参数进行实时采集，可准确掌握现场实际生产状态，便于生产指挥调度决策。5G智能油井生产监控如图1所示。

2.2　油气田场站中的应用

5G技术在场站中的应用主要体现在“无人值守”方案的不断迭代升级上。重点生产区域：加热炉、分离器、压缩机房、配水间、计量间等需安装智能高清摄像头（见图2）。利用5G能够实时将拍摄画面回传至生产指挥中心，专业人员再运用大数据、云计算等技术对拍摄回的画面进行智能分析，判断是否存在安全隐患，最后根据分析结果进行处置，有效保障了场站的安全生产、平稳运行。

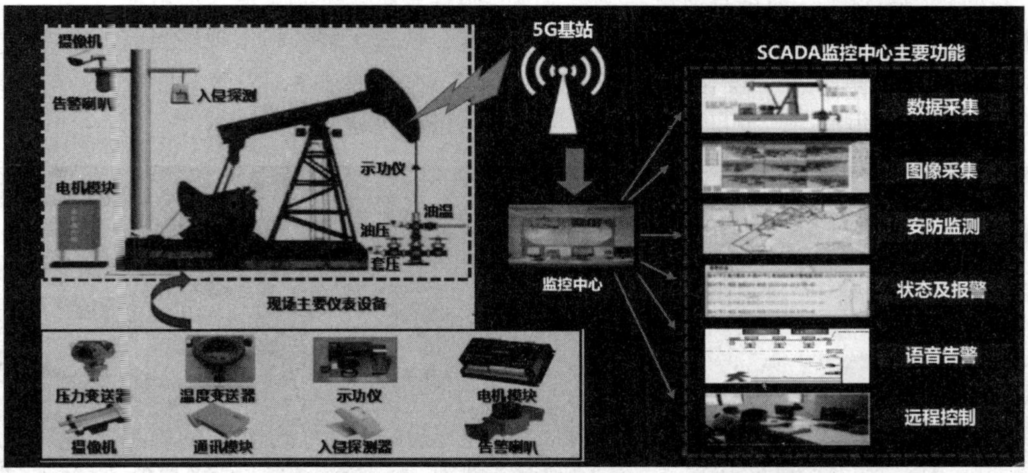

图 1　5G 智能油井生产监控

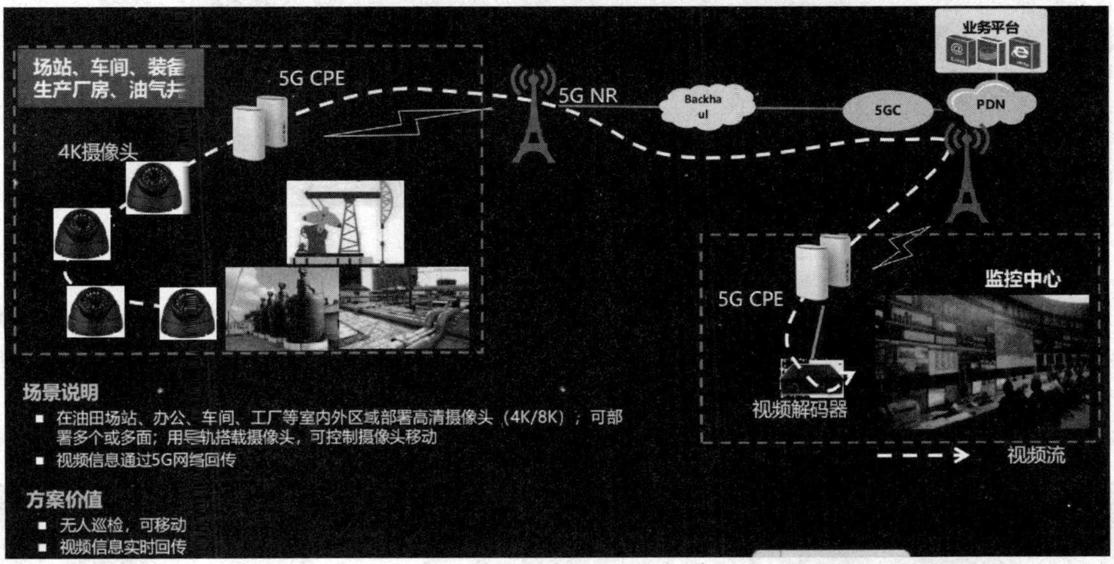

图 2　5G+高清视频监控

机器人巡检可通过搭载 5G 智能传感设备，对场站压力、温度进行检测，可与场站原有的温压变送器进行比对校准(见图 3)。一旦出现异常可及时报警处置，机器人还可装载高清摄像头，具备智能分析、数据智能读取、故障自主分析等功能。5G 机器人智能巡检的实现，减少了值班人员的使用，大大降低了安全生产事故发生的可能性，杜绝人为操作的错误行为，保障了员共的人身安全。同时在毒气、高温、火灾等情况下，5G 智能机器人可第一时间到达现场将实际情况实时传输至指挥中心，以便管理者高效指挥调度，诠释了信息化时代的“决胜千里之外”。并且机器人可加装消防栓和机械臂，关闭阀门、扑灭火势，保障生命财产安全。

2.3　钻井压裂等远程指挥操作中的应用

2.3.1　现场施工运行

以石油工程数据中心为支撑，针对钻井、录井、压裂等重点施工现场，建设 5G 专网应用，将各业务数据进行集成、优化、组合，融合 5G、物联网、人工智能等信息技术，建设基于 5G 的后方作战指挥中心，横向联合业务部门及专业化队伍、纵向贯穿至施工现场，实现工程信息共享，协同运行管理、远程技术支持、可视化作战指挥的目标，确保现场施工安全、合规，全面提升油气田石油工程板块的信息化管理水平。

现场操作人员可佩戴带有工业级高清晰度摄像头及 4G/Wi-Fi 网络传输的智能安全头盔(AR 头盔)，搭配系统管理软件，可实现实时语音视频通话、实时视频监控、实时语音对讲、卫星定位、电子围栏、SOS 报警、跌落报警、撞击报警、脱帽报警、远程指挥及可视化管理等。AR 头盔在施工现场的使用情况，将自动反馈至大屏指挥系统，中心调度人员可通过 AR 头盔使用情况，快速了解各施工现场当前工作内容、工作状态，并可通过 AR 头盔本身功能，与现场使用人员进行沟通交流。

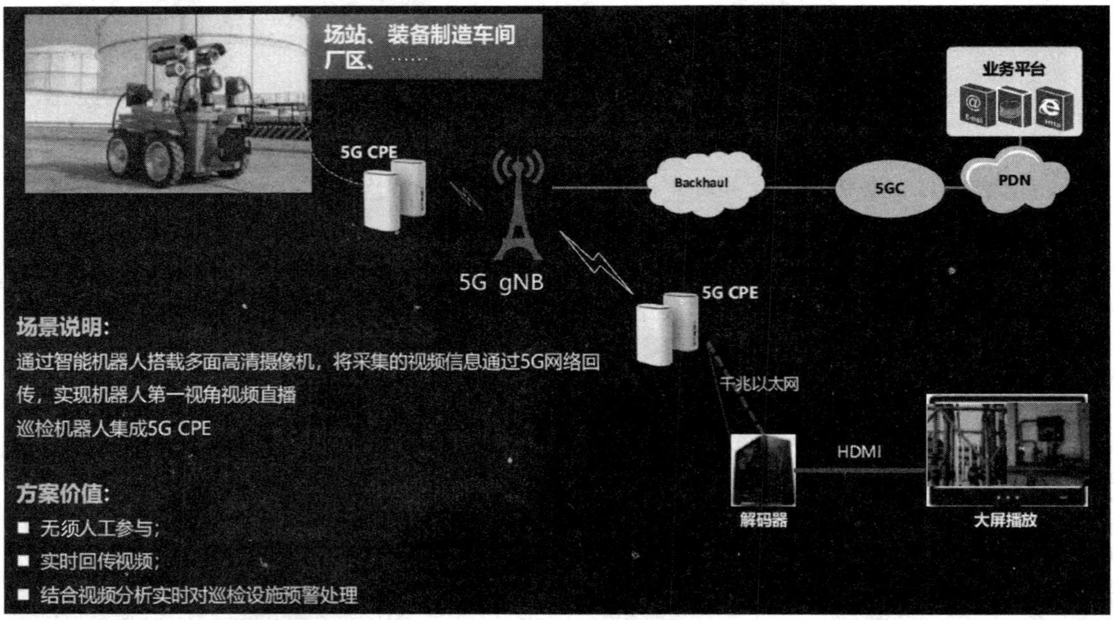

图 3　5G 智能机器人巡检

5G 可视化 AR 通过将钻井、录井、作业等真实场景或模型影像，与一个与之相关的虚拟场景加以融合，生成一个新的关于此场景的虚拟场景或模型，并集成相关视频资源、数据资源，经边缘计算分析，自动推送相关信息，为现场施工可视化指挥提供判断依据，提高指挥调度的科学化水平(见图 4)。

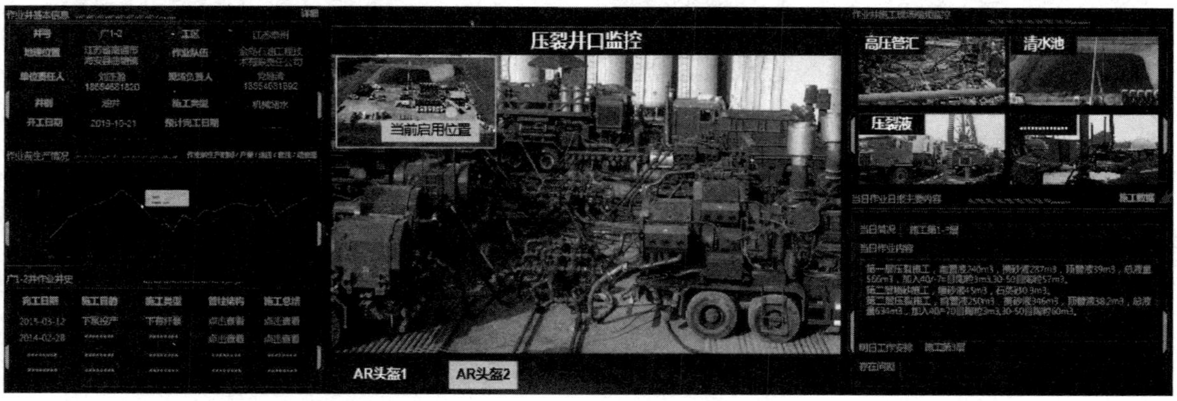

图 4　5G 可视化 AR 作战现场

2.3.2　现场巡检管理

(1) 巡检计划与执行。施工现场是立体空间，基于固定摄像头的监控和分析不能满足全方位覆盖的安全、环保要求，使用基于 AR 技术的巡检制度能够较好地弥补这一缺陷。

针对不同施工作业，制定不同的巡检策略，按要求对施工重点区域、重点设备、重点管线、重要工序、关键操作等，进行拍照、录像，利用边缘计算技术，对现场巡检中不符合要求的违规行为给出提示，并提醒管理人员注意。

现场巡检人员佩戴终端，按照设定好的巡检路线扫描巡检标识，进行电子化巡检。实现巡检数据实时或异步传输、内外操协同。保障人员及时掌握运行、设备等真实的巡检情况及结果，及时有效指挥生产运行。配以融合通信，为内/外操工作提供高效、安全、便捷的沟通工具和精细的管理手段(见图5)。

图5 基于5G AR技术的施工现场巡检

(2) 巡检结果统计分析。在巡检中发现的问题，AR都将自动反馈后端，系统从多个维度自动分析各类问题的发生情况，包括施工队伍、施工类型、问题类型、发生频度等(见图6)。

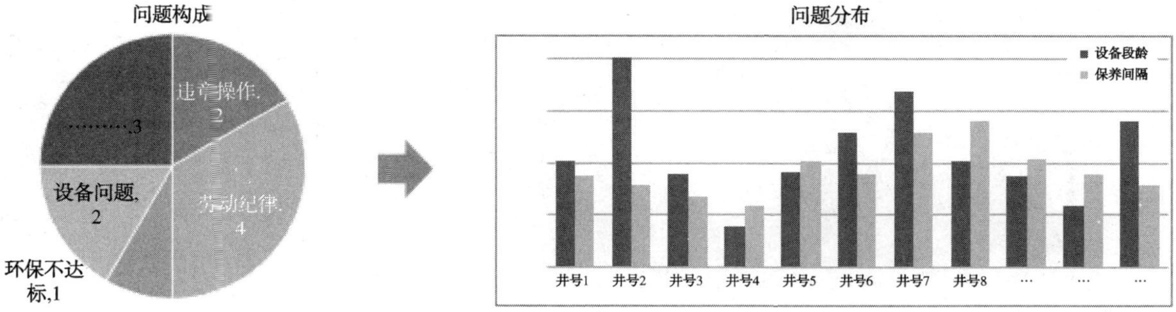

图6 5G巡检结果统计分析

2.4 在地下油气藏监测中的应用

5G技术在地下油气藏监测过程中的应用主要有以下三个方面。

(1) 通过5G技术的监测管控保证油气资源的储量在可控范围内，并在油气开采过程中实现对油气资源储量情况的动态实时监测。

(2) 石油天然气在生产管理过程中要立足发展实际情况采取积极措施对石油天然气点位进行精准监控，一旦石油天然气的开采不在正常范围内会立刻停止开采。

(3) 油气藏勘探贯穿整个油气田开发的全生命周期中，利用5G技术可实现地下油气藏的监测开采。通过对油气水井不同层段的储层流体参数的对比分析，获取不同层段流体的运动变化规律，分析气驱、复合驱、压裂等措施对储层流体运动变化的影响。

3 未来5G在数字化油田的应用前景探讨

未来数字化油田将借助5G技术不断向智能化油田方向高速迈进，5G技术结合大数据、云计算、人工智能等技术，可打通数据壁垒，实现资源的优化整合，建立起立体化、多元化的智能油气田，极大地提高视频数据和生产数据的实时传输速率。

另外，5G技术的应用可进一步减轻人工成本压力。对于人烟稀少的偏远油田，人力成本较高，同时设备维护费用、车辆保养费用以及油耗成本不断增高。5G技术普及后，可降低设备故障率，减少维修投入，缩减人工成本，改用专业化运维队伍承包维护，极大地提高了生产效率，更好地提升数字油田的管理水平、服务水平。

同时，5G技术的应用实现了经营管理模式

的转变，高速率低延时的网络通信为智能化管控提供了基础条件。利用协同工作环境，实现跨领域协作，提高决策准确性，为实现"实时监控、无人值守、重点巡视、专业运维、上下贯通、层层穿透"的新型智能化油田管理模式奠定了坚实基础。

4 结语

5G技术的发展为石油石化行业智能化发展带来了历史性机遇，油气企业经营管理要与5G技术紧密结合，对各种数据进行深化应用，实现石油天然气的智能化勘探开发，持续完善信息化基础设施建设，显著提升生产指挥决策水平，强化指挥协调能力，并促进油气田的智能化发展。

参考文献

[1] 谢军."互联网+"时代智慧油气田建设的思考与实践[J]. 天然气工业，2016(36)，267(01)：144-152.

[2] 张淳奕."互联网+5G"时代智能油气田建设[J]. 电子技术与软件工程，2020(23)：7-8.

[3] 王笑鸣.5G技术在智慧油田建设中的研究与应用[J]. 工艺技术，2020(5)：255-256.

[4] 赵鹏.5G通信技术在数字油田建设中的应用表现[J]. 中国管理信息化，2021，24(14)：104-105.

[5] 王德海. 油田数字化存在的问题分析及对策探讨[J]. 石化技术，2018(12)：163.

[6] 于振山，孙茜，张跃. 大数据、物联网技术在智慧油田建设中的应用研究[J]. 中国管理信息化，2016(18)：54-55.

建设5G智能作战指挥室，提高工程一体化管控水平

张巧堂　王　欣

（中国石化东北油气分公司）

摘　要　东北油气分公司龙凤山气田纵向含气层系多，平面分布广，三级地质储量基数较大，是分公司重要的产建阵地。为了更好地对该区域钻井、测井、压裂等现场施工情况进行指导和决策，东北油气分公司借助先进的5G专网技术、AR眼镜、AI视频安防等技术，构建满足石油工程决策运行的一体化智能作战指挥室，形成现场后方一体化运行监控、异常决策、远程监督的协同作战体系，推动工程、技术、安全的高效协同。

关键词　5G；一体化；作战指挥室；专网技术

东北油气分公司龙凤山区块距离长春超200km，地处偏远，网络环境差，涉及的钻井、测井、压裂等施工现场情况复杂，监督人员少，后方无法实时掌握生产现场施工动态，施工现场遇到技术难题难以快速得到远程支持。

为解决以上难题，公司与吉林移动合作，在龙凤山区块部署了5G专网，同时整合EPBP数据、GIS地图、工程实时数据、视频会议等软硬件资源，借助AR眼镜、AI视频安防等技术，建设了实时、全面、可视化的智能作战指挥室，实现了施工现场动态监控、专家远程技术支持、网上巡回监督，提高了指挥决策与远程专家诊断水平。

1　典型做法及应用情况

1.1　应用架构

基于5G网络，AR+AI智能硬件环境，构建石油工程作战室物联网环境，梳理石油工程各专业甲（分公司）、乙（施工队伍）、丙（监督）的工作流程和协作场景，将东北油气分公司钻井、录井、压裂、试油气等施工实时数据和视频流整合，通过数据图形化、现场可视化、智能识别、三维模型、指令流程化等技术手段，建设石油工程作战室，包含指挥大屏、施工监控环境、异常诊断和处置、指令及跟踪、巡回监督、移动应用等六个子系统（见图1）。

1.2　技术架构

将录井仪、压裂设备、AR眼镜、智能头盔、AI隐患识别等物联网设备接入东北油气分公司5G专网，以EPBP数据库、工程实时库作为基础数据层，通过云平台层提供的平台服务、流程服务、数据服务、消息服务、物联设备等服务，进行作战室功能开发应用，实现软硬件的互通（见图2）。

1.3　主要应用场景与展示

1.3.1　构建作战指挥大屏

根据石油工程业务内容，实现工程运行信息总览，接入钻井、压裂、试油气的实时数据，纵向上实现功能及数据穿透，通过“一张图”，展示分公司各类重点施工区域的现场运行情况，汇总各施工项目主要信息，宏观掌控施生产运行情况，及时研判现场情况，辅助决策。

1.3.2　多专业会诊环境

集成钻井运行及相关实时数据、视频、设计、方案等成果资料，构建跨专业协同分析体系，实现钻压裂实时数据图形化。同时开展施工现场物联网设备集成，通过模型、案例、方案、设计、规范等知识管理，建立施工资料知识库。

1.3.3　异常预警和处置

（1）异常诊断。通过建立异常诊断模型，实现工程参数异常监测、实钻轨迹偏离设计报警、现场异常行为报警等问题诊断的智能化。结合人工巡检上报异常，实现异常问题的发现、上报、审批、处置方案、方案执行、总结复盘的闭环管理。

图 1　智能作战指挥室功能架构图

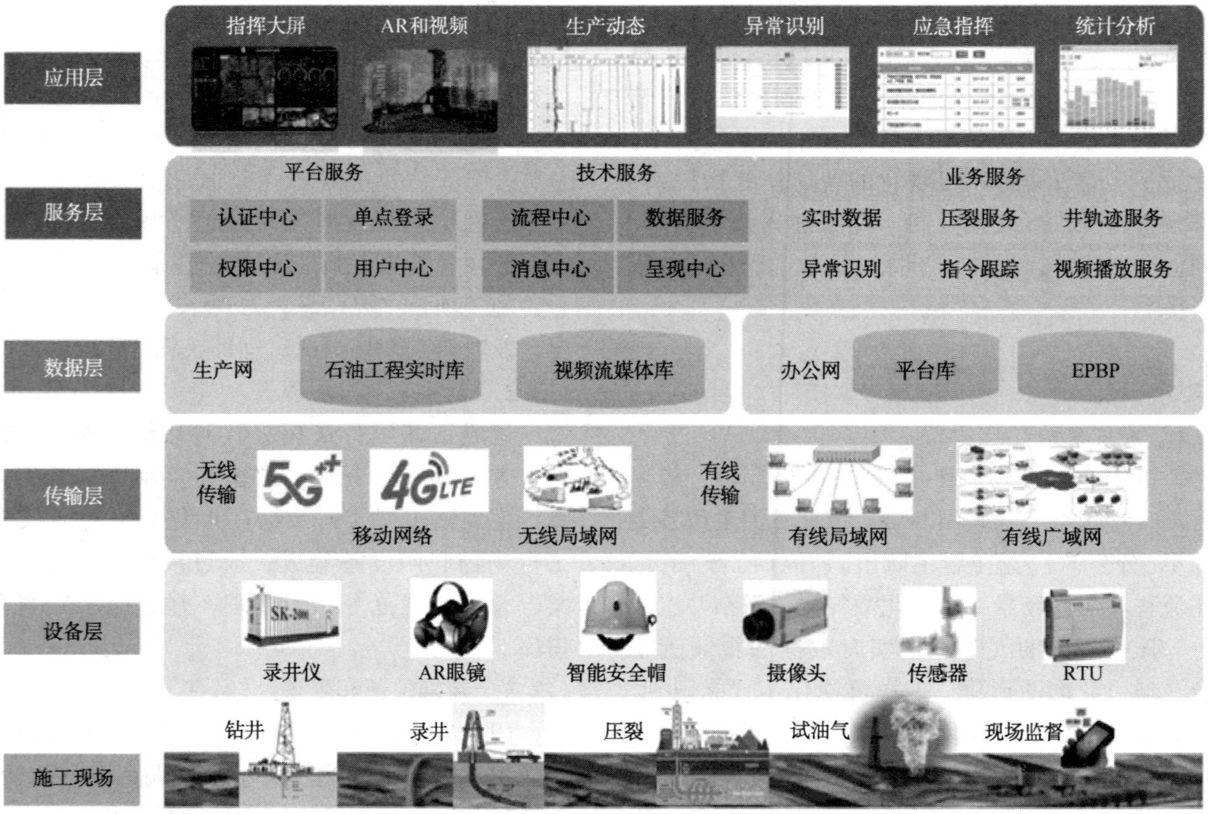

图 2　软硬件架构

（2）异常对比分析。对异常信息进行多角度分析，按照井轨迹分析、录井分析、测井分析、岩屑分析、地层对比，实现施工异常分析、发生时间、损失时长的统计，便于技术人员掌握区块复杂故障情况，合理制定异常处置方案和施工措施。

1.3.4　指令管理和跟踪

实现管理应急处置管理，主要包含应急处置方案下发、指令下发，支持移动端和手机短信，并对应急处置进行跟踪，实时接收反馈，及时调整方案。

1.3.5　现场监督管理

监督人员提供重点工序、重点井段、重点施工现场的监督巡井，通过AR眼镜和井场实时数据的联动，针对监督问题上报，进行问题处置跟踪闭环管理，并实现现场监督日报的填报审核管理。

1.4　案例介绍

1.4.1　案例一：先进技术助力全视角巡井监督

常规巡井监督按照现场工程进度安排巡井计划，受井场距离限制，平均每日完成2口井的现场巡检工作。石油工程作战室实现全现场、无视角、全方位地监控所有工程现场、重点井及关键工序，巡井监督人员通过作战室实时视频、智能头盔、AR眼镜动态监督工程现场，发现问题隐患，即刻启动AR通话功能通知驻场甲方代表，远程监督问题隐患排查治理情况。

自作战室应用以来，龙凤山区域共开钻6口井，以前每口井需2个驻井监督，现在只需1个驻井监督和巡检监督即可。改变了公司现场监督管理模式，优化了项目团队监督人员，减少了监督人员去现场巡检的次数，上线以来预计可节省监督和巡井车辆费用20万元。

1.4.2　案例二：作战室打造前后方协同指挥模式

石油工程运行作战室应用以来，原有的管理方式发生根本性转变，传统的工程管理模式以前端为主，现在转变为前后方协同指挥，甲乙方业务专家、技术人员、监督人员同一平台实时“会诊”，协同制订方案，实现技术服务与决策指挥的深度融合。

通过建立团队、监督中心、施工现场标准化工作流程，实现监督委托、监督指令、现场反馈三方联动指挥联动。通过AR眼镜、智能安全帽建立实时沟通模式，前后方进行实时语音沟通，针对施工过程中的复杂情况，随时启动三方会议，与应急指挥联动，多方协同处置应急事件，高效高质处置复杂情况。

1.4.3　案例三：多专业融合实现钻遇储层实时优化

为了提高有效储层的钻遇率及单井产能，作战室实时通过监测工具面、井斜、方位等轨迹参数和伽马、电阻率等测井曲线，集成大型专业软件成果，融合钻测录、地质、地震等多专业数据，配套三维井身轨迹的可视化功能，实时跟踪随钻轨迹；利用远程会议系统，集成邻井资料、储层监测成果、地层岩性、地震剖面等数据，形成地质与工程多专业融合的决策模式。

比如，北2-1HF井在水平段后半段钻进过程中，结合实时数据，通过对比邻井北5井，气层同相位内岩性以泥质粉砂岩与泥岩为主，实钻情况与预测差异较大。经过气藏地质与钻井工程技术人员远程讨论结合，及时开展井轨迹降斜，第一时间重新进入下部有效储层，保障了水平井的整体钻遇情况。

2　主要成效

2.1　整合软硬件资源，奠定智能化决策基础

5G专网打造了现场与公司高速、安全的数据传输通道，满足了各项5G通信、边缘计算等需求，提高了内网通信能力，深度整合了指挥大屏、EPBP数据、工程实时数据、视频监控数据、地质工程设计数据，为下一步开展基于大数据深度分析、MEC边缘计算服务、智能化决策奠定了基础。

2.2　改变监督工作模式，促进岗位优化

由“现场巡井+驻井监督”模式转变为“线上巡井+重点井驻井监督”模式，实现了60%巡井任务由现场巡井转为线上巡井。巡井岗位要求由2井次/天·人，提高到10井次/天·人，形成了巡井监督新模式。

2.3　实现监督指令的闭环管理

石油工程运行作战室配套的指令下达、指令签收、执行远程监控、结果线上反馈功能，实现指令的线上流转、全程可追溯。

2.4　促进工程运行提质增效

作战室动态巡检、实时跟踪模式提高了现场隐患、异常情况的发现效率。三方协同指挥、专

家远程决策提高了现场问题处置优化效率，实现了工程运行的降本、提质、增效。同时，形成了具有示范推广价值和行业复制性的企业内5G专网建设、运维、管理新模式。

3　下一步展望

（1））借助已建成的5G专网，探索更多实际的应用场景，充分发挥5G、云计算、大数据、人工智能等新技术在公司的融合与应用。

（2）以项目为契机，进一步整合公司软硬件资源，整合各专业数据资源，消除信息孤岛，提高现场生产管理的智能化、规范化管控水平。

（3）尝试在公司其他工区拓展应用，把龙凤山区域应用的成熟经验推广到公司其他工区，提高项目经验的可复制性、可继承性。

移动视频监控在强化直接作业环节安全管中的应用

郑燕豪

（中国石油化工股份有限公司广州分公司）

摘　要　水务部施工项目点多面广，施工监管难度大，现场违章问题数居高不下，严重影响部门安全生产，通过对施工现场实施移动视频监控及视频回放，及时纠正不安全行为，并定期对违章问题统计分析，分析违章问题主要类型及监管存在的薄弱环节，减少直接作业环节违章违纪现象，为企业安全生产保驾护航。

关键词　水务部；直接作业环节；视频监控

直接作业环节一直是安全生产的薄弱环节，也是安全管理的重点和难点，更是生产安全事故频发区、高发区和重灾区。为切实加强直接作业环节监督管理，实现生产施工作业现场的全过程、全方位、全天候安全监控，及时发现事故苗头、隐患和“三违”现象，遏制和杜绝生产安全事故的发生，水务部全面落实《安全管理手册》要求，对施工现场 10+1 特殊作业实施移动视频监控及回放工作，及时纠正违章问题，通过一年实践取得一定效果。

1　违章问题存在原因分析

2018—2019 年对水务部炼油污水、炼油循环水、给水、化工等四套装置现场直接作业环节违章问题数量进行统计（见图 1）。

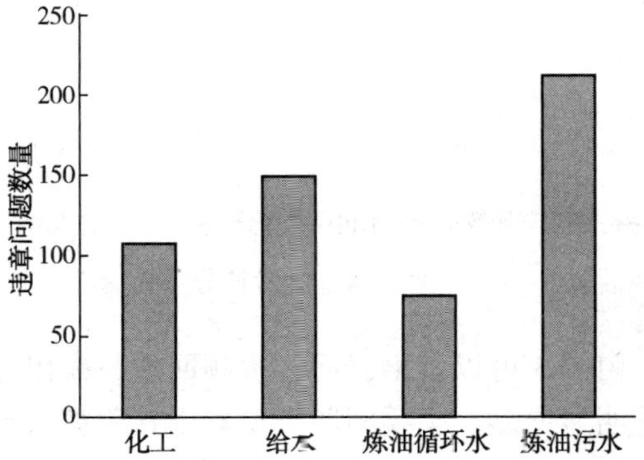

图 1　水务部直接作业环节违章问题统计

从图 1 中可以看出，2 年时间各类违章问题数最多是炼油污水、其次是给水，炼油循环水被查出违章问题最少，化工区问题数逐渐上升。导致各区域被查出问题数残次不齐，这种情况说明同样制度、同样的要求，有的装置执行得比较好，有的执行比较差。那么，主要的原因是什么？美国工程师海因里希提出，事故常常起因于人的不安全行为和物的不安全状态，人的不安全行为是大多数工业事故的原因。同样的道理，我们经常听到或者经常说的“执行不到位”，就是因为人执行具体制度、要求不到位导致现场违章违纪现象屡禁不止。直接作业环节涉及的任何一项作业均应按照作业前准备、作业前安全措施落实、作业过程监管、作业结束完工验收这个程序进行，每一道程序均需要相应的责任人去落实。

1.1　直接作业环节存在的问题

通过近两年来查出的问题统计，特点习惯性违章、低老坏问题居多，且有些问题重复发生，主要体现以下几个方面：

（1）作业前施工机具准入要求低，对施工机具检查完好情况，贴标识确认流于形式，导致不完好机具进入现场。

（2）作业前结合作业许可证上内容进行风险辨识、针对识别出的风险落实防范措施，现场确认后在作业许可证上相应位置签字，谁检查确认谁签字。

（3）作业过程中对作业环境、作业条件、作业人员进行动态监督检查，发现不安全问题及时纠正。

1.2　直接作业环节违章类型分析

对水务部 2018—2019 年现场直接作业环节违章问题类型进行统计，如图 2 所示。

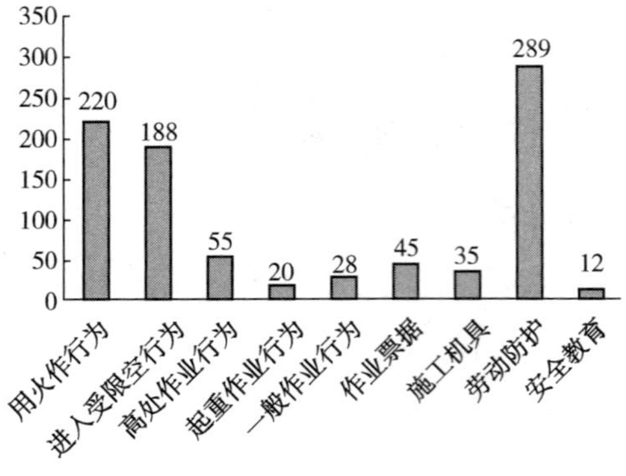

图 2　水务部直接作业环节违章问题类型统计

可以看出，2 年时间里，现场直接作业环节中违章问题类型最多的是劳动防护用品，其次用火作业行为，再次为进入受限空间作业行为行为。从现场检查情况来看，劳动防护用品不规范主要表现在高处作业安全带佩戴不规范、使用风炮作业没有戴护目镜及耳塞、安全帽佩戴不符合规范。高处作业表现在安全带系挂不规；用火作业违章主要表现在用火作业区域隔离覆盖措施不到位、火花承接措施不到位。进入受限空间作业违章主要表现在使用非防爆工具、高处作业未系安全带、罐内作业未使用有毒有害检测仪、受限空间内通风设施故障等。通过现场检查了解，这些问题高频率出现主要原因是：

（1）作业人员安全意识不高，不知道规范要求，没有接受相关安全知识培训，在从事相关作业时，贪图方便，违章问题重复发生。

（2）负责落实安全措施相关人员没有真正例行，没有在作业前确认设备设施完好情况，没有在作业前检查落实安全措施。

（3）作业过程监管缺失，不能及时发现纠正作业过程的不合规情况。

综上所述，任何一个违章问题都是相关人不负责导致的。之所以出现岗位人员不负责的情况，其主要原因如下：

（1）相关人员没有接受到全面的安全管理制度培训学习，对制度要求不了解，作业过程只是凭主观意识去做，违章在所难免。

（2）安全认知理念有误，认为安全是安全管理人员的事，与自己无关，不清楚自己应承担的责任、应例行的义务。

（3）监管考核机制有待提高，对责任心缺失、安全工作存在侥幸心理的人员不能按照规定考核。

（4）部门对现场直接作业环节违章问题考核力度逐渐提高，但考核对象基本是承包商，而现场有部分违章的问题是甲方人员不覆职、责任心不强，最后承包商来买单。这种考核效果偏离了考核的基本，带来的结果就是查一个罚一个，不能从问题的根源进行整改，不能以点带面，结果就是重复性违章、习惯性违章永远存在。所以，加大违章考核力度要将甲方列入考核范围。

2　移动视频监控在直接作业环节中安全监控的实践

2.1　视频监控设施介绍

目前使用视频监控工具主要有两种，一种是移动式视频摄像手电筒，另一种是进入受限视频监控。这两种设备都摄像和存储功能，该视频可以连续拍摄 20h，存储卡为 64G。在视频回放过程中，视频监控设备还具有抓拍的功能。

2.2　移动视频监控应用情况

2019 年 5～10 月对现场动火、进入受限空间、高处、起重等特殊作业实现视频监控，总共收集 250 个视频，回放 250 次，查到违章问题 267 次。对查出的问题每天通过班前会通报或者现场曝光，及时纠正不安全行为。对于低老坏、习惯性违章、违反禁令等问题实施承包商绩效考核(见图 3)。

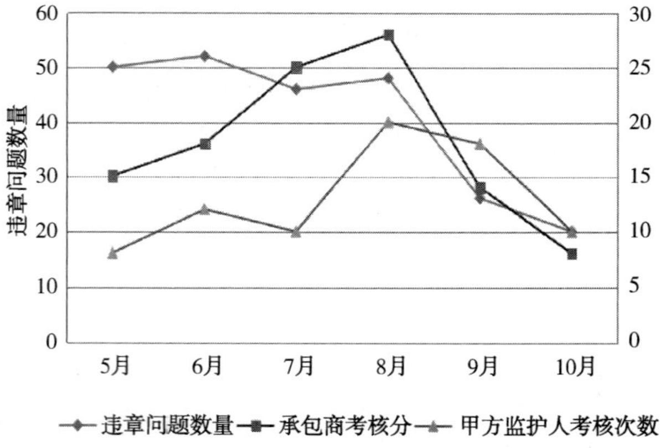

图 3　通过承包商考核分考核

由图 3 可以看出，通过视频回放，查出违章问题明显增多，主要问题类型集中在不按规定穿戴劳保用品、监护人玩手机、气瓶安全距离不够、交叉作业、等问题。在刚开始的两个月以纠正批评教育为主、绩效考核为辅。但是违章问题没有减少，主要原因是监护人在监护过程中没有及时调整视频监控角度、视频监控资料不全、视频故障率高等。通过对监护人有关视频监控规范使用教育及作业人员安全教育，所收集的有效视频增加，因此出现违章问题反弹的现象。从6月开始将回放查出的违章问题，通过班前会讲评、现场曝光、承包商管理人员绩效考核、承包商主要管理人员约谈等方式，消除人员不安全行为。7月，违章问题明显减少。

2.3 移动视频回放查出问题分析

本次从视频回放中查到违章问题总共有267次，查出违章问题按类型主要有不规范穿戴劳保用品、交叉作业、高处作业、动火作业、起重作业、临时用电等(见图4)。

由图4可以看出，劳动防护穿戴不规范中问题最多，其次是动火作业、起重作业。在劳保用品不规范穿戴中涉及用火、进入受限空间等7种特殊作业，主要有金属切割不戴耳塞、护目镜，安全带不规范佩戴、动火作业不穿动火服、安全帽不规范佩戴等。动火作业主要问题是动火点与气瓶间距不够；起重作业主要起重臂下站人、起重物周边没做警戒、吊带捆绑不规范等。

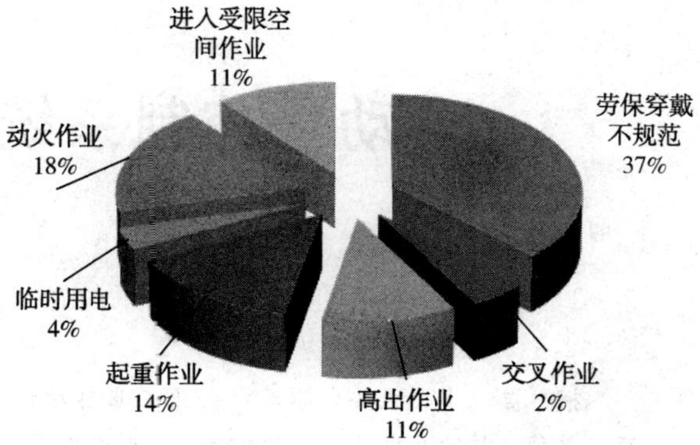

图4 直接作业违章问题类型

3 结语

移动视频监控技术在直接作业环节中应用，在很大程度上解决了施工安全监管的短板，为安全技术人员提供现场作业过程情况，及时纠正违章问题，预防和减少施工安全事故，对施工安全的管理有着积极的促进作用。

自动化控制系统抗干扰技术的应用

刘立忠

（中国石化股份有限公司广州分公司）

摘　要　本文主要介绍石化企业工业自动化控制系统的常见干扰问题及系统的抗干扰技术，包括隔离、屏蔽、接地及电源干扰的抑制，同时介绍了软件抗干扰技术。

关键词　自动化控制系统；抗干扰；隔离；电磁兼容性

随着社会的发展、技术的进步，自动化、数字化、网络化的自动控制技术越来越深入地应用于工业控制系统中，使工业控制领域发生了巨大变化，劳动强度大大降低，生产效率大大提高。正常的工业生产对自控系统的依赖性越来越迫切，但同时也带来了许多新的问题和技术难题。表现最为明显的是随着越来越多的自控设备的引入，电磁环境越来越恶劣，与之相应的干扰因素也随之成倍增加，因而对整个自控系统的性能产生极大影响。自动化控制系统的可靠性直接影响工业企业的安全生产和经济运行，而系统的抗干扰能力是关系到整个系统可靠运行的关键。本文通过对石油化工工业现场环境下分散控制系统（以下简称 DCS）及可编程序控制器（以下简称 PLC）可能存在的干扰源和干扰传递途径进行分析和阐述，同时提出相应的抗干扰技术。

1　干扰源分析

这里所说的干扰信号，是指区别于正常信号的，来自自控系统内部或外部的，所有影响系统正常工作的其他电磁信号。干扰的来源如图 1 所示。

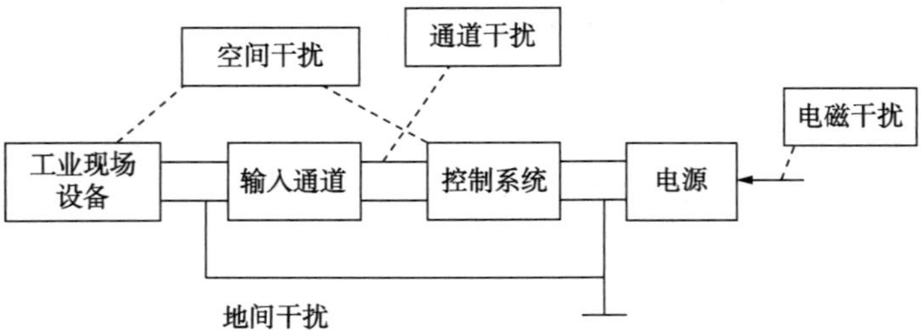

图 1　自动化控制系统的干扰来源

形成干扰的基本要素有三个：

（1）干扰源，指产生干扰的元件、设备或信号，如雷电、继电器、可控硅、电机、高频时钟、对讲机、手机等都可能成为干扰源。

（2）传播路径，指干扰从干扰源传播到敏感器件的通路或媒介。典型的干扰传播路径是通过导线的传导和空间的辐射。

（3）敏感器件，指容易被干扰的对象，如 A/D、D/A 转换器、单片机系统、热电偶等小信号、现场仪表、计算机控制系统、小信号放大器等。

石油化工装置现场的主要干扰源有空间电磁干扰、动力设备供电线路的电磁干扰、静电干扰及不良接地造成的共阻干扰。其干扰方式可以归纳为电、磁及共阻抗耦合三种形式。

1.1　来自空间的辐射干扰

电场干扰是石油化工装置现场普遍存在的干扰，任何两个电极之间都存在着不同的电容分布，电极之间的分布电容的耦合作用造成的干扰成为电场干扰；磁场干扰在石油化工现场同样到处都有，有交变的电流存在，就有交变的磁场存在，同时宇宙空间也存在各种变化的电磁波，调制的无线电信号就是典型的电磁波。空间的辐射电磁场（EMI）主要是由电力网络、电气设备的暂态过程、雷电、无线电广播、电视、雷达、高频感应加热设备等产生的，通常称为辐射干扰，其分布极为复杂。若 DCS 和 PLC 系统置于所射频场内，就回受到辐射干扰，其影响主要通过两条路径：一是直接对 DCS、PLC 内部的辐射，由电路感应产生干扰；二是对 DCS 和 PLC 通信内网络的辐射，由通信线路的感应引入干扰。辐射干扰与现场设备布置及设备所产生的电磁场大小与频率有关，一般通过设置屏蔽电缆和 DCS、PLC 局部屏蔽及高压泄放元件进行保护。

1.2　来自系统外引线的干扰

主要通过电源和信号线引入，通常称为传导干扰，这种干扰在我国工业自动化现场较严重。所谓传导干扰是指通过导线传播到敏感器件的干扰。这种干扰是沿着导体传播的，诸如导线、传输线、电感和电容元件等均是传导干扰的传输通道。从干扰源观察，它有不带任何信息的噪声及带有信息的无用信号。如电源开关接通的瞬间所产生的火花，对一个敏感电路可能会产生干扰。一个带信息的信号在其对应通道是有用的信号，如果它进入别的通道，虽带信息都是无用信号，可对其他仪器造成干扰。所以说，任何一台电子设备都可能成为一个干扰信号源。与 DCS、PLC 控制系统连接的各类信号传输线，除了传输有效的各类信息之外，总会有外部干扰信号侵入。此干扰主要有两种途径：一是通过变送器供电电源或共用信号仪表的供电电源串入的电网干扰，这往往被忽视；二是信号线受空间电磁辐射感应的干扰，即信号线上的外部感应干扰。由信号引入干扰会引起 I/O 信号工作异常和测量精度大大降低，严重时将引起元器件损伤。对于隔离性能差的系统，还将导致信号间互相干扰，引起共地系统总线回流，造成逻辑数据变化、误动作和死机。DCS、PLC 控制系统因信号引入干扰造成 I/O 模件损坏数相当严重，由此引起系统故障的情况也很多。

1.3　来自电源的干扰

实践证明，因电源引入的干扰造成 DCS 和 PLC 控制系统故障的情况很多。如同一个用电系统其他用电设备通断时产生的尖峰，会通过变压器的电容耦合到计算机直流电源而产生干扰，控制系统附近的断电器动作时产生的浪涌电压由电源线经变压器级间电容耦合而产生干扰，供电系统持续时间大于 1s 以上的过压、欠压及断电而产生的干扰等。

DCS 和 PLC 系统的正常供电电源均由电网供电。由于电网覆盖范围广，它将受到所有空间电磁干扰而在线路上感应电压和电路。尤其是电网内部的变化，输入开关操作浪涌、大型电力设备起停、交直流传动装置引起的谐波、电网短路暂态冲击等，都通过输电线路传到电源原边。DCS、PLC 电源通常采用隔离电源，但其机构及制造工艺因素等原因使其隔离性并不理想。实际上，由于分布参数特别是分布电容的存在，绝对隔离是不可能的。

1.4　来自接地系统混乱时引起的干扰

接地是提高电子设备电磁兼容性（EMC）的有效手段之一。正确的接地，既能抑制电磁干扰的影响，又能抑制设备向外发出干扰；而错误的接地，反而会引入严重的干扰信号，使 DCS、PLC 系统无法正常工作。

DCS、PLC 控制系统的地线包括系统地、屏蔽地、交流地和保护地等。接地系统混乱对 DCS、PLC 系统的干扰主要是各个接地点电位分布不均，不同接地点间存在地电位差，引起地环路电流，影响系统正常工作。例如电缆屏蔽层必须一点接地，如果电缆屏蔽层两端 A、B 都接地，就存在地电位差，有电流流过屏蔽层，当发生异常状态如雷击时，地线电流将更大。

此外，屏蔽层、接地线和大地有可能构成闭合环路，在变化磁场的作用下，屏蔽层内部有会出现感应电流，通过屏蔽层与芯线之间的耦合，形成干扰信号回路。若系统地与其他接地处理混乱，所产生的地环流就可能在地线上产生不等电位分布，影响 DCS、PLC 内逻辑电路和模拟电路的正常工作。DCS、PLC 工作的逻辑电压干扰容限较低，逻辑地电位的分布干扰容易影响 DCS、PLC 的逻辑运算和数据存贮，造成数据混乱、程序跑飞或死机。模拟地电位的分布将导致测量精度下降，引起对信号测控的严重失真和误动作。

1.5　来自 DCS、PLC 系统内部的干扰

主要由系统内部元器件及电路间的相互电磁辐射产生，如逻辑电路相互辐射及其对模拟电路的影响，模拟地与逻辑地的相互影响及元器件间的相互不匹配使用等。这都属于 DCS、PLC 制造厂对系统内部进行电磁兼容设计的内容，比较复杂。应用部门是无法改变的，可不必过多考虑，但要选择具有较多应用实绩或经过考验的系统。

按干扰进入控制系统的方式可分为串模干扰、共模干扰。

串模干扰是指干扰电压与有效信号串联叠加后作用到自控系统，如图 2 所示。串模干扰通常来源于高压输电线、与信号平行铺设的电源线及大电流控制线索产生的空间电磁场。共模干扰是指输入通道两个数端上共有的干扰电压，如图 3 所示。一般在测控系统中，检测元件和传感器通常分散在现场不同地方，被测信号的参考接地点和控制系统输入通道的参考接地点之间存在着一定的电位差。对于输入通道的两个输入端来说就存在一个输入信号，即共模干扰电压。其可为直流信号，也可为交流信号，幅值可达几伏甚至更高，取决于现场产生干扰的环境条件和系统接地情况。

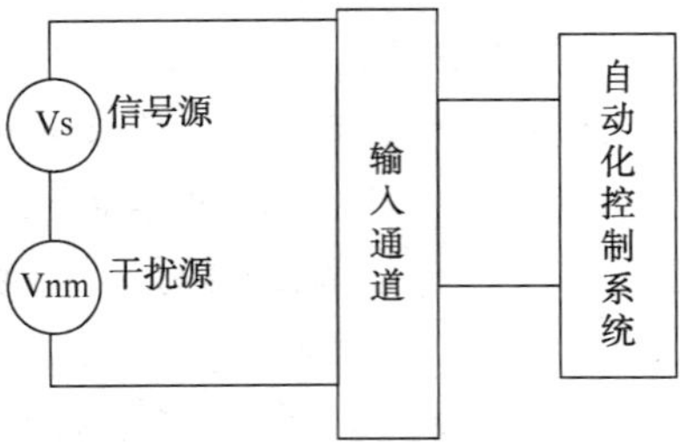

图 2　串模干扰

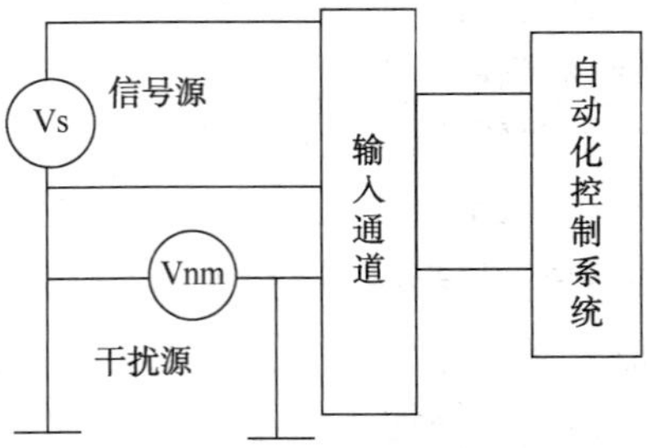

图 3　共模干扰

2　自动化控制系统的抗干扰措施

根据形成干扰的三个基本要素可知，抗干扰的基本原则是：抑制干扰源，切断干扰传播路径，提高敏感器件的抗干扰性能。因此，探讨抗干扰的方法必须从以上三个方面着手。根据现场经验，笔者总结出以下几种常见的方法供参考。

2.1　采用合理接地方法保护的抗干扰措施

在自动化控制系统中，接地是抑制噪声和防止干扰的主要方法。一般的自动化控制系统中同时有强电和弱电部分，同时存在自动化控制系统机组的内部电路和外部控制接口，便产生内部地和外部地。因此，为了保证自动化控制系统可靠地运行，必须采取合理的保护接地，确保自动化控制系统安全、可靠地运行。

在自动化控制系统中通常有几种接地：安全地、模拟地、数字地、交流地。

安全地的目的是使自动化控制系统的设备外壳与大地等电位，以避免机壳带电而影响人身及设备的安全。

模拟地作为自动化控制系统中各种传感器、变送器、A/D 和 D/A 转换器中模拟电路的零电位。模拟信号有精度要求，有的信号比较小，而且与产生现场连接，故对抗干扰的要求较高。

数字地作为自动化控制系统中各种数字信号的零电位，应与模拟地分开，避免模拟信号受数字脉冲的影响。

交流地是自动化控制系统交流供电电源地，即动力线地，它的电位很不稳定，在交流地上任意两点之间，往往存在几十伏的电位差，因此，交流地也容易带来各种干扰。交流地绝对不能与其他接地连接。

另外，DCS 系统对接地有特别的要求，如表 1 所示。

表 1　DCS 系统对接地的特别要求

DCS 系统品牌	制造厂家	接地电阻	备注
CENTUM	日本横河	<10 欧姆	独立设置接地体
TDC-3000	美国 HONNEYWELL	<5 欧姆	设置三个独立的接地系统 (1)交流与避雷地 (2)数字地与主参考地 (3)与之相连的非 TDC3000 计算机参考地
I/A	美国 FOXBORO	<5 欧姆	独立设置接地体，也可与厂区接的合用
RS3	美国 ROSEMOUNT	<5 欧姆	独立设置接地体，也可与厂区接的合用
TELEPERM	SIEMENS	<5 欧姆	独立设置接地体，与保护地分开

主参考接地要求单点接地，各个接地棒之间的距离要求大于3m，接地线线径要求大于5.2mm(14AWG)。交流工作地、安全保护地和直流工作地之间应严格绝缘，在汇集板汇合后再以绝缘电缆接到接地网上，所有接地点应与接地网牢固连接，且应尽量减少接地点与接地网的距离。对于高频信号器件，电路中应采用大面积直接接地，以减少电路间的相互影响。DCS的接地宜与现场电气接地网共用，否则突变电磁场的冲击(如雷电、浪涌等)将给系统带来更大的干扰。

2.2 增加传输线线间距离

增加传输线间距离是消除干扰非常有效的方法。因此，在现场设备安装时，一定要使信号线远离动力电缆，有可能的话最好将强、弱信号及脉冲信号线电缆分开铺设，以便最大限度地减小线间的分布电容，从而消除电场对信号的干扰。信号线与动力线之间的平行距离越长，其线间分布电容也越大，要求线间距离越大。除此之外，一定要保持控制室(机柜间)的良好接地，控制室本身的接地不良同样会造成一定的干扰。在通常情况下，天体干扰及其他强电场的干扰会在控制室上产生一定的感应电动势，如果控制室屏蔽网接地不良的话，那么屏蔽网上的感应电动势就会通过屏蔽网与信号线之间的分布电容放电，从而干扰正常的传感器信号，严重时还会损坏接口电路及DCS、PLC计算机。干扰信号越强，这种可能性越强，尤其是极强的雷电干扰。

2.3 采用屏蔽电缆

磁场干扰一般都是由交变的电流产生的，在一般情况下，动力电缆除通过线间电容影响信号传输质量外，还会通过其周围变化的磁场影响信号的传输。金属屏蔽网对消除磁场干扰非常有效，因此，信号线应尽量采用带屏蔽网的电缆。如果是普通双胶线则应将其扭合起来，其节距越短，抗磁场耦合的效果也越好。有条件的话，还可将其穿过金属管进一步增加其抗磁场耦合的能力。信号线集中的地方(如控制室)，可将信号线铺设在汇线槽内。不要将槽内全部放满电缆，应保持其充填系数在40%左右就可以了，不同类型的电缆应分开铺设，中间用金属隔板隔开，零散信号线应放入金属管内，不要将不同类型的信号线放入同一金属管内。

对于共阻抗干扰在仪表现场安装时最容易被忽视，通常仪表都采用屏蔽电缆，然而并不是屏蔽电缆本身就能防止干扰，它必须通过正确的接地才能使信号免于外部干扰的影响。使用电缆时一定要注意以下事项。

2.3.1 不要将信号线屏蔽网两端分别接地

如果在安装设备时将信号线的远端屏蔽网接至传感器外壳，然后将传感器外壳接到栏杆上，通过栏杆接入大地，同时将信号线的另一端在仪器房内接至地线，这样做就破坏了屏蔽网的抗干扰能力。这种接法是不正确的，其原因是：由于信号线屏蔽网的两端分别接至不同的接地点，两个接地点之间会形成一定的电压差，因此这条屏蔽网本身就成了干扰源，这样做不但不能抵抗外部干扰，反而造成了自身干扰。正确的接法是，将信号线的屏蔽网在仪器房内部接地，另一端浮空就可以了。单点接地是防止干扰的有效手段。

2.3.2 及时更换破损的信号电缆

由于受各种因素的影响，信号电缆在现场使用中经常出现破损，使用中一定要注意，不要将破损的地方放在地面上，否则外部屏蔽网与大地相接，就会造成信号屏蔽网多点接地，而使其失去抗干扰的能力。如果一时无法更换破损的电缆，则应将其通过防爆盒接好，一方面，接点在防爆盒内，线头外不易进水短路或接地；另一方面，提高了接头的防爆性能。

2.3.3 正确连接外部传感器壳体

在一般情况下，将传感器壳体连接至远端屏蔽网是可以的，但一定要将壳体与大地隔绝开来，否则壳体绝缘性变差时，就会对地产生一定的漏电流，同样会造成屏蔽网的多点接地。

2.3.4 选用合适的安装位置及连接电缆

开关量信号(如按钮、限位开关、接近开关等提供的信号)一般对信号电缆无严格的要求，可选用一般的电缆，信号传输距离较远时，可选用屏蔽电缆。模拟信号和高速信号线(如脉冲传感器、计数码盘等提供的信号)应选择屏蔽电缆。通信电缆要求可靠性高，有的通信电缆的信号频率很高(如上兆赫)，一般应选用DCS或PLC生产厂家提供的专用电缆，在要求不高或信号频率较低时，也可以选用带屏蔽的双绞线电缆。

对于关键的控制设备如调节器、DCS、PLC等安装时应远离强干扰源。如大功率可控硅装置、高频焊机和大型动力设备等。调节器、DCS

卡件、PLC卡件等不能与高压电器安装在同一个开关柜内，在柜内调节器、DCS卡件、PLC卡件等应远离动力线。与PLC装在同一个开关柜内的电感性元件，如继电器、接触器的线圈，应并联RC消弧电路。对于模拟量输入/输出信号，在现场传输部分，应采用4～20mA的电流传输方式，而不是易受干扰的电压传输方式。

2.3.5　控制回路的抗干扰措施

（1）隔离安全栅/放大器抗干扰措施。在自动化控制系统中，有大量的模拟量信号，这些信号有时是大电流、高电压，有时是毫伏和微伏级的微弱信号。采用隔离安全栅/放大器不仅能将这些信号放大或缩小，而且能实现现场输入信号与控制系统机组的安全电隔离，能很好地抑制自动化控制系统的共模干扰。

（2）光电隔离抗干扰措施。在自动化控制系统中有大量的开关量输入输出信号，光电隔离器能有效地将这些干扰信号与控制系统内部实现电隔离。其原理如图4所示。

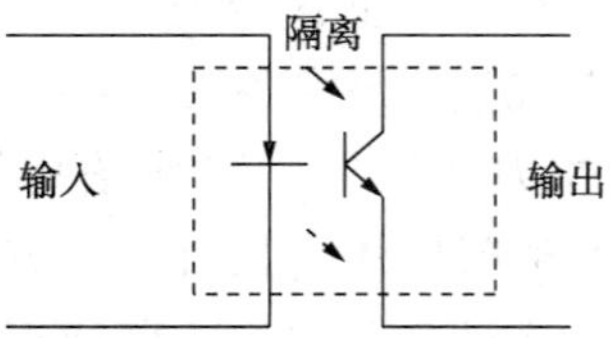

图4　光电隔离器原理图

光电隔离器的原边是一个发光二极管，副边是一个光敏三极管，信号是用光传递的，原边与副边完全没有电的联系。当现场检测的信号加到光电隔离器的输入端，发光二极管将电信号转换成光信号，光敏三极管将接收的光信号转换成与原电信号一致的电信号，这样实现了输入和输出的完全电隔离。而电磁感应产生的干扰电压在线间悬空时可能很高，但是能量并不大。在闭合回路中产生的电流一般不足以使发光二极管产生足够的亮度，因此光电隔离器能有效地抑制干扰信号。

2.4　采用抗干扰能力强的仪表设备

由于干扰的种类较多，传播方式、干扰途径不尽相同，单从现场安装及使用部分抗干扰措施是不够的，如果在产品设计、生产过程中，对仪表设备的元器件、电路、印制板、机箱、配线等等的选用和设计都给予充分的考虑，在各个可能引入干扰的回路设置各种滤波，隔离措施，对干扰信号进行有效的衰减，从仪表自身方面来增强抗干扰的能力和减少干扰它的能力，这样就可以更进一步提高系统抗干扰能力。目前，世界上各个国家颁布了相应的标准，要求厂家生产时必须达到标准才允许使用。因此，在选用仪表设备时，尽量选用经过相关认证的仪表设备。

2.5　加装室内外闪电保护系统

加装室内外闪电保护系统（雷电浪涌保护器）在石化企业自动化控制系统接地方式中经常应用。能很好地避免雷电、雷击干扰所带来的危害。在广州石化的炼油区，部分装置安装闪电保护系统（雷电浪涌保护器），效果很好，现场仪表设备较少受到雷电、雷击的干扰。

2.6　采用专用电源或隔离电源

电源在工业控制系统中非常重要，一方面，给仪表设备提供能源，必不可少；另一方面，它又是电磁干扰传入设备和传出设备主要途径。通过电源线，电网上的干扰可以传入设备，干扰设备的正常工作。同样，设备的干扰也可以通过电源线传到电网上，对网上其他设备造成干扰。为了防止这两种情况的发生，必须在设备的电源入口处安装一个低通滤波器，这个滤波器只容许设备的工作频率通过，而对较高频率的干扰有很大的损耗。由于这个滤波器专门用于设备电源线上，所以称为电源线滤波器。电源线上的干扰电路以两种形式出现：一种是在火线零线回路中，其干扰被称为差模干扰；另一种是在和火线、零线与地线和大地的回路中，称为共模干扰。通常在200Hz以下时，差模干扰成分占主要部分；1MHz以上时，共模干扰占主要成分。电源滤波器对差模干扰和共模干扰都有抑制作用，但由于电路结构不同，对差模干扰和共模干扰的抑制效果不一样。所以滤波器的技术指标中有差模插入损耗和共模插入损耗之分。

另一种防止电源干扰的方法是采用不间断电源（UPS），利用它专门为控制系统、现场仪表等单独供电。同时设置上述电源滤波器，不同设备供电回路相对独立。UPS能够在失电的情况下维持一段时间正常供电。有时还要求I/O站为现场的设备（如仪表）提供电源，这些设备直接控制生产，因此这一部分电源必须十分可靠，即使控制系统失效，电源应能正常工作。在成熟的自动化控制系统中都对此类电源作双冗余处理。一路为UPS（220VAC，50Hz）供电，另一路为电厂保安电源。电源经机柜内部的切换开关进行自动切换，当主电源(UPS)电压降到额定电压的80%时，切换开关自动切换到副电源。

3 从软件方面提高抗干扰能力

尽管外部信号电缆的正确铺设及接地可以在很大程度上减弱外部干扰的影响，但干扰不会就此得以根治，在DCS、PLC系统软件编程时，可以充分利用软件提供的强大功能进行软件抗干扰。根据经验，软件抗干扰技术有以下几种方法。

3.1 限幅滤波法

对于类似雷电干扰的尖峰干扰，其特点是强而无规律，如果这样的干扰经采集后不予处理的话，其代表的数值与真实数值的差值是相当大的，不论采取何种其他措施都不会产生好的效果。假设我们对温度信号进行采集，传感器输出信号经相应的传输电缆传送到控制室。由于温度是通过加热油等加热得到的，因此，只要采样速率足够快，它不能产生大幅度的突变，即：

$$|y(n)-y(n-1)|<M \tag{1}$$

式中，$y(n)$为现在的采样结果；$y(n-1)$为上一次的采样结果；M为信号的最大变化差值。如果信号受到干扰，导致信号突变，必然会有：

$$|y(n)-y(n-1)|>M \tag{2}$$

此时，利用软件的算法取$y(n)=y(n-1)$就可消除上述干扰。用这样的方法，只要选择合适的M值就可以消除尖峰干扰。在实际编程工作中，合理地选取M的数值是非常重要的：选得太大了起不到消除尖峰干扰的作用，选得太小了会造成真实信号的失真。它的值是信号的最大变化率与采样周期共同决定的，采样周期越长，其值越大，采样周期越短，其值也越小，具体数值必须根据信号的具体性质得出。

3.2 中值滤波法

中值滤波法就是每次连续采集N个数据，并将这些数据从小到大的排列起来，我们可以去掉两个最大值，同时去掉两个最小值(也可采用去掉三个最大值及三个最小值的方法)，将剩下的$(N-4)$个值相加后平均(除以$N-4$)，所得值即为本次采样的结果值，这种方法对不连续干扰的消除非常有效，但是必须合理地选取连续采样的个数，太多了则降低了采样速率，太小了又会造成采集的数值失真。

3.3 数字滤波器法

数字滤波器是多种多样的。任何一种信号都可以表示为一个按时间分布的函数$e(t)$，这一时间函数经硬件数字滤波后，其形状会发生变化而成为另一种形式的时间函数$y(t)$。从$e(t)$变化成$y(t)$如果是通过硬件滤波器完成的，那么这个滤波器实际上就起到了数学上一个函数的作用。因此，只要找到了实际滤波器的转移函数，就可以通过这一函数写出数字滤波器的应用方程。其方法(从略)是首先求出滤波器的单位阶跃响的拉普拉斯变换式，由这一变换式求出其Z变换式，按线性时不变系统进行简化，就可以得到滤波器(以巴特沃斯低通滤波器为例)的实际应用方程：

$$y(k)=-a_1y(k-1)-a_0y(k-2)+b_1e(k-1)+b_0e(k-2) \tag{3}$$

式中，$y(k)$为本次的输出；$y(k-1)$为上次的输出；$y(k-2)$为上一次之前的输出；$e(k-1)$为上一次的采样值；$e(k-2)$为上一次之前的采样值；a_0，a_1，b_0，b_1均为常数(与3分贝通带边界频率有关)。

3.4 加权递推平均法

有些干扰信号是呈周期性变化的，如50Hz工频干扰等，消除它的方法是取最新的m个输入信号的平均值作为滤波器的输出。公式可写成：

$$y(n)=y(n-1)+[x(n)-y(n-m)]/m \tag{4}$$

3.5 程序“出轨”的自恢复。

对于越过外部防线入侵到控制系统微机内部的干扰，可能导致程序运行“出轨”，可以采用“看门狗”技术。如果因干扰引起系统出错和程序出轨，内部定时器将会产生计时溢出脉冲，强制使系统自动复位，重新装入应用程序。

4 结语

消除信号干扰是提高自动化控制系统运行可靠性非常重要的手段，同时抗干扰又是一门既有理论又有技术的综合性科学，它涉及电磁干扰计算方法、无线电系统干扰检测方法、电磁兼容的基本概念和原理、电磁干扰抑制技术等诸多方面的知识。尽管现场使用条件难以改变，但只要通过强有力的抗干扰措施，采用软件技术、硬件技术相结合的方法去解决系统的干扰问题，同样可以大幅提高控制系统的准确性和可靠性，使设备免于雷电及其他电磁场等信号的干扰，确保自动化控制系统长周期稳定运行。实践证明了这些措施的可行的、可靠的。

参　考　文　献

[1] 中国石油化工集团公司，中国石油化工股份有限公司．石油化工设备维护检修规程（第七册）仪表[M]．北京：中国石化出版社 1995.

[2] 于海生，等．微型计算机控制技术[M]．北京：清华大学出版社，1999.

[3] 王金全，黄彬业，王利明，等．工业计算机系统工程化应用的抗干扰问题[J]．中国电力，1996(7)：18-21.

白环境技术在炼化工业控制系统信息安全中应用浅析

张子良[1]　孙军军[2]　李　焕[2]

（1. 中国石油大庆石化公司；2. 中国石油新疆油田公司）

摘　要　本文介绍了基于白环境技术的工业控制系统信息安全防御手段。白环境技术能够解决传统病毒误杀或病毒库升级困难等问题，对炼化企业工业控制系统应用白环境技术进行了分析。白环境应用系统由设备白环境、网络白环境和主机白环境组成。本文也介绍了白环境管理系统的风险及弊端，为炼化企业的工业控制系统信息安全工作提供了技术应用分析。

关键词　工业控制系统；信息安全；白环境技术

目前，炼化企业工业控制系统普遍存在入侵路径，补丁与系统升级不及时，安装杀毒软件困难，安全策略配置不完善，拥有私有协议，应用软件存在安全漏洞等。特别是DCS控制系统大部分工程师站、操作站使用微软的操作系统也存在大量安全漏洞。因此，不能简单地将传统信息安全防护措施照搬于工控系统安全。通过已经取得的工控安全防护经验与安全防护产品应用得知，白环境技术是简单、可靠、高效的工控信息防御技术手段，白环境技术的研究者已将其运用在了很多领域。

1　企业现状

炼化企业为了配合MES系统的实施，基本都部署了MES专网。MES数采专网与公司办公网之间通过硬件防火墙进行隔离，防止公司办公网病毒入侵MES数采专网。在控制网层DCS工程师站与实时数据库服务器之间还有网闸设备进行安全隔离，虽然可以使工业控制系统运行有一定的防护能力，但是炼化企业大多数工控系统网络仍不具备防病毒和入侵防护能力，即使配置杀毒软件和入侵检测系统，也由于相对隔离的环境，没有升级条件，病毒库和特征库长期得不到升级，系统就失去了效用，同时也由于杀毒软件存在误杀可能，会直接影响工业控制系统正常生产。

因此，这种环境下非常适合工控系统白环境技术的应用，需要研究行之有效的防护策略，从主机、网络、设备等层面建立白环境机制，规范移动存储介质等使用，避免或降低安全风险。

2　技术路线

充分利用炼化企业现有“分层保护，单项隔离”的安全架构，保持工业控制系统网闸隔离技术不变，建立白环境应用系统。白环境应用系统由设备白环境、网络白环境和主机白环境组成。当设备接入时，对设备信息识别、解析后，对比设备指纹白名单检测库，进行设备合规性检测，允许合法设备接入；接入设备启动软件加载进程时，通过进程白名单库进行特征对比，只允许合法软件运行；当传输数据信息时，对数据包的协议和内容进行检测，比对协议白名单库，丢弃异常数据包。

2.1　设备白环境

设备白环境用于解决现场控制层网络随意接入带来的安全隐患。

接入层网络设备设置白名单，绑定接入设备的MAC/IP地址，关闭多余端口和服务。当有未授权设备接入时，产生报警信息，同时隔离未经授权的接入设备，阻断其信息接发路径，通知现场运维人员核查（见图1）。

接入验证可以确保接入系统网络的各节点都属于授权节点，只有合法的设备节点可接入网络中。接入验证是构建一个安全通信网络的基石，如果接入网络的终端都是经过验证的，就在很大程度上保证了网络的安全性。

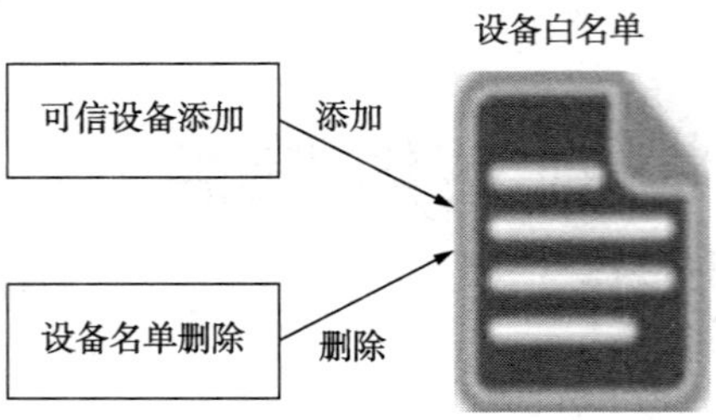

图 1　设备白名单建立机制

所有的终端计算机必须通过交换机接入网络，每一个终端计算机的 IP 地址、MAC 地址在交换机对应的端口进行绑定，交换机上的空闲端口全部设置为关闭状态。只有匹配的地址连接该端口后才能连接网络，对接入网络设备启动 802.1X 认证，向安全管理中心发送认证信息，安全管理中心认证通过后通知交换机允许合法的终端计算机才允许接入网络。该方案可以有效防止 IP 盗用、非法接入等异常情况，交换机运维操作统一由运维系统管理，严禁非法人员操作交换机进行配置。经过上述配置后，就可以保证非法设备无法接入网络。

2.2　网络白环境

网络白环境用于解决病毒、木马等恶意软件在网络中的传播与蔓延。

在网络层面通过关键节点的监测防护设备等，实时采集网络流量，利用机器学习、深度学习等人工智能技术，建立工控核心设备数据流量模型，对业务系统的应用协议深度解析，根据应用协议规约白名单模板，对流经边界的数据报文进行包过滤检测，对通过检测的数据报文进一步进行协议规则检查，阻断不符合协议规则的异常报文(见图 2)。

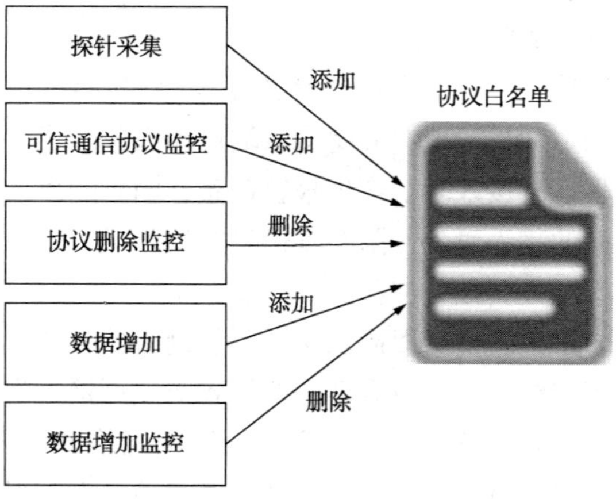

图 2　网络协议白名单建立机制

在安全区域边界设置访问控制机制，通过实施相应的访问控制策略，对进出安全区域边界的数据信息进行控制，只允许经过授权的访问正常通过，对于未经授权的非法访问进行拦截。通过安全管理中心制定网络边界的访问控制策略，采用默认禁止的方式，只允许符合主体客体访问规则的通信通过。

工业防火墙的控制策略根据安全域、MAC、IP 地址、时间段、访问的应用层协议进行控制，对协议进行深度解析，通过白名单进一步控制。应用白名单机制，可以控制到协议的方法、值域等参数，保证只有合法的报文才能通过，防止系统内部区域相互威胁渗透，对关键资产核心设备进行重点保护。

2.2.1　区域边界包过滤

根据区域边界的安全控制策略，通过检查数据包的源地址、目标地址、传输协议、安全标记等确定是否允许该数据包穿越区域边界；通过对所有经过区域边界的数据包进行深度解析和检查，不仅可以检查基础的五元组信息，对于重要的应用层协议，更可以检查到数据包包含的指令及指令参数，对未经允许的指令或参数进行阻止。在区域边界部署工业防火墙执行包过滤策略，通过安全管理中心制定统一的包过滤策略，对通过工业系统区域边界的所有数据包逐一进行检查控制。安全管理中心的数据包过滤策略至少包括数据包的源地址、目的地址、传输层协议、请求的服务端口等。

2.2.2　区域边界完整性保护

边界完整性保护主要是指防止非法内联、非法外联，保护网络边界不被破坏。工控系统的边界应当是可控的、安全的，其完整性主要取决于穿越区域的连接是可控的、经过授权的，未经允许禁止建立穿越边界的网络连接。

非法内联主要防止非法设备接入网络，从以下几个方面进行控制：交换机和网络设备设置端口的 IP、MAC 绑定，只有合法的 IP 才能接入网络。对接入网络的终端设备采用 802.1X 认证，由安全管理中心对接入终端身份进行验证，验证内容为主机硬件标识、签名信息。外部边界部署安全隔离网闸作为边界网关，同样绑定接入的 IP、MAC 地址，只有这些符合要求的 IP 才能接入网闸。

非法外联主要针对网络内部计算节点，防止计算节点非法访问外网。在内部计算节点部署主机安全软件进行控制：通过主机安全软件严格控制非法外设的启用，阻止非法程序执行，防止在计算节点启用无线网卡等硬件；对接入工业系统网络的计算节点下发互联策略，只有符合互联策略的通信才允许通过，否则不允许建立连接或收发报文；实时探测内网主机连接互联网事件，一旦发现外联事件报警并阻断连接。

2.3 主机白环境

解决病毒、木马等未知恶意软件通过破坏、操控主机对工控系统的影响。

主机白环境通过主机防护系统建立，部署在各炼化企业工控系统主机中，通过后台建立主机应用程序进程白名单，只允许运行经过授权和安全评估的软件程序，从而防范已知或未知病毒、木马、恶意程序运行及传播。控制模块实现移动介质的合法性注册，建立移动介质白名单，实现针对移动介质的合法性识别以及读写权限控制，对操作系统进行基线配置(见图3)。

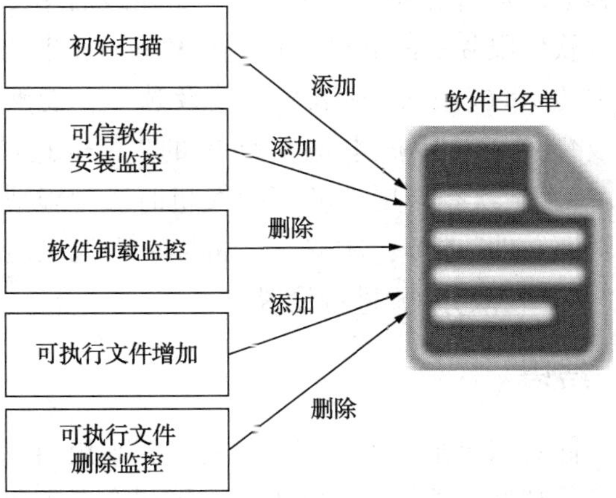

图3 主机白名单建立机制

主机安全软件自动对主机环境内的软件进行采集，生成白名单，分为系统白名单和用户软件白名单。白名单内容为文件 HASH 值、相关属性和签名。

行为度量策略生成分为两种方式：一是对软件进行分析，获取软件操作行为集和访问资源集；二是通过审计信息进行分析，生成行为策略，系统默认行为度量策略为全接受，通过软件执行过程对将操作行为和资源通过审计信息上报安全管理中心，学习软件的行为特征，生成行为度量策略。系统敏感信息为受到破坏后对系统安全造成影响的文件和数据值。

在进程加载时，将程序挂起并触发基于白名单的静态完整性度量。根据白名单库对可执行文件进行完整性检查，只允许正确的软件加载。同时，对程序在进程虚拟空间的进程映像的代码段及数据段执行完整性度量并与度量基准库中基准值比对，保证加载执行前执行代码段与初始化数据段的完整性。

对外设管控也非常重要，移动介质的滥用往往是系统内部引入风险的主要原因。在工业系统中对外设管控，通过部署安全部件对各业务区域内计算机节点移动介质使用进行管控，从技术手段上禁止 U 盘使用，如果系统内部各计算机节点有文件拷贝需求，需使用安全 U 盘。

提供外设授权管理，外设使用前均须经过授权，所有的外设默认均不允许使用，如果需要使用，则需要授权才能使用。针对移动外设存储，除了授权使用之外还提供文件读写权限控制，严格控制移动介质的使用行为。同时为了保障被管理网络和非管理网络之间的安全，提供专用的安全 U 盘，限制其在管理网络和非管理网络之间的使用。

移动存储除了限制其使用之外，还会限制 U 盘文件的读写操作，主机安全软件提供 U 盘的访问控制功能。对于安全 U 盘，主机安全软件默认允许其使用。为了保护内网主机安全，不允许普通 U 盘在安装主机安全软件的系统上使用，以保证受保护的主机不感染病毒。

2.4 白环境运维

白环境管理系统的作用体现在脆弱性管理、威胁管理和事件管理等安全管理活动中的所有环节。白环境管理系统不仅可以提升安全管理工作的效率，还可以提升安全运维的效果，帮助企业缩短发现攻击，抑制攻击行为的时间，减少攻击行为带来的损失。体现在以下几个方面：检测非法访问；快速诊断和分析威胁；及时确认脆弱性；梳理安全规则；运维检修辅助决策。

2.5 白环境风险

对“白环境”的“信任”往往伴随着漏洞，通常称其为“信任漏洞”。对于多数企业应用白环境管理系统实现对白环境的管理、维护和应用，都会面临以下几点困难：全面收集白环境信息；白环境信息验证；应用于安全运维场景。

3　应用浅析

应用白环境技术，将不可信任或非法的设备、软件、指令、进程拦截在工控网络之外。只有可信任的通过验证的设备、软件、指令能够在工控网络中运行，从而确保工控网络的安全。

在 MES 服务器、MES 数据库、Buffer 机等安装主机安全系统，将授权的应用软件、数据库等添加到可运行程序中，建立软件白名单，开启软件增删变动记录和报警功能，白名单之外的软件试图安装、删除、运行时自动告警。关闭不必要的服务与端口，禁用非授权的 USB、无线、串口、光驱等设备，交换机关闭无连接端口，确保主机安全稳定运行。上位机、OPC server 等由用户和设备厂商根据实际条件择机部署白环境。

主机安全管理系统可自动生成或手动添加白名单，禁止白名单外的恶意程序和操作的执行，同时将终端的运行状态、日志及告警信息等发送到管理服务器进行汇总分析。实现的主要功能如下：

（1）终端审计：包括文件操作审计与控制、打印审计与控制、网站访问审计与控制、FTP 审计和终端、应用程序使用审计、刻录审计、Windows 登录审计等多种审计功能。

（2）移动存储管理：对接入终端的移动存储设备进行认证、数据加密和共享受控管理，确保只有通过认证的移动存储设备才能够被授权用户使用。

（3）终端接入管理：网络准入控制，支持可信 MAC 地址、可信 GUID、用户、IP、VLAN、文件数字证书、Ukey 数字证书、认证有效期、安全状态等多因素绑定认证。支持可信 MAC 地址和可信 GUID 的实时授权。可进行交换机端口绑定，支持指定交换机端口只允许接入指定的终端，或者指定的用户通过指定的交换机端口接入网络。

（4）网络非法外联控制：支持有效控制网络非法外联行为，阻断操作站通过多网卡、WIFI、3G 网卡、手机等多种方式网络非法外联访问，杜绝网络非法外联行为发生。

（5）软件安装控制：支持软件安装红名单、黑名单和白名单，确保工程师、操作站能够按照要求安装指定的软件。

（6）工控资产管理：收集操作站软、硬件信息，集中显示统一部署的软件资产情况。

（7）异常网络行为控制：能够对操作站网络行为异常进行监测和控制，网络行为异常包括但不限于异常的网络连接、异常发包行为、异常的终端流量等，避免因为操作站的网络异常导致整个企业内网阻塞或者瘫痪。

（8）操作站流量管理：根据终端应用系统终端带宽阈值，保证关键应用系统带宽资源，阻断终端异常流量对工控网的阻塞。将蠕虫病毒或非业务流量对网络的影响减到最小。支持针对不同的进程自定义设置不同的流量使用策略，并能够并实时监控操作站每个进程的流量，实时自动抑制异常流量，自动限制超过阈值的流量。

（9）操作安全审计：包括文件操作审计、网站访问审计、光盘刻录行为审计等。

（10）Windows 管理：具备 Windows 服务管理和本地策略管理的功能。能够禁用或启用终端指定软件服务；能够启用和修改 Windows 本地策略中的“审核策略”和账户策略及选项；能够启用或禁用 Windows 本地策略中的“安全选项”中“隐藏上次登录用户名”和“关机时清理虚拟内存页面文件”选项；能够对 Windows 本地策略中的“用户权限分配”进行设置。

4　结语

针对炼化企业工控安全的特点，采用白环境技术及其他防护技术，能够提高炼化企业工业控制系统的安全性、可靠性和稳定性，具有实时防护的作用，虽然白环境管理系统也存在着风险及弊端。但是白环境技术是一种低成本高效的解决方案，一些工控安全厂商也将白环境技术运用于具体工控信息安全建设方案及各行业的最佳实践中，基于其主动防御技术的系统实施效果较好。

参考文献

[1] 李焕，孙军军，李伟，等．石油石化企业工控网络信息安全概述[C]//第四届全国石油石化行业信息化创新发展论坛暨新技术、新产品展示会议论文

集. 2018.
[2] 袁胜. “白环境”下的工控安全[J]. 中国信息安全, 2016(04): 74-75.
[3] 王欢, 王守涛. 基于白环境的异常行为检测技术研究及应用[J]. 通讯世界, 2017(10): 6-8.
[4] 卿松. 工业主机白环境产品核心技术和发展趋势分析[J], 中国电业, 2018(09): 94-95.
[5] 李显杰, 翟易坤, 任祥辉, 等. 专用主机“白环境”构建方法[J]. 网络安全技术与应用, 2016(06): 27-28.
[6] 赵威, 李光昱, 安锐. 白环境管理在企业安全运维中的应用[J]. 电力信息与通信技术, 2015, 13(08): 115-118.
[7] 严彪, 尹丽波, 应欢, 等. 基于白名单机制的工控分级入侵检测算法[J]. 通信技术, 2018, 51(04): 907-912.

智能油田信息安全综合审计关键技术研究与应用

李　伟

（中国石油新疆油田公司）

摘　要　面对日益严峻的网络安全形势，智能油田建设与运营愈加注重信息安全防护。论文首先分析了智能油田发展面临的信息安全风险与安全审计需求，研究了信息安全综合审计关键技术，然后提出了智能油田信息安全综合审计平台建设解决方案。通过平台推广应用，有效消控黑客攻击、网络泄密以及违规上网等安全风险，取得较好实践应用效果，保障了智能油田核心数据安全与信息基础设施安全。

关键词　智能油田；信息安全；安全审计；关联分析

1　智能油田信息安全风险

在数字化转型发展背景下，智能油田建设与应用进程加快推进，网络与信息系统的基础性、全局性作用不断增强，保证核心数据资产的安全性对于油田业务的高质量发展至关重要。当前国内外网络安全形势严峻，境内外恶意分子以及被政治、经济利益裹挟的黑客组织，对能源行业加剧网络渗透，攻击关键信息基础设施，窃取商业机密等敏感信息，对油田信息安全构成极大外部威胁。此外，内部员工违规访问暴力、反动等不良网站内容，面临着严重法律风险，员工有意识或无意识的网络泄密事件与系统运维人员违规操作事件频发，严重威胁智能油田发展。因此，油田信息安全建设思路已经从防外为主，逐步转为以防外为主、内外兼顾的策略，信息安全审计成为纵深安全防御的延伸和安全体系建设的重要环节。

为遵循国家网络强国战略及网络安全合规要求，有效消控黑客攻击、网络泄密、违规上网、数据窃取等安全风险，急需建立智能油田信息安全综合审计平台，实现信息内容实时检查、网络行为全面监测、安全事件追溯取证，为油田高质量发展保驾护航。

2　信息安全综合审计关键技术

信息安全综合审计是企业内控管理、安全风险治理不可或缺的保障措施，主要指对网络运行过程中安全有关活动、数据、日志以及人员行为等关键要素进行识别、记录及分析，发现并评估安全风险。针对智能油田业务需求场景，重点解决三项技术难题：一是如何基于纵深防御理论通过大数据、云计算等技术，对油田不同防御层级的日志、流量等信息进行关联分析建模，实现对黑客隐蔽型攻击的深度发现；二是如何通过建立面向油田具体业务场景的敏感信息指纹库、安全策略库、行为特征库，构建覆盖敏感文件信息处理、存储、外发等关键环节的纵深防护与事件溯源取证机制；三是如何通过深度网络业务流量识别与数据建模分析技术，建立面向油田具体业务场景的员工上网行为监管审计机制，实现员工违规网络行为的全面管控。为解决上述问题，主要涉及三项关键技术。

（1）数据防泄露与敏感信息内容检查机制（见图1）。基于操作系统底层驱动过滤的数据通道防护技术、基于智能语义分析的敏感信息内容审计技术，实现对员工通过云盘、邮件、即时通信、移动介质等方式外发涉密信息的实时检测与控制，彻底解决员工有意识或无意识的违规存储、处理、外发涉密信息问题。

（2）信息安全审计敏感信息指纹库、行为特征库、审计策略库（见图2）。结合油田具体业务需求场景，运用数据分类分级与指纹识别技术、深度业务流量识别与建模方法，建立满足国家、合规要求及油田特有应用场景需求的敏感信息指纹库、网络行为特征库及安全审计策略库。

（3）多源异构网络日志信息统一标准化方法与关联分析模型（见图3）。设计多源异构网络日志信息格式标准化方法，利用基于大数据处理的日志过滤与关联分析建模技术，整合网络泄密、违规上网、黑客攻击等网络风险事件日志信息，建立油田信息安全风险关联分析模型。

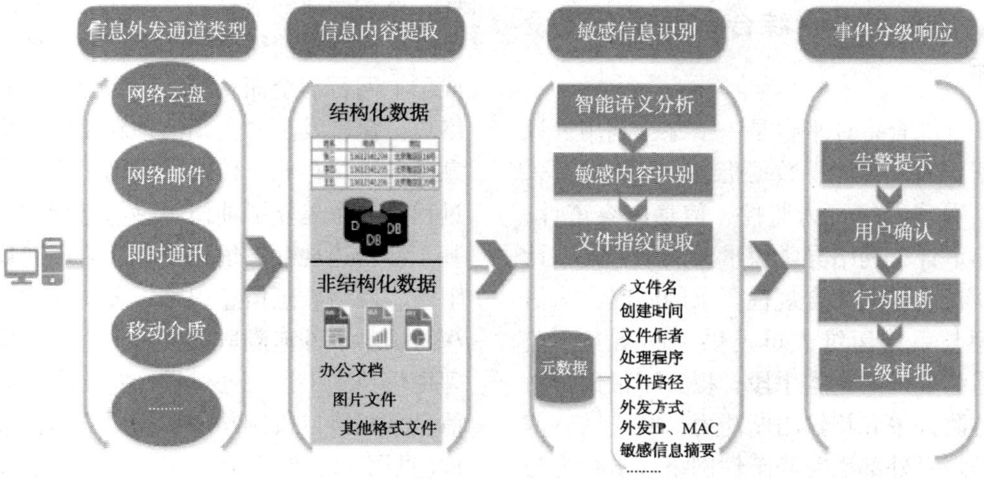

图 1　数据防泄露与敏感信息内容检查机制

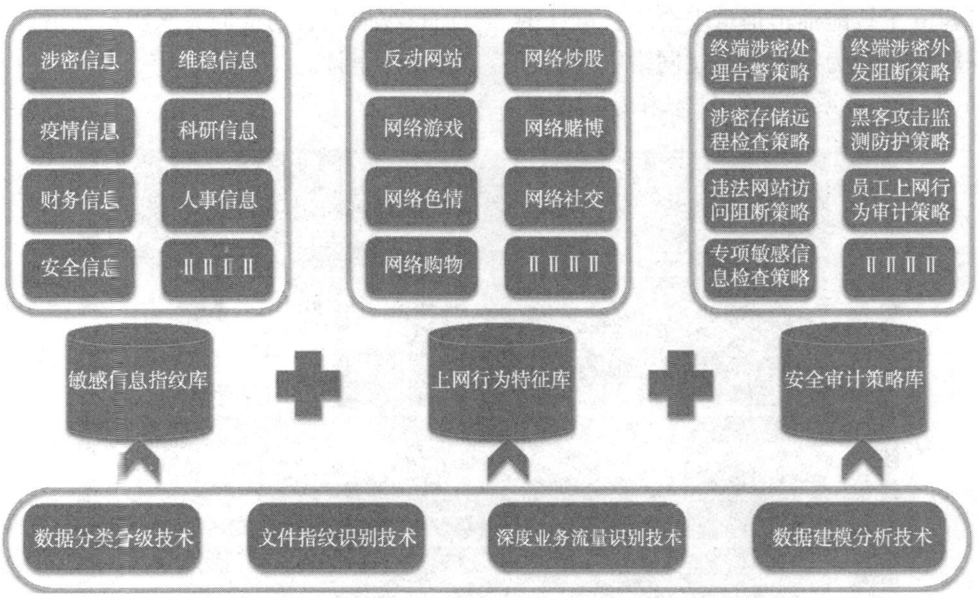

图 2　敏感信息指纹库、行为特征库、审计策略库

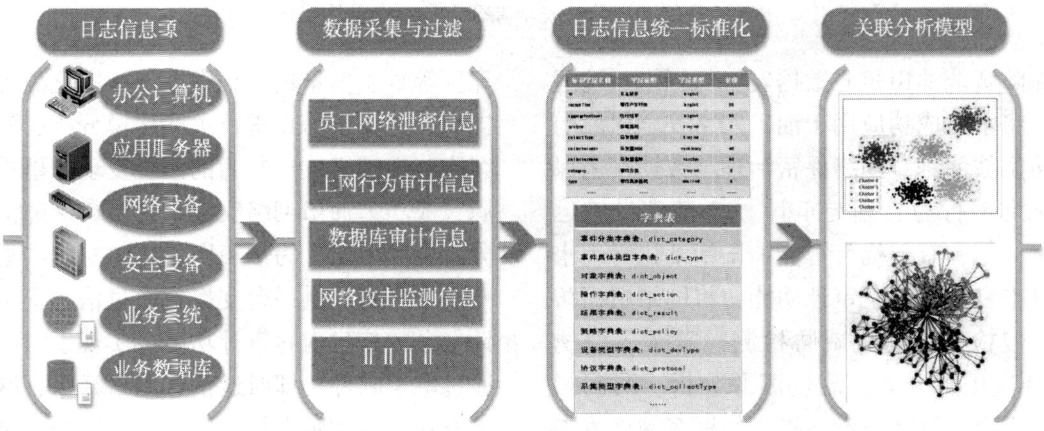

图 3　多源异构网络日志信息统一标准化方法与关联分析模型

3 智能油田信息安全综合审计平台建设及应用

信息安全综合审计平台是一个综合利用云计算、大数据、人工智能、数据指纹、异构数据采集等技术，实现网络行为监控、信息内容审计、数据库操作审计、网络异常流量监测预警的审计溯源系统，在满足网络合规性要求的同时，为信息安全管理与系统运维人员提供了网络安全监测、事件追溯取证的基本手段，提升了油田对敏感数据的监测预警和传输阻断能力，防止敏感信息泄露，增强对外部黑客隐蔽性网络攻击行为与内部运维人员违规业务操作的深度发现能力。

基于信息安全综合审计关键技术研究与集成创新，研发建立了智能油田信息安全综合审计平台，以纵深防御理论为指导，通过网络层面的行为和流量审计、信息系统层面日志和数据库审计、终端层面的信息内容审计等，实现了对网络风险事件的事前防范、事中告警、事后追溯，形成了上网行为全面管控、网络保密实时防护、网络攻击深度发现的主动治理新模式。贯穿数据信息的产生、存储、传输、应用全生命周期的关键过程，自主建立了油田敏感信息指纹库，构建了基于涉密违规存储远程检查、终端违规外发自动阻断、网络敏感信息识别告警功能的数据安全纵深防护与事件追溯取证机制，为网络保密主动治理提供技术手段。通过设计跨平台、多协议网络信息采集接口机制与多源异构日志标准化数据模型(见图4)，结合云计算与大数据处理技术，建立起适应油田海量非结构化日志信息的存储云中心，基于深度学习算法建立关联模型，通过日志信息纵向聚合与横向关联实现网络行为与信息内容全面审计。

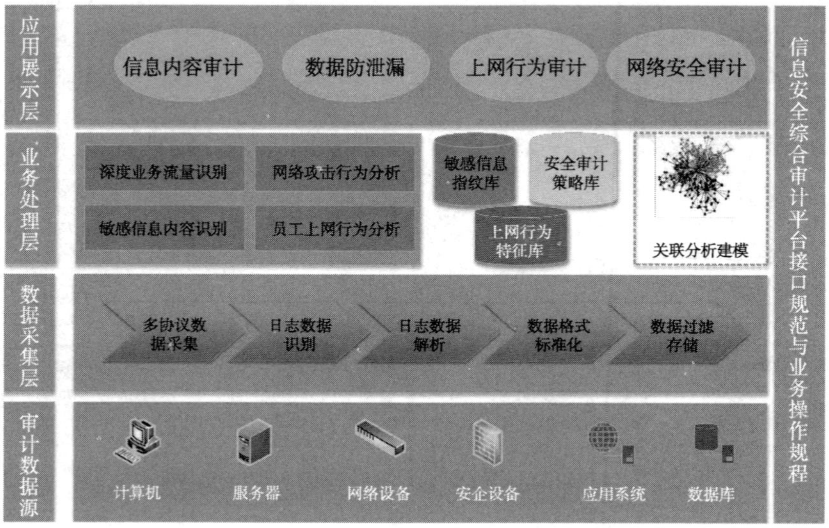

图4 智能油田信息安全综合审计平台总体架构

为保障智能油田核心数据安全与网络系统运行安全，将平台成功应用于油田网络安全保障与网络攻防实战演练、网络保密治理与数据安全保护、员工上网行为管理与审计、IT基础设施运维操作审计等，有效提升智能油田精细化管理水平。通过平台网络安全审计功能，将网络层面防火墙、入侵检测、高级威胁检测、蜜罐入侵诱捕、WEB应用防火墙、流量溯源分析、漏洞扫描等网络安全监测防护设备提供的黑客网络攻击行为日志信息，应用系统层面服务器操作系统、中间件、数据库等产生的系统日志信息，以及终端计算机层面产生的病毒防护、主机漏洞、基线配置等日志信息进行集中统一标准化处理，通过提取关键要素信息进行关联建模分析，实现对黑客隐蔽性网络攻击行为的深度发现与事件追踪溯源，成功为油田网络安全日常防御保障提供监测分析技术手段，为油田网络攻防对抗实战演习统一决策指挥提供平台支撑。通过信息安全综合审计平台的信息内容审计功能，实现了对内部员工通过电子邮件、即时通信、网络云盘、网站上传等方式外发敏感数据信息的实时监测，结合平台数据防泄漏功能，实现了对员工办公终端计算机违规存储、处理、外发敏感数据信息文件行为的实时告警提示与阻断控制，同时针对油田不同业务场景，定制开发科研、生产、经营、管理等不同业务敏感数据信息审计策略，实现对内部员工有意识或无意识网络泄密行为的事前告警提示、事中监测阻断、事后追溯取证，为网络保密治理提供有效的技术手段，保障了智能油田核心数据安全。通过信息安全综合审计平台的上网行为审计功能，成功实现对油田内部员工上网行为的有效管理，对员工通过油田网络进行网站访问、网络应用等行为实时监测审计，防止员工因访问不良网站造成法律风险，同时避免因访问恶意网站或网络应用带入木马病毒等网络安全风险，满足网络安全管理合规要求。利用信息安全综合审计平台提供的运维操作行为审计功能，对运维管理人员的操作日志进行集中监测分析，整合利用日志数据价值，实现对网络设备、安全设备、服务器、数据库等信息基础设施运维操作活动的实时监控、记录及告警，有效消控运维操作产生的网络安全风险。

4 结语

通过信息安全综合审计关键技术研究与平台建设应用，实现对智能油田全网行为活动与数据信息的集中监控和关联分析，有效消控外部黑客攻击、内部网络泄密、违规网络操作等安全风险，为智能油田开展网络攻防对抗、网络保密治理、数据安全保护、网络行为管理提供了有效的技术手段，有助于油田高质量发展与数字化转型。后续将进一步研究信息安全风险自动化主动阻断技术，实现信息安全综合审计平台与其他防护设备的联动响应。

参 考 文 献

[1] 唐志斌．网络数据采集及安全审计技术研究综述[J]．网络新媒体技术，2020，9(01)：11-20.

[2] 赵艳铎．关联规则算法研究及其在网络安全审计系统中的应用[D]．北京：清华大学，2005.

油田 ERP 流程管理系统的研发与应用

王英杰

（中国石油化工股份有限公司东北油气分公司）

摘　要　ERP 系统是企业资源计划（Enterprise Resource Planning）的简称，是以信息技术为基础，对企业资源（物流、资金流、信息流等）进行了整合集成管理。ERP 主数据作为企业 ERP 系统及其他关联经营管理系统业务操作的基础数据，是控制日常业务功能实现的数据，其创建的准确性、规范性、及时性直接影响着 ERP 及关联系统的各项业务。分公司传统的主数据管理模式是由业务部门提供线下签批单据，主管部门审批，ERP 管理部门统一操作，但该模式存在签批周期长、效率低、成本高等弊端。为解决这些问题，企业自行研发了一套 ERP 主数据流程审批系统，以信息化手段解决了传统操作模式存在的问题，并以日常应用问题为导向，对系统进行了功能扩展和深化应用，与分公司 OA 系统集成，提升了系统的易用性和集成性。本文主要介绍了 ERP 流程审批系统的研发背景、主要功能、研发设计、应用情况等，总结了该系统在油田企业的应用效果及应用前景。

关键词　ERP；主数据；系统；研发；集成

ERP 通过信息化手段进行企业供销链管理，将先进的管理思想和信息技术相结合，科学管理供应链上的各个环节，体现了时代对企业合理调配资源的需求，已成为现代企业的管理、运行模式。ERP 主数据是 ERP 系统的基础关键数据，一般不随时间变化而变化，也称为静态数据，是控制 ERP 及关联经营管理系统（包括费用报销系统、合同管理系统、资金集中系统、电子商务系统等）日常业务功能实现的数据。2015 年 ERP 大集中后，主数据管控归为 16 大类、66 小类，形成了以中国石化信息化标准管理系统（MDM）为核心，以物资供应商管理系统、HR 系统等为辅助的主数据管理平台，完成客户、供应商、物料、产品目录、银行主数据、成本中心等 16 类主数据的平台管控，实现了流程配置化、用户按照公司代码管控、操作权限和数据权限双重控制等多项提升。为确保 ERP 主数据准确性、标准性和规范性，分公司制定了管理制度，明确了各类主数据的标准、格式、内容等，形成了规范的管理流程，常用主数据（如供应商、客户、物料、银行主数据等）进行了普及性培训。在以往的管理流程中，线下流程占主导，以供应商为例，业务部门给某供应商付款时查询费用报销（ERS）系统中无该供应商主数据信息，业务部门需要线下填写供应商主数据申请单，经相关人员审核、审批后，信息部门在 MDM、ERP 中进行标准数据维护，但以往线下申请、审批方式，存在签批耗时较长、统计困难、单据易损等一系列问题。为充分利用信息化手段解决 ERP 主数据管理中存在的这些问题，分公司设计研发了该套主数据流程审批系统，业务人员，审批人员可以通过系统进行主数据的申请、审核、审批。

1　常用主数据与系统主要功能

系统主要包括客户、供应商、产品目录、物料、银行等 ERP 主数据申请、审批管理。申请人员在线填写主数据基本信息（下文以供应商、客户、物料等为例有具体介绍），提交申请，审批人可以在待办任务中进行单据查看、扩展信息维护及审批等。用户既可以通过流程状态实时查询单据状态及审批节点，也可以通过申请时间、主数据名称、主数据编码、主数据管理员操作日期等字段进行历史单据查询。

1.1　供应商、客户主数据

在 ERP 系统中，供应商、客户作为前端业务与财务之间数据传输的纽带，起着至关重要的作用，它们同属为单位类主数据，所以在 ERP 流程审批系统中将这两项主数据合并为一个申请页面，但是在申请业务类型的选择上做了区分。

供应商主数据主要分为一般数据、公司代码数据和采购组织数据。一般数据主要包含单位名称、税号、工商登记号、组织机构代码、法人、地址等字段信息。一般数据属于客户端级别数据，适用于同客户端所有公司代码，而公司代码数据相当于企业级数据，是为供应商结算设定的，也可称为会计数据，包含付款方式、现金管理组等。而采购组织数据维护的是采购行为和流程相关数据，供应商如果有采购行为（如订货方），则需要维护采购视图，如果仅为结算方可无须维护，物资供应商则需要维护该供应商的产品目录。

客户主数据主要分为一般数据、公司代码数据和销售组织数据，一般数据与供应商相通。公司代码数据同样与会计核算有关，包括发票和客户付款等全部数据。而销售组织数据是维护与销售相关的数据，包括销售组织、分销渠道、产品组、装运条件等。

1.2 物料主数据

物料主数据是 ERP 系统 MM 模块的重要部分之一，同时是销售、项目管理、物资等模块的操作对象，物料主数据的结构复杂，视图类型较多，从数据通用性与个性化的角度分为基本数据视图和扩展视图两个部分。基本数据视图包含物料的最为根本性的数据，包括物料类别、物料编号、名称、计量单位等。这些数据不会因为组织机构（销售组织、采购组织、工厂等）变化而变化，是大集中企业通用数据。扩展视图包含采购视图、销售视图、会计视图、成本视图等各种专有化视图，这部分视图都和组织机构相关联，是企业的个性化数据。不同的组织机构下维护相应的扩展视图，该组织机构下与此物料相关的业务流程才能进行。

在 ERP 流程审批系统中，物料主数据申请页面设计包含操作记录、流程数据、物料主数据信息等几大部分。其中，操作记录部分用以主数据维护人员记录维护内容及说明；流程数据部分显示当前单据审批节点和审批状态；物料主数据信息包含（物料申请类型、物料码、物料长（短）文本描述、工厂、销售组织）等内容。

1.3 银行主数据

银行主数据主要包含银行联号、银行名称、银行国家的字段。银行主数据虽作为独立主数据管理，但通常与单位类主数据配合，银行主数据的缺失或者错误，将直接影响收、付款等业务的开展。

1.4 审批流程及易用功能

审批流程的设定是以分公司 ERP 主数据管理制度为依据，结合实际业务情况，确定了符合分公司实际管理要求的各类主数据的审批流程。以供应商为例，业务部门在 ERP 流程审批系统中提交申请，业务主管部门对供应商的真实性、合规性进行审批，财务部门进行财务视图数据的维护、审核，企管部门进行供应商经营情况的审核，信息部门对数据信息、证件的标准性、规范性进行审核。全部审批流程通过后，信息部门会在 MDM 系统中进行标准供应商的维护、扩展并分发至 ERP 及 ERS、CIMS、TMS 等 ERP 关联系统，将 MDM 生成的供应商编码以及其他说明信息在 ERP 流程审批系统中维护，并结束审批流程。

为方便用户对历史单据和审批节点的查询，系统开发了单据查询、统计和流程节点查询功能，用户可以通过申请的开始、结束日期，主数据维护人员的操作日期、主数据的名称、编码等多个字段进行历史单据查询，调取、下载相关证件和申请证明，有效地进行数据的电子化存档，同时方便了数据统计。如果用户需要查询已提交单据审批到了哪一个节点，可以在表单的详细信息中点击流程数据，进行审批节点和审批状态的查询，实时掌握单据的审批情况，一键催单。

2 系统研发

2.1 系统架构

系统部署采用 b/s 结构，采用数据核心层、应用服务层、客户端展现层三层体系结构，系统功能核心部分全部集中在服务器上，统一了客户端。用户通过浏览器向 Web 服务器发送请求，服务器处理 HTTP 请求，与客户端建立连接并返回数据，应用服务器为客户端应用程序提供调用方法，数据库服务器用于数据存放，系统数据建立了有效的备份机制，保证数据的安全、可靠。软件部署结构如图 1 所示。

2.2 数据表建立

数据库是用于存储、管理数据资源的系统，主要分为关系数据库和非关系数据库。关系性数据库的存储格式能够反映实体间关系，由数据表组成，该系统按照应用要求，建立了系统用户表、用户子权限表、字典定义表、字典值表、流程节点定义等 16 个系统表；创建物料数据表、

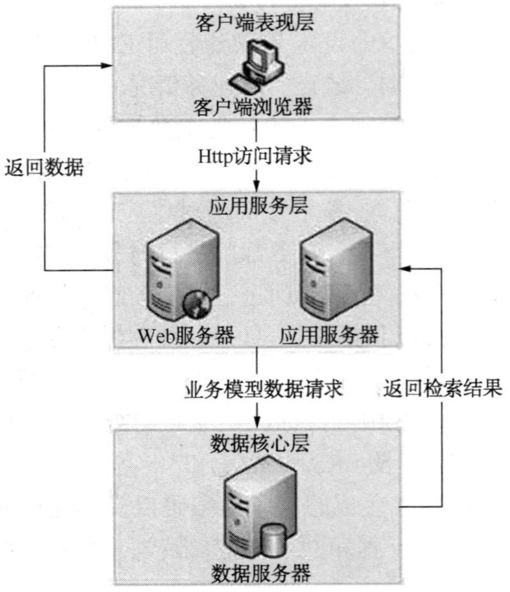

图1　软件部署结构

客户供应商业务表、客户供应商附件上传表等业务表。

2.3　工作流引擎设计

基于FSM(有限状态机)模型的工作流引擎，FSM作为一种状态管理机制，是管理状态和状态之间关系的模型，是一种逻辑单元内的高效编程方法。编程中，服务器可以以不同的状态或者消息类型为依据进行相对应的处理逻辑，使得程序逻辑非常清晰容易理解。

FSM拥有有限个数量的状态，每个状态可以迁移到0个或多个状态，状态的迁移由输入字串来决定。一个有限状态机F可以表示为一个有向图，用一个六元组(S, S_0, δ, λ, I, O)描述，其中：S为有限状态集合；S_0属于S的初态；δ为状态转换函数；λ为输出值；I为有限输入字符集；O为有限输出字符集($\lambda \in O$)；F处于状态s时接收到输入$x \in I$后，产生输出$y=\lambda(s, x)$，并且迁移到状态$s'=\lambda(s, x)$，即产生一个迁移t，记为$t(s, s', x/y)$，其中，$s=\mathrm{head}(t)$，$s'=\mathrm{tail}(t)$。

该系统工作流产品，编写流程描述文件方式及工作流信息保存方式均基于数据库，可个性化定制业务流程，将开发代码部分集中于前端，减少了应用服务器端的代码量。工作流核心处理流程如图2所示。

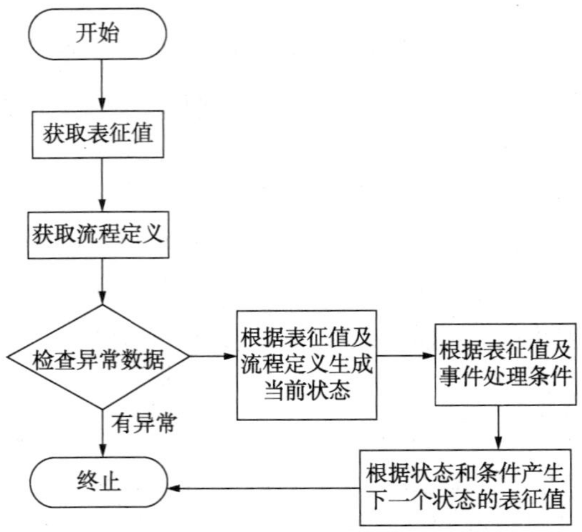

图2　工作流核心处理流程图

2.4　系统用户权限

权限的设计主要还是以“直观”为目标，因为系统一般由最终用户维护，权限分配的直观性和易懂性显得尤为重要。权限系统是为业务逻辑提供服务的。在企业环境中一般有三种权限设计的访问控制方法。第一种是自主型访问控制方法：当前，我国自主型访问控制方法中的访问控制列表，是大多数信息系统在访问控制模块时常用的。第二种是强制型访问控制方法：主要用于层次多并且安全级别的军事应用。第三种是基于角色的访问控制方法(RBAC)：这种方法也是目前普遍认为的解决大型公司统一资源访问控制的非常有效的方法。

本系统的用户权限设计基于角色的访问控制方法(RBAC)，实现了用户—角色—事物(页面级)—数据(按钮级)权限控制。RBAC的权限授权内涵其实是谁、什么、怎样的问题。通俗讲就是“谁对什么进行怎样的操作”。在RBAC中引入了角色的概念，它很好地解决了在系统中对每一个用户都单独设置权限而导致的功能权限和数据权限非常多的弊端。这个概念的引入，让我们只需要在系统中设置不同的角色，通过给角色赋予权限，再将角色同用户相关联，用户就有了相应的权限。基于RBAC的权限系统一般由建立权限、分配权限、使用权限三个核心部分构成。它的优点是：只需在系统中设定一次角色权限，用户增加权限只需关联角色，大大减少了重复设置权限的过程，大大提高了工作效率，同时也能灵活地支持企业的安全策略。

例如，有4个用户，用户1、用户2和用户3拥有相同权限，用户4拥有独立权限。我们可以根据实际情况及数据统计，建立2个不同角色，2个角色分别对应2组用户不同的权限，如

图 3 所示。

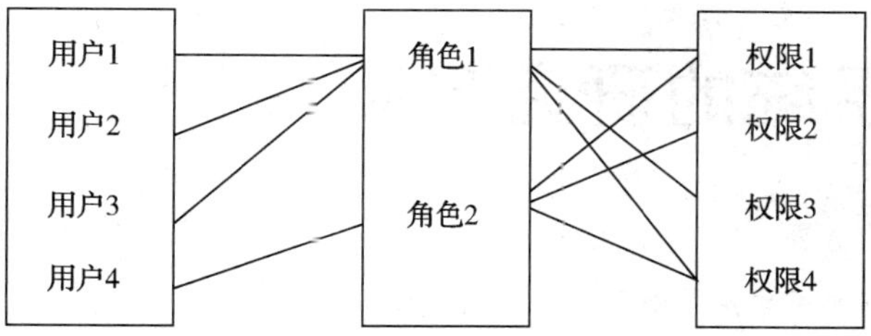

图 3 系统用户权限设置

3 应用情况及效益分析

应用情况及功能扩展：系统 2017 年上线运行，并不断完善提升，以实际业务需要为导向，2018 年系统又新增了用户变更申请、权限变更申请等业务审批流程。2019 年，在 ERP 主数据审批流程的基础上拓展增加了 ERS 业务流程审批，包含 ERS 员工变更审批、ERS 组织机构变更审批、ERS 流程变更审批等 6 项业务审批流程。系统上线后，运行效果良好，用户体验满意度高，截至 2021 年上半年已完成 9000 余条物料主数据，2000 余条供应商、客户主数据，400 条用户、权限变更数据等申请、审批流程。主数据审批业务的成功应用，给后续系统的功能扩展奠定了坚实的基础。

系统优点：功能扩展方便，系统主数据审批主要包含物料、供应商、产品目录、客户、银行主数据等，如需功能扩展，只需增加模块功能；维护简单方便，改变服务器端数据即可以实现所有用户同步更新；开发简单，共享性强，成本低。

效益分析：相对比线下签审批单据，线上审批系统的应用明显减少审批流程时间，提高工作效率，缩短了物资采购周期；申请人员不必赶长距离路途送签申请单，审批人员即使出差也可以不受地点限制进行审批，方便了业务处理；大幅降低车辆使用费、材料消耗费及人工成本等，达到了降本增效的效果；实现了申请单据的电子化存档，降低了单据丢失损坏的风险，减少了主数据管理人员保管纸质档案的工作量，历史单据查询更加方便快捷，提高工作效率。

4 深化应用及前景分析

为进一步方便用户使用，简化用户登录过程，提高系统的集成性、共享性，系统又进行了二期集成研发，成功实现了与分公司 OA 办公系统的集成，即业务人员提交申请后，审批人员登录 OA，在待办业务中直接可以查看单据，进行审批。有效提高了系统的使用性和灵活性。同时在实现对 OA 系统接口时充分考虑未来其他系统的接口的可能，使用跨数据源连接池，可以作为其他系统的中间层，让将来其他的系统接入 OA——可以直接通过 ERP 主数据审批系统的接口嵌入 OA 的综合待办，而不必依赖 OA 系统的代码更新。

ERP 流程审批系统的上线提高了主数据维护效率、准确率，降低了管理成本，也实现了分公司主数据管理制度流程信息化，提升了 ERP 管理水平，同时也为分公司以后 ERP 相关业务审批流程的扩展研发奠定了基础，在油田企业具有一定的推广价值。

参 考 文 献

[1] 杨扬．基于 FSM 模型的流程引擎研究与实现[D]．贵阳：贵州大学，2006.

[2] 董俊祺．信息化系统中的权限和岗位责任体系构建[J]．产业与科技论坛，2012(21)，96-99.

[3] 刘长治，余学锋，李玲，等．勘探信息应用集成关键技术研究[J]．中国科技博览，2013(08)：158.

广州石化环境监控系统的研究与应用

杨志伟

（中国石油化工股份有限公司广州分公司）

摘　要　本文浅析了中国石化股份有限公司广州分公司环境监控系统的应用。中国石化股份有限公司广州分公司（以下简称广州石化公司）由于特殊的地理位置，其节能减排、安全环保的要求特别高。在面临巨大环保压力的情况下，广州石化公司正式提出了建设“绿色低碳城市型炼化标杆企业”的公司发展战略，因此广州石化环境监控系统应运而生。广州石化环境监控系统实现污染源、空气质量、环保治理设施等数据的智能采集和处理，并与已有的生产管理支撑系统集成，将环境管理融入生产管理中，提升了环保前置预警管理能力，并对系统环保数据深化应用和运维提升构建体系。

关键词　环境监控；污染源；预警管理

近年来，广州石化公司认真贯彻落实广东省、广州市政府和中石化工作部署，实施并建成了一大批环境保护及污染防治重点工程，全面夯实了企业安全环保基础。但在环保管理中，广州石化公司遇到了以下难题：由于广州石化公司区域分布广，在传统人工监管模式下，环境监管时效性受限，无法及时、准确获知排放超标情况，同时每套设备工艺设计不一，异常情况难以精准发现原因所在，不利于环境监管工作开展；另外，经济效益与环保指标平衡难度大，为了实现经济效益与环保指标的平衡，必须将环境管理与生产管控深度融合，建立生产环保全过程调度决策机制，从被动治理转向主动谋划。为统一有效管理日益增加的环保在线监测数据，提升公司环保管理水平，广州石化决定开展环境监控管理系统开发与应用项目的建设与实施，实现污染源、空气质量、环保治理设施等数据的智能采集与处理，全面有效监控污染物、环保相关的生产过程、环保治理设施等，对污染排放进行预警、应急监测，并根据总量指标动态调控生产过程、污染治理过程，在保障广州石化生产效益的同时也保障环保指标达标。

1　广州石化环境监控系统的应用

环境监控系统应用环保物联网技术、J2EE软件开发技术、SQL SERVER数据库技术、生产实时数据库（PHD）技术、系统集成技术等，实现了污染源、空气质量、环保治理设施等数据的智能采集和处理，并与生产执行系统（MES）、生产指挥系统、实验室管理系统建立关联。设计智能化数据采集传输标准集，开发前端数据采集模块与数据处理（审核）模块。同时建立污染源在线监控系统、烟气排放及污水处理工况监控系统、环境空气质量自动监测系统等子系统，通过数据报警、数据审核、数据查询、管理报表生成等功能，实现了对污染源排放数据的有效管理。另外还开发了OPC数采接口，将环境数据纳入实时数据库（PHD）统一管理，并作为生产指挥环保预警数据源。最后建立了合规的权限管控功能，确保各级岗位的人员得到合理的系统授权，对系统应用情况进行日志记录并建立安全审计功能（见图1、图2）。

1.1　污染源在线监控系统的应用

污染源在线监控实现了44个废水排放口160个排放因子、47个烟气排口440个排放因子的实时、10分钟、小时数据的采集与管理，含数据查询、数据审核、数据补遗等功能。

（1）系统实时展示各排口监测设备的排放状况，包括联网状态、排放状态（正常、异常、超标）、各因子排放值、变化趋势。排口监测设备维护人员在执行常规现场巡检工作任务后，可随时通过系统在线巡检，当异常发生时可及时去现场进行处理，巡检效率大大提高。通过系统可以实时监控各个因子的监测数据，当监测数据超标时，数据会显示红色，同时展示标准范围及超标倍数，便于生产管理人员及时分析处理。因子数据变化趋势图，默认显示最近24小时因子变化趋势，也可选择48小时因子变化趋势（见图3）。

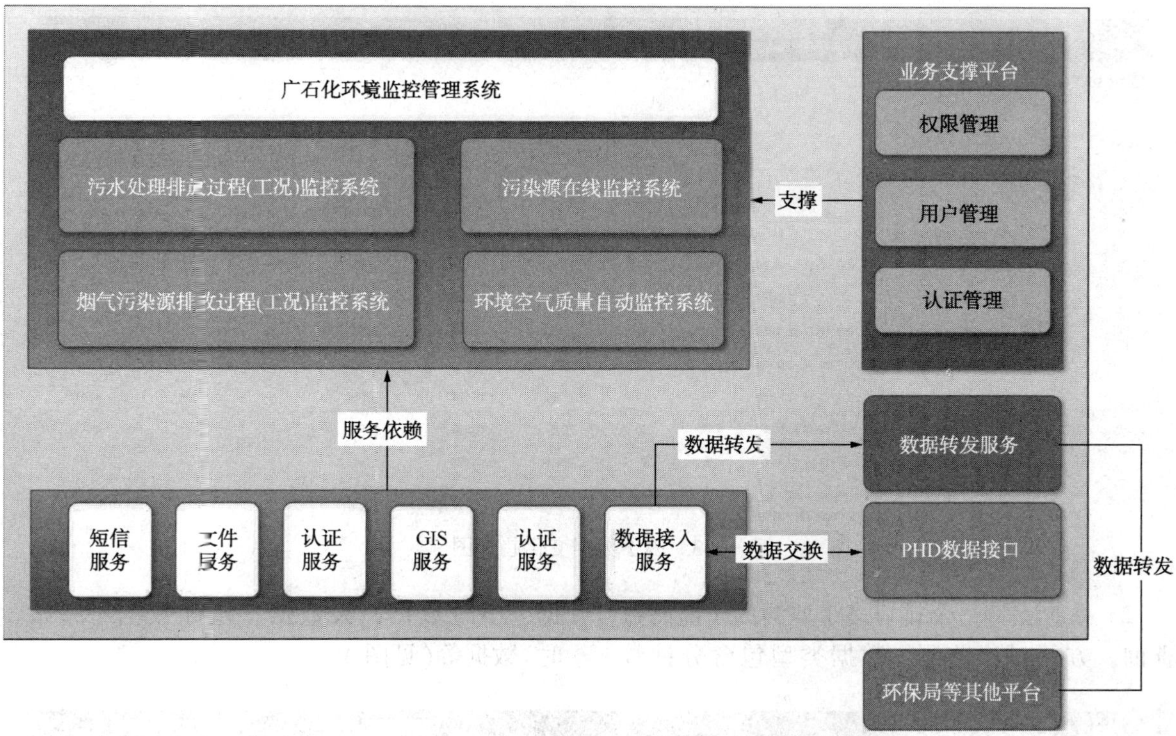

图 1　环境监控系统业务逻辑架构

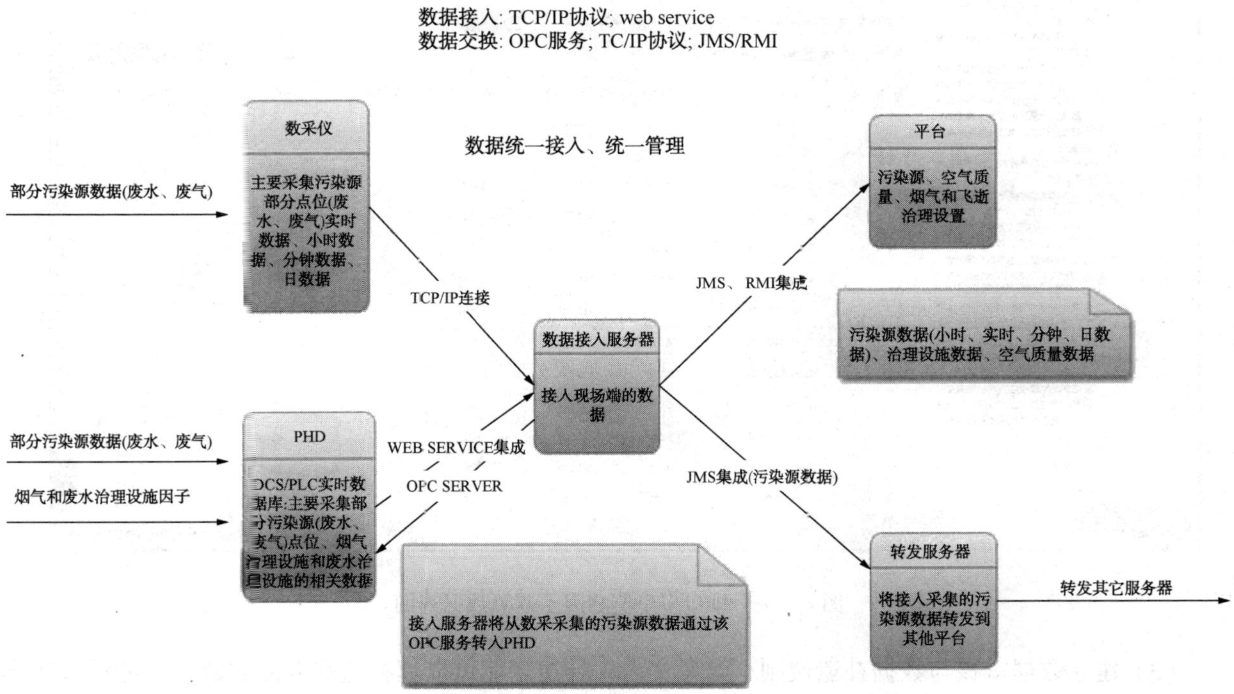

图 2　环境监控系统数据传输架构

图 3　因子数据变化趋势图

（2）系统支持一个排口多个监测因子监测数据查询，方便对比监测。数据类型包含分钟数据、小时数据、天数据、超标数据、原始（实时）数据等（见图 4）。

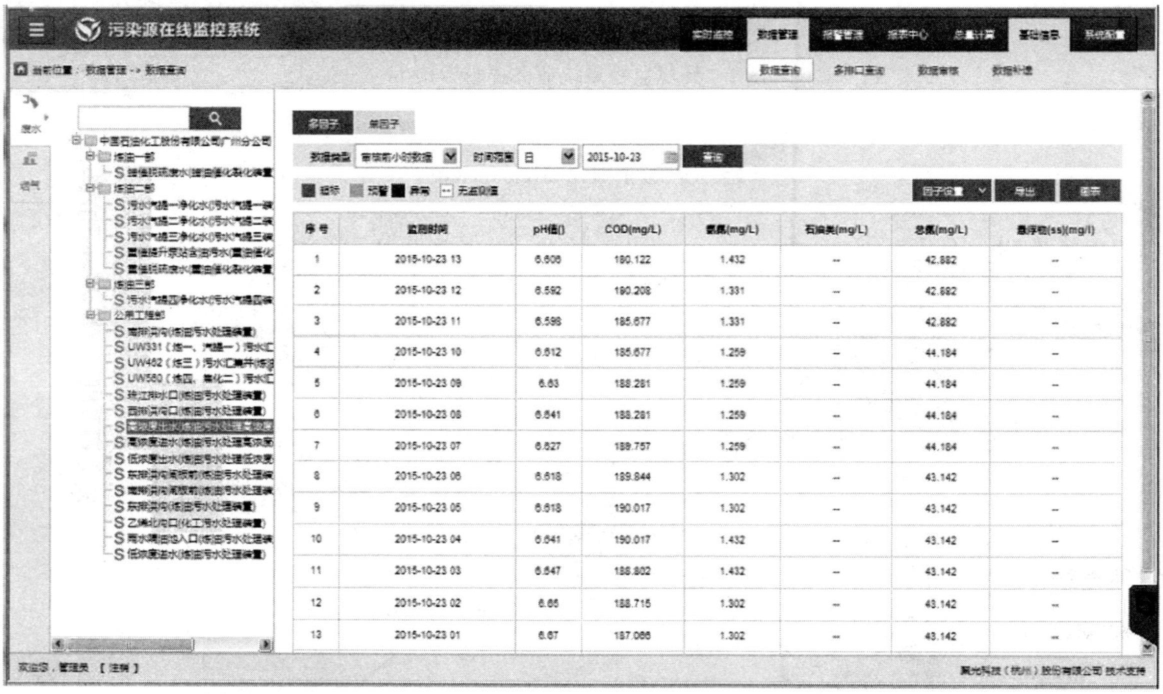

图 4　一个排口多个监测因子监测数据查询

（3）建立数据审核与数据补遗规则。参考文件《固定污染源烟气排放连续监测技术规范》（HJT 75—2007）和《水污染源在线监测系统数据有效性判别技术规范》建立数据审核规则、废气自动审核分钟数据、废水自动审核小时数据。根据有效性和完整性审核规则剔除无效数据。当站点数据丢失或样本数据不完整时，数据补遗功能可以填补这些遗漏的数据。可对分钟数据、小时数据、日数据三种数据类型进行补遗（见图 5）。

通过数据审核与数据补遗手段，确保在监测设备故障或者网络中断的情况下，运维人员可剔除系统采集的无效数据，通过数据补传、算法补遗等方式补采缺失数据。

图 5　数据审核与数据补遗规则查询

1.2　烟气污染源排放过程(工况)监控系统的应用

通过信息看板、工艺流程图、工况核查等方式对企业的脱硫脱硝装置运行情况进行实时监控，对设施联网率、投运率、污染物(SO_2、NO_x、烟尘)去除率等指标进行动态展示，对治理设施运行状态(正常、偷排、停运、异常)及总量排放进行统计(见图 6、图 7)。

烟气污染排放过程(工况)监控系统可监控工况图中生产因子、治理因子、排放因子一段时间内的趋势变化情况，图 8 所示的是 CFB 炉脱硫装置锅炉负荷、入口 SO_2 和出口 SO_2 的数据趋势。

1.3　污水处理排放过程(工况)监控系统的应用

污水处理排放工况监控实现了对广州石化低浓度、高浓度污水处理工艺进行在线监控管理。可查看污水处理工艺所有监测因子的实时数据及污水处理工艺各个处理单元的因子实时数据(见图 9)。

设施看板：可以查看某个设施的因子的变化趋势(见图 10)。

点击图表数据，将以图表的形式展示实时数据，查看更直观(见图 11)。

点击变化趋势中曲线图标，该因子的下方将展示因子的曲线变化趋势图(见图 12)。

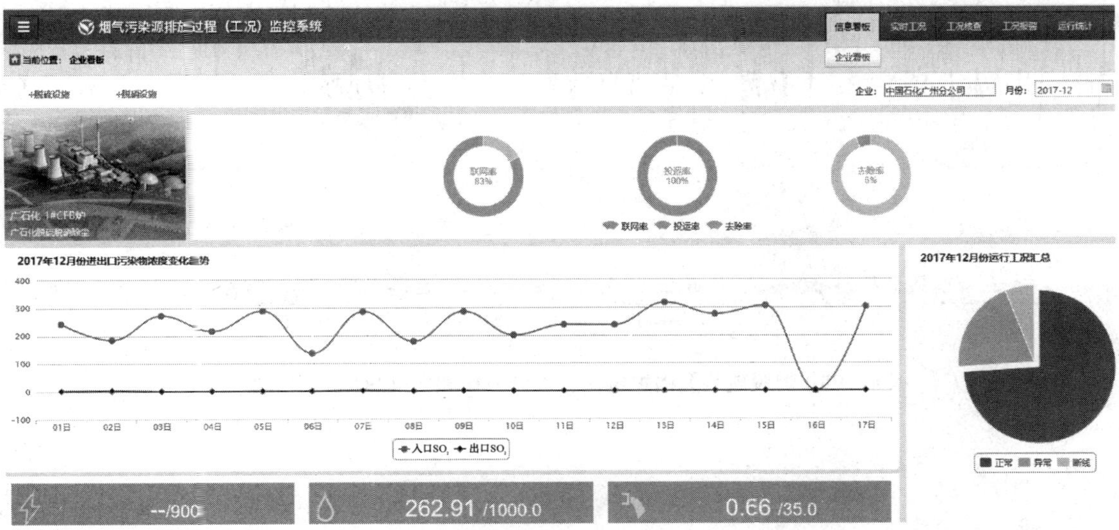

图 6　2017 年 12 月进出口污染物浓度变化趋势

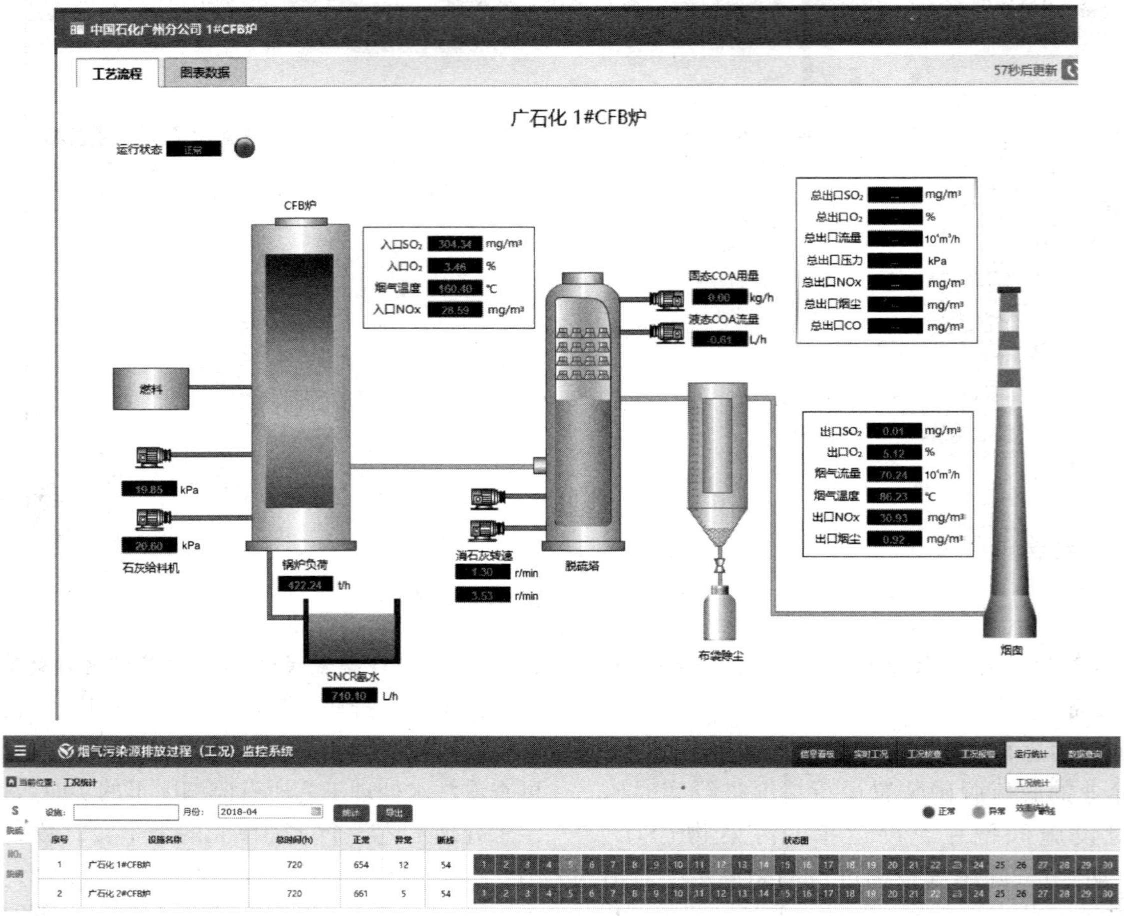

图 7　污染物去除率指标的动态展示示意图

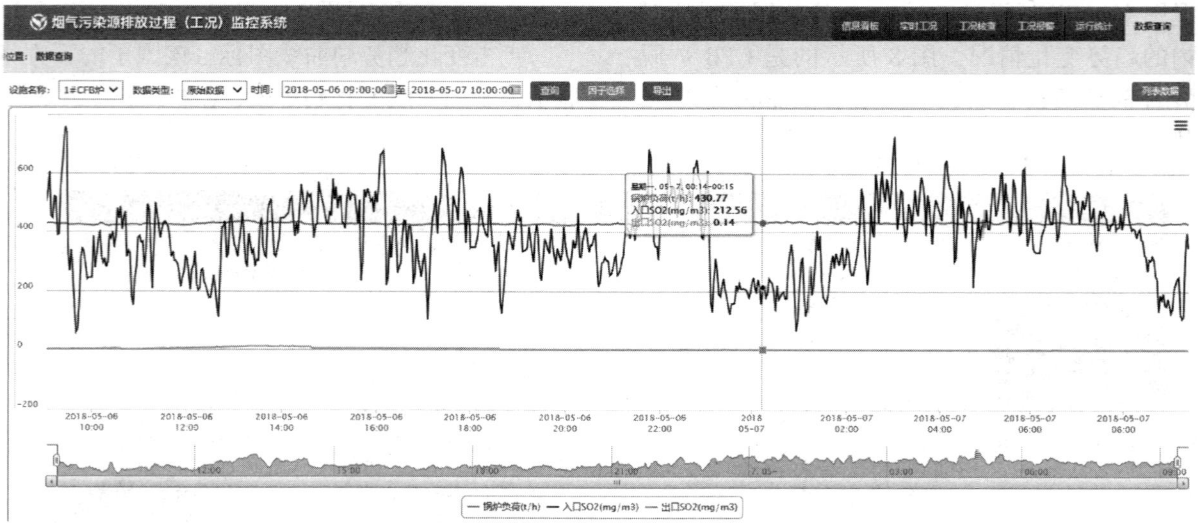

图 8　CFB 炉脱硫装置锅炉负荷、入口 SO_2 和出口 SO_2 的数据趋势

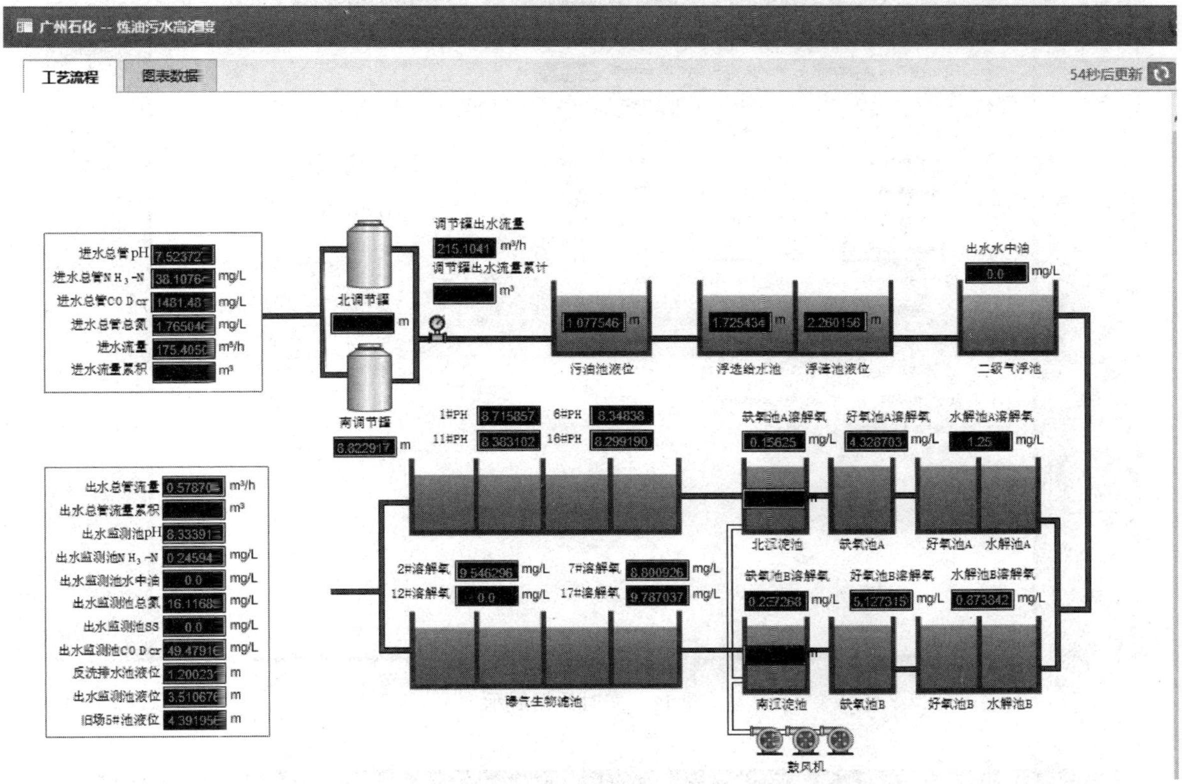

图 9　污水处理排放过程(工况)监控系统

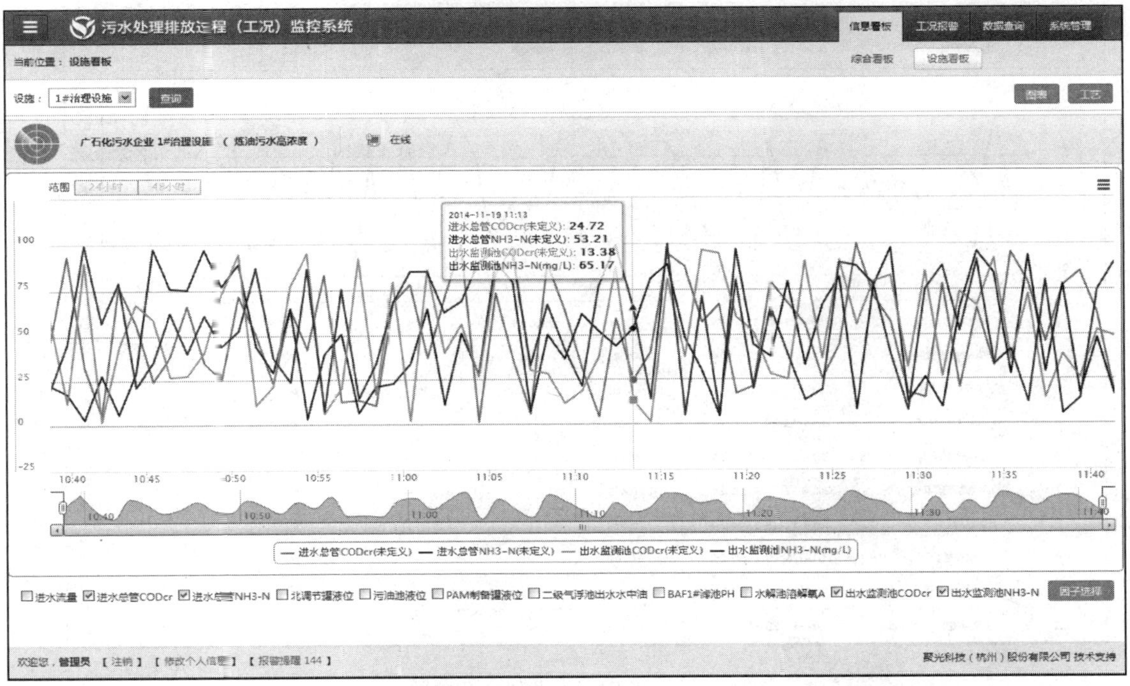

图 10　设施看板

图 11　实时数据展示

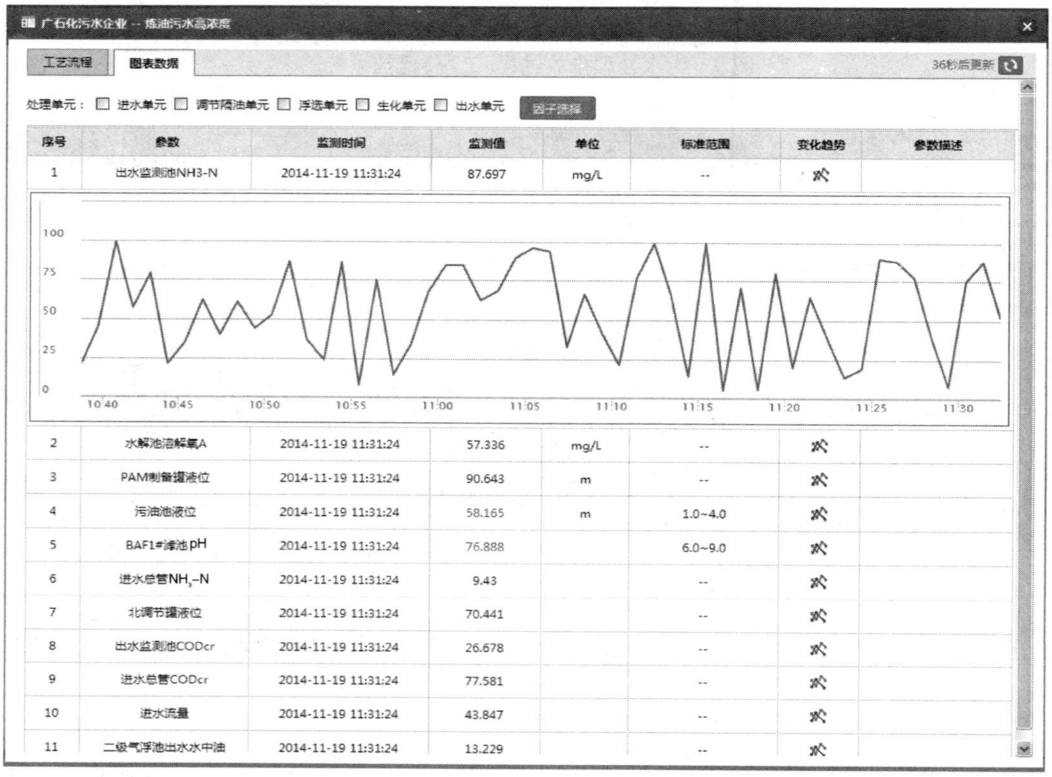

图 12　相关因子的曲线变化趋势

1.4　环境空气质量自动监测系统的应用

系统实现了广州石化厂区内五个固定区域及一台移动监测车空气监测数据的采集，在线展示空气质量指数(AQI)与空气质量级别(见图 13)。

通过点击站点，可以查看站点各项监测因子的实时数据、趋势、报警等信息(见图 14、图 15)。

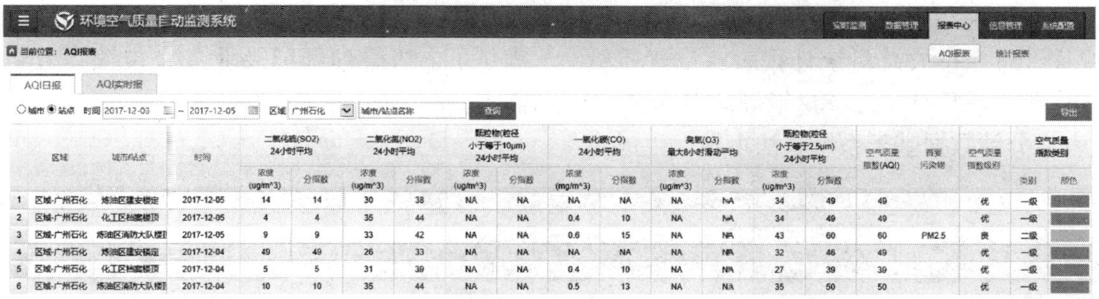

	区域	城市/站点	时间	二氧化硫(SO2)24小时平均		二氧化氮(NO2)24小时平均		颗粒物(粒径小于等于10μm)24小时平均		一氧化碳(CO)24小时平均		臭氧(O3)最大8小时滑动平均		颗粒物(粒径小于等于2.5μm)24小时平均		空气质量指数(AQI)	首要污染物	空气质量指数级别	空气质量指数类别	
				浓度(ug/m^3)	分指数	浓度(ug/m^3)	分指数	浓度(ug/m^3)	分指数	浓度(mg/m^3)	分指数	浓度(ug/m^3)	分指数	浓度(ug/m^3)	分指数				类别	颜色
1	区域-广州石化	炼油区建安楼定	2017-12-05	14	14	30	38	NA	NA	NA	NA	NA	NA	34	49	49		优	一级	
2	区域-广州石化	化工区档案楼顶	2017-12-05	4	4	35	44	NA	NA	0.4	10	NA	NA	34	49	49		优	一级	
3	区域-广州石化	炼油区消防大队楼顶	2017-12-05	9	9	33	42	NA	NA	0.6	15	NA	NA	43	60	60	PM2.5	良	二级	
4	区域-广州石化	炼油区建安楼定	2017-12-04	49	49	26	33	NA	NA	NA	NA	NA	NA	32	46	49		优	一级	
5	区域-广州石化	化工区档案楼顶	2017-12-04	5	5	31	39	NA	NA	0.4	10	NA	NA	27	39	39		优	一级	
6	区域-广州石化	炼油区消防大队楼顶	2017-12-04	10	10	35	44	NA	NA	0.5	13	NA	NA	35	50	50		优	一级	

图 13 空气质量指数与空气质量级别展示

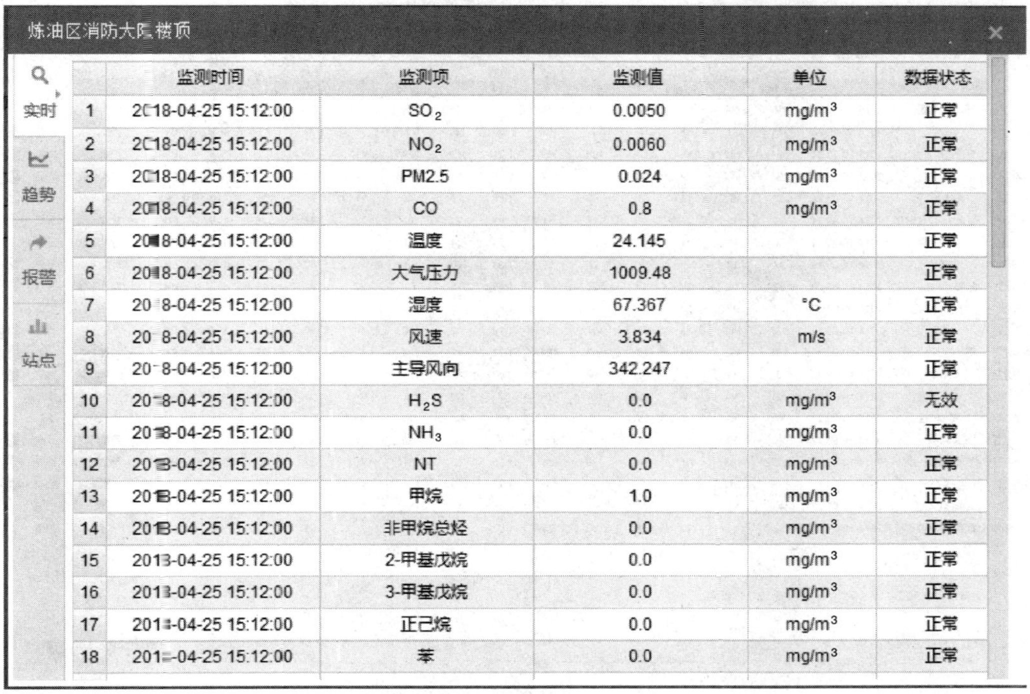

	监测时间	监测项	监测值	单位	数据状态
1	2018-04-25 15:12:00	SO_2	0.0050	mg/m³	正常
2	2018-04-25 15:12:00	NO_2	0.0060	mg/m³	正常
3	2018-04-25 15:12:00	PM2.5	0.024	mg/m³	正常
4	2018-04-25 15:12:00	CO	0.8	mg/m³	正常
5	2018-04-25 15:12:00	温度	24.145		正常
6	2018-04-25 15:12:00	大气压力	1009.48		正常
7	2018-04-25 15:12:00	湿度	67.367	°C	正常
8	2018-04-25 15:12:00	风速	3.834	m/s	正常
9	2018-04-25 15:12:00	主导风向	342.247		正常
10	2018-04-25 15:12:00	H_2S	0.0	mg/m³	无效
11	2018-04-25 15:12:00	NH_3	0.0	mg/m³	正常
12	2018-04-25 15:12:00	NT	0.0	mg/m³	正常
13	2018-04-25 15:12:00	甲烷	1.0	mg/m³	正常
14	2018-04-25 15:12:00	非甲烷总烃	0.0	mg/m³	正常
15	2018-04-25 15:12:00	2-甲基戊烷	0.0	mg/m³	正常
16	2018-04-25 15:12:00	3-甲基戊烷	0.0	mg/m³	正常
17	2018-04-25 15:12:00	正己烷	0.0	mg/m³	正常
18	2018-04-25 15:12:00	苯	0.0	mg/m³	正常

图 14 炼油区消防大队楼顶各监测因子的实时数据

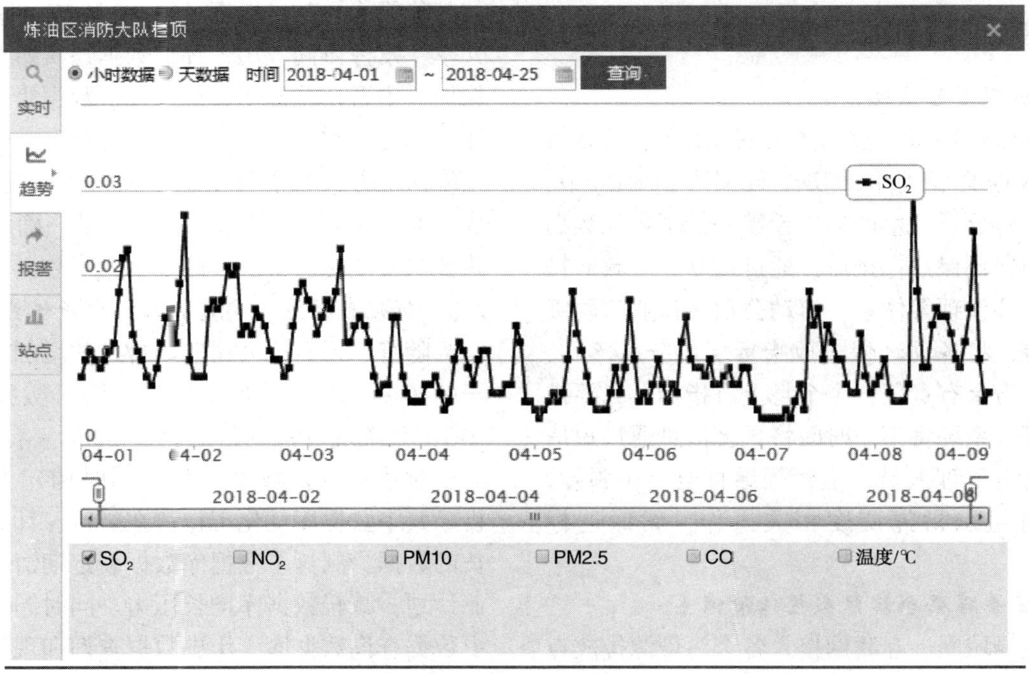

图 15 炼油区消防大队楼顶各类监测因子趋势图

应用环境监控采集数据开发了排放因子超标报表(见图 16)、排放总量统计报表、空气质量监控 AQI 报表等日/周/月/季/年等统计分析和外送报表，分钟数据基于系统算法审核，生成小时数据，系统采用小时数据，生成 AQI 实时报。满足了上级管理部门及业务人员统计分析报表需求。

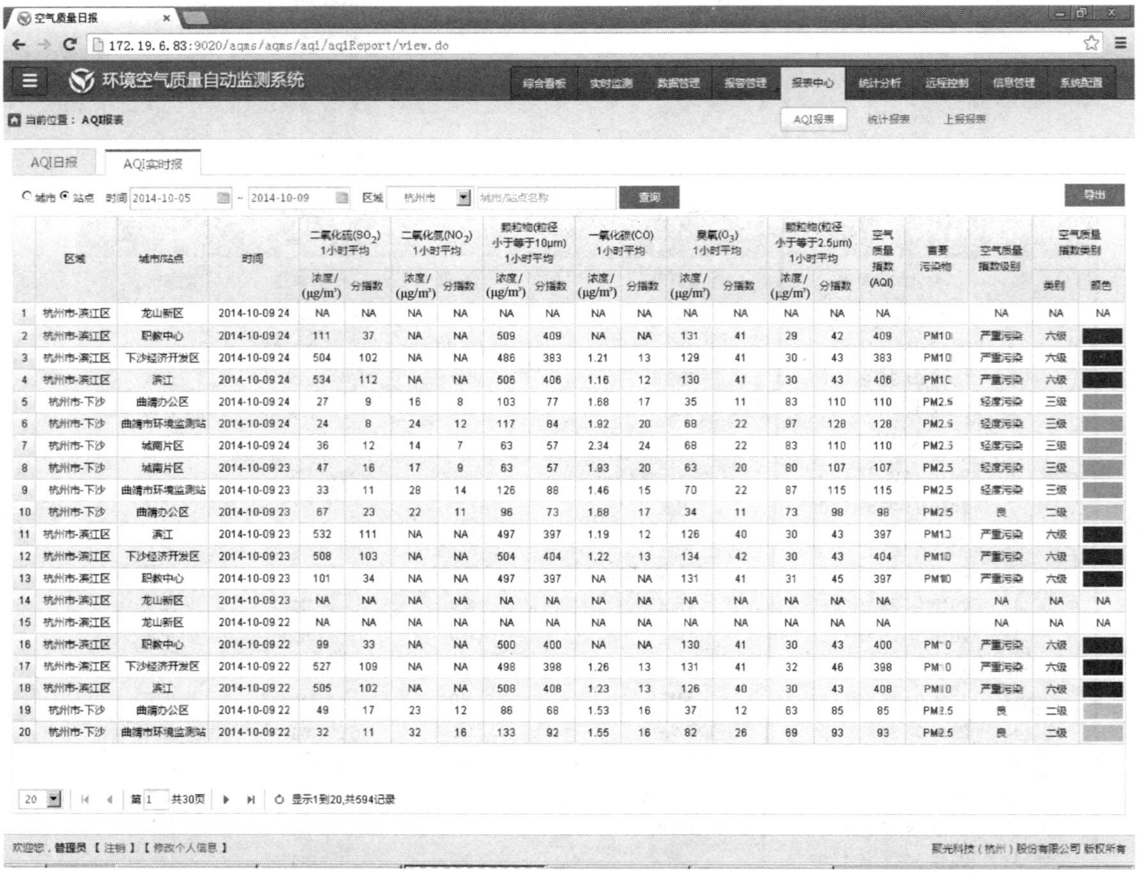

	区域	城市/站点	时间	二氧化硫(SO_2)1小时平均		二氧化氮(NO_2)1小时平均		颗粒物(粒径小于等于10μm)1小时平均		一氧化碳(CO)1小时平均		臭氧(O_3)1小时平均		颗粒物(粒径小于等于2.5μm)1小时平均		空气质量指数(AQI)	首要污染物	空气质量指数级别	空气质量指数类别	
				浓度/(μg/m³)	分指数	浓度/(μg/m³)	分指数	浓度/(μg/m³)	分指数	浓度/(μg/m³)	分指数	浓度/(μg/m³)	分指数	浓度/(μg/m³)	分指数				类别	颜色
1	杭州市-滨江区	龙山新区	2014-10-09 24	NA	NA	NA	NA	NA	NA	NA	NA	NA	NA	NA	NA	NA		NA	NA	NA
2	杭州市-滨江区	职教中心	2014-10-09 24	111	37	NA	NA	509	409	NA	NA	131	41	29	42	409	PM10	严重污染	六级	
3	杭州市-滨江区	下沙经济开发区	2014-10-09 24	504	102	NA	NA	486	383	1.21	13	129	41	30	43	383	PM10	严重污染	六级	
4	杭州市-滨江区	滨江	2014-10-09 24	534	112	NA	NA	506	406	1.16	12	130	41	30	43	406	PM10	严重污染	六级	
5	杭州市-下沙	曲靖办公区	2014-10-09 24	27	9	16	8	103	77	1.68	17	35	11	83	110	110	PM2.5	轻度污染	三级	
6	杭州市-下沙	曲靖市环境监测站	2014-10-09 24	24	8	24	12	117	84	1.92	20	68	22	97	128	128	PM2.5	轻度污染	三级	
7	杭州市-下沙	城南片区	2014-10-09 24	36	12	14	7	63	57	2.34	24	68	22	83	110	110	PM2.5	轻度污染	三级	
8	杭州市-下沙	城南片区	2014-10-09 23	47	16	17	9	63	57	1.93	20	63	20	80	107	107	PM2.5	轻度污染	三级	
9	杭州市-下沙	曲靖市环境监测站	2014-10-09 23	33	11	28	14	126	88	1.46	15	70	22	87	115	115	PM2.5	轻度污染	三级	
10	杭州市-下沙	曲靖办公区	2014-10-09 23	67	23	22	11	96	73	1.68	17	34	11	73	98	98	PM2.5	良	二级	
11	杭州市-滨江区	滨江	2014-10-09 23	532	111	NA	NA	497	397	1.19	12	126	40	30	43	397	PM10	严重污染	六级	
12	杭州市-滨江区	下沙经济开发区	2014-10-09 23	508	103	NA	NA	504	404	1.22	13	134	42	30	43	404	PM10	严重污染	六级	
13	杭州市-滨江区	职教中心	2014-10-09 23	101	34	NA	NA	497	397	NA	NA	131	41	31	45	397	PM10	严重污染	六级	
14	杭州市-滨江区	龙山新区	2014-10-09 23	NA	NA	NA	NA	NA	NA	NA	NA	NA	NA	NA	NA	NA		NA	NA	NA
15	杭州市-滨江区	龙山新区	2014-10-09 22	NA	NA	NA	NA	NA	NA	NA	NA	NA	NA	NA	NA	NA		NA	NA	NA
16	杭州市-滨江区	职教中心	2014-10-09 22	99	33	NA	NA	500	400	NA	NA	130	41	30	43	400	PM10	严重污染	六级	
17	杭州市-滨江区	下沙经济开发区	2014-10-09 22	527	109	NA	NA	498	398	1.26	13	131	41	32	46	398	PM10	严重污染	六级	
18	杭州市-滨江区	滨江	2014-10-09 22	505	102	NA	NA	508	408	1.23	13	126	40	30	43	408	PM10	严重污染	六级	
19	杭州市-下沙	曲靖办公区	2014-10-09 22	49	17	23	12	86	68	1.53	16	37	12	63	85	85	PM2.5	良	二级	
20	杭州市-下沙	曲靖市环境监测站	2014-10-09 22	32	11	32	16	133	92	1.55	16	82	26	69	93	93	PM2.5	良	二级	

图 16　排放因子超标报表

2　构建安全可靠的环境监控体系

2.1　构建预警管理体系

广州石化环境监控系统通过 OPC 服务器将污染源数据集成到生产实时数据库(PHD)中，为生产经营分析、生产指挥预警提供了环保数据源。为确保环保达标排放，通过建立严于政府排放标准的环保预警体系，启动公司和作业部两级环保预警，将各项环保排放指标层层分解落实，实现人人肩上有责任，个个身上有指标。只要排放超预警，系统将第一时间将预警信息通过短信方式发送至管理人员、主管领导直至公司领导，以便及时组织指挥调度相关操作，确保达标排放。

2.2　构建多维安全环保数据传输体系

通过局域网、互联网接入各个污染源排放点监控数据，实时监控各个排口设施运行情况，并与其他平台(生产指挥、PHD)集成，实现数据共享，发挥协同效用，环保数据还实时对接市环保局、中石化总部污染源监控，数据管理方式与环保部门一致，保证数据有效性和完整性。而且系统认证方式与中石化总部 Sinopec 域服务器集成，通过 Sinopec 域用户认证登录，确保了系统认证的安全性(见图 17)。

2.3　优化数据库，构建大数据分析体系

随着广州石化公司监测排口的增加，监测因子的拓展，系统数据量剧增，每月数据增长约 20G，系统现有数据量已达到 500G。有鉴于此，需要对系统进行数据优化的同时构建大数据分析。其中数据库优化工作势在必行，针对日益增长的数据，制订了数据库数据表定期清理压缩作业计划，减轻数据库增长压力。同时同步构建历史数据查询数据库，历史数据查询和现有数据监控通过后台分离释放，提高数据利用率，保证数

据提取的稳定性，构建横向可扩展、读写分离的数据库组织模式。并根据业务数据应用访问频率，建立高效的数据库缓存和索引机制。同时对已有和新增监测监控数据进行深化应用，通过大数据分析对现有环境数据资源进行深度挖掘，挖掘环境质量和污染排放之间的关系，构建大数据分析体系，给广州石化公司生产经营和环保建设提供信息化基础。

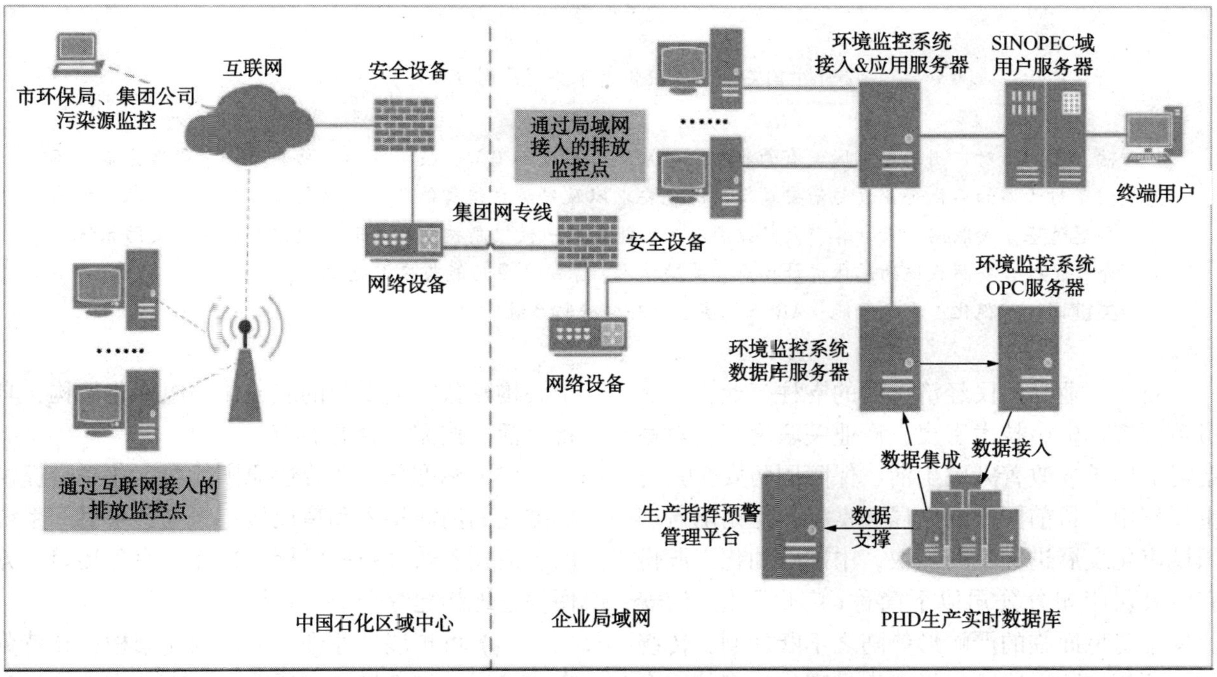

图 17　环境监控系统多维安全传输体系

4　结语

广州石化环境监控系统的实施为广州石化公司战略目标的实现提供了信息化的有力支撑，该系统的应用实现了全天候的实时监控、精确的数据分析，为优化巡检提供数据支撑。目前，广州石化公司已经实现 41 套重点污染治理设施运行情况全部纳入监控，污染防治水平显著提升，增强了企业污染排放控制能力。另外，系统的环保预警功能增强了环境风险防控能力，最大限度地保证污染排放数据稳定达标，防范环境污染事故发生风险，实现了环境管理和企业管理的有机结合。环保管理必须做到适度超前与一丝不苟，才能满足社会和政府的各项要求。环境监控系统的建设与应用实现了关键环保治理设施运行状况动态监控，通过对环保指标相关的生产、治理过程综合分析，广州石化公司在保障自身经济效益的同时完成环保指标，也帮助企业成为对环境负责的高品质产品和服务提供商，以及成为优秀的环境管理者。

可视化智能综合安防系统的建设与应用

张洪灏

（中国石油化工股份有限公司广州分公司）

摘　要　针对广州石化厂区现有的各个安防系统存在设备陈旧、技术落后、功能单一、管理分散，不满足国家对于石油石化企业设施治安及反恐防范要求以及安防系统智能化、信息化程度偏低的现状，提出了一种通过基于物联网、云计算、大数据和人工智能等新一代信息技术构建的可视化智能综合安防系统方案，介绍了综合安防系统的总体设计要点、关键技术、系统主要功能与应用成效。

关键词　可视化；人工智能；AR 三维实景；综合安防系统

石化产业是国民经济重要的支柱产业，产品覆盖面广，资金技术密集，产业关联度高，对稳定经济增长、改善人民生活、保障国防安全具有重要作用。目前国家安全局势良好，但是随着广州城市化发展进程不断加快，中国石油化工股份有限公司广州分公司以下简称(广州石化)治安及反恐防范面临的严峻形势随之不断加剧，传统的人防与物防手段已经无法满足现代生产的安全需求。

为满足治安及反恐防范需求，结合国家石油石化企业设施安保防恐风险等级及《石油石化系统治安反恐防范要求》以及《中国石化生产区域及作业工地封闭化管理规定》，只有把成熟可靠、智能先进的安全防范管理手段引入企业的安全管理系统，建立一套一体化的具有可视化信息发布、信息(包括视频、音频信息)传递、现场监控、应急监控指挥、智能分析等功能的综合可视化智能安防系统，才能提高安全监督管理的规范化、标准化、科学化水平，才能极大地提高企业现代化管理水平和有效防止重大安全事故的发生。

1　综合安防系统设计

利用物联网、云计算、大数据和人工智能等新一代信息技术，建设一个“管控营”一体化的综合安防管理系统。系统整体设计应遵循如下原则：

（1）模块化建设原则：对业务进行抽象建模，业务数据与业务逻辑解耦，平台和应用解耦，实现模块化、积木化建设。

（2）服务化/组件化原则：以服务、数据为中心构建数字化平台的服务化、组件化架构，具备灵活、按需组合的能力。

（3）标准化及兼容性原则：数字化平台提供标准化的南向接入和集成接口，与各主要子系统的主流技术兼容；提供标准化北向服务接口，方便快速地构建综合应用系统。

（4）可扩展性原则：采用云化架构，支持分布式部署，具备横向扩展能力，支撑高性能、高吞吐量、高并发、高可用业务场景。

（5）安全原则：构建物理安全、网络安全和应用系统信息安全体系，确保数字化平台中系统、网络和数据的机密性、完整性、可用性、可追溯性。

出于成本、技术、管理等因素的考虑，采用定制开发构建信息系统难以无法全面兼顾上述5个设计原则，通过引入国产化成熟可靠的数字化平台，可以较好地满足这些设计原则，在此基础上快速引入物联网、云计算、大数据和人工智能等新技术，构建可视化智能综合安防系统。

华为智慧园区解决方案依托华为产品组合，联合生态伙伴，以数字化平台打造智慧园区数字底座，实现南向连接标准化，北向应用服务化。数字化平台具有快速实现 AI、大数据、视频云、物联网、GIS 等新 ICT 能力封装；提供应用使能、集成使能、数据使能、开发使能等二次开发和集成交付能力，支持公有云、混合云部署，支持园区基线场景外的应用定制等优势。系统的总体技术架构如图 1 所示。

在前端感知层，升级改造门禁管理系统，实现人脸图像采集与识别、身份证刷卡进出厂区、自行车进出通道全封闭等；升级改造车管系统，

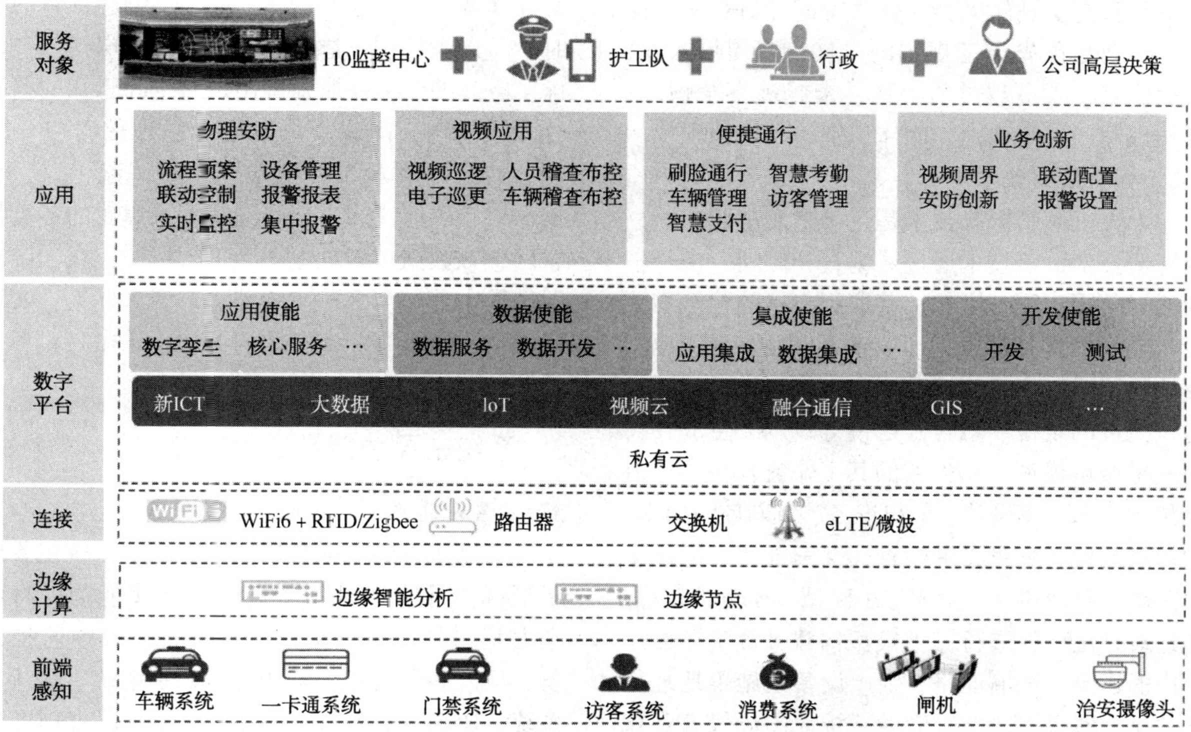

图 1　总体技术架构

实现车牌自动识别功能以及超时间停留厂内车辆的报警提示；同时在主要门岗安装反恐液压升降柱，提高反恐防范的能力。

在数字化平台层，主要通过华为 ROMA 平台实现与现有门禁管理系统、车管系统、HSSE 执行管理系统、提货易系统业务无缝对接。通过 API 网关、LiveData 和 API 市场三大功能提供轻量化应用、消息、数据等集成能力，实现从 API 设计、开发、管理到发布的全生命周期管理和端到端集成。基于高可用分布式集群技术，搭建了包括发布订阅、消息轨迹、资源统计、监控报警等一套完整的消息云服务。通过华为视频云平台提供的 AI 人脸识别自动识别可疑人员，车辆轨迹分析自动监控进厂提货车辆是否按预定路线行驶。

在应用层，三维实景融合平台作为综合安防应用功能的主要展示平台，基于倾斜摄影真三维地图模型，利用视图融合、GIS 地理信息等技术，生成厂区“一张图”，通过 ROMA 平台的连接能力，将前端人脸识别设备、车辆识别设备、视频监控设备、智能分析数据统一、直观、准确地展示在一张图上，通过告警信息管理、视频资源应用、安保线路应用、视频联动应用、人脸/车辆告警应用、安保预案等应用，实现全厂时空要素的全方位、多维度的展示。

2　系统关键技术

系统平台功能的实现主要是依托于云计算技术、物联网技术、系统集成技术、智能视频分析技术、大数据分析技术、倾斜摄影技术以及增强现实技术等。限于篇幅控制，本文重点介绍智能视频分析技术、倾斜摄影技术以及增强现实技术。

2.1　智能视频分析技术

经过几十年发展、各种人工智能识别技术逐渐成熟，2014 年人工智能(AI)人脸识别技术的准确率首次超过人眼准确率，使得智能视频识别分析技术开始得到广泛应用。智能视频分析基于计算机图像视觉技术，通过深度学习算法首先将场景中背景和目标分离，识别出真正的目标，去除背景干扰，进而分析并识别物体的行为或特征。用户可以根据实际应用，在不同摄像机的场景中预设不同的报警规则。一旦目标在场景中出现了违反预定义规则的行为，系统会自动发出报警，并弹出画面，提醒工作人员识别确认。智能视频分析可建立视频监控系统图像与事件的自动关联，通过视频图像的自动化、信息化和智能化分析和关联，实现事件图像的自动弹出，通过安保人员确认，可大幅提升第一时间发现问题的比例。对智能视频分析的应用目前主要分行为特征分析和智能识别两大类。行为特征分析是从图像中寻找满足预先设定规则的事件，以周界入侵、速度检测、人员越过防护栏、未佩戴安全帽等；智能识别以人脸识别、物体识别、车牌识别等。

2.2　倾斜摄影技术

无人机倾斜摄影技术是近年来发展起来的一项高新技术，该技术通过从垂直和倾斜，多个不同的视角同步采集影像，获取到丰富的建筑物顶面及侧视的高分辨率纹理。它不仅能够真实地反映地物情况，高精度地获取物方纹理信息，还可通过先进的定位、融合、建模等技术，生成真实的三维城市模型。其大致的其工作流程包括资料收集、技术方案设计、航摄准备、倾斜航空摄影、像控点采集、航测成果检查、空三加密、影像密集匹配、纹理映射、生成三维模型、质量检查等。通过对石化厂区进行三维模型构建，真实还原厂区内的建筑、运输道路、生产设备设施等地理特征信息，使得用户可以借助三维地图场景直观化立体化的空间优势对园区整体情况进行查看。

2.3　增强现实技术

增强现实是一种将虚拟景物或信息与现实物理环境叠加融合起来，交互呈现在用户面前，从而营造出虚拟与现实共享同一空间的技术。本质上增强现实是一种集定位、呈现、交互控制等软硬件技术于一体的新型界面技术，其目标是让用户在感官上感觉到虚实空间的时空关联和融合，以增强用户对现实环境的感知和认知。因此，它拥有三个基本要素：虚实空间的融合呈现、实时在线交互、虚实空间的三维注册。虚实空间的融合呈现强调虚拟元素与真实元素的并存，这是用户对现实环境的感知得以增强的关键；实时在线交互强调用户和虚实物体之间互动响应计算的实时性，以满足用户感官对时间维度的响应需求；虚实空间的三维注册强调用户对空间感知的精确性和智能性，体现了虚实融合呈现的时空一致性。借助AR技术，把视频监控、人脸卡口、车辆卡口、手持终端、门禁设备等采集到的各类物联网感知数据在三维地图上进行标注，在三维地图场景中叠加与之对应的动静态资源标签，实现区域范围内所有业务资源的可视化，提高对各类资源的调用效率。

3　系统主要功能及应用成效

3.1　系统实现的主要功能

三维实景融合平台作为综合安防系统主要展示平台，通过ROMA平台快速连接能力，将前端人脸门禁设备、车辆道闸设备、视频监控设备、厂区装置设备、来访身份识别系统、提货易系统、HSSE执行管理系统等相关数据直观准确地融合在三维地图上，实现综合态势、出入口管理、治安监控管理、治安应急预案管理、重点目标及治安物防设备设施管理等智慧化应用，有效提高安防人员处置效率。其主要可视化展示功能如下：

（1）综合态势展示厂区内安保分布、累计人员数据、视频监控、数据采集、当日各区域人数、近期人车数据趋势、告警统计等整体布防状况直观呈现。应用展示见图2。

（2）布控告警包括人员告警、车辆告警、访客设备告警信息等，对非法闯入或黑名单，通过界面和声音提示、及时预警。布控告警展示详见图3。

图2　综合态势展示

图 3　布控告警势展示

（3）出入口管理包括人行通道和车辆通道及周边监控视频联动展示，实时掌握厂区内人员数量和名单，强化对员工和外来人员、车辆出入的管理。应用展示见图 4。

（4）治安监控管理实现全厂治安视频点位在实景地图中融合展现，并与视频关联，实现随点随播。界面展示见图 5。

（5）安保任务实现重点区域关联监控视频设备、重点区域关联视频分组自动轮巡。界面展示见图 6。

（6）提货车辆轨迹跟踪实现进厂提货车辆进厂后的行程轨迹，路线偏离告警，杜绝提货车辆随意在厂区内行驶。界面展示详见图 7。

图 4　出入口管理展示

图 5　治安视频管理展示

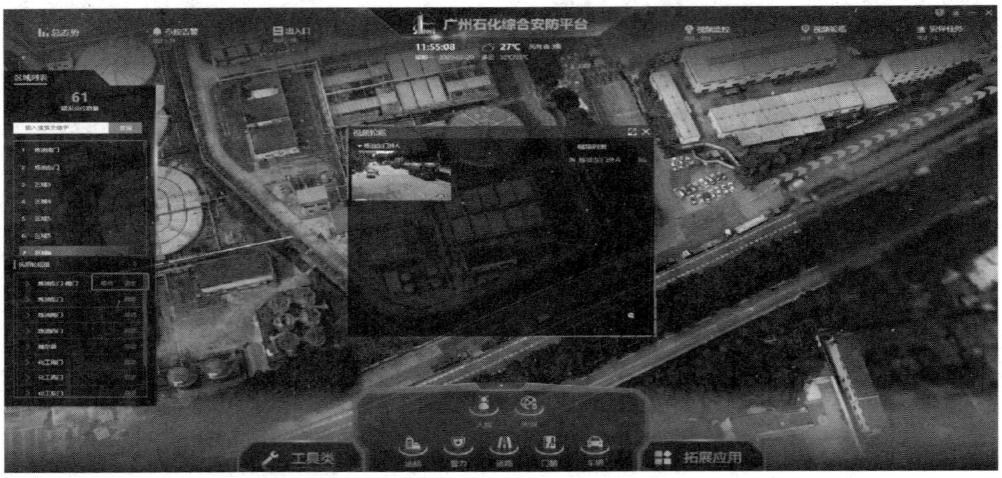

图6　安保任务展示

图7　提货车辆轨迹跟踪展示

3.2　系统应用情况及成效

应用综合安防系统，提升安防管理效率。系统投用以来，系统自动发现公安重点关注人员，第一时间在系统通过告警形式在三维实景融合平台展示，110值班人员立即通知门岗阻止进入厂区，变被动响应为主动防御，预防事故出现。

人员通行信息远程监控和可追溯。人员出入厂区更加安全便捷，职工无感通行，并有效杜绝了承包商无证、借证人员进入厂区。厂区人员进出远程可视，实现厂区人流统计、厂区人员轨迹查询。

车辆通行快速。车牌自动识别的应用，车辆能快速进出，不易拥堵；实现高效数字化运营，车辆流量统计分析，车辆告警分析、提货车辆厂内运动轨迹等功能。各主要门岗安装反恐液压升级柱，提高反恐防范的应急能力；同时技防设施的提高，可以大幅减少人防力量。

4　结语

综合安防系统的应用，有效提高了广州石化治安反恐防范的能力，从原来主要靠人防事后处理转化为事前分析、研判，达到防(实时监控、智能防控)、控(快速布置、指挥调度)、管(集成管理、综合处理)、查(案件调查、高效取证)的效果，并为人防人员减员提供了技术基础。当前企业正处于数字化转型，采用“数据+平台+应用”的模式构建信息系统是今后发展的方向，通过综合安防系统项目引入华为数字化平台，将在今后智慧工厂建设发挥越来越大的作用。

工业互联网与特种机器人在危化生产环境下的应用

于全兴

（天津渤海化工集团有限责任公司）

摘　要　随着新一代信息技术的快速发展，将信息技术与传统产业进行深度融合成为我国实现高质量发展的必经之路。石油化工是我国的重要支柱产业，我国高度重视石化企业尤其是涉危险化学品企业的安全生产管理，近年来相继出台了《关于全面加强危险化学品安全生产工作的意见》《危险化学品安全专项整治三年行动实施方案》《"工业互联网+安全生产"行动计划（2021—2023年）》等一系列政策文件，明确提出了"工业互联网-危化安全生产"试点建设方案，并在方案中要求开展智能巡检和危险作业无人化的建设，提出"研发相关无人化作业的系统及装备"，鼓励机器人等装备的研发和应用，以实现"机械化减人、自动化换人，降低高危岗位现场作业人员数量"的目的。天津渤海化工集团有限责任公司（以下简称"渤化集团"）在数字化转型过程中注重工业互联网与高端装备制造业及传统化工产业的融合，利用新技术赋能传统产业，助推高质量发展。本文结合渤化集团的数字化转型具体实践，对在集团内危化企业开展的"工业互联网+"建设及特种机器人研究工作进行介绍。

关键词　工业互联网；特种机器人；危化安全生产；智能巡检；研究应用

1　建设及研究背景

当前，我国处于新旧动能转换的关键时期，疫情因素叠加影响，经济下行压力增大，经济社会发展正面临着全新的挑战与机遇。随着5G、云计算、大数据、人工智能等新一代信息技术与实体经济加速融合，全球新一轮科技革命与产业革命正蓬勃兴起，全新的生产方式、组织方式和管理模式不断涌现。2021年12月21日，工信部、国家发改委等15个部门联合印发了《"十四五"机器人产业发展规划》，鼓励发展特种机器人，并明确在石油、化工等行业，结合具体场景开发机器人产品和解决方案，开展试点示范，拓展应用空间。同时，国家高度重视危化企业安全生产与新一代信息技术的融合建设，出台了一系列文件推进危化品安全管理数字化、网络化和智能化。渤化集团高度重视"工业互联网+"建设工作，专门成立了"工业互联网+危化品安全生产"建设工作领导小组，并以渤海石化有限公司作为试点单位进行智能工厂建设，集团下属企业天津渤海物联科技股份有限公司积极利用5G网络、北斗等新技术，联合天津大学开展面向化工行业的防爆特种巡检机器人的研发工作。

2　企业及机器人产业现状

2.1　企业现状

渤化集团是一家具有百余年发展历史的大型国有企业，现有国有及国有控股企业146户，形成了氯碱化工、石油化工、煤化工、橡胶制品、精细化工和化工新材料等多个核心板块。集团以传统化工生产为主业，旗下拥有多家危化企业，因此，在危化品安全生产管理方面存在较大的压力。在巡检方面，集团各企业目前仍普遍采用监控设备与人工巡检相结合的方式进行日常巡检。这种传统的巡检方式在化工生产工艺日趋复杂、装置规模越来越大的发展背景下，存在以下缺点：

（1）巡检人员劳动强度大、工作效率低，检测质量参差不齐，巡检手段单一，人工检测的数据也无法准确、及时地录入管理信息系统。

（2）随着少人无人值守模式的推广普及，巡检人员的工作量越来越大，常常导致巡检到位率低、及时性差等情况发生。

（3）化工企业一般地处偏僻，现场工作条件差，人工巡检方式本身存在较大安全风险，对于这些情况目前尚无巡检替代手段。

另外，我国人口老龄化加重、劳动力成本飙升，以及人们安全意识的不断提高，导致化工企业面临人员招聘困难、运营成本高昂等痛点，这些都促使企业主动寻求转型，而开展“工业互联网+”建设及利用机器人替代人工进行巡检是实现转型的有效路径。

2.2 机器人产业现状

“十三五”以来，我国机器人产业规模快速增长，年均复合增长率约 15%，2020 年机器人产业营业收入突破 1000 亿元，工业机器人产量达 21.2 万台(套)。技术水平持续提升，运动控制、高性能伺服驱动、高精密减速器等关键技术和部件加快突破，整机功能和性能显著增强。市场上以工业机器人为主，占比达 65%，服务机器人比重为 26%，特种机器人比重为 9%。在特种机器人行业，我国专门从事化工领域安全巡检机器人研发业务的企业并不多，行业内刚刚开始探索应用机器人代替人工巡检，真正适用于化工行业的防爆巡检机器人产品种类极少，尚处于产业化技术研发的初级阶段。

在政策方面，应急管理部办公厅 2021 年 4 月 7 日印发的《“工业互联网+危化安全生产”试点建设方案》明确了危化企业进行智能巡检和危险作业无人化的建设要求。《“十四五”机器人产业发展规划》则为机器人项目的顺利实施奠定了国家政策基础，并指明了产业化发展的方向。《“十四五”机器人产业发展规划》提出的“机器人+”应用行动中，明确提出了要在石油、化工、应急救援等领域结合具体场景，开发机器人产品和解决方案，要求开展试点示范，拓展机器人的应用空间。尽管目前还没有针对化工安全巡检机器人的市场需求判断，但是毫无疑问，化工行业机器人市场具有巨大的潜力，正处于国家产业政策的风口期。

3 主要建设内容

为实现高质量发展，渤化集团坚决贯彻落实国家对危化品安全生产管理工作的要求，积极开展“工业互联网+危化安全生产”试点建设，并在建设过程中勇于开拓创新，加入了对智能巡检提升部分的建设内容，大力开展巡检机器人的研发工作。

3.1 工业互联网+危化安全生产

2020 年年底，渤化集团选取下属企业天津渤海石化有限公司开展智能工厂科研示范项目建设，项目采用先进的信息技术，有效融合大数据、AI、物联网等新技术，结合企业已建设的相关子系统，建设以数字平台为基础，以智能运营中心、智慧安环等智慧应用为支撑的数字化工厂。该单位于 2021 年被列为应急管理部“工业互联网+危化安全生产”试点建设单位和天津市智能制造专项资金重点支持单位。

在具体建设中，整体架构采用先进的分层架构理念，按照“N+1+1+N”的设计原则开展建设，即 N 个前端子系统、1 个基础保障系统、1 个统一的综合管理信息平台以及 N 个智慧应用系统。系统架构如图 1 所示。

通过核心数字平台将企业内的人、车、物等相关的设备、设施通过物联网统一接入，实现将原本孤立的过程控制、监控、气体探测、消防等子系统统一接入、汇聚，形成综合分析和展示、集成联动和统一服务的能力。基于该平台沉淀业务资产，快速构建各个智慧应用系统；利用基础平台上沉淀的数据资产，实现各业务系统的数据统一集成、清洗和分析，为应用提供数据服务。通过平台统一的标准接口，屏蔽不同外部系统能力提供者的接口差异，对智慧应用系统提供统一的业务控制逻辑和数据格式，使得上层业务系统和底层硬件系统之间、各个业务子系统之间能够方便地实现互联互通。信息平台从垂直方向打通各业务子系统信息孤岛，消除数据壁垒，实现数据全融合。建设的智慧应用系统层主要实现企业的日常安环管理功能，包括企业基础安全信息数据库建设(含 MSDS、设备台账)、重大危险源管理、流程化作业许可和作业过程管理、培训管理、风险分级管控和隐患排查治理管理、承包商管理、流通管理、封闭管理、人员不安全行为管控、安全生产分析预警、智能巡检、人员定位、访客管理、敏捷应急、作业环境异常状态监控、能源综合管理等业务模块。

3.2 智能巡检

智能巡检作为“工业互联网+危化安全生产”的重点建设内容，是运用移动终端等智能设备，通过预制巡检任务、巡检路线、巡检清单等进行高效巡检的一种巡检方式，目的是通过信息化、智能化手段，对巡检过程中人员到位情况、检查项目等进行确认，并对巡检全过程进行有效辅助和管理。

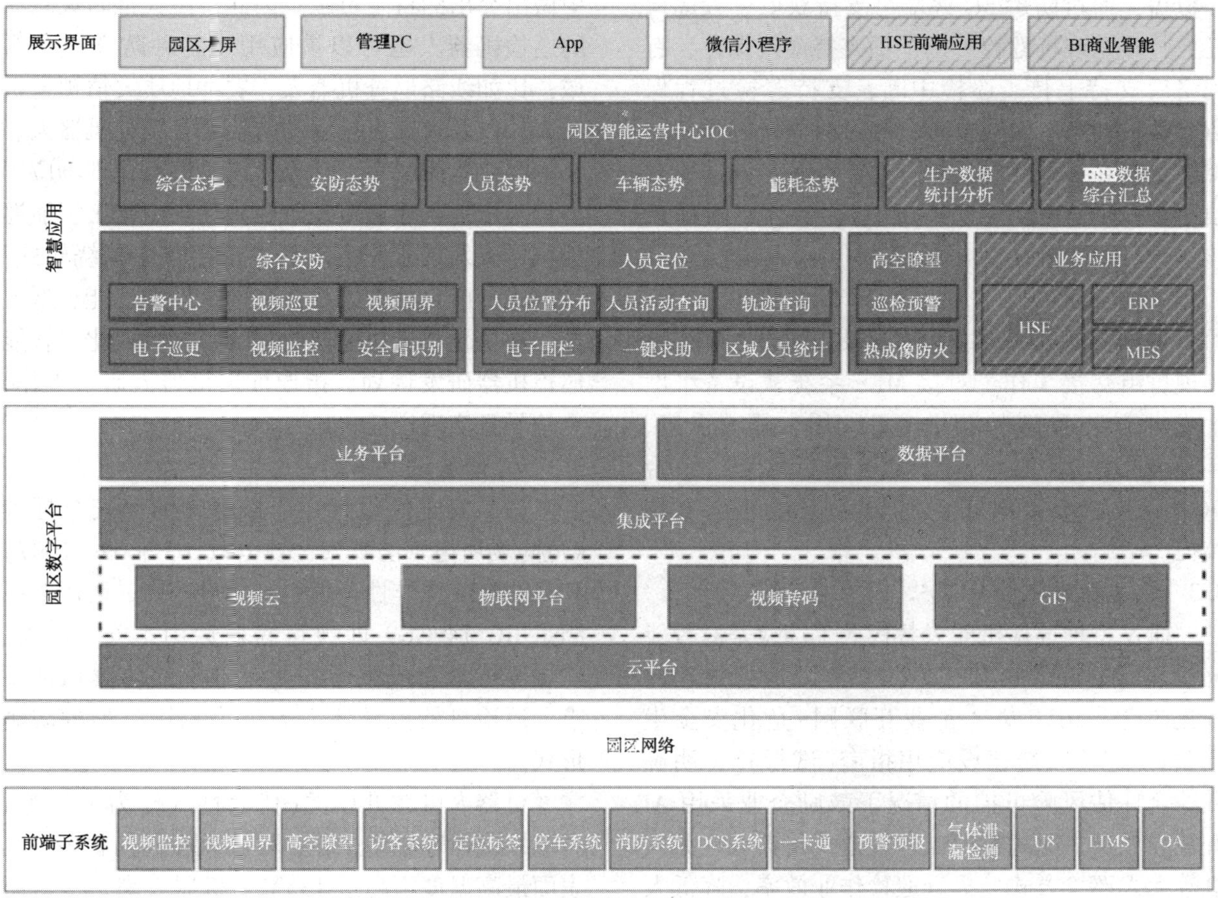

图1 系统架构

主要功能包括对生产工艺、设备设施的定人、定岗、定时、定标准巡检，支持离线巡检、异常数据预警、巡检隐患上报等功能。通过巡检点设置、绑定、巡检路线设置、巡检计划制订、巡检任务管理等实现上述功能。

3.2.1 巡检点设置

巡检点依据《危险化学品企业安全风险隐患排查治理导则》确定，巡检点位设置包括巡检点名称、所属专业、巡检点编号（标签编号）、巡检项，工厂解构位号、巡检点地理位置信息。巡检项包含检查项名称、位号、位置、内容、备注等，其中巡检项内容可根据不同设备设定，一个巡检点可包含一个或多个巡检项。可通过文字描述或提前设置选项提醒巡检人员巡检注意事项及应落实的巡检任务，备注项可进行文字描述、数据填写、上传图片、视频等。有权限的管理员可对巡检点的设置进行创建、编辑、删除操作。

3.2.2 巡检路线创建

巡检路线的创建，通过选择巡检点，选择所属专业实现。巡检点可以交叉复用在不同的巡检路线内。

3.2.3 巡检计划管理

巡检计划管理将完成巡检内容规划和巡检计划推送规则建立，支持定义多种巡检模式和巡检时间参数。巡检计划支持启用和停用，巡检人员可通过选择人员、岗位、班组来完成；班组人员岗位支持多选；班组信息通过其他系统接口关联来获取。

3.2.4 巡检任务管理

巡检任务由系统根据用户定义的推送规则自动生成任务。当巡检人为班组时，通过与 MES 系统接口，获取当天值班班组人员，并设置为巡检任务的巡检执行人。巡检任务状态分为未开始、暂停、巡检中、已完成。巡检任务管理对巡检任务的完成情况和当前状态进行跟踪，支持查看巡检人员列表和巡检记录详情。

系统支持生成巡检任务列表、查询巡检任务详情及支持巡检任务变更。巡检任务暂停或未开始时，可变更巡检路线，对巡检任务作业内容进行调整，支持将任务转移指定人员。变更只对单次任务生效，不影响巡检计划。

移动端巡检功能，企业已实现装置区 5G 信号覆盖，通过防爆5G终端可支持获取个人巡检任务，开始现场巡检。巡检项支持离线保存，有网络后支持上传。巡检中断，支持巡检过程保留。巡检任务有时效要求，超过时限范围强制结束。员工在登录终端后缓存巡检任务，在巡检时填写具体的巡检项，填写数值、备注、附件上传、运行状态确认。

3.2.5 巡检数据汇总

每日自动生成班次交接记录，通过数字终端实现班组交接工作。对接MES系统从设备维度生成生产装置巡检报告（日、周、月、季度、年），通过量化数据跟踪设备运行状态，结合DCS实时生产数据实现对设备运行的全方位监控。

3.3 化工特种巡检机器人

研发特种巡检机器人替代人工巡检是对智能巡检建设的有效提升。2021年9月应急管理部危化监管一司印发《“工业互联网+危化安全生产”智能巡检系统建设应用指南（试行）》，明确在综合评估风险可控的情况下鼓励企业采用AI音视频分析、轮式机器人、轨道式机器人、无人机等无人巡检方式，提升巡检作业效率，降低人员暴露危险。从政策层面对危化企业推广使用巡检机器人提供了支撑。

相较于“监控设备+人工巡检”的传统方式，化工安全巡检机器人主要具有以下优势。

（1）减人增效、节约成本。虽然一台机器人的售价和维护费用高昂，但一台巡检机器人可以代替多名员工，并且可以24小时不停作业。此外，调查显示，中国员工的年工资平均增长达8%，增幅位列全球第一，未来人工的费用将会越来越高，而随着机器人技术的不断发展，机器人成本反而会越来越低。

（2）智能网联、功能强大。智能安保机器人利用物联网、云计算、互联网及智能感知等前沿技术，实现音视频对讲、无线/激光导航、人机交互、人脸识别、针对陌生场景和业务进行深度学习及交流等各项功能；机器人还可拥有监控巡逻、陌生人员报警、异常声音报警、夜间值守等安保功能，当发生危险时，管理人员可远程控制机器人及时主动出击，将灾害化解于萌芽。

（3）钢筋铁骨、救灾减灾。不同于人工巡检中存在人员伤亡问题，具有钢筋铁骨构造的防爆型巡检机器人可以无视环境危险，可在救灾减灾中做出突出的特定贡献。因此，一大批防灾减灾的巡检机器人也可以被应用于各种防灾减灾领域，比如线路巡查机器人、农林地质灾情预警机器人，以及火灾、排爆和防辐射等特种机器人。

渤化集团联合天津大学以渤海石化现场应用场景为依托，通过对现阶段国际国内化工智能巡检机器人发展水平的调研，确定集中围绕轮式、轨道式、应急处理式三个方向，以高性能、低成本、模块化、可快速产业化为目标形成化工智能巡检机器研发计划，指导推进机器人研发工作，力争早日实现产业化。

3.3.1 研发设计原则

（1）安全性设计。严格遵守国家安全标准《危险场所电气防爆安全规范》（AQ 3009—2007）和GB 3836爆炸性环境系列标准，产品防爆等级满足IIC T4 Gb，即项目综合运用本安、增安、隔爆等技术完成机器人所有部件的防爆认证要求，巡检机器人整体上表现为隔爆类型的防爆形式。

机器人可在ⅡC类（代表性气体为氢气等）可燃性气体环境中工作；机器人在任何状态下其表面最高温度不超过135℃；机器人满足一区防爆要求，具有“高”的保护级别，在正常运行及故障条件下均不成为危险源。

（2）标准化设计。系统软件应采用标准化的系统结构，具有高度的可靠性和安全性，同时符合ISO/OSI开放系统互联标准。系统的硬件接口应符合国家、行业标准，支持与其他标准硬件及不同生产商的设备互连，形成通用性平台，能够满足可推广、可复制的要求。

（3）模块化设计。为适应系统多参数监控的要求，机器本体上各传感器系统保持高度的独立性，非核心传感器系统的故障或拆除均不影响机器人其余部分的正常工作。

系统具备软、硬件的扩充能力，采用深度模块化设计，机器人具有可拓展性，主控板与各传感器之间采用通用的标准电气接口，并且开放通信协议，按照物理接口和开放的通信协议可拓展其他传感器。

同时主控板预留标准物理电气接口，为日后增加、更换传感器系统提供技术基础；为保证整个机器人系统的可扩展性和可推广性，需要开放软件监控平台和机器人之间的通信协议，便于与其他机器人进行通信控制，软件平台需要有源代码著作权，并可对人机界面进行二次开发。

（4）规范化设计。机器人依靠搭载的多传感器及检测仪器进行巡检工作，由于现场化工设备布置较为复杂，机器人设计应实现灵活可调整的机械机构设计，保证机器人能够完成全方位的日常巡检工作。

机器人采用自主巡航技术，应考虑采取防止机器人偏离路线的技术手段，避免设备误碰撞带来的安全隐患。为满足防爆设计要求，机器人本体设计采用轮式或吊轨式移动方式，但应考虑复杂的现场路况，使得机器人具备良好的通过性。

3.3.2 总体技术要求

从技术角度来看，化工巡检机器人主要有十大技术热点：机器人移动与运动控制、导航定位、计算机视觉、目标跟踪、检查/巡检算法、目标检测与识别、传感器、5G 网络、人机交互、防爆性能。渤化集团联合天津大学依托化工现场实际应用场景，围绕轮式、轨道式、应急处理式三个方向展开研发。通过技术攻关，实现高性价比、模块化、可快速产业化的产品，并可搭载高清摄像机、红外热成像仪、气体深测仪、温湿度仪、烟感探测器等各类传感器，集成定位装置及语音对讲系统，通过与后台监控平台的联合应用，实现对现场各种表计开关、设备缺陷、环境状态、异常行为的识别检测，通过复杂的判断逻辑和计算，准确分析判断现场状态，实现无人值守情况下完成设备的巡查、诊断等工作。产品具备防爆性能高、续航时间长、适用范围广等特点，可自主巡航、自主充电、自主通讯，当检测到有毒有害气体泄漏、高温高危环境、设备工作异常时，机器人应具备声光报警能力，可实时回传报警信息给后台终端；同时可实现夜间照明和巡航功能，具备全天候工作能力。

3.3.3 主要研发内容

（1）整体结构。机器人的整体结构如图 2 所示，主要由底盘驱动控制系统、自主导航系统、气体检测系统、后台控制系统和自主充电系统五个部分组成。

机器人结构设计目标是保证各部件布置紧凑，保证机器人尺寸大小合适，整体质量分布均衡，机器人的整体重心应接近于机器人的形状中心。机器人防爆结构设计主要包括机器人底盘防爆设计和激光雷达防爆设计，其中防爆升降杆可根据具体情况进行删减，从而使整体更加轻便，

图 2 机器人的整体结构

还可以减少成本。除此之外，可以增加红外线检测装置，使安全检测更加准确高效。

对于机器人防爆结构优化设计方面，为达到使机器人轻量化的目的，将根据机器人整体结构特性进行优化设计，即将厚钢板防爆结构替换成由较轻的铝合金加强筋结构，从而实现减轻巡检机器人整体质量的目的。

（2）机器人自主导航系统技术路线及其算法设计。主要是在防爆巡检机器人结构设计的基础上，选用性能优越、稳定可靠的激光里程计开发机器人建图算法和动态路径规划算法，可以有效保证高危环境下对机器人运动的较高安全要求。

（3）机器人的通信系统。主要利用企业 5G 网络通信实现控制平台与机器人远程数据传输；将控制单元、传感器单元和驱动单元物理连接，基于多种通信协议实现机器人内部单元的数据交互。

（4）人机交互。主要利用无线 AP 通信模块将接收到的数据、图像实时显示，以掌握巡检机器人和现场环境状态；同时对巡检机器人云台和底盘进行运动控制，实现人工远程监控功能。

（5）5G+工业互联网接入。应用企业 5G 网络接入机器人控制平台，利用 5G 低时延、高可靠特点实现视音频信号实时回传、机器人远距离操控，在不可控环境下切换为手动模式对紧急事件进行处置降低人员暴露风险。

研发工作计划在一年研发周期内攻克多项技术难题，完成对于轮式、轨道式、应急处理式三

种机器人的研究开发任务。轮式机器人主要用于平坦地势、装置简单的工作环境，如罐区等。对存在沙石和障碍建筑的环境，为了增加巡检机器人的越障能力和行驶稳定性，可选用六轮巡检机器人底盘。在框架结构的主装置区及管廊等区域，主要采用轨道式机器人进行巡检。轨道式巡检机器人一般分为轨道和移动机器人两部分，移动机器人可以在预先布置的轨道上来回巡视，完成预定重点危险区域的巡检工作。其中，轨道设计的重点是与现场技术人员合作，设计出合理的轨道通行区域，避免影响潜在碰撞风险的同时，完成预定的日常巡检工作。当出现紧急情况时，往往需要工作人员进入现场进行紧急操作，来防止情况的进一步恶化，比如管廊区域的消防和紧急制动阀门任务等。针对这种情况，应急处理式巡检机器人可以搭载专用的机械臂和灭火器进行工作，具有紧急情况下关闭关键制动阀门和扑灭初级火灾的能力。

4　研究意义

"工业互联网+"建设和特种防爆机器人研究作为渤海化工集团产业升级的重要内容，融合了传统化工、高端制造、工业互联网、5G 技术等多个技术领域，对企业实现数字化转型和高质量发展具有重要推动作用。

化工特种机器人产品本身以系列化、模块化、轻量化、可快速产业化为目标，具备智能巡检、精准识别、高效检测、应急处理等功能，突出高防爆性能(IIC T4)、高防护等级(IP65)和高识别检测率，运动控制精准，支持 4G/5G 通信，紧贴化工行业特点和智能化工厂建设要求，可满足在化工企业多种场所的应用需求，能在合规的前提下促进企业业务改进优化，有效提升企业的安全生产管理水平。而"工业互联网+特种机器人"在化工行业的创新应用将对传统化工企业在生产技术和安全管理方面进行赋能，促使我国化工行业安全生产理念和安全生产技术迈向新台阶。随着技术的进步，化工安全巡检机器人还会进一步与图像集成、视频精准识别、大数据挖掘、智能预警等多种先进技术相结合，推动化工安全巡检机器人向智能化、集约化、网络化方向不断发展，这将对化工行业的智能化升级和机器人产业的快速发展起到重要推动作用。

参 考 文 献

[1] 刘立发，李硕，黄良炆，等. 基于移动机器人路径的单麦克风空间声源定位算法研究[C]//中国自动化学会，2020 中国自动化大会(CAC2020)论文集. 上海，2020：676-681.

[2] 郑仁成，范朝阳，刘立发，等. 基于四轮独立驱动/转向的危险气体探测自主巡检机器人设计. 中国自动化学会，2020 中国自动化大会(CAC2020)论文集. 上海，2020：764-769.

基于动态流量监测的油气工业资产识别技术研究

匡 波 杨 岳

（中国石化胜利油田分公司）

摘 要 随着信息技术在石油石化行业的发展，工业化、信息化深度融合，工业设备投资也呈跨越式增长，有关工业资产的信息随之增多，分布广、数量大、种类多。面对庞大的工业资产和相关信息，资产运营管理与安全问题变得越来越复杂，如何高效完成工业资产的识别与管理，已成为各企业继续解决的问题。本文主要根据胜利油田工业数据流量，研究油气工业资产指纹特征提取和识别技术，为工业资产的运营管理及风险评估提供了有力支撑。

关键词 工业资产指纹特征提取；识别技术；油气工业资产

1 油气工业资产识别现状与存在问题

“十三五”期间，胜利油田始终将数字化、信息化建设作为助力企业提质增效、转型发展的关键性举措。油气工业互联网建设已覆盖3.5万余口油水井和520余座站库，配套安装39.4万台自动化仪表和3万余套采集控制终端，建成通信链路已超1.0×10^{5}km，部署数据采集监控系统110余套。经过分析发现油田工业资产现状有以下几个特点。

一是工业资产种类多，品牌不一：胜利油田工业资产典型设备包括PLC（可编程逻辑控制器）、RTU（远程终端单元）、无线网桥、工业交换机、摄像头、工业主机、视频服务器等，且品牌不唯一。因每种资产的识别技术都有其独特的要求和难点，若不清楚生产管理区范围内都部署了哪些资产，就难以规划维护计划和设计有效防护。一份包含资产类型、厂商、型号、系统、版本全面完整的资产清单，可以为油气工业资产的运维管理提供重要支撑。

二是资产数量多，分布不集中：油田的生产规模和环境决定了油田工控系统的相关资产设备数量庞大、分布广泛，大多暴露在野外环境，生产网络体积越来越大，现场接入范围越来越广。这些来自生产网络边缘的安全隐患会带来生产网络非法接入的安全风险。

三是工业资产管理自动化程度低，效率低下：胜利油气工业资产构成复杂、数量巨大，给资产管理带来了巨大挑战。在不具备自动化资产探测发现工具支撑的情况下，现有资产的登记、管理主要依赖人工，资产台账统计工作需要花费大量的人力物力。而通常各企业工业资产管理员多为兼职，在工控系统正常运行的情况下，管理人员并不会主动关心资产属性，资产出现异常时会直接进行原件替换，经年累月运行后，原始资产明细丢失或未及时更新维护，实效性及准确性难以得到保障

摸清油田工业资产现状是做好油田工控安全防护的基础，直接关系着油气生产信息化系统的稳定运行和油田的安全生产。需要不断加强工控系统的安全防护建设，提升系统整体抗攻击能力。

工控网络具有非常鲜明的特点，首先是封闭性，SCADA、DCS等控制系统和PLC等控制设备；其次是复杂性，工控网络常见的总线协议和应用层协议有几十种，每种通信协议的数据接口不完全相同，这些协议的规约实现也不相同。

本文介绍一种通过动态流量监测的工业资产识别技术，通过对工控网络流量不间断采集分析，结合工业资产指纹特征库，工业资产指纹逆向提取技术，工业资产识别主动探测技术，工业资产通信行为模型分析等技术手段，实现对油气田的工业资产进行高效、在线式的自动化资产识别及资产管理方案，为油气田工业资产的运营管理及风险评估提供了有力支撑。

2 油气工业资产识别思路与技术研究

本文基于流量感知的动态网络资产监测方案整体设计思想为：将从各节点获取的油气工业资产镜像流量通过资产探针采集后，对应用层、

TCP/IP 数据进行筛选，经过特征指纹的提取后送入至工业资产识别模块，在此模块对数据进行挖掘分析和识别，将监测范围内的工业资产识别出来，再辅以工业资产识别主动探测技术，掌握更全面的资产类型、厂商、型号、系统、版本等重要信息，实时更新网络资产状态，实现动态监测(见表 1)。同时监测的结果后期可用于网络资产管理、关联分析。

表 1　本案例工业资产识别主要目标对象及识别内容

典型资产类型	典型资产关键信息识别需求						
资产类型	IP	MAC	资产类型	厂商	型号	固件版本	操作系统
摄像头	●	●	●	●	●	●	—
交换机/网桥	●	●	●	●	●	●	—
RTU	●	●	●	●	●	●	—
PLC	●	●	●	●	●	●	—
工业主机	●	●	●	—	—	—	●

本文首先选取某典型的生产管理区进行资产识别的验证及测试。在资产识别试点的实施目标是，100%的 IP 资产可被发现以及自动建立资产台账，95%的已识别 IP 资产可自动进行正确资产类型及厂商分类；对主要核心资产(摄像头、RTU、交换机等)进行型号及版本号识别。

2.1　网络流量分析

网络流量分析是通过对采集到的流量数据进行预处理，采用算法模型对标准网络结构的各层协议流量进行监测，通过不同层分布的不同协议类型、流量数据内容进行挖掘分析。利用网络流量分析技术可以对各层协议进行详细归类分析的优势，以流量数据为基础，能够在探测网络资产的主机、端口、系统信息等方面发挥优势(见图 1)。

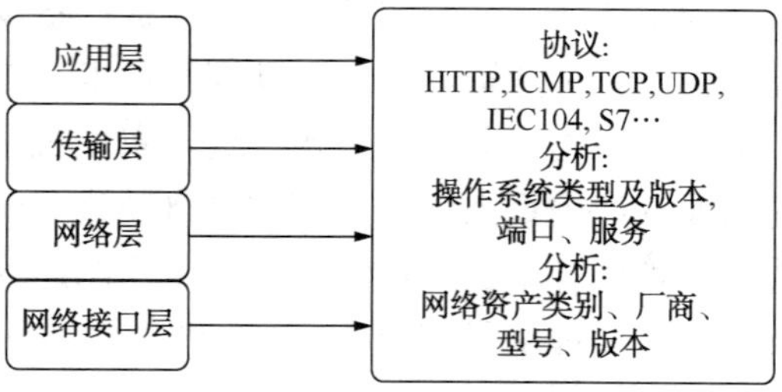

图 1　网络流量分析示意图

通过网络拓扑图分析，网络流量分析设备应部署在工业控制网络的核心层，在这里，所有的工业流量数据进行交换。因此，实验中设备采用旁路部署方式部署在核心交换机上，通过镜像将各业务口数据同步传输给流量分析设备进行分析与识别。

2.2　资产指纹特征

2.2.1　TCP/IP 指纹特征

协议栈指纹就是各个厂家，在编写自己的 TCP/IP 协议栈时，做出了不同的解释(见表 2)。这些解释因具有独一无二的特性，故被称为“指纹”。

表 2　典型网络资产指纹特征表

网络资产	WIN	TTL	DF	MSS
Linux2. 6	5792	64	1	1460
Linux2. 0	32736	64	0	1414
Windows7	8192	128	1	1460
NETB SD 4. 0. 1	32768	64	1	1460
MAC OS 10. 3	33304	64	1	1460
VxWorks5. 4. 2	8192	64	0	512
JuniperNetscreen	8192	64	0	1380

WIN：TCP 接收(发送)窗口大小，它决定了接收信息的机器在收到多少数据包后发送 ACK 包。

TTL：Time To Live，即数据包的“存活时间”，表示一个数据包在被丢弃之前可以通过多少跃点(Hop)。不同操作系统的缺省 TTL 值往往是不同的。

DF(不分段)位识别：不同 OS 对 DF 位有不同的处理方式，有些 OS 设置 DF 位，有些不设置 DF 位；还有一些 OS 在特定场合设置 DF 位，在其他场合不设置 DF 位。

MSS(最大分段尺寸)：不同的 OS 有不同的缺省 MSS 值，对不同的 MSS 值的回应也不同。

对于不同的网络资产及其版本，不同的厂商在协议的实现上存在差异，通过协议栈指纹识别能够以很高的概率迅速确定操作系统的版本。

2.2.2　端口指纹特征

在流量数据中源端口和目的端口信息存在于 HTTP、DNS 以及工业协议等很多协议中，利用端口号进行指纹特征的建立，对于公认端口对应协议能进行较为准确的识别(见表 3)。

可以根据端口号初步推测出协议信息，利用这些端口的特征来反推，即根据获取到的不同协议流量数据，匹配端口的指纹的特征，对应成功的工业资产则提供的就是对应的服务应用，这样就可以精确地匹配出资产提供的服务信息。

表3 常用工业协议端口指纹特征

协　　议	端　　口
BACnet/IP	UDP/47808
DNP3	TCP/20000，UDP/20000
EtherCAT	UDP/34980
Ethernet/IP	TCP/44818，UDP/2222，UDP/44818
OPC UA XML	TCP/80，TCP/443
PROFINET	TCP/34962-34964，UDP/34962-34064
Modbus TCP	TCP/502
IEC104	TCP/2404

2.2.3 Web 指纹特征

Web 指纹是 Web 服务组件在开发时留下的对其类型及版本进行标识的特殊信息，包括 Web 服务器指纹、Web 运用指纹以及前端框架指纹等。在 Web 安全测试过程中，收集 Web 指纹信息也是一个比较重要的步骤；在安全运营过程中，通过指纹识别识别资产的 Web 信息，这样能更加了解整个资产存在哪些方面的威胁，然后对症检测修补。

示例 1：

```
<!-- FOOTER BEGIN -->
<div id="footer" class="container-fluid">
    <p class="text-center">
    <span>&#169;2017 Cambium Networks, All Rights
Reserved</span>
    |<a href="https://support.cambiumnet-
works.com/files/epmp/" target="_blank">Version <span
id="sw_ version">3.5</span></a>
```

2.3 资产指纹提取

2.3.1 工业协议逆向

工控系统协议逆向识别通过深度识别工业控制系统与其操作员站监控软件之间的通信数据流，逆向获取通信数据流中的指纹信息。

不同厂商的工业控制系统根据其通信机制以及架构的不同将采用不同的方式进行工控协议逆向工作，某些工业控制系统将采用多种方式结合深入获取指纹信息。

由于工控协议的私有性和定制化，工控协议的解析需要从多方面、多维度进行。对于工控协议的逆向解析，采用相应的协议逆向解析方法，再结合实际设备交互数据流的特征进行分析，达到指纹识别的目的。

2.3.2 指纹数据融合

通过工控协议逆向识别得到工控系统的相关指纹后，由于每个协议规约的不同，导致每个协议获取的指纹参数错综复杂，这将导致后期对于指纹信息二次利用的价值无法良好体现，因此，需要对工控指纹数据进行融合。

根据工业控制系统特点，指纹信息的二次利用包括但不局限于：根据指纹信息达到自动获取设备各类信息，根据获取信息构建设备分布的拓扑结构，根据指纹信息匹配已知漏洞库的潜在漏洞，根据漏洞详情对设备及整个系统进行评分，等等。基于指纹信息广泛的应用场合，工控指纹数据的融合方向有以下几个。

信息提取：关键字段包括设备厂商、设备型号、设备固件版本号、设备名称等以 Key、Value 形式存储，便于直观地展示和字段信息调用。

网络节点信息提取：以 IPv4 的网络节点标识，配合设备 MAC 地址唯一标示设备信息集合，便于提取和集成设备分布拓扑结构。

设备开放端口信息提取：设备开放端口号、开放端口协议类型、开放端口支持协议名称及端口 Banner 信息汇总，便于设备安全评分。

经过数据融合处理，工控指纹识别结果需要包括的内容有目标设备的 IP 地址、设备的开放端口、设备厂商、设备类型、设备型号、设备名称、设备固件版本、设备描述信息、设备支持协议等。

2.4 动态流量识别

2.4.1 对油气工业资产的动态监测

对识别出的工控资产进行动态监测，包括其 IP 地址、上线时间、最后一次发现时间、活跃度、通信拓扑等情况的动态监测。具体实现如下：IP 地址通过流量数据进行提取，上线时间为首次识别出的时间，记录该时间戳信息；活跃度监测方式利用通信基线和上下浮动因子进行计算获取，并动态进行状态的修改。

一方面，通过对流量的持续分析实现了资产台账的实时更新与迭代；另一方面，也对资产状态进行了全面掌控，可以精准识别休眠资产、僵尸资产。

2.4.2 对于网络资产访问行为的动态监测

通过动态的自动化的方式建立资产台账基线后，可以定义哪些为合法内部资产。对于内部资产的非法外联行为、非法横向连接行为、外部资产的非法内联行为等进行持续监测，为网络安全威胁发生时能第一时间做出准确定位和关联分析提供了有力依据。

3 实施效果

3.1 资产登记无遗漏

在测试管理区内容，所有在监测路径内发生流量以及未发生流量但通过主动探测的路由可达的 IP 资产实现了 100%的资产发现率，避免了资产统计的遗留，同时可对非法接入的资产进行发现。通过自动化的资产监测与识别，系统在数小时之内识别到监测区域全网 4800 多个资产。

3.2 资产关键信息自动分类准确

对油气田主要类型的工控资产：PLC、RTU、网桥、摄像头、工业主机等，实现资产类型及厂商信息的快速自动化的高效识别及分类。资产整体识别率达 94%，降低了人工统计资产信息的大量工作负荷，仅少量资产需手工录入信息，使得资产账管理更加高效。

对于少量未识别设备，仍然可以通过进一步研究并集成其指纹特征，从而进一步提升资产识别率，完全可以达到设定的资产识别率达 95%以上的目标。

3.3 关键资产型号及固件版本可识别

实现了对 RTU、摄像头、网桥等核心关键设备的资产型号及固件版本的有效识别。通过资产版本信息管理资产漏洞信息，可以对漏洞及脆弱性的分布情况做精准的统计，为提升资产安全运维了提供有力支撑。

参 考 文 献

[1] 陈思羽. 网络流量识别中特征选择算法的研究与应用[D]. 西安：西安电子科技大学，2015.

[2] 朱振显. 基于决策树和被动监听的操作系统识别方法研究[D]. 西安：西安电子科技大学，2015.

[3] 王宸东，郭渊博，等. 网络资产探测技术研究[J]. 计算机科学，2018，45(12)：24-31.

基于人工智能技术的输油管道 CO_2 腐蚀预测

李婷玉　崔文慧　张　蕾　田　源

（中国石油冀东油田公司）

摘　要　对油气田企业而言，输油管道腐蚀问题是不可回避的话题。特别是伴随着近年来产量需求的日益提升，注水、注气、加压等业务的频繁推进，使得腐蚀问题日益严重。其中 CO_2 驱工程的输油管道腐蚀性尤为突出。经分析得知，电化学作用是导致腐蚀加剧的重要因素，而传统处理方式以及所面临的技术瓶颈，是完全不能满足新时期腐蚀管理预测需求的。因此，笔者创造性地提出了将人工智能技术引入到实际工作中的设想，在可行性分析、基础数据准备、实地情况调研等大量基础准备前提下，结合信息手段建立了整套的预测模型，针对性地分析做出预测，降低了腐蚀发生的概率，做到了防患于未然，值得业务参考。

关键词　人工智能技术；输油管道腐蚀；腐蚀预测；油企；管理

对油企发展而言，管道腐蚀之痛长久以来困扰全局，如果不能及时地发现腐蚀的问题，很可能会导致管道疲劳。轻则泄漏造成成本上升，重则破坏造成安全事故，严重危害油企发展，是必须解决的问题。在传统业务模式下，很难有效地对其做出处理，特别是在腐蚀预测方面，效率和质量都难以满足需求，人工预测很难保证精度、效度。在新时期人工智能技术的发展前提下，借助技术优势辅助解决顽疾，将技术的前瞻性、及时性、全面性充分发挥出来，是正确思路。在本文中，笔者试图结合案例分析，谈人工智能技术引入到输油管道 CO_2 腐蚀预测的可能性、可行性，搭建相关模型辅助预测，进而为业务改革和问题解决带来理论帮助。

1　腐蚀管理的重要性

1.1　腐蚀危害性

腐蚀是引起管道系统可靠性下降、影响使用寿命的三大失效形式之一。腐蚀破坏引起的恶性突发事故，往往会造成严重的社会后果。特别是随着产业深入发展，埋地管道的服役环境日益复杂，且部分管道服役时间较长，管道腐蚀泄漏并造成事故的风险逐年增加。据国家能源部门的统计数字显示，2015—2019 年，由于腐蚀原因造成的应急处置事件，约占天然气管道事故总数的 60%，每年造成直接成本高达 3 亿元。无独有偶，根据美国腐蚀工程师协会（NACE）的估计，管道腐蚀每年给石油和天然气生产行业造成约 14 亿美元损失。细分后，地面管道和设施费用为 5.89 亿美元，井下油管成本为 4.63 亿美元，与腐蚀相关的其他资本支出为 3.2 亿美元。因管道腐蚀而造成的环境破坏问题，占全球油气田环境污染问题的近 70%，由此可见腐蚀危害性之严重。

1.2　CO_2 腐蚀是重要的诱因

随着开采的深入和产量需求的提升，传统的管道工程技术，已然无法满足新时期的需求。在大量的探索过后，油气田企业提出了驱工程的概念，结合注气、注水、加压等辅助业务推广，来提升业务效率、提高实际产量。结合近些年来实际发展，这套策略确实起到了不错的效果，在很多地区也突破了预期设想。特别是 CO_2 驱工程使用率颇高，得到了业界的广泛认可。

需要注意的是，CO_2 驱工程虽能够起到提升产量的作用，可其“副作用”也十分明显，比如在注气过程中所产生的腐蚀现象，就是管道受损的重要诱因，也是制约整体工程更进一步的关键因素。CO_2 腐蚀易导致材料性能和使用寿命下降，影响设施完整性，导致无法正常生产，造成经济损失的同时，对环境污染的破坏和潜在人员安全风险，也是不可低估的隐患。

据不完全统计，国内油气田存在 CO_2 驱工程月均因管线腐蚀穿孔高达数十次，多口油井因油管腐蚀穿孔导致停产，严重影响了油气田高效开发，经济损失较大。同时还存在天然气泄漏风险，因 CO_2 所导致的油气田集输系统的腐蚀，已成为影响全高效开发的大痛点，因此值得高度注意。

1.3 机理研究

笔者所处的冀东油田，同样也深受输油管道CO_2腐蚀问题所害，近年来因此导致的管道穿孔现象频发。相关领导高度重视，组织了大量技术人员，开展针对性的研究。目前，对大部分油企，掌握油气管道内部腐蚀状态的最佳方法是利用智能内检测装置，从管道中爬行获取管道缺陷信息。但这种方法成本高，难以检测到埋地管道和海底管道。就此，业务单位转变思路，积极组织技术力量，通过开展腐蚀机理与防护研究工作，引入计算机辅助功能，通过大量腐蚀产物分析、流体介质腐蚀性研究、室内和现场试验等，发现CO_2驱工程的油气田业务，井筒和地面集输系统，大部分都长期处于微生物和二氧化碳共存的环境，导致电化学反映频繁，进而引起了腐蚀发生。摸清机理，对腐蚀管理和预测模型设计意义重大。CO_2腐蚀的主要影响因素如图1所示。

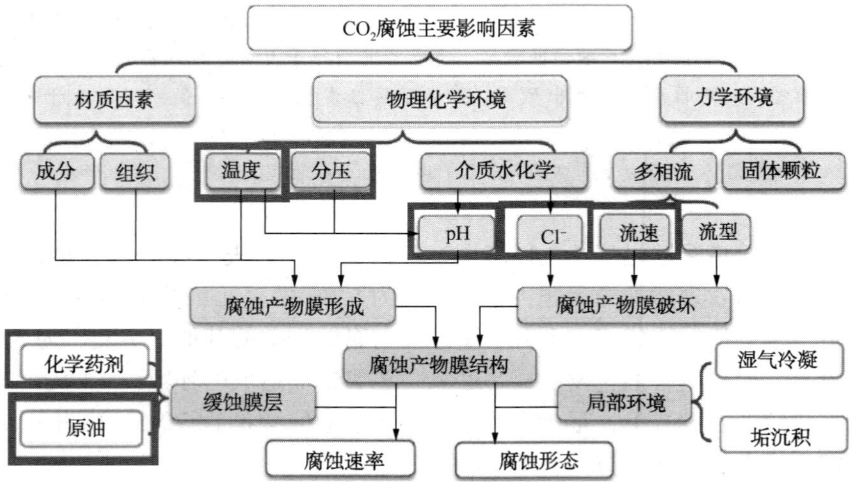

图1　CO_2腐蚀的主要影响因素

2 人工智能技术引入管道腐蚀管理的重要性

2.1 传统业务模式

事后抢修和挂片检测是目前业界针对管道腐蚀所采取的主要处理方式。事后抢修主要是在发生穿孔后做出针对性的补救。不过不同类型管线、输入介质等影响因素众多，只靠业务专家对事后得到的数据分析，很难及时地给出合理的建议，更难以掌握腐蚀规律和具体影响因素。挂片监测方式主要是采取在管道中加腐蚀片，定期检测腐蚀程度的方式，计算管道腐蚀速率。在计算结果的基础上，对出现穿孔的管道加注缓蚀剂、实施内涂层，进而降低管道穿孔概率。不过，这类措施监测腐蚀速率数值，与实际情况相差较大，不能有效掌握管道腐蚀的规律；且无针对性的实施措施，导致花费成本过高。因此，不能实现有效的防控穿孔隐患，腐蚀穿孔次数仍在增加，腐蚀防治工作比较被动。

2.2 技术瓶颈分析

综合两类处理方式可看出，CO_2驱工况变化复杂、环节众多，腐蚀工况复杂多变，具备CO_2腐蚀链的特征（CO_2捕集→输送→注入→采出→分离→处理→循环注入）。在综合上述措施使用中存在的问题后，笔者提出主要的技术瓶颈如下。

第一，影响因素重多，导致措施实施不力。环境温度、液相含量、流体组分、多相流压力、金属结构、防腐层性能、阴极保护水平等都属于影响因素范畴，到底哪些因素是导致管道CO_2内腐蚀的关键因素，以及这些关键因素与燃气管道腐蚀穿孔的相关性的研究较少，只靠人工分析很难得出指导的建议。

第二，问题认识不足，导致措施过于单一。管道在实际服役过程中在受到多因素的综合作用，现有研究主要是基于单个因素，对CO_2腐蚀行为的影响，在综合两个及以上因素的情况下，无法准确分析出具体原因。因此，目前的单因素腐蚀风险评估方法均需要进一步完善，急需开展多因素综合评估技术研究。

第三，变化考虑不足，导致措施过于呆板。埋地管道CO_2腐蚀预测方面，目前已有的经验模型，大部分基于评价管道的服役情况来预测其腐蚀风险，未考虑腐蚀影响因素随时间变化的情况。因此，需要开展腐蚀速率随时间的变化规律研究，并建立基于时间效应的腐蚀风险预测模型。

第四，系统分析不足，导致措施落实缺乏全局性。由于缺少系统数据管理模式，且尚未采用科学的数据处理技术，对已经获得的管道 CO_2 腐蚀数据进行系统分析，数据背后的大量信息尚未被发掘，腐蚀数据的应有价值未能得到充分利用。

2.3 引入人工智能技术的价值

显然，数据量多类别复杂、影响因素分类不足、认识不深入不系统且对其变化规律无从下手等，是制约预测效率的关键因素。结合各行业情况和技术发展来看，人工智能技术的提出，正好可以辅助解决这些问题。人工智能技术具有超强算力、深度认知、协同多变、系统组织多项优势，在石油行业其他领域也得到了广泛使用。结合人工智能技术的使用，可对已积累的大量管道腐蚀数据做出梳理，在规范数据库和大数据计算平台的辅助下，将数据结构化。在此基础上人工智能专家系统可通过多轮次的自我学习，掌握已有规律，发掘未知因素，给出相关建议，在大量积累后就可转变为具有个性化的知识库，供相关专业人士使用。此外，对于不同类别因素也可在线打标签、做标注，这样的分类方式显然更加合理，对变化的应对效率显然也会更高。

因此，结合人工智能技术来对 CO_2 腐蚀预测管理问题，是可靠的思路，可对问题给出解决建议，在新技术和新思路辅助下，做出更进一步的专业研究，提高腐蚀预测业务的数据精度、信度、效度。这也正是本文的研究目的。

3 基于人工智能技术的输油管道 CO_2 腐蚀预测方案设计

3.1 数据治理的重要性

数据治理对于基于人工智能技术的 CO_2 腐蚀预测管理工作，具有重要的基础性意义。腐蚀所涉及的数据众多，环境复杂且变化不少，如果没有数据治理打基础，那么整体工作推进难度极大。在腐蚀管理的业务场景中，业务人员面对的报表数据是不能够明确给出内在计算路径的，也是不能提供直接判据和思考路径的。二次衍生数据显然更加重要，比如数据来源、计算方式、统计周期、边界条件，维度组合、类型定义等，然而这些数据还是碎片化数据。碎片化腐蚀数据，从来都不是决策的准则，需充分结合治理工作，梳理、归纳、分解，给接下来的工作打下基础。

此外，腐蚀治理本身是一个常态化行动，但材料本体的腐蚀，最大特性就是不可逆，所以腐蚀缺陷如果有了一旦形成，就会成为腐蚀风险源头。也就是说，那些正在发生的、曾经忽略的，往往可能是腐蚀治理的新突破点。因此，数据链完整是构成腐蚀情报的战术条件，数据治理工作则恰好可以助力此项业务开展，辅助企业打造完整的数据链条。

3.2 建设目标与内容

想要达到对 CO_2 驱工程下的管道腐蚀问题精准预测，在设计中要聚合管道基础参数、运行参数、水质分析等多种腐蚀因素数据，通过运用大数据分析、人工智能技术构建预测模型，预测管道平均腐蚀速率发展，节省求证结果所需时间成本，帮助现场技术人员及时准确查询管网腐蚀的影响因素和处理方案，以降低管道腐蚀穿孔频次，增强输油管道安全和运行，同时降低不必要的投资浪费。

在实际落实角度，笔者试图结合所在油气田的业务情况，打造以下四个方面的建设内容。首先，结合腐蚀数据整合与查询，实现七大项管网动静态数据接入与维护；其次，结合 CO_2 腐蚀预测模型构建，实现管道平均腐蚀速率和点蚀率预测、剩余寿命预测、失效概率预测、腐蚀防治专家意见推送等核心功能；再次，结合腐蚀 GIS 专题图，基于 ArcGis 技术实现管道穿孔分布宏观和形象化展示等功能；最后，结合决策支持辅助，实现穿孔记录对比分析、穿孔率、腐蚀速率分析等决策辅助功能以及腐蚀预警推送等功能。本文主要针对预测模型构建做详细论证。

管线腐蚀专家系统是项目建成后的重要成果，其功能模块如图 2 所示。

3.3 项目技术实现

针对以二氧化碳为主造成的管道腐蚀事件主要影响因素众多、关联性复杂问题，拟采取网络爬虫和数据整合技术，对与管道腐蚀分析具有关联性的数据做聚合；采用灰色关联分析和主成分分析结合，提取 CO_2 腐蚀主要影响因素。预期实现快速提取油田管道腐蚀主要影响因素，建立管道综合数据库目标。

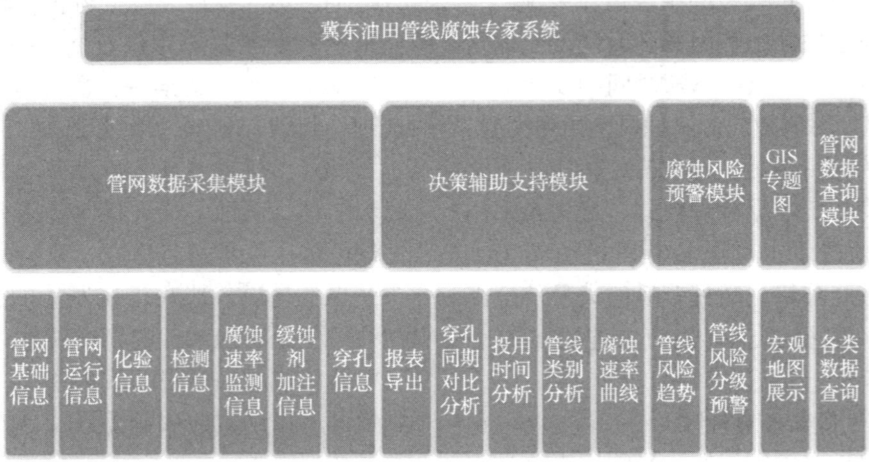

图 2　管线腐蚀专家系统模块图

针对管线腐蚀风险不可预估、多为事后处置措施、缺乏事情预警手段、专家知识库基础薄弱等问题，拟采取基于大数据分析平台，利用多层感知器神经网络，设计管线平均腐蚀速率预测模型，实现腐蚀穿孔预测预警，丰富管线专家知识库。预期达到可以基于管道基础数据，预测管道腐蚀概率，提供事前预警功能。

针对管道腐蚀复杂决策问题，在采用定量分析时，因其多因素且非线性难以针对、无法得到有效的解决方案问题，拟采取根据管道剩余寿命预测，分级分类推送腐蚀防治建议，辅助腐蚀防治工作。预期达到辅助现场技术人员，及时准确查询管网腐蚀影响因素，迅速给出方案。

4　基于人工智能技术的输油管道 CO_2 腐蚀预测方案建设

4.1　建设过程

整体建设过程分以下的四个部分。首先，采取实验定性研究与定量研究相结合的研究方法，针对管道二氧化碳腐蚀开展相关理论分析研究；其次，基于云原生技术，设计研发管道相关数据服务，聚合所有相关参数数据，打通数据链；再次，利用灰色关联度分析算法，提取管道腐蚀影响因素中的关键因素进行降维处理；最后，利用神经网络等技术设计腐蚀预测模型，得到平均腐蚀速率的预测。

4.2　数据治理

相关建设人员结合系统需求梳理分析了包括管道基础信息、管道运行参数、管道化验参数、管道检测信息、监测和缓蚀剂加注信息、缓蚀剂加注信息、穿孔记录等数据在内的多项数据，刨根问题、寻根溯源，找到了各项数据的源头，包括地面动静态数据库、A2、A11 系统，以及人工台账等，截至 2019 年底，已基本完成了整理收集归纳工作，给整个系统建设打下了坚实基础。

4.3　提取关键因素

对油管的影响因素进行了灰色关联分析和主成分分析。系统建设人员以油管的腐蚀速率为参考序列，以腐蚀速率的影响因素作为比较序列。每个因素的影响的最终结果都将被认为反映在腐蚀速率的变化上。影响油管钢腐蚀的因素有很多，量化各影响因素的重要性程度后，找出了影响腐蚀速率的主要因素 10 项和次要因素 3 项(见图 3)。

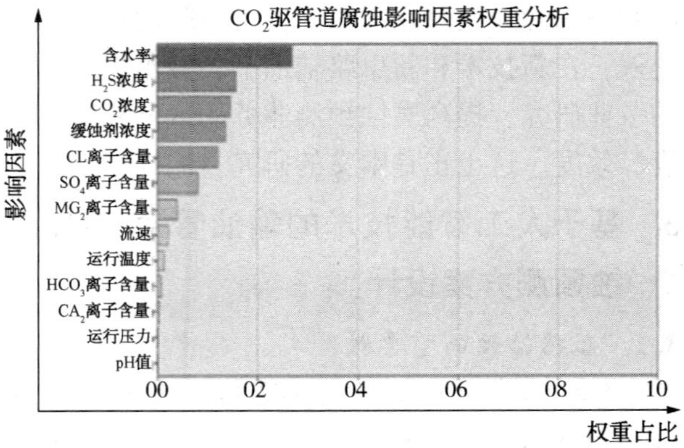

图 3　因素的权重分解图

4.4　构建腐蚀预测模型

根据数据质量情况，设定选择部分转油站外输油管道数据为样本数据(8540 条)进行神经网络分析，分析项包括 pH 值、MG_2、CA_2、CL、SO_4 等 15 项(见表 1)。

表 1　样本数据汇总

pH	MG_2	CA_2	CL	SO_4	HCO_3	CO_2	H_2S	压力	℃	含水率	流速	缓蚀剂浓度	监测速率
7	15	147	592	12	1167	27.49	238	0.576	46.35	95.5	3715.96	109	0.2061
7	36	59	557	23	1229	21.91	0	0.479	46.54	95.5	2574.08	109	0.0233
7	1	73	435	18	1065	19.36	0	0.55	46.63	95.5	2912.88	109	0.0128
7.5	12	44	605	82	1399	21.23	360	0.558	46.54	95.5	3166.09	109	0.0353
7	25	41	426	12	1130	21.91	0	0.491	46.57	95.5	2506.38	109	0.2896
7	6	44	556	23	1098	19.36	0	0.533	46.74	95.5	2412.49	109	0.1316
7	9	49	2046	24	1080	20.99	1350	0.489	46.09	90	2403.23	30	0.0003
7	21	64	1098	59	750	13.27	1086	0.468	46.12	90	2967.74	30	0.0003
7	6	17	610	18	1065	18.65	807	0.506	46.12	90	3188.17	30	0.0012
7	6	19	490	6	1140	19.65	808	0.553	46.12	90	4317.2	30	0.0278
7	9	74	595	24	1050	20.99	1350	0.523	46.15	90	3532.26	30	0.0048
7	10	69	697	12	930	13.27	1086	0.576	46.15	90	4580.65	30	0.0086
7	18	138	1212	12	930	0	877	0.567	46.63	90	3989.25	30	0.0086
7	6	24	507	63	1110	18.25	0	0.515	46.83	90	2682.8	30	0.004
7	10	42	445	12	1204	22.76	119	0.567	34.36	90.1	4054.41	118	0.056
7	6	119	610	24	930	18.34	175	0.474	34.54	90.1	1666.67	118	0.056
7	24	64	575	59	1200	18.34	175	0.436	34.09	90.1	4084.3	118	0.056
7	22	59	558	6	1275	22.76	119	0.583	34.54	90.1	2932.8	118	0.056
7	21	79	612	47	1290	19.82	202	0.498	34.21	90.1	4272.58	118	0.056
7	24	49	560	24	1470	22.76	119	0.517	34.37	90.1	2888.55	118	0.056
7	27	69	822	71	1440	22.77	120	0.554	34.4	90.1	3568.01	118	0.056
7	17	34	472	46	1290	18.34	175	0.567	34.39	90.1	4272.58	118	0.056
7	19	29	525	34	1200	18.35	176	0.538	34.63	90.1	4272.58	118	0.056
7	20	31	411	29	1050	18.36	177	0.45	34.46	90.1	4378.71	118	0.056
7	20	38	402	46	1230	22.76	119	0.429	34.38	90.1	2919.46	118	0.056
7	12	34	402	23	1050	22.77	120	0.475	34.37	90.1	1666.67	118	0.056
7	20	34	507	80	1050	19.82	202	0.518	34.36	90.1	2888.55	118	0.056
7.5	26	43	490	46	1083	19.83	203	0.574	34.4	90.1	3568.01	118	0.056
7	15	34	385	34	1049	19.84	204	0.533	34.59	90.1	4272.58	118	0.056
7	32	38	472	69	846	19.85	205	0.54	34.43	90.1	4272.58	118	0.056
7	12	34	367	69	1083	22.76	119	0.581	34.65	90.1	4378.71	118	0.056
7.5	20	29	455	57	1049	22.77	120	0.58	34.46	90.1	2919.46	118	0.056
7	15	64	1166	59	1260	19.82	202	0.581	34.67	90.1	4054.41	118	0.0092
7	15	98	1775	152	1475	19.83	203	0.492	34.25	90.1	1666.67	118	0.0092
7	15	98	1775	152	1475	19.84	204	0.487	33.13	90.1	4084.3	118	0.0092
7	39	103	766	117	1229	19.85	205	0.576	34.78	90.1	2932.8	118	0.0092

在此基础上，结合训练神经网络中主要使用的是组件模型，对管道腐蚀速率影响因素进行预测。系统构建的神经网络模型输入层有 13 个神经元节点；输出变量为腐蚀速率一项，首先对输入及输出数据进行归一化，然后通过隐层神经元数目的经验公式，进行神经元的计算并考察模型精度，并确定模型结构。模型最终调整为两层隐含层，每层 13 个神经元(见图 4)。

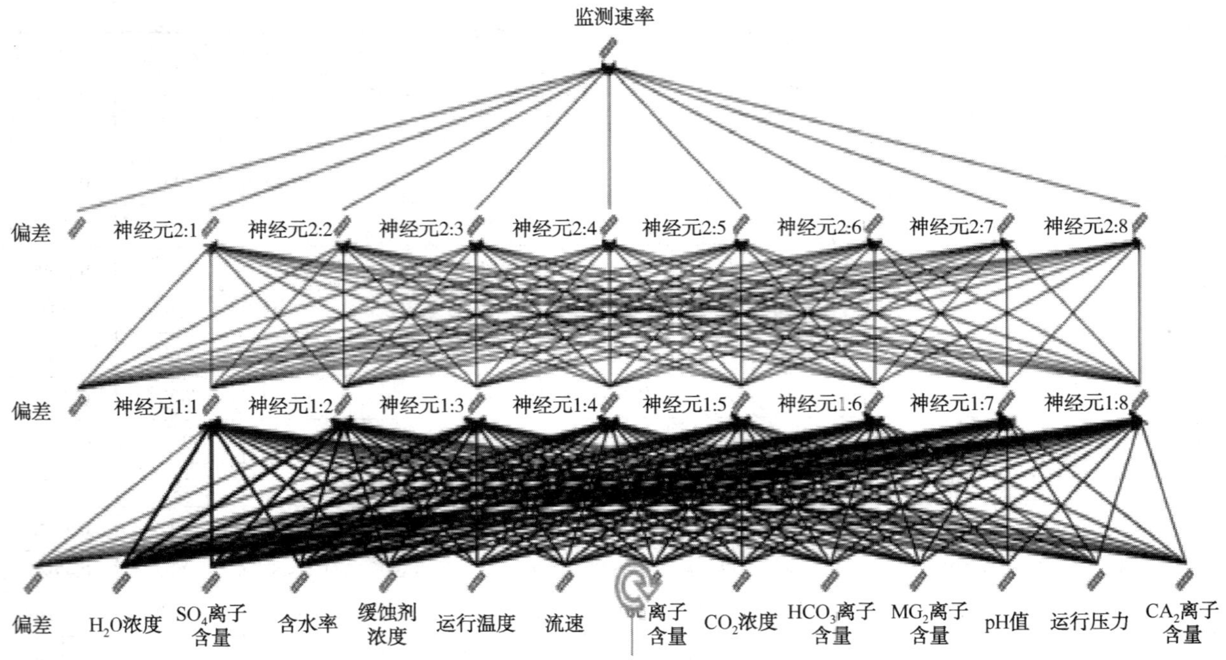

图4　神经元节点

结合着增强模型准确性研究，比较预测监测速率与监测速率最小误差为-0.018，最大误差为0.021，平均误差为0，绝对平均误差为0.006，标准差为0.008，线性相关为0.99。基本符合预期，也在学术界统计要求范围之内(见图5)。

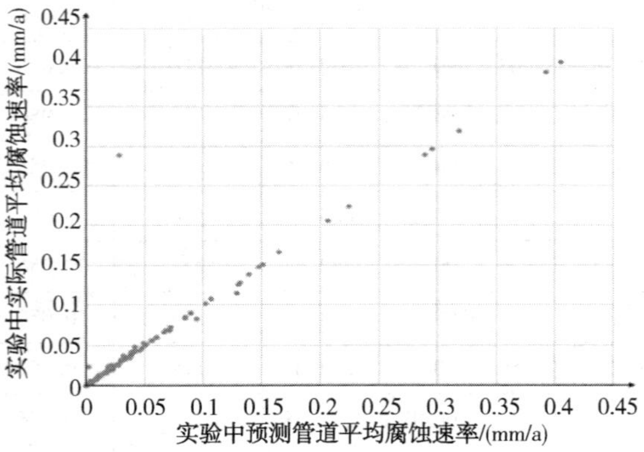

图5　腐蚀速率图

5　项目效果介绍

5.1　专业视角

结合管网数据综合管理、腐蚀GIS专题图、决策辅助支持、智能风险预警四大模块组成，系统聚合了管道相关参数数据，实现了管网数据互联互通、统一查询和管理的目的，改变了以前各个数据不流通的情况，大幅提升了管道管理业务人员工作效率。且针对腐蚀机理与影响因素情况，利用人工智能技术建立了多种工况条件下的腐蚀速率预测模型，实现了利用信息化手段掌控风险，由穿孔抢修变为有效的预防穿孔、防控隐患的转变(见图6)。

结合数据聚合和查询功能，集成了动静态数据库、A2数据库、自动化数据库、化验数据库、腐蚀数据等各项信息，实现七大项管网动静态数据的统一维护和查询。在专题模块辅助下，利用

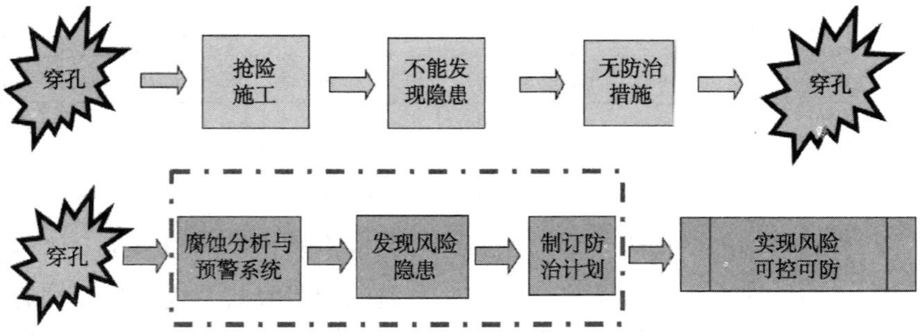

图6　腐蚀预测防控体系图

arcgis 技术实现了管道穿孔分布宏观和形象化展示、高风险区标识等功能，辅助业务人员以直观形象化方式进行安全管控。

在辅助决策支持助力下，实现了穿孔记录的对比分析、穿孔率分析、腐蚀速率分析和报表自定义查询和导出等功能，实现了管道腐蚀统计无纸化办公与自动分析功能，减轻了基层员工的工作量，提升了管道管理分析工作效率。

而腐蚀的预警设计则建立了 CO_2 腐蚀速率预测模型、失效概率模型、管道风险变化趋势预测模型，平均腐蚀速度和点蚀速率清晰展现；还可以按照不同管理维度进行自定义查询，根据业务专家经验和相关管理规定设置风险阈值，对管道的风险进行分级预警，为管理者决策提供技术支持，避免过度防腐维护，避免关注度不足，及时消减风险隐患，做到风险可控可防，切实提高管道管理水平。

5.2 实际效果

首先，系统建设填补了行业空白。系统实现了管道腐蚀数据标准化管理，推动了管道腐蚀数据智能化管理体系的建设；系统提供分级分类数据分析，辅助公司进一步完善了管道预防性管理工作。

其次，系统建设提升岗位工作效率。系统实现了管道腐蚀统计无纸化办公、自动分析、腐蚀预测及防腐建议推送功能，减轻基层员工收集资料、填报台账的工作量，提升岗位工作效率近 3 倍；降低了公司腐蚀防治专家工作量，基层员工可根据系统预测结果和建议推送进行现场问题处置，大幅提升了管道管理分析和事故处置工作效率。

再次，降低了公司停产频率。系统按照投产年限、管道类别、所处工况等不同维度提供管道剩余寿命预测，辅助公司计划性开展管道防腐施工工作，提高了管道服役年限和管道综合使用效率，降低公司成本投入、提升公司总体经营效益。

最后，系统提升了公司安全环保水平。系统对高风险区管线信息和预测结果实现了形象化展示，在消除敏感区腐蚀隐患方面发挥了巨大作用，直线降低了高风险区腐蚀穿孔造成油气泄漏事故所产生的的安全风险，大幅提升了公司安全环保水平。

5.3 数据对比

通过 2017—2019 年三年数据监测情况总结，根据人工智能技术辅助的预测结果，针对服役年限 10 年以上预测腐蚀速率高的转油站，采取加大药剂使用量和使用浓度、对已发生穿孔部分管段及时更换抗菌钢等措施，避免穿孔的发生，大大降低管线腐蚀穿孔次数，加强了完整性管理，提升油田油气生产运行的保障，降低了腐蚀事故对产量的影响。

2018 年(1~10 月份)试点区域转油站外输集输管道穿孔同比减少 45 次，环比减少 112 次；2018 年全年辅助降低试点区域腐蚀穿孔事件 67 次；2019 年比 2017 年管道失效率下降约 34%；2019 年全年减少管道腐蚀失效风险点 394 个。

6 结语

基于人工智能技术的 CO_2 管道腐蚀预测管理模型建设，给油气田企业解决相关生产问题提供了一个高效可行的信息化路径。通过建立智慧化管道，实时监测采集管道运行数据，结合数据分析和人工智能手段，洞察数据后隐藏的隐患信息，实现对输油管道的实时监控、预测预警，减少人工巡检次数和耗材式内检测资金投入，提升公司安全隐患防治工作水平，助力公司降本增效，促进企业数字化转型，值得业界同行研究。

参考文献

[1] 杨精伟，景伟，刘晓，等. 输油管道阴极保护监测与 GPS 巡检系统融合设计与实现[J]. 石化技术，2019，26(11)：231-232.

[2] 凌晓，徐鲁帅，梁瑞，等. 基于改进 PSO-BPNN 的输油管道内腐蚀速率研究[J]. 中国安全生产科学技术，2019，15(10)：63-68.

[3] 吴忠. 在役输油管道剩余寿命的预测[J]. 江西化工，2019(01)：98-101.

[4] 田凯. 海底输油管道在悬空与腐蚀联合作用下的剩余寿命预测[J]. 中国测试，2018，44(02)：6-10.

[5] 李婷玉. 基于神经网络的输油管道腐蚀预测研究与实现[D]. 唐山：华北理工大学，2018.

[6] 吴庆伟，王金龙，张平. 基于 FOA-SVM 模型的输油管道内腐蚀速率预测[J]. 腐蚀与防护，2017，38(09)：732-736.

[7] 李启锐，黎贤娇，李晓. 基于 EDGM 模型的输油管道腐蚀速率预测方法[J]. 广东石油化工学院学报，2016，26(03)：59-63.

[8] 孙东旭，吴明，赵玲，等. "聊城-濮阳"成品油管道剩余寿命预测[J]. 材料保护，2015，48(12)：8，42-45.

油气田场站仪控房运维分析与3D可视化系统研究

康　璐　谢光华　张　莉　周　静

（中国石油西南油气田公司）

摘　要　随着“十四五”期间信息化建设深入推进，传统油气田行业井场、站场机电设备及监测仪器日益增加，品牌多样。仪控房作为井场站通信网络设备集中放置的特定环境，科学运维和敏捷响应是保障网络稳定、数据畅通的基础，同时也是油气稳定生产的技术保障。本文以某油气田为例，分析油气场站仪控房传统运维存在的问题，通过仪控房设备3D建模并对关键参数实时可视化显示，研究结合BIM技术的油气场站仪控房远程运维技术解决方案。

关键词　仪控房；BIM；可视化；运维

随着信息化技术高速发展，“两化融合”深入推进，传统油气行业在积极推进数字化转型、高质量发展过程中，井场、站场机电设备及监测仪器日益增加。现阶段油气田已建井场、站场的设备仪器采用人工方式运维，费力耗时，难以满足企业油公司模式发展需求和精细化管理要求。加快信息化赋能油气田仪控房设备运维，从而有效降低劳动力成本，实现提质增效已迫在眉睫。

1　油气田场站仪控房运维现状分析

当前油气田仪控房运维现状及问题主要有以下几个方面：

（1）油气场站较为分散，点多面广，中心站仪控房的信息设备类型多、品牌多，主要包括数据交换机、光交换机、电源控制器、UPS电源、视频录像机等，并且各场站仪控房建设及投运时间不同，各阶段所采购同类设备品牌也不尽相同。同时，各类设备维护及故障处置具有很强的专业性，因此，现场驻守人员对设备出现的紧急情况难以及时进行有效处理。

（2）油气田场站仪控房设备与信息中心联通主要通过人工手动录入和单一设备远程预警两种方案，第一种人工录入基本采取定时定点巡检的方法，由上级安排当班员工进行一定周期的巡检并手动录入数据。传统仪控房由于设备数量较少、内容较单一、运维难度较低，原先的人工定时巡检基本可以满足运维需要，但随着新式仪器设备的不断使用，且需要多个仪器设备相互协调配合才能共同完成井场、站场机电设备的正常运转，场站管理的数量增多，内容愈加复杂，难度逐渐提高，传统的人工运维管理面对管理工作的变化已经变得寸步难行。第二种是利用已有的信息设备厂方提供的接口协议进行参数的远程监控，通常是对关键参数进行单阈值型报警监控。由于缺乏智能检测、分析手段和工具，多数情况下只能被动处理故障，待系统告警后进行抢维修，无法提前预警进行预防性运维。

（3）各类设备信息台账、运维记录、技术规格书多以纸质或者电子表格分别进行记录，文件资料冗杂，缺乏信息化手段辅助系统，数据难以互通，各自形成信息孤岛，难以进行查询和统计分析。同时，故障的处理闭环往往简单记录，不便于经验积累与共享。

（4）对于隐蔽工程的故障处理难以准确定位，由于仪控房设计图纸都为二维投影，难以精确表达各种管线、光纤布放情况，且在施工阶段经常由于现场情况进行临时调整，因此，后期运维时，现场人员难以准确定位发生故障的具体位置，需要对图纸及现场进行熟悉后再逐一排查，增加了故障处理的时间。

（5）当前仪控房运维无法及时准确掌握设备当前状态及健康使用寿命，不能进行设备历史数据的积累对比，无法判断设备是否仍在健康使用寿命范围内。为保障设备状态健康，按计划维护整体进行更换，造成维护工作量大，且容易造成物资浪费。

2　3D可视化技术简介

“3D建模”通俗来讲就是利用三维制作软件通过虚拟三维空间构建出具有三维数据的模型。BIM(Building Information Modeling，建筑信息模型)是对设施的物理和功能特征进行数字展示的方法。BIM是一种共享信息资源，包含设施从最初概念到拆除的整个生命周期各阶段的工程信息，包括物理信息、几何信息、工程信息、造价信息以及制造装配信息等，支持设计、施工、运行等多方面的调用、修改和储存，实现所有参与方的信息共享。目前，BIM技术在建筑行业应用广泛，主要在设计和施工阶段，包括结构建模、碰撞检测、4D施工模拟等，但在运维阶段的应用较少。将BIM技术运用到运维环节中可以极大地提高信息管理能力，提高运维效率。研究BIM模型和传统状态监控及运维的对接技术，为油气场站仪控房远程运维和智能运维提供了可视化平台和解决方案，具有重要意义。

3　油气田场站仪控房3D可视化系统研究

3.1　应用目标

仪控房3D建模与关键参数可视化应用，是通过BIM、VR、物联网、人工智能等技术，可实现仪控房内的仪器设备虚拟模块化、空间三维化、关键参数可视化，可为仪控房信息系统与管理中心互联互通、远程运维、智能协同、远程立体化管控、专业知识培训等提供基础平台，是油气田仪控房实现远程运维以及智能控制的重要支撑。

3.2　技术架构研究

为实现应用目标，系统总体设计功能框图如图1所示，包括室内空间BIM信息模型、仪器设备BIM信息模型、仪控房场景VR可视化、设备参数远程采集、关键参数动态处理等。

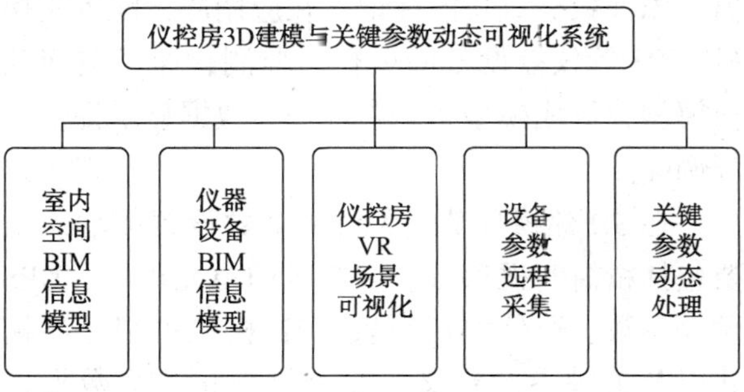

图1　技术框架图

3.2.1　室内空间BIM信息模型

该模块主要通过仪控房三维信息数据采集和BIM建模完成。拟采用matter3D X210三维图像扫描仪进行室内扫描，该设备测量精度0.025mm，测量范围R300mm圆形空间，扫描速度120帧/s，3000000点/s，可输出ASC、STL、OBJ等格式的数据文件，可导入BIM建模软件revit，直接建立仪控房内的空间BIM模型。

3.2.2　仪器设备BIM信息模型

仪控房内的设备主要有网络和电源设备，网络设备主要有接入设备、路由器、集线器、交换机等，电源设备主要有UPS电源控制主机、蓄电池等，另外还有设备架、线缆等。该部分设备的尺寸、接口、外形等信息可以通过联系厂家获得，也可以进行实际测量获得。建立设备组件数据库，每一项设备组件可定义相关参数，如长宽高几何尺寸、操作净空值、电气性能参数、容量、额定电压、厂牌型号及操作手册，并随着工程进度任何时段均可加以维护更新，确保此模型的正确性及实时性。将该部分信息录入BIM建模软件revit，在库中搜索该设备仪器，如果没有，就利用相似的模型进行属性修改保存为新的设备BIM模型备用。

3.2.3　仪控房VR可视化

在获取了仪控房的空间BIM模块数据和仪器设备BIM模块数据后，可以导入VR软件平台revizto，该平台可以一键无缝接入revit、sketchup、navisworks、ArchiCAD等格式模型，且模型显示轻量化，模型材质、构建属性全部无缝继承revit，模型外部光影、渲染也非常方便，且支持多人实时在线模型视频会议，有利于后台中心控制室多人接入进行VR体验。建立仪器设备图例与3D组件模型的链接，通过此项功能，将机房内设备实体摆设场景，直接对应于VR场景中的相应位置，有助于远程运维人员直接对照单线图，理解设备的可控开关位置和功能，防止误操作。

3.2.4　设备参数远程采集

通过网络设备和电源设备的远程网络接口进行实时/定时读取，如型号为APC Smar-UPS 3000UX的UPS主机，其接口为通用MODBUS通信协议，可通过485串口进行远程数据监测，可监测的数据有：输入电压，指的是市电电压；输入频率，输入市电频率；输出电压，输出工作电压；输出电流，输出的电流数据；输出负载，输出负载百分比；市电异常，市电电压是否异常；电池电压，铅酸电池电压状态；电池容量，电池容量大小；旁路状态，旁路模式是否开启、关闭；故障信息，UPS是否正常工作。

3.2.5 关键参数动态处理

对于设备的关键参数，如UPS电源的输出电压、电池电压等，可以在VR场景中的虚拟设备上动态显示该参数，建立虚拟显示屏，实时/定时采样该数据并显示。当该关键参数出现异常时，直接进行报警并通知中心管理员进行处理。

3.3 应用要点研究

3.3.1 仪控房常用标准设备的BIM模型和VR可视化

仪控房常用标准设备可分为网络设备、备用电源、视频监控、电气开关等，需要将其制作成BIM模块和VR可视化。在BIM+VR的工作方式，在上级信息中心的VR视野中不仅可以体验BIM模型的空间与外在展示效果，更可直接选择与读取源设备BIM模型中构件的属性，如物理尺寸、待机时间、使用寿命等原始BIM信息。另外，可在VR视野中仿现实的进行BIM模型构件显示切换、间距数据测量、关键参数显示分析和远程开关调整等操作，达到立体BIM模型浏览方式。通过已有的BIM模型，进行模型的基础格式转换、提取，进行一定程度的几何形体轻量化和效果处理，摒弃BIM模型本身的属性及信息。处理后的模型仅具有外观形体，以此作为VR体验后续开发的模型，进行外观效果的优化，外加特定的动画互动等。

3.3.2 仪控房建模BIM与VR模型传递和标准化

由于其他场站仪控房的上级信息中心的平台已有BIM和VR模型与设计可能不同，需要进行模型兼容性处理，主要是BIM与VR的模型传递和标准化，结合第三方格式模型的传递与读取。常见的第三方中间格式有IFC、FBX、DAE、OBJ等。以revit模型为例，优先建议考虑将模型导出为FBX格式传递至物联网云平台的上级信息中心处理，通常用第三方外部插件进行导出，其格式标准化和兼容通用性较好。

3.3.3 仪器设备的关键参数的采集和可视化

运用或加装仪控房环境传感器和仪器设备的摄像头，利用现有通信网络进行远程环境参数和设备表盘示数采集，添加在仪器设备BIM模型相应的设备参数显示部分，便于上级信息中心进行集中分析和管控，如仪控房的交换机参数和UPS运行状态参数等实时采集和上传，仪控房的高清监控视频中的实际设备表盘关键参数读取和VR显示和智能预警等。

3.4 系统主要模块

仪控房3D建模与可视化系统可包括四大功能模块：数据采集、定义构件、配置参数以及3D建模。其中数据采集部分主要实现获取仪控房空间信息、获取设备形状信息、输入地图信息、结构化对象信息等功能。定义构件部分主要实现对象要素、线性、颜色等特征，并生成通用属性。配置参数部分主要实现配置空间模型、设备模型、几何关系以及场景3D俯视初始化等功能。3D建模部分主要实现微观形状、位置关系、颜色配置、构件设置等数据可视化。

3.4.1 数据采集与定义构件处理模块

综合考虑系统建模精度与计算资源开销之间的平衡，系统设置大小为50mm的计算和建模网格单元，使用绘图软件存储基本数据，制作和编辑对象补丁数据，通过文件的导入，实现编辑对象的映射，初步形成仪控房3D空间骨架基础数据，在软件平台模型的处理计算下，形成仪控房3D建模构件；为了提高系统建模能力与构件进度，系统进一步设计了构件定义环节。系统通过平行线、纵立面以及空间结构要素关联度，形成仪控房空间立面，同时，加入构件的材质、颜色等属性参数值，建立设备与空间边界过度值，设置立面变化参考点，通过平面交叉线与位置，找出平面交叉坐标系，明确构件空间关系，输出环境空间整体概貌和构件对象。

3.4.2 系统参数配置与模型建立

系统首先通过数据存储与模块连接，构建登录与基本信息配置模型，通过制作或设置属性值，添加数据或功能标记。在应用层，配置交换机/UPS等仪控设备的运行与监测，通过空间几何模型，形成模型状态参数，为数据显示提供资源调配。

在3D建模环节，关键的参数设置或输入主要包括精简俯视角点、交换机的单元模块、UPS预警参数、通信协议设置、3D模型可视化的模式以及关键参数定义，通过可视化参数数据模块，实现仪控房设备关键参数的状态实时监测与数据可视化，借助仪控房内网(必要时借助公网)，实现远程数据传输，构建仪控房于中心之间的数据无缝连接，真正打通远程仪控房关键设备信息与管理中心互联互通的技术壁垒，为日常运维监测与紧急操作控制提供技术平台与数据共享。

3.4.3 结构化数据处理

在仪控房系统建模以及数据可视化过程中，无论外部输入数据，或者内部生成数据，存在大量异构化的数据，这给3D建模带来极大困难。软件系统将数据结构分为系统族和非系统族两大类，如图2所示。对数据文档、建模对象的构件元素一并以族的方式表达，提取系统族和非系统族的共有特性，借助机器学习模型，通过实例的方式学习各类族的典型特征与分类表达，在运行过程中，系统可以通过不同的实例，调整数据族的长短以及特性，进而实现非结构化数据的统一呈现，解决环境与设备在同一框架下3D建模的数据属性以及模型轻量化处理问题，同时便于系统内部资源高效调用与分配。

3.5 应用效果

油气田场站仪控房3D建模与参数可视化设计效果如图3所示。

(1) 系统应用可充分利用BIM和VR技术，实现仪控房的3D建模，包括仪控房的三维空间地图、多种仪器设备的VR模块化，能够使纷繁复杂的仪器设备立体呈现在三维仪控房的空间中；上级管理中心对每个仪控房做到立体可视，让管理人员在到达现场前提前了解仪控房的内部设备仪器状况，及时为突发异常、处理做好准备，提高设备管理的效率。

(2) 可实现仪控房实时监管与预防性运维。仪控房仪表设备关键参数可以在仪控房中的虚拟设备模块上显示，同时进行实时分析，提高仪控房的巡检效率和预警准确度，为无人仪控房的实时远程管理提供数据和决策的信息支持，实现管理中心和仪控房信息的有效链接，可解决油气田仪控房远程智能管控的技术瓶颈，实现预防性运维。

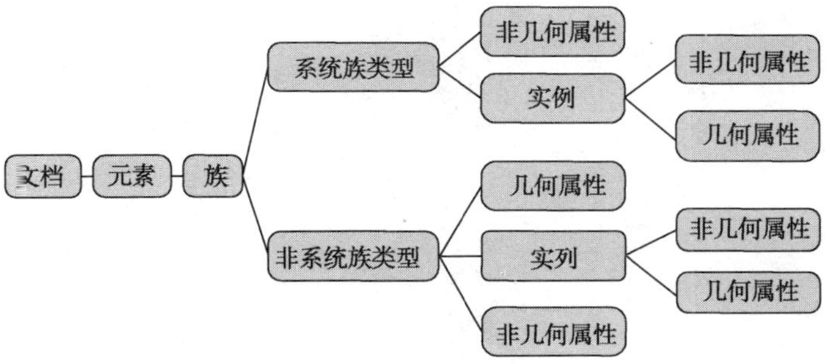

图2 结构化数据处理

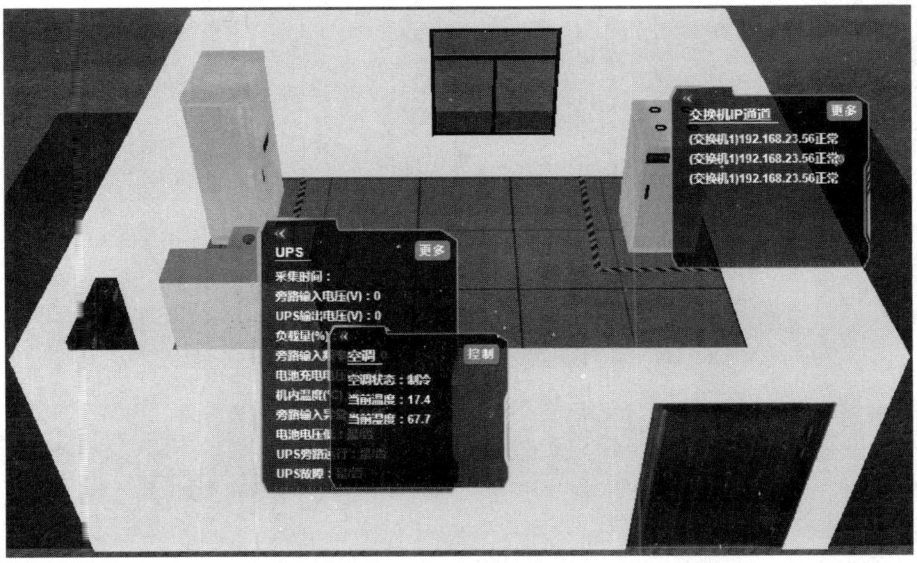

图3 3D建模与参数可视化设计效果图

(3) 可更加形象、直观的形式展现油气田场站现有的生产运营数据和管理能力，并对当前仪管房的运行状态进行直观和立体的实时监控，可以有效实现管理中心与现场设备的数据互联互通，形成立体化可视化效果，构建数据实时共享与远程智能管理的基础平台，为真正实现油气场站仪控房信息设备远程运维及智能化管控提供技术支撑。

4　结语

油气田场站仪控房信息设备管理向着无人化、智能化以及可视化方向发展，该系统能够很方便地嵌入已有的控制中心平台，有效实现仪控房信息设备与管理中心的互联互通，实现仪控房设备3D建模与参数可视化。尤其是针对多个场站多台设备，数据量巨大且有内部的强相关性，用人工智能、大数据等新一代技术实现仪控房设备信息的可观、可管、可控、可联，为传统油气企业数字化转型、智能化发展提供技术支撑。

参考文献

[1] 中国通信工业协会物联网应用分会. 物联网+BIM：构建数字孪生的未来[M]. 北京：电子工业出版社. 2021.
[2] 郑国勤，邱奎宁. BIM国内外标准综述[J]. 土木建筑工程信息技术，2012(1)：32-34.
[3] 张平. 基于BIM技术的三维监控系统应用研究[J]. 铁路技术创新，2019(4)：97-101，110.
[4] 胡振中，彭阳，田佩龙. 基于BIM的运维管理研究与应用综述[J]. 图学学报，2015，36(5)：802-810.
[5] 崔丽华. 基于深度学习的光网络故障预测技术研究[M]. 北京：北京邮电大学，2019.

基于小型井场站的一体化数据采集系统研究

杨国根　王宏伟　全　江　胡朝杰　周　言

（中国石油西南油气田公司）

摘　要　目前在部分油气田开发中，存在大量油气生产小型井站、输配气站，受限于现场无法提供有效的供电及稳定的网络环境、信息化系统建设成本高的原因，暂未配套远程数据采集系统，不具备远程数据监控功能。本文介绍了一种适用于此类井场站的一体化远程无线数据采集系统，该系统高度集成电源、传感器、数据采集控制器、传输系统，从整体架构、供电系统、通信传输等方面进行低功耗设计，使系统具有运行稳定、安装灵活、可靠性更高的特点，满足小型井场站的远程数据采集监控需求。

关键词　一体化；无线传输；数据采集系统；低功耗；安全；可靠性

近年来，在勘探开发领域，国外各大油气公司都在着力推动科技与传统能源开采的深度融合，从地质到钻井再到采油，依靠新技术、新思路构建的智慧油气田已不再是设想。目前，国外先进石油公司已基本实现了生产数据的自动采集和处理，并在此基础上发展形成了生产自动监控、生产自动预警以及生产智能决策等诸多功能，这已成为石油石化行业的发展新趋势。在国内部分油气田中，存在大量油气生产小型井站、输配气站，受限于现场无法提供有效的供电及稳定的网络环境、信息化系统建设成本高的原因，暂未配套远程数据采集系统，不具备远程数据监控功能。需要专人在现场抄写相关生产数据后手动输入系统上传，导致生产数据采集实时性差、错误率高、员工劳动强度大、效率低下、生产管理成本高昂等不足之处。本文设计的基于无线传输的一体化数据采集系统，可以解决上述现状中的不足，在实验室测试结果表明，该系统具有功耗低、采集精度高、实时数据传送、稳定性好、网络安全等诸多优点。

1　总体设计

本文设计的基于无线传输的一体化数据采集系统由供电系统、现场传感器、数据采集控制器、数据传输系统和客户端组成，如图1所示。

该系统由数据采集控制器采集现场生产数据，在满足网络安全防护的前提下，通过RS485通信协议等传输向监控客户端传输数据，供用户使用。

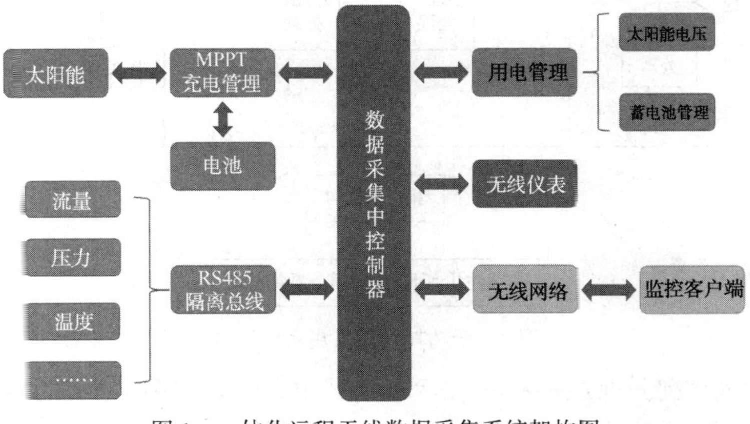

图1　一体化远程无线数据采集系统架构图

2　系统设计

2.1　供电系统

供电系统由太阳能板、蓄电池和控制器组成。传统的光伏发电系统往往因为充放电不合理，导致蓄电池使用寿命极短，给使用和维护带来不必要的麻烦，加之太阳能电池板输出电流不稳定的原因，又使得传统光伏发电系统效率较低，能源供给的持续性差。在本设计中，控制器电路由充电控制模块、最大功率跟踪模块、双电源切换模块和功耗控制模块组成，采用可充电铅酸电池作为储能单元，很好地解决了传统光伏系统存在上述问题，具备稳定、可靠、高效、环保节能等特点，非常适合应用于野外安置、无人值守的小型站场和阀室等场所。

功耗控制模块将装置运行模式分为两种，即低功耗运行模式和全功耗运行模式。低功耗模式下 CPU 主频设定为 667MHz，全功耗模式下 CPU 主频设定为 866MHz。低功耗模式下，通信模块仅支持 RS485 串口，关闭其他串口和外置液晶输出功能。全功耗模式下开启所有串口和外置液晶输出功能。低功耗模式下，I/O 卡件仅开放维持基本数据采集的卡件，关闭其他备用卡件。全功耗模式下开启所有的数据传输的卡件。

2.2 数据采集控制器

该方案的数据采集控制器是采用远程终端单元(RTU)和数据传输单元(DTU)相结合的搭配方式。其优点为：提供串口数据双向转换功能；支持参数配置，永久保存；支持用户串口参数设置；功耗小，工作时间持久；设备自诊断和程序自恢复功能；通信距离较长，实用性强，用于各种恶劣环境的工业现场；模块化设计，维修简单。

数据采集控制器作为该系统的核心部件，内部结构十分复杂且处于不间断运行状态，数据信息结构单元的处理速度较快，工作负荷较大。本设计方案提出一种基于机构输出的统计特征决策的数据采集系统，经实验室测试证明，该系统集功耗低、采集精度高、稳定性好、源代码开放、兼容性高、本地存储等优点。

本方案的数据采集控制器采用可靠的统计特征分析方法进行数据信息特征采集，提取数据信息采集系统机构管控的非线性统计数据样本，采用观测和实验分析的方法进行相关特征统计，对多变量的数据进行特征空间重构和平稳化处理，采用线性方法和统计方法开展特征数据提取处理，实现对数据结构的非线性几何不变量的统计测量，提取有用的数据特征，得到数据采集系统的结构，如图 2 所示。

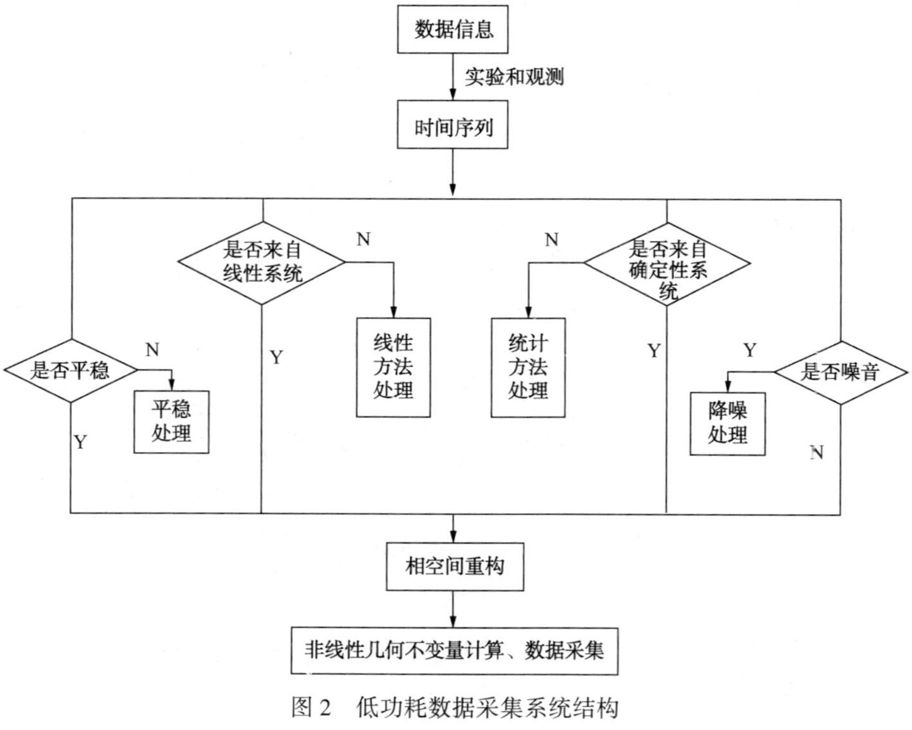

图 2 低功耗数据采集系统结构

采取非线性的时间序列分析方法解析数据采集系统的机构管控特征，设数据采集系统的机构管控工况监测的统计测量数据为$\{n_1、n_2、\cdots n_m\}$，通过小样本的重组，并结合几何不变特征量的提取方法，监测到的数据机构管控工况向量运动轨迹为：

$$N_i=[n_i,\ n_{i+\tau},\ \cdots,\ n_{i+(m-1)\tau}] \tag{1}$$

式中，$i=1,\ 2\cdots\cdots$；K 为数据采集系统机构管控的频域统计参量；K 为相空间重构的嵌入式维数，$K=N-(m-1)\tau$。基于深度学习方法得到数据采集系统机构管控系统的传递函数为：

$$H(t)=H\sum_{m=1}^{M}\sum_{k=1}^{K(m)}x_{mk}(t-T_m-\tau_{mk}) \tag{2}$$

式中，H 为数据分布区域的数据统计量；M 为数据机构管控的节点数；$K(m)$为第m个机构管控的统计数据采样值；X_{mk}为第m个采样通道中的第k条路径的耦合系数；T_m为数据统计采样时间间隔。

对系统传递函数进行优化求解，提取数据分布特征，进行系统整体设计。

2.3 数据传输系统

该方案的数据传输系统是基于4G通信技术的无线网络安全传输系统，可以实现接入多种数据类型的功能。根据现场生产实际，接入第三方串口生产数据、采集现场数字量和模拟量数据、远传现场高清照片等。

4G移动通信技术网络结构可分为物理网络层、中间环境层和应用网络层三个方面。物理网络层主要承担接入和路由选择的两项功能，中间环境层包含地址变换、Qos映射以及完全性管理三个方面的功能。该方案采用的网络安全防护技术是基于物理硬件防护的安全通信策略，该策略一方面对无线网络中的硬件进行了优化，另一方面降低了因物理接口带来的安全风险。在常规的基于4G通信技术的无线网络系统中，硬件的物理接口往往是被攻击的主要入口，进行物理硬件防护后，可以提高网络系统硬件的集成度，进而降低被攻击的风险。进行防护后的物理硬件接口能提高电流、电压且能及时检测电流、电压信号，确保无线网络系统数据传输的安全性。除此之外，还可以提供可信启动、完整性检测以及存储保护等安全性保护，最大程度地对无线网络系统数据传输的安全性进行保护。

2.4 功耗设计

该系统相对于传统的数据采集系统而言整体功耗低。其主要原因是：对电源功耗控制模块进行升级优化；对数据采集系统结构进行优化设计；系统高度集成，减少了非必要的电子元器件；采用较适用的低功耗算法设计。

现有的各种低功耗算法可以分为两种：基于状态的低功耗算法(DPM)和基于性能的低功耗算法(DVS算法)。

基于状态的低功耗算法(DPM)是当系统空闲时，让CPU自己进入休眠状态，当检测到有中断输入时再触发唤醒CPU。基于性能的低功耗算法(DVS算法)，即动态电压调节方法，其原理是利用CMOS电路的功耗与工作频率的关系动态调节CPU工作频率和工作电压。

本方案功耗设计时采用的是基于状态的低功耗算法(DPM)，这种设计理念可以避免CPU长时间高功耗输出，仅在数据变化时唤醒CPU。

3 测试验证

按照本方案设计的基于无线传输的一体化数据采集系统，在实验室开展有针对性的测试验证。测试结果表明，该系统具备以下特点：采用无线技术传输的生产数据准确性高达99%；低功耗，一次充满电可以使系统正常运行200h以上；成本低，价格相当于传统系统的60%；一体化设计，安装灵活。

4 结语

本文介绍了一种适用于油气生产小型井站、输配气站的一体化远程无线数据采集系统，该系统高度集成电源、传感器、数据采集控制器、传输系统，从整体架构、供电系统、通信传输等方面进行低功耗设计，使系统具有运行稳定安装灵活、可靠性更高的特点。实验测试结果表明，在低功耗运行模式下，该系统具有良好的连续工作特性，满足小型井场站的远程数据采集监控需求。

参考文献

[1] 任志玲，张广全，林冬，等. 无线传感器网络应用综述[J]. 传感器与微系统，2018，37(3)：1-2.

[2] 洪锋，褚红伟，金宗科，等. 无线传感器网络应用系统新进展综述[J]. 计算机研究与发展，2010，47(增刊1)：81-87.

[3] 李鹏，邓于，雷明东，等. 低功耗嵌入式电子信息采集系统设计[J]. 现代电子技术，2021，41(15)：101-104.

[4] 徐振华，杨静. 基于物联网的工厂生产车间环境监测系统设计[J]. 现代制造技术与装备，2020，56(12)：105-106.

[5] 何道清，张禾. 传感器与传感器技术[M]. 北京：科学技术出版社，2004.

[6] 刘峰，徐金梧，杨建宏. 大型设备监测用新型无线传感器网络[J]. 北京理工大学学报，2010，30(10)：1184-1188.

[7] 魏春娟，杨俊杰，吕剑. 一种低功耗无线传感器网络节点的设计[J]. 仪表技术与传感器，2016(6)：128-130.

[8] 顾铁钥. 低功耗物联网优化技术[D]. 北京：北京邮电大学，2019.

天然气运销领域数据资产共享应用研究

杨云杰　廖　宏　冉艳曦　唐　嘉　肖　宏　符　浩

（中国石油西南油气田公司）

摘　要　大数据技术与应用的快速发展，给各行业带来了巨大的经济利益与价值，数据成为资产的概念也逐步深入人心。尽管如此，却很少有组织能将它们的数据作为资产进行有效积极管理，并从中获得持续价值。A公司建设了大类的信息系统，保存有大量的数据，然而缺乏有效的管理与共享机制，使得数据跨业务领域的协同共享困难，数据也难以充分的发挥其价值。针对以上难题，本文研究了以领域关键业务指标为基础的来构建数据资产管理的方法与体系，并形成数据资产地图管理系统。此方法与系统能够让数据更好地实现协同共享与价值发挥，从而推动企业组织效率提升与快速发展，具有较好的实践与应用价值。

关键词　数据资产；协同共享；业务指标；资产地图；系统

近年来，大数据技术逐渐渗透到各行各业，以Hadoop、Spark为代表的大数据技术也慢慢为大家所熟悉，产业界的注意力回归到数据价值本身。众所周知，数据是资源，伴随着大数据时代支撑数据交换共享和数据服务应用的技术发展，不断积淀的数据开始逐渐发挥它的价值，因此，业界提出可以将数据作为一项资产，“盘活”数据以充分释放其附加价值。但是事实上，如果缺乏恰当有效的管理手段，数据也可能会成为一项负债。现实中，数据资产的管理和应用还处于摸索阶段，数据资产管理面临诸多挑战。

A公司在信息化建设过程中建设了大量的信息化系统，保存有大量有价值数据。然而由于专业分工的原因，各业务对其他关联业务所用系统中的数据情况不清楚。这导致在跨业务领域协同共享的过程中，信息的沟通成本很高。如何用高效的方式帮助业务人员和信息人员从公司的全局视角发现、评估、使用跨多个领域的数据，帮助业务和信息人员充分发现和利用这些数据的叠加效应，进而促进更高效的业务协作共享机制的形成，是我们面临的难题。

本文通过以产销关键业务数据数据未基础构建数据资产地图的设计研究，可以解决信息化系统建设和集成过程中针对形成业务报表、业务关键指标等应用时数据源梳理中存在的调研梳理困难，实现数据应用从“找不到”到“搜得到，看得见，取得到，用得上”的转变。同时利用数据标签的管理技术，通过清理数据上下游关系，为数据智能检索提供必要的分析条件，为数据的业务化提供技术手段。

1　数据资产管理应用现状

随着大数据的发展，国内机构和学者以及企业也更多地关注数据资产管理，许多IT公司推出了数据资产管理解决方案，很多公司尤其是互联网企业、通信运行商、银行金融企业等开展了数据资产管理的实践。随着数据资产的生态系统不断发展，现有的实践体系与数据资产管理也在迅猛变化与发展。由于数据的重要性，国内外许多组织与学者很早就开始了数据治理的研究。

由来自全球的数据管理技术和业务专业人士志愿组成的DAMA国际数据管理协会一直致力于数据管理的研究、实践及相关知识体系的建设，其于2017年发布的DMBOK2数据管理知识体系指南从数据管理、数据处理伦理、数据治理、数据建模和设计等17个方面阐述了数据管理知识。由中国信息通信研究院牵头组织编写的《数据资产管理实践白皮书》从2017年11月发布1.0版以来到现在已是4.0版本，结合国内的实际情况，对数据管理的理论与方法进行了专门本地化研究。除了以上一些机构外，许多学者也进行了大量的数据资产管理方面的研究与实践。许峰通过基于元数据仓库的数据地图设计与实现研究，提出了通过元数据仓库的方式推进数据治理的方案。付成勇针对制造业数据资产管理的难点问题，提出了基于DCMM模型的数据资产管理平台框架，设计并实现了基于JAVA整合框架SSH的管理系统。张偲对企业数据资产管理及外部数据利用进行研究，从数据资产治理、应用和运营三个方面梳理出了数据资产管理的理论研究体系，并以电力企业为例，研究了其数据资产管理路径。还有其他学者从元数据检索、数据仓库管理、大数据地图设计、数据血缘和数据质量等方面进行了数据资产管理方面的探索研究与应用。关键业务指标梳理为主线进行数据资产管理的方法探索研究并不多见。通过本文的探索研究，分析验证了通过关键业务指标来构建数据资产地图系统，实现业务数据化到数据业务化的转变，能够让数据更好地实现协同共享与价值发挥。

1.1 业务指标构建的方法

业界主要有两种构建指标体系的方法，一种是北极星法，另一种是 OSM 模型。其中北极星指标也叫唯一关键指标(OMTM)。公司制定的发展目标，在不同阶段会有不同的目标，目标制定最好能符合 SMART 原则。OSM 模型是目标(Objective)、策略(Strategy)、度量(Measurement)的缩写，它是一套业务分析框架，并非算法模型，适用于目标已经清晰、行动方向已经明确的情况。

1.2 关键业务指标构建

A 公司是一家以油气勘探开发生产销售为主的企业，本文以 A 公司生产运行与销售管理领域中的一项关键业务产销平衡管理为例进行分析并构建指标体系。结合北极星指标法，首先需要确定业务目标，即实现产销平衡。在明确目标的基础上，基于关键活动、价值驱动因素/关键成功要素分析、逐层分解，保证执行计划没有偏离大方向，从而建立起业务能力的完整指标体系。接下来是策略分析，即针对实现产销平衡，可以实施的关键业务活动，经过分析可以将业务活动分解为油气生产动态管理、天然气产品销量管理、天然气动态管理、客户用气管理等多个关键业务活动。最后是度量，即用什么来评价策略是否达成，需要进一步分析实现各个关键业务活动的具体指标项。通过一级一级的拆解，这样就形成了指标体系，如图 1 所示。

在构建指标时还需要综合考虑指标的统计范围、统计时限及重要程度等维度，对现有指标设置指标编号、生命周期状态、指标属性、所属业务条线、所属数据主题域、数据来源、关联指标、统计维度、数据存储周期、数据责任人等属性，进而形成细化成指标卡片，如表 1 所示。

指标中的数据责任人包括：数据的所有者，即数据的主人(数据业主)，对指标的业务定义及数据的整个采集、加工、质量监督、共享范围边界等具有权威解释权、决定权；数据的生产者，即数据的录入人员，负责数据录入；数据质量管理人员，通常是数据录入人员的上级主管；

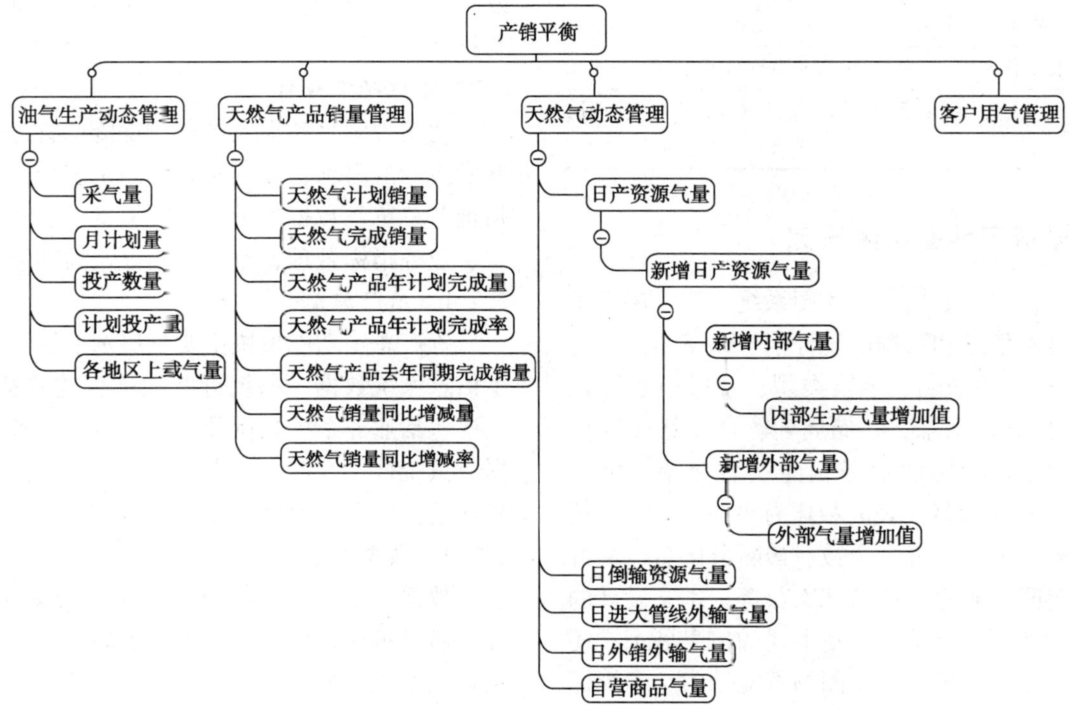

图 1　产销平衡关键业务指标体系

数据的技术维护人员，通常指负责数据维护的信息技术人员，负责数据的存储、整理等技术性工作，业界也有称为数据管家；数据的使用者，即数据的消费者、用户。数据认责是数据资产管理中的重要部分，责任到岗责任到人，才能使数据治理落到实处。

表1　业务指标描述关键信息项

序号	关键信息项名称	关键信息项解释
1	指标编号	指西南油气田对于已定义的数据指标，根据一定的管理目的所编制唯一性编号
2	生命周期状态	表示该数据指标所处的应用状态，如申请、批准、使用、废止等
3	指标属性	表示该数据指标是时点还是时期性指标
4	所属业务条线	表示该数据指标所隶属的业务条线，如开发生产、营销管理部、管道管理部等
5	所属数据主题域	表示该数据指标所隶属的数据域，如生产运行、开发建设、油气销售、管道管理等
6	数据来源	表示计算该数据指标所涉及的数据来源
7	关联指标	明确该指标关联来源，如由A指标及B指标关联产生
8	统计维度	表示针对该数据指标所需要的统计维度，如时间维度、单位、类别等
9	数据存储周期	表示该数据需要保存的时间周期，如半年、12个月等
10	数据责任人	确定对于该数据负责的相关人员
11	指标层级	表示对具体的指标进行相应层级的划分，分为一级、二级、三级、四级等

2　数据资产地图系统研究

目前，许多数据资产地图系统主要是展示了数据的基本信息和数据的统计信息，基本信息包括字段信息(字段名、字段类型、字段描述等)、存储信息(存储引擎、存储周期、存储路径等)、描述信息(表所属的业务信息、表介绍、负责人、表的业务标签、表的权限标签等)，统计信息包括表的大小、分区个数、最新分区名、最近的更新时间、表每天的访问次数等。本文设计的数据资产地图系统不仅包括上述的信息展示，还包括业务指标管理、基于图的智能搜索、多维标签化管理、数据血缘分析等功能。通过梳理形成的业务关键指标库，借助数据地图系统实现关键指标与信息数据的关联分析与展示，为业务应用和数据获取奠定基础。同时借助数据资产地图，有利于管理层掌握企业的数据全貌，做到心中有底，同时也为公司的信息化系统集成缩短建设周期，降低系统建设成本，并且为公司各业务上层多维度数据组合、各指标分析应用提供敏捷数据基础服务。

2.1　系统架构研究

数据资产地图系统的系统架构设计如图2所示，整体上采用分层架构，整个系统构建于云平台基础上。数据接入层主要展示数据信息来源，包括各个业务系统和数据管理系统等系统的数据库。数据集成层主要通过ETL工具、程序分析、平台人工标注等方式将数据资产管理所需要的各类信息进行采集与集成存储，主要包括库表、字段信息、数据血缘关系信息、指标信息、各类标签信息等，利用关系型数据库、图数据库、全文数据库等进行数据信息存储。功能应用层主要设计了资产总览、数据目录、一键搜索、业务分类管理、业务指标管理、数据应用等系统功能，满足数据资产管理人员进行分析和管理的需求。在系统安全设计方面，一是系统在企业内网环境部署与应用，保证系统和外网的网络安全隔离；二是集成统一身份认证服务对用户身份进行合法性验证。整个系统后台采用SpringMVC框架进行开发，加快系统开发速度，并且使系统更具灵活性与扩展性。

2.2　系统功能设计

为实现满足各类人员对数据资产管理与数据开发应用的需求，系统共设计的主要功能模块包括资产总览、数据目录、一键检索、业务分类管理、业务指标管理、数据应用等六大功能模块。

2.2.1　资产总览

资产总览功能模块主要是展示系统管理的各个信息系统数据一些统计与数据变化趋势信息，主要包括业务系统数量及各系统占比、各级元数据数量统计、存储空间占用情况、数据记录数量变化趋势、系统数据链接情况等。

2.2.2　数据目录

数据目录主要包括业务目录与数据表目录，都是通过树形结构进行层级展示的，其中业务目录是依据业务分类管理中建立的业务分类表来进行展示，点击某个节点会展示出当前节点及以下

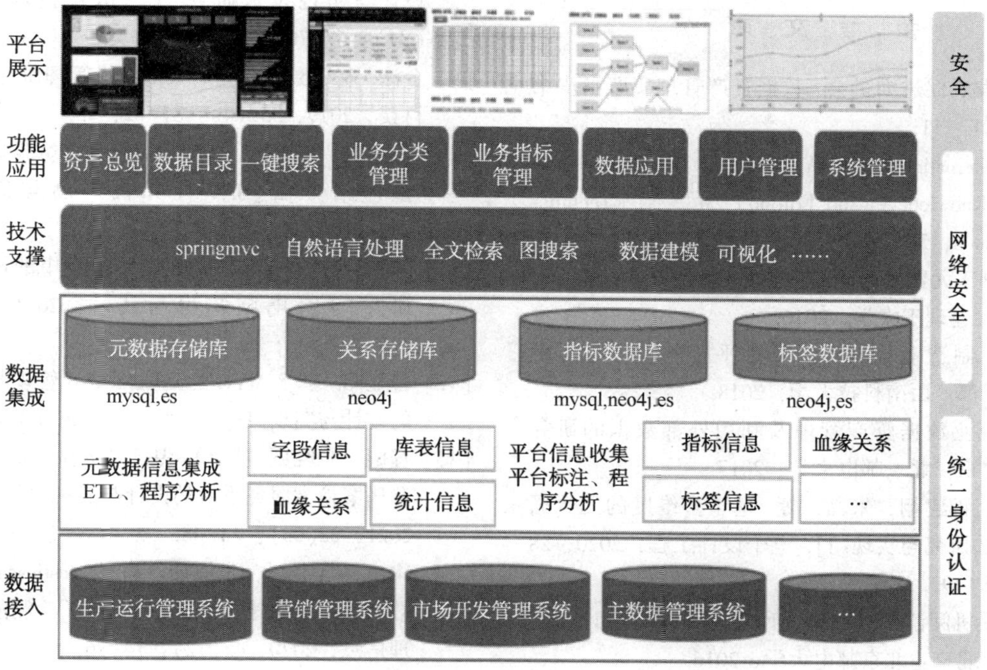

图 2　数据资产地图系统架构设计

的所有业务子节点的相关信息，包括业务关联的表名、业务分类、逻辑名、标签、表大小及记录数等信息。数据表目录从系统库开始直到表的字段级进行各类信息展示，包括表字段数据结构、表及字段血缘关系、统计信息、业务描述信息、数据更新、负责人、多维标签信息等的展示与管理。

2.2.3　一键检索

一键检索功能主要是通过对搜索语句利用 NLP 自然语言处理，再利用图搜索和基于 Elasticsearch 的全文搜索对所有系统的表字段进行全局检索。搜索范围包括字段名、字段备注、业务名、标签名、负责人、数据简介、业务描述等，搜索结果通过图表的方式进行联动展示。

2.2.4　业务分类管理

此模块主要是依据业务活动进行业务名称的层次分类管理，建议分类层数不易过多，一般控制在 3 层左右，可进行业务分类的 CRUD 操作，并且可以链接图、树状图和表格形式进行展示。

2.2.5　业务指标管理

此模块是以业务分类为基础，在各级业务活动下构建各种描述指标，包括对指标的 CRUD 操作和树状图展示、表格展示，其中表格展示内容以表 1 的业务指标描述关键信息项为主，加上数据的来源表，关联字段等信息。搜索时可以搜索一级、二级指标或者指标名，如果搜索一级指标，则将其所有的指标列出，树状图同步更新展示，点击表可以连接到表的详情页。

2.2.6　数据应用

指标应用模块主要设计了指标分析与数据比对两个功能。其中指标分析模块在选择具体的分析指标后，平台链接 BI 报表展示工具，点击关联表后进行表数据图形展示，并且后台形成的指标数据表，也可以不同的图表方式进行展示分析。数据比对模块，主要是为分析系统间数据差异或数据对比分析而设计的，在系统里可以通过选择不同系统的库表字段，进行各种条件的选择过滤后进行图表对比展示，辅助数据管理人员快速进行数据比对，发现数据不一致的问题，经分析确定后可以形成自动比对规则。

3　结语

经过探索研究，通过利用领域关键业务指标为基础的来构建数据资产管理的方法与体系，并形成数据资产地图管理系统，有效解决了信息化系统建设和集成过程中针对形成业务报表、业务关键指标等应用时数据源梳理中存在的调研梳理困难，实现数据应用从“找不到”到“搜得到、看得见、取得到、理得清、用高效”的转变，实现数据高效共享与数据业务化，为业务高效协同、数据有效治理与数据价值快速挖掘提供有力支撑。

参 考 文 献

[1] 大数据发展促进委员会. 数据资产管理实践白皮书[R]. 2017-11.

[2] DAMA International. DAMA-DMBOK：Data Management Body of Knowledege(2nd Edition)[M]. NJ：Technics Publications，2017.

[3] 赵许. 基于元数据仓库的数据地图设计与实现[D]. 大连：大连理工大学，2016.

[4] 付成勇. 制造业数据资产管理平台的设计与实现[D]. 成都：西南科技大学，2018.

[5] 张偲. 企业数据资产管理及利用外部数据的研究[D]. 北京：北京邮电大学，2017.

[6] 莫国柱，钟建栩，朱磊，等. 基于多维度的元数据检索算法研究与实现[J]. 电子设计工程，2020，28(19)：89-92.

[7] 周鹤. 手机阅读平台数据仓库管理模块的设计与实现[D]. 北京：北京邮电大学，2016.

[8] 王惠峰，白立飞，张峰，等. 多源异构大数据地图设计与实现技术研究[J]. 电视技术，2019，43(Z1)：67-70.

[9] 金泳. 基于数据仓库的数据血缘管理研究[J]. 轻工科技，2019，35(04)：81-82，93.

[10] 戴鸿昊，史建云. 基于语义标注的数据库元数据质量评估方法[J]. 计算机产品与流通，2020(11)：178.

[11] 陈钊. SSM 框架在 Web 应用开发中的设计与实现研究[J]. 电脑知识与技术，2021，17(10)：226-227.

[12] 曾显昭. 基于 MVC 的互联网审计管理与监控平台的设计与实现[D]. 北京：北京交通大学，2017.

[13] 程彪，张晓明，阮晨. 基于 Elasticsearch 的知识库和病案检索服务平台的设计与实现[J]. 中国病案，2021，22(03)：44-48.

[14] 梁爽，赵宝军，张海霞. 基于 Elasticsearch 的海量数据入库及快速检索方法研究[J]. 测绘与空间地理信息，2020，43(12)：74-76.

境外非控股管道企业数字化转型探索与实践

武晓彩　王　铁　万　鹏　黄宏星　程　博　赵春妹

（中油国际管道有限公司）

摘　要　如今以互联网、大数据、云计算、人工智能等为代表的技术深刻改变着社会经济行为，极大地发挥着数据对提升经济效率的重要作用。除土地、劳动力、资本和技术等传统要素外，数据已成为推动经济增长的重要要素，国内管道企业数字化转型正在如火如荼地推进中。中哈天然气管道项目是中国中亚天然气工程的重要组成部分，也是中哈能源合作新的里程碑。由于中哈两国工业化、信息化发展水平，企业运营管理理念的差异，中哈天然气管道公司作为一家典型的境外非控股(50%股权)管道企业，如何通过数字化转型助力发展，成为当前形势下国际能源合作面临的新课题。

AGP借鉴中方股东数字化转型“135”经验框架，同时结合哈萨克斯坦及非控股管道企业实际，摸索形成了“合资公司平台是基础、股权管理主线是保障、业务驱动作用是关键”的数字化转型思路。几年来，通过陆续开展办公数字化、ERP全面应用、焊片数字化、大数据应用探索等数字化项目，取得了良好效果，为境外非控股管道企业数字化转型探索了一条可行之路。

关键词　境外非控股企业；数字化转型；天然气管道；大数据

当今世界正处于从工业经济向数字经济转型过渡的大变革时代，叠加新冠肺炎疫情造成的影响，世界经济增长越来越举步维艰，使得数据成为驱动经济社会发展的新要素、新引擎。随着技术创新以及以客户需求带动下外部环境的加速变化，数字化技术和实体经济的结合越来越紧密。云计算、大数据、物联网、人工智能等新兴技术不断改变社会经济行为，极大地发挥着数据对提升经济效率的重要作用。数据已成为除土地、劳动力、资本和技术等传统要素外，推动经济增长的重要要素，国内管道企业数字化转型正在如火如荼地推进中。在世界经济进入新时期的背景下，如何充分利用数字技术，实现数字化转型，突破企业发展瓶颈，已成为境外管道企业需要面对的一个重要课题。

1　中哈天然气管道公司现状、面临的问题与挑战

2008年2月15日，中石油中亚天然气管道有限公司（TAPLINE）和哈萨克斯坦天然气运输股份公司（KTG）分别出资50%（注册资金1000万美元）在阿拉木图注册成立了中哈天然气管道有限公司（Asia Gas Pipeline LLP，以下简称AGP公司），具体负责中哈天然气管道项目的建设和投产后的运营管理。2016年4月，中国石油向国新国际投资有限公司有偿转让中亚气50%股权。完成股权转让后，AGP由KTG控股50%、中国石油和国新国际分别间接持股25%，国新国际不参与合资公司运营，委托中国石油代管。中哈天然气管道项目是中国-中亚天然气工程的重要组成部分，是通过多方合作实现互利共赢的国际能源合作项目典范。

中亚天然气管道于2008年7月正式开工，管道西起土库曼斯坦，横贯乌兹别克斯坦、哈萨克斯坦进入中国境内，是我国首条跨国天然气管道，也是我国四大能源通道之一的西北能源通道的重要组成部分，更是“一带一路”框架合作的重要项目。管道单线全长1830km，其中哈萨克斯坦段即为中哈天然气管道，是中亚天然气管道在境外最长的一段。管道为A、B、C三条管线平行铺设，哈萨克斯坦段单线全长超过1300km，西起乌兹别克斯坦与哈萨克斯坦的边境，途经哈国南部三个州，由霍尔果斯进入中国，与国内西气东输管道相连，包括长约3900km的A、B、C三条主线路、13座压气站和2座计量站以及其他附属设施。

AGP公司经过10多年的运营和管理，其成绩有目共睹，为中国能源安全做出了重大贡献，同时对加深两国人民友谊、促进两国合作交流、推动区域经济社会发展都具有重要意义。但与国

内管道公司对比，由于 AGP 所处环境特殊，其可持续发展也面临更大挑战。

1.1 市场环境复杂多变

哈萨克斯坦政局稳定，人均 GDP 约为 14000 美元，是中亚地区最大的消费品市场，国内经济发展稳定并保持稳定增长态势。但所在地区一直面临着较大反恐压力，增加了国内社会治安风险。另外，当地国政府办事效率不高，贸易保护政策，法律体系和税收政策也时常会出现难以预测的变化，这些因素增加了公司生产运营成本，加大了中方投资回收风险，制约着公司发展。特别是近年来汇率波动较大，对公司日常运营和管理产生了较大影响。

1.2 经济技术发展不平衡

哈萨克斯坦经济发展水平和技术实力比较薄弱，全国经济发展不均衡，首都等地区经济发展较快，基础设施较健全，但其他地区基础设施并不完善，经济发展也比较落后。中哈管道主要穿越哈国南部三州，属于欠发达地区，管道维护和管理采取较为传统的模式，由于数据采集、视频监控、物联网技术应用水平较低，导致管道整体运维、抢修基本只能采用事后与应急处理模式，难于以管道本体运行展开有效的预防、实时高效的维护和管理，加大了管道安全运行的风险，增加了管道运行维护的成本。

中哈管道在设计建设时采用了当时较为先进成熟的工控系统，但是受哈国信息化水平的制约，AGP 公司信息化系统较为分散、孤立，对数据综合应用、管理能力较弱，信息化技术架构不完善，应对网络安全风险能力不强。随着网络安全风险的日益增加，公司不得不支付更高的网络安全加固成本，现有的技术水平和基础设施也难以进一步提升管理效率、降低成本、增加效益。

1.3 投资后管理能力有待提高

日常管理中由于股东间管理理念、文化不一致，公司目前管理运营体系较为传统和保守。由于缺乏相对成熟有效的数字化平台，对于公司日常运营状况、经营数据，难以全面及时地获取，难以实现股东对公司实时监管、及时处理。在公司决策管理过程中，由于双方股东获取信息的渠道、方式、时效的差异，造成股东间对于公司运营状况理解存在偏差，也不可避免地会出现争议与矛盾，甚至影响了互信度，大大降低了公司决策效率，增加了公司经营的风险和成本。

针对以上问题和挑战，AGP 公司经过不断的调研分析，认为开展公司数字化转型是解决和应对的有效途径。

2 中哈天然气管道公司数字化转型遵循的原则

AGP 公司是一家典型的境外非控股管道公司，与国内管道公司以及国外控股管道公司都有非常大的差异。同时，AGP 公司还是涉及国家战略能源通道的合资公司，公司经营管理会对中国、哈萨克斯坦能源生产、供给产生一定的影响，所以在 AGP 公司开展数字化转型，必须遵循一定原则。

2.1 以合资公司为平台是基础

中国企业大多提倡努力、勤奋，崇尚艰苦奋斗。但在境外，一个企业的成功，往往并不仅仅取决于经营者的努力，还取决于它跟这个地方社会、民情、国情是否匹配，只有匹配才能做得长远。境外中资企业多数为合资公司，合资公司是中方和外方股东形成的利益共同体，合资公司的管理制度、工作氛围、企业文化是股东管理理念、文化、传统碰撞融合的结果。特别是境外非控股合资公司，必须以合资公司这个平台为基础，利用合资公司组织、人员、资源去实现企业的目标，否则容易适得其反，得不偿失。

依据哈萨克斯坦法律严格控制在哈工作外籍人员数量，AGP 公司中哈方人员实际比例为 1∶9，依靠中方人员开展数字化转型基本难以实现。围绕管道运行安全、可靠、高效目标，通过数字化转型提升保障能力，必须充分发挥当地人的积极性和主体作用，中哈方形成合力共同推进。

2.2 股权管理主线是保障

AGP 公司成立初期，由于哈方在管道运营方面缺少经验和积累，中方股东在 AGP 公司中更多沿袭国内的管理理念和风格，对哈方股东及 AGP 公司哈方人员了解不足、信任度低，倾向于实行中方主导的运营型管控。但由于对哈国社会环境、法规、企业文化及管理方式缺乏深层次的理解，造成 AGP 公司未能实现最佳协同效应。经过初期磨合，结合 AGP 公司管理中的问题，中方股东及时调整管控形式，重新界定权责边界，梳理管控清单，合理设置管控抓手，从运营型管控调整为战略运营型管控模式，以股权管理为主线，实施有效管控。

在AGP公司数字化转型过程中，中方更是充分认识到有所为有所不为，针对顶层设计、网络安全、跨系统综合性平台(如ERP、大数据平台)进行宏观管控；对业务性系统，则充分发挥股权管理中预算管控，结合当地国实际和哈方股东要求，以哈方为主体推进。通过股权管理，调动了各方人员的积极性，提升了管理效率，数字化转型得到较大促进。

2.3　业务驱动是关键

飞速发展的新技术革新深刻改变着各行各业的运营模式，数字化正在逐渐打破企业竞争格局，多数企业都在积极投身于数字化转型，以期利用数字技术实现跨越式发展，占据竞争优势。

数字化转型是信息化发展的新阶段，关乎公司全业务链条，是全员工程。IT部门重在搭环境(基础网络，大数据平台、企业私有云等)、定标准(顶层设计框架、主数据标准等)，业务部门则是数字化转型的主力军，必须充分发挥业务部门的驱动作用。IT部门要与各业务线(管道运行、完整性管理、销售、供应链和服务等)人员一起共同制定数字化战略，并且要有相应的组织架构和机制，使其能够顺畅实施，同时要对业务线的数字化转型进行督导和考核，形成良性驱动机制。结合中方人员少的实际，AGP公司数字化转型形成了通过中方信息化工作组的方式，加强沟通协调，发挥各业务部门中方人员的一体化优势，分工协作，共同推进数字化转型。

3　中哈天然气管道公司数字化转型思路

AGP公司经过不断探索与实践，结合自身目标与实际，逐步形成了适用于境外非控股管道企业的数字化转型思路。

3.1　引导公司数字化观念

数字化转型是一场内在经营与管理革命，改变了企业生产、分配、交易、消费的方式，它需要有清晰的转型变革思维，并能在高层达成共识，形成坚定的数字化转型意志；需要企业领导者、管理者、执行者全方位进行思维转变，并能在战略、组织、人才、文化、管理、流程等各个层面进行系统的变革创新，才能创造性地卓有成效执行。

AGP公司首先通过股东间会议、交流、论坛等平台启动数字化理念、方案、设计、案例的宣传和交流，在股东间针对数字化转型概念和AGP公司数字化转型必要性等问题形成一致意见。基于股东间共识，在AGP公司开展数字化转型研讨，中方股东充分利用国内数字化转型的理论、经验、案例与AGP公司领导层和管理层展开深入交流和研讨，协助AGP公司形成数字化观念和公司数字化转型目标。

明确公司数字化转型目标后，AGP中方组建了数字化转型组织，充分利用中方股东资源，开展数字化转型顶层设计，结合哈萨克斯坦国情与公司实际形成适合AGP公司的数字化转型路线图。

3.2　构建公司数字化基础

数字化转型数据是关键，数据采集、存储、分析、管理都需要一个安全、可靠、实用的信息化基础设施体系作为支撑。AGP公司结合中方股东数字化转型的经验，针对公司信息化基础设施的薄弱环节，以“一湖、一云、一平台”为目标，启动公司数字化基础构建工作。通过大数据湖，对数据集成化管理，打破数据孤立、系统割裂的现状，集成各系统多维数据，包括生产、自控、经营等，实现数据纵横深度集成。依托公司私有云，支撑公司各业务系统快速部署，实现业务系统集约化运维和管理，降低信息系统建设和运维成本。凭借大数据分析平台，以管道、生产运行管理需求为核心，利用大数据技术赋能业务，综合公司经营管理数据，逐步形成公司数据综合分析应用能力，支撑公司经营决策。

结合公司网络安全优化，管道场站网络完善，管道物联网应用等措施和方案，全面提升公司信息化基础设施，重构公司数字化转型基础。

3.3　规范公司数字化运营

数字化转型目的是让数据共享交流更便捷、生产运营更规范、资源分配更合理，所以需要对公司原有的经营管理模式进行调整、优化，实现管理平台化，协同流程化，进一步提升管理效率。

管理平台化，规范与调整公司管理流程，实现所有管理信息数字化，建设统一的管理平台集成公司业务管理，扩大管理幅度，促进业务水平开放化发展，以数据为核心，开展精细化管理，全面提升管理效益。

协同流程化，建立安全、可靠、高效的管道运行为核心的流程化管理体系，建立以业务流程为主线，跨层级、多职能部门共同参与的协同体系，让公司内部紧密结合，密切配合形成更加高效的有机整体。

3.4 开拓公司数字化创新

数字化转型在电商、IT等领域发展较快并取得了良好效果，但是在传统工业领域暂时进展较慢。究其原因，新兴的信息化技术与传统工业领域业务结合比新兴业务需要更长的时间，在结合的过程中甚至需要传统工业领域内业务改变自身业务模式，所以需要传统工业领域企业开展更多的探索与研究。管道业务作为传统业务更加重视管道的安全、可靠、高效运行，对业务模式的改变也更加谨慎，所以需要开展更多的探索和实践。

AGP公司认识到要想加快公司业务与新技术的融合，就必须积极开展管道领域内的创新实践，通过创新促进数字化技术与管道业务融合，产生更大的效益。AGP公司启动数字化转型，同时加大了公司在创新方面投入，鼓励公司各个业务领域开展数字化创新，跟踪和评估数字化创新的效果。通过天然气输送量预测、无人机巡线、管道ELTE网络、焊缝缺陷智能识别等创新试点，探索数字化技术在管道业务领域应用场景研究，以数字化创新引领公司数字化转型。

4 中哈天然气管道公司数字化转型实践与成果

AGP公司在数字化转型思路指导下，坚持不懈，稳步推进，终于取得了初步成果。

4.1 ERP系统全面应用

AGP公司数字化转型重点之一就是企业经营管理数字化。ERP系统作为AGP公司经营管理数字化的核心，已经成为公司数字化转型中的第一批重点项目。ERP系统分三个阶段实施，整体完成后作为公司主要生产经营业务平台，覆盖AGP公司财务管理、物资管理、预算管理、人力资源及报表管理等关键流程。目前AGP公司ERP系统已替代原中亚区域传统1C系统的所有功能，并与Maximo等其他业务系统集成，做到了主要业务数据初步共享。同时，ERP系统还集成整合了AGP公司相关业务流程，固化和优化24个业务流程，实现对财务、资金、资产、成本分摊、预算管理、物资管理等多个业务的全面覆盖，通过ERP系统初步形成高效规范的业务管控体系，实现对公司经营管理数据整理分析，以核心数据为依据提供决策支持，强化了股东对公司管理流程和关键节点的整体管控，有效保障了双方股东利益。

4.2 利用大数据技术开展管道内外检测数据对齐分析

管道外检测数据和内检测数据的对齐，作为管道完整性管理中的重要一环，其主要任务是将外检测点对齐到内检测中心线上，以充分挖掘内检测和外检测数据的价值。AGP公司利用长输管道的外检测数据和内检测数据，从Marker点和里程桩的关系出发，利用机器学习算法构建内检测点和外检测里程的关系模型，预测内检测点在外检测中的里程，进而增加内检测点和外检测里程映射，实现数据增强；通过Marker点和里程桩对管线分段，利用线性拉伸算法逐段将外检测点对齐到内检测中心线，从而实现外检测和内检测数据的对齐。

该项研究通过捕捉内检测点和外检测里程的关系，支撑管道外检测数据和内检测数据的自动对齐，为AGP公司对管道内外检测数据质量检测提供了新的途径，为提高数据利用效率，进一步挖掘管道内外检测数据价值奠定了坚实的基础。

4.3 管道环焊缝底片数字化

长输管道的全生命周期智能化已经成为油气管网数字化转型的目标，环焊缝检测是保障管道安全运行的关键。在管道建设阶段，射线胶片成像属于应用范围最广的检测技术，但检测成果却不便利用。通过建设期环焊缝底片数字化，作为数字化管理及智能化运营的质量数据保障基础，结合采集运营阶段的动态业务与实时生产数据，在全生命周期管理中对数据进行处理与利用，充分发挥数字化资产的价值。

AGP公司针对中亚天然气管道AB线环焊缝管理是我国大型长输管道海外项目首次进行的数字化探索与实践，环焊缝数字底片数据资料可以通过网络传输到系统管理中心，进行分析、评定和存储，并按权限进行数据和信息的管理与共享，充分展示了底片档案的利用价值，为境外管道环焊缝管理提供了新思路。

通过环焊缝底片数字化应用和管理，可以将底片数字化信息融入管道完整性管理业务系统、内检测缺陷点开挖验证以及环焊缝焊口排查项目中，更加全面地进行管道完整性管理，并根据完整性管理需求，快速高效地对运行管道环焊缝缺陷进行识别和评价，针对性地实施风险减缓措施，将风险控制在合理、可接受的范围内，使管道始终处于可控状态，预防事故发生，保证管道安全运行，充分发挥数字化赋能业务价值。

5 境外非控股合资公司数字化转型总结

国内外众多企业实践证明，要提升企业竞争力，数字化转型已经势在必行。境外非控股合资公司面临当地法律、政策、汇率、社会安全等多重风险，同时还要面对人力、技术、物流等多方面条件制约，急需通过数字化转型应对诸多风险和不利因素，实现降本增效，全面提升竞争力。

结合AGP公司数字化转型探索和实践，总结出一些经验供其他境外非控股合资公司数字化转型予以共享借鉴：首先，充分考虑合资公司股东利益，只有合资公司各利益相关方达成共识才有可能启动数字化转型；其次，数字化转型必须依托合资公司平台，因地制宜，只有做到数字化理念与合资公司企业文化融合，数字化转型才能真正成为助力公司发展的途径，公司各方员工才能发挥主动性，从而推动数字化转型成功；最后，以公司业务痛点为突破口，通过数字化创新解决公司业务痛点，实现以点带面是降低数字化转型成本、提高数字化转型效果的有效手段。

参 考 文 献

[1] 王良军，李强，梁菁嬿. 长输管道内检测数据比对国内外现状及发展趋势[J]. 油气储运，2015，34(3)：233-236.

[2] 周志明，崔森. 制造型企业数字化转型的研究[J]. 管理观察，2014，(21)：80-82.

[3] 王喜文. 5G+工业互联网助力企业数字化转型[J]. 企业管理，2020(06)：6-10.

[4] 宋歌. 数字经济时代加快传统制造业转型升级研究[J]. 产业创新研究，2019(12)：116-118.

[5] 李海舰，田跃新，李文杰. 互联网思维与传统企业再造[J]. 中国工业经济，2014(10)：135-146.

[6] 肖旭，戚聿东. 产业数字化转型的价值维度与理论逻辑[J]. 改革，2019(08)：61-70.

[7] 张于喆. 急需关注创新治理的数字化转型[J]. 经济纵横，2016(05)：14-22.

[8] 张翼燕. 欧洲2021—2027数字化转型支持五大领域[J]. 科技中国，2018(09)：92-93.

油气田站控系统报警及事件辅助分析浅析

杨永维[1]　熊文龙[2]

（1. 中国石油西南油气田公司；2. 中国石油大学（北京）石油工程学院）

摘　要　站控系统是实现油气田生产站场数据远程监控和风险管控的关键。为适应面临新的安全风险和业务管理需求，本文对站控系统报警和事件数据远程实时采集、标准化入库和集中管理进行分析，通过数据建模和大数据分析，实现多个分散站控系统报警和事件数据的智能辅助分析，及时发现生产过程、生产程序和生产管理中存在的问题，达到优化报警参数管理和辅助现场处置决策的目的，减轻一线人员工作量，提升生产场站安全管控能力。

关键词　油气田；站控系统；报警；事件；辅助分析

油气田站控系统（SCS）担负着现场生产第一级监控、报警功能，直接关系到站场的正常生产和安全风险管控，而站控系统的报警和事件记录功能是现场风险控制的关键。在物联网和大数据时代，探索利用海量的报警和事件数据进行智能辅助分析，及时发现生产过程、生产程序和生产管理中存在的问题，以期减轻一线人员工作量，降低生产场站运行风险。

1　概况

1.1　站控系统现状

经过多年的信息化建设，油气田生产站场全部实现了 SCADA 远程监控和数据采集，形成了“无人值守站（RTU）—中心站或直管站（SCS）—作业区（RCC）—气矿（DCC）”四级生产管理模式。站控系统（SCS）作为气田生产信息化系统中承上启下的重要系统，实现了生产数据实时监控、远程控制、系统报表、报警、事件记录等功能，承担着一线生产单元与生产相关的数据采集、传输、存储、汇聚、报警、查看等重要功能。

油气田在用站控系统的上位控制系统品牌众多，有 Intouch、iFix、三维力控、组态王等，以 Intouch 和三维力控为主。

1.2　报警及事件存在问题

站控系统上位工控软件因品牌厂家不同，报警和事件记录、展示和存储的方式各有不同。通过现场实际调研，以重庆气矿为例，日常生产、管理中，站控系统在报警和事件应用方面存在以下的问题。

（1）站控系统存在部分报警参数设置不合理，引起系统频繁报警和误报警。

（2）站场工艺变更后或工况发生变化后，参数设置更新不及时或未更新，造成频繁误报警。

（3）部分站控系统事件和报警未进行有效分类，重要的报警和事件被大量无效报警及事件日志淹没而被忽略。

（4）部分现场值守人员对报警信息不敏感，报警信息发生后存在未及时核实确认或未核实直接确认的情况。

（5）站控系统报警和事件数据只能本地查询，要查询详细的报警和事件数据，只能到现场本地进行查询，未实现集中管控，海量的报警和事件数据仅用于报警提示、事件记录和查询追溯，未有效深入利用分析，提供可视化的辅助分析和决策支持。

2　报警及事件辅助分析实现

通过对站控系统报警及事件数据实时远程采集和集中存储，结合生产工艺、技术参数及事件告警相关规则，对报警及事件进行大数据分析和数据建模，实现报警及事件数据的智能分析和可视化推送，达到辅助分析和现场决策支持的目的。

2.1　报警及事件数据实时采集和远程传输实现

站控系统报警及事件数据包含多项数据字段。以 Intouch 上位系统包含报警/事件编号、报警/事件类型、井站名称、变量名、报警/事件设置限值、报警/事件值、报警/事件、日期等字段，三维力控上位系统报警数据包含日期，变量名称、变量描述、报警类型、当前值、报警限值、操作员、报警确认等字段，事件数据包含时间、事件描述、操作员字段，如表1、表2所示。

表1　Intouch上位系统报警数据字段表

序号	数据字段	
	英文名称	中文名称
1	ALarmDetailId	报警明细 ID
2	AlarmId	报警编号
3	AlarmType	报警类型
4	AlarmTransition	报警状态转变
5	AlarmState	报警状态
6	AlarmClass	报警分类
7	AlarmPriority	报警优先级别
8	GroupName	组名(井站名称)
9	TagName	变量名
10	TagType	变量类型
11	Limit	设置限值
12	LimitString	限制字符串
13	AlarmValue	报警值
14	ValueString	报警字符串
15	CommentId	报警描述
16	TransitionTime	过渡时间
17	OriginationTime	开始时间
18	Time	时间
19	OperatorID	操作员编号
20	OperatorName	操作员名
21	OperatorNode	操作点
22	OutstandingAcks	未完成的确认
23	UnAckDuration	未确认间隔
24	LoggingNode	归档编号
25	QueryID	请求 ID
26	bActive	启用
27	TimeDelay	时间延迟
28	Cookie	偏好

表2　Intouch上位系统事件数据字段

续表

序号	数据字段	
	英文名称	中文名称
1	EventId	事件编号
2	EventGuid	事件标识
3	GroupName	组名(井站名称)
4	TagName	变量名
5	EventClass	事件分类
6	EventType	事件类型
7	EventState	事件状态
8	EventPriority	事件优先级别
9	EventValue	事件值
10	EventLimit	事件限值
11	ValueString	值字符串
12	LimitString	限制字符串
13	EventTime	事件发生时间
14	Comment	事件描述
15	OperatorNode	操作点
16	OperatorName	操作员名
17	OperatorID	操作员编号
18	EventStamp	事件印记

根据站控系统上位系统，分别开发了针对不同上位系统的报警及事件数据采集和远程传输模块(见表3)。模块针对站控系统特点，用VC++语言开发，适用于Windows环境下运行，能够在站控系统上正常运行且不应用站控系统的正常运行。

表3　数据采集及传输模块开发设计实现

模块名称	设计概述
数据采集及传输模块(AEAS-Collection)	用于站控工控机终端的报警及事件数据采集及传输(Windows)VS6/VS201 * C++开发

利用数据实时采集和远程传输模块，通过专用生产网，将站控系统上位系统报警和事件数据库(AlarmDetail、AlarmMaster、Comment和Events数据表)中的所有数据逐条实时采集，采用TCP加密传输方式，实时(刷新频率5s，可根据需要调整)远程传输至气矿中心数据库服务器(见图1)。

目前已完成了3个中心站报警及事件数据实时采集和同步远传，同时，将近3个月(可根据需要进行更改)的历史报警及事件数据上传至中心数据库存储、分析。

经现场多次测试和试用，数据采集和传输模块对试点站的站控系统上位控制系统的硬件性能、上位软件运行和操作性能无任何影响。

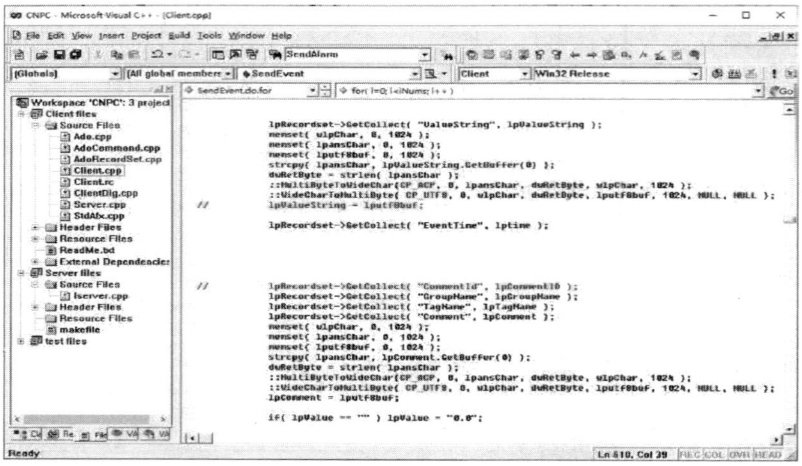

图 1　数据采集及远程传输开发实现

2.2　中心数据库服务器的搭建

中心数据库服务器使用安全性、可靠性较好的 Linux 系统，采用 EPoll 多路复用 IO 接口架构设计，实现大批量数据文件处理，运行于 Linux 下的数据接收及转存模块开发采用 C++开发(见表 4)。

表 4　中心数据库及 Web 服务器开发设计概述

模块名称	设计概述
数据收集模块(AEAS-Service)	运行于 Linux 下的数据收集服务程序，采用 C++开发
中心数据库(AEAS-Database)	数据库存储，采用 MySQL
数据标准化模块(AEAS-Analysis)	运行于 Linux 下的数据分析程序，根据上报入数据库的报警及事件信息进行分类分析，为 AEAS-UI 提供数据支撑

中心数据库采用 MySQL 数据库软件，相关数据分类、分时、分站进行标准化入库存储(如图 2 所示)，便于下一步的数据分析应用，实现了站控系统报警及事件数据实时采集、标准化入库和数据筛选、查询、统计功能。

2.3　辅助分析系统实现

辅助分析系统数据采集层采用 C/S 构架，采集和处理报警及事件数据，进入中心数据库处理分析后，通过 B/S 构架实现远程 Web 访问和数据推送，满足中心站、作业区和气矿各级人员应用需求(见图 3)。

系统主要包括数据实时采集及传输、数据接收及转存模块、中心数据库、Web 应用(数据统计分析、数据查询、异常报警、报表管理和系统管理)等功能模块(见图 4)。

接入层：站控系统，通过报警数据采集及传输模块，将站控系统报警及事件数据实时采集传输气矿报警及事件集中辅助分析系统中心数据库服务器。

数据层：一方面接受站控系统报警及事件数据，进行标准化处理入库；另一方面分类分功能建立数据库表，对入库的数据分类进行存储，实现各种应用功能。

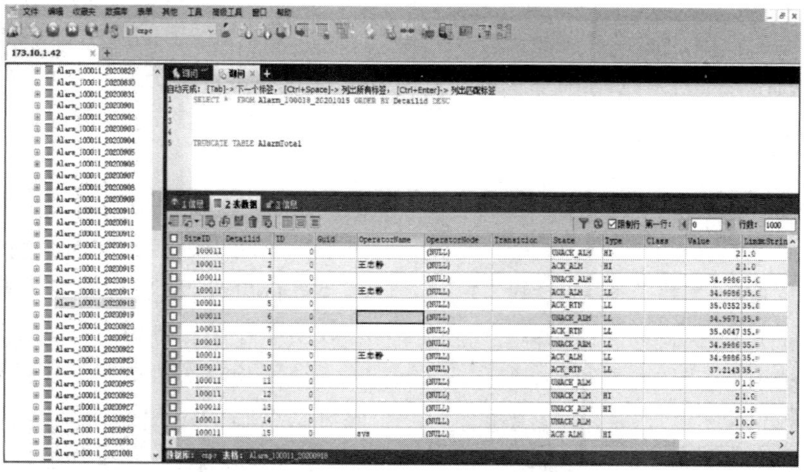

图 2　报警及事件辅助分析系统中心数据库

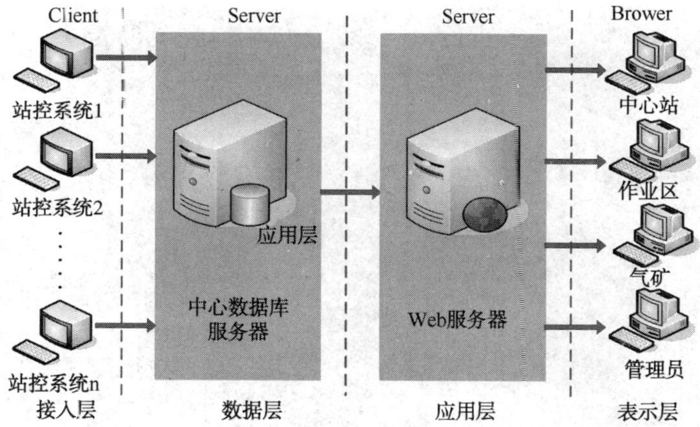

图 3　系统网络架构示意图

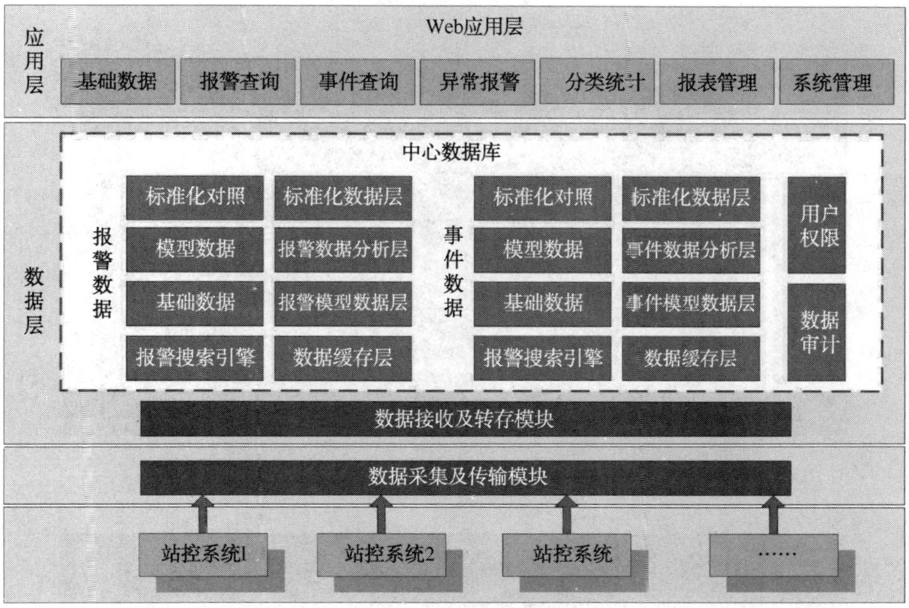

图 4　系统功能模块示意图

应用层：应用层通过对报警及事件数据可视化客户端展现，并以报警、事件、异常提示、辅助分析等为中心重新组织和管理数据，为应用层提供支撑。

2.4　可视化推送实现

可视化推送充分考虑了系统的健壮性、可靠性、效率(性能)、易用性、清晰性，同时确保系统安全性、可扩展性、兼容性、可移植性等，系统 Web 客户端采用 PHP 语言编写开发、界面设计。系统主界面如图 5 所示。

系统可视化界面按照组织架构分三个级别进行可视化界面推送，实现了不同层级用户权限管理配置，明确负责管辖范围内的报警和事件数据管理，系统主要实现以下功能。

报警数据查询：通过应用客户端可以对报警进行精确查询，可以按照分级进行查询，也可以按照时间段、关键字进行模糊查询(见图 6)。

事件查询：通过应用客户端可以对事件进行精确查询，可以按照分级进行查询，也可以按照时间段、关键字进行模糊查询(见图 7)。

数据统计分析：统计分析各层级管辖范围内站控系统报警和事件数据，包括所属各个站控系统报警及事件总数对比分析、当月每日的报警和事件数据量分析、最新的报警信息滚动分析、频繁误报警大数据分析结果异常提示等(见图 8)。

辅助分析：针对重复报警和频繁误报警进行次数统计和对比分析，通过大数据分析推送异常原因，为现场异常报警处置提供辅助决策。结合生产工艺、技术参数及事件告警相关规则，通过数据建模建立相关预警模型，比如针对管线泄漏，建立与管线进出站压力、流量实时动态联动的预警模型，根据实时数据进行动态监测，能够对管线泄漏异常情况及时做出预判和安全预警。

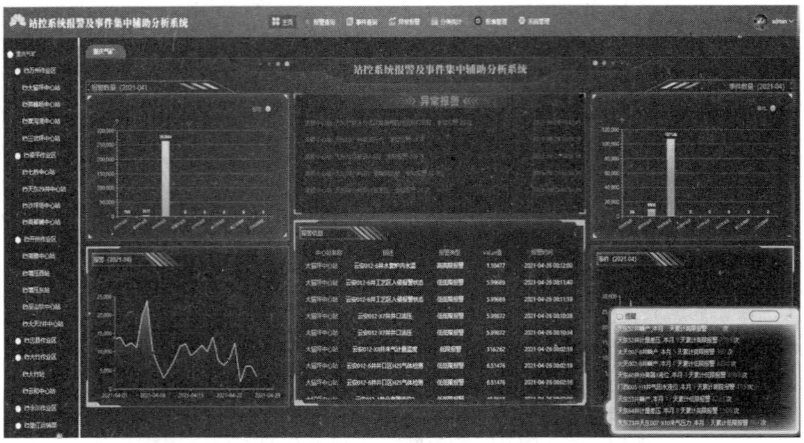

图 5　系统可视化推送主界面

图 6　报警查询页面

图 7　事件查询页面

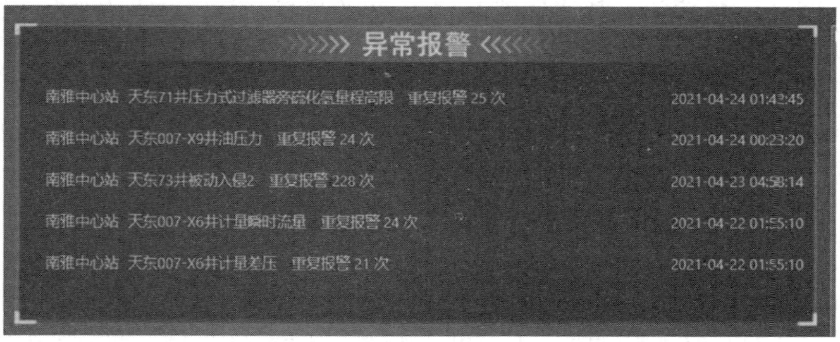

图 8　异常报警分析提示页面

3 下一步建议

（1）为了有效发挥大数据分析提供辅助分析预判和决策支持的作用，下一步建议接入更多的站控系统，有利于系统模型完善和决策的精准性。

（2）系统采集的报警及事件数据，可以与生产物联网数据进行联合综合对比分析，结合生产情况实时进行智能分析和辅助决策。

4 结语

本文通过对站控系统报警和事件数据的远程实时采集、标准化入库和集中管理分析的探索，实现了多个分散的站控系统报警和事件数据的100%实时采集、集中管理、智能辅助分析和可视化推送，达到优化报警参数管理和辅助现场处置决策的目的，减轻了一线人员工作量，提升生产场站安全管控能力，具有推广应用价值。

参 考 文 献

[1] 张时雄. 基于大数据的监所智能预警分析系统研究[J]. 数字通信世界，2018(12)：131.

[2] 王丽娜. 先进报警管理平台的应用[J]. 仪器仪表用户，2019，26(03)：17-21.

[3] 王志强，等. 工业控制系统安全隐患及应对措施研究[J]. 信息网络安全，2014(9)：203-206.

[4] 朱群雄，高慧慧，徐圆. 工业过程报警管理研究进展[J]. 自动化学报，2017，43(6)：955-956.

[5] 赵虹. 过程报警合理化设置方法及其应用[J]. 化工自动化及仪表，2016，43：1208-1210.

[6] 刁海胜. 油田SCADA系统报警参数优化技术研究与应用[J]. 信息系统工程，2018，6：93-94.

[7] 李春宇，孔祥宇，等. SCADA系统报警分析与系统改进的研究[J]. 煤气与热力. 2016年中国燃气运营与安全研讨会，481-486.

互联网助推工程项目安全生产

郭太江　郭　鹰　闫景鹏　张益公　曾繁涛

（海洋石油工程股份公司）

摘　要　本文通过互联网引入工程项目安全生产管理前后的对比分析，尤其是通过互联网在工程项目安全生产中的成果应用，论述了互联网助推工程项目安全生产的效果和重要意义。

关键词　互联网；助推；项目；安全生产

1　工程项目安全生产必须借助互联网的背景

习近平总书记关于安全生产信息化管理的重要讲话和指示精神，从党和国家事业全局出发，科学分析了安全生产信息化变革趋势和肩负的历史使命，系统阐述了网络强国战略思想，深刻回答了事关信息化事业发展的一系列重大理论和实践问题，为加快推进网络强国建设指明了前进方向、提供了根本遵循。

习近平总书记指出，要发展数字经济，加快推动数字产业化，依靠信息技术创新驱动，不断催生新产业新业态新模式，用新动能推动新发展。要推动产业数字化，利用互联网新技术新应用对传统产业进行全方位、全角度、全链条的改造，提高全要素生产率，释放数字对经济发展的放大、叠加、倍增作用。要推动互联网、大数据、人工智能和实体经济深度融合，加快制造业、农业、服务业数字化、网络化、智能化。

为深入贯彻习近平总书记关于网络强国战略和发展数字经济的重要论述，准确把握数字经济发展趋势和规律，推动数字技术与工程建设深度融合，加快建设数字技术系统，持续强化新型基础设施、网络和工控安全保障能力，全面推进数字化转型、智能化发展，着力打造数字经济新优势，数字经济正成为驱动我国经济发展的重要力量。统计数据显示，我国数字经济发展已逐步步入黄金期，2017 年我国数字经济总量达到 27.2 万亿元，占 GDP 比重达到 32.9%。

安全生产作为国家经济社会的重要组织部分，需要更加科学、有效的信息化安全生产治理体系，才能跟上全面深化改革的步伐，因此，推进安全生产治理体系信息化，找到安全生产与经济发展、社会进步的合理平衡点，强化适应全面深化改革要求的安全生产信息化治理能力，是安全生产领域的一项紧迫任务。

针对安全生产工作日趋复杂的形势，提高安全监管信息化水平显得越来越重要，越来越紧迫。以互联网为代表的信息技术正在深度影响各个领域，并带来了颠覆性的变化，这种变化近年明显在加速。一方面在寻找并加强新技术的突破，为经济赋能；另一方面在加大信息技术领域基础性、关键性核心技术的投入，为“工业互联网+安全生产”行动计划、“中国制造 2025”和新一代人工智能发展规划等重大战略布局奠定坚实发展基础，以优异业绩迎接党的二十大胜利召开。

2　工程项目安全生产未借助互联网助推前的现状

由于建设项目建设过程的临时性，施工现场环境复杂，信息化管理手段不足，一线作业人员素质偏低、流动性偏大、管理难度大，安全事故频发，建筑质量问题多，监管难度大，调查取证难。安全生产方面存在的问题较多，甚至很多问题长期积压，工程项目未借助互联网推动安全管理。这种安全生产的现状已不符合可持续发展的市场需要，工程项目迫切需要利用更先进的科技手段来促进施工现场管理的创新和发展，真正构建一个智能、高效、安全、绿色、精益的信息化工程项目迫在眉睫。

3　互联网助推工程项目安全生产的主要应用

为贯彻党的十八大以来国务院推进信息化发展相关精神，落实创新、协调、绿色、开放、共享的发展理念及国家大数据战略、“互联网+”行动等相关要求，实施《国家信息化发展战略纲要》，增强建筑业信息化发展能力，优化建筑业信息化发展环境，加快推动信息技术与建筑业发展深度融合，充分发挥信息化的引领和支撑作用，塑造建筑业新业态。积极探索“互联网+”形势下建筑行业格局和资源整合的新模式，促进建筑业行业新业态，支持“互联网+”形势下企业创新发展。信息化技术在工程项目得到了广泛的应用，主要方式是通过建立一套信息化系统或平台，辅以实名准入系统、智能化培训系统、智能芯片式安全帽、安全监控系统、手机终端等多种智能化硬件设备，完成质量健康安全环保信息的采集、分析、跟踪、共享、输出，将项目安全管理流程由人工方式转为电子化、智能化，提高工程项目施工过程的安全管理的效率和效果。

3.1 互联网助推工程项目安全生产的应用成果

以《“工业互联网＋安全生产”行动计划(2021—2023年)》为指引，依托国家工业互联网大数据中心：一方面，构建安全生产基础设施体系，建设“工业互联网+安全生产”行业分中心和数据支撑平台，对接重点行业工业互联网安全生产监管平台，加速安全生产数据汇聚、发挥数据价值、加强数据技术攻关，构建产业链实时监测体系，实现强链、固链、优链；另一方面，加快安全生产数据资源建设，制定数据所有权、使用权和流转权等的标准规范，构建符合国际趋势的数据共享和数据整合顶层体系架构，运用区块链等技术打造可靠的数据交换共享平台，构建包括企业、行业和国家的三层数据治理体系。

工程项目充分利用移动互联、物联网、人工智能 AI、大数据、BIM、GIS 等新一代信息技术，建立工程项目信息化平台，通过该平台以一种“更智慧”的方法来改进人、机、料、法、环各个环节组织和岗位人员相互交互的方式，改变传统建筑施工现场参建各方现场管理的交互方式、工作方式和管理模式，辅助建筑施工管理，实现更安全、更高效、更精益的工程项目施工管理，是一种崭新的工程现场一体化管理模式(见图1)。

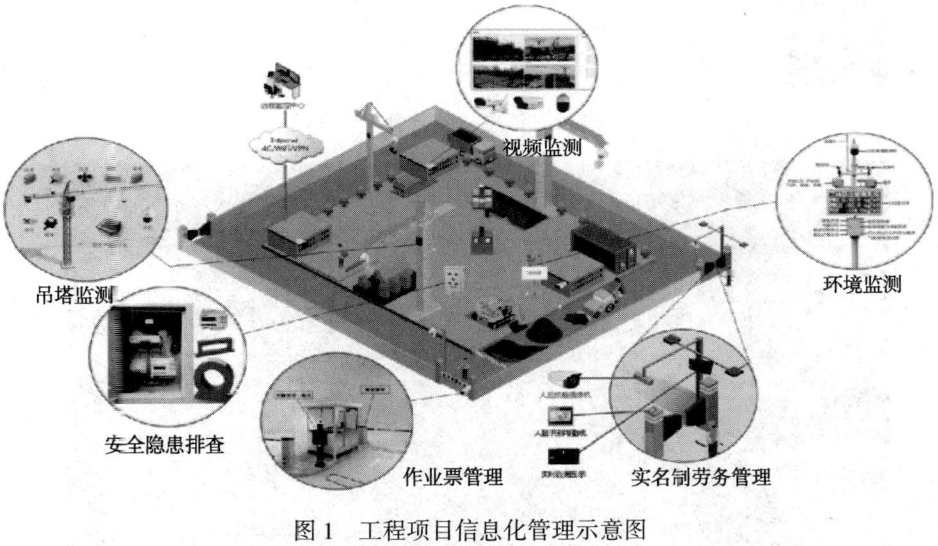

图1 工程项目信息化管理示意图

3.1.1 信息化劳务管理

通过工程项目信息化平台展示工程项目的基础劳务信息，包含劳务工总数、每日进出场人员、实时在线人员、分包单位数量及总包、分包单位的各岗位或工种实时数据，同时展示各工种总数及各分包单位各工种人数统计(见图2)。

对工程项目封闭型工地进行进出场实名登记管理，通过对接智能闸机、考勤机的智能人脸识别，实现人员的实名制登记，考勤信息自动记录，人员行为安全监控。对接快速人脸识别闸机、考勤机，对进出场人员身份信息自动识别，防止闲杂人员入场造成安全隐患。用户可查看相关劳务人员的进出场数据并做查询、导出操作。

3.1.2 工程环境监测

通过工程项目信息化平台对接施工现场环境监控设备，对施工现场噪声、扬尘以及极端天气进行预警和报警，用真实的量化数据解决决策依据不足这一定性问题。监测对象包含施工现场的扬尘、噪声、PM2.5、PM10、温度、湿度、风力、风速等信息。工程项目管理层根据检测到的实际数据，及时调整作业内容和管控方式，使工程项目绿色、环保施工，满足法律法规要求和员工的期望(见图3)。

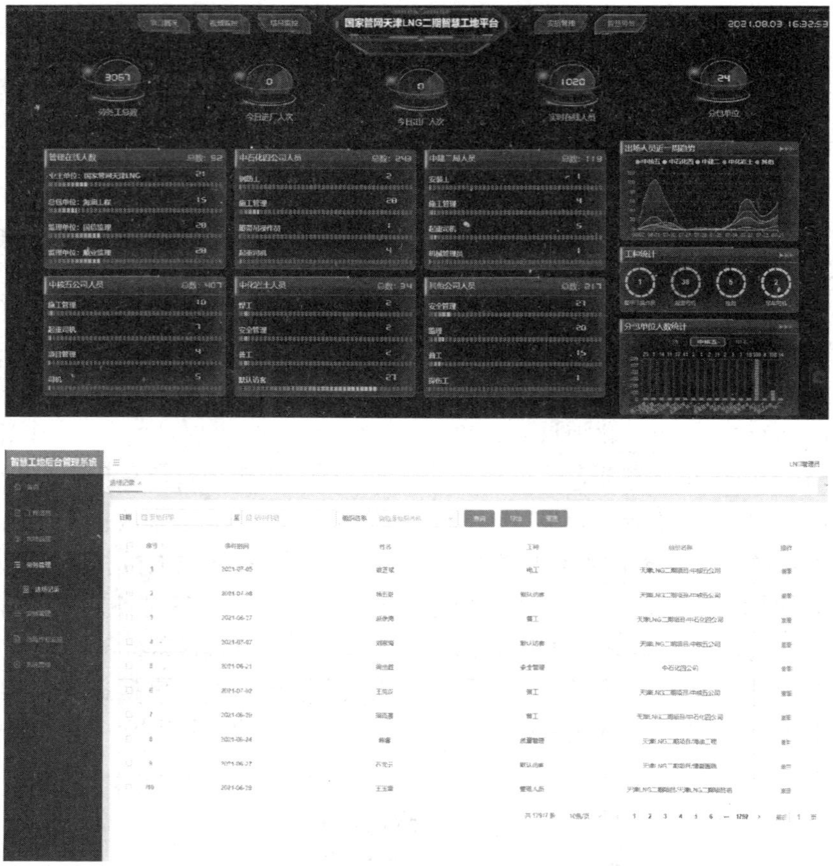

图 2　信息化劳务管理

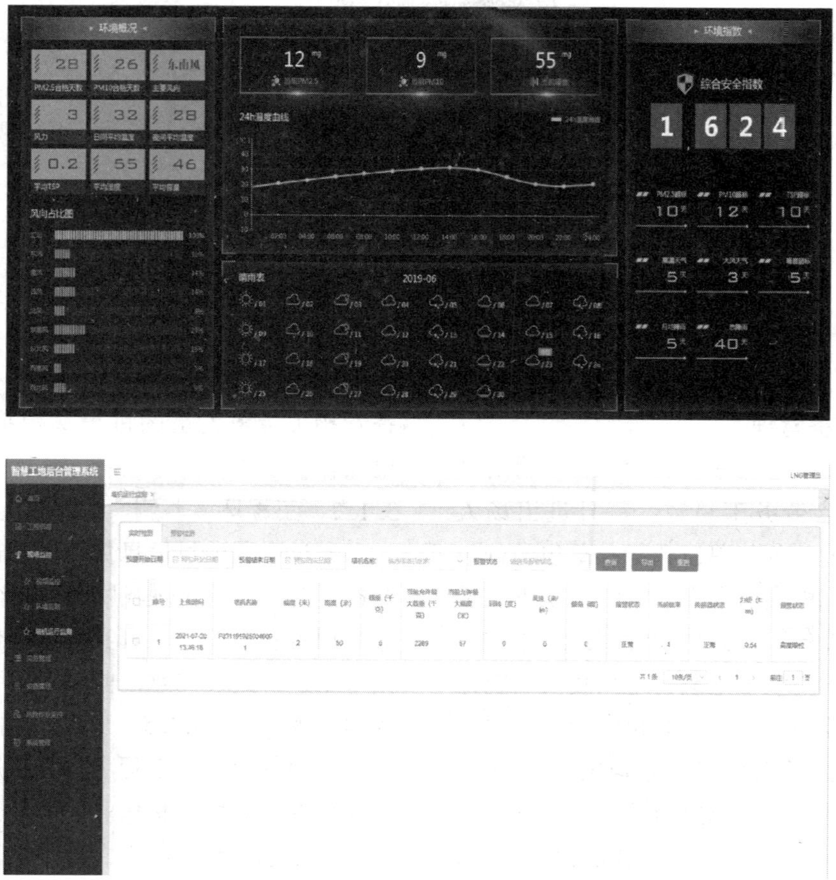

图 3　环保数据监测及实时显示

3.1.3 塔吊安全监控

近期，国内外各类塔吊安全事故频发，给工程项目敲响了警钟，做好塔吊的安全监控已迫在眉睫。为此，天津 LNG 二期项目利用信息化收到对塔吊进行实时安全监控，展示工程项目 6 个罐区 12 个塔吊的实时监控数据，包含视频、吊重、倾角、高度、力矩、风速等数据(见图 4)，同时可查看塔吊设备的在线、离线状态，以及各塔吊设备的实时预警数据。预警数据包括但不限于以下几个方面：

(1) 幅度：指塔式起重机从回转中心轴线至吊物中心线之间的水平距离，也称回转半径或工作幅度工作半径。

(2) 起重量：吊钩所能吊起的重量。不同的幅度有不同的起重量，分最大幅度时的起重量和最大起重量。

(3) 起重力矩：起重量与相应的幅度的乘积，单位 kN · m。

(4) 起升高度：是指起重机的工作场的地面或运行轨道面至提升物体最高位置的距离，用 H 表示，单位 m。

(5) 工作速度：包括起升速度、回转速度、俯仰变幅速度、小车运行速度和大车行走速度。

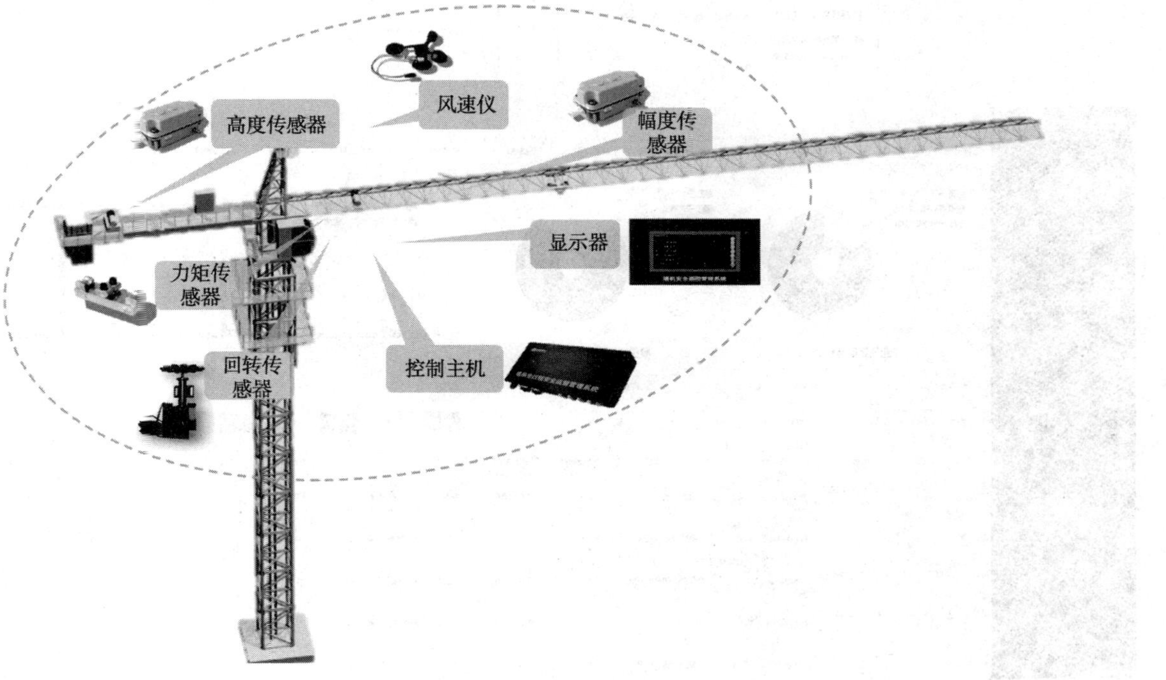

图 4 塔吊安全监控管理

3.1.4 危险作业管控及作业票管理

工程项目施工前，对所进行的作业进行风险识别与评估，确保所有的相关危险都被识别。对识别出的具有潜在危险的工作，在作业之前进行作业许可管理。作业许可是一种正式的书面体系，用来确认、控制具有潜在危险的工作，主要涉及热工/动火作业、限制/封闭空间作业、压力试验作业、射线作业、电气作业、高压调试作业、大型结构物吊装作业、挖掘(动土)作业、脚手架作业等，通过作业票进行管理(见图 5)。

工程项目所以人员可在工程项目信息化平台作业票模块进行作业票记录，页面可根据作业票的时间信息进行有效与失效分类。通过统计结合数据列表的方式展示项目实施过程中各分包单位开具的作业票台账，用户可进行新增、修改、查看、删除、查询操作。

3.1.5 安全质量隐患排查、闭合管理、统计分析

工程项目在要按照安全生产隐患排查和治理工作的实施要求，明确工程项目各级人员的职责，落实国家对安全生产隐患排查和治理的要求，及时发现和整改隐患，减少安全事故的发生。建设单位、监理、总包和分包人员对工程项目进行日常检查、分项检查、专项巡检等，进行检查记录及问题登记下发。对检查发现的隐患，通过统计结合数据列表的方式来展示工程项目实施过程中的隐患问题，授权人员可进行新增、修改、查看、删除、查询操作。

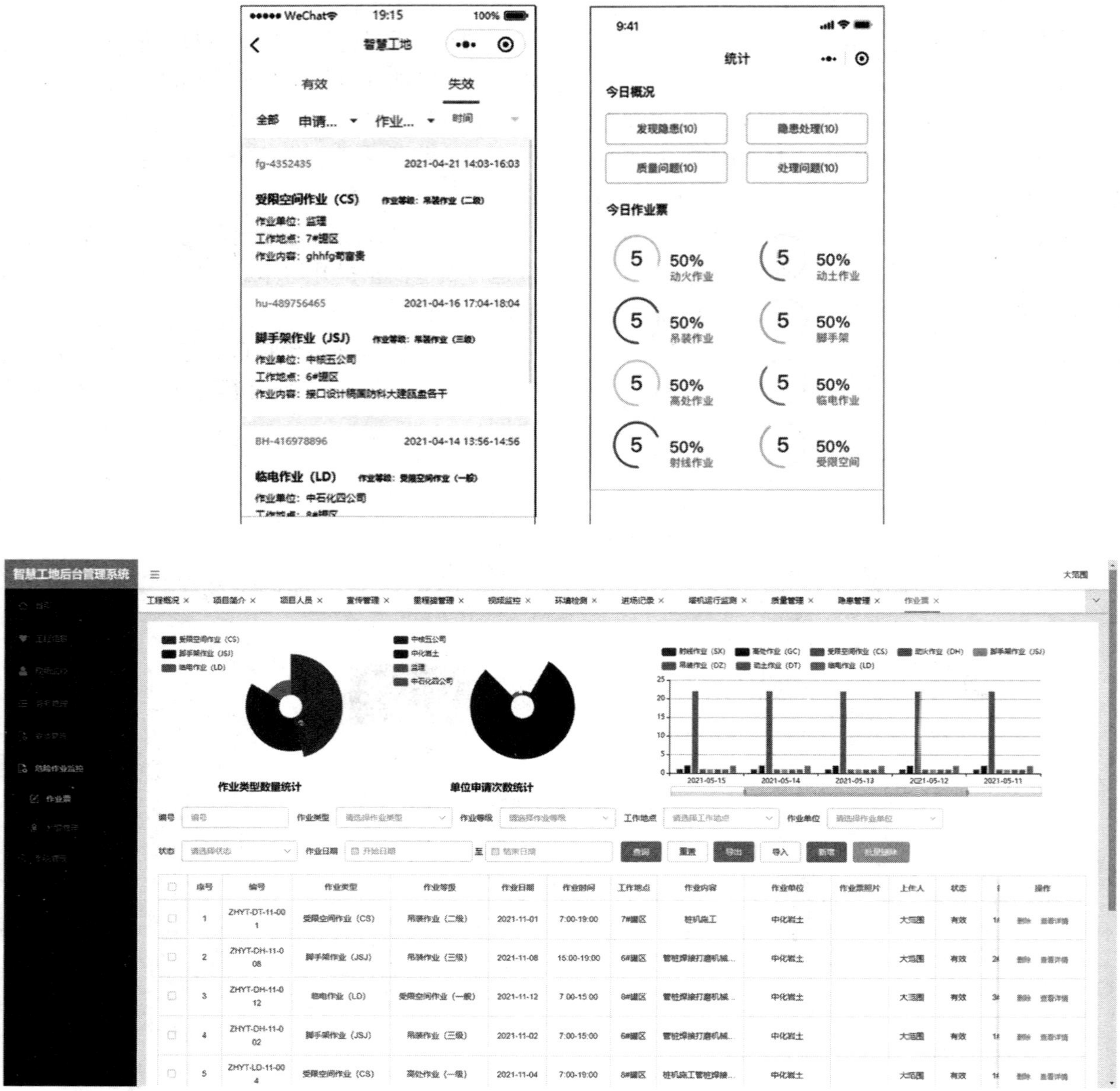

图 5 作业许可及作业票管理

工程项目各级管理人员可通过各类型图表来直观展示各施工单位健康安全环保隐患和质量问题整改落实情况和管理薄弱点；对隐患从隐患级别、隐患类别、隐患整改率、隐患一次整改率、下发的通知单数量等维度进行统计分析，生成统计图。实时掌握不同分包单位的隐患数量、隐患整改率变化趋势，进行有的放矢、“对症下药”（见图 6）。

3.1.6 视频监控

在工程项目信息化管理平台建设过程中，视频监控版块是必不可少的，工程项目在传统的视频监控全场覆盖的基础上，利用特殊监控探头将视频监控系统运用到了项目安全管理工作中。视频监控如蛛网般覆盖项目各施工区域，同时还可以对施工现场相关的事件进行识别，如工人未佩戴安全帽智能识别与提醒、动火作业智能监控（违规动火作业自动报警）。

视频监控覆盖工程项目全域，展示项目各施工及监测区域的实时视频图像，可查看各区域周边的视频摄像头。后期可根据视频监测设备对施工现场相关的事件进行识别如工人未佩戴安全帽、人员聚集、作业票及作业区域视频监控预警。

在施工现场以及与工程项目相关的辅助区域进行无死角视频监控，通过对接安装的各种摄像头，采用无线网桥或有线网络设备传输影像可以在本地或远程实时观看影像，掌握施工现场人员和设备安全状况、工地的质量和进度状况。功能包含视频的实时监测与预警监测，同时可对视频

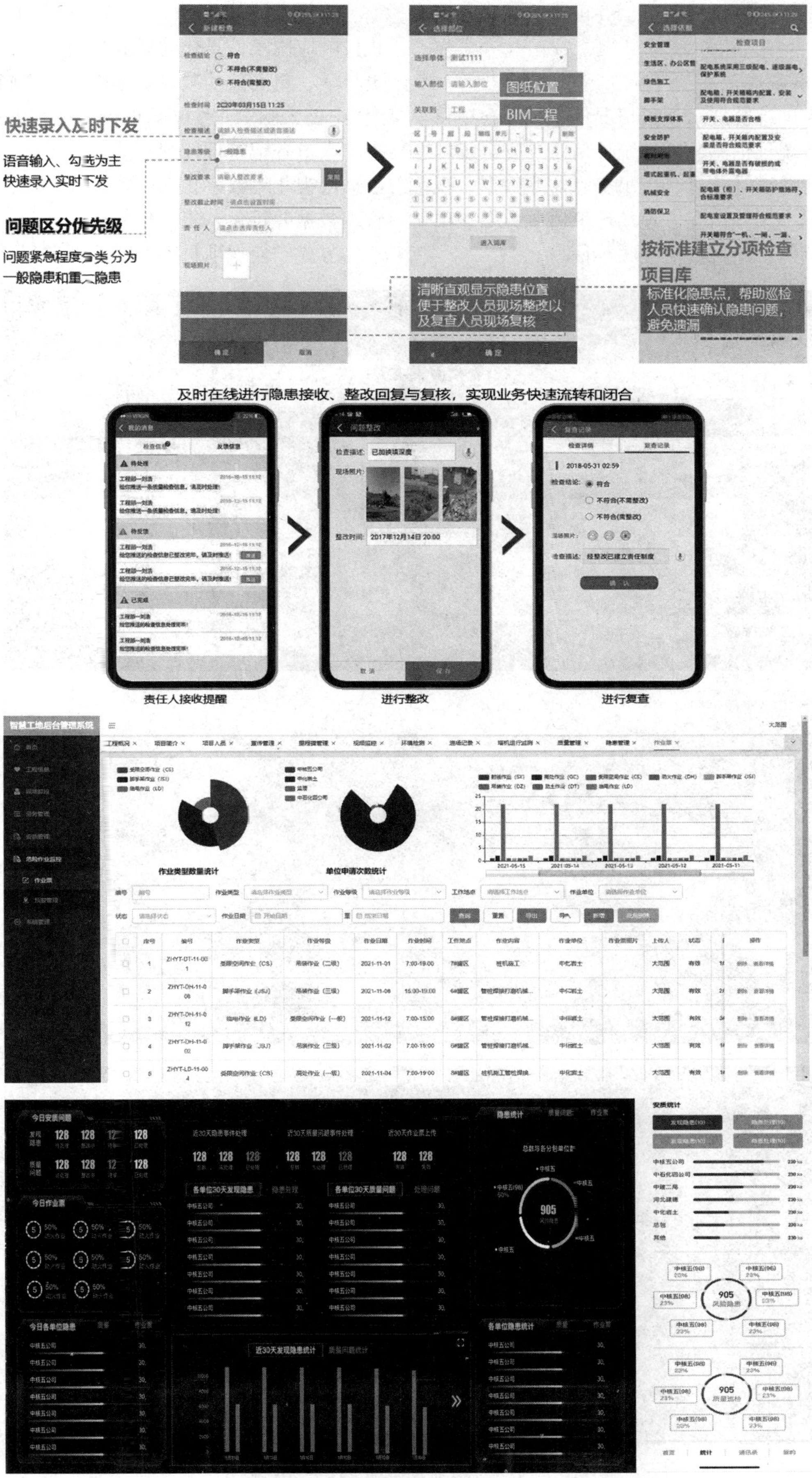

图 6　安全质量隐患排查及多维度统计分析

的运行状态、位置进行监管，并可预览视频画面(见图7)。

3.1.7　大屏端展示

通过大屏综合展示项目情况信息，包含项目概况、劳务统计信息、工种统计信息、安全统计信息、作业票统计信息、塔吊实时监控数据、视频预警数据、天气情况、现场环境监测数据、项目里程碑节点、项目宣传视频等信息。

工程项目在当下“万物互联”的大环境下，积极响应国家信息化建设的战略目标，努力探索更科学、更高效的项目管理方式，为施工现场装上“中控大脑”，实现了现场劳务管理、安全检查、人员登记管理、视频监控、环境监测、塔吊数据可视化等数字化功能的集成管理，形成现场管理数据并行化、集中化的模式，并通过前端展示的方式，使得项目动态跃然纸上(见图8)。

图7　视频监控辅助管理实现全场覆盖

图 8　天津 LNG 二期项目“智慧工地”项目管理平台展示

3.2 “三端协同”管理，提升现场安全管理水平和管理效率

在工程项目信息化管理平台上，通过移动端、PC 端、系统前端“三端协同”协同工作，通过移动端的数据采集、PC 端的数据分析、系统前端的数据展示，极大地提升工程项目现场的安全管理水平和管理效率(见图 9)。

随着每一天施工人员的进出场，后台的数据持续更新。在日积月累的数据更新下，一个越来越完善的数据库在项目信息化管理平台上“茁壮成长”，将这些积流成河的数据以科学合理的角度完整地呈现出来，使工程项目管理思路开阔、决策准确。

目前，工程项目通过工程信息化管理平台，实现了远程指挥、数据分析、项目现场可视化等功能，对各项目运行状态一目了然，并形成企业宝贵的数据资产，为工程项目生产经营决策、项目管理、风险控制提供有力的数据支持(见图 10)。

图 9　“三端协同”信息化管理

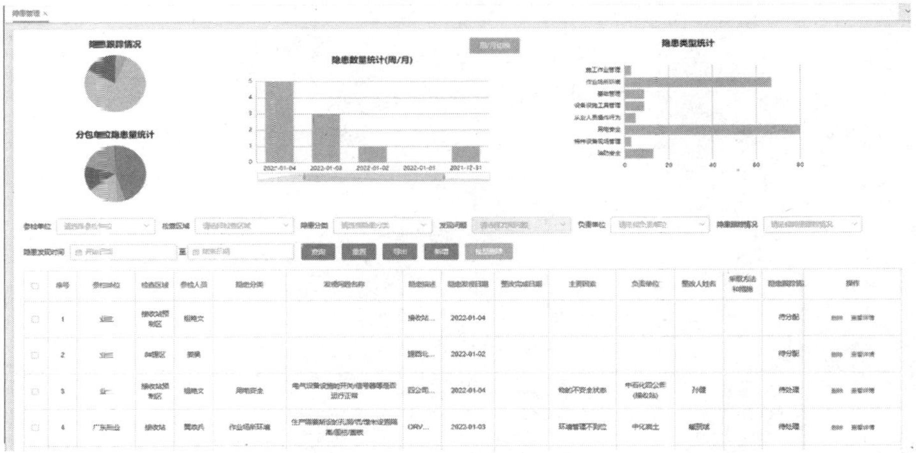

图 10　项目信息化大数据显示

4 结语

"工业互联网+安全生产"行动计划在工程项目的应用，实现了工业互联网利用数字孪生技术与安全生产管理的融合，保障了工程项目安全管理制度的有效运行，提高了制度执行的规范性，提高了工作效率。实现在特殊时期对关键生产设备全生命周期、全流程的数字化管理，实现危险作业现场少人甚至无人作业。推动"工业互联网+安全生产"领域的技术创新、应用创新、融合创新和管理方式创新。同时，工程项目信息化管理系统的数据采集功能大大减少了工作的随意性和盲目性，为科学决策提供依据。工程项目信息化管理技术的不断发展和深入应用，将改变传统建筑施工企业安全管理现状，提高企业安全管理绩效，催动企业实现产业升级和提质增效。

参 考 文 献

[1] 毛志兵. 推进智慧工地建设，助力建筑业的持续健康发展[J]工程管理学报，2017，31(5)：80-84.

[2] 张艳超. 智慧工地建设需求和信息化集成应用探讨[J]应用与技术，2018(4)：86-88.

[3] 张天文. 智慧工地在项目经营管控中的应用[J]. 价值工程，2018，37(28)：220-222.

[4] 谢晓东. 智慧工地应用现状及对策研究[J]. 价值工程，2020(12)：193-194.

多技术融合助力油气田智慧管道

崔鹏杰 刘利娜 张 航 张 毅 朱振兴

（中国石油长庆油田公司）

摘 要 随着“大数据”的不断丰富和规范，智慧管道时代的到来已成为必然。数据就像是管道的“智慧源泉”，数据存得越多，处理得越好，利用得越有效，就越能赋予管道更多的智慧，将助推智慧管道更加快速高效发展。同时，智慧管道也将不断释放出“大数据”的价值。当前，“全数字化移交、全智能化运营、全生命周期管理”多技术融合助力智慧管道建设，长庆油田油气管道由数字管道步入智慧管道建设新阶段。

关键词 大数据；数字管道；多技术融合；智慧管道

管道运输在世界上已经有130多年的历史，先后经历了数字化管道初级阶段、数字化管道提出阶段、数字化管道成熟阶段以及目前的智慧化管道阶段。国家发改委、国家能源局最新发布的《中长期油气管网规划》明确，到2025年全国油气管网规模将达到2.4×10^5km，一个前所未有的油气管网时代正向中国走来。油气管网被形象的比喻为油气田的“动脉”，加强油气田管网的智能化管理对油田清洁生产、绿色发展意义重大。因此从管道加工、设计、铺设、运行、巡护、监测、保养、更换等全生命周期进行管理，建立质量追溯和日常管护机制，形成兼并人防、物防、技防的立体智慧管网，显得至关重要。

1 智慧管道的概念

从狭义上讲，“智慧管道”包括管道及相关资料的数字化、网络化、智能化和可视化的过程，采集、处理管道规划、设计、施工、运营、维护全过程、全生命周期的基础地理数据与管道专业数据，结合管道沿线的环境经济信息建设管道数据仓库，为管道建设、运营与完整性管理提供真实可靠的技术数据，达到信息化动态管理的目的。

从广义上讲，“智慧管道”通过物联网、云计算等新兴信息技术，构建一个高感知度的基础环境，完成管道、社会、企业等各类要素资源的优化配置，实现管道企业内部及时、互动、整合的信息感知、传递和处理，最终达到企业竞争力增强、员工幸福和谐及绿色可持续发展。

因此，智慧管道是在标准统一和管道数字化基础之上，通过“端+云+大数据”体系架构，集成管道全生命周期数据，提供智能分析和决策支持，实现管道可视化、网络化、智能化管理。它具有数据全面统一、感知交互可视、系统融合互联、供应精准匹配、运行智能高效、预测预警可控“六大特征”(见图1)。

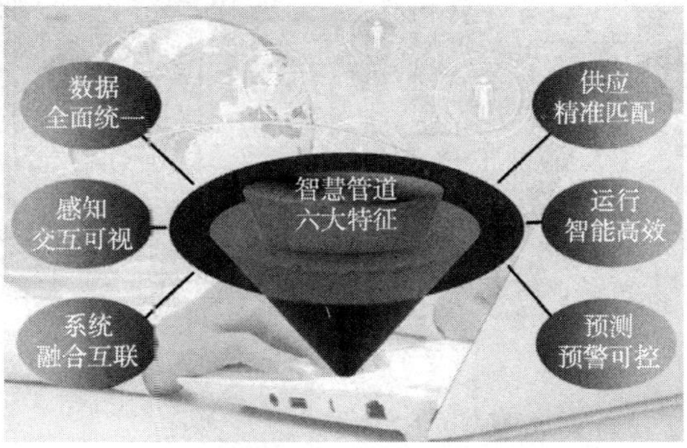

图1 智慧管道六大特征

2 油气田智慧管道解决方案

油气田生产区域一般环境较为恶劣，不是沙漠戈壁，就是荒山野岭，生态环境相对脆弱。针对特殊的地形地貌、复杂的外部环境以及严峻安全环保压力，本文提出“一大平台、二大工程、三大系统、四大体系”的油气田智慧管道整体解决方案。油气田智慧管道解决方案在精确探测、定位输油气管道的基础上，实时监测感知管道运行状态，构建输油气管道全生命周期管理的综合信息平台，并建立输油气管道动态更新机制和有效的管理运行机制，面向油田公司以及社会公众，提供数据共享与交换、管控和决策支持服务，实现输油气管道信息的即时交换、共建共享、智能分析和动态更新，最终实现输油气管网的高效运营、有序建设和规范管理。

2.1　一大平台

构建以管理管网数据、服务管网应用为核心的智慧管网云平台，实现输油气管道互联网数据、机器数据以及业务数据全面集成，做到管道工程建设管理系统与管道完整性管理系统、管道生产管理系统的无缝衔接，利用自控系统采集的生产数据在信息系统中的深入应用，为生产管理经营决策提供准确完整的信息支持。只有将生产过程控制系统中的实时生产数据纳入信息系统，才能从根本上保证数据的及时、准确和分析的全面、可靠(见图2)。

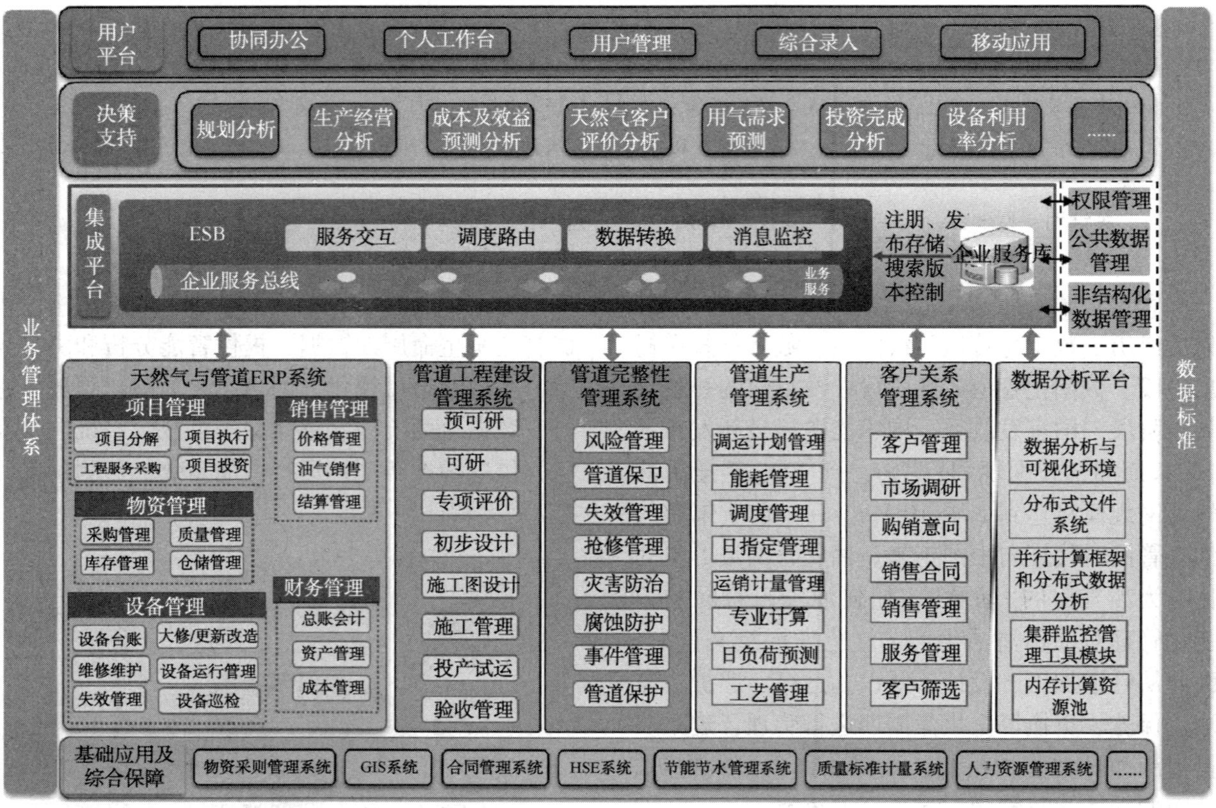

图2　智慧管网云平台架构

2.2　两大工程

“两大工程”分别是管道基础数据普查工程以及管道监测设备布防工程。随着输油气管道建设规模的不断扩大，管道基础数据资料存在不同程度的缺失及错误，尤其在服役时间较长的管线，数据资料失真更为严重。同时，管道监测设备的布防，是感知管道运行状况的重要手段，没有先进的管道传感网络，就无法为智慧管道的分析决策提供数据支撑，将会严重制约输油气管道的高质量、高效率的管理，给管道运维管理埋下安全隐患。

管道基础数据普查工程方面，首先收集管线可研、设计、采购、工程建设等档案资料以及所处外部环境资料，扫描数字化，对照标准进行数据分析；其次按照数据情况对资料进行分类，包括完整的、缺失的、错误的三类；最后，采用测量方法进行完善补充，加工入库，达到数据入库的目的。基础数据普查是一项繁重而复杂的工作，需要投入大量人力、物力、财力。

管道监测设备布防工程方面，首先对所有在役管线监测设备布防情况展开调查，根据管线实际运行情况以及所处外部环境，将布防情况进行分类，包括无布防监测设备的、布防监测设备不足的以及布防监测设备满足的；其次，对照调查结果，结合管线实际运行情况，对每条管线布防监测设备进行优化完善，确保管线运行监测、管线失效率监测、管线定期巡检等无死角、无盲区。

2.3　三大系统

“三大系统”是指管道工程建设管理系统、管道生产管理系统、管道完整性管理系统，全面支撑地下管线从可研、规划设计、报建审批、施工建设、工程监理、竣工验收、运行维护到报废替换的全生命周期管理应用(见图3)。

管道工程建设管理系统，主要实现对管道工程项目前期调研、设计、施工、验收等工程建设期的项目全过程管理，形成统一的管道归档资料。

管道生产管理系统，是油气管网生产管理统一平台，达到管道运行的自动化、智能化与可视化，全面支持油气集输业务，协同上下游管道管理单位，实现安全平稳高效油气集输全过程管理。

管道完整性管理系统，是基于管道运行风险管理理念，对管道进行完整性分析和评价，实现基于风险管道运行闭环控制系统，为管道运维提供决策支持。

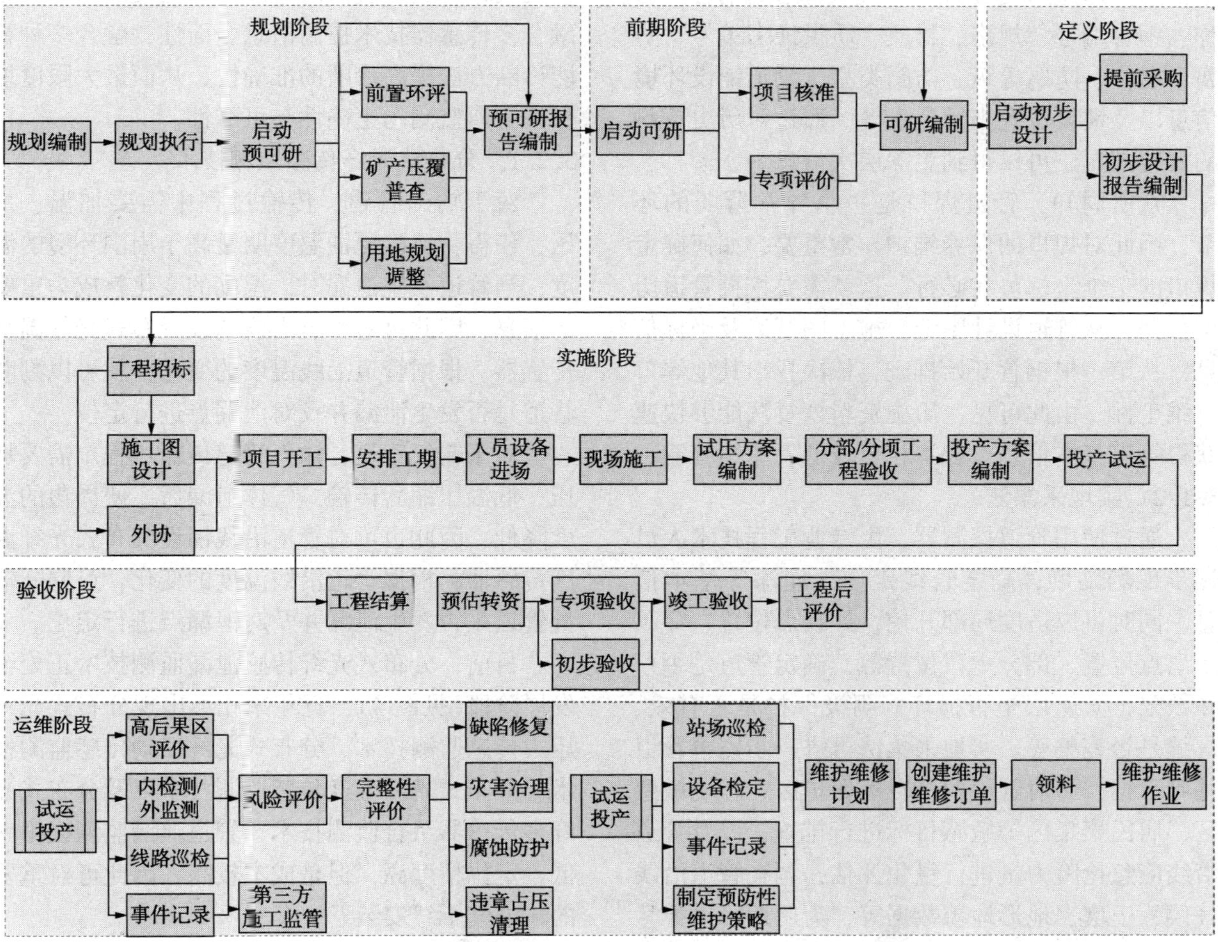

图3 管道全生命周期管理流程

2.4 四大体系

通过建立完善的管道管理、标准规范、安全保障及运营服务四大体系，保障地下管线信息系统健康、长效、可持续运行。

管道管理体系建立方面，主要是成立相应管道管理机构，完善管道管理相关制度，对管道可研、设计、工程建设、项目验收以及运行维护全生命周期进行管理，严格按照规章制度执行，确保每个环节稳定可靠。

标准规范体系建立方面，主要包含管线数据标准、数据标准规范执行两个方面。管道全生命周期内的所有数据必须有统一的数据格式，避免管道数据形成信息孤岛，导致数据缺失、错误等问题的出现。同时，对于智慧管道形成的标准决策数据，必须仔细对照生产实际分析，严格落实，确保管线平稳运行。

安全保障体系建立方面，主要包括智慧管道一体化平台的物理层、网络层、系统层、数据层以及应用层的安全，谨防不法分子利用平台漏洞，给企业生产带来不必要的损失。

运营服务体系建立方面，主要包含企业内部数据更新机制、协调管理以及企业外部协同技术支持，确保管线全生命周期内，各类数据准确可靠，决策支持智慧有效。

3　油气田智慧管道关键核心技术

3.1　管道基础数据方面

3.1.1　历史资料恢复法

油气管道从开始建设到投入生产运行，每个阶段都有标志性的文档资料，统称历史资料。历史资料是管道完整性管理的基础，囊括着管道基本信息。通过历史资料可以获取管道的钢管厂名称、钢管编号、规格、材质、质量证书编号、防腐厂名称、防腐等级、防腐类型、管道铺设环境信息以及铺设位置坐标信息等。通过对历史资料的深度挖掘，可以得到更深层次信息。

众所周知，管道焊口是一个异常薄弱的环节，因此对焊口的保养维护异常重要，如何确定焊口的三维坐标势在必行。这就需要挖掘管道历史数据，从管道设计图纸、施工图纸以及坐标信息，从第一根钢管开始排查，依次找出其他焊口三维坐标。由此可见，历史资料恢复法能够快速获得管道基本信息，成本相对较低，应用普遍。

3.1.2　实地采集法

通过使用管道探测器，由专业工程技术人员逐步现场踏勘，确定管线走向、埋深等基本信息，同时可以适度局部开挖，如拐点位置、穿越入出点位置、部分焊口位置等，确定管道是否存在缺陷、防腐层是否损坏、阴极保护是否有效、焊缝是否完整等。实地采集法可进一步完善管道基础数据，可对管道两侧自然保护区、环境敏感区、居民聚集区等敏感目标进行排查，以及管道沿线应急抢险力量进行量化评估，调查管道沿线气候、土壤、地形地貌数据等，为后期管道智慧云平台决策提供准确完整的信息。

3.2　管道在线监测方面

目前，国内外较成熟的管道在线监测技术有分布式光纤传感、负压波、次声波以及输量平衡等监测技术，形成了实时瞬变模型分析、统计分析以及神经网络分析等方法。但每一种技术、每一种方法均有其利弊。随着人工智能技术的进一步发展，管道在线泄漏监测技术的发展趋势将会融合多传感器技术提高信息全面性，融合多种智能诊断方法提高诊断的准确性，从而最大限度地保证管道监测的正确性与可靠性。

3.2.1　分布式光纤传感监测技术

对于输油管道，传输过程中需要加温、加压，使得管道内原油温度明显高于周围环境的温度，当管道发生泄漏时，温度的变化就成为重要的信息，因此可对管道沿线铺设分布式光纤温度传感器。根据管道沿线温度的变化，就可以判断管道是否发生泄漏并及对泄漏点进行定位。

对于输气管道，输气管道传输过程中需要加压、低温压缩后传输，气体泄漏后，使周边的温度降低，因此也可对管道沿线铺设分布式光纤温度传感器，根据管道沿线温度的变化，可判断输气管道是否发生泄漏并及对泄漏点进行定位。

目前，分布式光纤传感泄漏监测技术正处于发展阶段(见图4)，近年来相继出现分布式光纤压力传感监测技术、分布式光纤振动传感监测技术、分布式光纤温度传感监测技术以及分布式光纤多传感器组合监测技术，管道泄漏监测误报率低，定位精度高，但是成本较高，因此可对重要的输油气干线安装。

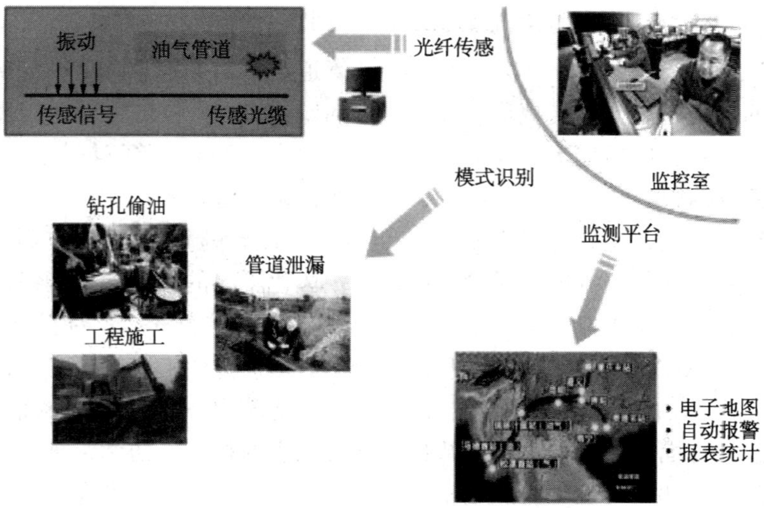

图4　分布式光纤传感泄漏监测技术

3.2.2　分布式多传感器融合监测技术

管道发生泄漏时，泄漏点由于物质损失，两端的流体均向泄漏点补充，这时由泄漏点向管道两端传播负压波以及泄漏产生的次声波，因此可通过监测负压波、次声波确定管线是否发声泄漏以及泄漏点的定位。同时，结合输量平衡法，可进一步提高管道泄漏监测的精度。但在实际运行中，该类方法受管线铺设地形影响较大，管道内部往往存在充满程度较低的管段，导致负压波、次声波无法及时传回至上下游站点，因此，分布式多传感器融合监测技术应运而生。

一般，将温度传感器、压力传感器、次声波传感器高度集成，沿着输油气管道，按照一定间隔距离进行安装，结合上下游流量传感器监测技术，实现综合性的分布式多传感器融合监测技术（见图5），并辅以压力梯度分析、模式识别、神经网络等信号处理方法，实现管道泄漏监测与精准定位。该种方法成本相对较低，可应用于大多数输油气管道。

3.3　管道失效率评价方面

管道失效率评价，对合理预测、安排和实施维护更换管道工作具有关键意义，通过对失效率数据的分析，可以对井站整体可靠性生产做可持续改进，同时改善管道运行的安全性和经济效益。随着人工智能技术与先进传感器技术的不断发展，国内外主流的管道失效率评价技术主要有人工智能管道机器人内检测方法及磁致伸缩效应缺陷外监测技术。

3.3.1　管道机器人监测技术

利用人工智能技术的管道机器人，利用油气压力在管道内穿梭，通过高精度漏磁检测技术，可获得并存储管道内壁腐蚀、缺陷信息，实现对缺陷的准确识别和精确定位；通过机器视觉技术，可直观反映管道内部结垢结蜡情况，同时依靠大容量数据采集、匹配处理技术，可在短时间内为管道出具一份数据全面的“体检报告”（见图6）。

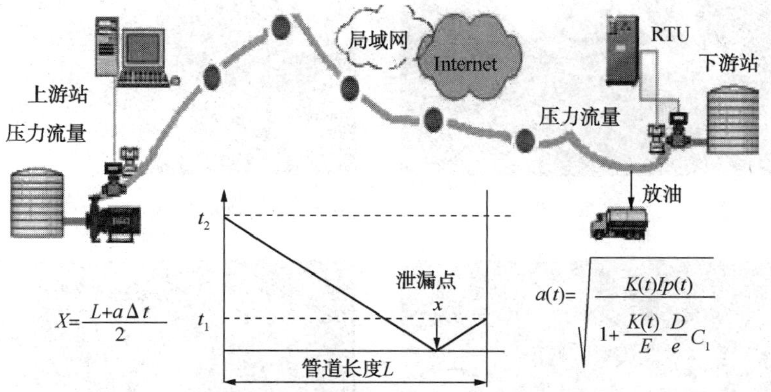

图5　分布式多传感器融合监测技术

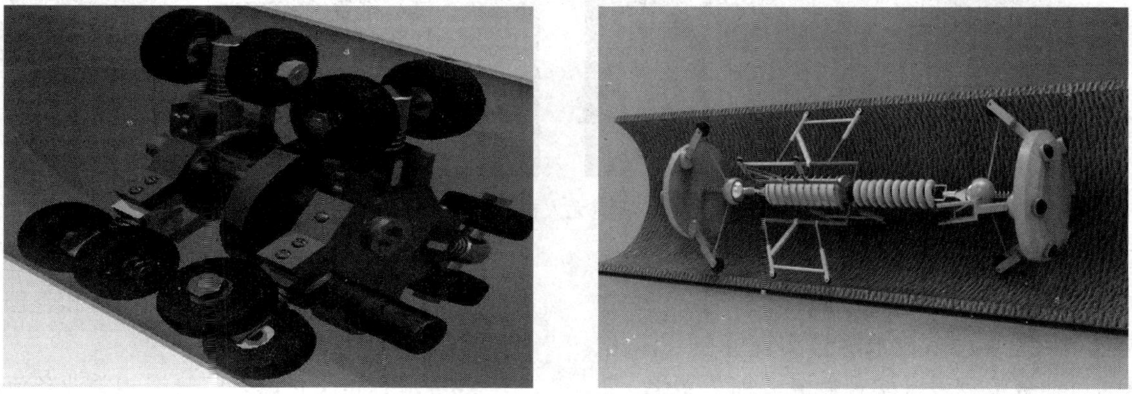
图6　管道机器人监测技术

3.3.2　磁致伸缩效应缺陷监测技术

根据铁磁性材料的磁致伸缩特性，铁磁性钢管在变化的外磁场中被激励时，其外型尺寸会发生变化，即产生磁致伸缩应变，从而在铁磁性钢管内激发弹性波。反过来，因为逆磁致伸缩特性，当弹性波沿着铁磁性钢管传播时，也可导致介质中磁感应的变化。

因此，在弹性波波传播过程中，介质各部分

均发生变化，介质磁导率也将发生变化，导致铁磁体内磁感应强度发生变化，而变化的磁感应强度必定引起检测线圈中的电压变化。通过测量电压信号，即可检测出铁磁性钢管中是否存在腐蚀、裂纹、破损等缺陷，这就是磁致伸缩效应在无损检测中应用的机理。可以简单地归纳如下：一是弹性波产生，基于磁致伸缩效应，即铁磁性材料在外磁场的作用下，其实际的外型尺寸将发生小的改变；二是弹性波检测，基于磁致伸缩逆效应，即铁磁性材料受到机械应力(或应变)时，其磁感应强度将发生变化(见图7)。

3.4　管道定期巡监方面

传统的人工巡检方法不仅工作量大而且条件艰苦，特别是对山区、河流、沼泽以及无人区等地的石油管道的巡检，或是在冰灾、水灾、地震、滑坡、夜晚期间巡线检查，所花时间长、人力成本高、困难大。此外，有一些巡检项目靠常规方法还难以完成。

近年，随着无人机技术的高速发展，无人机巡检被广泛应用于各行业的巡检工作中(见图8)。无人机具有成本低廉、方便运输、操作简便以及维护简单等特点，这些特点使得无人机很适合对石油管道的监测和维护。石油管道无人机巡检系统的投入使用，不仅可以省去耗时耗力的人工监测，而且巡线速度快、信息反馈及时，保证了及早发现问题及早修复，这样可以将损失减到最低。

图7　磁致伸缩效应缺陷监测技术

图8　管道无人机巡检技术

3.5　管道云平台建设方面

智慧管道云平台建设方面主要体现在三个方面内容：一是通过多技术融合实现管控一体化，二是通过业务流程设计实现业务流程定义化，三是通过人工智能、云计算技术实现分析平台化。

管控一体化就是将管道可研、设计、铺设、运维等技术与信息技术相结合，依托信息化、自动化手段实现管道业务流程从调度控制、生产管理、经营管理、决策支持等完整管理链条的整体贯通，将管道业务各技术领域及管理领域进行有效衔接，打通管道生产管理各个环节和管理层级的跨系统功能(见图9)。

业务流程定义化就是将管道相关业务流程设计纵向贯穿油气田企业，提高数据的准确性、完整性、及时性，扩大共享范围，提高各级管理人员的工作效率，通过业务系统的集成和数据交互，实现系统间的数据共享、流程贯通，支持形成物流全过程管理和资产全生命周期管理的业务线流程，实现业务线全过程的功能支持和效益分析，实现业务线整体优化和效益最大化（见图 10）。

分析平台化首先需要建立不断演进的数据分析平台，在大数据、人工智能、云计算等工业互联网理念下，实现数据分析平台的不断演进，能够高效率、高质量地处理油气管道工程建设管理系统、管道完整性系统的结构化数据。因此，分析平台需要强大的数据管理能力和丰富的数据分析手段，为油气田企业管道资源配置优化、生产平稳高效运行、风险防控等提供多维度分析支持（见图 11）。

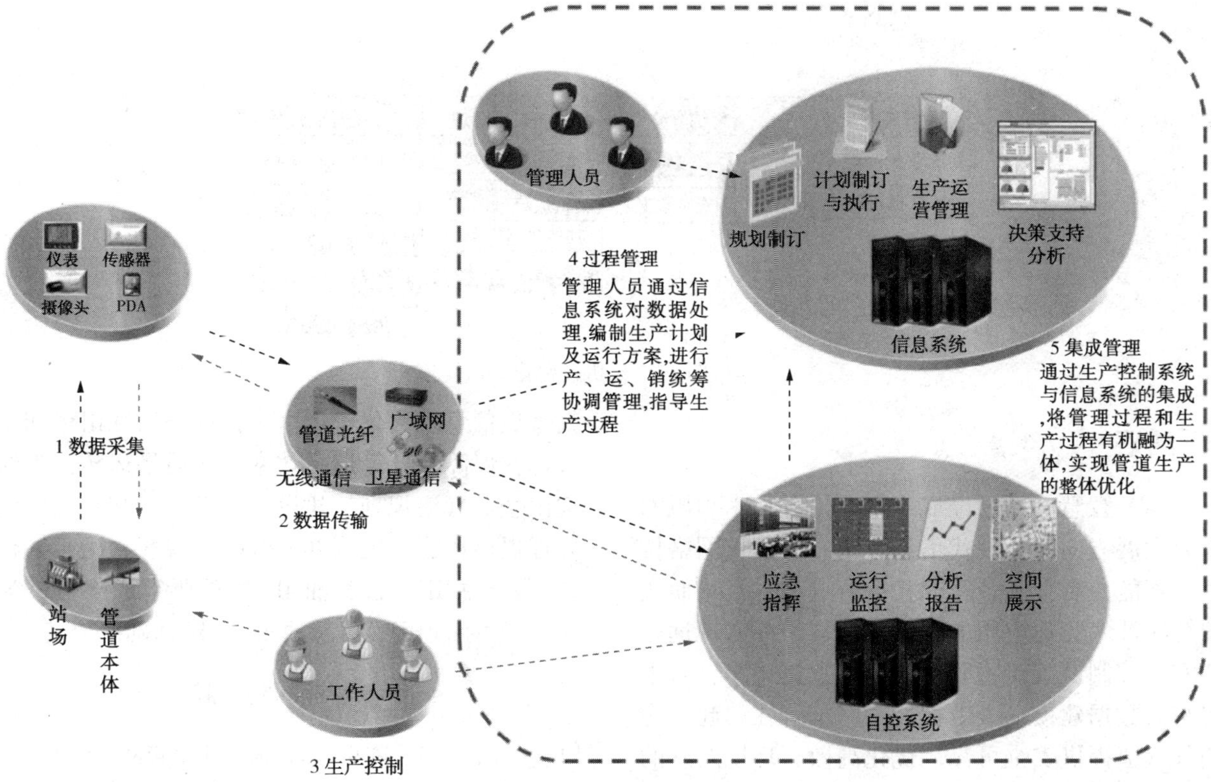

图 9　管控一体化

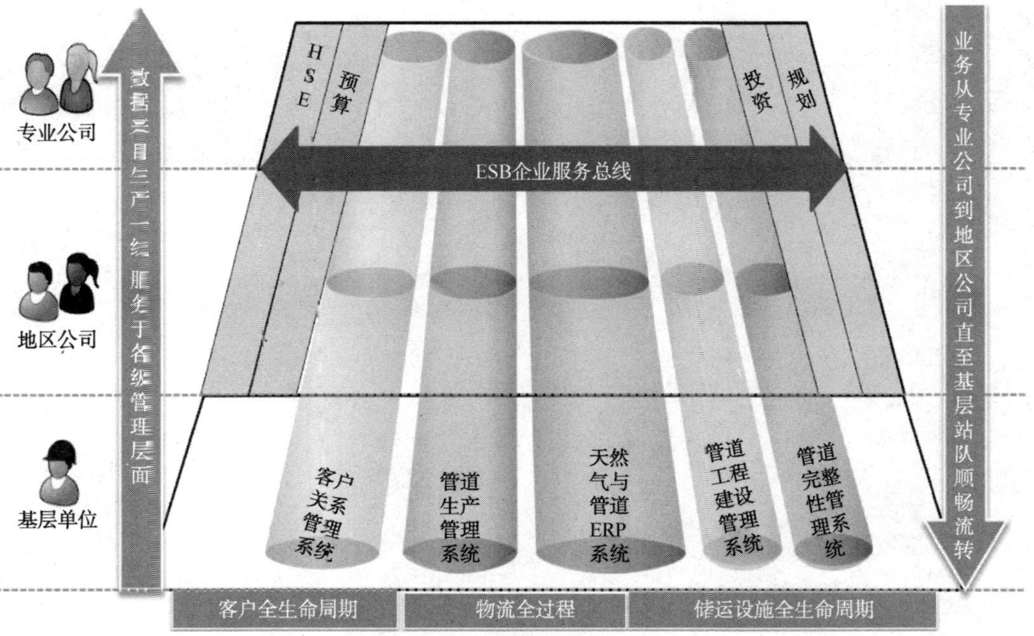

图 10　业务流程定义化

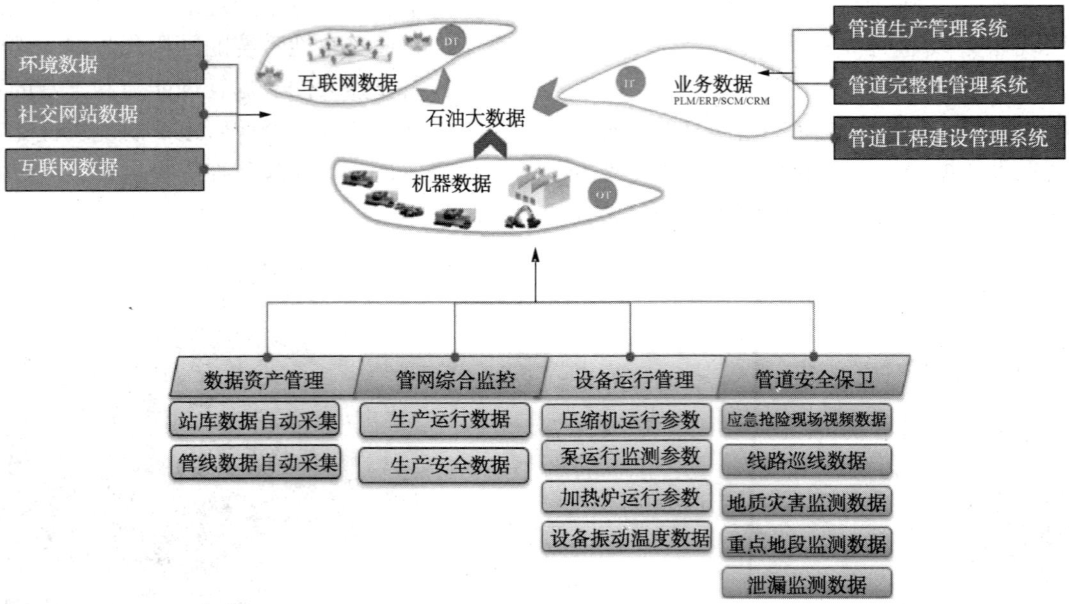

图 11　分析平台化

4　结语

（1）智慧管网已经成为管道信息技术领域的重要发展方向，是现代信息技术、计算机网络技术、智能控制技术及行业相关先进技术汇集而成的针对油气管道应用的智能集合，最终实现远程和实时控制及基于物联网的实时数据采集，未来将与大数据建模、人工智能紧密结合在一起，为油气管道提供安全可靠、优化高效、环境友好的运营服务。

（2）智慧管网云平台建成后将有利于提高油气管道信息现代化管理水平，促进油气田精细化管理；保障油气管道高效率、高质量运转；为油气田企业管道规划、建设、生产运行和紧急事故处理提供依据，提高办公效率。智慧管网云平台是"数字油田""智慧油田"的重要组成部分，为建设"数字油田""智慧油田"奠定基础。

参　考　文　献

[1] 赵印，姜涛，陈兵. 智慧城市排水管网云服务系统设计与实现[J]. 中国给水排水，2017，33(5)：99-103.

视频智能分析系统在油田的应用与探索

刘成龙

(中国石油长庆油田公司)

摘　要　随着科技进步，油田安全生产、中心站、无人值守井场需要，通过智能视频分析技术，将被动监视变为主动监视，将监视系统的事后分析变成事中分析和事前预警，将操作人员从繁重的监控工作中解脱出来，提高操作人员的辨别视频效率，将一般监控系统的事后分析变成事中分析和预警，提高视频监控系统的智能化水平.

关键词　视频智能分析；视频监控平台

1　高清视频监控平台的现状

中国石油长庆油田分公司第九采油厂现有视频1714个，其中站点视频458，井场视频1256、高清视频593、普清视频1121。管理全厂133座站点、889座井场，生产面积横跨吴起、定边两县。

全厂17座中心站，5个作业区调控中心。在传统的监控方式中，22个监控人员要监控1714个视频，平均每个人要监控77个视频，24小时抽油机、站点在运转。长时间监控造成视频疲劳，极易造成监控漏洞。在视频监控中引进智能分析系统，许多问题都能得到极大改善，监控视频智能分析无须人工筛选、分类和存储相关信息，遇到突发状况可直接反馈控制系统。

作业区级别对生产现场异常事件收集的报表电子化程度低，主要依赖手工抄写、电话汇报，无法做到对异常事件的实时响应。厂部管理层对生产现场的重要异常事件主要依靠作业区人工汇报，时效性滞后，无法达到对生产现场的实时动态感知。

2　智能视频监控平台应用的设计及优点

2.1　设计思路

通过视频智能分析实现对火焰、漏油、人员、闯入、动物、车辆、违章、网络状态等异常事件的实时监测分析识别，识别率达到90%；其中安全违章、劳保穿戴、接打手机、吸烟等事件识别率达85%。

告警预警事件分类、告警预警优先级划分、告警预警智能联动等功能需求满足实际工作要求，建成厂级生产现场安全违章管理平台。

实现对抽油机启停状态的判断与统计，不定期自动统计启停抽油机数量并生成报表。

作业区日常监控岗、安全监控岗对生产现场实现异常事件、安全事件实时掌握、实时处置；厂部对生产现场的重要事件实现动态感知。

2.2　分析原理

前端高清摄像机的视频传入智能分析服务器，中心服务器的智能视频分析将智能算法软件安装在服务器中，服务器对视频流进行图像分析和处理。

智能视频分析技术指计算机图像视觉分析技术，是人工智能研究的一个分支，它在图像及图像描述之间建立映射关系，从而使计算机能够通过数字图像处理和分析来理解视频画面中的内容。智能视频分析技术涉及模式识别、机器视觉、人工智能、网络通信以及海量数据管理等技术。视频智能分析通常可以分为几部分：运动目标的识别、目标跟踪与行为理解。

对发现问题的监控点，前后30min内的视频录像可以调出来，使用户能够在短时间内浏览完一段长视频而不遗漏重要信息。

2.3　技术优点

能够接入200路摄像头，轮循单个视频一次耗时1.8s；设计了摄像头重连机制，应对摄像头掉线、卡顿等情况；多线程写数据库，保证结果的实时展示；两级模型架构去除误检、重框等情况；设计共享内存缩短进程间通信的耗时；智能分析性在安全方面的应用。

发生原油漏油火灾事故，在发现小火苗时用了错误的处理方法，导致火势扩大到易燃物品上，最后造成严重后果，这就是监控不到位情况。如果视频监控到位，及时派人去协助处理，就能杜绝接下来的危害，抑或视频监控有分析能力，控制系统在监控时分析视频中的危险，在发现火灾隐患时发出警报或自动报警。

视频分析能够短时间内做出判断，在监控员离岗时，对一些突发情况分析后直接报警或发出警报，让一些可能构成严重问题的隐患得到及时解决。

3　智能视频分析技术

3.1　高并发实时抽帧技术

多线程取实时视频流，保存实时图片在共享内存中；加载目标检测模型，读取共享内存，处理后放入识别结果队列，读取识别结果队列，获取报警信息、检测结果图等，多线程写入数据库中。

3.2　视频AI智能分析技术

采用深度学习与传统学习相结合的方法，对静态目标、动态目标、行为目标进行识别论证，达到可靠的准确度要求，并实现报警信息的远程推送和处理。

传统扩充方法：仿射变换、概率采样策略、Simple Copy-Paste等。

生成对抗网络（GAN）扩充：训练一个GAN网络，通过学习给小样本数据集加上扰动来生成新样本。

采用元学习（meta-learning）方法：利用大量和目标任务相似的任务来学习一个元学习器（meta-learner），然后作用到目标任务上获得一个不错的模型初值，从而能够仅利用少量目标任务的数据对模型进行快速适配。

3.3　小样本速检反证技术

采用小样本模型速检与反证相结合的技术，经过图像增强和背景过滤后，对小样本识别目标进行快速检验，实现对报警数据的二次分析和校验。

4　视频智能识别范围

（1）漏油、偷油、着火烟雾、闯入、人员、动物、车辆违章的识别。

（2）把油区车辆相关结构化信息存入基础信息库。智能分析识别的车辆特征信息越来越丰富，通常包括有车牌、车牌颜色、车标、车身颜色、车型、车款等。

5　智能视频分析技术的管理及经济效益

（1）减少了现场排查隐患频次，降低了出车费用。

（2）兼顾监控岗人员工作量的同时降低了监控岗人员数量。

（3）潜在安全事件经济后果节省：视频智能分析系统部署完善后4s内即可完成两轮安全事件核查，极大地提升了安全事件的发现速度，减轻了安全事件造成的经济损失。

（4）违章管理成本节省：视频智能分析系统对违章内容的分类、统计、分析，为安全违章管理工作及改进方向提供了多维度的数据支撑，极大地减轻了目前安全违章管理过程中的费时费力费材料等高成本问题。

（5）大幅降低了监控员工作强度提高监控效率。

（6）经济效益：在大监控模式下，运行智能视频分析系统保障117座无人值守站、501座无人值守井场。

（7）中心站、调度室人员节约：原本需要2~3人才能勉强完成的安防监控工作量，在系统应用后1人即可胜任。16座中心站共计节约人员32人。5个调控中心节约人员2人，共计10人，全厂合计42人。每个中心站减人2个视频监控按人均长庆油田人均20万计算，节约费用840万元。

6　智能视频分析技术难点

（1）人的行为识别、抽油机频率，智能视频分析技术标准不完善。

（2）油田的智能视频分析行业欠缺一个标准化的概念。各厂商对智能化的定义出入较大，所以行业内应该有一个统一的标准，对智能化的概念做出明确的定义。这样有利于产业的规范，也同时达到了引导用户的目的，使用户能够更清楚地了解智能视频分析技术的应用。

（3）智能视频分析技术的准确率问题。智能视频技术目前只能用高清摄像头，准确率受视频源的质量、应用场景的影响较大。由于实际监控中摄像机的分辨率差异较大、应用场景比较复杂，短期来看，基于最新的深度学习的算法仍然无法从根本上解决算法对实际场景和摄像机分辨率的依赖。

（4）智能视频分析技术数据问题。近几年提出的深度学习算法需要依靠大量的标注数据，油田生产现场24h不停受到白天夜晚、地形、野外、管道穿跨越等影响，判断条件较多，采集判断数据复杂。

7 智能视频分析技术的技术探讨

（1）建立与生产现场喇叭联动，如发现漏油、偷油，可以通过声音在监控电脑客户端、喇叭处报警。

（2）针对识别抽油机的异常停转，需要针对单井和多井的现场进行验证测试。

（3）建立油田大数据智能分析模型与平台，加强系统智能，通过共享提高算法效率，深度学习，实现油田修井作业、运维作业、抽油机作业等油田作业全覆盖自动识别与分析，辅助油田作业垂直化管理、对安全隐患数据进行深度挖掘预测安全系数，对人员值岗数据分析优化人力资源分配。构建“实时性、多尺度、垂直化、整体化”智慧油田作业管理模式，提升油田生产作业区域智能化管理，降低管控成本，提高企业收益。

（4）通过智能视频分析技术，将被动监视变为主动监视，将监视系统的事后分析变成事中分析。

（5）摄像头前端智能分析，造价成本高，技术上根据实际应用场景进行自定义巡检研发。

（6）全景监控利用全景监控技术，整合多路监控画面进行无缝拼接，实现360°监控，打破传统监控低效率的多路画面切换模式，用于显示人员、车辆轨迹以及结构组成的实时统计并呈现出来。

（7）结合油田综合治理、高产井场、原油管道穿跨河流处图像，进行算法素材收集，提升视频排查效率。摄像头进行不同告警定制推送，监控画面根据实际操作，进行细化定制。

参考文献

[1] 郝俊祥. 智能分析系统在智慧油库中的应用[J]. 中国管理信息化，2021(21)：111-113.

视频图像智能分析技术在危险化学品装卸作业中的应用

叶丽丽[1]　张　新[2]　张　倩[2]　王　锐[1]　刘小明[1]

（1. 北京中燕信息技术有限公司；2. 中国石油化工股份有限公司北京燕山分公司）

摘　要　本文利用视频图像智能分析技术，对盖装卸全过程中的不规范行为和不安全因素进行实时自动分析识别、自动捕捉和自动报警，有利于解决上述问题。通过在企业的实践应用发现，该技术具有降低安全管理工作强度、提升安全管理工作效率和降低安全管理风险等效果，能为企业安全管理构筑安全壁垒，并具有极强的推广价值。

关键词　危险化学品；装卸作业；安全管理；视频图像；智能分析

当前，企业安全管理形势严峻，安全防范、安全监控与安全保护工作的紧迫性不断加大，安全技术防范工作需要强有力的科技支持与保障。在安全事故处理中，视频监控已逐步成为事前预防、事中处理、事后追查的有利手段，而视频内容的分析识别等操作需要人工识别，工作量大且容易出错。视频图像智能分析技术克服了传统监控系统人眼识别的缺陷，具备实时对视频监控范围内的目标进行检测跟踪的功能，并且把行为识别等技术引入监控系统中，形成了新的能够完全替代人为监控的智能型监控系统。

为了强化危险化学品装卸车环节的安全监管，规范危险化学品装车人员的岗位操作行为，确保危险化学品各环节的安全生产，依据相关法规、规章、标准的要求，对装卸车业务流程中的行为标准和安全因素进行图像化和标准化，在危险化学品装卸过程中，可以对操作过程的违章行为自动识别并报警，现场管理人员可以及时纠正违章，避免事故发生。

1　建设目标及设计理念

1.1　建设目标

实现危险化学品装卸车站台业务全流程风险可控，对不规范行为和不安全因素进行实时自动分析识别、自动定位、自动捕捉、自动报警，提升安全管理水平，降低安全风险。

1.2　设计理念及特点

（1）视频图像智能分析技术是使用计算机图像视觉分析技术，通过将视频中背景和目标分离进而分析并追踪到在视频场景内的目标。可以根据分析模型，通过在不同的视频场景中预设不同的规则和环境，一旦目标在视频场景中出现违反预定义规则的行为或环境，系统会自动发出警告信息，现场会自动发出声光报警并发出警示音，管理人员可以通过电脑或手机接收报警信息和报警图片，实现根据报警的实时场景采取相关管理措施。

（2）不改变原整体架构和硬件设施。在不改变现有工业视频系统整体架构、不改造现有工业视频硬件设施的前提下，利用现场布置的视频设备，通过大数据视频图像分析技术手段，快速捕捉、快速定位不规范行为和不安全因素，同时将报警及时推送至管理人员或所辖控制室，最大限度地降低企业损失，为企业提供安全科技防火墙。

（3）以业务流程为主线。通过对流程关键节点任务，如安全帽穿戴、监护人员定位全程监护、车前标识摆放、灭火器部署、车轮掩木摆放等，明确业务管理流程，对关键节点进行图像分析，及时报警，使安全管理得到有效管控。

（4）为安全监察提供支持。通过实时智能分析，违章自动识别并报警、问题自动定制用户推送，为安全监察提供新模式的监管手段，降低管理人员工作负荷，提高危化品装卸操作人员自律性，降低装卸作业过程安全风险。

2　技术路线

技术架构图如图1所示，整个系统进行技术

架构设计时，充分参考了中国石化信息化建设规划中的技术要求，依托安全管理平台的建设成果。

技术架构分为数据集成、数据识别及报警应用三个层面：一是异构数据源的集成：系统集成非结构化数据，即获取视频数据，处理成图片；二是对目标进行识别，将图片送入识别算法，得到识别结果；三是报警应用，系统根据业务流程和管理点，判断为报警后推送至用户。

在技术平台方面，采用分层、松耦合、可配置化的设计模式，搭建基础组件库，实现了系统的可配置、可扩展，实现了对多层技术平台进行集成，形成了面向企业分层设计的安全管理信息平台。

采用多级网络安全控制和用户统一管理方案，节省信息化投资，避免信息泄露问题，确保企业信息和数据安全。

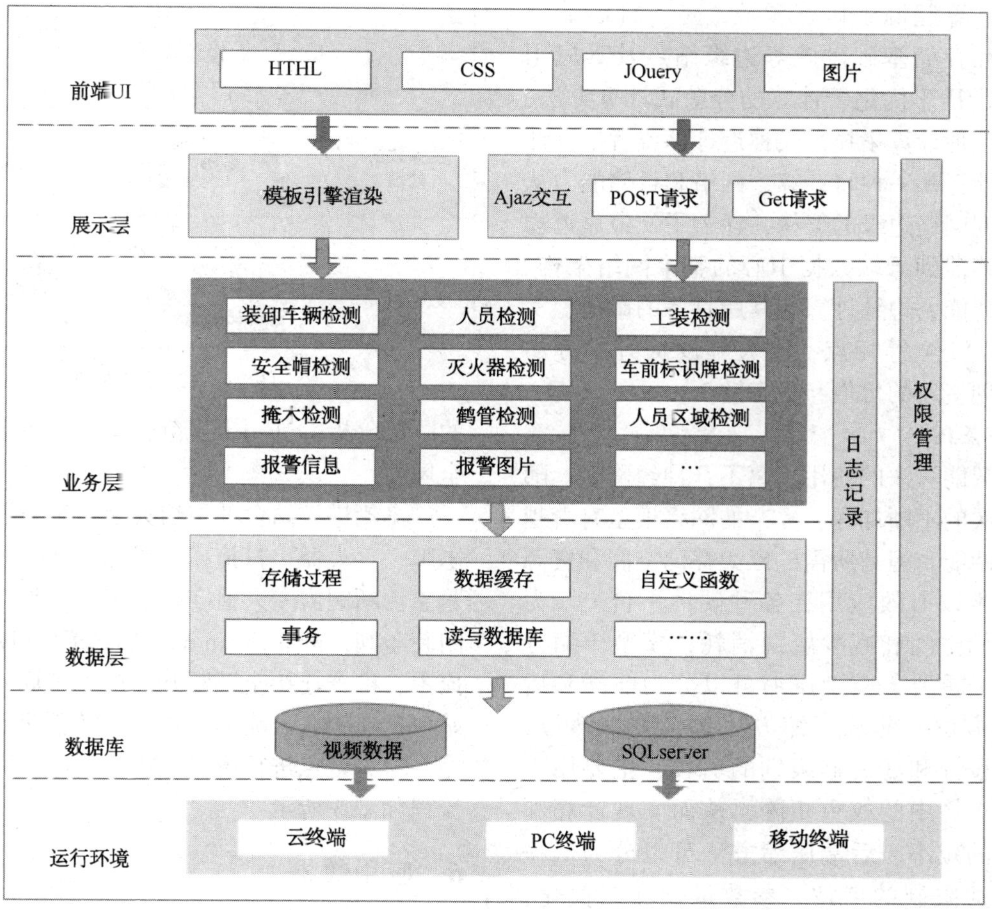

图 1　技术架构图

3　视频图像智能分析

在安全管理过程中，人工智能系统的使用，大大降低了安全管理人员的工作量，提高了安全管理的工作效率，降低了作业过程的风险，有利于公司的长期稳定发展。其中，视频图像智能分析技术用到的人工智能算法，主要包括目标检测、边缘计算和模型压缩。

3.1　目标检测

如今，目标检测趋于成熟，各种目标检测算法不断被提出，检测效果也越来越好。目前，主流的目标检测算法包含 one-stage 和 two-stage 两种方法类型。相较而言，one-stage 方法准确度更高，而 two-stage 方法速度更快。在系统设计过程中，在不丢准确率的同时，为了追求快速检测目标，方便进一步跟踪、识别和分类，选择使用较新的 SSD 算法。

SSD 算法是 2016 年提出的结合了 Faster-RCNN 算法和 YOLO 算法的一个优秀的目标检测算法。该算法属于 one-stage 方法，直接将整个目标检测过程整合到一个大的神经网络之中，从而实现快速目标检测。训练过程中，输入整张图片和检测目标的锚点框标签；卷积过程中，评估不同尺寸的特征映射中的不同位置、不同比例的默认框，并对所有默认框和目标类别进行形状偏移和置信度预测。在训练期间，确定默认框和真实框的对应关系，并相应地完成网络训练。

3.2 边缘计算

人工智能计算大体可以分为云计算、边缘计算、端计算三个层次。这三个层次在 AI 算力、实时性及计算通用性三个方面各有优劣。中间层次的边缘计算是新物种，算力远胜于端，对功耗的容忍度比端强很多；相对于云，其实时性更好，且可以结合具体场景进行特定优化。

边缘计算起源于传媒领域，是一种涵盖计算、网络和存储基础设施等边缘站点及其应用(工作量)的用于优化云计算的分散式计算方法，可描述为一种计算拓扑，又称近计算或者接近计算。边缘计算是一种将计算、网络和存储能力从云端延伸到网络边缘的架构，涵盖了从最靠近物的终端传感器到云端数据中心的整个网络架构。除了边缘智能，边缘计算因其所具备的敏捷、实时、智能、安全等特点，将大幅度提升服务质量，并会创造新的价值与生态链。

3.3 模型压缩

人工智能算法的使用，离不开神经网络。随着网络层次的不断加深，复杂的网络模型有着越来越好的性能，但其所需的巨大存储空间和资源消耗使其难以有效应用在各种硬件平台上。为了节省存储空间和减少资源消耗，模型压缩方法显得尤为重要。模型压缩可以分为前端和后端的压缩方法。前端压缩方法包含知识蒸馏、紧凑模型设计和滤波器级别的剪枝，主要用于稀疏矩阵运算中的权重矩阵，从而实现计算和存储开销的减小。后端压缩方法可以分为低秩近似、不加限制的剪枝、参数量化和二值化，通过极大改造网络结构的方式，追求极致的压缩比，达到理想的压缩效果。两类压缩方法在实际应用中可以结合使用，互补增益，最大程度地减小模型复杂度，节省模型存储空间，减少硬件资源消耗。

4 功能架构

系统整体功能框架如图 2 所示。包括视频获取、视频解码、图像识别、报警等多个功能模块，对不安全行为和不安全因素进行分析识别、实时报警，使安全管理更加行之有效。

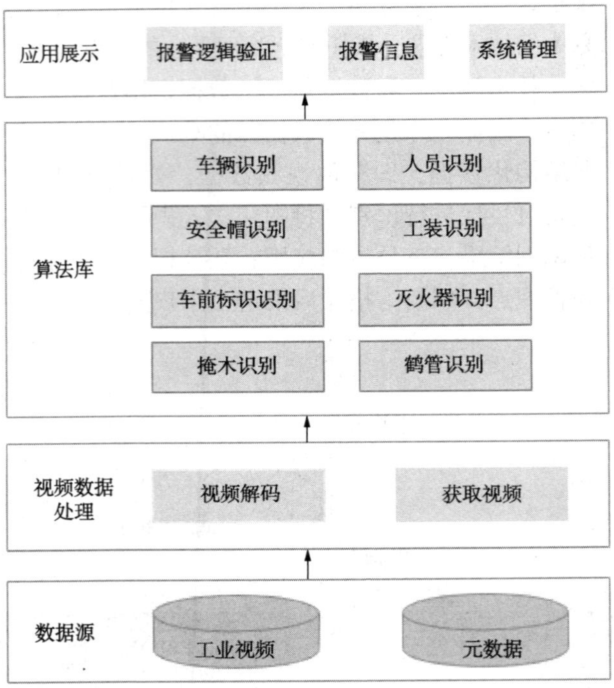

图 2　系统功能框架

5 业务流程

系统设计以业务流程为依据，实现关键环节的图像分析，进一步规范管理，防控关键环节安全风险。

车辆进入站台就位熄火后，车前摆放禁止标志牌、灭火器，打掩木，静电接地、连接鹤管、紧急切断阀需专人值守。装车后，收起鹤管，关闭装车阀，静止 5min 后，拆除静电接地，移除掩木，检查连接全部断开，检查车辆周边，驶离站台。在全业务流程过程中，随着业务的先后顺序，对关键点进行图像分析，具体识别分析报警流程如图 3 所示。

6 应用效果

通过智能视频图像分析技术的应用，促使企业取得了明显的管理效益、重大的社会效益和较好的经济效益。

(1) 规范了工作程序，降低了作业过程风险。通过视频分析、设计和整合了视频的信息与业务流程的关系，提炼出规范业务流程中规范行为和安全因素，引导操作人员正确操作，及时制止违章，避免事故发生。

(2) 采取信息化手段，实现安全管理全方位、全时段。系统的建设使安全管理的基础工作更加扎实，提高操作人员安全意识，减轻了监察人员的工作量，减少了作业过程风险，提高了工作效率，实现了实时分析、自动定位、自动捕捉、及时报警的效果。

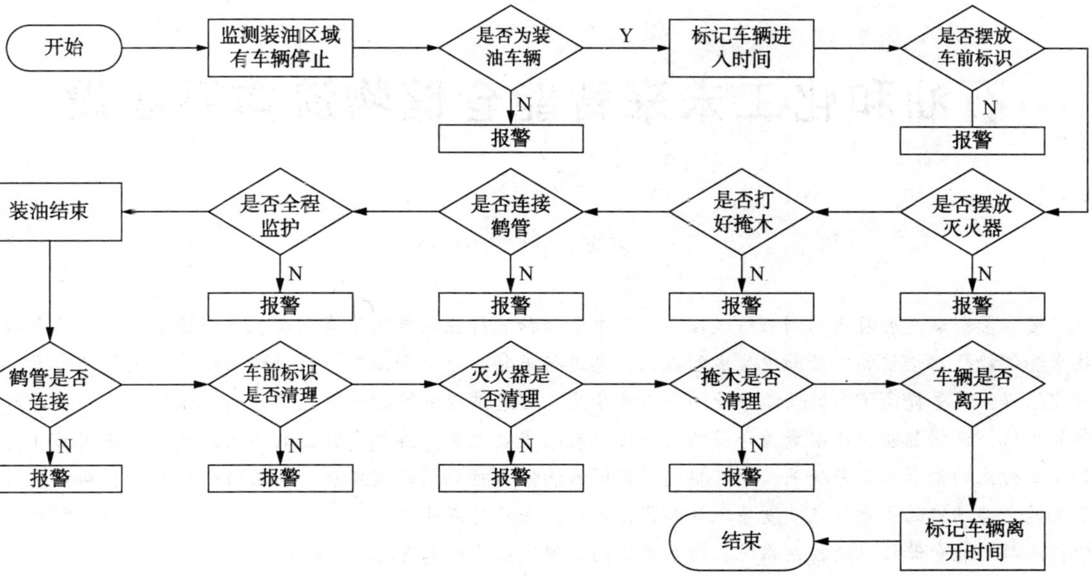

图 3　识别分析报警流程

7　结语

目前，系统运行初见成型，势必成为企业日常安全管理的综合应用平台的重要功能之一，为企业持续提高安全管理水平提供信息化技术支撑，为促进系统能够更好地在安全管理方面发挥作用，通过对技术的不断完善，将在企业现场直接作业环节、各种装卸作业、检维修作业中进行推广使用。

参　考　文　献

[1] 张贤达. 矩阵分析与应用[M]. 北京：清华大学出版社，2004.

[2] 吕伟，钟臻怡，张伟. 人工智能技术综述[J]，上海电气技术，2018(11)：62-64.

[3] 中国电子技术标准化研究院. 人工智能标准化白皮书(2018 版)[R/OL]. 2018.

[4] 贺倩，人工智能技术发展研究[J]，现代电信科技，2016，46(2)：18-21.

[5] Girshick R，Donahue J，Darrell T，et al. Rich feature hierarchies for accurate object detection and semantic segmentation. Proceedings of 2014 IEEE Conference on Computer Vision and Pattern Recognition[J]. Columbus，OH，USA. 2014. 580-587.

[6] Ren SQ，He KM，Girshick R，et al. Faster R-CNN：Towards real-time object detection with region proposal networks[J]. Proceedings of the 28th International Conference on Neural Information Processing Systems. Montreal，Canada. 2015：91-99.

石油和化工未来智能仓储物流体系建设

杨 文

（中国石油乌鲁木齐石化公司）

摘 要 新发展时代的到来给我国石油化工仓储物流行业的制造了有利契机，通过各种先进的大数据技术和智能化对仓储物流活动中生成的数据信息进行采集、分析和处理，为仓储物流管理决策的制定提供可靠依据，显著提高了仓储物流企业的核心竞争力。智慧供应链的打造更是为仓储物流行业的发展注入了勃勃生机，说明智能化已经成为仓储物流行业发展的重要趋势。再加上社会的不断发展，对我国石油行业和化工行业的需求也不断提高，同时推进了我国石油化工行业的蓬勃发展。本文将探讨和分析新发展时代下智能仓储物流的主要特点、发展现状和优化策略，并且对石油智能仓储物流管理系统的关键内容做出分析，讲解智能仓储技术的控制系统，该系统达到了现代物流技术飞速进步的标准。

关键词 石油化工；智能仓储；物流体系建设

面对着新发展时代的来临，仓储物流也发生了翻天覆地的变化，唯有采集时效性强的数据信息，深入挖掘信息价值，不断提高信息利用率，才能做出科学决策，保持良好的发展态势。仓储物流的发展前景必然会更加广阔和光明。可以说，新发展时代背景下加强对智能仓储物流的研究，大力推动智能仓储物流的发展已经势在必行。

1 未来智能仓储物流的主要特点

1.1 数据驱动

仓储物流中应用大数据技术，构建公共信息平台，可以为仓储物流企业之间的沟通与合作制造机会，优化资源配置，为企业创造更为可观的效益。同时，在仓储物流管理各个环节中运用大数据技术，实施数字化、信息化管理，通过数据分析可以明确当前仓储物流管理工作现状，制订更加优化的管理方案，以达到降低风险、节约成本和扩大效益的目的。数据信息在智能仓储物流发展中的应用价值将得以最大化的彰显出来。

1.2 信息联通

仓储物流管理是一项系统性的活动，涉及多个单位部门的协同参与。以往各单位部门之间各自为政的现象较为普遍，信息沟通不畅，给仓储物流行业发展造成了阻碍。新发展时代下，新技术、新模式在仓储物流行业中的广泛应用，打破了空间地域的界限，使得数据信息的传递更加便利高效，仓储物流管理服务水平也有了大幅度提高，能够充分满足客户的个性化需求，更易于获得客户的信赖，为智能仓储物流的发展奠定了坚实的基础。

1.3 人工智能

人工智能赋予机器人类似人的思维方式，将一些烦琐的工作交给机器人来完成，有利于降低人工成本、提高仓储物流管理效率。例如，在货物分拣和配送环节中使用这种新型方式，运用智能化仓储物流管理系统向机器人下达指令，其可以 24 小时不间断地作业，主观因素引起的失误问题也会明显减少，推动了智能仓储物流的发展进程。

2 未来智能仓储物流发展现状分析

因为当前阶段的仓储物流智能化技术并非十分完善，以致智能化技术在仓储物流业当中的使用率较低。再加上目前阶段的企业技术的持续改进，大部分仓储物流技术在实际发展中存在许多问题。首先，对于仓储物流管理相关标准不完善，在标准的建设上存在滞后性，并没有对该项工作予以足够的重视，影响了仓储物流行业与其他领域的合作，影响到了智能仓储物流的健康发展。其次，智能仓储物流平台建设滞后，平台功能不够完善，将会影响到智能平台作用的发挥，在仓储物流管理活动中容易出现各种突发性问题，使仓储物流企业投入的成本更多，效益也会受到一定程度的损害。最后，现代化技术运用匮乏。现代化技术手段在智能仓储物流企业中的应用比较匮乏，限制了智能仓储物流的发展脚步。还有部分仓储物流企业管理者担心经营管理模式的变革会增加企业的风险，这就削弱了企业的市场竞争力，导致智能仓储物流发展受阻。

3　未来智能仓储物流发展优化策略

3.1　完善相关标准制度

标准制度的建立健全可以指导智能仓储物流行业规范化、科学化发展，使之能够把握好新发展时代机遇，不断攻克发展难题，规范市场秩序，提高现代信息技术与大数据技术的利用率，智能仓储物流供应链也能得以早日建成。根据我国国情国策，结合智能仓储物流行业发展情况以及智能仓储物流发展要求，汲取发达国家的实践工作经验，应对现有标准制度进行补充，完善信息标准，助力智能仓储物流平台建设，协调好相关行业产业的关系，将给智能仓储物流行业与其他行业之间的深度合作创造有利局面。地方政府应做好监督管理工作，利用智能仓储物流平台实时动态的监控物流管理活动，针对智能仓储物流发展中出现的各种问题迅速做出反应，进一步优化智能仓储物流管理流程，打造素质高、能力强的智能仓储物流管理人才队伍，增加从业人员与岗位的契合度，使他们在智能仓储物流发展过程中贡献最大的智慧和力量。

3.2　建造无人值守智能仓库

无人值守的仓库是利用智能化的管理方法替代以往的物资仓储与出入库管理，能够减少仓库管理费用，加快管理效率。利用对 AI 人脸识别系统的采集实现对出入库人员的智能识别与记录；凭借 RFID 技术对该仓库货架进行实时定位监管，还能够智能地认识与登记出入库的物资情况，整合出入库人员的记录数据与通过 RFID 物资的识别结果，将人员与物资仓储状况绑定在一起。无人值守的智能仓储在以往仓储的前提下，还设置了人脸识别的门禁、智能化的存储平台、安防监管等设备与配套系统，这种系统还能自动对人员、时间、物资配送(货物类型、数量、规格)的仓储出入实施智能化管理，实现仓储物流的无人值守管理。

3.3　完善智能仓储物流基础设施建设，提高智能仓储转运能力

智能仓储物流的关键特征主要是“智能物流”而并非仓储，对于智能物流仓储来说，它作为一个短暂的过渡期间，通常以短、快、准作为服务特点，向有需要的客户提供优质的服务。在通常情况下，智能仓储物流在物品的送达时间快、商品的综合性高，相同标准下的价格更合理，并具有较好的服务态度。智能仓储物流要想满足客户相关的基本要求，第一步就是需要加强物流的基础设施建设，要达到物流的飞速转运，通过智能化技术与设备优化增强物流的装运自动化性能，实现货物在仓储的智能化和装卸搬运过程中最大限度地缩短时间，并确保商品可以在最快的时间内满足客户的需要。在物流转运中体现智能化，不但提高了自动化的程度，并且降低了工作人员的作业强度，装运的时间更短，也提高了物流的整体效率。例如 AGV 智能搬运车的使用，该设备作为现代智能仓储物流自动化程度最高的一种搬运设备，凭借着较为稳定的升降、坚固耐用、智能化程度高的特征，深受物流企业的青睐，是智能仓储物流中最好的助手。

3.4　投入更多的智能化设备

智能仓储物流企业作为市场主体，运用的技术手段和管理模式将会对智能仓储物流发展产生决定性的影响。在新时代背景下，智能仓储物流应该主动适应全新的市场环境，明确发展智能仓储物流所需技术和设备，加大资金资源投入力度，将设备、机泵、配件、仪表类、电器类、阀门、弯头、法兰等设备予以引入，建立智能仓储物流管理平台，实现智能仓储物流管理服务的转型升级。例如，大数据、云计算、物联网等技术都是物流企业运营管理不可或缺的，可以促使智能仓储物流平台功能更加多元化，充分满足智能仓储物流管理服务需求，减少资源损耗，使无人值守仓储、无人配送仓储的理念得以实现。对项目的物资进行存储时务必进行集装化、单元化、标准化施工，这样才能增加空间利用率，降低作业次数与货损，防止出现配套偏差，并且能够协助各种货物实现精准运输，增加物资的周转速率。然后，仓储中的包装与流通生产也会逐步朝着操作自动化、装载标准化与包装规范化前进。在将来的仓储中，需要重视包装在仓储中的功能，按照社会生产所需的进步方向，在仓储中的流通加工与二次包装会进一步优化。仓储不但在分装、装配、运输环节应该进行包装作业，而由于生产渐渐往多批次、小批量的趋势发展，物资

也形成了相应的多品种、少批量、多批次、周转快的全新标准与发展目标。而在该趋势持续扩大发展的基础上，各种新型的包装设备将在仓储管理中取得广泛运用，物资的装卸搬运施工也朝着自动化、智能化的趋势前进。

3.5 加强石油和化工企业的智能仓储物流管理

物资库存管理也是仓储物流管理的主要内容，要想优化和完善管理措施，就必须在管理中加强"石油化工企业生产物资库存的可视化信息管理系统"的应用，这样才能更好地促进石油化工企业生产物资的查询效率与精准度。在实际管理中，主要是加强这一系统作用的发挥。石油化工企业生产物资库存可视化信息管理系统主要包含物料管理、入库业务、出库业务、库存物资管理四个方面。但是要想促进仓储物流管理水平的提升，就必须结合石油化工企业生产的特点及其存储物资的危险性较强，所以必须在安全管理方面加大力度，才能更好地满足实际生产的需要。尤其是在应急物资库存方面的管理，需要结合物资生产工艺设备，针对性地采取技术，并对物资应急采购与仓储物流管理制度进行优化和完善，这样就能确保石化生产过程中所需的物资可以及时地配送到现场，避免安全事故。尤其是石油化工生产中的原材料，必须在确保其质量达标的前提下才能用于生产，并在智能仓储物流管理中加强对物资的质量保证，避免由于物资保护措施不当而对材料质量带来影响，尤其是必须加强一些成品物资的质量保护措施，才能有效确保石化产品在销售业绩得到提升。对于长期存储的石油化工产品，极易出现变质的问题，不仅要加强对其原材料的保护措施，而且要加强对其成品的保护措施，才能更好地优化其生产价值。

4 我国石油化工仓储物流发展趋势

4.1 智能仓储物流集聚化

在石化智能仓储物流园区中，主要根据相关的智能仓储物流服务设施来尽量实现降低智能仓储物流成本，提高智能仓储物流效率的目的。一个发展完备的石化智能仓储物流园区主要是由智能仓储物流相关信息、智能仓储物流作业处理对象、智能仓储物流技术手段、智能仓储物流设备以及组织金融机构等共同组成的，而且石化智能仓储物流园区还可以根据智能仓储物流企业的集中特点，使石化智能仓储物流产业适当地集中起来，同时还能够提高不同企业之间的信息共享和基础设施共享，有利于提高整个石油化工智能仓储物流园区的服务效果。另外还要加强石油化工智能仓储物流园区的建设，这样也有利于相关智能仓储物流运输供应链的统一管理。目前，我国现代石油化工智能仓储物流产业的发展趋势正在逐渐朝着产业化、系统化、信息化、标准化、全球化的方向发展，这样不仅能够提高使用化工企业内部对社会经济资源的合理优化配置，还能够进一步降低自身企业的成本费用，通过有效的设备和信息共享能够对产品的质量信息和运输情况进行及时的监控和管理，有利于提高整个石油化工企业的产品质量和服务效果。

4.2 智能仓储物流联盟化

随着智能仓储物流产业在当前社会的不断发展，石油化工智能仓储物流联盟的产生是必然的。石油化工智能仓储物流模式是石油化工公司智能仓储物流产业发展中的重要发展趋势，而且在石油化工智能仓储物流中具有十分重要的作用。通过石油化工智能仓储物流联盟，能够将石油化工产品的运输、生产、信息、智能仓储等工作形成一个统一的流程，从而形成一个第三方智能仓储物流网络系统。在一般情况下，石油化工智能仓储物流联盟主要是由多家同地和异地的各类运输经营者、企业共同构成的智能仓储物流服务联盟，另外一种是由石油石化智能仓储物流企业和石油石化营运企业之间统一构成的一个一体化联盟。

4.3 智能仓储物流一体化

为了进一步推动石油石化资源的供应，政府应该从战略层面对石油石化资源进行统一规划和管理，并且建立一个统一的智能仓储物流管理平台，保证将所有的石油石化智能仓储物流企业都能纳入监管范围内，保证石油石化资源在存储运输等作业过程中进行严格的智能监管控制。另外，为了加强石油石化智能仓储物流管理体制的建设，政府还要对石油石化企业内部各个部门的职能进行明确的了解和整合，保证能够对石油石化行业智能仓储物流产业的有效管理。

5 结语

总而言之，新时代背景下，智能仓储物流有

着无限广阔的发展前景，加强对智能仓储物流发展现状的分析，制定行之有效的优化策略，可以扭转当前智能仓储物流发展不利的现状。地方政府应完善相关标准制度，而物流企业应加强物流管理人才培养，引入先进技术和设备，打造功能齐全的智能物流平台，提高信息和资源的利用率，促使物流管理活动的开展更加公开化、透明化。此外，物流企业还应与上下游企业之间建立长远稳定的合作关系，进而获得丰厚的效益回报，稳定立足于市场之上，实现智能仓储物流的可持续发展。

参考文献

[1] 谷全海. 论如何做好石油化工企业物资仓储管理工作[J]. 现代经济信息，2019(05)：77.
[2] 张少青. 石油化工企业的仓储物流管理措施优化探索[J]. 商情，2018，000(008)：153.
[3] 张卫卫. 新基建时代下智能物流创新策略研究[J]. 江西电力职业技术学院学报，2020，33(02)：150-151
[4] 李广智，张宾，高亚斌，等. 探究新基建时代智能物流的优化策略[J]. 中国新通信，2019，21(17)：104.

基于三维地理空间信息的企业数字孪生

李明鲁

（中国石化齐鲁石化公司）

摘　要　在三维空间地理信息基础上，深度融合企业现有业务数据资源，整合企业业务应用系统，通过数据可视化建立多场景协同管理机制，创新人机交互方式，在企业生产经营、安全环保、事态感知、应急指挥等领域进行数字孪生赋能。

关键词　GIS；BIM；地理空间信息；数字孪生

当前，通过数字化技术进行赋能，促进供应链协同、产业价值链最大化，已经是炼化企业的共识。其目标非常具体和明确，但实现过程却没有固定的模式和方法。企业三维地理信息作为企业数字化转型过程中最基础的底层平台，与企业各种信息资源、海量大数据深度融合，在赋能智能化工厂和数字孪生中成为"数字底盘"，目前是国内外智慧城市、工厂和园区建设的发展方向。

齐鲁石化公司在建立统一三维地理空间框架基础上，通过开发空间和非空间数据关联中间件，实现涵盖基础地理空间信息"一张图"和多种业务数据"一套数"的融合，基于一张三维基础地理底图叠加多种业务数据，实现整个企业业务数据的可视化，最终向各业务部门提供统一的共享服务（数据服务、地图服务、功能服务、专题服务等），形成以数据共享、业务协同为目标的带图决策创新管理模式，赋能公司生产经营迈上新台阶，提升新水平，开创新局面。

1　背景和目的

集团公司"十四五"信息化发展规划中，把健全中国石化数据治理体系作为一项重要的基础性工作。长期以来，信息化建设中产生的海量数据，数据标准不统一、共享机制不完善、业务数据不透明，导致数据产生鸿沟难以发挥价值。其中企业对于地理信息和业务大数据跨专业应用需求越来越强烈，对业务数据可视化服务越来越紧迫。一般商用地图上缺失企业地理信息数据，精度和维度也达不到厂区、装置甚至设备级别的数据标注要求，因此建立企业高可靠、高速率、高分辨、具有丰富标注数据的地理信息模型，是目前企业众多业务数字化的迫切需求。

建立企业地理信息基础模型，其目的：一是作为基础平台为公司信息化、数字化业务提供地理信息支撑，与企业各种信息大数据深度融合；二是逐步实现与企业信息化应用集成和数据共享，成为全公司范围内视频监控、实时数据、作业电子票、操作报警等信息系统数据的地理底图展示门户，实现厂区安全生产数据"一张图"；三是为公司各级指挥中心、集中控制室大屏和各种平面媒体提供展示和宣传新场景。最终在企业生产经营精细化、智能化管理方面提供数字孪生的创新模式。

2　方法及技术构架

齐鲁公司企业三维地理空间数字化综合信息平台建设内容主要包括：一是创建面向服务和共享的三维地理信息平台；二是通过测绘、建模和数据共享，完善一套数据格式规范标准、数据内容丰富精细的空间基础数据库；三是将三维模型数据以服务的形式共享发布，与企业各种业务系统数据深度融合，实现齐鲁公司"安全生产一张图"的设计规划。系统建设过程中的地理元素、应用数据接口采用可扩展的共享模式存储和发布，确保系统建设模式可复制，便于推广。平台架构模型如图1所示。

2.1　创建面向服务和共享的三维地理信息平台

2.1.1　服务式开发平台

基于跨平台云GIS应用服务器，具有二三维一体化的服务发布、管理与聚合功能，提供多层次的扩展开发能力，采用面向服务的地理信息共享方式，构建齐鲁公司GIS专有云平台。

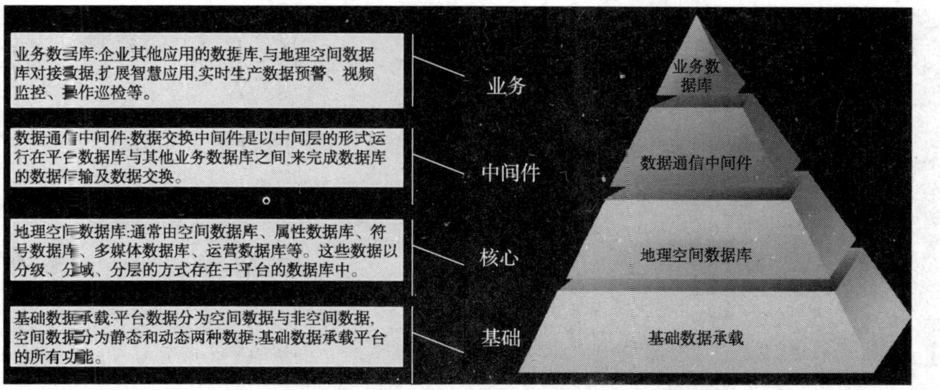

图1　平台架构模型

2.1.2　插件式桌面发布

采用SuperMap iDesKtop插件式桌面GIS平台，具备二三维一体化的数据处理、制图和分析等功能，支持访问在线地图数据服务，支持发布数据服务到Web服务器，支持.NET环境的插件式扩展开发。为齐鲁公司各种应用数据基于三维地理空间的发布、嵌入和调用提供了强大的软硬件系统支撑。

2.1.3　二三维数据一体化

二维与三维在数据模型、数据存储方案、数据管理、符号、可视化和分析功能的一体化，提供海量二维数据直接在三维场景中的高性能可视化，突破了单纯的三维只能查一查、看一看的瓶颈，推动三维GIS升级为面向业务管理和辅助决策的深度应用。

2.2　建全标准化、规范化和精细化的空间基础数据库

在项目设计中，为保障项目能够作为基础性平台，与业务系统融合和扩展，充分考虑了通过建立业务与地理空间对应数据库，采集，整理、入库为符合业务需求的地理信息数据。从数据的类型、有效管理以及数据安全的方面考虑，将本项目中所涉及的基础地形图数据、三维数据、空间专题数据采用Oracle+SuperMap SDX+的模式，按统一标准、统一坐标、统一格式的方式存入Oracle数据库管理。

2.2.1　三维地理信息建模

采用无人机倾斜摄影的方式建立三维数据，覆盖全公司区域面积30km²。获取符合建模要求重叠度的航空影像进行预处理，导入Smart 3D Capture软件系统，进行三维模型生产。

2.2.2　发布地理信息WEB服务

为了保障作为公司基础平台的数据兼容性和响应效率，系统将模型数据进行了三维缓存的生成，可以将包括空间地理信息数据在内的多种来源的数据发布为服务，极大地优化了地图调用和渲染效率。

2.2.3　与业务信息对的地理空间信息应数据库

对厂区专题业务数据(如视频监控点、重大危险源、操作巡检点、电子作业票等信息)进行矢量化，与地理图层信息建立对应数据表，形成能满足安全生产一张图底层数据的敏捷抽取调用能力

2.3　业务数据可视的一体化集成

依托于强大的GIS引擎，开发平台的系统框架，分为数据层、服务层、客户层。将外业数据进行三维数据发布，优化三维切片缓存的加载方式及加载顺序，实现低配置高性能的三维数据加载，并对内页数据(各应用系统的实时数据、生产数据等)进行整理和数据分类建库，优化数据结构。

服务层采用点到点隧道传输的思路，开发专用数据接口，实现各类数据的隔离加载，并建立各类数据应用系统至平台的专用加载通道，实现低延时的海量数据加载，并将数据及底图全部整合至GIS引擎中，进行发布。

在客户层基于浏览器网页的形式将资源可视化展示子系统和全景展示子系统进行可视化的展示如图2所示。

2.4　形成“一张图”和“一套数”安全生产全景

按照公司不同业务需求，分别通过配置实现资源可视化模式(PC版)和全景综合展示模式(大屏版)。资源可视化模式(PC版)，包含数据资源目录、地图浏览、数据资源检索、数据资源查询交互等功能，形成业务数据“一套数”。全景综合展示模式(大屏版)，主要围绕现场安全

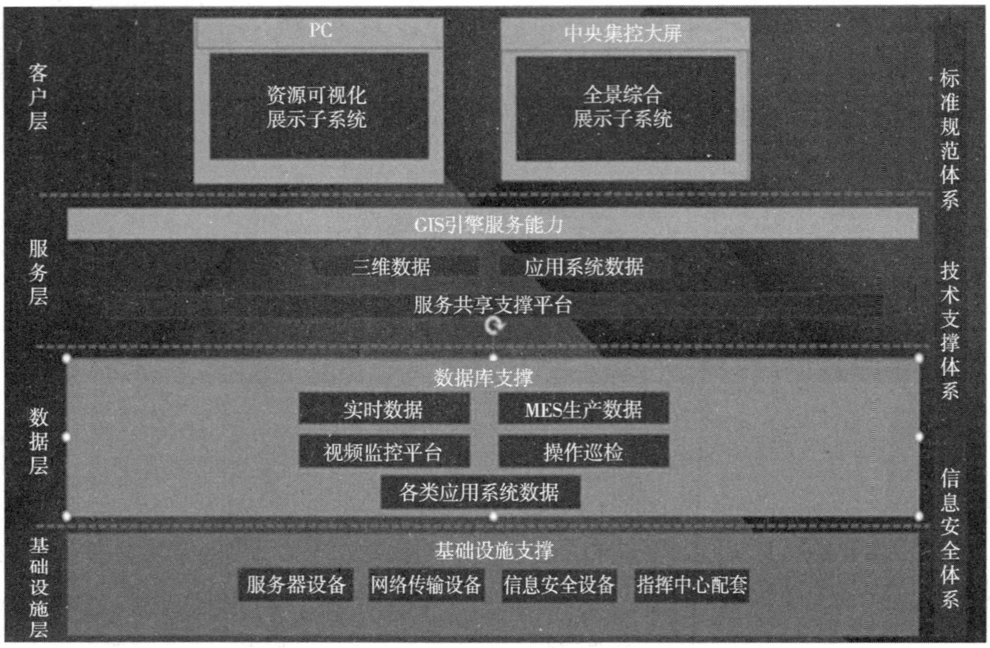

图 2　平台数据和技术框架

生产实时场景，以公司厂区的生产信息和环境要素为基础进行模拟巡检、操作报警等进行全景总览，实现安全生产“一张图”。目前，齐鲁公司已经在生产实时数据、操作巡检、视频监控、电子作业票等业务与地理信息系统融合，赋能业务创新管理模式，实现安全生产大数据的可视化。

生产实时数据与告警赋能：基于时间、空间、数据等多个维度，实时显示主要装置生产运行参数，为各类告警事件建立阈值告警触发规则，提前进行可视化预警告警，减少生产波动。自动监控各类告警事件的发展状态，同时推送信息至应急指挥平台和通信平台(见图 3)。

操作巡检和现场作业赋能：操作巡检是炼化企业装置“长满优”运行的最重要保障。通过将巡检点、巡检线路与三维地理信息平台融合，动态掌握公司各装置巡检情况，解决了人工巡检漏检和数据不及时上传等问题。与电子作业票系统进行数据关联，实时感知全公司现场作业情况(见图 4)。

视频监控平台集成联动赋能：支持深度集成海康、大华、宇视、华为等主流视频平台，AI/AR/鹰眼/高点/云台/IVS 等视频监控系统应用，在三维态势地图上标注摄像头对象，并关联其视频信号源，可以通过在地图上点击、圈选等多种交互方式，调取相应监控视频，为各级生产安全监控人员提供技术支撑(见图 5)。

图 3　生产实时数据与告警赋能场景

图 4　操作巡检和现场作业赋能场景

图 5　视频监控平台集成联动赋能场景

厂区装置资产单体化管理赋能：与资产管理系统深入融合，形成账、物、图统一的大型资产带图管理模式(见图 6)。

厂区公共安全管理赋能：三维平台通过与门禁系统数据同步，为整个厂区人员出入、边界管控、人员定位等提供地理信息支撑，提升公共安全管控能力和水平(见图 7)。

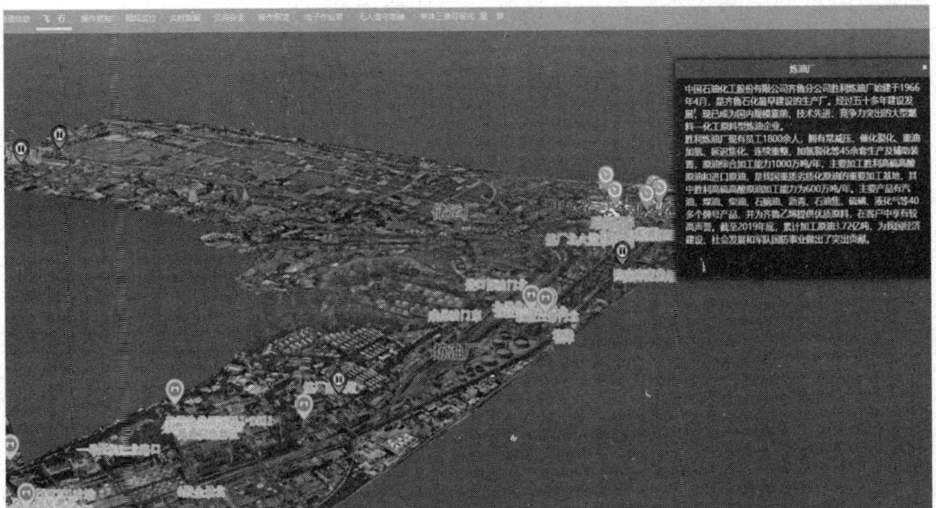

图 6　厂区装置资产单体化管理赋能场景

图 7　厂区公共安全管理赋能场景

3　主要成效

3.1　以平台推动应用发展，以应用完善平台建设

通过建成齐鲁石化空间地理信息基础平台，向公司各应用系统提供地理空间数据服务和应用服务，以共建共享的方式推动齐鲁石化的大数据综合利用。同时通过这些应用的建设进一步丰富平台的数据资源和应用功能，最终以滚雪球的模式探索齐鲁石化数字化转型路径和模式。

3.2　提升核心竞争力，实现技术与管理创新

空间地理信息基础平台成为整个齐鲁石化全厂的地理空间数据共享与应用服务中心，提升公司数字化基础平台服务和支撑能力。例如，飞行巡检等功能为公司各生产厂集中控制室大屏展示提供沉浸式操控体验，属于中石化系统内首次实现，实现三维地理信息的空间技术应用与管理服务模式的创新。

3.3　为辅助决策提供大数据支撑

“一张图”和“一套数”的应用模式，使业务数据的展示、分析、共享都基于公共平台，给各级业务部门和领导提供沉浸式驾驶舱体验，为企业大数据价值挖掘提供新模式。

4　应用展望

目前，在空间地理信息基础平台上，进行面向业务管理、应急指挥和辅助决策的深度应用，是国内外智慧城市、工厂和园区建设的重要路径。后期齐鲁公司将致力于深入地理信息模型空间技术的深化应用，在地理空间信息结合数据可视化、大数据应用、分析决策三个层面，与公司管理服务模式创新结合，为数字化工厂建设奠定基础，争取成为地理信息资源开发利用方面的行业典范。

实施量化评价，提升信息系统应用水平

林家旭

（中国石油化工股份有限公司茂名分公司）

摘　要　茂名石化在用信息系统180个，为企业生产经营管理创新创效发挥了重要作用，同时由于信息系统体量大、建设阶段不一样、质量参差不齐、配套管理未同步跟上等原因，存在部分信息系统应用率低、长期闲置等问题。为了提升信息系统应用率、发挥系统价值，茂名石化开始不断探索信息系统应用的绩效管理。在这样的背景下，信息系统应用量化评价指标概念被提出。通过制定业务应用评价指标，分析信息系统业务流、信息流，建设信息系统应用量化评价体系，开展系统应用水平评价，帮助企业提升信息系统整体应用水平。

关键词　信息系统；应用；管理；指标；评价

随着大数据、人工智能、5G物联网等信息技术的发展，信息化实现老企业弯道超车的作用越发明显，信息化的应用无处不在。茂名石化在用信息系统180个，为企业生产经营管理创新创效发挥了重要作用。

1　总体思路

梳理信息系统各项功能点，量化分析日常应用对业务处理和操作的减负提效情况，找出系统应用率低/闲置的根本原因，制定出能够反映系统应用和通过系统应用促进业务操作减负提效情况的量化评价指标，开发建设信息系统应用量化评价指标并集中监控，评价信息系统主管部门和使用单位的应用水平，同时开展每月应用情况统计分析和考核通报，不断营造应用“比学赶超”氛围，切实促进信息系统应用水平提升。

2　主要做法

2.1　开展信息系统应用情况调查

开展180个信息系统应用情况抽样调查，统计具有代表性的40个生产经营管理重要信息系统的登录和应用情况，对信息系统整体应用水平进行摸底，分析、诊断信息系统应用率低及出现闲置系统等问题产生的根本原因，进而采取对应的解决措施，提升信息系统应用水平（见图1、图2）。

	模块名称	账户总数	访问账户数	访问次数	访问率(%)
1	流程图浏览	1789	813	11401	45.44
2	数采统计	1789	558	2989	31.19
3	位号查询	1789	481	4677	26.89
4	文件浏览	1789	409	1943	22.86
5	流程图查询位号	1789	283	1896	15.82
6	我的报警条件	1789	253	499	14.14
7	位号查询流程图	1789	208	784	11.63
8	流程图管理	1789	190	10478	10.62
9	人员账户登录统计	1789	165	619	9.22
10	组织机构登录统计	1789	140	405	7.83
11	人员登录日志	1789	117	270	6.54
12	流程图区域树管理	1789	110	738	6.15
13	位号区域树管理	1789	110	431	6.15
14	图元库管理	1789	97	312	5.42
15	绩效评价	1789	88	250	4.92
16	模块登录统计	1789	77	141	4.3
17	日志查询	1789	48	90	2.68
18	模块登录用户日志	1789	48	100	2.68

图1　系统登录率示例

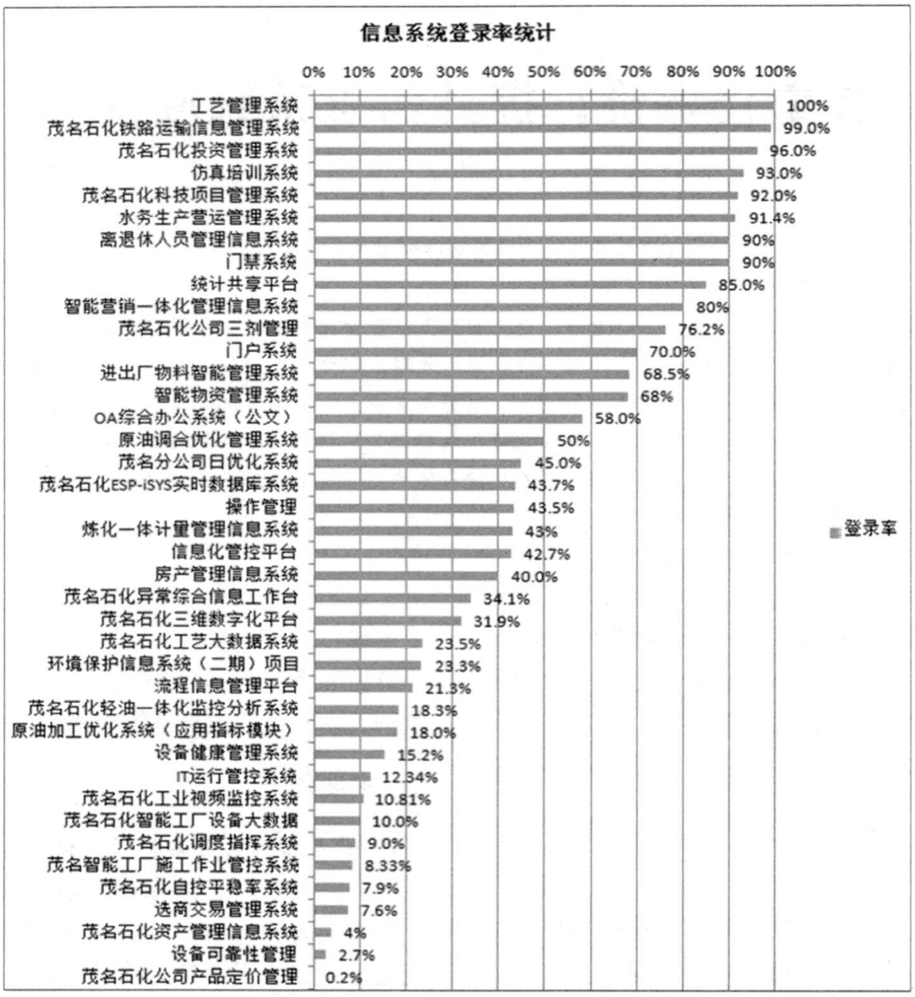

图2　40个系统登录率统计分析

注：系统登录率=登录系统的用户数/用户总数×100%。

经统计，登录率最高为工艺管理系统(100%)，最低为产品定价管理(0.2%)，40个系统平均登录率53%，直接反映出信息系统的整体使用率不高、应用水平低。为进一步掌握信息系统应用水平低的根本原因，组织对各系统主管部门和应用单位、关键用户进行调研，总结出造成信息系统应用水平低的原因主要有3类：

(1) 信息系统建设缺少前瞻性和“六统一”管理，需求部门参与建设的深度不够，建设水平参差不齐，系统功能不实用、不好用、存在缺陷等，难以发挥作用，造成上线后应用率低；

(2) 早期“平台+数据+应用”的思维未形成，对业务流程的流转和数据的联通共享考虑不周，存在专业壁垒和信息孤岛，造成一项业务需登录多系统操作，增加工作负担，员工应用意愿低；

(3) 重建设不重应用，很多系统上线之后，缺少配套的管理措施，不注重收集系统问题和改进建议，系统功能缺少更新迭代，随着管理转变，系统无法满足管理需求，逐渐演变出很多应用率低/闲置的系统。

2.2　主要措施

针对3项导致应用率低的原因，信息化主管部门明确提出了促进信息系统应用的思路和目标，即建设信息系统应用量化评价指标并集中监控，评价信息系统应用水平，同时采取配套管理措施(如开展每月应用情况统计分析和考核通报)，切实促进信息系统应用水平提升。

2.2.1　论证实施

自2019年起试点10个具有代表性的生产经营管理信息系统建设应用量化评价指标，逐个组织系统主管部门和应用单位进行对接研讨和论证，分析业务痛点和系统功能，要求每个系统制定至少3个以上既要真实反映系统应用水平，也要反映用户利用信息系统促进业务管理水平提升的量化评价指标，设置合理的指标公式和权重，科学评价系统应用价值和促业务提升情况。应用量化评价指标必须包含登录率监控指标，用以监控和统计系统的登录情况。应用量化评价指标由业务主管部门会同信息部门讨论制定，登录率指标由信息部门优化改进算法，实现层级穿透分析。最后由信息化主管部门制定和发布应用评价指标和登录率建设模板、建设样例和说明文件，指导和规范各信息系统应用量化评价指标和登录率的建设。同时企业利用系统运维，在10个试点系统建设应用量化评价指标，在线监控系统应用情况(见表1~表8、图3、图4)。

表1　××××信息系统应用量化评价指标模板样例

系统名称	指标名称	指标描述	检查方法及评分标准	指标类型	指标分值	检查方式	备注
××××管理系统	需求计划提报正确率	需求计划提报正确率=(1-所查时间段内驳回的需求计划项数)/所查时间段内提报的需求总项数×100%	在100万以上项目计划模块计划查询功能统计数据，按比率评分。低于70%不得分，70%~80%得5分，80%~95%得10分，85%~90%得15分，90%以上得20分	数据达标	20	系统统计	
	交货单确认及时	超出提交时间5个工作日没有确认为不及时	所查时间段内在系统检查是否存在超出提交时间5个工作日没有确认的交货单，每存在一份扣1分	业务绩效	20	系统检查	
	领料申请确认及时	超出提交时间5个工作日没有确认为不及时	所查时间段内在系统检查是否存在超出提交时间5个工作日没有确认的领料申请单，每存在一份扣1分	业务绩效	20	系统检查	
	配送安排及时准确	配送申请确认后且实物库存满足需求，3个工作日内安排配送	所查时间段内在系统检查，配送申请确认后，3个工作日内打印单据配送，无客观原因(没到货、没带条码交货单、申请单位要求不送)没安排配送的，每一条扣1分	业务绩效	20	系统检查	
	向存续单位发货准确	保管员所查时间段内25号前向存续单位发货，25号后不得产生发存续单位的凭证	所查时间段内在系统检查，25号以后仍有发存续单位的凭证进行考核，每份凭证扣1分	操作规范	20	系统检查	

表2　××××信息系统应用量化评价指标实现逻辑说明模板样例

查询条件	开始时间	××年××月××日	开始时间	00:00:00	
监控指标	当月完成情况	累计完成情况	指标分值	考核得分	本次得分
需求计划提报正确率	88%(12)	80%(25)	20	15	84.00
交货单确认及时	2	2	20	18	
领料申请确认及时	2	2	20	18	
配送安排及时准确	3	3	20	17	
向存续单位发货准确	4	4	20	16	

实现逻辑说明：(节选)

1. 当月完成情况和累计完成情况支持快捷链接，具体链接功能如下：

(1) 需求计划提报正确率可以快速打开100万以上项目计划查询功能，并过滤出驳回的需求计划项数；

(2) 交货单确认及时，可以打开交货单查询功能，并过滤出超出提交时间5个工作日没有确认的交货单；

(3) 领料申请确认及时，可以打开领料申请查询功能，并过滤出超出提交时间5个工作日没有确认；

(4) 配送安排及时准确，可以打开配送单查询功能，并过滤出领料申请确认后且实物库存满足需求，3个工作日内没有安排配送的配送单。

(5) 向存续单位发货准确，可以打开出库记录查询功能，并过滤出25号之后向存续单位出库ERP过账的出库记录。

2. 建议指标分值、考核得分设置为管理员可配置的，方便后期指标权重调整时管理员可以按考核规则调整分值设置的得分计算。例如，现在100万以上项目计划模块计划查询功能统计数据，80%~95%得10分，后期可能提高标准，80%~95%只能得5分

表 3　一级登录率统计功能页面模板

×××系统一级机构登录率统计					
统计时间范围：2018. 10. 01 06：00：00~2018. 10. 16 23：59：59					
一级机构名称	账户总数	登录账户数	登录次数	登录率	备注
××公司	980	590	8947	60. 20%	登录率=时间段内登录账户数/账户总数

表 4　二级登录率统计功能页面模板

×××系统二级机构登录率统计					
统计时间范围：2018. 10. 01 06：00：00~2018. 10. 16 23：59：59					
二级机构名称	账户总数	登录账户数	登录次数	登录率	备注
××1 部门	20	13	5350	65. 00%	登录率=时间段内登录账户数/账户总数
××1 分部	500	350	4000	70. 00%	
××2 分部	300	109	4000	36. 33%	
××3 分部	50	12	250	24. 00%	
××4 分部	50	21	250	42. 00%	
××5 分部	50	33	250	66. 00%	
××1 运行部	10	2	50	20. 00%	
小计	980	540	14150		

表 5　三级登录率统计功能页面模板

×××系统三级机构登录率统计						
统计时间范围：2018. 10. 01 06：00：00~2018. 10. 16 23：59：59						
二级机构	三级机构	账户总数	登录账户数	登录次数	登录率	备注
××1 分部	××1 管理处	20	13	217	65. 00%	登录率=时间段内登录账户数/账户总数
××1 分部	一车间	80	30	322	37. 50%	
××1 分部	二车间	60	32	2901	53. 33%	
××1 分部	三车间	85	17	1353	20. 00%	
××1 分部	四车间	55	33	67	60. 00%	
××1 分部	五车间	65	21	94	32. 31%	
××1 分部	六车间	80	34	368	42. 50%	
××1 分部	七车间	55	2	56	3. 64%	
××1 分部	……					
小计		500	182	5378		

表 6　个人账号访问统计页面模板

×××系统个人帐号访问统计					
统计时间范围：2018. 10. 01 06：00：00~2018. 10. 16 23：59：59					
序号	用户账号	用户名称	二级机构	三级机构	访问功能模块次数
1	zhangs. mmsh	张三	××1 分部	一车间	344
2	lis. mmsh	李四	××1 分部	一车间	222
3	wangwu. mmsh	王五	××1 分部	一车间	454
4	zhaoliu. mmsh	赵六	××1 分部	一车间	129
	小计				1149

表 7　个人登录访问日志功能页面模板

×××系统个人登录访问明细日志							
统计时间范围：2018. 10. 10 07 : 35 : 23~2018. 10. 16 17 : 20 : 52							
序号	用户账号	用户名称	二级机构	账号所属部门	访问时间	访问模块/页面	IP 地址
1	zhangs. mmsh	张三	××1 分部	一车间	2018-10-10 08：28：30	隐患治理	10. 11. 1. 1
2	zhangs. mmsh	张三	××1 分部	一车间	2018-10-11 11：20：00	综合管理	10. 11. 1. 31
3	zhangs. mmsh	张三	××1 分部	一车间	2018-10-12 08：23：21	管线运行	10. 11. 51. 8
4	zhangs. mmsh	张三	××1 分部	一车间	2018-10-12 09：20：32	管线运行	10. 11. 10. 29
5	zhangs. mmsh	张三	××1 分部	一车间	2018-10-12 15：34：20	隐患治理	10. 11. 1. 1
6	lis. mmsh	李四	××1 分部	一车间	2018-10-10 16：23：42	应急响应	10. 11. 1. 2
7	lis. mmsh	李四	××1 分部	一车间	2018-10-15 14：25：23	管线运行	10. 11. 1. 2
8	lis. mmsh	李四	××1 分部	一车间	2018-10-15 17：19：58	应急响应	10. 11. 1. 2

表 8　系统模块/功能页面访问率统计模板

×××系统模块/功能访问率统计					
统计时间范围：2018. 10. 10 08 : 00 : 00~2018. 10. 16 18 : 00 : 00					
访问模块/叶子功能	账户总数	访问账户数	访问次数	访问率	备注
隐患治理	980	6	432	0. 61%	访问率=时间段内访问账户数/账户总数
综合管理	980	5	344	0. 51%	
管线运行	980	11	220	1. 12%	
应急响应	980	10	532	1. 02%	
管线运行	980	4	19	0. 41%	
应急响应	980	12	43	1. 22%	
小计		48	1590	4. 90%	

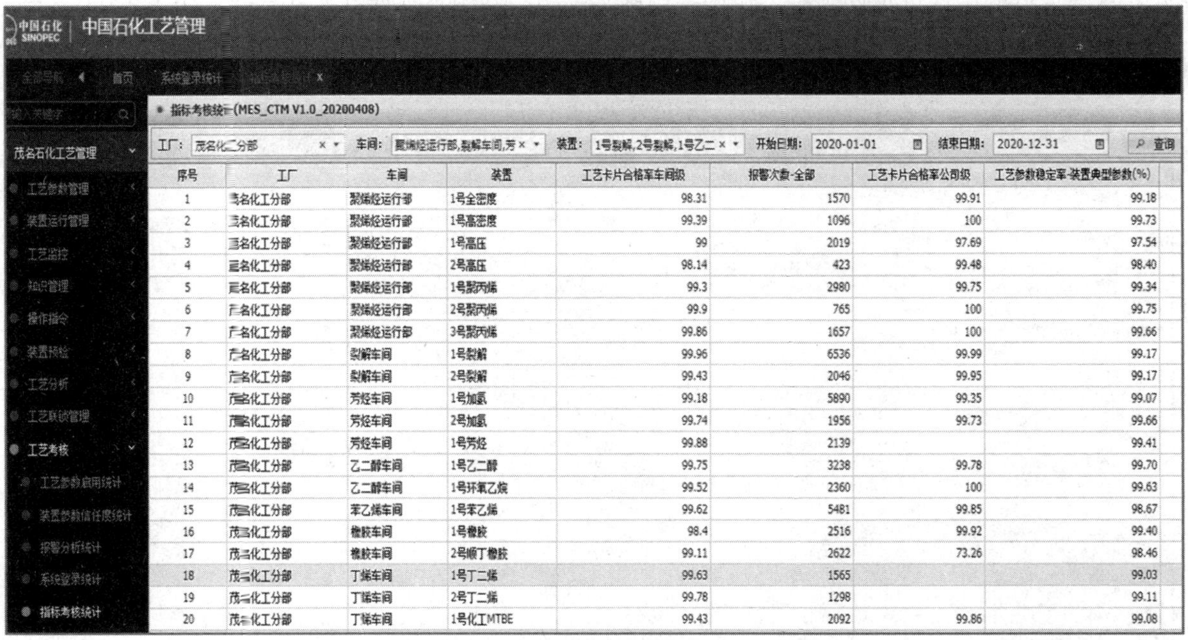

序号	工厂	车间	装置	工艺卡片合格率车间级	报警次数-全部	工艺卡片合格率公司级	工艺参数稳定率-装置典型参数(%)
1	茂名化工分部	聚烯烃运行部	1号全密度	98.31	1570	99.91	99.18
2	茂名化工分部	聚烯烃运行部	1号高密度	99.39	1096	100	99.73
3	茂名化工分部	聚烯烃运行部	1号高压	99	2019	97.69	97.54
4	茂名化工分部	聚烯烃运行部	2号高压	98.14	423	99.48	98.40
5	茂名化工分部	聚烯烃运行部	1号聚丙烯	99.3	2980	99.75	99.34
6	茂名化工分部	聚烯烃运行部	2号聚丙烯	99.9	765	100	99.75
7	茂名化工分部	聚烯烃运行部	3号聚丙烯	99.86	1657	100	99.66
8	茂名化工分部	裂解车间	1号裂解	99.96	6536	99.99	99.17
9	茂名化工分部	裂解车间	2号裂解	99.43	2046	99.95	99.17
10	茂名化工分部	芳烃车间	1号加氢	99.18	5890	99.35	99.07
11	茂名化工分部	芳烃车间	2号加氢	99.74	1956	99.73	99.66
12	茂名化工分部	芳烃车间	1号芳烃	99.88	2139		99.41
13	茂名化工分部	乙二醇车间	1号乙二醇	99.75	3238	99.78	99.70
14	茂名化工分部	乙二醇车间	1号环氧乙烷	99.52	2360	100	99.63
15	茂名化工分部	苯乙烯车间	1号苯乙烯	99.62	5481	99.85	98.67
16	茂名化工分部	橡胶车间	1号橡胶	98.4	2516	99.92	99.40
17	茂名化工分部	橡胶车间	2号顺丁橡胶	99.11	2622	73.26	98.46
18	茂名化工分部	丁烯车间	1号丁二烯	99.63	1565		99.03
19	茂名化工分部	丁烯车间	2号丁二烯	99.78	1298		99.11
20	茂名化工分部	丁烯车间	1号化工MTBE	99.43	2092	99.86	99.08

图 3　应用量化评价指标建成效果示例

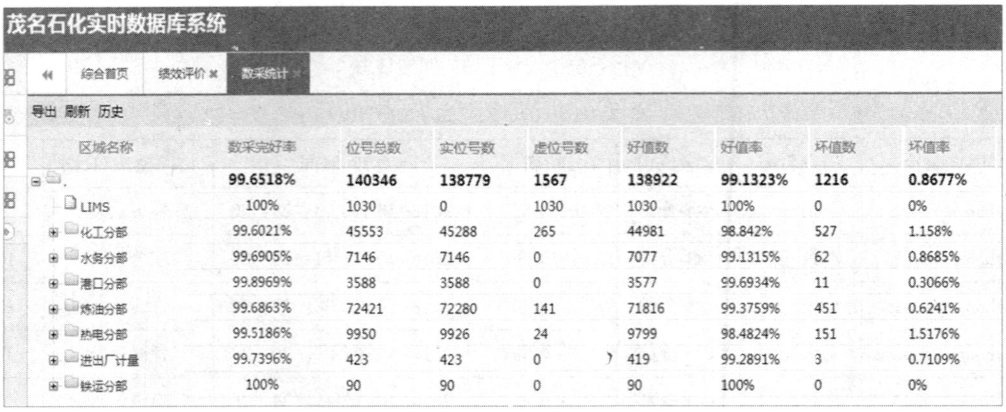

茂名石化实时数据库系统

综合首页　绩效评价　数采统计

导出 刷新 历史

区域名称	数采完好率	位号总数	实位号数	虚位号数	好值数	好值率	坏值数	坏值率
.	**99.6518%**	**140346**	**138779**	**1567**	**138922**	**99.1323%**	**1216**	**0.8677%**
LIMS	100%	1030	0	1030	1030	100%	0	0%
化工分部	99.6021%	45553	45288	265	44981	98.842%	527	1.158%
水务分部	99.6905%	7146	7146	0	7077	99.1315%	62	0.8685%
港口分部	99.8969%	3588	3588	0	3577	99.6934%	11	0.3066%
炼油分部	99.6863%	72421	72280	141	71816	99.3759%	451	0.6241%
热电分部	99.5186%	9950	9926	24	9799	98.4824%	151	1.5176%
进出厂计量	99.7396%	423	423	0	419	99.2891%	3	0.7109%
铁运分部	100%	90	90	0	90	100%	0	0%

图 4　登录率指标建成效果示例

2.2.2　固化做法

(1) 修订《信息化项目管理实施细则》，明确要求在信息化系统项目可研、详细设计阶段要制定建立系统登录率、页面访问率、应用评价指标等方案内容，作为可研、详细设计评审通过的一项重要指标和前提条件；

(2) 对在用和新建的信息系统上线运行前要完成账户登录率功能、页面访问率建设，建立和系统功能模块相对应的业务应用量化评价指标，作为上线和验收的前提条件；

(3) 出台规范的登录率、页面访问率、应用评价指标检查底稿等模板指导各系统统一开展建设，并经业务、信息专业、企业管理部逐级审核把关确认；

(4) 建立以企业管理部门牵头、业务主导、信息化专业配合的指标建设联合工作组，企业自筹资金共同推进应用评价指标制定、甄选、建设和检查等。

2.2.3　推广应用

在 2019 年 10 个试点系统基础上，企业自筹资金立项选商拓展建设应用量化评价指标，2020 年 3 月逐步推广到 48 个系统，同时在现有信息化管控平台建设集中监控功能，将各系统应用量化评价指标数据推送到集中监控页面，实现对 48 个系统应用评价指标的自动监控、统计、分析、查询和结果报表导出等(见图 5)。

2.2.4　管理措施

采取配套管理措施，每月开展 48 个系统应用评价结果统计、分析和排名，面向全公司进行考核通报，奖前罚后，调动各专业部门、生产单位和用户的应用积极性。对连续满分或无变化超 3 个月以上的量化评价指标进行调整完善，不断优化，使指标能够切实反映系统各项功能应用和用户利用系统提升业务管理的水平(见表 9)。

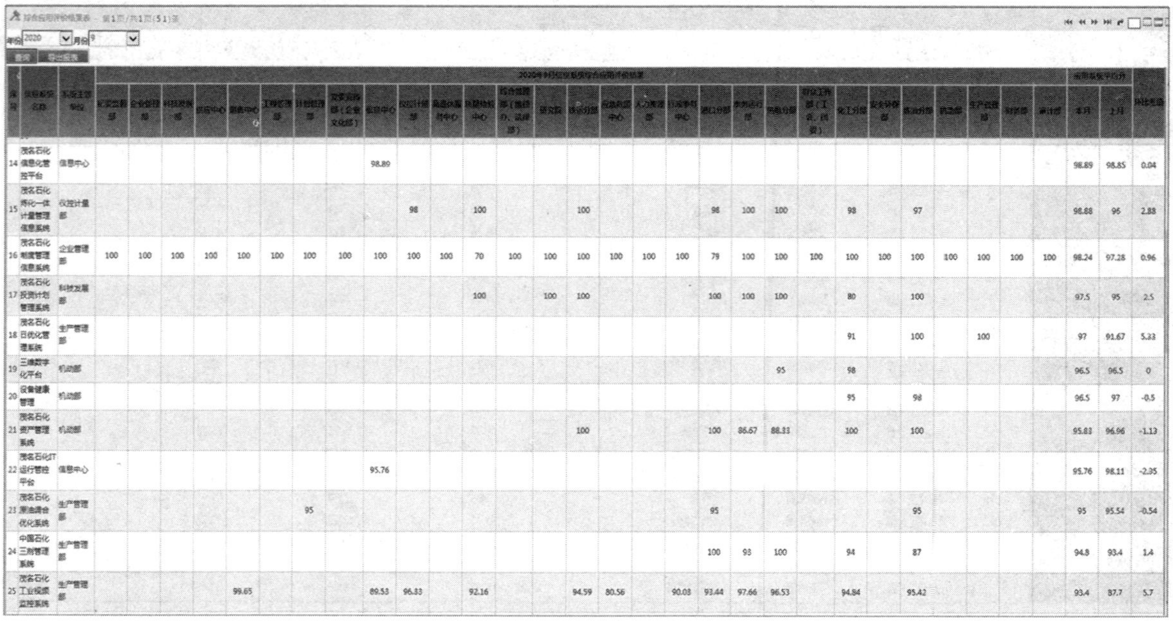

综合应用评价结果表 - 第1页/共1页(51)条

年份 2020 月份 9

查询 导出报表

序号	信息系统名称	系统主管单位	纪委监察部	企业管理部	科技发展部	[illegible]	[illegible]	工程管理部	计划经营部	党委宣传部（企业文化部）	信息中心	仪控计量部	[illegible]	质量检验中心	综合管理部（离退休、[illegible]）	研究院	铁运分部	应急救援中心	人力资源部	行政事务中心	港口分部	水务运行部	热电分部	群众工作部（工会、团委）	化工分部	安全环保部	炼油分部	机动部	生产管理部	财务部	审计部	本月	上月	环比差值
14	茂名石化信息化管控平台	信息中心									98.89																					98.89	98.85	0.04
15	茂名石化炼化一体计量管理信息系统	仪控计量部										98		100			100				98	100	100		98		97					98.88	96	2.88
16	茂名石化制度管理信息系统	企业管理部	100	100	100	100	100	100	100	100	100	100	100	70	100	100	100	100	100	100	79	100	100	100	100	100	100	100	100	100	100	98.24	97.28	0.96
17	茂名石化投资计划管理系统	科技发展部												100		100	100				100	100	100		80		100					97.5	95	2.5
18	茂名石化日优化管理系统	生产管理部																							91		100		100			97	91.67	5.33
19	三维数字化平台	机动部																					95		98							96.5	96.5	0
20	设备健康管理	机动部																							95		98					96.5	97	-0.5
21	茂名石化资产管理系统	机动部															100				100	86.67	88.33		100		100					95.83	96.96	-1.13
22	茂名石化IT运行管控平台	信息中心									95.76																					95.76	98.11	-2.35
23	茂名石化原油调合优化系统	生产管理部							95												95						95					95	95.54	-0.54
24	中国石化三剂管理系统	生产管理部																			100	93	100		94		87					94.8	93.4	1.4
25	茂名石化工业视频监控系统	生产管理部					99.65				89.53	96.33		92.16			94.59	80.56		90.03	93.44	97.66	96.53		94.84		95.42					93.4	87.7	5.7

图 5　应用量化评价指标集中监控页面

表9　每月应用情况排名通报

序号	信息系统名称	主管部门	2021 年 1	2020年12	环比差值
1	[redacted]仿真培训系统	[redacted]部	94.67	52.00	**42.67**
2	[redacted]技项目管理系统	[redacted]展部	100.00	82.22	**17.78**
3	[redacted]厂-施工作业管控	[redacted]部	67.50	55.00	**12.50**
4	[redacted]视频监控系统	[redacted]理部	88.24	82.51	5.73
5	[redacted]操作管理系统	[redacted]部	90.57	85.52	5.05
6	原油加工优化系统	[redacted]部	75.00	70.00	5.00
7	[redacted]异常信息工作台系统	[redacted]部	38.33	33.33	5.00
8	综合办公系统(OA/BPM)	综[redacted]理部	93.62	89.41	4.21
9	橡胶大数据系统	生[redacted]部	81.00	77.00	4.00
10	统计共享平台	生[redacted]部	88.17	84.37	3.80
11	[redacted]数字化调度会系统	生[redacted]部	84.17	80.83	3.34
12	计量管理信息系统	[redacted]部	92.25	89.00	3.25
[illegible]	[illegible]	[illegible]	[illegible]	[illegible]	[illegible]

3　实施效果

3.1　建立了信息系统应用量化评价长效机制

对10个企业自建系统试点推行应用量化指标评价，通过与系统主管部门、关键用户及系统开发商研究制定量化评价指标，对系统应用情况进行实时、科学、合理的监控和评价，配套每月通报应用排名并考核督促。经过2019年的试点，信息系统的应用水平明显提升，如计量管理系统应用率从1月的78%提升到12月的99%，IT运行管控系统从82%提升到98.8%，投资管理系统从88%提升到99%等，试点10个系统的整体应用率从92.96%提升到99.36%。通过应用量化评价，各单位对信息系统的应用意识和应用水平均得到有效提升(见图6)。

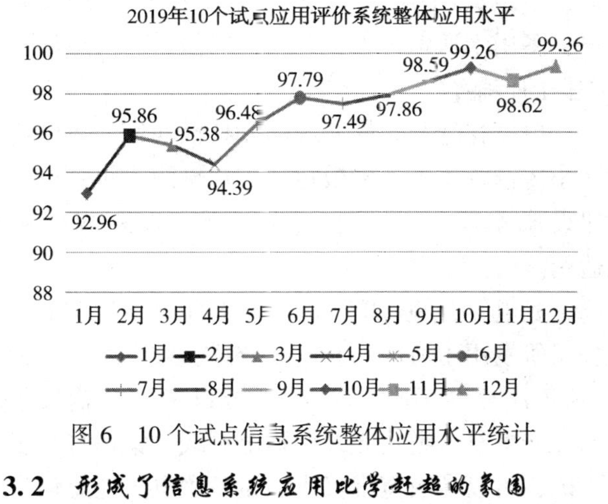

图6　10个试点信息系统整体应用水平统计

3.2　形成了信息系统应用比学赶超的氛围

在10个试点系统的基础上，2020年3月起陆续推广应用量化评价到48个系统，应用评价基本实现了对公司各单位、部门、中心的覆盖，同时固化了每月应用评价排名考核通报做法，在公司内部形成了信息系统应用比学赶超的氛围。48个信息系统整体应用水平从3月的75.27%提升到12月的85.50%，整体提升10.23%，应用评价促信息系统应用水平提升的效果明显(见图7)。

图7　48个信息系统整体应用水平统计

3.3　盘活了信息系统资源，避免重复建设和资源浪费

建设信息系统应用量化评价指标，直观统计和穿透分析各个信息系统及其功能模块的使用率，发现应用率低/长期闲置的系统及其功能，盘活了信息系统资源，为统筹信息系统建设、完善和提升，信息系统及其功能的瘦身健体、修枝剪叶提供了辅助决策依据，避免重复建设和资源浪费。开展应用评价近2年以来，整合、停用或废止了车间班组核算管理、乙烯装置报警管理、瓦斯监控与优化管理等19个应用率低或长期闲置的信息系统。

4　结语

通过信息系统应用量化评价指标的建设、应用和实践成效，公司修订发布了《信息化项目实施管理细则》及《信息化系统应用管理细则》并发布实施，明确和固化信息系统应用管理做法，对指导信息系统建设和应用，强化应用管理起到促进作用，极大地提升信息系统应用水平，进一步推动企业信息化发展。

浅谈光纤通信技术及其应用发展在炼化企业的应用

王永刚

（中国石油乌鲁木齐石化公司）

摘 要 光纤通信技术是一种利用光导纤维进行信号传输以实现信息通信的一种技术和手段。光纤通信技术在实际信息通信应用中，具有通信占用空间小以及传送量大、信息传送质量高、抗电磁干扰等多方面突出的特征和优势，具有相对广泛和普遍的应用。光纤通信已经成为目前乃至未来通信发展的主流技术。

关键词 光纤技术；通信；发展；信息

炼化企业生产厂装置区结构比较复杂，存在多种类的干扰。传统的通信线缆已无法解决信号干扰的问题。在生产装置区到处都是大型炼化设备，这些设备在生产过程中都会需要液态冷却剂，这些液态冷却剂会产生大量的蒸气、喷雾、高温或飞溅，从而对传统的通信链路产生腐蚀危害，造成通信线缆损坏，破坏信号传输。基于光纤传输的通信链路具有量好的抗腐蚀、抗干扰、传播快的特性，采用光纤传输技术在复杂的生产厂区布放光纤便捷、灵活的同时便于组网。

1 光纤通信技术的基本特点

（1）抗干扰性强。光缆传输介质采用绝缘材料，具有良好的绝缘性能，在使用过程中受外界影响小。光纤是由纤芯、包层、涂覆层、聚氯乙烯外套组成为圆柱体，抗干扰能力强，不受电磁干扰。

（2）物料损耗低。在光纤布放施工中只要注意线缆的布放扭矩，一般不会出现损坏现象，

（3）干扰小。石英光纤可以对光束进行束缚及传播，中继节点减少使得中继距离得以延长，干扰因素小。

（4）中继距离长。石英光纤具有传输频带宽、通信容量大、传输损耗低、线径细、重量轻等特性，中继距离长。

（5）造价低。石英是光缆主要构成材料之一，因而相对于其他的制造材料介质，具有低成本的特点，材料易获取，节省购置成本费用，有利于资源合理使用。

（6）抗腐蚀性强等特点。光纤线缆具有抗腐蚀能力、抗辐射能力强、可绕性好、保密性强等优点，可在炼化装置这种特殊环境中使用。

2 不同光纤类型的适用场景

单模光纤指的是使用单一模式，因色散小，只适合远距离的光纤传输与通信。其传输效果佳、速度快，能够用于超长距离的传输，符合通信行业对通信传播的要求。从建设成本角度来考虑，该技术成本较高，其光端机价格昂贵，对单模光纤的铺设技术要求高，只适用于长距离、大对数光纤的布放及区域网的使用。

多模光纤可以容许不同模式的光在一条纤芯上进行传输，但色散大，限制了传输信号的传送距离，一般也就 10km 以内。通信节点的增多也会影响光纤光损耗的增加，多模光纤只适用小容量、短距离的小型局域网使用。适用于普通用户，多用于通信传输，包括广播信号、网络以及数据的传输。

单模光纤与多模光纤的就特性而言：单模色散小传输距离长，多模色散大传输距离短；单模建设成本高，多模建设成本低，近距离传输适用。

光电复合缆（OPLC）是 1978 年日本住友电气公司研发用于海底的光电复合缆，被学术界选为“值得注意的发明”，适用于光纤通信传输接入网。光电复合缆集光纤、输电铜线、铜信号线于一体，可以解决宽带接入、设备用电、应急信号传输等问题。光电复合缆具有以下优点：（1）外径小，重量轻，占用空间小；（2）采购成本低，施工费用低，网络建设成本低；（3）具有良好的弯曲性能、耐侧压性能，施工方便；（4）其适应性高、可扩展性强，产品适用面广，节约成本，

适合作为传输媒介组建接入网实现电话、电视、数据、通信的组网模式。

由于光电复合缆缆体硬度较大，要采取“多点少盘”的方式进行线缆布放。光电复合缆的局限性很大，在通信行业局限性更加突出，光缆布放类型可以根据布放环境可以分为管道、架空、直埋、特殊用途等布放形式，特殊用途型的供电复合缆主要应用于海底复合缆的布放。光电复合缆的芯数为 2~144 芯，电缆电压范围从 48V~110kV 不等。室内应用时电压值一般为 48V，在室外使用则要根据使用的环境、距离、通信设备用电的功率来确定，其电压值一般在 280~750V。海底复合缆的电压值在 110kV，光电复合缆电压属于强电范围内。从安全的角度来看，其线缆本身带有“强电”特性，在实际使用时不能与普通光缆对待，对人的危害性是非常巨大的，使用时应参照电力电缆相关标准进行布放和使用，同时要满足行业标准《接入网光电混合缆》(YD/T 2159—2010)、《中国移动接入网用光电混合缆技术规范》(QC-B-001—2013)、《通信线路工程设计规范》(YD5102—2010)要求进行布放作业。

3 光纤通信技术的发展趋势

光纤接入网的发展趋势是由光纤代替馈线电缆、通信同轴电缆。近十年来，光纤价格的不断下降，光纤替代了铜缆实现了光纤到户，光纤技术的发展，已实现了意义上的大容量、高速率的信息化业务数据传输的需求。社会经济的发展也对通信业务有了更大的需求，业务范围也由过去单一的语音业务向数据、传真、计算机、图像等业务发展，同时也满足了普通用户对信息数据传输速度的高要求，也完成了信息里程的“最后一公里”即宽带到户的建设。由于光纤传输数据的相关特性，为通信用户提供了丰富的、多种类的媒体资源。

当前，光纤接入技术在许多领域都得到了应用，随着光纤新技术研发，国家近年来大力提高研发力度，在设备和技术上有了飞跃的发展，在生产生活中丰富着人与人、人与社会的交流，通过优质的网络方便了交流，也推动了相关产业在商业网络、工业网络中的发展进步。光纤通信技术起着平台的作用，也担负着引领的作用。光纤通信技术的运用也越来越频繁，已经成为网络建设朝着高效、便捷的方向发展。目前光纤链路具有以下特点。

3.1 传输速度极大加快

当前光纤通信技术在近十年发展迅速，其传输速率提高近百倍，在光纤通信技术中，最重主要的就是光纤传输速度，其网速的快慢直接影响网络的实际应用。在保证网络通信传输的基础上，以提高光纤的传输速率为基础，加快新一代光纤技术的研发，才能满足我国对光纤通信传输的需求，尤其是在 5G 互联网的网络时代，对于信息的质量也有着很高的需求，这样才能满足人们日益提高对信息的即时性传输的需求。

3.2 通信信道容量实现超大容量传输

当下，随着社会经济、科技水平的不断提高和发展，各类信息数据传输的规模也在持续增加。在网络通信数据传输中必须扩大其信道规模以保证好的容量，才能满足现代社会人们在生产生活、工作、传媒信息等各方面的需求。此外，还要优化现通信系统中设备和光纤的匹配度，采用波分复用技术，才能有利于保证网络数据通信的大容量以及传输率。

4 光纤传输技术在互联网行业的应用

21 世纪，我们已进入信息多元化的互联网信息时代，人们的生产生活、社会交往、工作学习、各行行业的发展都离不开光纤通信传输技术。与过去的传媒技术相比较，现代的光纤通信传输技术正好弥补了这一需求。在信息化快速发展的背景下，互联网行业需要的是能够及时、快速、准确地向大众传输最新的各类信息、语音、视频和图像。这就要保证光纤信息传输的能力和质量。光纤的基本特性“高速率传输”正好满足这一点，而且光纤在传输信息数据时的抗干扰能力强、传输稳定、精度高，以光纤通信传输技术的优势可以为语音、图像、视频提供更好的传输质量，在各类信息数据传输上为用户提供更好的感观，提高工作效率。以光为载体，利用光的传导，同时以光纤传输技术中的传输频带宽、通信容量大、精确度高等优势，使得光纤传输技术在互联网信息传输中大量应用，可以使各类互联网用户能够更快、更准确地接受信息，大大提升了人们生产生活、社会交往、工作学习的效率，在提高互联网应用的同时，也提高了人民的生活水平。

当前网络传输建设是以全光网络为主，是目前通信传输中最常见的一种通信方式。随着互联网的不断发展，各类信息化业务种类的多样化以及数据传输量的增加，新一代光纤传输技术的使用必将取代现有信息传输技术。目前，新型的光电复合缆在通信传输中应用越来越多。

4.1　在扩音对讲系统传输线路建设中的使用

随着通信信息技术的飞速发展，石油炼化企业对通信信息化要求也越来越高，语音通信也不例外。目前，石油炼化企业语音通信主要采用电话、广播和无线对讲等形式。对于石油炼化企业装置区易燃易爆、高噪声、强电磁干扰以及无线信号屏蔽等恶劣环境下解决高质量清晰的语音通信，仅凭单一的通信方式在某些场合就很难达到预期效果。而在高噪声场合下扩音对讲系统能为工作人员提供足够清晰的通话质量，同时也具有生产调度、应急通信指挥功能。

在传输链路维护中，存在传输线路破损、电源线路短路、断路、线皮裸露、腐蚀严重等问题，以及使用年限较久、无法兼容、安全性差、控制、维护与管理困难。采用光电复合，以及缆可以替代生产装置同轴电缆作为语音通信单一的方式，可以从模拟信号改为数字信号代替，可以解决宽带接入、设备的用电接入，其采购成本低，施工费用低，施工方便；同时提供多种传输技术，可以避免通信、供电的二次布线；优化网络建设成本。在以太网+光纤组网方式下，系统稳定可靠，实现无距离限制的通信方式。

4.2　炼化企业监控系统对光电复合缆的应用需求

监控系统是由摄像、传输、控制、显示、记录登记 5 大部分组成。继续采用传统的布线方式，面临传输距离长、有源设备点分布广、路由紧张且施工维护困难等问题，而光电复合缆的优异特性，使其在炼化企业生产装置区监控系统中得到了广泛应用。光电复合缆是一条同时可以传输电源及光信号，其在施工过程中可避免光纤与电缆的反复穿管，使用一条管敷设光缆即可，可明显降低成本。光电复合缆非常适用于面积较大的炼化企业局域网络系统的建设，同时解决了设备用电、信号传输的问题。

4.3　光电复合缆在炼化企业中通信设备用电的要求

首先，降低通信设备断电时间，在不受通信设备本地任何停电情况的，增加了通信设备的工作使用率，降低成本，降低维护成本，提高用电安全，保证用户利益，对人身无伤害。采用直流电压方式传输，易于控制，故障保护动作快，故障率低。

其次，延长通信设备寿命：直流电源远程供电不受市电复杂负荷的变化而产生电压过高或过低；不受各类大型设备用电电源的开启和关闭时而产生干扰影响；避免了因电力传输原因造成晃电而损坏通信设备。直流远程供电电压稳定，延长了通信设备的使用寿命。

除上述光电复合缆的应用优势外，在实际应用中，其也存在一些问题：(1)现行标准中，光缆的架设都是按照“无电”或者“弱电”的标准执行的，光电复合缆可能不适合铺设在弱电管道中，在实际线路设计和施工规范时，需要充分考虑并明确；(2)光电复合缆带电，相比传统光缆，在施工和维护中需要注意触电危险；(3)“光缆无铜”的概念不适用于光电复合缆，如果按照普通光缆一样使用，可能发生光电复合光缆被偷盗和触电风险。同时，在使用光电复合缆时必须满足相应标准《接入网光电混合缆》(YD/T 2159—2010)、《中国移动接入网用光电混合缆技术规范》(QC-B-001—2013)、《通信线路工程设计规范》(YD 5102—2010)要求。

4.4　光电复合缆注意事项

光电复合缆使用时与常规的光缆布放的要求是不一样的，使用需要注意光缆的规格、型号、芯数等要求。比如，规格以 GYTA-＊B1-RV n＊r mm 表示如下：

(1) GYTA 表示光缆结铠装构式松套层绞式光缆，多用于室外光缆布放，可用于管道、架空、直埋；(2)“＊”表示光纤的芯数，；(3)“n”表示电源线的数量；(4)“r”表示电源线径的大小；(5)因光电复合缆里有电源线，工作时有高压直流电，在安装、布放、维护时要按照相关的用电管理规定进行链路传输维护工作，同时光纤链路维护人员要具备一定的电工知识；(6)光电复合缆必须采用专用接续盒，专用接续盒与普通光纤接续盒对比，有单独的铜线连接部件区；(7)标识标牌，标牌的规格尺寸为 800mm×600mm，标牌的内容为红色电力图标标识+光缆类型+电源类型+路由走向、距离(m)+产权单位+联系电话、注意安全的提示语，标牌采用铝板和塑板，采用单双面字刻、喷涂、打眼等工艺，以复合缆布放环境确定标牌材质的使用；(8)光纤复合缆的线路保护措施有采用墙体固定、穿越林区、直埋光缆、管道、架空、跨越电力线的形式，根据现场情况分别以 PVC 管、子管、钢管、软管、电力绝缘护套对复合缆进行保护，同时通信线路、通信机房的设备设施要按照通信防雷击要求做好接地保护工作。

随着光电复合缆技术在现实生活中应用越发广泛，对人们的生产、生活产生了重大影响。光电复合缆将供电和信号传输集于一体，可以有效解决宽带接入、设备用电、信号传输的问题，同时能够节约空间和成本，提高传输效率，是一种非常理想的光纤接入方式。

5 结语

在 21 世纪，随着社会经济快速的发展和科技的不断进步，光纤通信传输技术迎来了快速发展的机遇，提高了人们对信息的需求，光纤通信传输技术在日常生活以及各类办公中的应用越来越广泛，逐步渗透到了生活、工作的方方面面。因此，光纤通信技术的发展趋势会越来越好，地位越来越重要。

参考文献

[1] 苏赐民．从光纤通信技术的发展中看前景[J]．工业设计，2011(5)：172.

[2] 李中满．我国光纤通信技术发展现状及趋势探讨[J]．现代商贸工业，2010，22(24)：343.

[3] 毛谦．我国光纤通信技术发展的现状和前景[J]．电信科学，2006(08)：1-4.

[4] 李超．浅谈光纤通信技术发展的现状与趋势[J]沿海企业与科技，2007(07)：24-25.

[5] 吴宏民．浅谈光纤通信技术在铁路通信系统中的应用[J]．电子制作，2015(08)：157.

基于工况智能诊断的抽油机井自动启停技术的研究与应用

杨振华

（大庆油田有限责任公司）

摘　要　随着九厂数字化油田建设的不断深入，积累了海量的油井生产数据。为了充分挖掘利用这些生产数据。智能化技术在油田生产中得到了广泛应用。本文基于参数分析和模型识别相结合的方法，采取多因素组合诊断的思路，建立多种油井工况诊断分析模型，对A11、A2等系统中的实时数据、生产参数进行分析，及时掌握油井生产工况，并根据生产需要自动启停油井，实现对油井生产的统一远程管控。

关键词　抽油机井；工况诊断；自动启停；采油厂；物联网

随着我国现代科学技术的快速发展，国内各大油田数字化建设已经初具规模，部分油田采油厂已经实现了现场实时数据采集、数据应用分析、问题闭环管理及措施智能化推荐的业务管理新模式，极大程度地提高了油田企业石油勘探、开采和生产管理效率，降低了员工的劳动工作强度，逐步形成了数字化油田的生产管理模式。其中，油井工况管理是采油工程管理中最基础的工作之一，如何快速有效地定位处理油井地面及井下问题，制约着采油管理效率的提升。

大庆油田第九采油厂承担大庆长垣西部外围地区油(气)田开发管理任务，经过30余年勘探开发，形成了常规油、致密油、页岩油三足鼎立的开发格局。新勘探页岩油资源潜力巨大，属于大庆油田外围上产主战场。面对油气区块分布零散，多为三低油气田，开发投资多、运行成本高的实际情况，“十四五”以来，九厂按照中国石油信息化建设统一部署，实施“数字油田、智能油田、智慧油田”三步走战略，持续推进数字化油田整体建设。

目前九厂有近4000口抽油机井，通过抽油机带动抽油杆及井下泵，实现原油举升，这样的有杆泵抽油系统需要大量工人现场录取资料和启停控制。尤其是九厂处于大庆油田外围，产量较低，多数井都采取间歇采油，更是增加了现场启停控制的工作量。随着数字化建设工作的不断推进，九厂已有500余口井实现了数字化采集与控制，示功图、电参等油井动态生产数据实现了实时采集。在此基础上，通过长时间摸索不同油井工况下的参数变化规律，结合油田动态分析理论模型，应用工况智能诊断技术，及时准确地判断油井工况，并根据工况诊断结果，对异常情况或间抽井下发启停井指令，利用数字化油田物联网将指令发送给对应油井。本文通过研究应用基于工况智能诊断的抽油机井自动控制技术，从而实现油井自动控制，为油田生产降本增效和智能化转型提供技术支撑。

1　国内外现状

1.1　国外研究现状

对油井工作状况的诊断与监控，一直是国外石油行业中的一个重要研究领域。经过几十年的研究，抽油机井运行工况的分析与诊断技术有了很大的发展。

1966年，美国壳牌石油公司发明了有杆抽油系统计算机诊断技术，通过传感器获得悬点示功图，利用求解抽油杆柱振动方程得到载荷及位移，在建立了表述应力波在抽油杆柱中传递过程带有阻尼系数的基本微分方程的基础上，对抽油机和油柱振动情况进行分析，通过计算抽油机工作的参数，根据泵示功图对井下工况进行分析诊断，实现了对油井工况的精确诊断。

1988年，美国研制出有杆泵抽油故障诊断专家系统，该系统将地面实测泵示功图转化为井下泵示功图，进而与标准示功图进行比较，找出故障，实现对于油井工况的诊断。

2003年，美国通过在实验室模拟有杆泵抽油系统，测量出吸入压力等动力学参数，并分析了完全充满、部分充满膨胀机理等，更精确地实现了对于油井工况异常的检测。

2005 年美国达拉斯石油工程师协会发表了数字油田实践案例 拉开了数字油田的序幕，为油井设备数字化监测的发展奠定了基础。

2009 年，IBM 首次提出“智慧的地球”的概念，提出物联网设备为基础的数字化油田，掀起了全球各大石油公司应用物联网技术进行油田生产开发的热潮。

1.2 国内研究现状

2010 年，新疆油田全面建成数字油田，其数据的建设管理处于国内油田前列，新上线的“单井问题诊断和优化系统”可实现单井问题及时动态诊断，异常井发现时效性提升 24 小时以上，单井分析和预测工作劳动强度降低 50%，资料录取及时率和准确率提高 40%，油水井故障率降低 38%。

2011 年，西安石油大学提出根据油井自身参数建立油井生产故障模型，对油井工况可以准确快速识别和智能分析。通过提取示功图特征值，建立人工神经网络的示功图动态模式识别模型对油井工况进行诊断。

2013 年，合肥工业大学在 Matlab 网格法基础上结合灰色理论方法对油井工况进行诊断。通过计算示功图的灰度特征值，根据灰度关联方法进行实测示功图和标准示功图的灰度关联值判断，进而识别油井工况。

2016 年，沈阳工业大学提出了将示功图理论和曲线矩理论结合的方法，通过提取不变曲线矩特征值作为示功图的特征参数，对油井功图进行分类，并进行工况诊断，在一定程度上提高了油井工况诊断的准确性。

2018 年，东北石油大学研究了基于实时电参的油井工况诊断方法，通过分析抽油机电参和示功图之间的联系，对比基于两种不同类型数据对油井工况的诊断结果，从而准确判断油井工况类型，并根据实例对诊断模型进行验证。

2 抽油机井自动控制过程

抽油机井工况诊断是基于参数分析和模型识别相结合的方法。系统根据采油厂实际生产情况，针对 A11 系统采集的实时数据和功图数据、A2 系统的历史数据进行数据处理和分析，将实时采集到的电流、载荷、位移等数据的特征值都提取出来，直观反映变化趋势；应用各种预先建立的工况诊断模型进行识别匹配，通过设置诊断模型中所涉及的各类参数权重以及趋势范围，合理有效地进行工况诊断；在获得正确的诊断结果后，根据业务管理需要，设定不同的启停动作，通过物联网下发指令给目标油井的 RTU，从而实现抽油机启停的自动控制，主要过程如下。

2.1 数据采集

九厂采用低成本战略实施数字化建设，油井采集数据及频次如下：油压 10min/次，电参 6s/次，载荷及角位移 30min/次，并且可以依托井场 RTU 设备实现启停井控制。采集的数据通过无线、光纤组成的物联网传输至实时数据库，再通过骨干生产网传输至 A11 系统，为工况诊断提供依据。

2.2 数据清洗

在数字油田实际生产过程中，受环境变化、设备状况、网络通信等因素影响，数采设备采集到的数据经常出现不符合生产情况的错误值，总结现场数据变化规律，经常产生的错误数据主要包括恒值、超限、0 值、异常值等情况。通过应用知识工程理论，建立出数据清洗甄别模型，对错误数据进行清洗，以减少对工况诊断准确率的影响。生产中需要清洗的错误数据主要是示功图数据和实时生产数据。

错误功图清洗：基于抽油机运动理论，根据载荷位移传感器采集正常生产功图 200 个点的载荷位移数据，在坐标中进行绘制，形成正常工况下近似于平行四边形的标准功图，将实际产生的实际功图中图形不符合平行四边形运动规律的功图进行对比总结，找到异常功图特征点，并转变成识别模型，对错误功图识别(见表 1)。

表 1 错误功图规则

序号	名　　称	解 释 说 明
1	数据点对不匹配	位移包数据点数与载荷包数据点数的数量匹配不上，即无法一一对应，建立坐标关系

续表

序号	名　称	解释说明
2	数据点过少	数据点数少于200(200为目前载荷仪回传有效值的数量，200可根据现场载荷仪实际回传点数进行调整)
3	数据点过多	数据点数多余200(200为目前载荷仪回传有效值的数量，200可根据现场载荷仪实际回传点数进行调整)
……	……	……
28	上冲程最大载荷小于等于下冲程的最小载荷	上冲程最大载荷小于等于下冲程的最小载荷
29	位移为零的点个数大于 n	位移为零的点个数大于 n

实时数据清洗：根据抽油机井实际生产参数，建立正常开井时的数据运行范围，当前端采集设备获取的实时电参、压力等实时数据超过合理阈值时，自动对不合理数据进行预处理。

2.3 算法建立

实时数据加工算法，该算法是为了满足某些业务分析数据需求，对原始数据进行处理得到业务分析所需的数据，比如日分析、周分析等。目前已实现的加工算法大致分为小时间尺度加工成大时间尺度的数据。具体有剔除连续的重复值、平滑处理、按周求平均转换、按天求平均转换、求平均转换、负值转换、阶段求和等。

功图数据加工算法：抽油机井示功图采集到的数据包由位移和载荷组成，共计200个点，是一个完整的冲程悬点载荷与位移的变化。示功图直接反映了泵工作状况，通过对示功图数字化特征提取进而判断泵工作状态。功图加工算法采用机器学习的思想，对功图特征点不断进行新功图的计算与学习，将异常功图应用到实际诊断的对比过程中进行反复验证与优化，依靠对样本功图的学习，计算处关键特征点，根据特征点取值的算法逻辑，对每张功图进行深入剖析，将识别点的位置，以坐标点的形式输出，再通过积分运算算出特征点的状态值，实现从量变到质变，从而提升油井工况的诊断准确率(见图1)。

数理统计法：基于SPC(Statistical Process Control，统计过程控制)理论，结合油气生产的特点进行过程细化控制，对生产过程进行分析评价，根据反馈信息及时发现系统性因素出现的征兆，并采取措施消除其影响，使过程维持在仅受随机性因素影响的受控状态，以达到控制质量的目的，确保工况诊断的准确率(见图2)。

2.4 工况诊断

由于油井工况影响因素多、类型多，采取多因素组合诊断的思路对于油井工况定性诊断，即根据现场实际采集数据情况和生产特点，利用通用算法模型，自由输入并组合诊断因素，定制抽油机生产的工况诊断模型(见图3)。

抽油机工况诊断类型主要包括：

地面工况：皮带断、电路故障、油压异常、不平衡、开关井状态。

管杆工况：碰泵、卡泵、泵漏失、出砂、脱出工作筒。

抽油泵工况：供液不足、抽喷、结蜡。

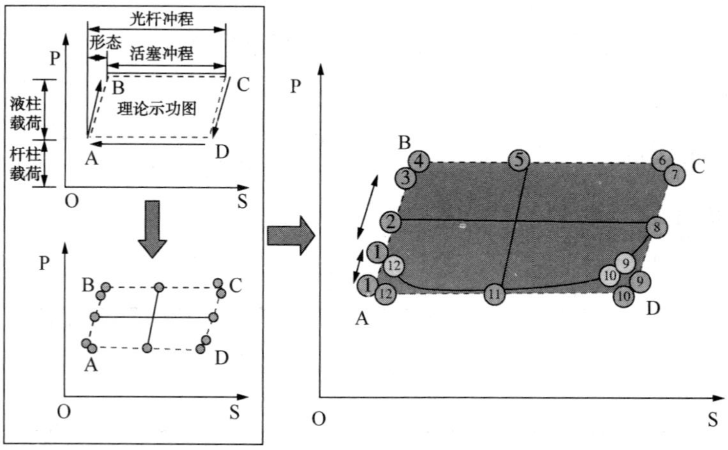

图1　示功图数字化关键特征点提取示意图

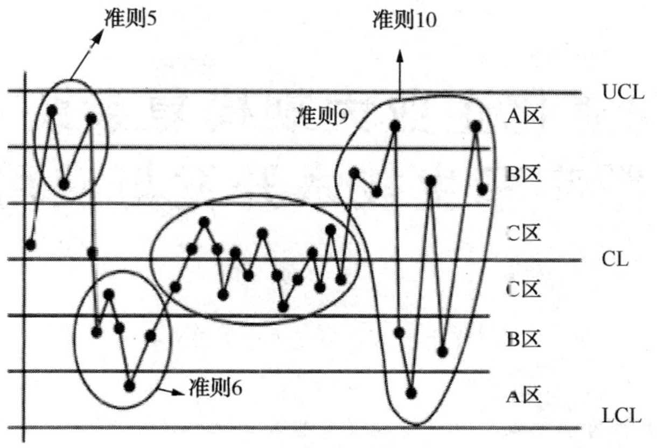

图 2 准则在控制图上分布

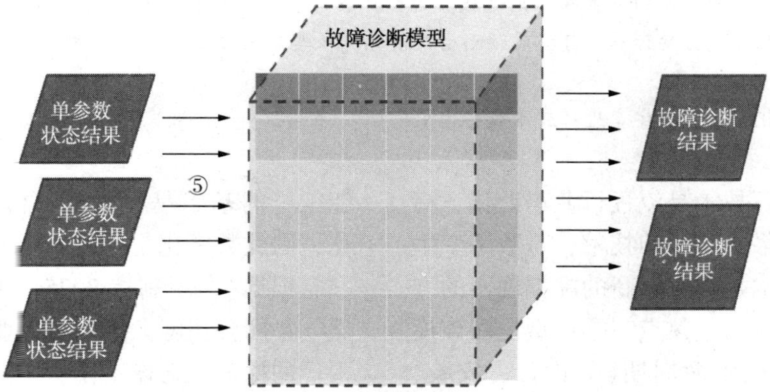

图 3 工况诊断算法 IPO 逻辑图

2.5 自动控制

在实现了抽油机井工况智能诊断后，可以从所有已分析到的工况类别中人为筛选出卡泵、碰泵等可能造成机械损坏的工况，形成监控列表，当诊断到列表中的工况时触发，自动下发停机指令；另外，也可以按照预先设置的间抽制度，自动下发启停机指令。

指令下发采用 TCP/IP 协议，通过物联网直接传输至井场 RTU，再通过 ModbusTcp 方式向油井启停控制设备发送控制请求数据包，启停控制设备会根据远端发送过来的数据请求包进行操作，实现油井自动启停。

3 应用效果

油井智能控制技术于 2021 年 9 月在九厂龙虎泡作业区进行了现场应用，截至 2022 年 2 月建立了 31 个工况诊断模型、1 个功图标准库和 1 个功图特征库，收集了 2143 个示功图样本，完成油井工况诊断 177 万余次，现场工况诊断准确率达到 95% 以上，自动控制油井应急停机 33 井次，间抽启停油井 155 井次。从监测到工况结果到控制油井平均耗时 5min，有效提升了油井异常情况的发现与处置，减少了一线生产人员现场巡检和操作的劳动强度，为油田安全生产和高效运行提供了支持。

4 结语

通过应用基于智能工况诊断的抽油机井远程启停技术，实现生产现场无人值守、后台集中管理，并为问题溯源提供可靠依据，可以及时发现油井生产异常，有效提高油井管控效率，降低操作人员的工作强度，提升了油田生产管理水平，为数字油田推广建设和采油厂智能化转型发展提供助力。

参 考 文 献

[1] 袁瑛．基于实时生产数据的油井工况诊断系统．石油工业技术监督，2021，37(05)：44-48.
[2] 杨靖．采油厂油水井故障智能诊断技术的研究与应用．中国管理信息化，2017，20(19)：65-69.
[3] 王相，杨耀忠，何岩峰，等．基于深度学习的油井工况智能诊断技术研究及应用．油气地质与采收率，2022，29(01)：181-189.
[4] 李飞．油井压力监测自动启停控制器在低产低渗油田的应用效果评价．石油石化节能，2016，6(08)：11，43-45.

面向炼化企业大规模复杂装置的数字孪生技术开发与应用

付　强

（中国石油长庆石化公司）

摘　要　数字孪生也称为数字双胞胎，是指现实世界实体或系统的数字化表现。是充分利用物理模型、传感器更新、运行历史数据，集成多学科、多物理量、多尺度、多概率的仿真过程，在虚拟空间中完成映射，从而反映对应实体的全生命周期过程。为生产决策能够准确和及时，提供高效的数据查询模式；通过孪生平台的基础数据的计算，可提前预测生产情况；在孪生平台上进行各种方案编制和工程交底，极大地提高工作效率。

关键词　炼化企业；数字孪生；三维数字化工厂

三维数字化工厂技术是流程行业集约化、精细化、智能化管理最新一代的技术，是数字孪生的基础平台。该技术是利用创新的虚拟现实的方法获得代表工厂现状的全热点三维模型，以该模型为核心集成工厂全生命周期(如设计、安装、生产、检维修、腐蚀等)的动静态数据，形成工厂资产、生产、安全管理的数据生态环境，同时融合工业大数据的相关技术，实现对企业生产运营维护的各个领域提供数据、模型、仿真、评估、智能分析与监控服务。

三维数字化工厂平台的集约化、精细化、智能化管理体现在把三维空间与全热点的资产动静态数据、大数据、专家知识(人工智能)进行集成，实现企业各管理域在三维虚拟空间进行协同运行。

1　建设背景

国务院在《中国制造 2025》中明确指出："新一代信息技术与制造业深度融合，正在引发影响深远的产业变革，形成新的生产方式、产业形态、商业模式和经济增长点……基于信息物理系统的智能装备、智能工厂等智能制造正在引领制造方式变革"。

智能工厂是现代工厂信息化发展的高级阶段，也是两化深度融合的具体表现形式，是指通过自动化、信息化、模型化、智能化、可视化等综合技术手段，使企业的生产运营具有全面感知、分析预测、自主决策、优化执行的能力。智能工厂的基础是模型化、模型化的基础是数字化，因此数字化是智能工厂的基础。

根据《中国制造 2025》的精神，中国石油天然气集团公司等大型国有企业正在积极开展智能工厂的探索与建设工作。中国石油在信息化建设的指导思想"模拟优化、实时优化、先进控制、报警管理、三维数字化"中明确将三维数字化作为信息化建设的一个规划，坚定不移地推动信息化建设，以综合管理和生产控制两条主线建设数字化工厂，以信息化促企业发展，以量化考核促深化应用，实现"专业化管理、属地化运行、一体化管控、精细化考核"的总体目标，并提出了以业务为驱动，围绕提高企业经济效益的目标，从工厂的角度规划和建设智能工厂，实现全生产过程优化、全生命周期管理、全业务领域覆盖及基础设施虚拟化，希望通过信息化手段逐步解决工作量大、管理难度大、效率低下的管理问题。

三维数字化工厂作为以资产为核心的企业管理平台，是智能工厂的基础，该技术先进性体现在把三维空间与全热点的资产动静态数据、大数据技术、专家知识(人工智能)进行集成，使企业各管理域可以在三维虚拟空间进行协同运行为企业的各管理域的智能化提供三维模型、数据、仿真服务，提高企业的整体管理效率，降低管理成本与安全风险。

2　项目简介

长庆石化三维数字化工厂是长庆石化智能工

厂的核心平台之一，起到承上启下、优化流程、提升可视化管控支撑能力的作用。它涵盖了全厂27套装置以及地下管网、总图、建筑物等，是国内第一套整厂逆向建模的数字孪生平台。

长庆石化三维数字化工厂项目共分两期建设，第一期5套装置于2017年7月开工，2018年1月完成；第二期22套装置于2018年3月开始建设，2019年10月完成。全厂建模图元数量达到506万，模型数量达到155.1万，地下管网建模长度达59.76km。模型精度达到1CM，颗粒度达到部件级，可以真实还原现场三维场景。平台共集成MES、EAM、HSE、视频监控、电子巡检等13个系统，开发了45个接口。平台业务范围涵盖了长庆石化公司设备管理、生产管理、安全管理、培训管理、VR应用及工业大数据应用。

解决的主要问题有：全厂装置高精度资产副本的建立，为掌握现场情况提供高效的手段；基于虚拟资产数据中心的建立，不仅实现对实体资产三维外形的数字化，更实现了资产全生命周期数据的有效管理，解决企业的信息孤岛和IT系统间信息互用性问题；通过三维场景与业务数据的融合，提升各业务领域管理的直观性、准确性、智能性和协同性。

3　项目预期目标和范围

3.1　项目预期目标

长庆石化数字化工厂项目作为智能工厂的基础和核心支撑，承担为企业技术管理、风险管理、资产管理、设备管理等领域提供三维模型与数据服务的任务。三维数字化工厂系统是用于炼化企业管理的应用系统，系统的总体目标是：建立覆盖主要生产装置（设备）的三维数字化模型，模型集成对象化资产的全生命周期动静态数据，形成各管理领域的数据生态环境，模型同时集成依据工艺系统历史实时数据进行大数据智能分析的状态、性能与安全模型，实现对生产设备（装置）状态、性能与安全的智能监控，以及实现为设备、生产、安全、培训各管理领域提供三维模型与关联的数据服务，消除系统与部门信息孤岛，提高管理与检维修等工程作业的效率，降低安全风险。

项目预期目标如下：

（1）通过逆向建模技术对中国石油长庆石化公司工厂装置进行三维建模；逆向建模精度工程级，细度为部件级；

（2）模型集成公司主要的IT系统以及主要设备与工艺系统全生命周期的动静态数据，形成以三维模型为核心的数据生态环境，提高资料管理、知识管理与企业数据资产应用水平；

（3）针对公司主要设备与工艺系统的历史实时数据，利用工业大数据的技术进行智能建模，模型主要为运行状态模型，并应用该模型对设备进行智能监控，确保设备运行状态的在线分析预测；

（4）利用三维数字化工厂技术对企业的设备管理、资产管理、安全管理、生产管理、培训管理提供管理支撑，提高企业的管理效率、降低企业风险，提供先进的系统运维服务支持；

（5）提供完整的平台功能体系，功能设计面向企业工作人员，提供组态与定制开发相结合的可扩展功能实现模式，支撑工厂各管理域体系化管理的需要；

（6）提供PC、移动、VR多平台功能应用架构，为工厂多应用场景服务。

3.2　项目建设范围

3.2.1　组织范围

三维数字化工厂建设覆盖的组织范围包括公司领导、人事处、规划计划处、财务处、科技信息部、工程管理部、物资采购部、生产运行处、机动设备处、安全环保处、二级单位等部门，具体组织架构如图1所示。

3.2.2　业务范围

三维数字化工厂系统是企业设备、生产、安全管理系统的基础平台，负责为企业各管理域提供三维可视化的模型、模型集成的动静态数据、空间数据量算、基于工业大数据的智能模型以及工程仿真、优化、沟通服务。该系统通过改变工厂传统的二维管理模式，使企业的管理回归到直观的三维环境，并在三维环境下建立工厂各管理域的资产、数据完整的管理模型以及大数据的智能模型，从而实现生产、设备与安全管理的优化与智能化，减轻现场人员的劳动强度，提高工作效率，降低安全风险与非计划停工时间。

三维数字化工厂建设所涉及的业务领域将重点集中在化工生产设备管理领域，并扩展到与设备管理密切相关的生产管理、安全环保管理等业务领域，如图2所示。

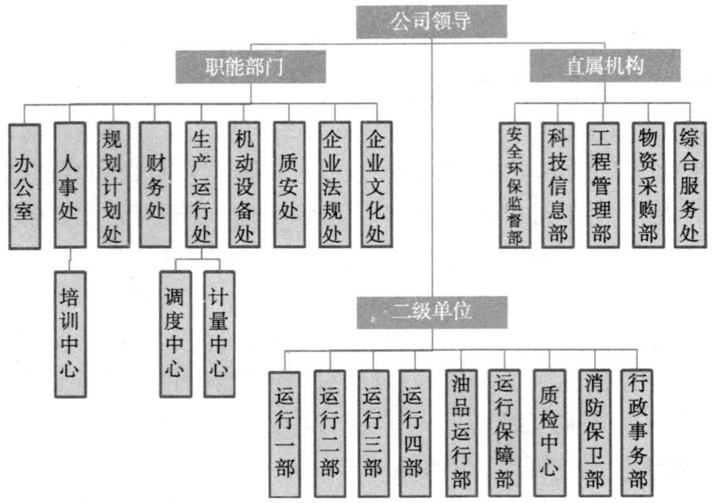

图 1　项目组织架构图

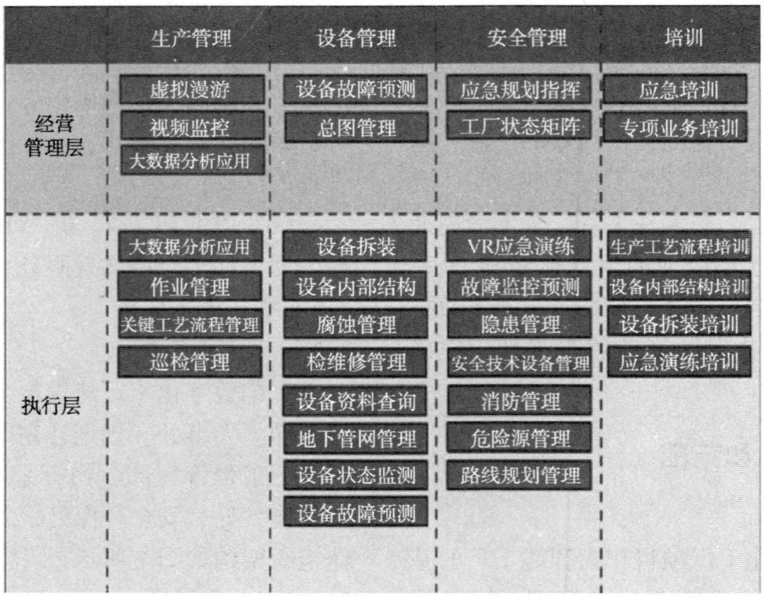

图 2　三维数字化工厂业务覆盖范围

3.2.3　功能范围

三维数字化工厂软件平台基础通用技术功能以及扩展的业务功能如表 1 所示。

表 1　三维数字化工厂功能范围简表

序号	功　能　项	备　　注
1	导航和漫游功能	平台支持多种方式漫游、测量、设备剖切、模型放大缩小、不同方式查找及查看资产等功能
2	资产树功能	平台支持多层级资产目录的显示、节点命名与实本模型一致，并可根据不同业务类型进行节点属性配置、可以方便地进行属性查看与修改、部件查找与统计
3	知识视图功能	借助三维模型将资产的空间数据、资产的关系以及分散在各个系统中的数据按照一定业务逻辑进行聚类，形成以资产为核心的三维视图。知识视图可发布共享给他人，可在知识视图上根据业务需要进行颜色定义、设置过滤器、关联相关文档、标签标注、报表配置、监控管理、设备查询及统计操作

续表

序号	功 能 项	备 注
4	系统定义配置	系统配置提供平台模板配置功能，包括设备模板管理、标签模板管理、工作模板管理、数据字典及系统管理功能
5	接口适配器	提供数据库访问、功能页面连接、HTTP 接口、WebService 接口、CAD 模型导入等多种接口配置方式
6	激光扫描(模型管理工具)	支持激光扫描点云数据的处理，允许用户按需访问查看激光扫描数据
7	变更管理(模型管理工具)	平台支持 3D 建模功能，支持工厂模型的增加、修改或删除应用，能够捕捉小截面资产，可随时保持虚拟工厂与实体物理工厂资产的一致性
8	组态配置应用	平台支持业务方案的组态配置，系统可通过接口适配器或简单的配置操作即可实现各种业务功能的组态应用，用户可根据业务需要自行配置业务方案，减少烦琐的二次开发成本
9	大数据技术应用	平台支持工业大数据的智能建模，以及根据状态、性能、安全模型进行数据的关联分析、监测与预测分析等

4　研究内容及取得的主要成果

4.1　技术路线

三维数字工厂模型建设主要有两条技术路线，分别为逆向建模和数字化移交。其中，逆向建模是利用激光扫描等技术获得精确代表工厂现状的三维模型。

数字化移交是把不可编辑的三维设计模型转换为可编辑的三维数字工厂模型，对新建装置采用数字化移交建模。

根据长庆石化的现状，长庆石化数字化工厂项目采用以激光扫描为主的逆向建模技术路线，对地下管网采用根据图纸建模方式补充，对未来新建装置采用数字化移交技术路线(见图 3)。

激光扫描技术路线是通过先进精确的三维激光扫描技术，获取工厂在建装置高精度三维模型数据，其具体工作包括现场勘查、布设测量控制网、激光扫描站的规划及激光扫描、测量数据处理和点云的拼接、提供最终交付物。

激光扫描技术路线得到的模型精度高，能最大限度地还原资产原貌，在模型可靠性的基础上，才能更加有效地支撑日常的管理、操作、维护、维修工作。动设备、静设备、管廊等资产采用该种技术路线建模(见图 4)。

第 1 步是利用全站仪测量定位，通过激光扫描仪对现场数据进行采集。

第 2 步是扫描数据拼接成点云数据库。

第 3 步是建模，利用软件在点云数据上构建实体对象。

第 4 步参考 P&ID 设计图进行模型智能化工作。

第 5 步可导出标准模型供设计等其他应用。

第 6 步在智能化的三维模型上，同时进行各种应用方案的设计。

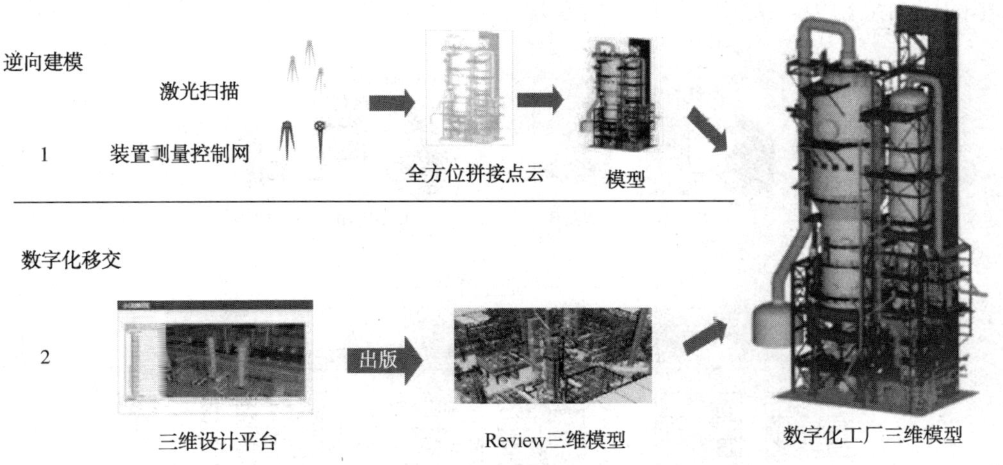

图 3　技术路线

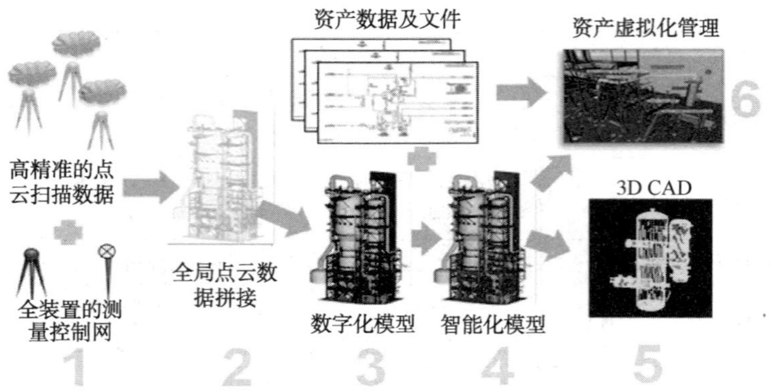

图 4　逆向建模技术路线

4.2　系统架构设计

4.2.1　功能架构

长庆石化公司三维数字化工厂整体功能架构包括数据中心、服务层、应用层、展示层以及双向集成服务、工程级三维模型管理等内容，如图 5 所示。

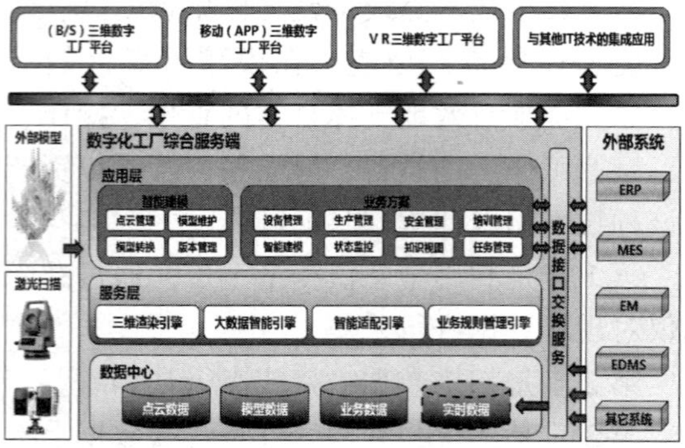

图 5　功能架构图

4.2.2　体系架构

体系架构包括应用架构与物理部署方案两个方面。

在长庆石化公司，鉴于三维数字化工厂的技术特点以及系统业务管理模式、系统运维模式等情况，采用的应用架构为：决策与公司经营管理层建立一套统一的三维数字化工厂系统可以浏览工厂全貌，各车间在三维模型管理、模型集成数据以及应用功能各有不同与侧重。

针对移动端、VR 技术平台，各部门根据需要进行配置，模型数据与三维数字化工厂平台为统一数据源。

三维数字化工厂物理部署方案采用集中部署方式，如图 6 所示。该方案在公司机房中统一部署渲染服务器、应用服务器以及数据库服务器，各个部门终端用户通过企业局域网访问三维数字化工厂模型与数据信息。

4.2.3　技术架构

技术架构包括硬件架构方案和软件方案两个方面。

三维数字化工厂硬件架构方案如图 7 所示，应用服务器与数据库服务器方案采用虚拟化技术，共享存储，实现在物理主机上按照实际需要划分资源。虚拟化技术的应用，实现了物理服务器上处理器、内存、存储资源动态分配，最大化提升硬件使用率，保障关键应用的稳定性，增强应用模块的可靠性，有利于提高应用系统的可用性。

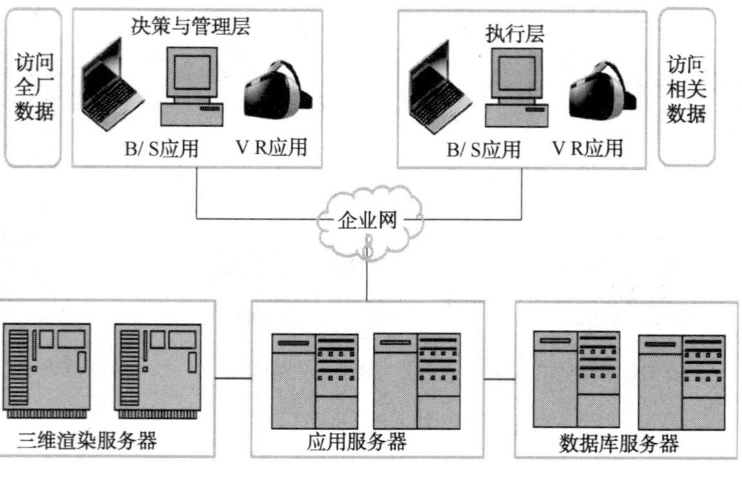

图 6　三维数字化工厂体系架构图

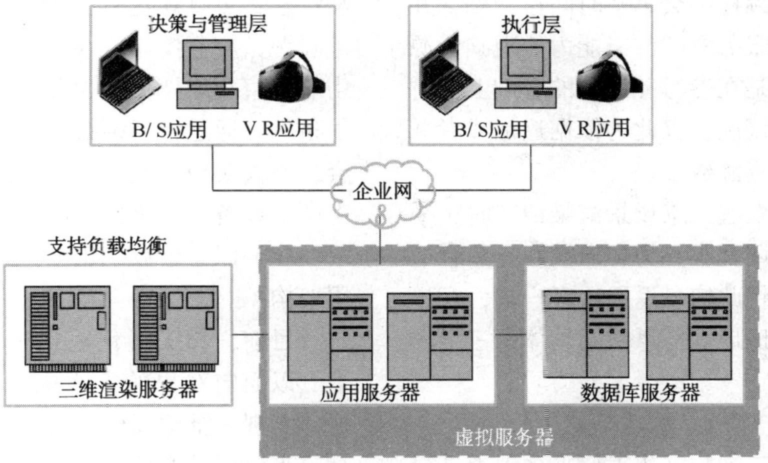

图7　三维数字化工厂硬件架构方案图

三维数字化工厂的软件应用采用B/S架构模式，在客户端软、硬件不需要升级条件下，可以流畅渲染工厂三维模型以及相关的数据。三维数字化工厂软件平台通用功能采取成熟的技术开箱即用；对于常用的业务支撑功能，可以通过平台的三维视图、属性、标签、颜色等技术配置来实现，减少对厂商的依赖，减少长庆石化公司的成本；对于长庆石化公司特殊的业务需求，可以由平台提供商进行定制开发(见图8)。

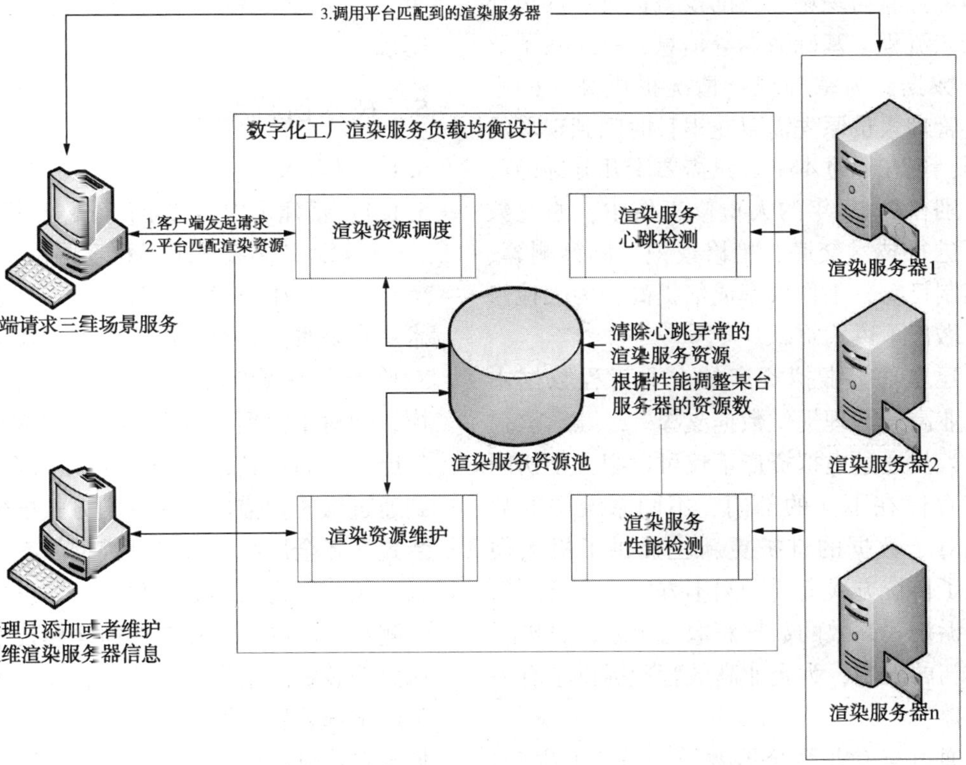

图8　三维数字化工厂渲染服务负载均衡架构方案

(1) 三维数字化工厂平台在稳定性设计方面提供了渲染服务器负载管理，用户可以便捷的维护(新增、修改、删除)为平台提供三维渲染服务的服务器基本信息及参考并发数。

(2) 平台会根据维护的服务器信息结合参考并发数来将每台服务器的渲染能力体现到渲染服务资源池中。

(3) 平台同时提供了心跳检测和性能检测两种手段来实时检查各台渲染服务器的实际工作情况，如果服务器出现宕机现象，心跳检测服务会将资源池中与该服务器相关的资源全部清除，确保客户端的渲染请求得到正确的响应；当该服务器正常工作后，心跳检测会第一时间检测到，并根据配置信息将该服务器的渲染能力体现到资源池中；而性能检测是在参考并发数的基础上实时地判断服务器工作情况，以此为依据追加或者减少服务器所提供的资源数量。

（4）当客户端发起三维场景渲染请求时，平台会通过渲染资源调度服务为客户端匹配到合适的渲染服务资源并将此信息返回给客户端，客户端再通过获取到的地址等信息访问具体的三维场景服务。

4.3 主要成果

长庆石化基于三维数字化工厂平台大力进行了业务应用开发，共建设了 6 个模块 43 个功能点，为提升各专业系统应用水平做出了重要贡献，取得主要成果如下。

（1）把复杂的现场搬进了电脑桌面，为掌握装置现场状况提供了高效手段。

通过三维数字化工厂，企业生产管理人员在办公室即可查看与现场一致的设备位置、周边环境以及工艺流程、基础数据等信息，一站式了解所需专业数据，为掌握现场情况提供高效的手段。生产管理人员原先需要花很长时间到现场的勘察调研，现在通过本平台只需要十几分钟即可完成。特别在 2019 年的大检修工作中，通过数字化工厂进行技术交底、检修模拟、勘察测算、吹扫方案制订等，工作效率成倍提高，为大检修顺利进行做出了巨大贡献。

（2）建立基于虚拟资产的企业工程数据中心，为企业高效管理提供数据支撑。

企业人员通过虚拟资产不仅可以很方便访问到该资产存储在不同的部门、不同系统中的数据，而且对于数据的维护更新也提供了极大便利，克服了传统方式资料查阅不方便、信息更新不及时的诟病。高效的数据获取与更新，打破了专业及部门的限制，为企业高效管理提供了有力的数据支撑。

（3）通过与专业系统的融合，提升了生产、设备、安全各领域专业系统的效能。

通过将巡检与三维融合打造虚拟智能巡检系统，在桌面即可实现装置巡检，掌握现场信息；三维数字化工厂与高清视频融合，可以在虚拟环境中以设备为中心快速定位周边合适的摄像头，及时获取现场实时信息；腐蚀系统与三维融合，实现腐蚀监测数据的变化与实际位置及周边环境相结合，可直观进行腐蚀分析和腐蚀测点规划；危险源、应急操作培训等可以在三维数字化工厂中非常直观地展示，为安全管理与高效培训提供了条件。通过将三维数字化工厂与专业系统的融合，不仅实现专业数据可视化展示，而且提升了生产、设备、安全各领域专业系统的效能。

（4）以三维数字化工厂为基础，打造智能应用架构。

目前，长庆石化正在三维数字化工厂基础上，以面向对象的方式融入设备域智能监控数据，实现三维虚拟模型与专业动态智能模型的融合。当出现设备预警时，自动定位设备位置，智能展示预警信息，快速安排检维修，及时消除隐患，确保了设备安全运行。下一步，长庆石化还将进行三维虚拟模型与生产、能耗、安全、环保等专业系统动态智能模型的融合。这样，不同专业的智能数据在三维数字化工厂平台进行融和后，可以实现不同专业间协同互动，实现智能决策，为下一步数字化转型、智能化应用打下基础。

5 技术创新点

5.1 创新点

5.1.1 搭建国内首套全厂级、高精度三维模型，为掌握装置现场状况提供了高效手段

数字孪生技术中对资产外形精确数字化的技术一直是难点，目前国内一般采用激光扫描方式对单个设备或者较小规模装置/区域进行三维建模，但对于大型装置进行激光扫描建模不仅工作量庞大，而且其精度很难保证，因此国内很难见到通过激光扫描逆向建模的方式搭建高精度大型装置或者全厂级装置三维模型的案例。

长庆石化三维数字化工厂建设采用独特的基于测量控制网激光扫描逆向建模技术，不仅可实现大型装置高精度逆行建模，而且可以建立整个工厂全部装置高精度资产副本。本项目完成后，长庆石化将建成国内第一套全厂级、高精度、部件级三维模型，实现全厂所有装置虚拟资产与物理资产 1：1 镜像关系，实现现场装置的数字孪生。

现场装置的数字孪生对生产管理人员掌握现场状况提供了高效手段。在企业生产管理活动中，运营人员往往不仅需要各信息系统的专业数据作为支撑，同时还需要清楚现场资产的环境状

况及上下游的关系，特别是从整个工厂的角度来了解物料走向、公用工程管网关系等。传统的方式只能跑现场实地考察，查阅图纸资料，再通过不同的专业信息系统来了解不同专业信息，效率低下。而通过本项目构建的企业现场资产数字副本，可实现全厂资产实物的可视化管理，即在办公室可查看与现场一致的设备位置、周边环境以及工艺流程、基础数据等信息，一站式了解所需专业数据，为掌握现场情况提供高效的手段。通过本平台，生产管理人员原先需要花很长时间到现场的勘察调研，现在通过本平台只需要十几分钟即可完成。

5.1.2　建立基于虚拟资产的企业工程数据中心，为企业高效管理提供技术支撑

三维数字化工厂建设中，除了资产高精度三维模型是重点建设内容外，模型背后的数据资产的建设是另一项非常重要工作。数据是企业智能化建设基础，也是目前企业管理的难点。由于企业资产背后的各种数据、信息等种类繁多、数据量大，在实际管理中会暴露出很多问题。目前长庆石化资产数据、信息管理主要解决以下问题：

（1）长庆石化公司资料种类很多，但是缺乏统一的管理。很多资料是以电子文档和纸质文档的形式分散在不同的部门，缺乏共享，导致资料查找不方便。

（2）各类信息系统中相关数据的更新维护不及时，导致无法查找准确数据或者最新的数据，甚至有些管理系统只是把设备相关信息索引目录输入到系统，详细文档仍然是以电子文件或纸质文档形式保存。

（3）信息获取比较被动，一般都是装置出现问题后才进行相关资料的查找。

（4）缺乏有效的管理软件，各信息系统分散独立运行，需要集成。

对于以上问题，采用传统的方式很难解决，也是目前各企业普遍存在的难题。

本项目结合建立的高精度虚拟资产，采用以虚拟资产为索引的方式构建资产数据中心方案，形成以三维模型为核心的数字化资产信息模型，包括设计、制造、安装、运行、维护数据等全生命周期的动静态数据集(见图9)。这样，让三维数字化工厂不仅实现对实体资产三维外形的数字化，更实现了资产全生命周期数据的有效管理，实现了真正资产的数字孪生。

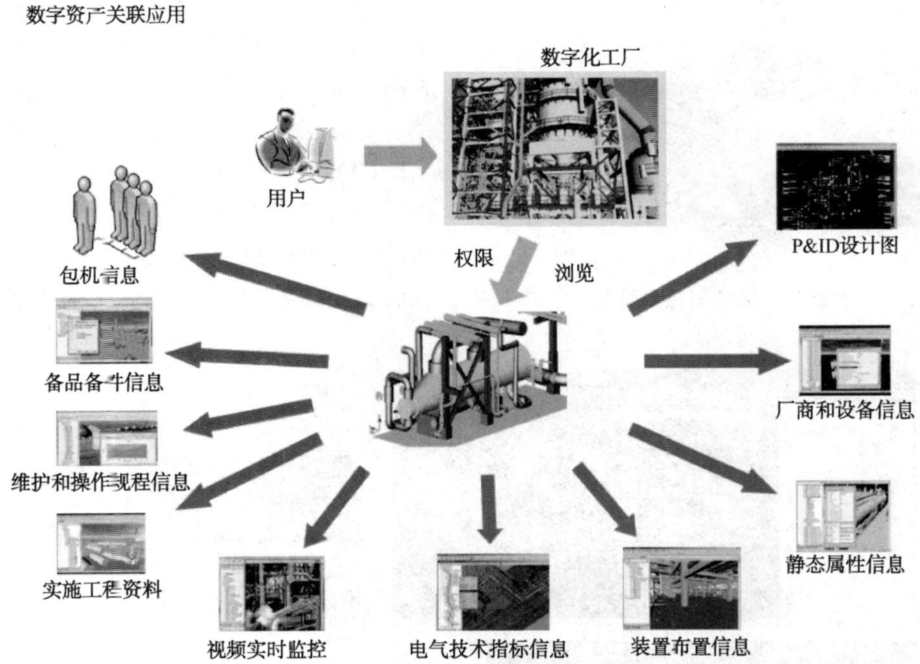

图9　以虚拟资产为索引的方式关联资产全生命周期的动静态数据

基于虚拟资产数据中心的建立，创建了一种面向资产的角度对数据的描述，可以更加自然、真实地反映数据存储及管理的本质，从而提供快捷高效访问数据的手段，可高效地为企业管理提供数据源。企业人员通过虚拟资产就不仅可以很方便访问到该资产存储在不同的部门、不同系统中的数据，而且对于数据的维护更新也提供了极大的便利。高效的数据获取与更新，为企业高效

管理提供了有力的技术支撑。

5.1.3　实现三维平台与信息系统的双向集成，提升专业信息系统智能化应用水平

数字化工厂作为一个以资产为核心的管理平台，与工厂的各 IT 系统进行双向深度集成，不仅可以基于部件级资产集成各 IT 系统，又可以基于部件级资产以及资产组合(知识视图)为各 IT 系统提供模型与数据服务，实现数字化工厂与各 IT 系统的双向集成。

(1)三维模型中集成了 MES、EAM、EDMS、LIMS 等信息系统，可以一站式无缝登陆到其他系统进行业务操作(见图 10)。

图 10　基于资产集成各信息系统

(2)各 IT 系统可以集成三维数字化工厂，获得相应的模型与资产知识数据，实现数据、业务、现场的统一，提升专业信息系统智能化应用水平(见图 11)。

在传统的二维系统中，虽然可以通过流程图方式展示数据之间的逻辑关系，但是数据无法和现场对应，往往还需要去装置现场了解装置实际的状况。通过三维数字化工厂双向集成方式，专业系统在体现二维专业系统业务逻辑同时，做到生产数据与现场三维真实场景对应，为生产管理带来极大便利性。这样各 IT 系统可以共享三维数字化的成果，有效提高系统的效率与价值，使数据在生产、安全、设备管理各领域进行流通互用，打通信息孤岛，提高工厂的运营效率。

5.2　创新技术经济技术指标

(1)高精度三维资产信息模型技术：采用高精度激光扫描逆向建模技术路线，在国内首家实现全厂级装置三维建模，与现场资产 1∶1 镜像，精度达到 1cm，颗粒度达到部件级，可以真实还原了现场三维场景。通过模型智能化梳理装置图纸，标记了所有图纸缺失以及与现场不一致之处，为装置管理消除隐患提供帮助。

(2)高性能服务器渲染技术：可以同时渲染整个工厂，加载全厂装置、设备、厂房、道路、地下管网三维模型，瘦客户端、浏览器支持，强扩展性、安全可靠，各项性能指标达到国内领先水平。

(3)双向集成技术：不仅可以在三维数字化工厂平台集成 MES、设备管理平台、高清视频、腐蚀检测等信息系统，而且可以为 IT 统提供三维服务，使各 IT 系统共享三维数字化的成果。

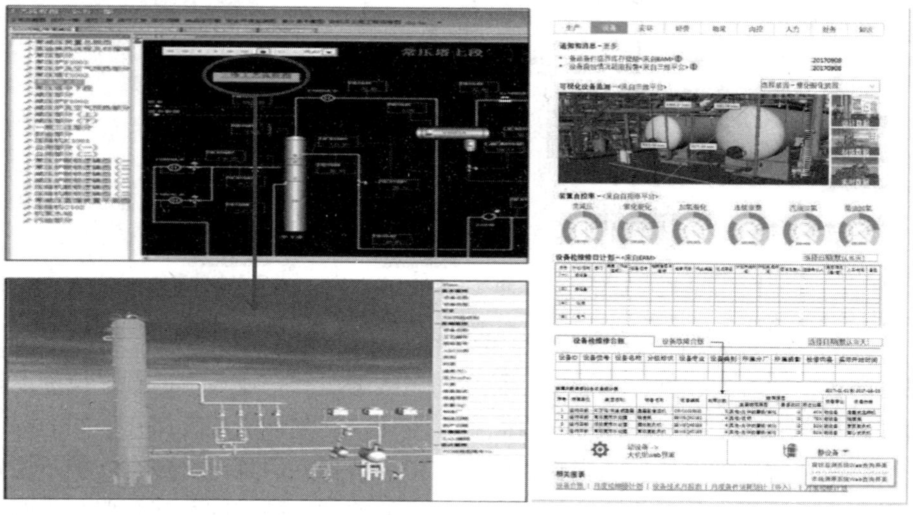

图 11　在 MES 和主数据系统中集成三维视图

(4) 移动端应用技术：支持 Andriod 终端设备原生应用开发，支持在手机、平板上展示整个工厂三维模型，并可以进行三维定位及业务应用，能真正地提供移动智能办公服务。支持 VR 技术应用，可以实现大场景、工程级全热点三维模型在 VR 的中流畅展示及应用。

6　数字孪生在炼厂中的应用

6.1　生产域中的应用

三维数字化工厂平台不仅是实体物理工厂的再现，同时是一个承载空间数据、业务数据的信息应用平台，系统提供灵活而实用的标签、流程抽取、属性与颜色自定义以及基于工业大数据关联数据分析等相关技术，用户可以根据生产需要进行各种管理活动。

6.1.1　生产管理——作业分布和状态

通过与作业票系统和人员三维定位系统关联，可直观地查看作业分布位置、影响范围，现场环境、设备分布，现场作业人员的数量、姓名、位置及与作业票对应情况(见图 12)。

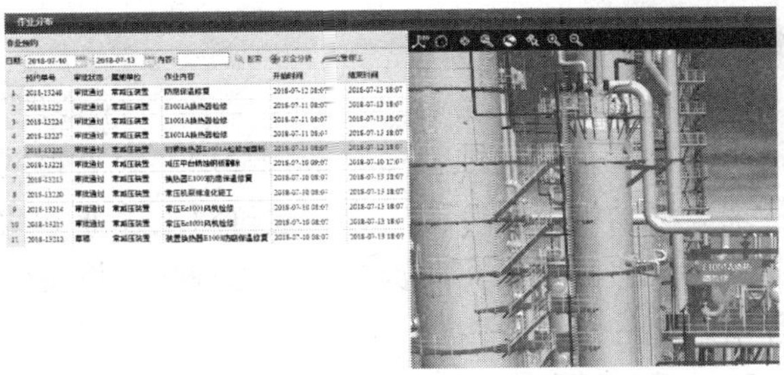

图 12　作业分布和状态

6.1.2　生产管理——工艺流程抽取

在三维数字化工厂平台，通过在资产目录树中勾选工艺流程图中相关的设备、管线、仪表，使用保存知识视图的方式实现工厂重要工艺流程的单独抽离展示并可为其他业务提供三维支持(见图 13)。

对于二维 DWG 格式的 P&ID 图纸资料，可在三维数字化工厂中实现二三维图纸联动，更直观地学习和了解现场实际工艺流程走向(见图 14)。

6.1.3　生产管理——吹扫方案设计

在三维平台中根据二维吹扫流程抽离三维视图，在三维视图中相关位置准确标记给气点、放空点、盲板等，三维的可视化效果及准确的空间位置为方案的准确制订提供了有效的手段。同时，三维方案可保存成知识书，后期可快速引用

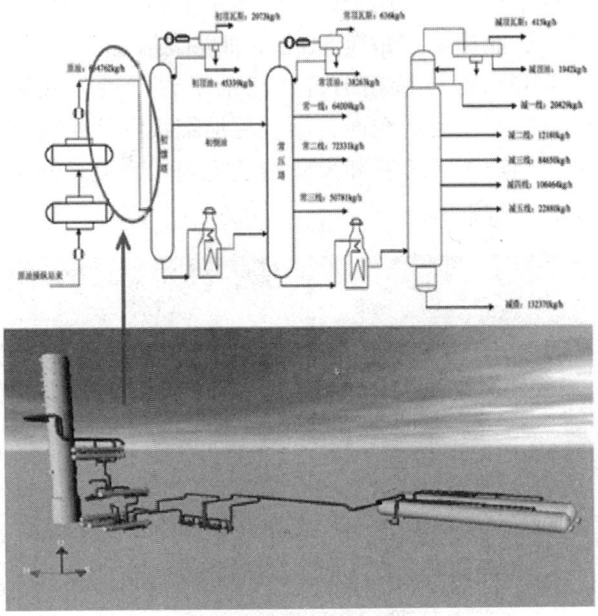

图 13　工艺流程抽取

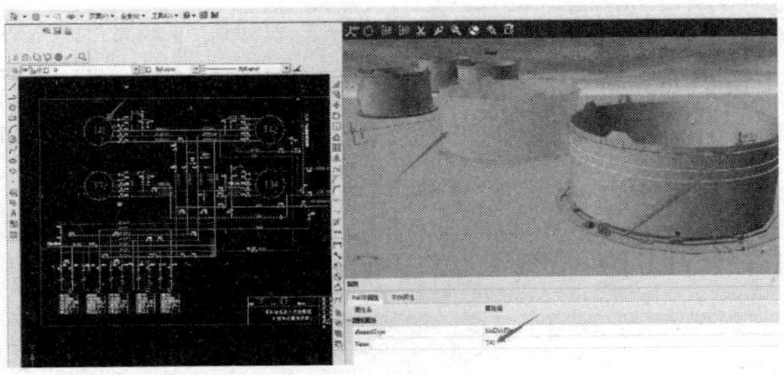

图 14　二三维关联

已有的方案，从而减少人工绘图 50% 的工作量，为方案设计、人员培训等提供帮助(见图 15)。

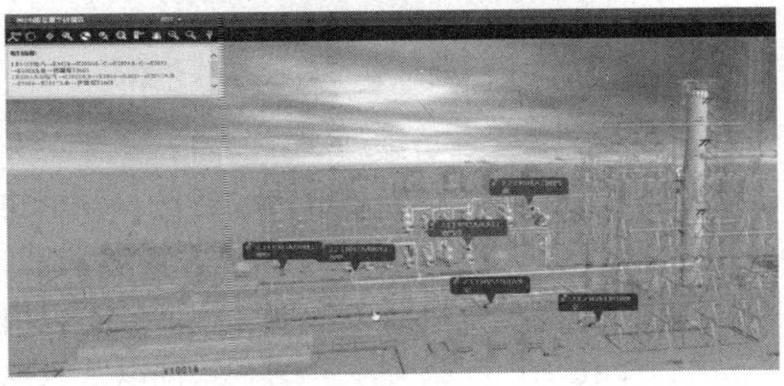

图 15　吹扫方案

6.2　安全域中的应用

安全管理：在数字化工厂平台基础上，基于集成的资产全生命周期数据、生产数据以及精准的设备空间结构及空间关系数据，可以形象直观地进行危险源辨识和风险评价、应急预案的编制和审核、应急事故的调度处理等。

6.2.1　安全管理——危险源

在三维数字化工厂中直观地展示危险源的信息，辅助用户实现对危险源的细化管理。在三维

平台中不仅可以用不同颜色展示不同级别的危险源，还能标识出危险源的详细危险信息。同时，与RBI风险分析相结合，三维平台中的危险源信息将不仅更加全面，而且更加细致，从而更有利于用户了解装置和设备的危险因素，提高安全意识(见图16)。

图16　危险源展示

6.2.2　安全管理——隐患管理

三维平台可实现隐患的录入、隐患处理状态、隐患缺陷池、隐患查询等功能，方便用户对设备的隐患信息进行管理及查阅。同时，用户可在隐患的发生部位创建标签，在三维平台中直观地展示隐患的分布(见图17)。

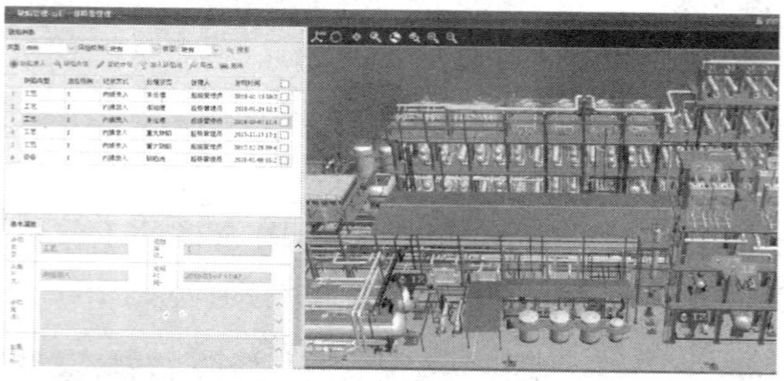

图17　隐患分布与状态

6.2.3　安全管理——消防管理

在三维数字化工厂中对消防设备进行三维建模，录入其属性信息，同时设置检验提醒功能，方便用户对消防设备进行更好地维护。同时，由于三维数字化工厂与物理工厂的一致性以及数据的集成性，消防事故发生时，三维平台可以辅助指挥者进行消防救急(见图18)。

利用三维数字化工厂可进行逃生路线规划及消防车行进路线规划，通过对厂区道路通行参数进行测算及配置，制定厂区消防车行进路线网，通过平台可根据最短路径规则生成多条路径，指挥人员可根据现场情况选择最佳逃生路线和消防车行进路线。

6.2.4　安全管理——视频监控

在三维数字化工厂平台中构建全厂摄像头模

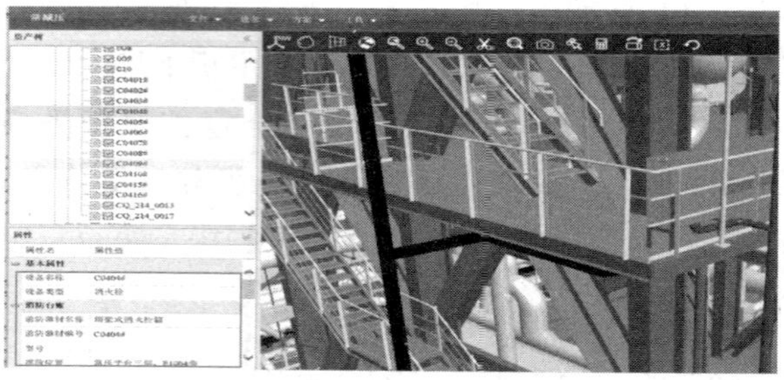

图18　消防设备属性查看

型，同时提供搜索、定位全厂摄像头位置，查看摄像头属性的功能。同时，三维数字化工厂与视频监控系统集成，在三维模型中，点击对应的摄像头，可以实时调取该摄像头的监控画面(见图19)。

图19　高清视频

6.3　设备域中的应用

设备管理是设备运维管理、备品备件管理、资产实物管理、腐蚀管理、密封管理、地下管网管理、移动端应用等的集合，通过对上述业务功能的实现，满足公司对资产管理可视化，设备管理精细化的管理要求。

6.3.1　设备管理——设备运维管理

三维数字化工厂具备与物理工厂一致的空间数据，并在此基础上集成各类信息数据，可以实现设备空间定位、设备信息查看、检维修方案编制与优化、根据选定的检修部位(区域)制订检维修材料计划、工程模拟等功能(见图20)。

6.3.2　设备管理——腐蚀管理

数字化工厂解决方案正在改变炼厂腐蚀检测和监测的最佳实践。该解决方案通过使检测人员将二维管道轴测图更换为详细、准确的三维管道系统图形，支持、增强检测和腐蚀监测流程。借助三维数字化工厂，可以辅助进行RBI分析和腐蚀回路的划分，根据腐蚀回路风险等级、腐蚀检测点数量的规划、介质流向等参数，准确地设计腐蚀检测点的位置，使检测点的规划安全可靠；对离线定点测厚点数据进行管理，可关联、展示测厚点数据，通过设置告警值实现对腐蚀速

图 20 设备运维管理

率的报警；平台集成在线腐蚀监测系统，获取在线高温测厚点和在线腐蚀探测点并在三维平台上进行位置标注。在三维平台中通过对管道腐蚀的监测，管道壁厚达到预警值后可及时进行维修，从而实现预知维修的可视化管理(见图 21)。

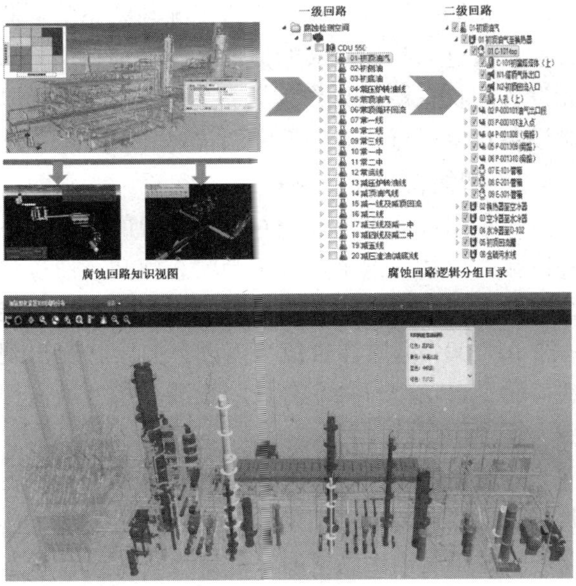

图 21 RBI 风险等级分布

6.3.3 设备管理——密封管理

设备的密封分为动密封和静密封。密封点在装置中数量巨大，不易于对其进行日常管理。在三维数字化工厂中可以对密封点进行自动统计，协助建立密封台账，并可对泄漏部位进行标注和分析，在平台可查看泄漏点所属设备、泄漏次数等，并支持按泄漏时间、类型查询，可查看某个泄漏点的泄漏明细如泄漏日期、完成时间、记录人实现密封点的管理(见图 22)。

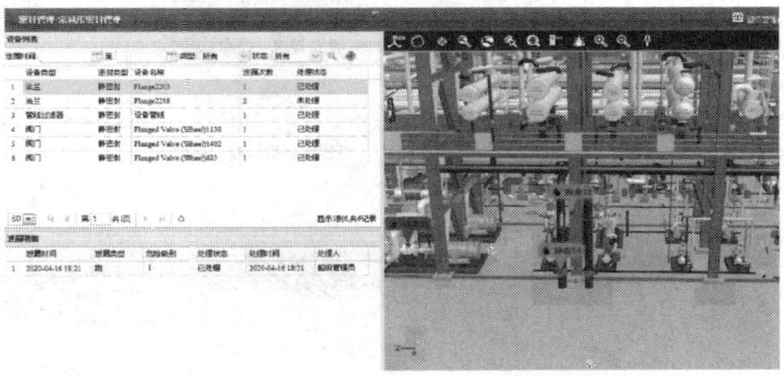

图 22 静密封管理

6.3.4 设备管理——地下管网管理

通过数字化工厂构建三维数字化地下管网资产副本，形成地上地下一体化的三维数字化工厂，将地上地下关联起来。并以地上地下资产一体化为基础，实现地下管线定位、查询，地下管网视图展示，地下管网的管线走向、历史检维修记录以及地下管线埋深、材质、类型等信息查询，并以此为基础，持续进行变更维护、检维修等管理，确保三维地下管网模型与工厂保持一致，为管理者提供所需要的管理支撑(见图 23)。

6.3.5 设备管理——台账管理

针对长庆石化信息系统数据缺失严重，很多日常管理比较频繁且比较重要的数据依然采用线下台账的方式进行管理的现状，在三维数字化工厂中实现台账管理功能，对日常管理中比较重要的管理要素——设备、仪表阀门、安全设施、盲板等建立三维台账，台账中不仅包括设备及仪表阀门、安全设施、盲板等基础属性信息，点击相依的台账，可自动对应的模型中相应设备，从而解决线下管理中数据查找难、管理难、数据与现场设备难以建立对应关系的问题(见图 24)。

6.4 工业大数据应用

利用工业大数据技术对设备的智能管理，是对设备的历史运行数据进行“扫描”，智能化提取设备历史的状态信息并建立状态模型，平台采用智能建模技术的机器学习引擎，通过对数据关联性的分析，建立工业系统的智能健康感知模型，对系统的健康、安全、性能等实现在线感知计算和状态预测分析。

序号	地面实物与地下资产名称	分类	主要属性
1	地面实物	房屋、马路、铁路、绿化带、围墙、罐、塔、防火墙、沟、河渠等	名称、面积、边界、年代以及其他标识等
2	上水线	消防水、生活水、新鲜水、循环冷水以及辅助的阀、井、三通点、四通点、变径点、拐点等	管道的名称、代号、规格、起止点、折点、变径点的大地坐标与高程；标志桩埋设点；管道介质、防腐保温方式、埋深、管线长度、埋设年代、其他血液等
3	下水线	工业污水、生活污水、含硫污水、雨排线以及辅助的井、地漏、池等	
4	蒸汽线	蒸汽线以及阀门、仪表等	
6	其他管线	废弃管线、停用管线等	
7	电力、通信线	高压线、低压线、通信线	线路的代号、名称、起止点、折点的大地坐标与高程；电力线的压力等级、线路高度、深度、长度、埋设年代等

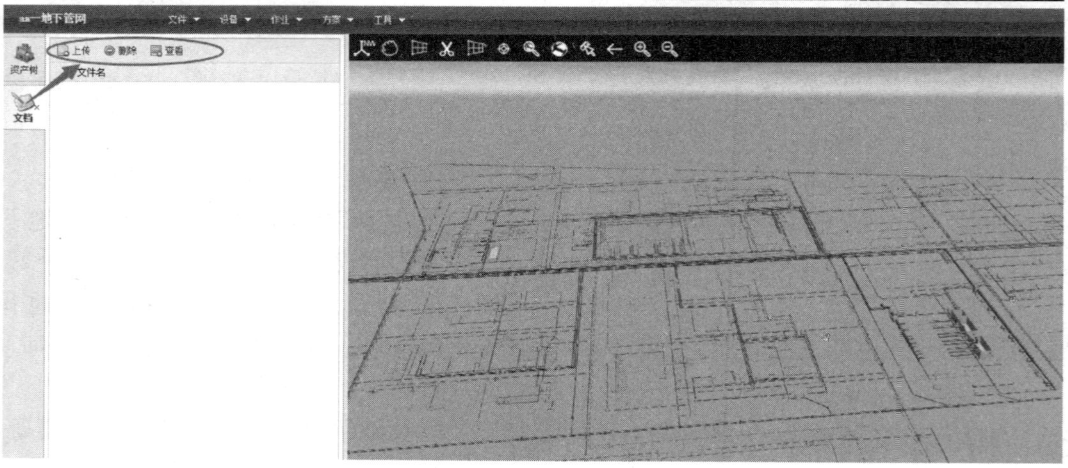

图 23　地下管网分布

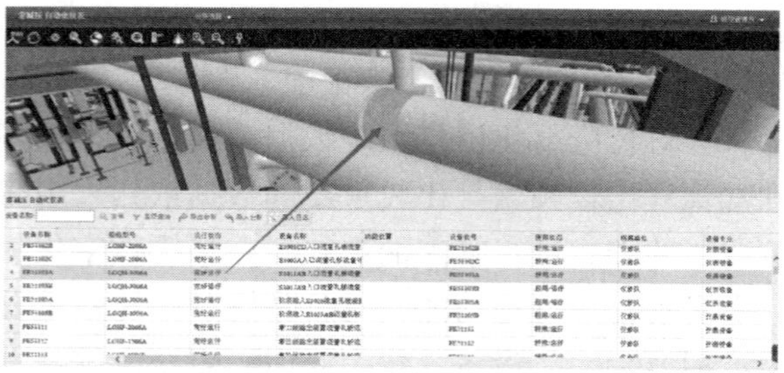

图 24　台账与模型一一对应与定位

三维数字化工厂平台设备管理是大数据智能引擎、智能适配引擎、三维渲染引擎、业务规则管理引擎协同进行工作，以打通相关的信息化系统，实现智能化应用。平台工作过程主要包括设备健康模型的自动建模、智能在线状态感知、预测分析、智能化策略适配等关键过程。

6.4.1　设备健康模型的自动建模

三维数字化工厂大数据智能引擎，从工业设备的历史测点数据中建立设备运行的状态模型，建模过程完全由计算机自动实现，不需要太强的专业知识。

大数据智能引擎首先将工业大数据中的测点数据按照设备资产的架构以及时间标签整理，得到设备对象的状态数据(它体现了设备对象的实际运行状态，每一状态与特定工况条件对应)。然后，智能引擎算法自动分析工况与状态的关联关系，通过对状态模式的提取、压缩和存储，形成设备的状态模式集作为设备的状态模型(它是对设备对象运行状态的最完整描述)。

6.4.2　智能在线状态感知

大数据智能引擎自动对工业对象的实时状态进行在线评估，这个过程称为状态感知。通过状态感知，智能引擎将工业对象的实时状态综合成一个 0~100%健康评价值。当设备健康状况出现跌落时，自动进行关联分析、预测分析，推送预警、管理信息。

大数据智能引擎通过关联因素排序来实现工业对象的测点变量之间的动态关联分析。当工业设备的健康度出现跌落时，表示设备的运行状态与历史同工况下的正常运行状态已经发生了变化。智能引擎从工业设备的大量变量中识别出关键的影响因素，自动计算动态权重，感知工业对象的测点变量中对实时状态贡献最大的变量，并以主关联因素排序的方式给出。

6.4.3　预测分析

由于设备健康模型中已经包含了设备的测点、状态、工况之间的复杂关联，因此智能引擎可以实现优化条件预测以及对于未来工况条件下的状态预测，还可以生成同工况下的状态期望值，基于状态期望，可以进一步实现系统优化、维修策略等的调整(见图 25、图 26)。

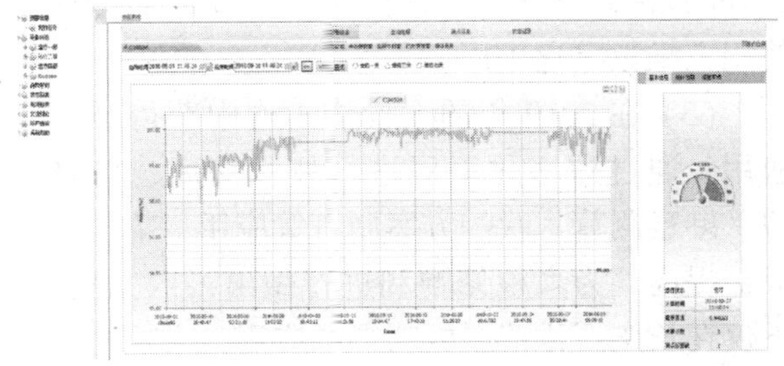

图 25　健康曲线查看

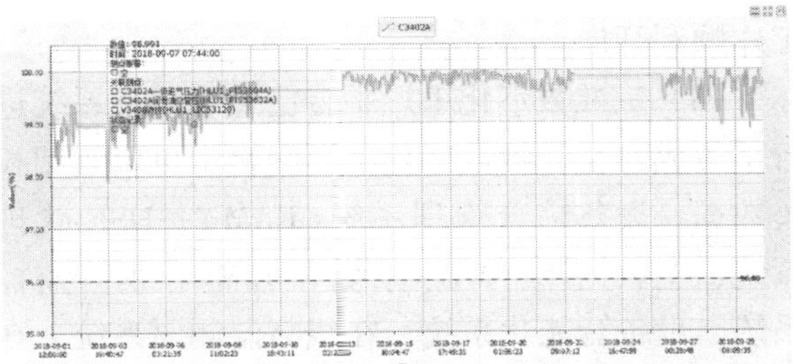

图 26　关联测点查看

6.5　VR 应用

沉浸式技术，如虚拟现实(VR)和增强现实(AR)，将改变人与人、人与软件系统的互动方式。全球领先的信息技术研究和顾问公司 Gartner 将其列为 2017 年对大多数企业具有战略性意义重大科技发展趋势。

中国石化集团镇海炼化公司目前在虚拟现实 VR 应用方面已经走在国内前列，在上海工博会期间展示的港储部 2km^2 三维模型的 VR 虚拟漫游、设备拆装等是目前国内虚拟现实 VR 展示最大的场景之一，其效果逼真，深受各方好评。为了进一步发挥 VR 虚拟现实技术在企业生产管理中的应用，建议在以下方面选择企业具备条件并能发挥重大作用的应用，进一步探索 VR 的深化应用。

6.5.1　VR 虚拟应急演练

为确保在事故来临之时将损失降至最低，在企业中定期进行应急推演是有效的防患方式，但其弊端也相当明显：投入成本高，每一次推演都要投入大量的人力、物力。大量的投入使得其不可能进行频繁操作。虚拟现实技术的产生为应急演练提供了一种全新的开展模式，将事故现场模拟到虚拟场景中，人为地制造各种事故情况，组织参演人员做出正确响应(见图 27)。这样的推演大大降低了投入成本，提高了推演实训时间，从而保证了人们面对事故灾难时的应对技能，并且可以打破空间的限制，方便组织各地人员进行推演。这样的案例已有应用，必将是今后应急推演的一个趋势。

图 27　虚拟应急演练

虚拟演练有着如下要求。

(1) 仿真性。虚拟演练环境是以工厂现实环境为基础进行搭建的，确保虚拟现实中设备、环境各要素与现实一致，演练的操作规则应使用工厂有效的操作规范(见图 28)。

图 28　虚拟环境

(2) 开放性。虚拟演练打破了演练空间上的限制，受训者可以在任意的地理环境中进行集中演练，身处异地的人员，只要通过相关网络通信设备即可进入相同的虚拟演练场所进行实时的集中化演练。

(3) 针对性。与现实中的真实演练相比，虚拟演练的一大优势就是可以方便地模拟任何培训科目，借助虚拟现实技术，受训者可以将自身置于各种复杂、突发环境中，从而进行针对性训练，提高自身的应变能力与相关处理技能。

（4）自主性。借助自身的虚拟演练系统，各单位可以根据自身实际需求在任何时间、任何地点组织相关人员进行演练，并快速取得演练结果，进行演练评估和改进。受训人员亦可以自发地进行多次重复演练，掌握受训主动权，大大增加演练时间和演练效果。

（5）安全性。作为企业培训中重中之重的安全性，虚拟的演练环境远比现实中安全，培训与受训人员可以大胆地在虚拟环境中尝试各种演练方案，即使闯下“大祸”，也不会造成“恶果”，而是将这一切放入演练评定中去，作为最后演练考核的参考。这样，在确保受训人员人身安全的情况下，受训人员可以卸去事故隐患的包袱，从而大幅提高自身的技能水平，确保在今后实际操作中的人身与事故安全。

6.5.2　VR 虚拟培训

企业在员工正式上岗前的培训工作非常重要，但传统的培训方式显然不适合高危行业的培训需求。虚拟现实技术的引入使得虚拟培训成为现实(见图 29)。

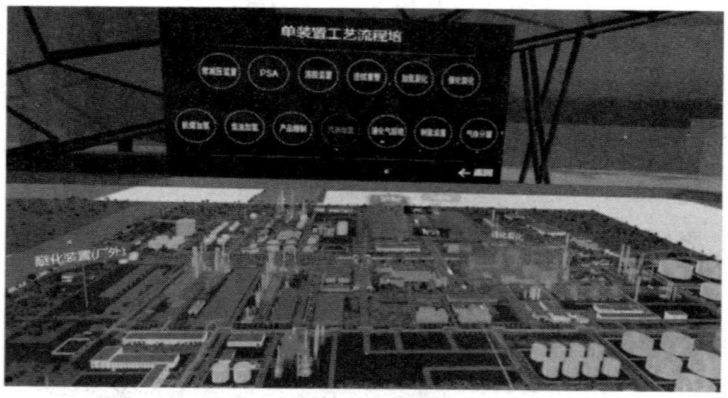

图 29　VR 虚拟培训

结合动作捕捉高端交互设备及 3D 立体显示技术，为培训者提供一个和真实环境完全一致的虚拟环境。培训者可以在这个具有真实沉浸感与交互性的虚拟环境中，通过人机交互设备和场景里所有物件进行交互，体验实时的物理反馈，进行多种实验操作。

通过虚拟培训，不但可以加速学员对知识的掌握，直观学习，提高从业人员的实际操作能力，还大大降低了公司的教学、培训成本，改善培训环境。最主要的是，虚拟培训颠覆了原有枯燥死板的教学培训模式，探索出了一条低成本、高效率的培训之路。

虚拟培训可以在以下领域应用：厂区漫游，工艺总貌，结构与拆装，工艺流程培训。

7　数字孪生技术应用效果

（1）长庆石化基于三维数字化工厂平台大力进行了业务应用推广，共建设了 6 个模块 43 个功能点，获得了广泛应用。

（2）对运行一部、二部、三部、四部、油品运行部、生产处、设备处等 11 个部门举办了 44 场次系统操作和应用培训共计 584 人次，取得了较好的效果，目前各部门、各级人员均可以熟练使用三维数字化工厂。

（3）在 2019 年的大检修工作中获得了广泛应用。通过数字化工厂进行技术交底、检修模拟、勘察测算、吹扫方案制订等应用，工作效率成倍提高，为大检修顺利进行做出了巨大贡献。不仅在长庆石化范围内获得了应用，大检修期间的服务商、设计院都通过数字化工厂应用获益，其中为各设计院转换 9 套模型，方便检修的设计工作顺利开展。

（4）三维数字化工厂平台已经和以下系统进行了集成，在三维数字化工厂平台中可以查阅相关数据：设备综合管理系统(EAM)，HSE 管理系统，主数据库，MES 系统和 LIMS，视频监控系统，设备智能化系统，在线高温测厚系统，在线腐蚀探针，HSE 现场管理系统，资产管理平台，水冷器泄漏监测预警系统，等等。

同时 MES、资产管理平台、可燃有毒气体报警监测系统、网格化平台 HSE 现场总管系统进行了双向继承，在这些系统中可以直接调用三维模型，从而实现可视化管理，增加了系统应用效能。

8　结语

三维数字工厂技术是流程行业集约化、精细化、智能化管理最新一代的技术，该技术是利用创新的虚拟现实的方法获得代表工厂现状的全热点三维模型，以该模型为核心集成工厂全生命周期(如设计、安装、生产、检维修、腐蚀等)的动静态数据，形成工厂资产、生产、安全管理的数据生态环境，同时融合工业大数据的相关技术，实现对企业生产运营维护的各个领域提供数据、模型、仿真、评估、智能分析与监控服务。

本项目通过高精度三维激光扫描技术和创新的基于坐标控制网的三维空间数据采集工作法技术，得到与实际装置完全一致的高精度三维空间点云数据，并进行辅助建模，得到精度在 1cm 精度以内的三维虚拟装置。以虚拟装置为基础，建立三维数字化工厂软硬件平台。综合应用各种数据导入方法和数据集成接口，使分散在设计、设备、生产、质量、安全、环保、视频等各种相关的动静态数据与运行在数字化工厂平台上的虚拟装置建立网状关联关系，引入了生产管理、作业模拟、安全分析、腐蚀规划、腐蚀操作窗口等管理模型和管理思想，实现了工程资料、生产、设备、安全、培训等应用，达到通过虚拟装置了解现实装置、分析现实装置、掌控现实装置、预测现实装置，和在虚拟装置中实现各种模拟预演、问题分析、生产作业规划、知识存储的目的。

因此本项目在面向炼化企业大规模复杂装置的数字孪生技术开发与应用方面创新成绩显著，并在业务实际应用中取得了较好的效果。本项目作为公司数字化转型、智能化应用的基础平台，将为推动长庆石化公司信息化快速发展具有重大意义。

建设初期火灾系统赋能企业安全预警

王　军

（中国石油化工股份有限公司天津分公司）

摘　要　本文分析了天津石化公司视频应用的现状，对传统的火灾报警模式进行分析调研，确定了视频智能应用——初期火灾报警系统的实施方案，实现语音弹窗、短信报警的一体化联动，改变人工巡查的被动工作局面，实现无人值守的智能化视频监控管理。

关键词　人工智能；神经网络；一体化联动；大数据分析

石油炼化行业生产特点是高温、高压、易燃、易爆。无论是炼油过程中的半成品、成品，还是过程中使用的各种溶剂、催化剂、助剂等，绝大多数都以气体和液体形式存在，极易泄漏和挥发，稍有不慎，将酿成惨剧。突发火情是炼化企业面临的重大安全风险之一，破解难题的传统办法是靠24小时全天候人工巡查发现，辅助人工视频监控来事故后分析，应用价值比较单一。随着人工智能、大数据分析等信息技术的发展，充分利用工厂工业视频，实现火情预警成为可能。为此，天津石化开展了视频智能化应用技术探索工作，通过视频AI智能技术，赋能工业视频系统，提升工厂感知能力，力争将安全隐患和事故苗头消灭在萌芽状态，进一步实现安全管理模式由“被动”向“主动”转变。

1　火灾报警系统现状

在传统视频监控系统中，监控点位较多且品牌复杂，人眼盯控存在时间盲区，现场出现火情后往往不能被及时发现，错过火灾最佳救援时机，造成公司重大损失。多个监控平台并存，数据存在孤岛，无法统一管理，在事故后期追根溯源时需通过搜寻调取存储摄像，操作复杂，处理效率低下。

初期火灾报警视频监控系统开发可集成各种品牌摄像机并关联公司现有监控平台，统一管理，由人眼盯控转变为机器全天候监控，触发报警后系统在第一时间以语音弹框、短信提醒等方式通知管理人员，并发送报警信息，生成报警记录，实现预警、报警一体化视频联动。最终由事后追溯转为事初报警，实现无人值守的智能化火灾报警监控，在节约人工成本的同时更能保障公司的安全生产。

2　初期火灾报警系统建设内容

依托天津石化现有视频管理平台系统资源及1000个现场模拟、数字视频，对220℃及以上，对易腐蚀泄漏、罐区、汽车栈台、热油泵、高温管线等重点设备，实现全天候智能火焰识别，在天津石化视频管理系统上实现预警、报警、存储的一体化视频联动。

主要内容包括系统整体开发设计、基础平台部署、火焰识别模型部署、火焰形态的智能学习，并实现与天津石化视频监控平台和短信平台的集成。

3　初期火灾报警系统技术方案

3.1　技术原理

智能视频监控是利用计算机模式识别、机器视觉、人工智能、网络通信以及海量数据管理的技术，将智能算法嵌入到数字信号处理中，分析和提炼目标的各种行为模式，形成核心算法。通过目标检测、目标跟踪、目标分类、行为分析，根据机器深度学习特征库进行比较和比对，达到辨识采集到的视频图像行为理解的目的。对目标的框架周长和行动轨迹打上标签，做出预警和实时报警，触发录像，实现智能监控识别。

本系统是基于CNN(卷积神经网络)及HSV算法的火警识别、基于faster-rcnn(目标检测)算法的火警识别、基于CNN(卷积神经网络)及帧间差分算法的火警识别的技术手段，可根据实际情况选用不同的算法进行火警识别。

第一层池化：max pooling 2×2 的核，步长为2。

第二层卷积：5×5 大小的卷积核 64 个，步长为2。

第二层池化：max pooling 2×2 的核，步长为2。

第三层为全连接层：512 个神经单元，dropout 为 0.6。

第四层为子网络输出层：输出为两个节点，即两个类别有火、无火。

用 Softmax 激活函数将输出的两个节点值映射到概率空间即有火、无火的概率。Softmax 函数表达式为：

$$\sigma(z)_j = \frac{}{\sum_{k=1}^{K} e^{z_k}} \tag{1}$$

除了最后一层之外，其他各层激活函数均采用 ReLU 函数，表达式为 ReLU(x)= max(0，x)；权值 W 的初始化采用 $\mu = 0$，std = 0.1 的高斯截断；

训练模型时的学习率为 0.001 的技术手段，所以，识别率可达 90%以上，准确率可达 90%以上，充分满足多路高并发时，系统整体响应时间在 8s 以内，满足系统性能要求。这是目前其他方法无法同时达到的。

现有的火灾检测方法主要分为两大类：基于传统图像处理的火灾检测方法和基于深度网络的火灾检测方法。基于传统图像处理的火灾检测方法主要倾向于通过分析火灾的视觉特征如颜色特征、纹理特征、形状特征等静态特征来训练火灾分类器；而基于深度网络的火灾检测方法利用卷积神经网络模型来对视频帧中的图像直接做处理，节省了传统学习方法中对训练数据做预处理的大量前期工作，且由于卷积神经网络模型高效的"智能性"和"主动性"，使基于深度网络的目标检测方法与传统方法相比，有了更大的优势。

基于传统图像处理的火灾检测方法主要是从检测火灾图像的视觉特性如颜色特征、纹理特征、形状特征等信息出发，构建分类器。颜色信息是火灾检测的一个重要因素，现有的成熟的额颜色模型有 RGB 和 YCbCr 颜色模型，研究者对火灾颜色特征做了大量的研究。T. Celi 提出了一种自适应视频火灾检测算法，该算法将视频前景信息和颜色信息相结合来检测视频中的类火区域。首先进行自适应背景建模，然后提取图像的 RGB 颜色信息，构建统计颜色模型，采用形态学方法的腐蚀和膨胀操作去除噪声，最后采用连通成分标记算法进行火灾检测。该方法的实时性较强，但是由于只提取了颜色信息导致算法准确率不高。随后，Celik 等人提出使用多项式在 YCbCr 颜色空间上对火灾颜色分布进行建模。这些颜色模型是通过对不同类别的火灾视频序列和火灾相关图片从 YCbCr 色彩空间出发做统计学分析得到的。该模型对火焰检测的正确率有所提高，但没有结合火焰的动态特征，对类火静态目标误报率高。Lin 提出了一种基于图像处理的智能火灾检测算法，该算法综合考虑了火灾的运动和静态特征。首先获取视频运动区域；其次，经过颜色全间模型获侍候选区域；再次，提取候选区域的面积、周长等形状特征排除一些类火物体的干扰；最后，采用不规则多边形、圆圈等形状特征进行火灾检测。该方法在提升性能、降低误检率上有突出贡献，但在距离远或火焰在图像占比小时，效果欠佳。Kosmas 提出了一个实时火灾检测算法，利用各种时空特征对火灾行为进行建模，并利用动态纹理分析模型对候选图像块像素强度的时间演化进行建模。该方法采用的时空特征有颜色概率信息、闪烁特征、小波分析、时空能量分析、动态纹理分析等，提取好火灾火焰的时空信息特征后，采用 SVM 分类器进行火灾检测，提升了算法的准确率和鲁棒性，但时间复杂度高，延时大。段锁林为了克服环境光照强度的影响，提出了一种有效提取火灾特征的算法，该算法首先采用了向量相关理论，然后利用神经网络对提取的特征进行分类，该方法在光照变化的复杂情况下取得了较好的分类结果，但也存在小目标识别率低和高并发下效果不佳。Wang D C、Cui X、Park E 提出了使用随机测试和鲁棒性特征的自适应火灾检测算法，该算法首先构建 YCbCr 颜色空间模型；其次，采用近似中值法更新运动背景图像，两者相结合可以得到一些候选视频帧；再次，提取一些火灾特征，包括闪烁频率、面积、质心等，得到一组特征向量；最后采用机器学习算法中的随机森林算法进行火灾分类模型的构建，完成视频中的火灾检测。但是，该方法仍然受到一些外在条件的干扰，如摄像头的分辨率、天气条件和环境因素等。Jin 针对之前的基于运动信息和颜色模型的视频火灾检测方法的频繁误报进行改进，提出了一种基于逻辑回归和随机测试的实时火灾检测算法。实验表明，该算法在误报率上有显著成效，但其漏报率还有待改进。

基于深度网络的火灾检测方法通过建立深层次的模型结构来模拟人脑神经系统的分层信号处理机制。Frizzi 提出了一种基于卷积神经网络的火灾烟雾检测模型。该方法与其他方法最大的区别是，没有特征提取阶段，直接通过操作原始 RGB 视频帧得到训练模型。在训练过程中，为了减少检测火灾烟雾所需要的处理时间，其使用 CNN 模型中的光结构并利用滑动窗口来检测原始图像或重构图像。这些滑动窗口通过卷积神经网络和完全连接层得出分类结果。该算法的缺点是，当图像分辨率高、火焰占比小时，效果欠佳。Maksymiv 提出了一种火灾检测方法，该方法首先将 Adaboost 和局部二值模式结合使用来获得感兴趣区域，以减少时间复杂度；然后利用卷积神经网络进行火灾检测以缓解误报问题。该方法在应对突发事件检测问题上可以达到达 95.2%的准确率，但 Adaboost 训练过程极为费时，这恰恰是算法需要改进的关键问题之一。Wang Z、Zhang H 将卷积神经网络和支持向量机相结合进行火灾检测，创新点在于用支持向量机来取代卷积神经网络最后的全连接层和 Softmax 分类。也就是说，该方法利用卷积神经网络提取火灾图像的深层特征，然后将提取到的特征用 SVM 算法构建分类模型，实现火灾检测。技术架构图如图 1 所示。

本系统支持多种规则模型，主要分为静态特征模型与动态特征模型两大类，静态模型包括颜色模型、亮度模型、光谱模型、颜色直方模型等 15 种，动态模型包括面积模型、移动模型、相似度模型等 7 种，具体如图 2 所示。

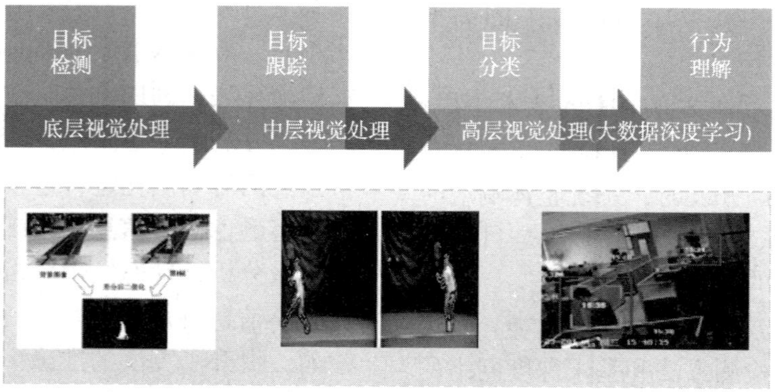

图 1　技术架构图

图 2　静态特征模型与动态特征模型

3.2 功能设计

基于智能视频自动分析系统总体架构，初期火灾报警系统包含功能有视频采集与图像预处理功能、火焰智能识别功能、系统后台管理功能（图像预处理管理、相机配置、预警管理、知识库、统计分析、系统管理、短息管理等）。

3.2.1 视频采集处理

预处理程序通过系统管理端配置相关摄像机，通过监控平台进行视频流实时采集，将采集的视频流转化为图片，根据人工模型设置的模型参数进行过滤，最后把有效的结果集分别发送给火焰识别模型。

3.2.2 火焰识别模型

智能视频自动分析系统采用机器深度学习框架，通过大量的样本进行机器学习训练，训练后的火焰特征库进行分文别类进行存储，以备火焰识别使用，主要包含火焰预测和机器学习功能。

3.2.3 视频采集处理管理

前端管理的主要功能是，为进行智能视频自动分析的每路摄像机，配置关键信息，如位置区域、摄像摄像机信息、识别类型等。

3.2.4 短信管理

短信管理主要根据业务场景，按照权限进行分配短信发送机制（依赖于第三方短信网关），及时将报警信号推送给相关负责人。

3.2.5 预警管理

根据不同摄像机、不同的监控场景、不同的光照条件，对误报区域进行设置。

3.2.6 火焰识别报警及记录查询

系统发现有火灾报警，第一时间在报警平台弹出相应视频画面，并播报点位语音；视频弹出画面有报警核实和误报两个功能按钮。后台管理端提供火灾报警查询功能。

4 系统应用总结

通过前端摄像机智能分析，实现天津石化重点区域初期火灾报警，在行业内并无先列，尚无可借鉴的经验；通过初期火灾智能识别系统的应用，不仅大大降低巡检人员工作强度，提升巡检效果，实现全天候、不间断巡检，而且配合短信平台，在最短时间内发现火情并及时处理。

初期火灾智能识别系统运行起来，相当于给摄像机装上了永不疲倦的“大脑”，全天候地进行实时监控，实时识别火灾险情，一旦发生火灾，第一时间通知相关部门（监控中心、内外操、消防支队），大大缩短救援时间，最大限度地挽回经济损失。

系统自 2021 年正式运行以来，截至目前已经成功捕获现场火情 6 次，验证了火灾预警系统有效性，降低非计划停车的风险，实现了从事后追溯转为事初报警，多人轮守“人眼盯控”转为 7×24“机器全天候监控”不间断智能监控。当前，公司已经将系统完好投用纳入到装置开车条件，各生产装置交付生产前，现场视频监控技防措施应部署到位。进一步提升了天津石化安全监控技防应用水平，在石油石化行业具有极大的推广示范作用及广阔的应用前景。

5 结语

该项目充分体现了天津石化公司对安全生产的重视，对工业互联网时代新技术新理念的敏感，走在了石化安全生产建设的前沿，充分发挥了企业在智能化建设和安全生产建设方面的领头羊作用。

基于大数据分析的油田效益对标管理方法

李　榕　周　庆

（大庆油田有限责任公司勘探开发研究院）

摘　要　油田效益对标管理是油田经济评价和效益评价的重要研究内容，目的是研究不同区块的效益排序，同时对负效益区块进行有针对性的治理和调整。由于未综合考虑开发阶段、地质条件和效益水平，目前对低渗透区块的对标管理具有一定局限性。文章在综合分析低渗透油田开发效益影响因素的基础上，利用大数据分析方法进行区块对标管理。同时，创新设计DEA（数据包络分析）模型，对不同开发类区块进行了相对有效性的分析，提出了在同类地质、开发条件区块进行开发效率分析的对标管理方法，实现了开发、经济相结合的油田效益对标管理。利用东部某油田效益评价数据进行区块效益对标管理分析，结果表明其对低渗透区块效益对标管理、经营管理和负效区块治理等方面能够发挥指导作用。

关键词　DEA模型；聚类分析；效益对标；经济评价；经营策略

在目前低油价背景下，低渗透油田由于地质条件差、开发难度大等原因，需要进行效益对标管理，以实现效益提升和负效治理的目标。而目前效益评价对低渗透油田（区块）效益对标管理是按照收入与不同成本的关系来确定的，受油价影响较大，掩盖了开发效果和开发阶段的影响。而开发评价主要是以地质条件和开发效果进行对标管理，基本未考虑效益指标。

1　低渗透区块开发效益影响因素确定方法

对低渗透区块进行效益对标管理，需要找出影响低渗透区块开发效果和开发效益的主要因素。利用大数据分析中的灰色关联分析方法，测算开发、地质指标与效益的关联度系数并排序。同时，考虑指标间的相关性，确定出最相关几项指标作为区块效益对标参数。

影响关联性大小的量度称为关联度，灰色关联分析方法是分析系统中各因素间关联程度的一种量化方法，其基本思想是根据序列曲线几何形状的相似程度来判断灰色过程发展态势的关联程度，它能很好地描述低渗透区块开发地质指标与效益的关系。具体步骤如下：

（1）确定不同影响因素的特征量矩阵。设某区块 m 年单位利润为 $X_i(i=1,2,\cdots m)$，考虑 n 个影响因素组成评判方案优劣的指标集，记为 x_j $(j=1,2,\cdots,n)$。则 m 年利润影响因素的特征量矩阵：

$$X=\begin{bmatrix}X_1\\X_2\\\cdots\\X_m\end{bmatrix}=\begin{bmatrix}x_{11}&x_{12}&\cdots&x_{1n}\\x_{21}&x_{22}&\cdots&x_{2n}\\\cdots&\cdots&\cdots&\cdots\\x_{m1}&x_{m2}&\cdots&x_{mn}\end{bmatrix}\tag{1}$$

（2）特征量矩阵的规范化。为消除不同的量纲对决策结果的影响，需要对因素特征量矩阵作 $\overline{X}$ 化处理，令 $a_{ij}=(x_{ij}-x_{i\min})/(x_{i\max}-x_{i\min})$，得到指标规范化矩阵为：

$$\overline{A}=\begin{bmatrix}A_1\\A_2\\\cdots\\A_m\end{bmatrix}=\begin{bmatrix}a_{11}&a_{12}&\cdots&a_{1n}\\a_{21}&a_{22}&\cdots&a_{2n}\\\cdots&\cdots&\cdots&\cdots\\a_{m1}&a_{m2}&\cdots&a_{mn}\end{bmatrix}\tag{2}$$

（3）计算关联系数。根据灰色关联分析法，第 j 个影响因素的关联系数为：

$$r_{ij}=\frac{\min_i\min_j|a_{ij}-a_j^0|+\rho\max_i\max_j|a_{ij}-a_j^0|}{|a_{ij}-a_j^0|+\rho\max_i\max_j|a_{ij}-a_j^0|}\tag{3}$$

（4）计算关联度。第 j 个影响因素的关联度：

$$r_j=\frac{1}{m}\sum_{i=1}^{m}r_{ij}\tag{4}$$

（5）提取关联度较强的因素，为分析低渗透区块的对标提供依据。

2　低渗透区块聚类分析方法

聚类分析是将样本按照性质上的相关程度进行分类的方法，主要有K类中心聚类法和系统聚类方法。K类中心聚类是先将 n 个样本分为 k 类，并确定 k 个初始类中心，然后采用迭代的方法对样本进行归类。系统聚类方法是在样本距离的基础上定义类与类之间的距离，首先将 n 个样本各自作为一类，然后每次将距离最小的两类合并，合并后重新计算类与类之间的距离，将此过程一直延续到所有样本归为一类为止。定义和计算距离有很多方法，由此系统聚类方法又可进一步细分为最短距离法、最长距离法、重心法、类平均法、类间平均连接法、类内平均连接法和离差平方和法。采用不同的系统聚类方法可能会得到不同的结果，本文采用系统聚类方法对低渗透区块进行开发分类。

3 基于DEA评价的效益对标分析方法

DEA(数据包络分析)方法是著名运筹学家A. Charnes和W. W Copper等学者以"相对效率"概念为基础，根据多指标投入和多指标产出对相同类型的样本进行相对有效性或效益评价排序的一种新的系统分析方法。DEA模型应用数学规划方法计算样本之间的优劣，即所谓相对有效性。可用来评价具有多个输入、多个输出的决策单元是否具有"规模有效"和"技术有效"。经分析，DEA模型完全可以运用到低渗透区块效益对标分析之中。

DEA方法特点：(1)使用线性规划模型比较具有多输入、多输出决策单元之间的相对效益问题的多目标决策方法；(2)以决策单元的输入输出权数为变量，从而避免了确定多指标在优先意义下的权数；(3)该方法不必确定输入和输出之间的某种显示关系，排除了许多主观因素。

假设有 n 个对标的决策样本(Decision-Making Units，即DMU)，每个DMU都有 m 项输入指标，s 个输出指标。如果以第 j_0 分类样本的输出与输入的线性组合之比为目标，以所有分类决策样本的输出与输入的线性组合之比小于1为约束条件，则可以构成一个综合相对有效性分类的DEA计算模型，即 C^2R 模型：

$$\min z=\theta-\varepsilon(e^T S^- + e^T S^+) \tag{5}$$

$$s.t.\begin{cases}\sum_{j=1}^{n} X_j\lambda_j + S_i^- = \theta X_0\\ \sum_{j=1}^{n} X_j\lambda_j - S^+ = Y_0\\ S^-,\ S^+ \geqslant 0\end{cases}$$

式中，X_j、Y_j 分别为第 j 个DMU输入量和输出量；X_0、Y_0 分别为被评价决策单元的输入量和输出量；θ 为样本的有效值；ε 为阿基米德无穷小量(一般取 $\varepsilon=10^{-6}$)；e^T 为单位转置矩阵；z 为目标函数；S^- 为输入的松弛变量，又称为样本效益的投入冗余；S^+ 为输出的松弛变量，又称为样本效益的效率不足。该模型是综合评价规模效率的，设其最优解为：θ^*，λ^*，S^{*+}，S^{*-}。DEA有效性分析：(1)当 $\theta^*=1$ 并且 $S^{*+}=S^{*-}=0$ 时，称 DMU_j 为DEA有效，此时，样本开发效益即是规模有效的，又是技术有效的；(2)当 $\theta^*=1$ 并且 $S^{*+}\neq0$ 或 $S^{*-}\neq0$ 时，则称样本 DMU_j 为弱DEA有效；(3)当 $\theta^*<1$ 时，则称样本 DMU_j 为非DEA有效，说明这类项目规模无效且技术无效。

4 低渗透区块效益对标案例分析

4.1 低渗透区块开发效益影响因素确定

利用东部某油田2017年效益评价68个区块数据进行效益对标分析。根据地质条件和开发动态不同，应用灰色关联分析和指标间复相关分析方法确定出区块对标参数。通过分析，平均渗透率、原油黏度、单井控制地质储量、采油速度、单井日产、综合含水等6项指标对低渗透区块开发状况和开发效益影响最显著，可作为开发对标参考指标(见表1)。

4.2 低渗透区块聚类分析结果

依据影响低渗透区块开发状况和开发效益最显著的6项指标，利用 *SPSS*20.0 软件采用系统聚类方法对低渗透区块进行开发分类。从分类结果来看，区块可以分为3类，不同类之间的开发状况和地质条件也区分较明显，说明该方法对区块的分类较客观(见表2)。

表1 区块开发效果和开发效益的主要因素

影响因素	相关因素	影响因素	相关因素
平均渗透率	直接影响产油和产液	原油黏度	直接影响产油和产液
单井控制地质储量	动用地质储量、总井数、井网密度	采油速度	地质储量、年产油、累积产油
单井日产	与产油、开井数相关	综合含水	阶段累计产油和产液相关

表 2　不同分类开发及地质指标对比

类别	区块个数	渗透率/ ($10^{-3}\mu m^2$)	地下原油黏度/ (mPa·s)	单井控制地质储量/ (10^4t/口)	采油速度/ %	单井日产/ t	综合含水/ %
一类	20	76.8	5.3	1.8	0.7	1.9	68.3
二类	22	37.8	7.2	1.0	0.6	1.2	62.0
三类	26	31.2	12.2	0.8	0.5	1.0	52.1

4.3　基于 DEA 评价的效益对标分析

以区块的折旧折耗、操作成本为投入指标，原油产量为产出指标，使用 DEA 分析软件 DEAP-Version 2.1 对每一类开发评价区块进行相对有效性分析，得到的分析结果见表 3。

表 3　开发一类区块 DEA 分析结果

序号	样本区块	θ	λ	产出不足		投入冗余	
				S_1^+	S_2^+	S_1^-	S_2^-
1	SFT	1	1	0	0	0	0
2	W11	1	1	0	0	0	0
3	XX	0.75	1.28	524.5	0	0	143.6
4	LHP	1	1	0	0	0	0
5	CCL	0.18	0.94	0	0	0	22.7
6	BDTQ	0.45	0.74	0	52833.3	2.9	0

注：有效样本总数为 20 个，以上仅列出部分开发一类样本区块 DEA 分析结果。

其中，有效开发区块：区块 $\theta=1$ 并且 $S^-=S^+=0$，为 DEA 有效，此类区块是规模有效且技术有效。中等开发区块：区块 $\theta=1$ 并且 $S^-\neq 0$ 或 $S^+\neq 0$，为弱 DEA 有效，此类区块相对整体平均水平是投入较多或产出较。低效开发区块：区块 $\theta<1$ 时，为非 DEA 有效，说明这类项目规模无效且技术无效。

从对标结果来看，相同地质条件和开发阶段的区块也可以根据 DEA 分析结果，划分为不同开发效率的效益类别，更符合区块效益划分的实际，对低效开发区块的治理也将更具有针对性（见表 4）。

表 4　低渗透区块效益对标结果

开发分类	有效开发区块	中等开发区块	低效开发区块
一类	SFT、W11、M11、XZ、GNN、Z15	SP、LHP、QJ、SCH、Y13、BZCA、SR、WDXD	G23、XX、CYG、CCL、T1、BDTQ
二类	XJWZ、AGL、CYG、YSHL	A9、ZZH、LHPY、LN、TLH、FST、ZY、YSLD、Z25、HEW、T105	Z212、YDCZ、S9、S22、M401、M8_M10、WMD
三类	P47、YL、XD、GX	M801、PNFY、GN、QJB、DYSQ、YSLN、YSLX、J251、SX、G172	X7686、AN、PX、XZ、BHT、X25、X30、BMG、G137、HHNR、HDMR、XALQ

5　结语

（1）采用 6 项因素的系统聚类方法对低渗透油田进行开发分类，真实反映了不同区块的开发、地质条件，是低渗透油田效益对标管理的基础。

（2）通过创新应用 DEA 模型，分别从油田效益对标的有效性、规模收益等方面量化评价区块对标的效果，提高了区块对标的正确性。

（3）效益对标管理是油田经济评价和效益评价的重要研究内容。在同类地质、开发条件区块进行效益对标管理，实现了开发和经济相结合的综合对标，是增加油田整体效益和治理负效区块的有力措施，值得低渗透油田效益评价借鉴。

参 考 文 献

[1] 戴家权，王勇，冯恩民．油气资源勘探与开发的不确定性分析及最优策略[J]．系统工程理论与实践，2004(1)：35-40.

[2] 孙旭光，张兆新，白鹤仙，等．灰色理论在克拉玛依油田操作成本预测中的应用[J]．新疆石油地质，2005，6(26)：704-706.

[3] 郭瑞，罗东坤，郭义远．油田调整改造项目经济性评价方法及其应用[J]．技术经济，2015，34(11)：93-99.

[4] 文艳，郑向敏．基于DEA模型的旅游上市公司成本控制效率评价研究[J]．北京第二外国语学院学报，2013，20(1)：55-61.

[5] 刘毅，李航．油气田开发投资成本管理的超越预算路径[J]．西南石油大学学报，2016，18(4)：1-6.

浅谈桌面云平台的设计与应用

姚沛东

（中国石油长庆石化公司）

摘　要　本文对长庆石化公司桌面应用与管理的现状进行了阐述，对比与分析桌面云 VOI 和 VDI 哪种解决方案适合公司现状，从能耗、安全、管理三个方面将传统桌面应用与桌面云对比，并研究桌面云在长庆石化应用的可行性以及应用中可能产生的问题，提出应对措施。解决公司在 IT 方面的可管控性、安全性、效率性、可用性、灵活性、经济性等问题。在一定程度上提高企业员工的工作效率，保障用户数据安全，优化资源配置与结构，降低公司经济成本。

关键词　桌面云；桌面应用；电脑终端

随着信息化技术的飞速发展，公众的生活发生了天翻地覆的变化。互联网、虚拟化、云计算、桌面云等热词开始频繁的出现在公众的视野中，进一步改写了办公和生活模式。随着服务器虚拟化市场的日渐成熟到桌面虚拟化、应用虚拟化等技术不断出现，虚拟化技术已经成为计算机技术发展的趋势。如何有效地管理企业桌面应用，提高数据的安全性，是企业迫切需要解决的问题之一。在提倡节能减排，降本增效的今天，越来越多的政府、企业、学校等机构开始应用桌面云，以提升办公效率，降低运营成本，优化整体计算机资源。

1　桌面应用的现状

公司目前主要使用电脑终端办公，电脑终端已经成为公司员工日常工作必不可少的信息化工具。经过多年的发展，公司电脑终端数量多，型号多种多样，配置不一。同时，公司的运维人员较少，运维方式为点对点维护，造成运维效率较低，终端的安全无有效的措施把控。给桌面应用使用、维护、管控、安全等方面带来了巨大挑战。

经过统计，公司电脑终端信息和桌面应用系统情况如下。

（1）终端数量繁多：现有 493 台传统电脑电脑。

（2）终端型号繁多：品牌包括联想、戴尔、华硕、宏基等，具体的电脑型号 25 种。

（3）操作系统不一：125 台电脑部署 Windows XP 系统，360 台电脑部署 Win7 系统，1 台电脑部署 Win8 系统，7 台电脑部署 Win10 系统。

（4）软件种类繁杂：基本常用客户端软件 20 个，包括腾讯通、OA 等；专业办公类软件 10 个，包括视频监控的海康威视 4500、广联达税控软件、工程 CAD 等；普通常用软件包括 OFFICE 2010、谷歌浏览器、IE 浏览器、腾讯 QQ 等。有的常用软件多达 5~6 种版本。

（5）电脑配置不一：2012 年前的电脑，118 台内存为 2G，9 台内存为 1G 以下，配置较低，内存使用量过高需要更换；2012 年后的电脑，334 台内存为 4G，配置较新。

2　桌面应用存在的问题

电脑终端处于企业信息化网络边缘，与外界信息数据交互频繁。终端的随意接入，软件随便下载等行为会导致恶意病毒和黑客入侵，造成安全管理困难。此外，终端桌面数量大，位置分散，远程监控管控力度弱，维护量大，系统及软件无法快速部署和升级，终端维护成本高。这些因素都将促使高可用性、高灵活性及高安全性融为一体的桌面虚拟化的应用。目前，桌面应用存在的问题主要体现在以下 6 个方面。

2.1　终端数量多，低效管理

公司目前传统电脑终端数量庞大，种类繁多，位置分散。运维人员并无有效手段管理电脑终端，如通过人工手段对电脑终端资产盘查，2016—2017 年两次统计电脑终端数量，每次耗时 1~2 个月，但是盘查结果随着电脑的增加与报废，设备台账出现重复、盈余等问题。

2.2 安全手段少，难以防护

安全性方面主要体现在安全策略与数据安全方面。安全策略方面，由于电脑终端缺乏有效的统一管理手段，安全补丁与安全策略需要运维人员逐台终端进行更新。另外，终端用户的行为无法掌控，造成安全边界难以防护。如用户私自安装网卡、连接外网，由于终端同时连接公司内网，可能会造成黑客入侵内网，重要数据泄露等后果。

数据安全方面。在传统办公模式下，企业数据文件分散存储在员工个人办公终端或移动设备中，这种模式下难以确保信息安全。因为分散式存储难以实现有效的数据备份，不能保证每个用户都具有良好的备份习惯，并且电脑终端硬盘损坏也并不罕见。

2.3 重复工作多，低效维护

该问题主要体现在运维人员工作效率不高，运维人员对全公司 493 台电脑，需要逐台维护硬件模块，还要对操作系统环境、软件应用的安装配置和补丁进行管理和维护。随着业务需求的增多，软件应用增多，维护工作呈增长趋势。大量的重复性终端维护工作，造成实际工作效率不高。

例如，2017 年 5 月 12 日，WannaCry 勒索病毒在全球暴发。该病毒通过 Eternal Blue(永恒之蓝)代码漏洞，攻击开放 445 端口的机器。运维人员只需要及时的关闭所有终端的 445 端口就可以阻止病毒的暴发。但是公司没有统一管理所有终端的手段，采取的策略是先切断所有对外网络，阻止病毒的暴发，再用两周的时间人工手动关闭各终端的 445 端口。如果有统一的管理手段，可能只需要一分钟就能统一关闭。

2.4 电脑配置乱，影响体验

电脑终端的高低性能与配置决定该电脑的可用性。目前公司个人电脑从 2006 年到 2017 年的各种型号电脑都有在使用。表 1 是部分电脑型号参数对比。

表 1 公司部分电脑配置参数对比

购置时间	2006 年	2009 年	2012 年	2016 年
参数/型号	联想 M700E	戴尔 755	戴尔 980	戴尔 7040
CPU	酷睿 2 双核 E5300	酷睿 2 四核 Q6600	酷睿 i5 双核 650	酷睿 i5 四核 6500
内存	DDR2 2GB	DDR2 2GB	DDR3 2GB	DDR4 4GB

从对比可以看出，电脑的配置变化较大，2006 年左右购买的那一批电脑，它们的系统与软件在实际应用时出现卡顿、无响应、反应慢、不兼容等问题。由于计算机的更新换代速度较快，部分电脑已经无法升级硬件配置，甚至部分配件已经停产，如果出现问题则无法维修，将会严重影响用户的体验。

2.5 办公不灵活，降低效率

传统办公模式，存在办公环境固定的特点，电脑终端与办公人员进行一对一资产对接，电脑终端与办公位置 MAC 绑定等固定策略配置，办公模式缺乏办公移动性及灵活性。

2.6 运维成本高，能耗较大

这个问题主要体现在两个方面。成本方面，目前为了满足业务的需求，公司统一购买的电脑都是高配置的，成本较高。另外，电脑终端的硬件故障较多，需要备品备件。它们的维护需要专业人员现场操作，周期长，维护流程复杂，成本高。能耗方面，电脑的能耗是指电脑运作时所消耗的电量，包括 CPU、显卡、声卡、网卡等耗电量总和，一般情况下用瓦特(Watts)来计算。电脑的耗电量是可以通过计算工具来估算(见表 2)。

表 2 普通电脑配置各模块能耗示例

配置	品牌	耗电量
CPU	AMD 260	65W
主板	品牌不限	25~35W
内存	金士顿 DDR3 2GB	3W
硬盘	西部数据 500G 7200 转	6W
显卡	铭瑄 GT610	35W
显示器	品牌不限	25~50W
光驱+键鼠等设备	品牌不限	15W

经相关测算，普通配置的电脑每小时能耗在 160~300W，待机状态下每小时约为 35W，睡眠状态下也有约为 7.5W 能耗，即使关机，只要电源插头还没有拔，电脑仍有 4.81W 的能耗。一台电脑一个月的耗电量为 72kW·h，这意味着全公司所有电脑每月的耗电量约为 35496kW·h。公司为工业用电，谷值每度为 0.27 元，峰值每度为 0.58 元，含税价为 0.53 元。按含税价

算，每年费用为 225754.56 元。在办公用电里，这是一笔不小的费用。

随着技术的不断革新，管理的方式不断变化。旧有的管理方式和技术已无法满足公司新的需求，随之而来的是很多在旧环境下无法解决的问题。经分析，主要问题是管控与技术手段缺乏，造成低效的管理电脑终端、用户体验差、办公方式不灵活、运维效率低、成本增加等问题。

3　桌面应用的解决方案

3.1　桌面云 VDI 技术与 VOI 技术的对比

桌面云可以通过瘦客户端或者其他任何与网络相连的设备来访问跨平台的应用程序，以及整个客户桌面。和传统电脑终端相比，瘦客户端(Thin Client)指的是在客户端与服务器网络体系中的一个不需要应用程序的计算机终端。它通过一些协议和服务器通信，进而接入局域网。图 1 为桌面云整体架构。

从图 1 来看，整体架构分为瘦终端(用户所能接触到的)

通过网络连接到虚拟化桌面。而虚拟化桌面的创建由物理服务器使用虚拟化技术将所有物理资源整合为一个统一的虚拟化资源池。所有的数据通过双路冗余的安全方式存储在磁盘阵列中。且所有的运算与数据的交互在后端的服务器和磁盘阵列中完成，前端只具有显示与操作应用功能。这样数据的安全性可以在后台得到统一的保护。

基于公司 6 个方面的问题，目前有两种解决方案。一种是自建桌面云，采用 VDI (Virtual Desktop Infrastructure)虚拟桌面基础架构；另一种是保持公司现有终端，租月其他公司数据中心的云计算资源，采用 VOI (Virtual OS Infrastructure)虚拟操作系统基础架构。表 3 是两种方法的对比(以下简称 VDI 和 VOI)。

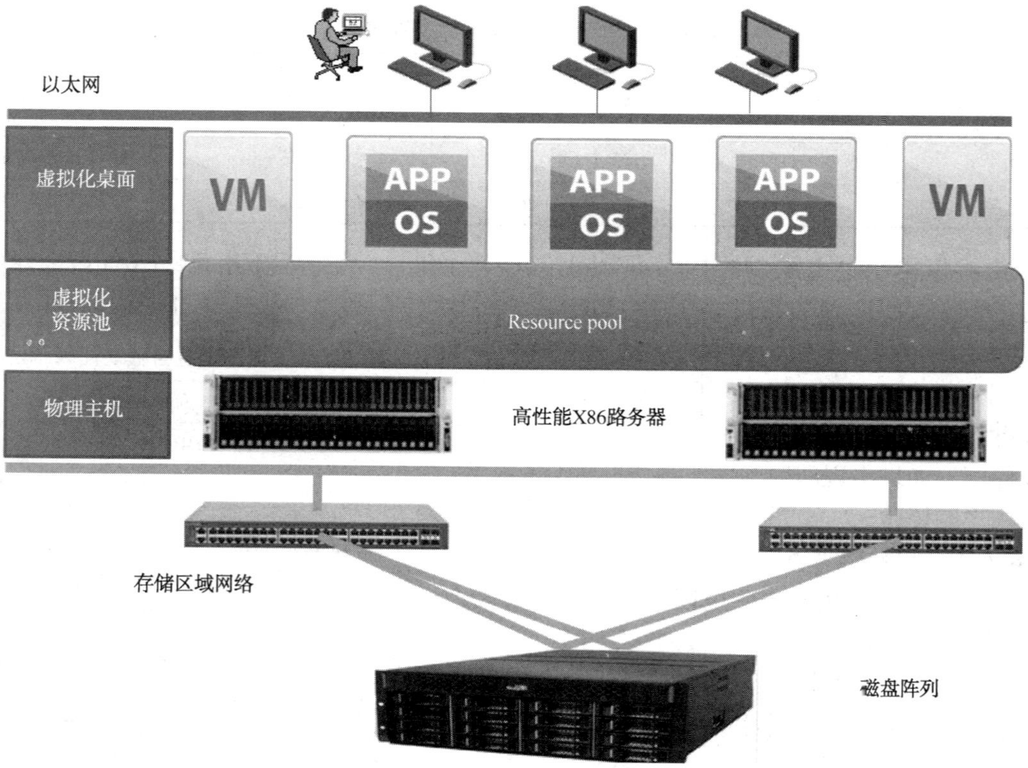

图 1　桌面云整体架构

表 3　桌面云(VDI)与租用云计算(VOI)的对比

	桌面云(VDI)	租用云计算(VOI)
终端数量多，低效管理，重复工作多，低效维护	①通过平台管控所有的桌面，统一调用与分配资源，统一维护 ②拥有最高权限	①通过平台远程管控所有的桌面，统一管理与维护，资源量由终端配置所定 ②租用的资源，存在权限风险

续表

	桌面云(VDI)	租用云计算(VOI)
安全手段少，难以防护	①集中式存储有效地保存与备份用户数据，数据被保存在公司机房	②集中式存储数据，数据被保存在外地服务器中，存在安全隐患
电脑配置多，影响体验	资源被合理地分配，不够用时可以增添资源	性能好坏由终端配置决定，硬件情况决定桌面是否可用
办公不灵活，降低效率	通过安全的协议使用任何智能终端随时随地访问个人桌面	通过安全的协议使用任何智能终端随时随地访问个人桌面
运维成本高，能耗较大	①可以分段投入，逐步升级 ②便宜耐用的瘦终端	①一次性投入较大，需要租用云计算资源，升级电脑终端 ②硬件维护成本增长

两种方案都可以解决公司现有问题。从安全风险的可控性方面来看，VDI方案的建设与管理在本地，公司拥有最高管理权限，数据也在自己手中掌握。VOI方案可以解决现有问题，产生了数据的安全风险与权限的安全风险，这都是比较危险的。VDI方案相比较更安全。

从经济角度来看，VDI方案采用瘦终端，大量节省了前端的维护成本，降低了能耗。在VOI方案中，需要支出租赁资源的费用和升级现有电脑终端的费用，在未来的经济效益中，电脑终端硬件的维护与备品备件等成本将会不断增长。VDI方案更具经济效益。由于安全形势较为严峻，公司使用内网办公，VDI方案更适用于公司的需求。

3.2 桌面云(VDI)与传统桌面的对比分析

3.2.1 桌面云节能减排

从功能的实现角度来看，传统桌面只有一整套电脑终端，桌面云实现同样的功能需要瘦终端+服务器+交换机+磁盘阵列。表4是传统终端桌面与桌面云能耗对比。

表4 传统终端桌面与桌面云能耗对比

	传统终端桌面	桌面云			
单位将瓦特换算为度	普通电脑(493台)	瘦终端(493台)	服务器(4台)	交换机(2台)	存储阵列(1组)
每台设备功耗	0.25	0.015	0.9	0.64	0.36
每台设备每天8个小时(后三种24小时)	2	0.12	21.6	15.36	8.64
每台设备一个月功耗(30天)	60	3.6	648	460.8	259.2
每台设备一年功耗	720	43.2	7776	5529.6	3110.4
所有相同设备一年功耗	354960	21297.6	31104	11059.2	3110.4
总计	354960	66771.2			

由上图可知，公司所有电脑终端一年耗电量为354960度电，桌面云整体一年耗电量为66771.2kW·h。因此得出桌面云比较传统终端节能约81%。通过采用瘦终端结合服务器、交换机、存储阵列的结构可以实现公司正常业务的功能与使用，也节省了公司的能耗。

3.2.2 桌面云高安全性

为了保障公司数据的安全，这些年通过增加安全审计设备，网络链路改造，安装桌面2.0等方法消除了很多安全问题；但是伴随着新技术的使用，新的问题也会产生，安全问题依然存在。表5是传统终端桌面与桌面云的对比。

通过数据、网络、终端三个方面的安全对比，传统终端桌面的安全边界存在难以防护的问题。传统终端桌面的管理人员很难有效地管理公司电脑终端的安全边界。桌面云通过配置安全策略以及集中式存储等技术的优势，有效地解决了这些问题。

使用集中式存储将公司用户的存储在电脑终端的数据通过内部网络链接到两台交换机，再通过交换机传输至存储阵列(见图2)。存储阵列由控制器和硬盘组成，把用户的数据分散至每一块硬盘，和传统PC终端中的硬盘不一样的是，这里每一个用户的数据会被分散在很多块硬盘中。几块硬盘的损坏不会丢失公司用户的数据。

表 5　传统终端桌面与桌面云安全问题对比

	传统终端桌面	桌面云
数据的安全	(1)不具备有效的备份机制，依靠用户个人习惯。 (2)硬件损坏，系统崩溃造成数据丢失。 (3)数据分散，无加密措施，容易被拷贝	(1)用户所有的信息数据都存放在存储阵列中，统一定期备份。 (2)硬件的损坏可以将桌面漂移至新的硬件中。 (3)增设策略，禁止数据随意拷贝
网络的安全	(1)私装无线网卡，内网的暴露，从网页带入的恶意代码、木马等	(1)统一分配网卡，禁止除此以外网卡识别
终端的安全	(1)带病毒的 U 盘，感染终端。 (2)未知外接设备，黑客、木马攻击	(1)部署安全策略，禁止未知设备的接入。 (2)对桌面统一查杀病毒

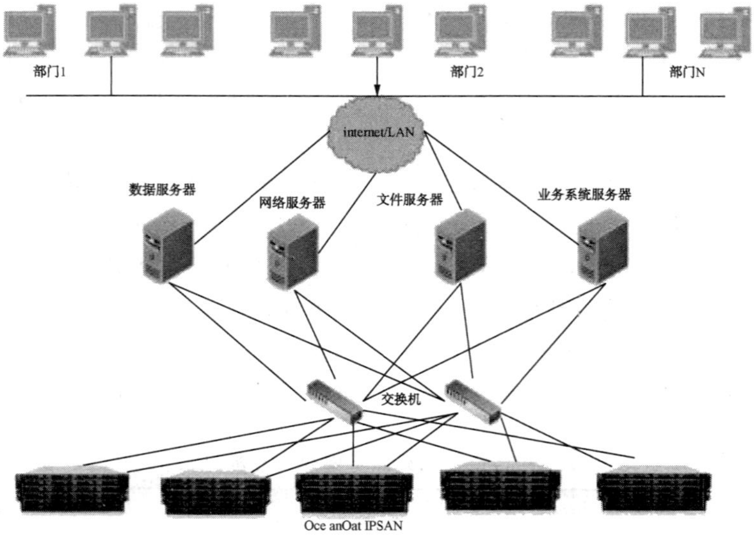

图 2　集中式存储架构

此外，通过虚拟桌面软件管理平台，设置安全策略禁止部分 USB 设备的接入，禁用通过 USB 设备拷贝数据。

3.2.3　桌面云高效管理终端桌面

在传统终端桌面中，管理方面的问题有很多，包括系统与软件的管理、运维管理、设备管理等。表 6 是传统终端桌面与桌面云在管控问题方面的对比。

传统终端桌面中的管理问题主要是用无有效的手段去管理设备与系统。桌面云通过桌面管理系统对所有的桌面进行统一管理，包括桌面的配置、资源分配等，消除大量的重复性运维工作。

表 6　传统终端桌面与桌面云管理方面对比

	传统终端桌面	桌面云
设备管理	(1)通过软件或人为统计方式管理，效率低。 (2)资源配置需要人工解决，耗时长	通过桌面管理系统管理成百上千的桌面，并统一分配和管理资源
系统与软件管理	(1)逐台终端安装系统与软件。 (2)逐台打补丁与更新。 (3)数量庞大，不能统一管理	(1)通过模板的更新，所有虚拟桌面都会更新。 (2)设置公有磁盘，分享基础资源
运维管理	(1)点对点运维。 (2)充满大量重复性运维工作	在模板中解决问题后，所有桌面都得到解决

VMware Horizon View(企业级虚拟桌面管理系统)是一款非常成熟的系统。它是一款专门为桌面而设计的系统。通过系统中的管理平台，同时管理公司成百上千的虚拟桌面，给公司用户添加资源配置，统一安装补丁与更新。将系统与软件设置在模板中，谁需要就可以直接下发。并

且，任何一台虚拟桌面出现故障或崩溃可以通过克隆功能在几分钟之内复制一个新的桌面提供给用户继续使用。

3.3 桌面云在长庆石化存在的风险与应对措施

结合公司传统终端桌面基础现状，经过分析桌面云在公司实际应用中可能会出现的三类问题，通过实际测试，并提出解决的方法。

3.3.1 软件与外设风险与应对措施

外设与系统的不兼容导致设备无法使用，包括打印机、扫描仪、U-KEY 等，影响正常办公需求不能满足。在初期对 U-KEY 的测试中，测试后发现瘦终端自身系统无法识别 U-KEY，其他 USB 设备却可以被识别，经过分析 U-KEY 的驱动不能映射至虚拟桌面，导致无法被识别。U-KEY 的无法识别，导致中国石油身份管理与认证服务平台无法访问，这个平台包含 MES 数据填报、物资编码等系统。将会对公司业务造成很大的影响，如图 3 所示。

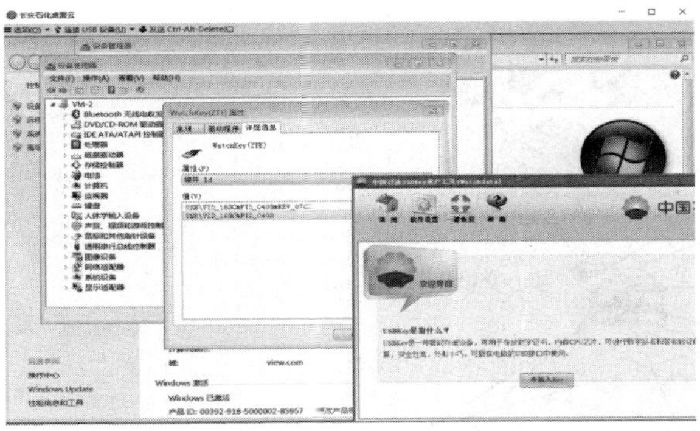

图 3 U-KEY 无法被识别

应对措施：瘦客户机自带系统 Windows Embedded 7 Pro，它是一种嵌入式操作系统基于二进制 64 位系统。发现该系统不兼容中国石油 U-KEY 后，经过与技术人员商议，在不更换客户机系统的前提下，可以通过更改系统中的注册表，添加该 U-KEY 的识别信息，兼容 U-KEY。修改后的系统重新启动后，将 U-KEY 插入，通过桌面 2.0 软件检测，该设备可以被识别。后续也可以访问中国石油身份管理与认证服务平台。如图 4 所示，可以看到 U-KEY 的完整信息。

软件方面通过单一平台，对数百个虚拟桌面进行统一管理。将软件制作到模板，然后统一下发至每一个虚拟桌面。这涉及软件是否被激活、能否正常使用的问题，如果不能被激活，用户的使用存在时间限制，用户的体验很差，甚至无法办公。在建立虚拟桌面后，激活模板中的

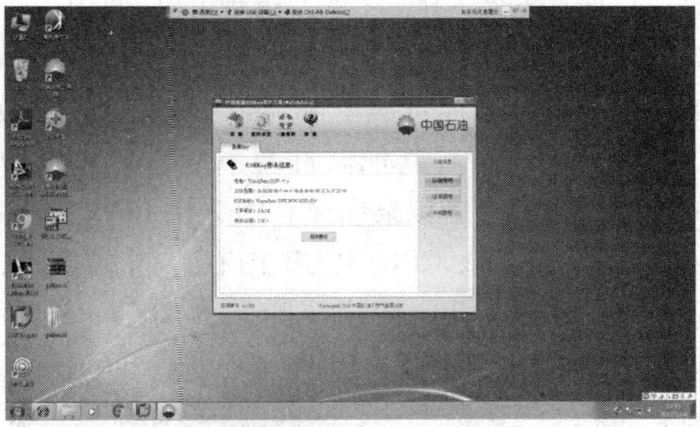

图 4 U-KEY 被识别

OFFICE 2010 和 CAD 图像软件。但是下发至用户桌面之后，OFFICE 2010 和 CAD 图像软件却发现并未被激活。用户只能试用该软件一段时间，部分功能也被禁止使用，严重地影响了用户的体验效果和工作效率。

应对措施：在桌面云中，通过平台可以建立系统或软件“模板”，设置好模板后，将模板的内容复制并下发至用户的虚拟桌面，模板与下发的内容相比，所有的软件配置与系统设置均为一样。

根据 OFFICE 2010 中的代码条件设置，模板中激活 OFFICE 2010，派生的虚拟机则不会被激活，所以每个虚拟机都需要授权并单独激活。经过反复试验，如果首先不激活模板，先将模板更新，OFFIE 2010 更新至用户桌面；然后通过 Windows Loader 激活模板，再更新模板后，所有虚拟机中的 OFFICE 2010 都被激活。

3.3.2 硬件资源的风险与应对措施

硬件资源的不够用或不能升级导致 CPU 或内存的占用率过高的风险，严重影响其他软件与系统的使用与体验。在虚拟桌面安装所有办公需要的软件及客户端与安全类软件 VRV 以及 360 天擎杀毒软件后，对单台虚拟桌面进行可用性测试。单台虚拟机配置为 4G 内存、2 核 CPU。经过测试发现系统运行不流畅，打开软件、浏览网页出现反应较慢的情况。打开任务管理器，CPU 使用率高达 99%，通过关闭所有的应用程序，CPU 使用率下降为 74%（见图 5）。逐一检查系统各项进程的资源使用率（CPU 使用率与物理内存使用率）。严重影响其他系统与软件的响应速度，整体桌面的流畅性差，这将会造成用户对桌面体验效果差。

VRV 是一款数据防泄露软件，通过 VRV 可以检测与发现数据的泄漏，阻止重要数据外发。

虚拟桌面在安装 VRV 之后，出现 CPU 使用率过高的情况。该软件为必须安装的防护手段，所以通过增加虚拟桌面资源来降低被 VRV 所占用的 CPU 使用率。缓解其他软件与系统对计算资源的使用。将单台虚拟桌面原有的 2 核 CPU、4GB 内存提高至 4 核 CPU、8GB 内存。测试显示，VRV 在进程中 CPU 使用率降低为 20%～30%，物理内存使用率降低为 10%～20%(见图 6)。

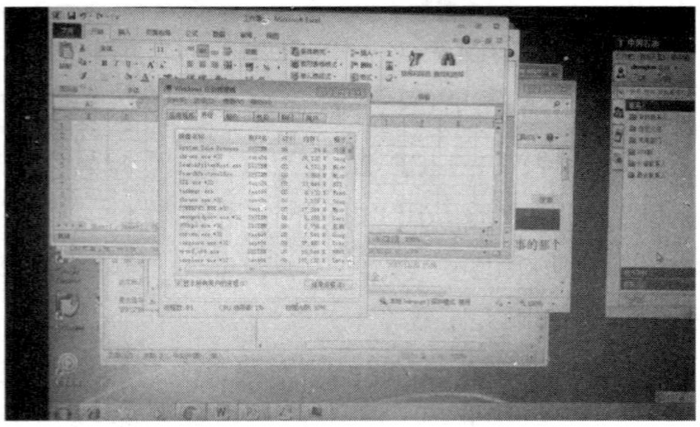

图 5　初始资源 VRV 的 CPU 占用率

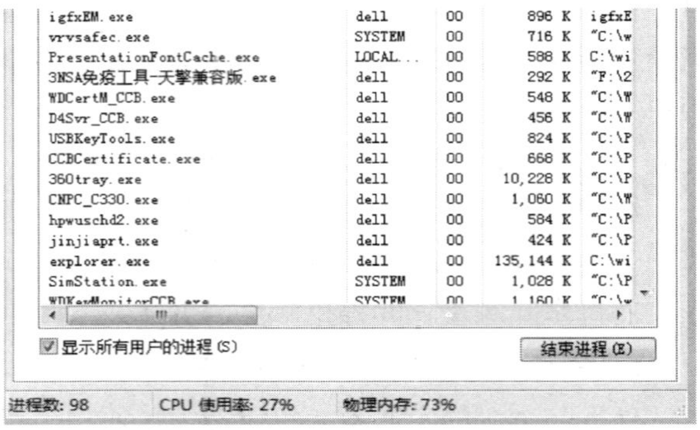

图 6　分配资源后 VRV 的 CPU 占用率

3.3.3　网络带宽风险与应对措施

网络架构的设置能否支持业务需求的正常使用。如果没有合理的网络架构并提前计算好公司业务需求的带宽，桌面云的建立将带给用户不好的使用体验。如网页响应时间长、软件打开速度慢等问题，从而带来网络带宽不够用的风险(见图 7)。

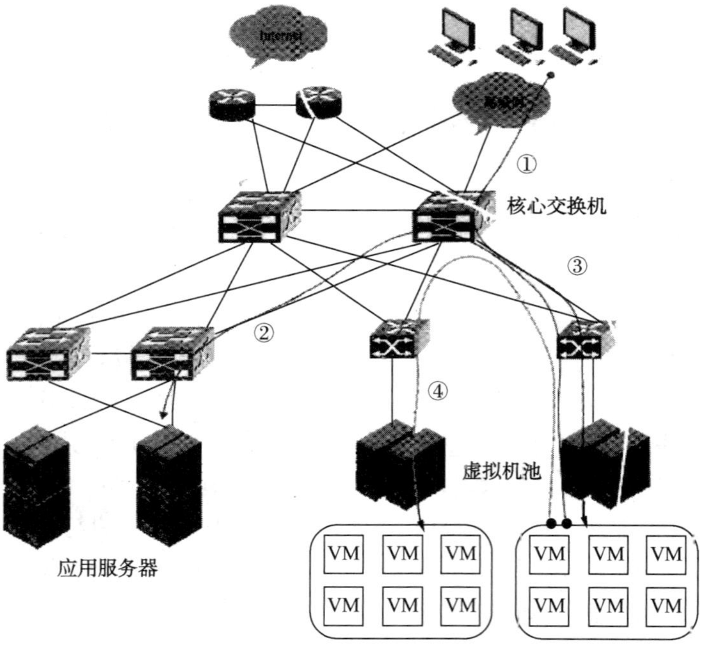

图 7　桌面云网络架构图

应对措施：桌面云网络架构中主要有 4 种流量，虚拟机间相互访问流量一部分隐藏在承载服务器虚拟网络内部，另一部分通过接入交换机完成。这两类流量不会向外暴露，网络需求较小。所以桌面云网络带宽的主要关注点是虚拟机访问业务系统流量和虚拟机访问互联网流量。公司目前有 493 台终端，考虑到桌面流量较大，建议在服务器与接入交换机通信网络间使用万兆网线连接，并使用万兆交换机连接至核心交换机避免与应用虚拟化分享带宽。用户与虚拟桌面之间的连接使用千兆以太网线连接。

4　结语

经过桌面云(VDI)与传统桌面应用的对比，证明桌面云在公司是具有可行性的，预测在应用过程中可能遇到的问题也得到充分的解决。桌面云(VDI)方案在公司的测试充分的说明桌面云能够以下问题。

（1）简化日常管理工作，轻松管理大量的终端用户。

（2）保障用户与公司数据的安全，降低数据丢失与损坏得风险，防止数据泄密与失窃。

（3）提供更多的办公方式，提高用户的工作效率。

（4）统一分配桌面资源，增强用户的体验，减少软硬件之间不兼容的风险。

（5）简化重复性运维工作，进行更多其他方面的维护工作。

（6）降低电脑维护成本，节省能耗。

参 考 文 献

[1] Brendan Gregg. 性能之巅：洞悉系统、企业与云计算[M]. 徐章宁，陈磊，译. 北京：中国工信出版集团，2015.

[2] 顾炯炯. 云计算架构技术与实践[M]. 北京：清华大学出版社，2016.

[3] 吴孔辉. VMware Horizon 桌面与应用虚拟化权威指南[M]. 北京：机械工业出版社，2015.

[4] 马博峰. VMware、Citrix 和 Microsoft 虚拟化技术详解与应用实践[M]. 北京：机械工业出版社，2012.

[5] 姜凯，李帮锐. 桌面虚拟化实战宝典[M]. 北京：电子工业出版社，2014.

[6] 武志学. 云计算导论[M]. 北京：人民邮电出版社，2016.

RPA 流程自动化技术的应用研究与探讨

穆广峰

（大庆油田有限责任公司）

摘　要　多年来，油田企业分级建设了大量的业务应用系统，有集团公司层级的统建系统，也有采油厂级的自建平台，促进了油田开发管理效率的大幅提升，但在系统的应用、运行与共享等方面还存在一些矛盾和瓶颈。

在应用层面，部分系统在操作时较为烦琐，产生大量机械性重复操作，易出现人为失误，影响系统运行质量；在统筹建设与协同共享方面，跨管理层级间存在数据调取难的问题，跨业务类别间存在系统共享难的问题，跨底层架构间存在应用融合难得问题。这不仅会导致源头数据的重复采集出现二义性，增加基层工作负担，还将严重制约油田信息化建设的顺利开展。

关键词　RPA；流程自动化；机器人

多年来，各级油田企业在各自的管理层级建设了大量的业务应用系统，例如集团公司层级的统建系统包括与油水井站库管理直接相关的如 A1、A2、A4、A5 等重要应用。采油厂级的应用系统建设中，目前已拥有以 FCP 协同工作平台、油田开发基础工作平台等为代表的应用系统 70 余套，促进了采油厂开发管理效率的大幅提升。但部分老旧系统设计烦琐，员工使用时需要进行大量机械性重复操作，增加基层负担，而且在跨管理层级间存在数据难共享问题，在跨业务类别间存在系统难调取问题，在跨底层架构间存在应用难融合问题。

管理制度约束、技术屏障束缚、业务壁垒影响等因素导致上述问题的发生，其广泛存在将导致数据采集与应用的二义性，增加基层员工重复录入和数据维护的工作负担，而且还将严重制约油田信息化建设以及信息安全等级保护建设工作的开展。

为此，经过不断的技术探索，RPA 流程自动化机器人技术在解决上述问题方面具备强大优势。可在不改变原有系统运行方式、不新增原有系统授权模式、不对系统进行代码级对接的条件下，花费较少的开发成本，对工作量大、操作复杂、机械性高的任务实现自动化处理，大幅提升操作精准度，降低人工劳动强度和系统运维难度。

该技术已在 2020 年厂五届四次视频职代会保障、门户视频新闻云迁移等任务中发挥突出作用。随着应用的不断深入，其还可在系统整合应用、数据收集爬取、安全管控等方面发挥巨大作用，应用前景广泛。

1　当前系统建设与应用面临的难点问题分析

1.1　应用系统多操作繁琐，用户承担大量机械性重复工作

基层采油队作为采油厂生产数据的源头，每天会产生大量的油水井站库生产运行、地面维修保障、仪器仪表状态等数据，都需要基层队资料员通过在各种应用系统中进行操作，最终将数据上传到系统，经过自动计算汇总后，为上级各部门的决策管理提供准确依据。

在种类繁多的应用系统中，由于技术屏障或架构约束抑或流程制度限定等因素，部分功能操作存在过于繁杂的问题，甚至有时为了录入一条记录操作步骤会超过 10 次。尤其是有大量数据需要集中维护时，这种机械性点击和录入操作的总量将以指数的形式增长，给基层员工的工作带来了困扰。

1.2　系统融合与数据共享存在主客观屏障

主观屏障方面：多数应用系统建设都有完备且严格的授权控制，不同层级在系统中可查看和操作的权限不同，这些措施是确保数据准确、系统稳定运行的必要措施和手段。所以，往往下级部门向上级部门或兄弟单位提出系统对接时，出于数据安全和系统安全等方面的保护，无法开放

接口或数据共享，对信息化的统建共用产生了影响。

客观屏障方面：由于应用系统建设具有持续性和连续性的特点，很多在用的应用系统并不是采用统一的编程语言和技术架构开发的，这就造成了各个系统间天然的客观屏障。这些屏障可以归纳为以下三大类。

一是管理层级不同产生的屏障。上级统建应用系统的技术架构与下级应用单位自建应用系统的技术架构不符，无法建立对应的接口，使程序间无法通信。

二是业务标准不同产生的屏障。不同的业务领域对相同问题的处理方式不同，必然会导致处理方式和执行标准的不同，使得跨业务系统间的协同难度增大，对接时底层开发不易实现。

三是技术架构不同产生的屏障。开发技术在不断地发展变革，10 年前主流技术架构是以 C/S 为主，比较有代表性的是 Delphi、VB、Foxpro 等；近年来 B/S 架构的 Web 程序开发已经全面取代了原有架构。那么，不同架构间的程序融合实施难度会非常大，通常在跨架构级的系统整合上，也只能做到数据库层级的数据共享，但是如果数据库层级由于权限受限无法实现，那么两个不同架构的应用就只能各自独立运行了。

上述的多种情况，都有可能增加基层重复录入、维护数据的可能性，这是与信息化建设的大方向不一致的。

2 RPA 流程自动化技术优势分析

2.1 RPA 介绍

RPA 是 Robotic Process Automation 的缩写，是一种新型的人工智能虚拟流程自动化机器人。RPA 的核心是通过自动化、智能化技术来“替代人”进行重复性、低价值、无须人工决策等固定性流程化操作，从而有效提升工作效率，减少错误。

RPA 最显著的优势是直接的降本增效。首先，RPA 可以代替人或者辅助人进行种类繁多的流程自动化任务处理，它可以为企业减少大量成本；其次，RPA 相当于一个或者任意多个“虚拟员工”，它可以快速继承人在各个业务领域所积累的经验，在指令下达后，可快速进入工作状态，不知疲倦，效率更高，且错误率接近为“0”。

2.2 RPA 技术的发展

当前，工业机器人已经广泛应用于各大行业，大到机械制造、汽车生产、核电设施维护，小到螺母螺帽生产、口罩生产以及糖果产业。RPA 就是办公领域的机器人技术，早在 2000 年现代 RPA 技术便被引入中国。经过多年的发展与换代，从 RPA1.0 到 RPA4.0 历经多个时代的进化，RPA 已经广泛应用于各个领域。

PRA1.0：解放双手，结构化数据应用间的自由迁移。

RPA2.0：替代双手，数据类型全覆盖后的智能建模分析。

RPA3.0：增强人脑，迎来机器推理与业务自动管理新时代。

RPA4.0：社会互联，开放式的互联导向，促进产业升级。

2.3 RPA 技术在油田应用的优势分析

RPA 流程化机器人以外挂在原有系统的上层运行，本质是利用代码模拟人工操作，达到自动化的目的。

2.3.1 RPA 的非侵入特性

（1）不改变原有系统的运行方式。RPA 的运行会严格遵循原有系统的设计要求，不增加原有系统的运行风险，不会扰乱原有系统的运行秩序。

（2）不新增原有系统的授权模式。RPA 的运行不会绕过原有系统的授权管控，不需要原有系统开放特殊权限，不会造成原有系统的信息安全风险。

（3）不需要原有系统开放接口。RPA 采用独立的第三方运行方式，不需要原有系统进行代码级改造，不会对原有系统的架构产生影响，不需要定制开放式的接口程序。

以上特性是针对传统程序间整合、集成应用所做的优势分析，正是 RPA 拥有了非侵入特性，其在油田企业内复杂应用环境中更易发挥作用，避开诸多限制，实现灵活应用。

2.3.2 RPA 的低成本特性

（1）易开发。丰富的可视化编程框架，允许采用拖拽、点击选取以及中文编写等直观的方式，大幅缩减 RPA 编写的技术门槛。

（2）周期短。相比传统方式下的代码级功能改造、数据爬取以及系统融合应用，采用 RPA 方式实现同样效果，开发周期可缩短到 1/20。

（3）低成本。部分外部协作的应用系统功能如需再次升级改造，还将产生二次开发费用，从几万到几十万不等，而 RPA 可自主开发，零费用。

采用机器人自动运行的方式可满足绝大部分的改造需求，符合当前战严冬、转观念、勇担当、上台阶的活动宗旨。

3　RPA 技术平台选型分析

3.1　主流 RPA 技术框架对比分析

主流 RPA 技术框架对比分析情况如表 1 所示。

表 1　主流 RPA 技术框架对比分析表

	Pathon	Uibot	Uipath
架构类别	开源平台	商业平台	商业平台
使用成本	零成本	单机免费，部署收费	单机免费，部署收费
版权归属	无版权	中国	美国
技术门槛	原生代码级开发，难度 5 星	中文可视化框架，难度 2 星	英文可视化框架，难度 4 星
可扩展性	丰富的插件库，扩展性强	可外挂 pathon、VB、Java 程序，扩展性强	可外挂插件，扩展性较强
发布运行	基于 Pathon 运行环境的独立运行	基于 Uibot 框架运行	基于 Uipath 框架运行

通过对三种 RPA 技术框架的分析，充分考虑易用性、使用难度、可扩展性及版权归属等重要因素，经过综合优选后，Uibot 技术框架比其他两类更适合在油田内应用。本文也将重点围绕 Uibot 实现 RPA 流程自动化应用展开探讨。

3.2　RPA 在油田的应用场景分析。

一是广泛应用于具有规律的重复性工作，解放双手，例如大批量数据录入系统、根据已有 Excel 数据校对维护系统中的数据等。

二是对应用系统或页面中的数据进行爬取，丰富途径。可通过 RPA 流程自动化机器人从程序界面直接获取到所需数据，不需要数据库级的对接与授权。

三是辅助新老应用系统实现集成化应用，促进整合。在针对不同时期、不同基础架构的新老应用系统集成化整合应用方面，利用 RPA 自动化模拟运行，可以绕开诸多限制，比如架构上、技术上以及接口上的限制，直接使用 RPA 机器人在不同应用系统间自动完成所需工作。

4　RPA 在油田内的应用实例分析

4.1　2020 年厂五届四次视频职代会代表参会情况自动统计机器人

受全球新冠肺炎疫情暴发的影响，2020 年厂第五届四次职代会采用视频会议在线召开。在后端服务保障任务中，参会代表应到人数、已到人数的统计对于大会的顺利召开至关重要。如何快速准确地从 2017 人的 Welink 总名单中快速筛选 287 名职工代表并按 25 家单位进行分类汇总成为亟待解决的难题。

视频会议系统采用的是华为公司的 Welink 云应用产品，该系统并没有针对此次会议所要求的功能，而且不会为此重新修改发布新的产品。这时 RPA 的作用就显得尤为突出。

原 Welink 系统中如要导出所有用户需要在全厂 25 家下属单位中分别进行一系列的繁杂操作。经过统计，每家单位从系统中导出全部用户信息需要点击和输入操作 8 个步骤，完成全厂人员信息的导出需要在系统中操作 200 个步骤。而且后续还需要将导出的 25 个 Excel 逐个合并，形成基准人员信息大表，从中挑选出参会的职工代表，并逐人核对在线参会情况。这一系列操作下来，人工手动完成至少需要 4h 完成，效率低且易出现人为操作失误。

为此，选用 RPA 技术编写一个自动化机器人，完成上述所有环节的操作，无须人工干预即可在 5min 内完成全部任务，自动形成统计报表，效率提升 48 倍，为大会提供了强力技术支持（见图 1、图 2）。

4.2　门户视频新闻上云迁移自动化运维机器人

门户网站是基于集团公司统一技术架构进行建设管理的，厂级管理员无法直接以数据库的方式获取到门户网站中的数据，在进行内容发布及修改完善时，需要经历较为烦琐的操作过程，这些问题都是传统应用程序开发所无法解决的。

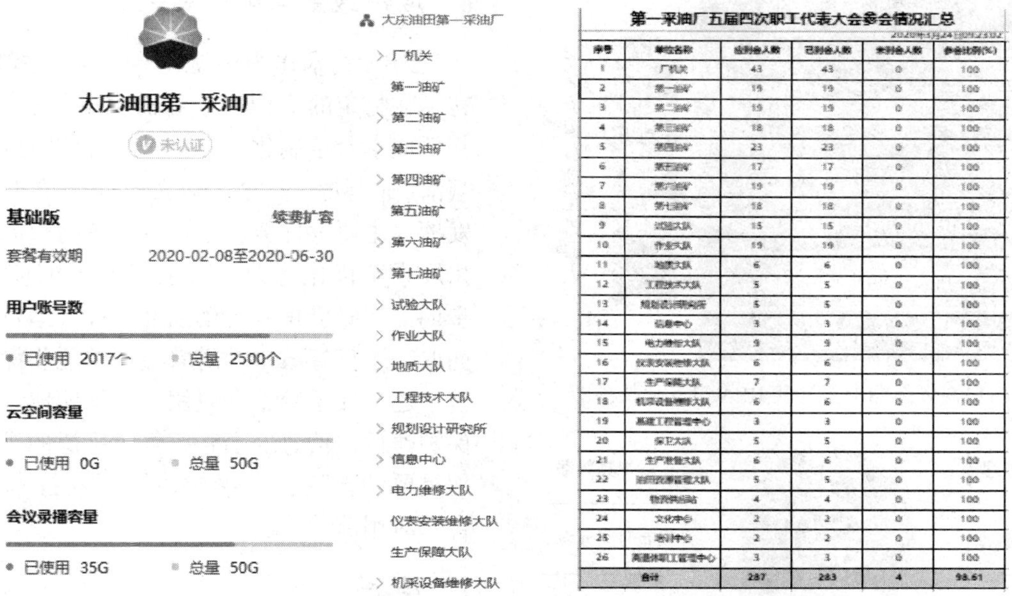

序号	单位名称	应到会人数	已到会人数	未到会人数	参会比例(%)
1	厂机关	43	43	0	100
2	第一油矿	19	19	0	100
3	第二油矿	19	19	0	100
4	第三油矿	18	18	0	100
5	第四油矿	23	23	0	100
6	第五油矿	17	17	0	100
7	第六油矿	19	19	0	100
8	第七油矿	18	18	0	100
9	试验大队	15	15	0	100
10	作业大队	19	19	0	100
11	地质大队	6	6	0	100
12	工程技术大队	5	5	0	100
13	规划设计研究所	5	5	0	100
14	信息中心	3	3	0	100
15	电力维修大队	9	9	0	100
16	仪表安装维修大队	6	6	0	100
17	生产保障大队	7	7	0	100
18	机采设备维修大队	6	6	0	100
19	基建工程管理中心	3	3	0	100
20	保卫大队	5	5	0	100
21	生产准备大队	6	6	0	100
22	[illegible]	5	5	0	100
23	物资供应站	4	4	0	100
24	文化中心	2	2	0	100
25	培训中心	2	2	0	100
26	离退休职工管理中心	3	3	0	100
合计		287	283	4	98.61

图 1　2020 年厂五届四次职代会 RPA 自动统计分析结果

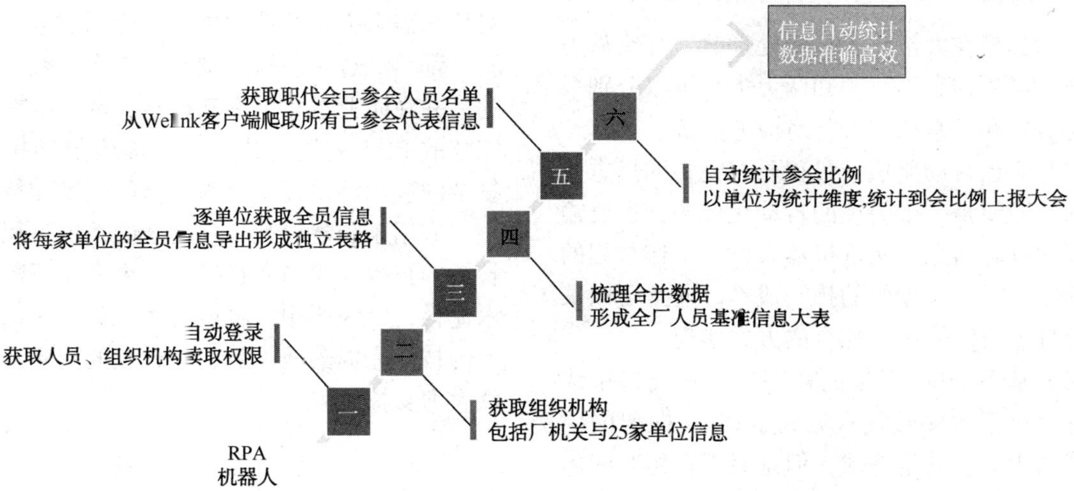

图 2　2020 年厂五届四次职代会 RPA 流程自动化功能设计

2020 年随着门户视频新闻上云迁移工作的开展，需要对主页新闻栏目中 1275 个页面信息进行重新维护。由于受到门户网站的操作限制，无法直接将如此庞大的信息直接通过数据库端直接修改，也无法获取到门户网站的对应接口从而开发专用功能进行批量化处理。经统计，修改一条新闻信息需要进行 19 个步骤的操作，包括登录、信息收集、多级目录、功能选择、信息修改、保存页面、发布新闻及校准核对等重要环节。如果此项工作全部由人工手动操作完成，至少需要操作近 25000 个步骤。经过统计，一个人每小时可处理 10 条新闻运维，全部完成需要半个月以上的时间。

该场景是 RPA 比较典型的一种应用场景，当传统开发技术受阻时，RPA 的优势互补作用凸显。首先利用 RPA 数据爬取功能获得所有新闻页面的地址链接列表，逐一进行自动操作，并详细记录日志信息，实现无监督式的自动化任务处理(见图 3、图 4)。利用 RPA 技术完成此项任务的全部过程仅需要 4h，综合效率提升 32 倍，且全过程无须人工干预，自动化程度达到 100%，仅此一项便可节约近万元的人工成本。

5　RPA 技术的应用经验

（1）自动化任务执行必须有完备的容错运行机制保障。RPA 与工业机器人一样，要对运行过程中可能出现的任何问题提前做好预判和处理，才能使机器人在自动完成任务的过程中运行

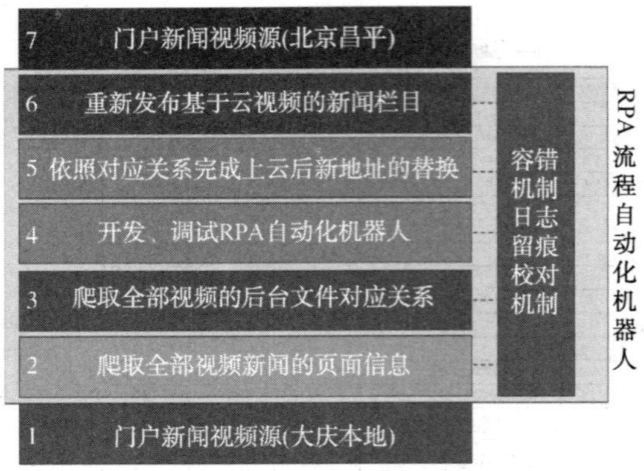

图 3 门户视频新闻上云迁移 RPA 自动化架构图

图 4 RPA 机器人门户信息收集自动化任务处理框架图

顺畅，尤其是在大量任务集中处理时。容错从类型上分为可预知和不可预知两大类，可以分别采用分支语句和异常捕获进行对应的处置。

（2）流程自动化执行过程要有完整的日志监控机制。即使是一个简单的自动化任务，也要输出详细的日志信息，实现机器人整个工作过程的可追溯性，降低误操作的排查成本。通常可以采用即时日志与结果记录配合的方式实现。

（3）基于 Uibot 框架的程序目前只支持单线程运行。对于大多数任务来说，Uibot 框架的单线程自动化都能满足需求。但是对于在短时间内完成庞大任务量的需求，则需要部署更多的计算机，采用分步运行模式，或者使用 Python 框架开发支持多线程并发的机器人程序。

（4）编程思路中充分考虑网络和应用服务的承载能力。通常来说，网络传输并不会一直稳定高效，而且对方服务器的稳定性也需要进行测试考量，否则机器人在任务执行过程中会遇到无法处理的情况。可以通过增加标的物标识状态的等待判定，或者直接设定等待时间，对于反应速度慢的系统也是十分有效的。

6 应用效果与前景展望

RPA 技术作为传统平台开发方式的一个补充，在特定的应用场景和需求上具有较强优势。其低成本、定制化、独立化运行的特点，是符合当前“战严冬”主题活动大方向的要求，可充分发挥自主研发优势。坚持以结果为导向，进一步拓展系统优化思路。目前，RPA 的应用处于起步期，在降低重复劳动强度、提升运行效率等方面取得了良好效果。随着应用的逐步深入，该项技术还可在系统整合应用、数据爬取处理、等级保护建设、信息安全管控等更广泛的领域发挥更加重要的作用，实现与传统开发技术的互补配合，应用前景广泛。

7 结语

本文详细阐述了 RPA 技术在油田企业中应对特殊需求方面的技术优势、应用前景与开发经验，都是经过长期探索试验、工作实践总结出来的，并在研究过程中不断探索，现已掌握了较为完整的 RPA 应用模式，可为油田数字化建设中复杂的应用场景提供更为丰富的技术支持。

应用系统建设是一项复杂的系统工程，需要长期的技术积累与实践摸索，更需要不断拓宽技术途径，广为所用，将最实用、最符合采油厂特点的技术完成落地见效，为企业的高质量发展提供大力支撑。

参 考 文 献

[1] 褚瑞．机器人流程自动化（RPA）UiBot 开发者认证教程[M]．北京：电子工业出版社，2020.

[2] [英]Alok Mani Tripathi. RPA 学习指南：使用 UiPath 构建软件机器人与自动化业务流程[M]．李永伦，陈嘉芙，译．北京：北京航空航天大学出版社，2020.

[3] 李永伦．RPA 开发与应用[M]．北京：北京航空航天大学出版社，2020.

“互联网+”新形态下工控系统的网络安全防护策略

崔 勇

（中国神华煤制油化工有限公司鄂尔多斯煤制油分公司）

摘 要 该文基于“互联网+”的新形态环境，提出了安全防护从被动抵御转变为主动防护的思维，通过事故案例与现有技术相结合的方式，对工控系统网络安全病毒泛滥的漏洞、网络本身结构上的漏洞、操作系统安全漏洞以及安全策略和管理流程漏洞等不同漏洞状况进行了分析。提出了改进网络安全的对策：部署防病毒服务系统，搭建EBR解决方案，改善网络结构，及时更新微软操作系统和监控软件推出的补丁，制定行之有效的控制系统的管理制度，引用较先进的KVM安全机制。

关键词 工控系统；网络安全；防火墙；网络隔离装置；防病毒系统；EBR方案；操作系统

近年来的典型工业控制系统入侵事件包括：2011年，黑客通过入侵数据采集与监控系统，使得美国伊利诺伊州城市供水系统的供水泵遭到破坏；2010年，“网络超级武器”Stuxnet病毒入侵ICS系统，严重威胁到伊朗布什尔核电站核反应堆的安全运营；2008年，攻击者入侵波兰某城市的地铁系统，通过电视遥控器改变轨道扳道器，导致4节车厢脱轨等。造成这些事件的主要原因在于，工业控制系统注重效率和实时性，却不太注重安全性，安全漏洞导致整个控制系统的安全性相当脆弱。随着越来越多的控制网络系统通过信息网络连接到互联网上，工控系统所面临的安全威胁日趋加大，解决安全防护问题刻不容缓。造成工业控制系统安全问题的不仅仅是病毒，还有网络本身结构上的漏洞、操作系统安全漏洞以及安全策略和管理流程漏洞。该文对互联网安全漏洞的几个方面分别进行分析，并结合生产实际提出了改进措施。

1 病毒入侵

病毒是广义的概念，具体包括计算机病毒、木马程序、蠕虫病毒、恶意软件等。计算机因为各种原因感染上病毒，导致计算机的各种性能下降或操作障碍。

对于一个拥有221台WorkStation、44台Server的大型化工厂，如何防范病毒入侵，始终是摆在技术人员面前的一个难题。经过多年与病毒所做的斗争，总结了下列行之有效的措施：

（1）禁止U盘和手机等移动存储设备与DCS计算机连接。

（2）在服务器和操作站的注册表中关闭USB口，USB接口外部加铅封；启用的USB口，用过后重新关闭和铅封。

（3）拷贝过程数据时，要有审批单和授权。只允许在指定操作站上使用光盘刻录机刻制光盘，不允许使用其他移动存储介质复制数据。

（4）为每台服务器配备2块专用移动硬盘，备份2份系统数据库，异地保存并及时更新。不允许移动硬盘交叉使用。

（5）使用DCS制造商认证的补丁软件光盘，离线打补丁。不准使用网上下载的补丁软件和在线打补丁操作。

（6）使用DCS制造商认证的病毒查杀光盘，离线病毒查杀。不准使用网上下载的杀病毒软件和在线病毒查杀。

（7）利用装置大检修时间，将所有操作站、工程师站和服务器离线，统一进行病毒查杀和打补丁，确定没有病毒后，再恢复网络连接。病毒查杀后，防病毒软件要卸载，以免影响DCS系统正常运行。

（8）工程师站、服务器的密码定期更换，防止密码泄漏；DCS机柜间及机柜门上锁，钥匙由专人保管。

（9）用于DCS组态的笔记本电脑，不准连接企业管理网或外网，也不准安装其他软件或用于其他控制系统组态，必须“专本专用”。

（10）委托DCS制造商定期对系统进行安全测试和安全评估，发现问题及时处理。

（11）DCS制造商的技术人员现场服务时应使用系统配置的专用笔记本电脑。如果使用自带的笔记本电脑必须经过安全确认才可以连接系统，工作时必须有本公司的 DCS 系统维护人员监护。

（12）企业管理用的电脑远离工业控制系统安装，避免安装距离太近网线接错，造成 DCS 网络直接连到企业管理网或非授权设备接入 DCS 系统。

（13）指派有系统维护经验的工程师专职负责 DCS 的安全工作。

为了现代企业管理和信息化建设，所有的工控系统最后都和 PMCC 监控系统相连，如图 1 所示。

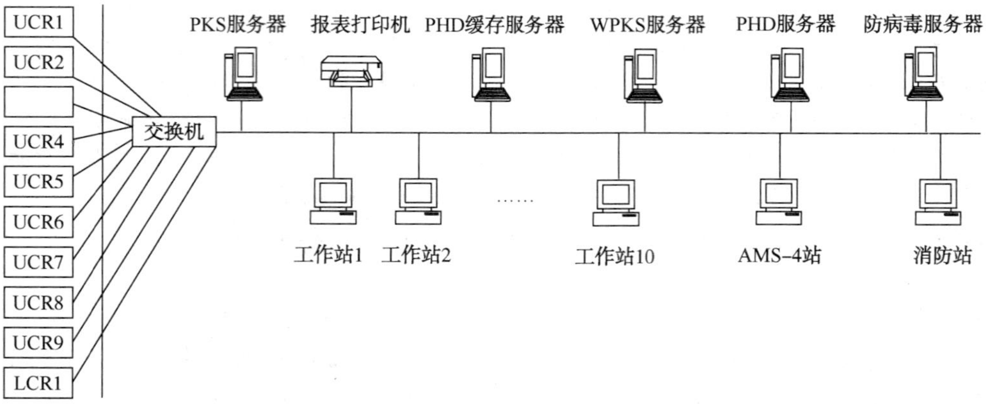

图 1　DCS 与 PMCC 系统连接网络示意图

为了杜绝病毒入侵，保证工业控制系统的安全，建议采取如下措施：

（1）部署防病毒基础架构，包括参照与 DCS 系统完全兼容的标准部署防病毒管理服务器和安装防病毒客户端软件。

（2）定期购买经过兼容性、稳定性测试的防病毒软件病毒库更新代码库；购买防病毒系统上门巡检服务；购买防病毒系统软件升级服务。

（3）购买病毒事件紧急服务，在发现计算机病毒感染或暴发时由专门人员上门协助处理。

（4）部署 EBR 系统：EBR 系统可以对 Honeywell Experion PKS 系统提供实时、在线、连续的数据备份，不仅可以备份 DCS 系统的数据，例如历史数据、数据库数据等，更可以备份操作系统甚至整个分区或磁盘。在通常情况下，备份的数据采用专门的数据存储服务器进行集中存储，灾难或故障来临时，只要存储设备的数据还在，就可以利用这些数据进行系统恢复和重建。

EBR 系统特有的统一数据恢复功能，甚至能将系统恢复到一台硬件型号与故障主机有差异的系统主机上。对于同型号的主机的系统恢复，操作简单直观，可由客户自己的维护人员完成。

2　网络本身结构上的漏洞

对于网络结构安全漏洞，结合中国神华煤制油化工公司网络结构实际进行分析。

2011 年，该公司开始搭建 MES 系统如图 2 所示。实现各模块之间的无缝集成、MES 与 ERP 的集成、MES 与工业系统的总体集成的综合信息化系统平台，使得工控系统得数据对外开放，外部网络实现互联。在此网络结构中，同一个 UCR 内，不同单元 IP 地址处于同一个网段，不同单元同时处于同一个 FTE community，这样整个 UCR 的 DCS 控制系统的网络不独立设置，造成公用的交换机负荷太大，经常出现网络瘫痪和拥堵的现象。

为了解决上述问题，公司对 UCR1 网络进行改造，改造后的网络结构如如图 3 所示。UCR1 内不同装置分开，分别处在独立的 FTE community 内，IP 地址处于不同网段，减少相互影响。用同样的方法对 UCR2、UCR7、UCR9 等网络也进行了改造。

该公司的上位网络如图 4 所示，主要包括三大部分：(1)生产控制网，包括 PKS Server 和实时数据库 BUFFER；(2)实时数据库服务网络，包括 PHD SHADOW 和 ORACLE 服务器；(3)实时数据应用网络，包括镜像服务器和其他应用部分。

其中网络 1 和网络 2 之间用防火墙隔开，只打开部分端口（包括 ORACLE 需要的 1521 和 SHADOW BUFFER 之间需要的特定端口，例如 12500、12502 等；网络 2 和网络 3 之间用防火墙隔开，也只打开某端口，例如 12500。

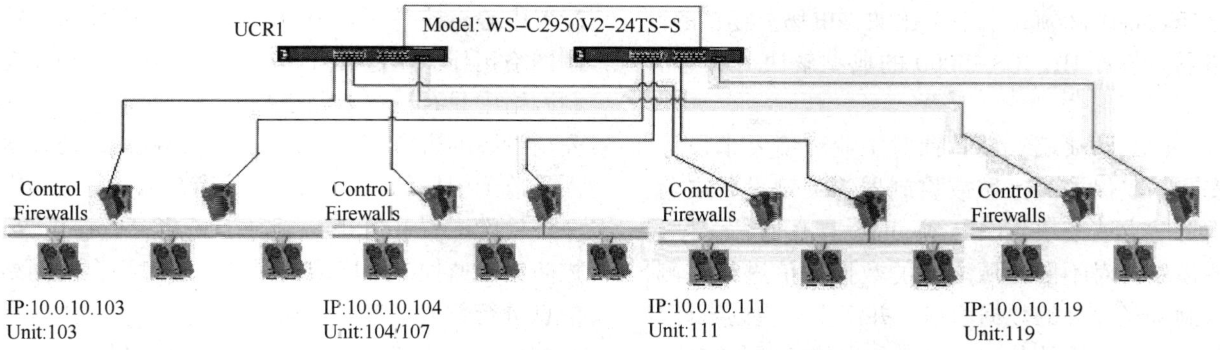

图 2 改造前 UCR1 网络结构图

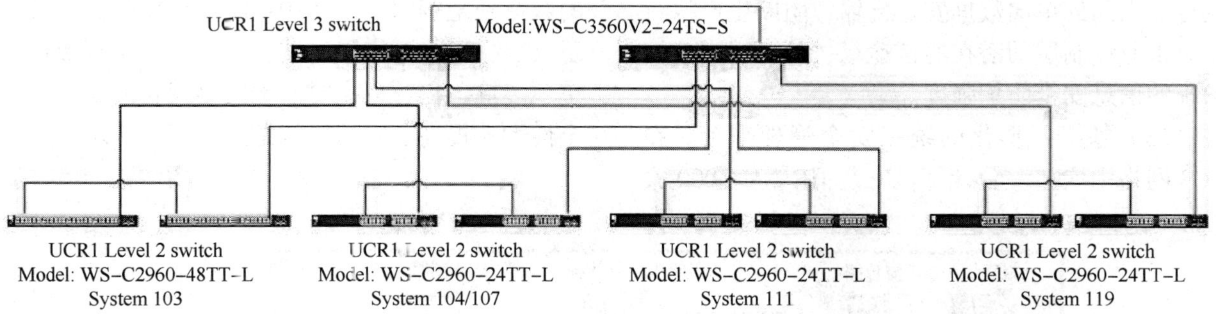

图 3 改造后 UCR1 网络结构图

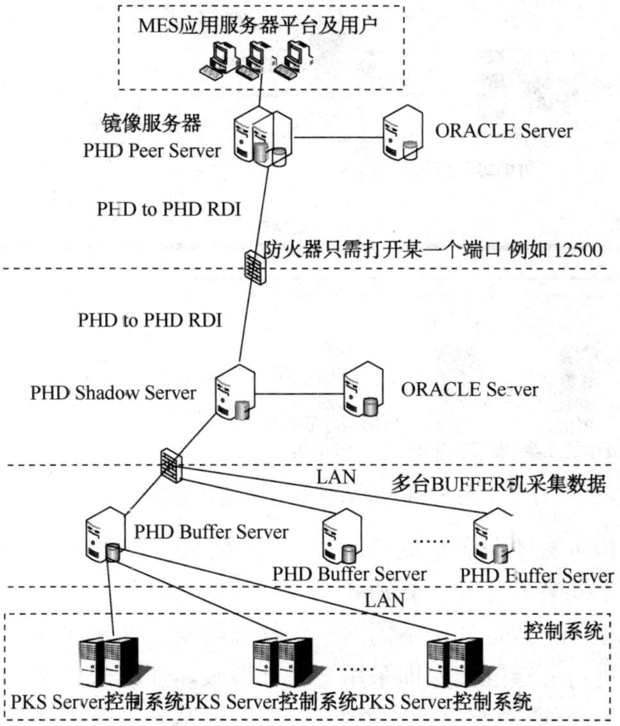

图 4 PHD 数据同步结构图

BUFFER 服务器采集 PKS 数据时用 Plant Scape 接口，不需要两边用户名和密码相同，又只打开特定端口，系统是相对安全的。SHADOW PHD 服务器和镜像服务器之间采用 Peer TO Peer 接口，防火墙只需打开某个指定端口，两边不需要用户名和密码相同，相比现有的透明模式和用户名密码相同，可以极大地提高系统安全性。防火墙也许是目前包括市场在内的很多人对网络安全产品的仅有认知，实际上这是最基本、功能最简单的基础网络安全产品。现在国内安全厂商已经具备相当的研发能力，部分产品已经具备国际领先水平。比如，市场上畅销的网络隔离装置 HR ICS-3000 的典型解决方案包含以下三个部分。

（1）防火墙。设备针对工业环境要求设计，安装于受保护的区域或控制器等关键设备之前，内置防火墙模块、OPC/Modbus TCP 通信深度过滤模块，对不同区域之间的数据通信进行监测，限制未经允许的数据通信，并产生响应的事件与报警。防火墙的分为电接口和光接口两种方式。

（2）网络隔离装置。实现工业控制层与生产执行层之间的单向数据安全传输，阻断生产执行层对工业控制层的潜在通信途径，从而提高工控系统的信息安全防护强度。

（3）基于图形化的统一安全管理平台。在 DCS 网络中增加一台计算机安装 HR NM 3000 安全管理平台，建立一套网络安全防护设备的管理配置中心。该平台采用图形化的方式创建整个控制网络拓扑，通过设置合适的通信规则，确保控制网络中只有授权的网络数据进行通信；同时对安全设备的告警信息进行汇集与分析，以便技术人员监测工厂的整个网络运行状态用于对上述安全模块的配置和管理；通过隔离装置监控边界、控防火墙监控内部区域，由安全管理平台对网络信息进行数据汇集与分析处理进行，实现“多点监控、统一协调”。安全管理平台可安装于 WINDOWS PC 机上。这样能够极大地提高对外开放的数据安全等级，有 PHD 的镜像服务器，又有防火墙，还有网络隔离装置的保护，实现数据的单项传输，也可以实时监测网络运行的状态，安全性大大提高。网络机构配置如图 5 所示。

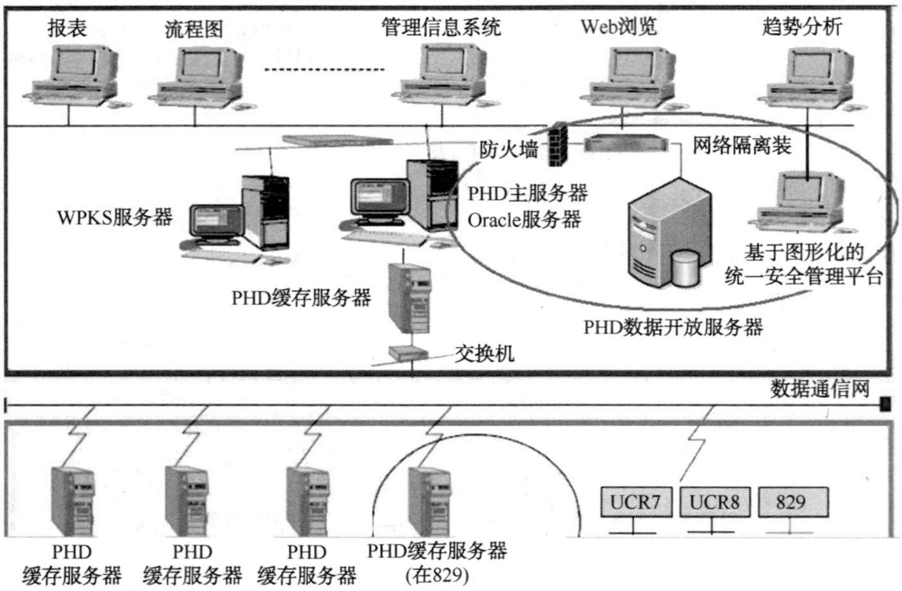

图 5　PHD 数据开放机构示意图

这样就解决了网络结构本身的漏洞，概括起来，横向进行网络改造，不同装置分开，分别处在独立的 FTE community 内，IP 地址处于不同网段，减少相互影响。纵向进行分层隔离，即采用防火墙和网络安全装置再配置网络在线监测平台。

3　操作系统安全漏洞和 SCADA 监控软件的漏洞

Stuxnet 蠕虫（俗称“震网”“双子”）在 2010 年 7 月开始暴发。它利用了微软操作系统中至少 4 个漏洞，伪造驱动程序的数字签名，通过一套完整的入侵和传播流程，突破工业专用局域网的物理限制；利用 WinCC 系统的 2 个漏洞，对其开展破坏性攻击。它是第一个直接破坏现实世界中工业基础设施的恶意代码。据赛门铁克公司的统计，截止到 2010 年 9 月全球已有约 45000 个网络被该蠕虫感染。Stuxnet 蠕虫在以下操作系统中可以激活运行，Windows 2000、Windows Server 2000、Windows XP、Windows Server 2003、Windows Vista、Windows 7、Windows Server 2008。当它发现自己运行在非 Windows NT 系列操作系统中，即刻退出。西门子公司对此次攻击事件给出了一个解决方案，安装微软提供下列补丁文件：RPC远程执行漏洞(MS08-067)，快捷方式文件解析漏洞(MS10-046)，打印机后台程序服务漏洞(MS10-061)，内核模式驱动程序漏洞(MS10-073)，任务计划程序程序漏洞(MS10-092)，同时注意采取如下防范措施：

(1) 加强主机(尤其是内网主机)的安全防范，即便是物理隔离的计算机也要及时更新操作系统补丁，建立完善的安全策略；

(2) 安装安全防护软件，包括反病毒软件和防火墙，并及时更新病毒数据库；

(3) 建立软件安全意识，对企业中的核心计算机，随时跟踪所用软件的安全问题，及时更新存在漏洞的软件；

(4) 进一步加强企业内网安全建设，尤其重视网络服务的安全性，关闭主机中不必要的网络服务端口；

(5) 所有软件和网络服务均不启用弱口令和默认口令；

(6) 加强对可移动存储设备的安全管理，关闭计算机的自动播放功能，使用可移动设备前先进行病毒扫描，为移动设备建立病毒免疫，使用硬件式U盘病毒查杀工具。

4　安全策略和管理流程漏洞

对工控系统机柜的管理是网络安全的关键，如何保证机柜管理措施到位、安全可靠，本文重点从制度建设方面进行了探讨。

根据实际情况，要做到工控系统机柜管理安全，需重点制定如下制度：机房人员日常行为准则；机房安保制度；机房用电安全制度；机房消防安全制度；机房硬件设备安全使用制度；机房软件安全使用制度；机房资料、文档和数据安全制度；财产登记和保护制度。

同时，为了保证工控系统的长周期稳定，安全可靠运行，尤其有数据对外开放，便于管理工控系统的核心设备Serever和交换机、USB接口、利用KVM延长器，将操作人员与DCS系统的电脑主机隔离。将服务器、工程师站、操作站和生产管理系统层的电脑主机安装在各DCS机柜间内，通过KVM延长器，实现主机与键盘、显示器、鼠标远距离连接。人/机隔离，隔绝了人为使用U盘、光盘等移动存储设备带入病毒的途径。

5　结语

工业控制系统的网络安全防护尤为重要，这就要求深入剖析病毒入侵、网络结构、操作系统、工业控制系统软件、安全策略和管理的漏洞机理，并根据生产实际，制定出合适本单位安全防范的措施，全面提升工控系统的网络安全水平。

参　考　文　献

[1] 胡景军，陈云，洪诗定．SCADA系统实现Web服务的关键技术[J]．化工自动化及仪表，2013，40(11)：1395-1397.

[2] 沈培璐，陈彬．基于管控一体化系统的第三方数据通信整合[J]．化工自动化及仪表，2012，39(7)：950-952.

[3] 范宗海，于宝全．大型炼化一体化工程DCS网络安全策略[J]．石油化工自动化，2010(3)：1-5.

[4] 张原．计算机域管理在局域网安全管理中的应用[J]．自动化与仪器仪表，2013(5)：136-137.

[5] 黄静雯．工业安全隔离网关在钢厂能源管理系统EMS中的应用[J]．自动化博览，2013，30(8)：98-100.

[6] 罗安．工业控制系统的信息安全问题日益凸显[J]．自动化博览，2013，30(11)：19.

[7] 周海君，刘玉娟，崔健．造纸厂DCS系统的网络安全分析[J]．中国造纸，2012，31(5)：44-47.

[8] 彭慧，任治法．炼化企业DCS与MES一体化网络安全研究[J]．甘肃科技，2010，26(20)：21-23.

浅谈油田数字化条件下的精准间抽

张馨元

（大庆油田有限责任公司）

摘　要　目前，庆新公司数字化建设已基本完成，能够利用现有的数据资源配套先进的大数据技术，实现更加现代化、智能化、科学化的智能间抽管理制度，实现抽油机井生产运行“提质增效”。本文主要通过连续采集的功图量液数据进行跟踪分析，根据液量的变化情况来合理制定间抽制度。

关键词　智能间抽；提质增效

头台油田合理利用抽油井间抽方案在节能降耗方面取得了重大突破，2014 年，头台油田用电 1.1×10^{8}kW·h，2015 年减少到 9.537×10^{7}kW·h，2016 年与上年同期对比，在生产井增加 65 口情况下，上半年节电 9.44kW·h，在节电上做出了优良业绩。并且，无效运转的问题得到有效缓解，同时减少了机械磨损，有效降低了生产成本，提升了抽油机井的工作效率。相比头台油田，庆新公司更具有优势。目前，数字化建设已基本完成，能够利用现有的数据资源配套先进的大数据技术，实现更加现代化、智能化、科学化的智能间抽管理制度，实现抽油机井生产运行“提质增效”。

1　传统间抽制度存在的问题

为节能降耗，在 2016 年 4~9 月，大庆油田有限责任公司对 31 口产液量不足的抽油机井进行停机间抽，所有间抽井停机时间均设为 12h，如图 1 所示。

功图采集时间	间隔时间/min	功图量油产液量/t
19:39		
19:59	20	0.15
20:20	20	0.12
20:41	20	0.12
21:02	20	0.02
21:22	20	0.03
21:43	20	0.03
22:03	20	0.02

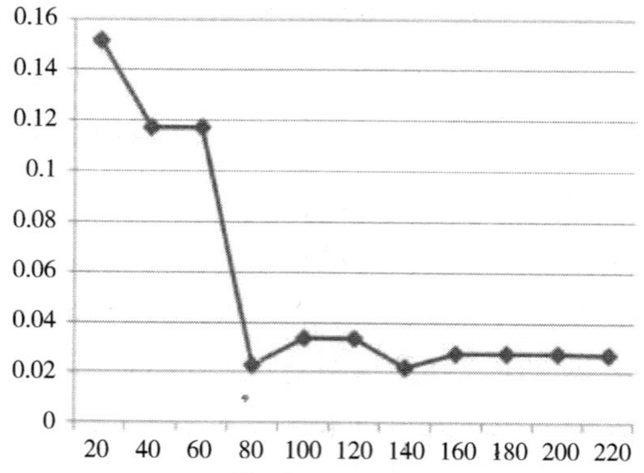

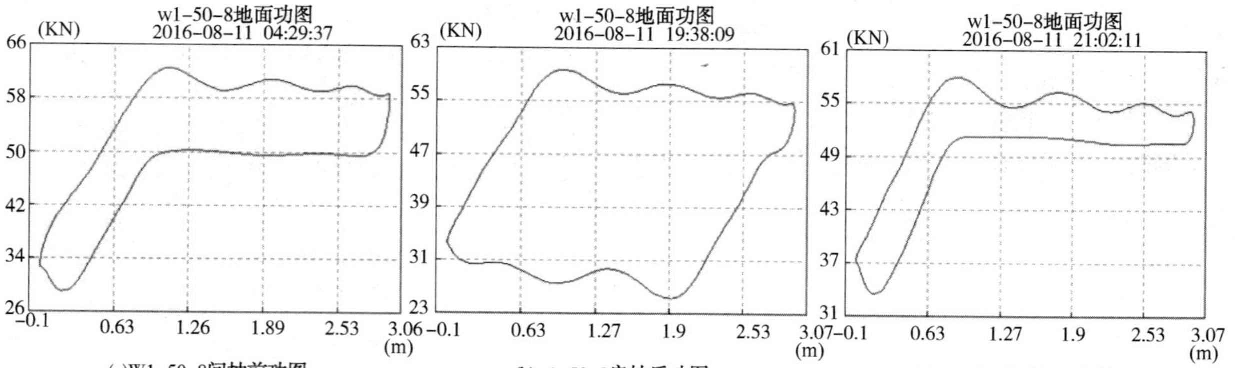

(a)W1-50-8间抽前功图　　(b)w1-50-8启抽后功图　　(c)w1-50-8运行1h后功图

图 1　W1-50-8 油井启抽后产液量变化情况

以油井 w1-50-8 为例，该井在停机 12h 后，利用连续采集的 20min 功图量油软件进行跟踪分析，根据采集数据可知，该井在运行 1h 后，沉没度能够恢复到停井前位置，这就意味着该井

12h 间抽制度不符合该井情况。因此，利用功图量油软件制定合理的间抽制度显得尤为重要。

2　数字化条件下的间抽方法探索

2.1　按照老制度方式制定间抽制度

针对上述情况，选取了 5 口沉没度 100m 左右、日产液量 2t 以下的油井进行试验，首先按照旧有制度方法制定了一个间抽时间，根据功图量油进行连续跟踪，找到该井液量拐点。通过对功图量油软件产液情况进行连续跟踪，可以清晰地判断每一时间段产液情况，对间抽井能够达到精准分析，如表 1、图 2 所示。

表 1　5 口井的产液情况

井号	停井时间	启抽后第一个功图液量值/(t/d)	停机前最后一个数/(t/d)	拐点用时	达到拐点时的产液量/(t/d)	没间抽前最后一个产液量/(t/d)
W1-371-41J	11	2.16	0.05	3.5h	0.25	0.05
W1-261-X111J	11.5	4.74	1.7	5h	0.9	1.68
W2-19-11	12.5	4.27	2.08	5h	0.7	1.96
W26	13.5	7.85	0.16	1.5h	0.32	0.18
W2-26-15	12	3.24	0.03	1h	0.12	0.03

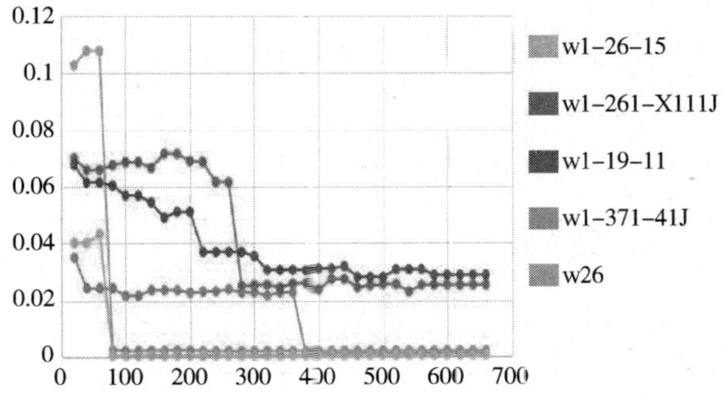

图 2　5 口井的产液情况

结论一：从表 1、图 2 可以看出，通过 5 口井产液量曲线变化可知，在停机 12h 左右后，由于每口井的产液量不同，需要抽取的时间也不会相同，因此用功图量油软件进行跟踪分析，有针对性地对每口井的数据进行分析，找到经济效益最大点，从而实现更精准的间抽。

结论二：从追踪条件来看，有些井经济效益偏低，不具备间抽条件，如，w1-26-15 井，如图 3 所示。

功图采集时间	间隔时间/min	功图量油产液量/t
10:07		
10:27	20	0.04
10:48	21	0.04
11:10	22	0.04
11:30	20	0.00
11:51	21	0.00
12:12	21	0.00

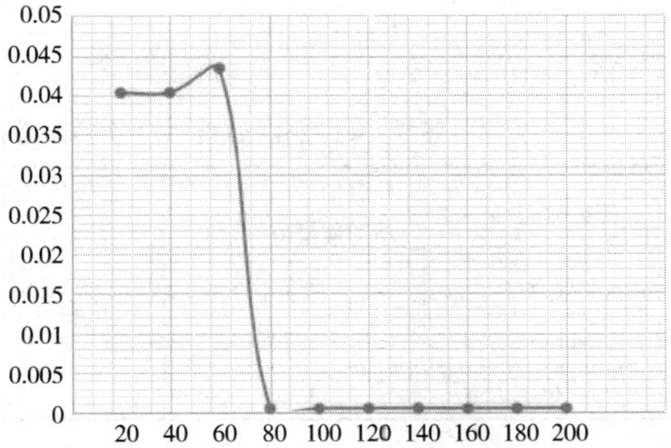

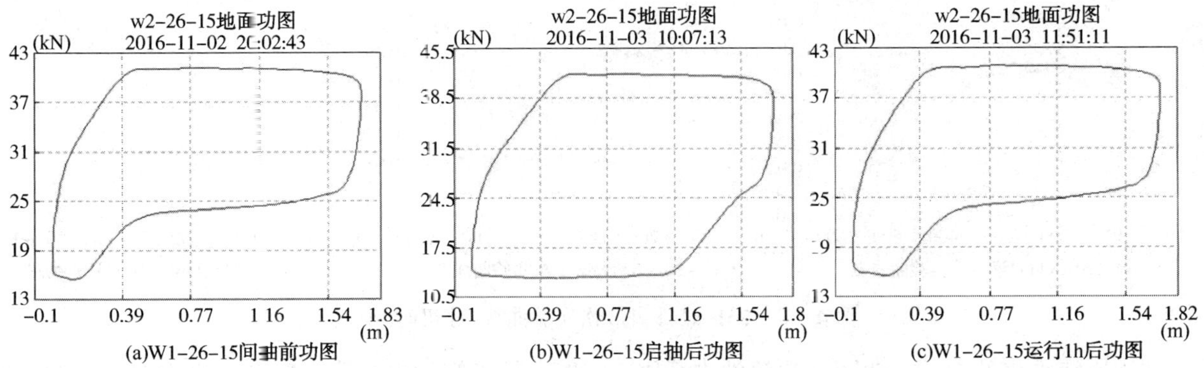

(a)W1-26-15间抽前功图　(b)W1-26-15启抽后功图　(c)W1-26-15运行1h后功图

图 3　W1-26-15 油井启抽后产液量变化情况

该井间抽前全天产液量为 0.03t/d，该井在停机 12h 后，利用连续采集的 20min 功图量油软件进行跟踪分析，根据采集数据可知，该井在运行 1h，基本不出液，0.03t 合成人民币为 48 元/天。该井全天耗电量为 81kW · h，合成人民币为 52 元/天。该井产液量低，在运行的情况下每天损失 4 元，一年单井损失 1460 元。针对这类井，建议每天运行 1h 或转捞。

2.2 对于低产井，合理利用智能软件做到更精准的间抽

以日产液量 1.25t/d 的油井 w1-261-x111 井为例，将该井进行了不同周期的三次实验，三次停机时间分别为 21.5h，11.5h 和 6h，表 2 为这口井功图量油详细数据。

（1）停机时间的确定，如表 3、图 4 所示。

表 2　w1-261-x111 井功图量油详细数据

功图采集时间	日产液量/(t/d)	功图采集时间	日产液量/(t/d)	功图采集时间	日产液量/(t/d)
21：34	4.73	10：35	4.74	14：08	4.63
22：18	4.77	11：16	4.79	14：36	4.63
22：40	4.81	11：37	4.72	15：00	4.58
23：00	4.76	12：19	4.74	15：33	4.43
23：43	4.51	12：39	4.72	16：01	4.01
1：08	4.56	13：01	4.69	16：35	1.7
1：50	4.44	13：45	4.67	17：17	1.76
2：33	4.64	14：06	4.69	17：46	1.72
3：15	4.65	14：49	4.56	18：28	1.66
3：37	4.76	15：52	1.61	19：15	1.77
4：19	4.61	16：14	1.71		
4：40	4.52	16：35	1.79		
5：01	4.23	17：18	1.71		
5：43	1.67	17：39	1.74		
6：03	1.75	18：20	1.65		
第一次实验		第二次实验		第三次实验	

表 3　w1-261-x111 井 3 次实验数据(停机时间)

实验次数	停机时间/h	启抽后第一个功图液量值/(t/d)	停机前最后一个数/(t/d)	拐点用时/h	达到拐点时的累计产液量/t
第一次	21.5	4.73	1.67	7	1.3
第二次	11.5	4.74	1.61	3.5	0.8
第三次	6	4.63	1.7	1.5	0.35

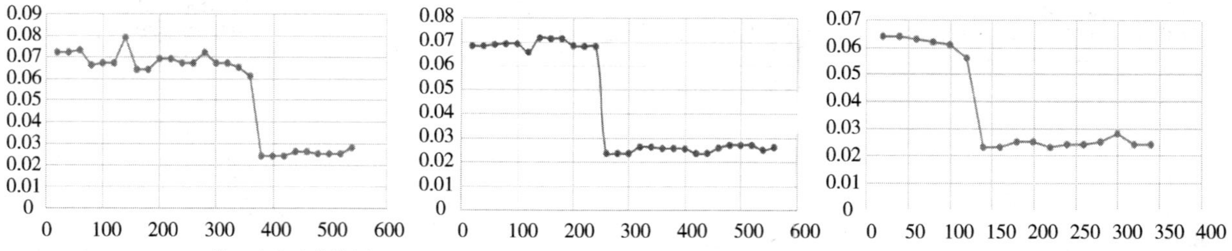

(a)w1-261-X111J第一次实验曲线图　(b)w1-261-X111J第二次实验曲线图　(c)w1-261-X111J第三次实验曲线图

图 4　w1-261-x111 井 3 次实验曲线(停机时间)

利用连续采集的 20min 功图量油软件进行跟踪分析可知，该井第一次在停机 18.5h，运行 7h

后，沉没度能够恢复到停井前位置；该井第二次实验数据可以看出 在停机 11.5h，运行 3.5h 后，沉没度能够恢复到停井前位置；该井第三次实验数据可以看出，在停机 5h 运行 1.5h 后，沉没度能够恢复到停井前位置。停机时间通过功图量油软件上很好确定，拐点用时即为抽油机停机时间。

（2）启机时间的确定，如表 4、图 5、图 6 所示。

表 4 x1-261-x111 井 3 次实验数据（启机时间）

实验次数	停机时间/h	拐点用时/h	达到拐点时的累计产液量/t	转换成 24h 全天产液量/t
第一次	21.5	7	1.4	1.18
第二次	11.5	3.5	0.8	1.27
第三次	6	1.5	0.35	1.12

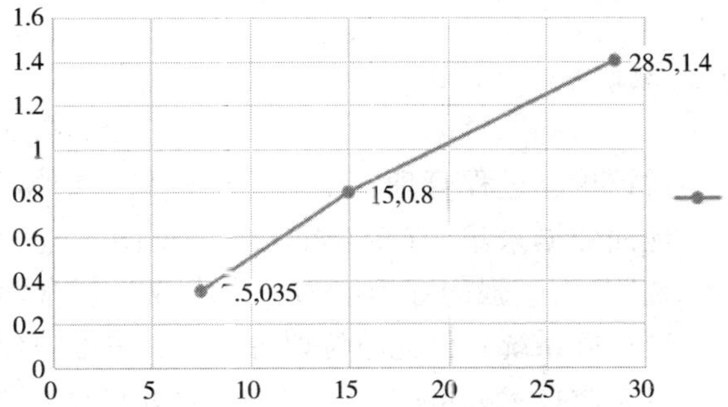

图 5 W -261-X111J 周期产量趋势图

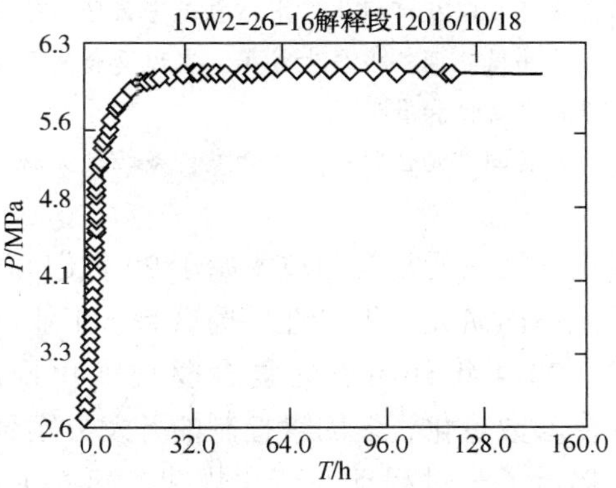

图 6 W2-26-16 压力拟合检验图

结论一：这口井全天产液量为 1.65t，从这口井数据得出结论，间抽对产量有一定影响。

结论二：从周期上看，产液量没有多大影响，第一次停机时间最长，但产量稍低于第二次，第三次停机时间最短，产量没有第一次和第二次大，所以从效益考虑，可以在第一次和第二次实验中选择一个合理的停机时间。

结合最右侧压力历史拟合检验图（图 5）可以看出，w1-261-X111 第二段线上升缓慢，可从 A 线段这个区间取个点；但从曲线趋势上看，该井仍有上升空间，当出现拐点时，才是真正周期。从以上实验可知，启机时间需要不断地摸索，不断试验。

3 数字化条件下间抽制度确定原则

（1）由智能软件给出间抽井号，由专业部门审核确定。

（2）通过结合功图量油软件，不断摸索合理周期，根据每口井周期制订精准间抽方案。

（3）在智能软件编制过程中，考虑安全等实际情况，白天人工启机，远程停机技术，降低员工劳动强度，确保安全。

4 结语

（1）这种间抽制度在数字化条件下具有可行性，庆新公司可利用自身优势，利用功图量油软件，制订精准间抽方案，最大程度地进行合理间抽。

（2）合理制定间抽制度，实现油井节能降耗。

（3）间抽制度的合理制定，减轻员工劳动强度，提高工作效率。

三元复合驱油藏开发工作数字化平台建设

王云超　刘　迪　苏雪迎　蒋文超

（大庆油田有限责任公司勘探开发研究院）

摘　要　三元复合驱技术在大庆油田进入规模化推广应用阶段，在方案设计、开发、调整、评价等环节工作量大，自动化程度低。以三元复合驱开发数据库和多年积累的技术成果为基础，研发出包括方案设计、动态分析等 10 个模块的三元复合驱油藏开发工作平台软件。满足地质、开发、测试、生产、计划等数据多维度关联及可视化需求，自动进行区块地质描述、参数匹配及方案优化、开发指标分析及异常参数预警、单井措施调整报告生成等，实现复合油藏开发自主分析及辅助决策等功能，大幅提升复合驱油藏开发工作的实效性和准确性。

关键词　复合驱；油藏开发；多维度关联；自动化；辅助决策

大庆油田三元复合驱技术始于 20 世纪 80 年代，历经室内研究、先导性矿场试验、工业性矿场试验，2014 年开始三元复合驱规模化推广。创建了多参数量化、多因素控制的开发方案设计方法，揭示了全过程动态变化规律，建立了调、堵、压、控 4 大类 27 项跟踪调控技术和标准，形成完善的配套技术。已结束区块提高采收率 18 个百分点以上，到 2020 年底连续五年产量超过 4.0Mt，成为大庆油田实现持续稳产的主要技术之一。三元复合驱进入规模化推广应用阶段，存在以下三点问题：一是因其开发周期短，在设计、开发、调整、评价等环节工作量大，自动化程度低，管理难度不断增加；二是三元复合驱经多年发展，配套技术上取得了很大进展，但缺乏针对复合驱的技术体系，没有将技术及经验信息化、软件化；三是现有数字化技术基于各试验区形成，缺乏系统整合梳理，建立适合油田普遍使用的技术成果。面向“数字化转型、智能化发展”需求，围绕油气开发全生命不同节点业务场景，以数字油藏建设为核心，打造以协同研究为目标的油藏综合研究开发管理应用平台。

1　系统框架设计

1.1　复合驱油藏开发模块设计

结合复合驱工业化推广应用需求，该系统全面涵盖三元复合驱全过程的油藏工程工作内容，依据大庆油田三元复合驱技术规模化应用多年来现场实践，设计了油藏工程方案设计、驱油方案设计、动态分析、跟踪调整、效果评价、经济效益评价、过程管理、工具箱、机采井结垢预警、地面数据采集 10 个功能模块（见图 1）。该“系统”具有较强的穿透能力，力求成为复合驱管理层指挥系统、研究单位评价系统、采油单位从事复合驱技术人员的专家系统，力争实现不同层面技术和管理人员互相支持、相互关联，实现开发、管理、评价一体化。“系统”所需的公式、标准图版、各类图幅和曲线、各类信息表和对比表进行统一和规范，各类图幅曲线和信息表均可以从 A2 数据库和油田现有数据库中直接自动生成，实现复合驱区块标准化、程序化、信息化管理。结合复合驱油藏开发技术界限，充分发挥专家辅助决策作用，推进智能油田发展。

1.2　软件开发技术设计

系统采用 WEB 应用系统经典的多层架构设计。数据层：从开发数据库中获取勘探开发数据，解决了数据口径问题，创立本地数据库，定时从开发数据库提取所需数据，存储到本地数据库，大大提升系统运行速度，建立文档库、图形库，存储系统加载的各类文档资料。中间业务层：由数据 I/O 组件和业务功能组件组成，构架于数据层之上，负责数据、资料输入/输出、数据处理和业务逻辑实现。中间 WEB 层：由 JSP、Java Servlet 等构成，负责接收用户输入的数据信息、处理或转发用户发出的业务请求、动态生成页面内容等，接收用户输入的数据和业务请求交由中间业务层处理。客户层：展示在用户界面上的静态 HTML 页面，提供用户数据输入、资料查询、人机交互操作界面（见图 2）。

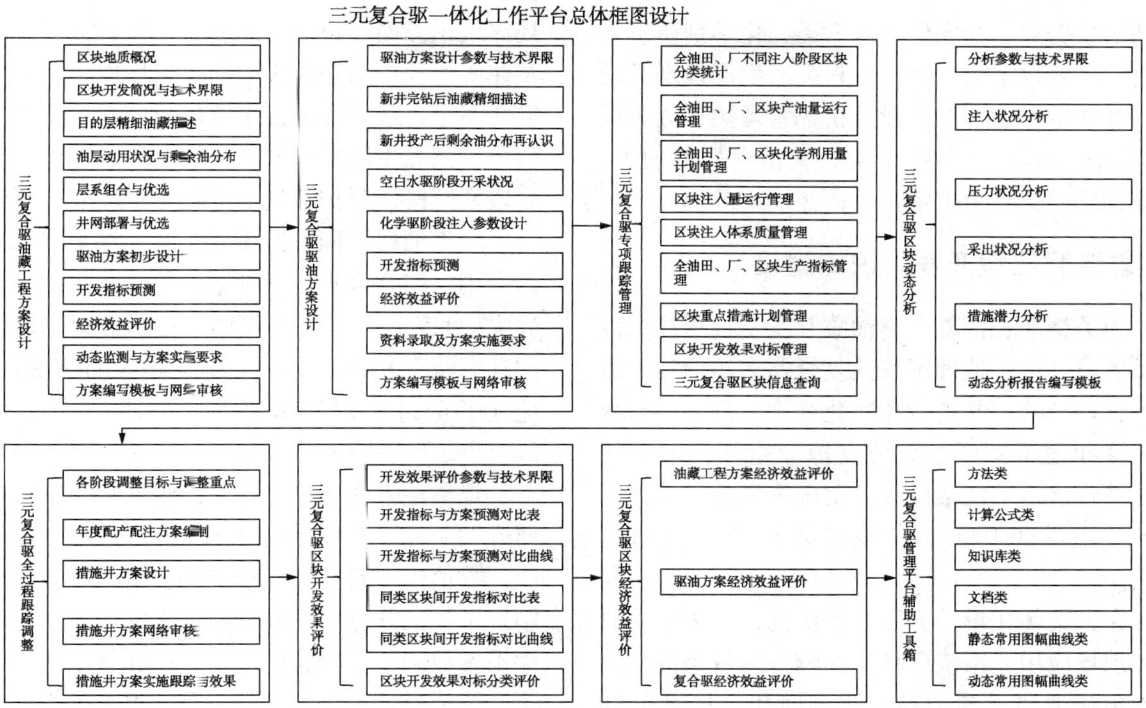

图 1　三元复合驱油藏开发工作平台主要模块框架设计

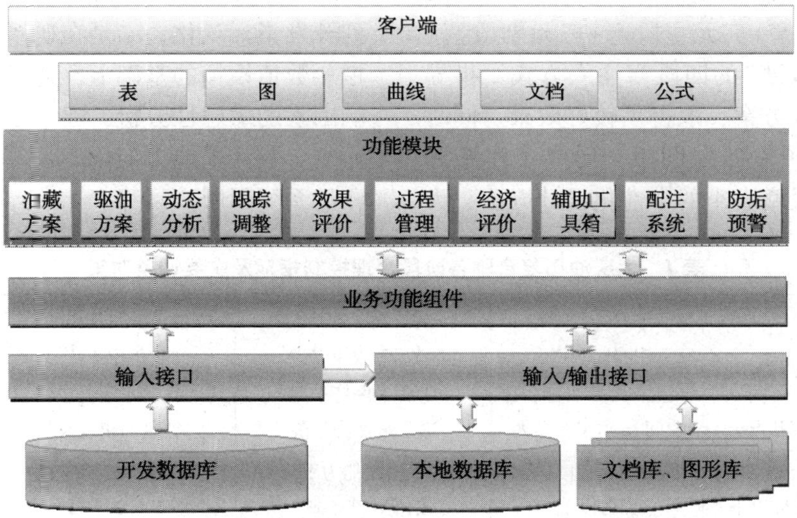

图 2　三元复合驱油藏开发工作平台系统开发总体架构

三元复合驱油藏开发工作平台前端采用 jquery+jeasy-ui+bootstrap 开发包开发，符合 HTML5 标准，能够适应台式电脑、笔记本电脑、平板电脑、智能手机等各种终端设备以及主流操作系统，同时兼容 Chrome、Firefox、Opera、Edge、Safari、360 浏览器等主流浏览器。客户端实现零安装、无插件运行，所展现表格、图形、曲线具备“所见即所得”功能，具备文字及图形穿透功能。

完整的系统流程从油藏方案设计开始，至经济效益评价结束。在油藏方案设计模块和驱油方案设计模块没有建成的情况下，也可以利用 A2 数据库直接创建三元区块，启动后续管理流程。

2　复合驱油藏开发数据库建设

为了提高系统响应速度，通过对现有 A2 数据库和地质数据库的调用、补充、同步，特别是针对复合驱相关性较大的化学剂注采浓度、离子浓度等进行了补充录入，形成本地数据库，构建了全面的、综合性数据平台，实现了软件与数据的良好衔接。本地数据库结构设计 12 大类，包括基础数据类、开发生产数据类、化学剂质量管理类、措施数据类、测试资料类、生产计划管理类、开发指标管理类、设计指标管理类、方案设计数据表、运行参数控制类、文档存档管理类、系统管理类，共 161 张表。

3 复合驱油藏开发知识库建设

为了精准表征复合驱油藏开发全过程技术参数及界限，系统梳理了三元复合驱多年的技术成果和管理经验，并进行数字化处理，能够参与数据运算和逻辑判断，充分发挥专家辅助决策作用。结合该系统框架设计，明确了复合驱油藏开发各节点的工作流程、技术要点及逻辑运行方法。

在方案优化设计方面：大庆油田通过室内研究和现场应用，系统分析了影响开发效果的主要因素包括地质、剩余油、注剂时机、体系性能等。确定了井网井距、层系组合方式及开采对象，建立化学驱控制程度计算方法，逐渐形成了"前置聚合物段塞+三元主段塞+三元副段塞+后续聚合物保护段塞"的四段塞注入方式，指导编制现场试验注入方案，取得了较好效果。同时建立了聚合物分子量匹配图版，形成了体系黏度、注采速度、段塞大小的个性化设计方法，为保证复合驱提高采收率效果奠定了基础。在开发规律认识方面：根据三元复合驱特有的段塞组合及注入过程中动态表现的明显阶段性，可将三元复合驱全过程划分为五个阶段：前置聚合物段塞阶段、三元主段塞前期、三元主段塞后期、三元副段塞阶段、保护段塞+后续水驱阶段，明确了一、二类油层不同阶段压力系统、注采能力、剖面动用、综合含水、见剂浓度等变化规律及合理界限(见表 1)。在措施调整方面：针对不同阶段的动态特点和存在问题，制定相应的调整措施，建立了全过程跟踪调整模式。形成了不同阶段"调整压力平衡、调整注采平衡""提高动用程度、提高注采能力""控制无效循环、控制含水回升"的调整原则，对于针对性较强的调整措施，数值模拟研究和矿场应用实践相结合，研究制定了注入井分层、调剖、注采井压裂、解堵和注采参数调整等措施的调整时机和技术界限，固化了调整设计模板。在复合驱效果评价方面：一是利用数值模拟方法，主要原理是运用偏微分方程组描述油藏开采状态，通过计算机数值求解得到开发指标变化；二是在矿场动态统计和物理模拟、数值模拟的基础上，通过驱替机理推导和影响因素的敏感性分析，建立了适合大庆油田的三元复合驱注采能力变化的预测方法和含水变化预测的系列图版。

表 1　大庆油田复合驱各阶段合理控制指标及主要调整对策

所处阶段	空白水驱	含水下降期 0~0.15PV	含水稳定期 0.15~0.5PV	含水回升初期 0.5~0.65PV	含水回升后期 0.65PV~
动态特点	①压力不均衡 ②油层动用状况差	①注入压力快速上升 ②油层动用差异大	①含水保持平稳 ②注采能力下降	①含水回升较快 ②剖面出现反转	①含水缓慢回升 ②化学剂突破
合理指标	注入压力上升空间控制在 3MPa 以上	油层动用程度达到 75%以上	注入采出能力下降幅度小于 50%	月含水上升速度小于 0.2 个百分点	存剂率控制在合理范围内
主要对策	①注入参数调整 ②注入井调剖	①注入浓度调整 ②注入井分注	①采出井压裂 ②注入井压裂酸化 ③注入参数调整	①采出井堵压结合 ②注入井压裂 ③注、采井调剖	①注入井调剖 ②注入井分层调整 ②采出井堵压结合

4 数字化平台建设

4.1 方案设计模块

为了提升方案编制的自动化程度，进一步提高方案编制的效率，设计油藏工程方案设计和驱油方案设计模块。该模块采取人机交互模式，通过人为设定目标区块边界坐标，或者通过地图进行圈井，确定区块范围和目标油层组、沉积单元。系统利用计算机程序，调用基础数据库，根据植入的参数，统计分析区块油层发育状况、剩余油分布状况、地质储量、油水特性、储层物性、压力系统、开发历程等；根据油藏发育状况，优选三套以上层系组合，评价开发效果、经济效益及层系接替；根据老井部署情况，结合复合驱开发特征及技术界限，程序设计井网、井距，并进行虚拟井网插值，完成相关分析及匹配；初步设计体系配方、段塞组合、注采参数；完成开发效果预测及经济效益评价(见图3)。驱油方案以新钻井为数据对象，完成地质分析及参数优化设计。

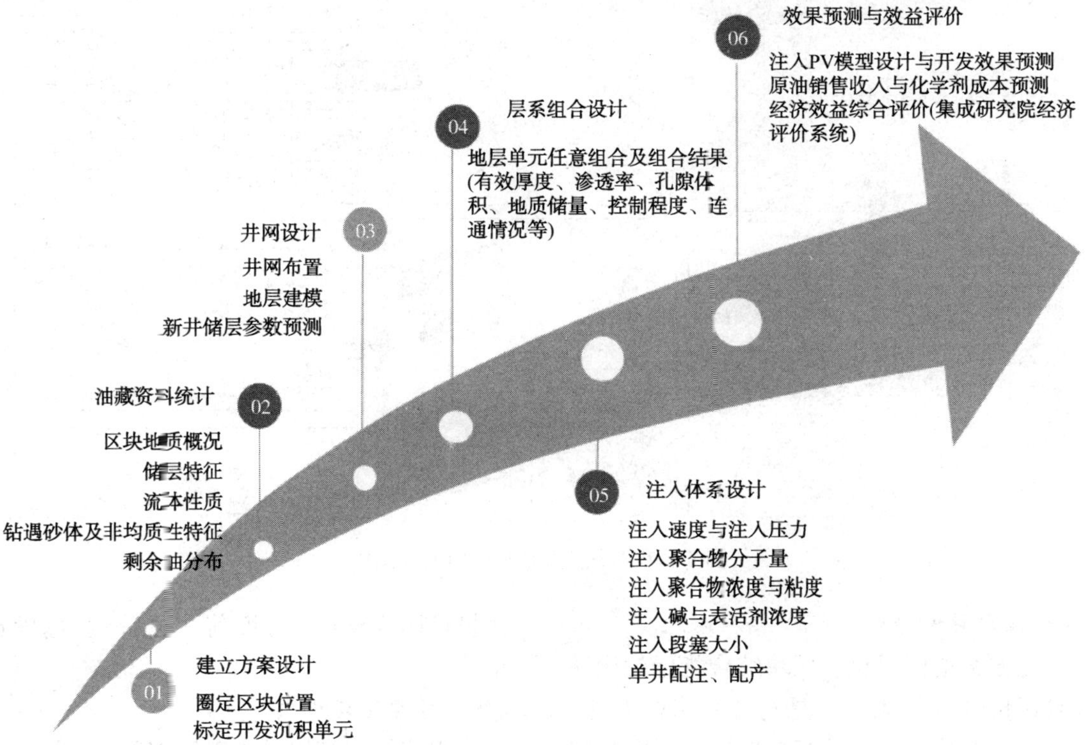

图3　复合驱指标变化特征及预测关键点示意图

4.2　动态分析模块

动态分析是应用各种资料和手段分析油藏内流体的运动规律、开采规律和分布状态。其目的是发现问题，分析原因，解决矛盾，不断认识油层，改造油层，保持油田高产稳产，提高油田的最终采收率。一是通过对基础动、静态数据的调用、运算，主要满足区块分类统计，产量、化学剂、注入体系质量，生产指标、日报、井史、对标等管理需求，并通过注剂浓度的关键指标的判断，进行注入段塞的自动识别，相应对注入量、产量、采出程度等进行自动匹分；二是自由选取的时间点和分级区间，对注入压力、注入量、含水、产液、注采强度、剖面动用等进行分级运算，灵活操作各项参数的对比分析，明确区块、单井动态变化特征。三是通过对注入井动态注入参数进行纵向(时间轴)、横向(平面)对比，结合开发技术指标库(指标ABC分级)，判断单井注入是否存在问题，并筛选出问题井。通过对采出井动态生产参数进行纵向(时间轴)、横向(平面)对比，结合开发技术指标库(指标ABC分级)，判断单井采出是否存在问题，并筛选出问题井。

4.3　跟踪调整模块

跟踪调整是三元复合驱技术的重要组成部分，也是采油单位从事复合驱技术人员的工作重点之一。该系统针对复合驱全过程六个阶段(空白水驱、前置聚合物段塞、三元主段塞、三元副段塞、后续聚合物段塞、后续水驱)动态变化和存在的问题不同，确定不同的调整措施。规范分阶段调整目标、存在问题，突出调整重点、主要措施的差异性，根据分阶段注入井、采油井各类措施选井条件和界限，实现智能化措施井筛选，定期自动生成各项措施井信息表，并应用灰色关联、层次分析法对措施井筛选结果进行排序。

对于单井、井组措施界限，注入井给出了注入量调整、黏度调整、解堵、压裂、分层、调剖技术界限，采出井给出了调参、压裂、堵水等技术界限，平台实时自动化筛选出需要措施的井信息，同时通过单井信息关联，结合注采曲线、连通图、相带图、注采剖面图，给出综合调整措施(见图4)，实现了从单井到井组再到区块多层次三元复合驱全过程跟踪调整自动化模式，大大提高了技术人员的工作效率。

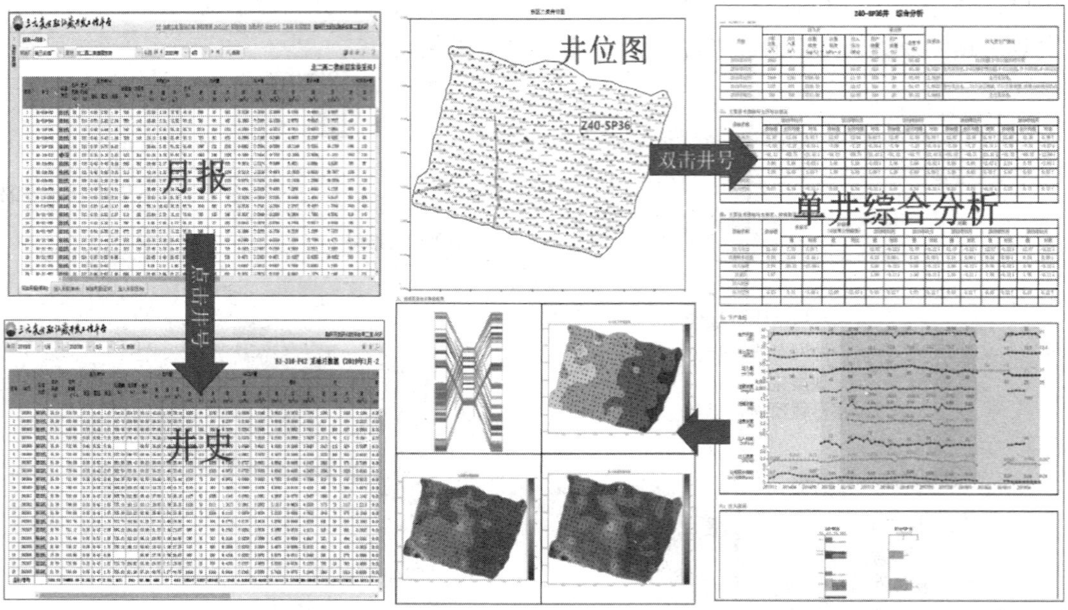

图 4　单井信息关联及措施调整图版

4.4　开发效果评价模块

通过与方案指标对比、区块综合指标对比评价，实时评价开发效果。一是与方案指标对比，按区块注入阶段分类，分阶段对比区块方案与实际运行情况。对比参数包括日产液量、日产油量、综合含水、阶段产油量、阶段采出程度、阶段增油量、阶段提高采收率、最终提高采收率。图形包括区块注入 PV、综合含水率、采出程度、产油量、提高采收率与预测指标对比曲线。二是区块综合指标对比；按区块注入阶段分类，查询区块各项综合指标数据。对比不同区块的储层发育、控制程度、动用程度、注入压力、地层压力、注采比、采液指数、视吸水指数等参数。三是同类区块指标对比曲线，包括同类油层区块综合含水率、注入压力、视吸水指数、采液指数、采出程度与 PV 关系对比曲线。

4.5　经济效益评价

经济效益评价包括经济指标评价和敏感性分析两部分内容。该模块通过一体化设计，可支持经济效益预测、跟踪评价和后评价。通过给定的经济评价模型，按年度输入预测(运行)数据以及各年度对应的评价参数，系统自动计算出建设投资、化学剂费用、生产成本、管理费用、账务费用、税金、利息、折旧与摊销、原油销售等支出与收入，最后按经济评价方法计算得出财务分析指标，包括项目财务内部收益率(所得税前、税后)、项目财务净现值(所得税前、税后)、项目投资回收期(所得税前、税后)、总投资收益率等。

4.6　跟踪管理模块

跟踪管理模块是基于管理部门设计，目的在于宏观地掌握油田开发形势，精细化跟踪管理环节，主要涉及各区块、各采油厂、全油田三元复合驱区块概况及开发状况、注入量、产量、化学剂用量、生产指标检查、措施工作量、注入体系质量、开发效果对标管理等。管理人员可以通过该模块来了解全油田三元复合驱区块的基础地质数据，包括开采层位、面积、地质储量、孔隙体积、有效厚度、渗透率等，同时通过后台数据库计算出各区块的区块注入量、产液量以及化学剂用量，结合年度工作计划，实时绘制产量运行曲线，进行对标开发效果管理，大大提升了油田管理人员的工作效率。

5　结语

通过研发该软件，集成开发、管理、工具等系统属性，首次设计了面向全油田、覆盖复合驱油藏开发全过程的集成化软件，实现了复合驱油藏开发功能和数据一体化；优选系列表征算法，建立多通道数据连接，满足地质、开发、测试、生产、计划等数据多维度关联及可视化需求，大幅提升复合驱油藏开发工作的实效性和准确性；创新融合开发数据库和知识成果库，利用程序自动进行井网层系优化、地质分析、开发指标预警、调整报告生成、实时跟踪评价，推动了复合驱油藏开发智能化发展，提高工作人员工作效率5倍以上。

参考文献

[1] 梁文福．油田开发智能应用系统建设成果及展望[J]．大庆石油地质与开发，2019，38(5)：283-284.

[2] 催海福，何贞铭　王宁．大数据在石油行业中的应用[J]．石油化工自动化，2016(2)，43-45.

[3] 程杰成，吴军政．胡俊卿．三元复合驱提高原油采收率关键理论与技术[J]．石油学报，2014，35(2)：310-318.

[4] 王凤兰，伍晓林，陈广宇．大庆油田三元复合驱技术进展[J]．大庆石油地质与开发，2009，28(5)：154-162.

[5] 李洁，么世椿，于晓丹，等．大庆油田三元复合驱驱油效果影响因素[J]．大庆石油地质与开发，2011，30(6)：138-142.

[6] 钟连彬　大庆油田三元复合驱动态特征及其跟踪调整方法[J]．大庆石油地质与开发，2015，34(4)：124-128.

[7] 孙龙德，伍晓林，周万富，等．大庆油田化学驱提高采收率技术[J]．石油勘探与开发，2018，45(4)：1-10.

[8] 王云超．三元复合驱工业化应用跟踪评价及措施调整方法[J]．大庆石油地质与开发，2020，39(1)：110-111.

[9] 解巨军．数字化系统在庆新油田的应用[J]．油气田地面工程，2013，32(8)：44.

基于信息化手段的聚醚部物料进销存管控与应用

王　荣

（中国石化股份有限公司天津分公司）

摘　要　针对聚醚部信息化建设工作，开发建设了聚醚部进销存物料管控系统，取代了基础数据手工记录的方式，实现了物料进、销、存各环节数据的线上有效管控，为聚醚部信息化建设的深入展开提供思路。

关键词　信息化建设；计量数据接口；数据库结构

1　项目开发背景

中国石化集团资产经营管理有限公司天津石化分公司聚醚部主要产品为聚醚多元醇和聚合物多元醇，产能 9.0×10^4t/a，产品种类 150 多个。销往国内华东、华南、西南、西北等地，与多家国内外知名企业建立了良好的战略伙伴关系。

目前，聚醚部网络化水平较低（厂内 OA 办公网络），实际使用中经常出现一些问题，信息数据链不完整，系统涉及的方面很少，涉及的相关部门和数据都很欠缺。软件结构不完善，不能很好地管理、运行、及维护，使得系统运行起来很吃力。信息设备陈旧，数据完全是人工手动输入出错概率高。网络设备简陋，网络没有良好的规划，没有管理功能的交换机，没有良好的网络环境，经常因各种情况造成网络不能使用甚至瘫痪，也没有配备防火墙和相关的杀毒软件，等等。

聚醚部在销售、采购及库存管理方面仍延用传统的方式，信息化不足，计算机使用率低，大量的日常工作皆是手工处理，导致工作效率低、企业内部沟通不良等问题很难克服；仓库管理信息滞后，不能及时根据需要调整库存。在手工管理的情况下，销售人员很难对客户做出正确的供货承诺，同时企业的生产部门也缺少一份准确的生产计划，目前的生产状况和市场的需求很难正确反映到生产中去。

2　项目建设目标

对聚醚部基础资料进行管理，包括产品、客户、供应商、运输商、仓库的信息，记录详细的基础资料，使用统一规范的编码，使用户能够自主管理基础资料。

对聚醚部所有进出厂计量点、仓储计量点都实现计量数据的自动采集，并实现数据共享；开发符合企业要求的销售、采购、仓库、质检的规范化流程。

采购流程主要实现：制订进货计划，做好审批、询价、签订进货合同、合同执行跟踪及监督（包括运输、货物检验、处理纠纷等）等工作。

销售流程主要实现：客户（分公司或代理商）信息管理、产品报价、订单（或合同）审核及执行跟踪、发货通知、到款信息等，从订单编制、产品定价，到产品计量、完成订单，所有工作均由系统完成，确保数据翔实准确，加强销售计量管理。

库存管理流程主要实现：原材料、半成品、成品入、出库通知管理、物品状态（入、出库时间、存放地点、物品外观、性能状态等）管理，产品入库、出库只需根据产品名称及数量就能确定货位，方便仓库管理人员定位，库存量快速查询方便管理人员了解产品或原材料库存情况。

质检管理流程主要实现：原材料、半成品、成品的质量检测，并对后续的销售、采购、出入库流程进行控制。

物管控制流程主要实现：企业根据实际情况对主要原材料制定仓库最低阈值，对于低于阈值的产品进行提醒；对于用户预发量超出用户预付款的情况进行提醒。

系统作为自身的数据源并根据业务需要从中汲取数据；提供综合查询和统计报表功能；根据创建的模型进行企业物流管理方面的预测和提供

决策支持方面所需的信息。

3　解决方案和技术路线

3.1　系统功能结构

计量数据采集系统由数据采集平台、计量管理体系、工作流程控制三部分组成。系统总体功能结构如图1所示。

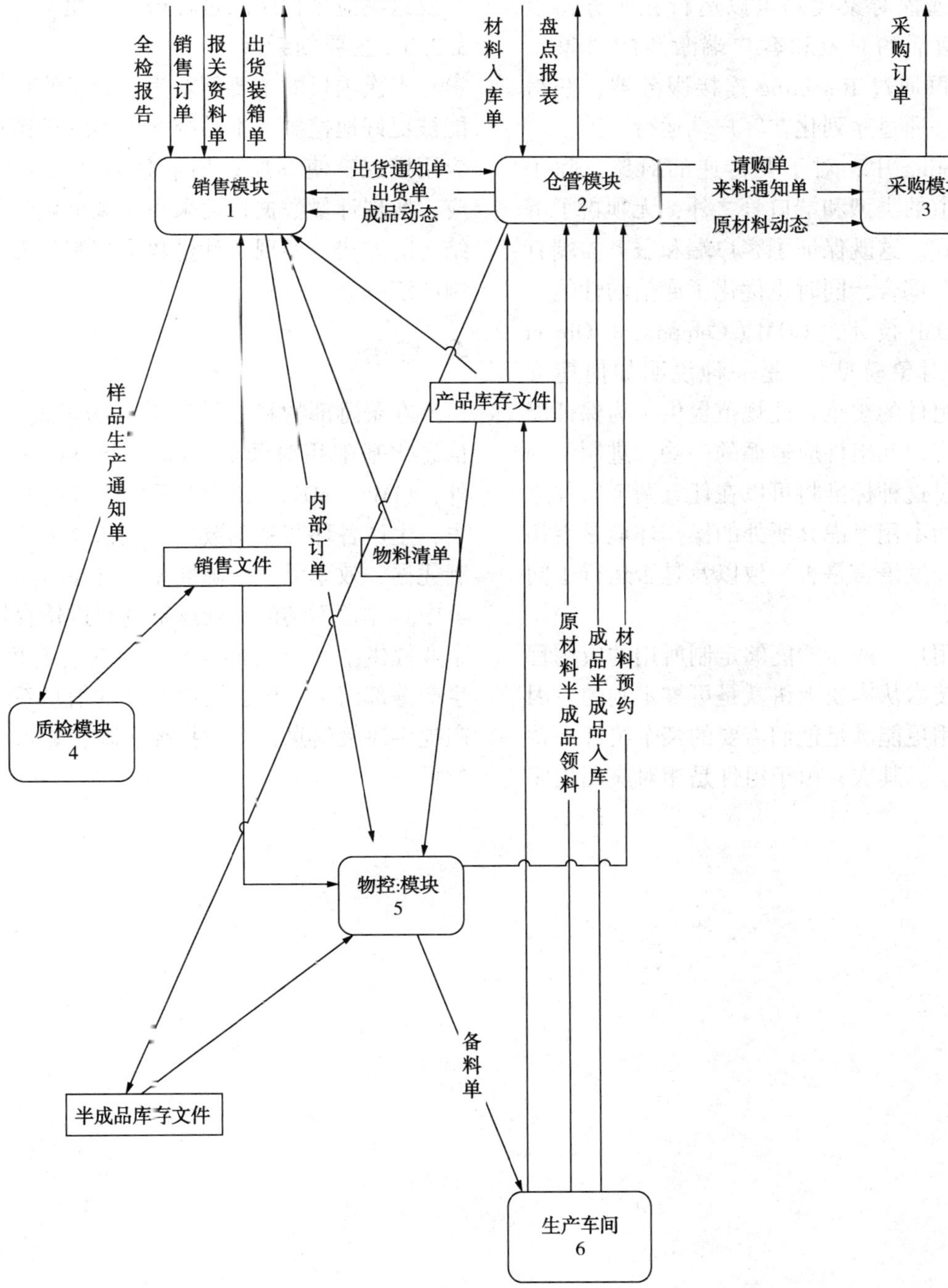

图1　系统功能架构

3.2　技术路线和关键技术

3.2.1　技术路线

（1）技术选择原则：先进、成熟、稳定、可靠、开放、标准、易于系统进行扩展。

（2）系统部署模式：C/S 模式。

（3）数据库：采用 oracle 数据库。

（4）系统运行平台：Windows Server+win7。

3.2.2　关键技术

（1）Remoting 技术。Remoting 是一种分布式处理方式，是 DCOM 的一种升级，提供了一种允许对象通过应用程序域与另一对象进行交互的框架，通过通道(channel)来实现。

两个应用程序域之间对象的通信的。通过Remoting，访问通道以获得服务端对象，再通过代理解析为客户端对象即以服务的方式来发布服务器对象。远程对象代码可以运行在服务器上(如服务器激活的对象和客户端激活的对象)，然后客户端再通过 Remoting 连接服务器，获得该服务对象并通过序列化在客户端运行

在 Remoting 中，对于要传递的对象，除了需要了解通道的类型和端口号之外，无须再了解数据包的格式。这既保证了客户端和服务器端有关对象的松散耦合，同时也优化了通信的性能。

(2) COM 技术。COM (Component Object Model，组件对象模型)，是一种说明如何建立可动态互变组件的规范，此规范提供了为保证能够互操作，客户和组件应遵循的一些二进制和网络标准。通过这种标准将可以在任意两个组件之间进行通信而不用考虑其所处的操作环境是否相同、使用的开发语言是否一致以及是否运行于同一台计算机。

首选，用户一般希望能够定制所用的应用程序，而组件技术从本质上讲就是可被定制的，因而用户可以用更能满足他们需要的某个组件来替换原来的那个。其次，由于组件是相对应用程序独立的部件，我们可以在不同的程序中使用同一个组件而不会产生任何问题，软件的可重用性将大幅得到增强。最后，随着网络带宽及其重要性的提高，分布式网络应用程序毫无疑问地成为软件市场上越来越重要的买点。组件架构可以使得开发这类应用程序的过程得以简化。

3.2.3　主要创新点

本次项目的主要创新为：为了使系统的应用能被更好地挖掘，本系统突破传统进销存系统的应用模式，使调拨计划信息与计量数据直接对应，实现计量数据自动采集与规范化管理流程相结合的方式，实现了计量数据控制与工作流程控制的统一。

4　结语

在聚醚部物料进销存系统的正式上线之前，信息化基础相对薄弱，除一个 OA 系统在用以外，LIMS、MES、RTDB 等基础信息平台完全缺失，生产各环节基础数据完全依靠人工记账、纸制凭据，效率低、准确性差，这在激烈的市场竞争中是非常不利的。聚醚部物料进销存系统，为企业提供了一个集成采购、销售、仓库、质检、生产等部门于一体，资源共享的信息系统，为生产提供决策信息，有效把控风险，取得了显著的效果。

基建承包商管理信息平台的研发与应用

佟 巍 焦雪君

（大庆油田有限责任公司勘探开发研究院）

摘 要 针对厂内基建项目建设数量大、参建单位多、管理复杂等问题，提出了一种基建承包商管理信息平台的解决方案。结合厂内基建工程管理实施过程及要求，依靠先进的信息管理平台将承包商资质信息、项目信息以及人员信息等资源整合、处理和加工，构建出基建承包商管理信息平台，将承包商管理的信息集中化、透明化，给基建工程的决策者提供必要的、丰富的决策信息，达到监控建设进度、人员进出场管控，以及确保安全施工的目的。

关键词 承包商管理；设备检查；人员管控；现场监控

目前，厂内各类基建项目及生产维修项目每年数量达800余项，传统基建施工现场存在劳务用工管理混乱；施工设备监管困难，安全事故频发；工程进度缺乏有效手段监控以及重点施工工序难以监督追溯等难题。因此有必要加大对承包商全面监管力度，提升安全环保管控能力。

通过实施基建承包商管理信息平台在施工项目上的推广应用，能够有效解决对基建承包商管理中存在的这些难题。平台的基本思想是，通过信息化手段结合二维码与移动终端，将人员、设备等信息传输到数据服务器和应用服务器上，构建成智能基建管控体系，有效地弥补传统方法和技术在监管中的缺陷，实现对人员、机械、材料、环境的全方位实时监控，变被动“监督”为主动“监控”；真正做到事前预警、事中常态检测、事后规范管理，实现更安全、更高效、更精益的承包商管控。通过“一个平台，多个业务系统”承包商管理解决方案的研究，驱动承包商管理的信息化规划，在“劳务实名制管理、人员出入场记录、施工设备监管、重点工序作业监控”等领域更深入地应用。

1 解决方案的研究

1.1 承包商管理中的难点

（1）承包商人员管控难：传统的建筑施工现场，由于现场环境简陋，现场人员的出入比较随意，因此人员管理是承包商管理中的一大难点。特别是在疫情期间，如何有效把控工作人员的进出，加强对现场施工人员的管理，有效记录人员健康信息是亟待解决的问题。

（2）承包商资质信息无法共享查询：目前承包商的各类资质信息都以纸质备案或电子文档的形式进行存储，管理人员进行查询时，需要通过相关业务人员进行查询，效率较低，无法实时掌握承包商的施工资质及施工人员的资质。

（3）施工设备现场查验不便：在承包商管理中，对其施工设备的管理也是一项难点。对于承包商施工用的设备，需提供设备的照片、设备编号及检验证书等信息，现在的管理方式不利于对这些设备进行备案及现场查验。

（4）施工进度管控存在短板：目前施工进度及施工项目的上报采用纸质报表或即时通信类软件进行上报，管理者无法及时全面地掌握各施工项目当前的进度状态及施工内容等信息，容易造成施工进度延等问题。

（5）重点施工工序难以监督追溯：尽管目前各重点施工工序都有专人进行监管，但现场人员有限，出现突发疑难问题时难以及时处置，易造成损失，并且施工过程无法进行追溯易造成推诿扯皮、施工质量和安全无法保障等问题。

1.2 承包商管理的解决方案

针对目前承包商管理中的难点问题，建立基建承包商管理信息平台，利用先进的移动互联、云计算、大数据等新一代信息技术，全面采集和汇总施工现场的实际数据，通过数据共享平台呈现给各个业务部门，方便管理人员对施工进度、安全质量、劳务、环境等方面进行及时有效的沟通和决策，进而确保工程项目的高质量化、高安全化。

基建承包商管理信息平台的建设目标主要表现在以下3个层面：

（1）利用移动互联网，实现随时随地办公。

（2）利用电子报表代替纸质报表，用流程代替跑动，用自动代替手工。

（3）利用固定、移动摄像头实现重点工序的监控及追溯。

根据建设目标，平台的主要由信息采集层、平台层及应用层组成，如图 1 所示。

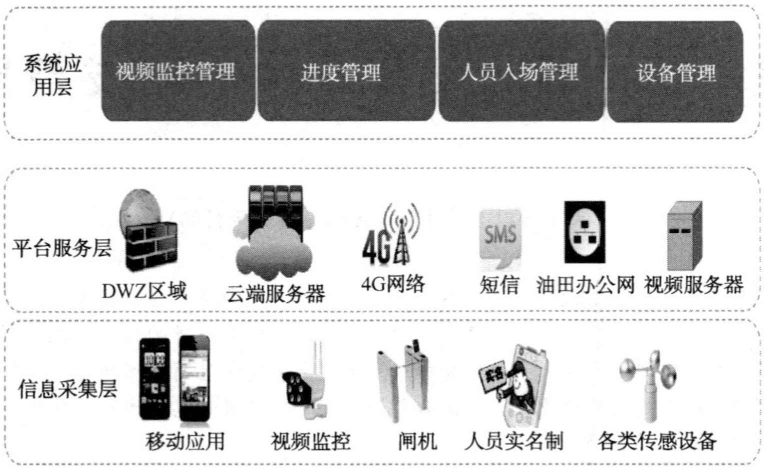

图 1　平台系统架构组成

第一层面是信息采集层，充分利用物联网技术和移动应用提高现场管控能力。通过精准定位、RFID、传感器、摄像头、手机等终端设备，实现对项目建设过程的实时监控、智能感知、人员数据采集和高效协同，提高作业现场的管理能。第二层面是平台服务层。通过云平台、高速网络等平台服务进行高效计算、存储及对各系统中复杂业务产生的大模型和大数据进行高效处理，让各级管理人员各方更便捷地访问数据，协同工作，使得业务管理更加集约、灵活和高效。第三层是系统应用层，是围绕以提升承包商管理这一关键业务为核心，通过项目进度、人员、设备管理的可视化、参数化、数据化实现对承包商管理更加高效。

2　平台主要功能及实现技术

平台主要功能包括承包商信息管理、人员入场管理、施工运行监控、现场安全管理以及项目信息管理等 5 大模块。各级业务管理人员可通过 PC 端、手机 App 灵活的方式，实时查看并掌握施工现场情况。图 2 为平台的功能结构图。

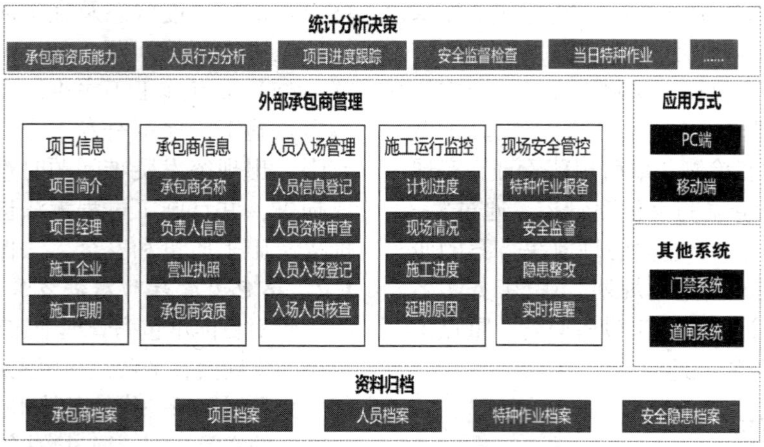

图 2　平台功能结构图

2.1　承包商信息管理

承包商信息管理是承包商安全管理的第一步，包括承包商基本信息、承包商资质信息、承包商人员信息、承包商人员资质信息等。将承包信息建立承包商数据库，以附件或图片等电子化方式管理承包商的相关资料，形成电子台账。数据库的建立使得信息更直观完整，管理人员可更全面地掌握承包商的基本信息。同时，将承包商相关资料直接上传至企业数据库提高了沟通效果。

2.2　项目信息管理

施工项目管理包括项目信息录入、项目信息浏览、项目状态管理(见表 1)。可以独立进行添加，也可与 A5 系统进行数据共享，数据库中要保存项目的最基本信息，同时要建立项目与承包商的关联关系，以供后续的承包商业绩评价等功能的使用。

表 1 施工项目信息

序号	项目名称	合同编码	甲方项目经理	施工单位	合同开始时间	合同结束时间	项目位置	项目简介	填报人	填报日期
1	中 514 三元污水站工艺完善工程	DQYT-0501002-2019-JSGC-1224	施工管理部何俊峰	大庆油田建设集团有限责任公司安装公司第二工程部	2020-05-08	2020-10-30	中 701 队中 514 三元污水站	4 座曝气沉降罐收油管线原手动闸阀更换为电动闸阀，共 8 个，信号远传至值班室；压缩空气体系统增加干燥过滤器成套设备 2 套；空压机运行状态上传控制室并实现备用空压机自动切换启动；连续砂滤罐处增设检修踏步式钢梯 2 座；排污管线加总排污阀。	万隆	2020-05-11 15：26：18
2	北二含油污水深度处理站改造工程	DQYT-0501002-2019-JSGC-4703	施工管理部何俊峰	大庆油田建设集团有限责任公司油建二公司第一工程处	2019-12-01	2020-12-30	黑龙江省大庆市第一采油厂辖区，北二深度污水站位于萨中油田萨尔图区北一快速路南侧，第一采油厂第二油矿矿机关对面	建设单位：大庆油田有限责任公司第一采油厂设计单位：大庆油田工程有限公司监理单位：大庆石油工程监理有限公司施工单位：大庆油田建设集团油建二公司第一工程外工程名称：北二含油污水深度处理站改造工程建设地点：北二含油污水深度处理站工程性质：油田产能建设工程建设规模：原有占地面积约 $1.65\times10^4m^2$，新增点地面积：$4182m^2$，污水系统处理能力为 $2\times10^4m^3/d$。合同金额：8488 万元工程工期：合同开工日期 2019 年 12 月 1 日，竣工日期 2020 年 12 月 30 日。	佟巍	2020-04-09 15：02：37
3	中一变电所改造工程	DQYT-0502002-2019-JSGC-1715	施工管理部刘明理	大庆油田工程建设有限公司油建公司第七工程部	2019-06-01	2020-10-30	第一采油厂第六油矿中一变电所	中一变电所按无人值守、集中监控管理模式原址新建，30kV 六氟化硫断路器、35kV 隔离开关、6kV 电容器组、直流屏利旧，其余部分新建。设计规模为 16000kV 变压器 2 台，6kV 高压开关柜 42 面，微机综合自动化保护装置 1 套、微机五防系统 1 套、无线测温装置 1 套、新建火灾报警控制系统 1 套；新建主厂房 1 座，建筑面积 $367.70m^2$；土建、暖通、给排水、道路、通信、自控等专业配套建设。	佟巍	2020-04-09 15：05：17
4	加热炉、锅炉安全隐患治理工程	DQYT-0501002-2019-JSGC-4699	施工管理部藏天宇	大庆油田利达实业公司	2019-11-30	2020-12-30	采油一厂	对 9 台加热炉进行维修、清淤，并达到动炎条件。其中大修 5 台，主要更换损坏严重的加热炉烟、火管，拆除并恢复高温报警检测装置，更换加热炉单侧封头，加热炉内部防腐等；小修 4 台，主要局部维修，更换加热炉烟、火管及其附件，拆除并恢复高温报警检测装置，加热炉局部防腐等。	佟巍	2020-04-09 15：07：02
5	中 514 三元污水站滤罐售后维修		柏旭峰	大庆油田工司建材公司石油石化设备二厂	2020-06-08	2020-12-30	中 514 三元污水站	滤罐拆除维修	万隆	2020-06-08 11.35：08

2.3 人员入场管理

进场登记主要是对现场的施工队、班组人员进行管理，对每一个班组的人员进行进场信息的登记，上传本人的资质照片以及身份证信息，并且与安全教育培训进行对接，每一个班组人员都进行进场登记，并生成唯一标识码。甲方单位可以定期进行施工单位人员的巡检，与入场证的信息及照片进行对比，防止现场人员虚报的行为发生，保证了班组人员的真实性。

从技术实现上，由于施工队伍均为厂外人员且人员众多、流动性大，无法实现系统账号赋权。因此，在满足信息安全的前提下，建立采集App端，与应用App两个手机应用。采集App端允许用户匿名登录，实现信息填报及扫码入场等功能。采集到的人员信息经管理人员审核后，形成正式人员信息，为平台提供数据。应用App只允许授权用户登录，包含平台的所有功能。

2.4 施工运行监控管理

施工运行管理是对承包商日常工作的管控，包括当日施工内容、入场人员信息、施工进度跟踪、工作日志等功能。通过现场管理人员的信息录入，形成电子施工运行日报，共享给所有管理人员。利用移动App，直接将施工现场拍照、视频等直观感觉与文字描述、数字百分比进度结合，便于实时反映项目的总进度。通过电子施工运行日报，管理者能够动态掌控各施工项目的施工状态，满足管理者对项目的宏观整体分析，提供多层次、多角度的信息，既有宏观总体分析，也有操作层需要的详细情况，对运行进度从计划、实施角度进行全方位、放大镜穿透式关联查询，全面掌握其使用情况(见表2、表3)。

表2　施工运行统计表

项目部名称	项目数量	已开工数量	入场人员情况		当日风险作业数量	备注
			油田职工	外来人员		
第一联合项目部	116	22	57	155	30	
第二联合项目部	113	17	45	89	10	
第三联合项目部	116	21	37	45	18	
第四联合项目部	111	13	23	76	10	
第五联合项目部	67	6	7	37	2	
第六联合项目部	101	21	24	32	5	
第七联合项目部	76	16	32	44	4	
第八联合项目部	45	11	34	70	16	
合计	594	112	259	548	95	

2.5 现场安全管理

现场安全管理主要包括特种作业报备、安全监督检查及重点工序的施工监控等功能，主要是为了加强现场安全的监管，达到特种作业提前告知、问题发现并整改的目的。重点工序远程监控主要采用在施工现场的重要生产环节以及周边环境安装移动摄像头及固定摄像头结合的方式实现，实现对工地现场的远程视频监控、远程云控制球机转动、远程接收现场报警、远程与现场进行语音对话指挥等功能。在监控室或管理人员办公室通过电脑或手机就能够看到施工现场，方便现场管理人员能够实时全面地掌控现场施工情况，节省了人力，提高了工作效率(见图3、图4)。

表 3　第二项目部施工运行日报

序号	项目编号	项目名称	开工情况	项目类型	开工日期	预计完工时间	形象进度	施工单位	项目经理	当日施工内容	入场人员情况		当日风险作业名称	当日风险作业数量	备注
											油田职工	外来人员			
1	S(17)0501AQ01-02	自动点火及熄火保护装置隐患治理工程	未开	安全隐患工程	20520-05-28	2020-05-28	50	大庆油田装备制造集团容器分公司容器二厂	何俊峰	0	0	0	0	0	
					2020-05-31	2020-05-31	60	大庆油田装备制造集团容器分公司容器二厂	何俊峰	0	0	0	0	0	
2	S(19)0501AQ01-03)	北二含油污水深度处理站改造工程	已开	重点工程	2020-04-01	2020-12-30	10	大庆油田建设集团有限责任公司油建二公司第一工程处	何俊峰	1、调压区支模浇筑混凝土独立基础、一次沉降罐阀室开挖基坑，泵房外墙抹灰，原滤罐操作间拆除，净化水罐环梁钢筋绑扎。2、锅炉房工艺预制，泵房组对焊接进口汇管，阀室加盲板。3、防腐 700 立罐清垃圾，500 立罐作清洗准备	22	42	1、员装、2、动火、3、高处、4、受限	4	
3	S(17)0501AQ01-3)	污水阀井更换改造工程	未开	维修及其它工程	2020-05-31	2020-05-31	0	苏通建设集团有限公司	汗海	0	0	0	0	0	
4	(15)0501AQ01-13	立式容器密闭改造工程	未开	安全隐患工程	2020-05-31	2020-05-31	0	大庆油田建设集团有限责任公司安装公司第八工程部	孙旭	0	0	0	0	0	
5	S(18)0501AQ01-18	机械除垢加热炉维修工程	未开	安全隐患工程	2020-05-31	2020-05-31	0	大庆油田装备制造集团容器分公司容器二厂	何俊峰	0	0	0	0	0	
6	S(19)0501FLW01-()17	第二油矿北八采油队老队部房屋局部维维工程	未开	维修及其它工程	2020-15-31	2020-15-31	0	苏通建设集团有限公司	吴长城	0	0	0	0	0	

图 3　施工作业现场

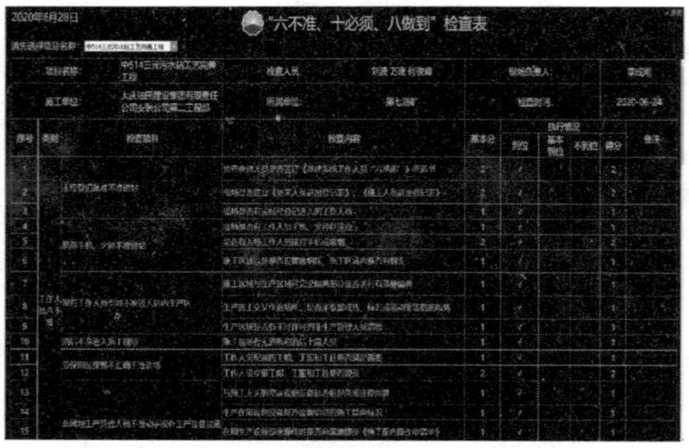

图 4　“六不准、十必须、八做到”检查表

同时，系统还包括安全监督检查功能，可对标准化的工艺或者有一些违规的行为进行现场的拍摄以及上传，信息可以通过手机与管理平台同时进行查看。发现的安全问题及时通过 PC 端或手机 App 进行问题提交，并转交给施工负责人、验证人，整改完成后，验证人去现场验收并上传验收图片，若问题未整改好，则继续退回整改，直至验收合格后该问题自动关闭，平台可对所有问题进行统计汇总。

3　平台应用情况

目前该平台在第七油矿进行试用，平台入库承包商 32 家，施工项目 5 项，施工人员信息 130 余人。平台使用后，可在线查看承包商信息，施工人员出入信息，填报设备入场申请、审批、办理流程，并录入检查违章信息，现场施工过程监控等，方便快捷，不仅实现承包商资质在线审批，简化了流程，实现对承包商队伍的信息化和精细化管理，而且实现了在线统计施工情况及承包商等级评价等，更有效地规范了承包商管理，为企业现场作业安全再上一道保险。

4　结论和未来发展方向

本文以基建承包商现场管理需求为主线，利用移动终端、互联网+技术为手段，对承包商进行立体化、全方位的管理。该平台集项目承包商、承包商资质、承包项目、施工人员档案、承包商现场考核、承包商设备管理、统计报表于一体，规范承包商的准入、资格、安全及内部管理行为，完善监督考核体系等，达到施工管理、减少安全隐患、节省人力投入、降低运营成本的目的，在现场人员管理、重点工序追溯，提升建筑行业安全生产等方面的社会效益明显。

未来，随着现代化信息技术的持续提升，各类信息技术与基建的结合也越来越密切，信息技术所占比会越来越大。

利用无线射频技术可应用于施工现场的安全管理，实现人员定位，当人员进入施工现场以后，只要在网络覆盖范围内的任何时刻任意一点，基站都可以感应到定位卡信号，得出各具体信息（如是谁、在哪个位置、具体时间、停留时间），并且实时动态地在系统或施工现场的 LED 大屏幕上进行显示，监管人员可随时了解施工现场人员的状态。

利用虚拟现实技术主要用于施工安全教育。根据项目现场的实际情况通过计算机技术进行 3D 模型搭建，并通过渲染等方式模拟出逼真的场景环境。体验人员通过穿戴 VR 设备在其中体验施工过程中的各种安全问题，例如高空坠落、物体打击等。

在施工过程中，不可避免带来的大量扬尘、噪声和工地污水等施工废物。利用传感器技术的应用能够现对烟火识别、风速风向、温湿度、扬尘噪声等现场环境数据的实时采集，有效监管建筑工地扬尘污染和噪声。

这些技术的应用能够有效促进基建信息化解决方案的更加人性化、智能化和智慧化，实现对基建施工的管理更安全、更高效。

参考文献

[1] 陈晗．关于承包商安全管理的探讨[J]．中国石油和化工标准与质量，2018，38(14)：53-54.

[2] 徐辉．中石油工程建设承包商管理系统的设计与实现[D]．沈阳：东北大学，2015.

[3] 樊爽林．承包商管理系统中的 RBAC 模型的设计与实现[D]．沈阳：东北大学，2012.

[4] 施龙，郭强．石油企业对外来承包商安全管理探讨[J]．化工管理，2016(08)：235.

[5] 许雄轩，谢荣毅，苏磊．基于物联网 PaaS 云的现场作业许可系统[J]．中国新技术新产品，2015(04)：20-21.

Python+Shell 双语言脚本模式在数据库自动运维中的探索与应用

范　琪

（大庆油田有限责任公司勘探开发研究院）

摘　要　Oracle 作为目前油田生产的主力数据库，保障其安全、平稳运行是数据库日常管理的重要工作。数据库的日常运维工作主要包括运行情况跟踪、数据备份与恢复、性能调优、权限分配，故障处理、升级迁移等多项内容。目前大庆油田有限责任公司在北京昌平部署的数据库服务器数量已达到 11 套，数据体量大且网络配置环境较为复杂。若全部采取人工运维方式，对于运维人员来说，会占用大量时间和精力去处理许多机械重复的工作，工作效率不高，也可能会出现人工经验预判失误甚至手动误操作的情况，种种客观条件导致了运维人员的工作任务和工作压力日益增加。针对难度高、效率低、成本高等传统人工运维方式的不足，本文经过对 Python 和 Shell 这两种常用自动化运维脚本语言技术进行效率、成本等多因素比较分析后，决定采取 Python 编写脚本、Shell 执行定时任务组合而成的 Python+Shell 双脚本语言模式来实现数据库的自动化运维，并以大庆油田有限责任公司目前的数据库自动备份工作为例，验证了此模式的技术优势和可行性，探索了一条为运维人员减负、为用户提供稳定数据服务、为主体业务提档升级提供信息支撑、为油田数字化运维提供新思路的道路。

关键词　Python；Shell 脚本；自动化运维

1　引言

随着移动互联和大数据时代逐渐发展，无论是物联网、机器学习、人工智能等技术新浪潮的到来，还是企业生产经营管理所依托的大量数据报表，这一切的基石都是数据，没有数据就没有一切。因此保障数据库的安全、平稳、高效运行成为了数据库运维人员最重要的工作目标和追求。

目前的数据库日常运维方式还是较为原始的，主要是运维人员远程访问服务端进行手动运维，如数据库运行情况跟踪、数据备份与恢复、性能调优、权限分配、故障处理、升级迁移等多项内容。同时，系统运行过程中出现的任何问题都需要以运维人员自己的实际工作经验去进行判断并且修正。这种人工运维方式可能会出现操作失误或者情况误判的情况，而导致系统准确率降低，甚至出现误操作导致无法挽回的后果。大庆油田有限责任公司作为大庆油田最大的采油厂，在北京昌平部署的数据库服务器更是达到了 11 套之多。随着企业发展过程中业务量的不断增加，未来网络环境越来越复杂，服务器数量不断增加，相对应的系统运维任务量和难度也随之逐渐增加。因此，自动化运维必将替代人工运维，这已经是未来发展的一种必然。

自动化运维指的是通过脚本工具或者集成运维平台，实现日常任务处理、运维流程、业务服务、IT 服务的自动化管理维护，也就是将原来需要人工执行的命令，编写成脚本程序，让机器定时自动批量执行，从而降低成本，提高效率，优化性能，提高用户满意度，提升安全性能，促进组织业务能力提升。自动化运维的最终目标就是，最大程度地保障系统的稳定和运行质量，即使出现问题，也能够快速发现、快速响应、快速恢复，使系统高可用、更可靠。

要编写脚本工具，就要采用相应的语言。经过不断的技术探索和对多种脚本语言的分析与比较，研究出基于 Python+Shell 的双脚本语言模式在解决上述问题方面具备强大优势。用 Python 处理业务逻辑，用 Shell 中的 Crontab 来定时执行，这样的自动化运维模式可以花费较少的开发成本，并能获得较高收益。对工作量大、操作复杂、机械性高的任务实现自动化处理，可以大幅提升操作精准度和工作效率，降低人工劳动强度和系统运维难度。目前，该技术已在数据库自动备份中发挥了重要作用，随着应用不断深入，其还可在数据库白名单管控、运行情况跟踪监控等方面发挥巨大作用，应用前景广泛。

2 实施过程中的技术选型研究

脚本语言是为了缩短传统的编写—编译—链接—运行过程而创建的计算机编程语言。脚本的本质是一个文件，文件内存放的是特定格式的指令，系统可以使用脚本解析器翻译或解析指令并执行(它不需要编译)，程序代码即是脚本程序，亦是最终可执行文件。常见的脚本语言包括 Javascript、Python、Shell 等，Javascript 常被应用于 Web 开发，而后两者常被用于自动化运维领域，且考虑到数据库服务器均部署于 linux 系统，后两者均能在 linux 服务器端进行安全、高效的应用，因此作为备选，下面分别对二者进行简要介绍和分析比较。

2.1 Python 语言介绍

Python 是由荷兰人吉多·范罗苏姆发明的一种编程语言。Python 高效的高级数据结构、简洁的语法和动态类型，以及解释型高级程序设计语言的本质，使它成为多数平台上写脚本和快速开发应用的编程语言。随着版本的不断更新和语言新功能的添加，逐渐被用于独立的、大型项目的开发。目前，Python 在 Web 服务器应用开发、云基础设施开发、网络数据采集(爬虫)、数据分析、量化交易、机器学习、自动化测试、自动化运维等领域都有用武之地。

2.2 Shell 语言介绍

在计算机科学中，由于安全、复杂、烦琐等原因，用户不能直接接触内核，需要另外再开发一个程序，让用户直接使用这个程序。该程序的作用就是接收用户命令，并进行简单的解释处理，然后再传递给内核。如此一来，用户和内核之间就多了一层“代理”，这层“代理”既简化了用户的操作，也保护了内核。这层“代理”程序，在 Linux 下叫作 Shell。Shell 俗称壳(用来区别于核)，是指“为使用者提供操作界面”的软件(命令解析器)。由此可见，Shell 是将内核、程序和用户连接了起来，提供了用户与操作系统之间通讯的方式。但 Shell 还拥有自己的编程语言和程序控制流命令(语句)，能写出可以执行复杂重复性任务的 Shell 程序，通常称为 Shell 脚本。Shell 脚本通常存储在普通的 Unix 文件里，包含了一系列由 Shell 执行的有序的命令和语句。从形式上看，Shell 脚本有点像其他操作系统的自动批处理文件。不过与自动批处理文件相比，Shell 脚本更加灵活，可用控制流语句实现命令的非顺序和循环执行；功能也更加完善，可完成多种复杂的任何单个命令不能完成的任务，常见的 Shell 类型有 sh、bash、csh、tcsh、ash 等。其中，应用于自动化运维的领域常用到定时任务 Crontab 命令。

2.3 定时任务 Crontab 命令介绍

2.3.1 Crontab 概念

在自动化运维的实现过程中，常用 Shell 中的 Crontab 来实现周期性的执行系统指令或 Shell 脚本，该命令与 Windows 下的计划任务类似，当安装完成操作系统后，默认会安装此服务工具，并且会自动启动进程，每分钟会定期检查是否有要执行的任务，如果有要执行的任务，则自动执行该任务。

2.3.2 Crontab 文件含义

用户所建立的 Crontab 文件中，每一行都代表一项任务，每行的每个字段代表一项设置，它的格式共分为六个字段，前五段是时间设定段，第六段是要执行的命令段，可以是系统命令，也可以是自己编写的脚本文件，格式如下：

minute hour day month week command(见图 1)

比如：

1018 * * * ×××/exec_ shell 表示每天都在 18 时 10 分开始执行 exec_ shell 脚本文件。

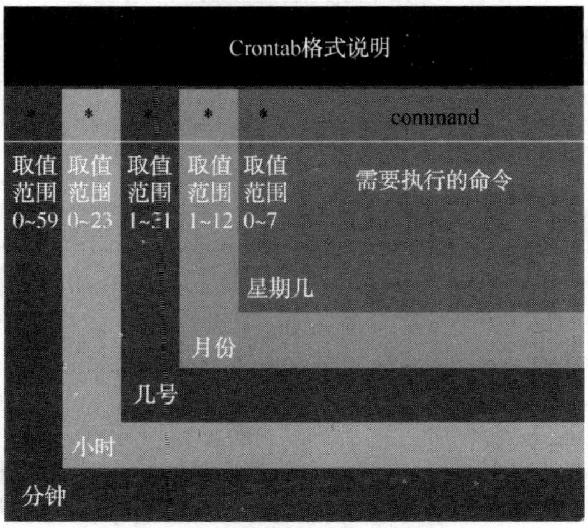

图 1 Crontab 命令格式说明

2.3.3 Crontab 命令应用格式

crontab [-u user] file

crontab [-u user] [-e | -l | -r]

参数说明：

-u user：用来设定某个用户的 Crontab 服

务，例如，“-u ixdba”表示设定 ixdba 用户的 Crontab 服务，此参数一般由 root 用户来运行。

file：file 是命令文件的名字，表示将 file 做为 Crontab 的任务列表文件并载入 Crontab。如果在命令行中没有指定这个文件，Crontab 命令将接受标准输入(键盘)上键入的命令，并将它们载入 Crontab。

-e：编辑某个用户的 Crontab 文件内容。如果不指定用户，则表示编辑当前用户的 Crontab 文件。

-l：显示某个用户的 Crontab 文件内容，如果不指定用户，则表示显示当前用户的 Crontab 文件内容。

-r：从/var/spool/cron 目录中删除某个用户的 Crontab 文件，如果不指定用户，则默认删除当前用户的 Crontab 文件。

-i：在删除用户的 Crontab 文件时给确认提示

2.4　两种脚本语言的应用对比分析

Python 和 Shell 两种脚本语言的应用对比分析如表 1 所法。

表 1　技术选型比较分析

	Python	Shell	双语言模式
环境部署	单独下载安装包扩展安装	对 linux 系统内置支抉持好	部署简单
可移植性	开源，跨平台	不同系统不同类型	脚本复用率高
技术门槛	语法简洁、可读性高	系统级命令行操作	可开发为可视化框架
可扩展性	丰富的插件库扩展性强	变化即重构扩展性较弱	可外挂插件扩展性较强
适用场景	多线程并发操作	单线程、流程化操作	复杂业务逻辑

通过对两种脚本语言各自的优势和应用场景进行对比分析，因数据库服务器均部署于 Linux 系统，且充分考虑脚本程序开发难度、易用性、可扩展性等重要因素，决定选择将二者结合起来，取其精华，用 Shell 处理单行命令，Python 处理逻辑，形成 Python+Shell 双语言脚本模式，把要处理的业务用 Python 写，然后放到 Shell 中的 Crontab 来定时执行，并形成日志文件可供追溯。这样的脚本开发方式可以充分满足数据库自动化运维的需求，且该模式当前已成功应用于日常的数据库运维中。

3　双脚本语言模式的实践应用举例

Oracle 数据库的备份管理一直是数据库管理中的重要维护内容，因此怎样对数据备份实施有效的维护管理成为重要问题。下面以数据库自动备份为例，介绍此技术方案的实现思路和实践效果。

3.1　实现思路

部署好 Python 环境、完成相关目录赋权后，将数据库备份过程分为备份、归档、清除缓存等步骤，通过编写的自动化运维脚本 exec_ shell，按照 Crontab 参数设定来定时循环执行此过程，实现连接数据库、向指定地址执行全库导出备份和归档命令、留存日志的操作，完成每日的数据库自动备份(见图 2)。

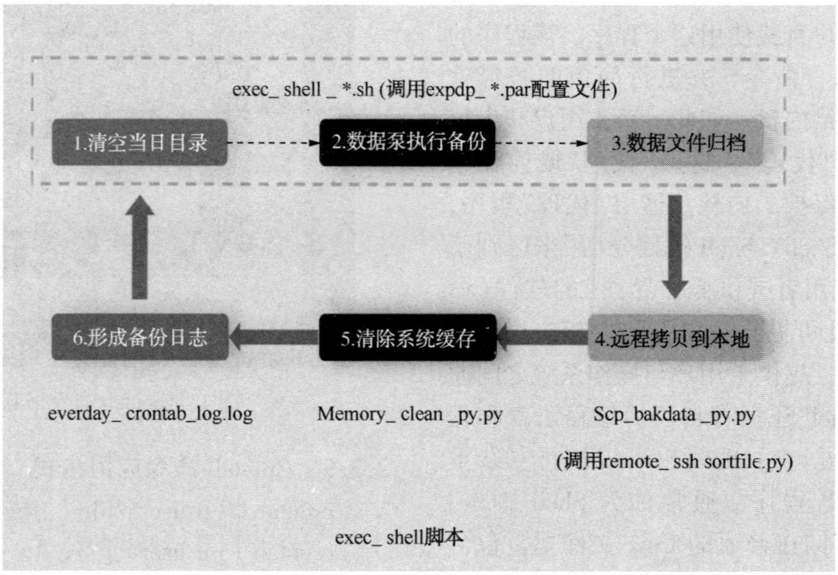

图 2　数据库自动备份设计结构图

3.2 实现方法

第一步：Linux 环境安装 Python 依赖包，部署 Python 应用环境。

第二步：建立备份目录并赋权，将实体目录与数据库虚拟备份地址挂接在一起。

第三步：编写数据库导出泵工具的参数文件 expdp_ xxx. par，包含导出文件地址、数据泵数量，导出用户名称 导出数据类别等。

第四步：按照上述实现思路编写数据泵操作执行脚本 exec_ shell_ xxx. sh。

第五步：在 Linux 系统中创建启动 Crontab 计划任务，定时每日执行脚本文件，将数据库实例全库备份至实体目录，并拷贝到相应存档文件夹中，之后清空实体目录。

第六步：将脚本执行情况和执行时间写入日志文件备查。

3.3 实现效果

自动备份实现效果如图 3 所示。

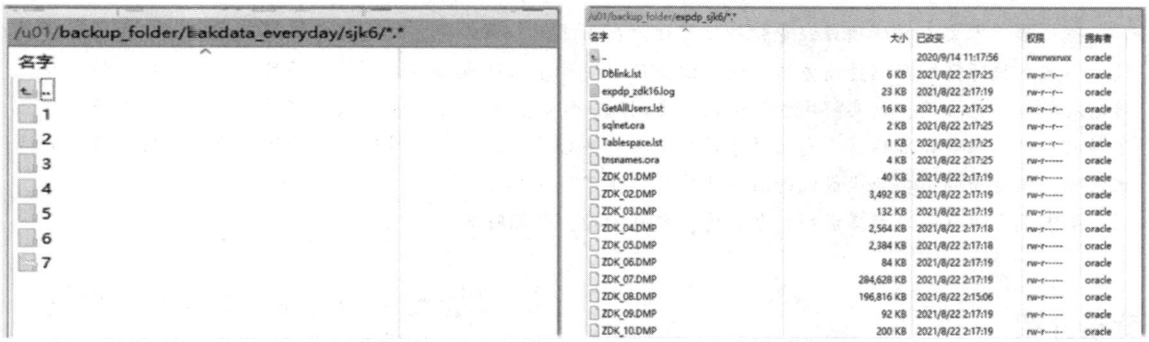

图 3 自动备份实现效果

目前此模式已部署于 11 套数据库服务器的 16 个实例中，每日的全库自动备份总量达到 332G，每个实例备份出的数据泵、参数配置等文件以一周 7 天为一个循环留存和清空。实现自动化运维后，数据库可以远程自动在空闲时间执行数据库备份，将管理员从计算机前解放出来，不受时间、空间的约束，节约了 90%的人力维护成本。

4 前景展望和下步计划

在数据库运维管理层面，Python+Shell 双语言模式技术方案还可以在数据库权限管控、口令定期批量修改、日志分析等多方面发挥重要作用。下一步计划研发数据库运行集中监控与分析综合管理系统，从宏观上掌握每台数据库的运行情况，便于及时处理故障问题，保障数据库安全、平稳、高效运行。

在油田物联网发展、数字化运维的过程中，由于自动化设备种类多、数量大、厂家情况复杂，而且企业人力缺口大，这都会导致人工运维任务相当繁重，而且学习运维投入的人力财力等成本很高。因此，可以探索采用脚本工具等手段进行自动化运维。本技术方案抛砖引玉，为自动化运维和数字化运维提供了一个降低成本、提高效率的研究思路。

5 结语

本文针对当前数据库传统人工运维方式效率低、成本高的业务痛点，经过对比分析，详细阐述了 Python+Shell 的双语言脚本模式在油田企业数据库自动化运维方面的技术优势和应用前景，并举例对其进行科学论证。

不论是对于数据库管理运维，还是对于油田数字化运维，构建数据库自动化运维体系的意义都是解放运维人员的生产力，提升运维效率，降低人为失误，让运维人员也可以有更多的精力去做更有价值的研发工作，研运一体，数据驱动，让运维走向运营，让数据成为生产力，这符合油田信息化建设三步走战略理念，使企业在互联网时代的浪潮中不落伍、不掉队，持续为油田数字化、智能化、智慧化给出最有力的技术支撑。

参考文献

[1] 朱颖琪 . 利用 Shell 脚本实现对 Oracle 数据库的备份管理[J]. 中国科技纵横，2017，(20)：16-17.

[2] 张启涛 . 基于 Unix 平台下的菜单 Shell 脚本的研究与实现[J]. 中国电子商务，2012，(1)：2-3.

[3] 刘来权 . Python 在系统自动化运维中的应用[J]. computer engineering & Software，2019，40(11)：148-151.

[4] 程聪，周品秀 . Oracle 运维自动化的研究与实现[J]. 数字技术与应用，2018，36(7)：190-191.

[5] 叶斌 . Python 在企业信息自动化运维工作中的应用[J]. 科技与创新，2017(7)：153.

基于多系统集成应用模式下的科研项目经费精细化管理实践

熊华平　金　刚　张丽梅

（大庆油田有限责任公司勘探开发研究院）

摘　要　本文以科研项目经费精细化管理为应用案例，探索跨系统数据集成解决方案。建立了统建系统、自建系统跨系统数据传输方案，通过方案应用实现了科研项目经费预算、项目成本、采购数据跨系统传输及数据深化应用，切实解决管理部门痛点问题。同时针对ERP科研项目物资采购流程进行优化，建立了科研项目材料费精准核算，超预算事前、事中、事后管控方案，为科研项目精细化管理提供了有效的技术保障，同时为油田企业生成经营数据库建设提供了技术解决方案。

关键词　跨系统数据集成；科研经费；预算管控；数据服务

1　背景介绍

石油行业信息化建设经历了分散建设、集中建设、集成应用三个发展阶段。各油田存在大量专业领域的统建系统、自建系统并在各自专业领域发挥着重要的作用，同时积累了大量的数据资源。随着企业管理精细化要求的不断提高，各管理部门需要利用先进的管理理念和配套的技术强化业务全生命周期的数据共享、风险管控及数据的深度挖掘。大庆油田通过对跨系统集成技术、预算管控技术、数据服务应用技术的研究和探索，对科研项目管理多个业务系统进行流程优化、数据整合，建立科研经费从计划下达、资金使用、过程管控、财务核算、数据应用的一体化管理模式，打破信息壁垒，为油田企业经营管理大数据分析、构建企业级经营管理数据库探索有效方法。

1.1　科研项目管理现状

大庆油田科研项目管理在油田层面主要涉及集团公司科技管理系统、油田科

研管理平台、ERP 系统、财务 FMIS 系统、科研项目评审系统等。部分二级单位开发了相应的科研管理系统，用于对本单位科研项目进行业务过程管理(见图 1)。

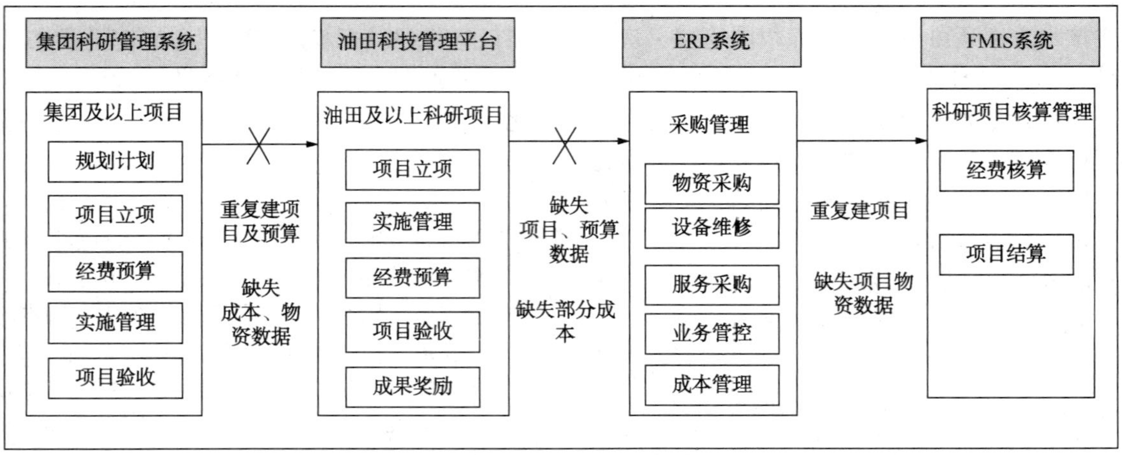

图 1　科研项目管理系统现状

1.2　存在的问题

(1) 数据共享难。系统不连通，各系统项目编码规则、分类规则不同，自建系统标准不统一、统建系统接口不开放，数据共享及数据整合难度非常大。

(2) 经费跟踪管控难。科技平台无法实时获

取FMIS系统、ERP系统核算数据，只能通过报表、人工统计等方式掌握资金使用情况，效率低、实时性差。

（3）科研项目材料费精准核算难。费用化科研项目没有纳入ERP管理，物资采购数据难以实现按项目进行成本归集，科研核算人员需要人工挑选科研项目物资采购明细，材料费核算费时费力。

（4）超预算事后管控，给管理部门带来较大超预算风险。

2　科研项目精细化管理目标

结合财务部门、物资管理部门、科研管理部门、项目承担单位等科研项目管理和执行部门的需求，确定科研项目精细化管理目标如下：

（1）建立一体化解决方案，实现以科研项目为主线信息跨系统数据集成及交互；

（2）优化ERP物资采购流程，实现科研项目材料费精准核算；

（3）启用ERP预算管理功能，实现科研项目经费使用超预算事前、事中、事后管控；

（4）建立数据应用服务，为科研管理人员、领导、项目负责人提供实时高效的数据查询应用服务。

总体建设原则：不改变现有系统的业务管理模式。

3　科研项目精细化管理解决方案

3.1　建立科研项目跨系统集成应用方案，实现科研

3.1.1　科研项目层级的一致性对应及编码的一致性

按项目级别、组织机构搭建项目层级结构，集团公司项目直接传输ERP系统，作为项目的第一层级；油田科技平台项目通过传输接口按单位分解并转换成ERP项目编码，作为项目的第二层级；ERP系统项目拆分后打记账标识传输FMIS系统并与FMIS系统项目进行一致性对照。其他各类编码采取一对一数据对照、一对多数据推导、多对多技术手段进行一致性对应（见图2）。

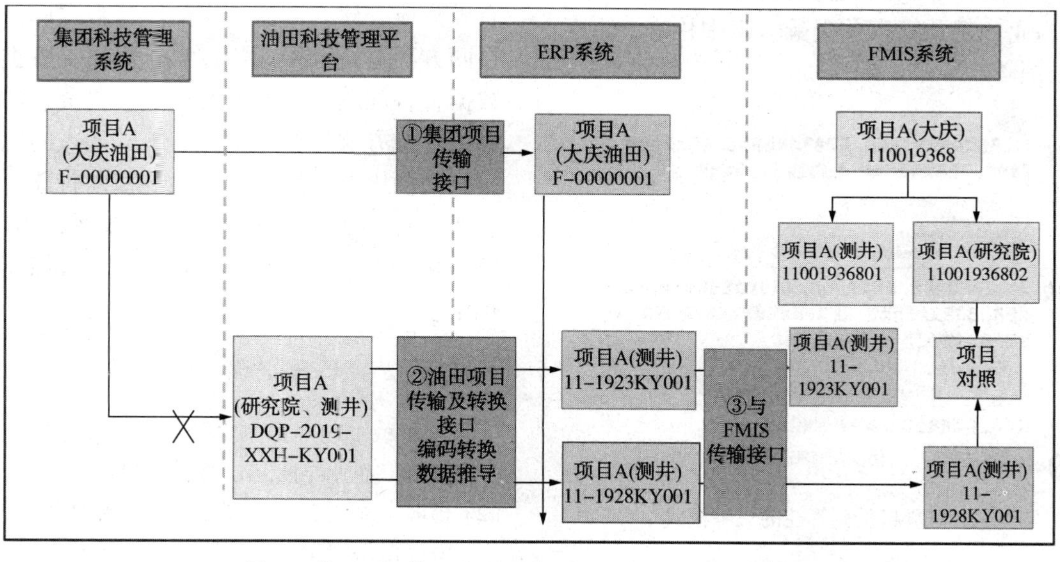

图2　科研项目信息跨系统传输及一致性对应技术框架

3.1.2　跨系统数据自动化传输方案

在统建系统不提供数据访问接口的情况下，实现科技平台下达的项目、预算写入ERP系统，ERP系统的成本数据、物资数据从系统导出，采取如下技术方法：

（1）建立数据交互接口，读取科技平台数据生成ERP项目及预算导入模板。

（2）通过UFT自动化测试工具录制人工创建项目操作的相关步骤，创建任务实例，设置定时任务，执行任务实例，实现项目无人工干预导入ERP系统，实现项目一次下达，避免跨系统重复操作。

（3）数据导出：设置定时任务，模拟授权用户执行查询操作并将查询结果导出到本地，再通过定时任务启动数据迁移工具将本地Excel报表数据写入本地数据库（见图3）。

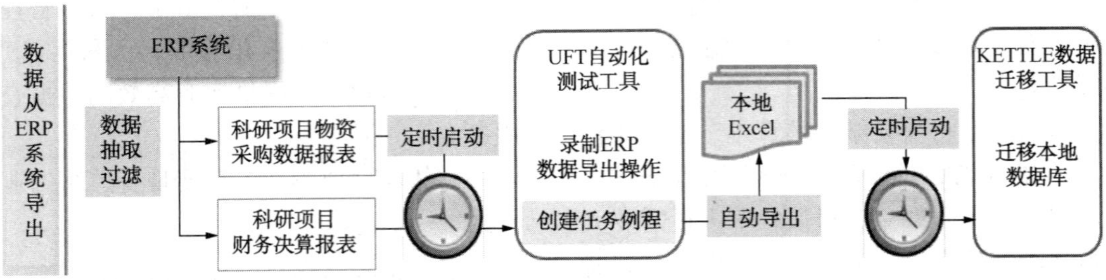

图 3　统建系统数据自动化迁移技术框架方案

3.2　建立 ERP 科研项目预算管控方法，实现项目计

3.2.1　实现科研项目材料费精准核算

数据准确是一切统计分析的基础。科研项目物资材料采购精准核算，需要建立科研项目 ERP 标准化管理模型，通过创建 ERP 外部采购组件，将项目物资需求计划转换为采购清单，将采购的执行、成本自动写入项目的相关属性中，实现项目材料成本自动归集。

3.2.2　实现科研项目全部费用要素超预算管控

ERP 投资项目超预算管控为总额超预算管控，通过启用 ERP 基金模块，实现单项费用要素超预算管控，并通过优化物资采购流程，实现物资采购业务超预算事前提醒、事中检查、事后管控(见图 4)。

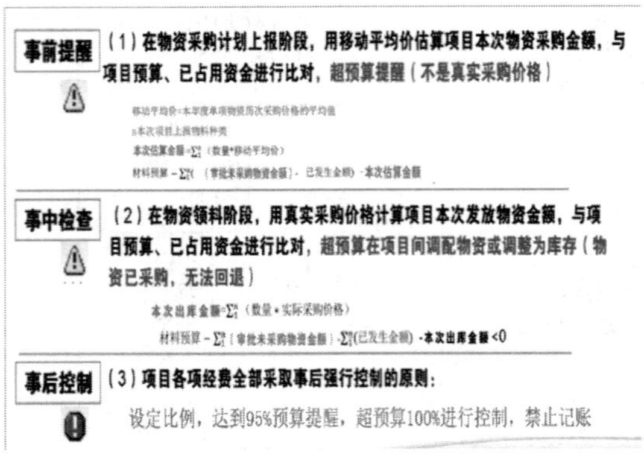

图 4　材料费超预算管控的三种模式

3.3　建立 ERP 数据服务应用模式，支持科研项目数据多维度统计分析应用

通过将 ERP 数据在操作界面级自动化导出形成科研主题数据库，涵盖科研项目预算、成本、费用科目及科研项目物资采购明细数据，为各类统计查询奠定基础。采用 IDea 技术开发平台创建科研项目数据服务接口，将原始数据进行抽取、筛选后以 JASON 格式封装成标准数据服务，可供其他平台调用(见图 5)。

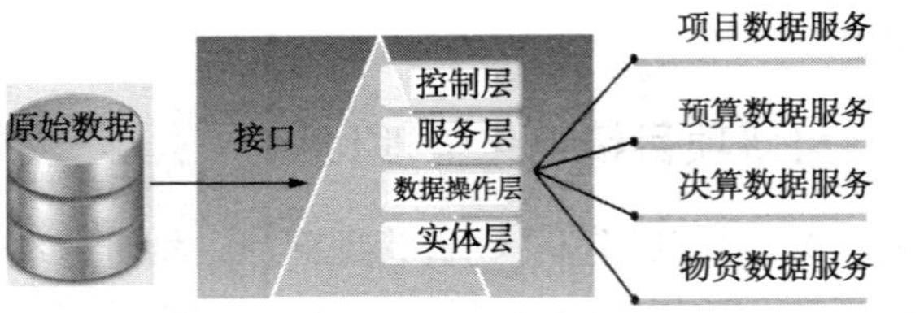

图 5　数据服务技术架构

4　结语

在大数据时代，油田积累了经营管理各方面的数据，是企业的数据资产，目前存放在集团公司、油田公司、二级单位竖井式的系统中，如何有效集成、建立高度共享的经营数据库。本项目在两方面进行了探索：技术上解决了各类系统间数据整合问题，管理上对项目、物资、财务业务集成管控方法进行探索，解决了痛点问题。该项研究为油田企业纵向业务系统横向打通、消除信息壁垒提供了完整的技术解决方案，为 ERP 数据深化应用、生产经营大数据分析起到示范作用。

参 考 文 献

[1] 张国文. 基于 ERP 实现全面预算精细管理的应用研究[J]. 企业导报，2012(08)：24-25.

[2] 杨琳，高洪美，宋俊典，等. 大数据环境下的数据治理框架研究及应用[J]. 计算机应用及软件，2017，24(04)：65-69.

基于 A4 空间地理数据的 GIS 技术研究与应用

李庆洋

（大庆油田有限责任公司勘探开发研究院）

摘　要　随着油田数字化建设的持续推进，厂内生产管理指挥系统对井、间、站、管线等数据可视化表达需求不断提升。而传统地理图幅开发技术，仅能通过原始图片区块依次逐点描绘，存在着众多技术瓶颈：

A4 作为集团公司地理信息统建平台，涵盖厂矿队边界、井间站位置、内部道路、管线阀组、供电排水设备以及油田专属标记物信息，目前已为各油气田提供免费通用线上地理信息接口。通过 GIS 技术运用，以 A4 基础地理信息为数据载体，实现井站、人员、建筑物、车辆的实时坐标融合，并穿透联动 A2、A5 统建项目的生产信息，通过“一张空间区域图”，形成“多维度数据管理网”，以可视化方式增强管理决策者与数据的“信息交流”，助力油田生产管理提质增效。

关键词　地理信息；GIS 技术；数字化建设

首先，地理图幅开发技术在油田生产数据展示中是必不可少的，以往使用的技术对于开发人员来说，这类软件开发难度较大、绘制周期长，频繁的数据更新迭代，导致图幅优化部署环节较为复杂。其次，数据落点位置仅能通过纸面的相对位移进行大致方位描绘，难以精准展现井站实际位置；对于使用人员来说，存在着操作环境复杂、容易出现异常、UI 视觉设计不美观等问题，严重影响了用户使用体验。最后，系统源头数据经常需要基层员工手动采集，数据及时性、准确性难以得到保证。因此，需要在未来油田数字化建设过程中，使用一个新的主流技术，实现地图的合规化利用与定制化绘制。

1　基于 A4 空间地理数据的 GIS 技术优势分析

1.1　A4 系统介绍

A4 系统作为集团公司地理信息统建平台，涵盖厂矿队边界、井间站位置、内部道路、管线阀组、供电排水设备及油田独有标记物位置信息，具备空间数据处理、存储、发布、共享、分析能力。通过多年建设，A4 成为一个集成、权威、统一的中国石油空间信息共享服务平台，目前，已为各大油气田提供通用的地理信息服务接口。

1.2　GIS 技术介绍

GIS 技术（Geographic Information Systems），中文译名“地理信息系统”，是国际上 20 世纪 60 年代发展起来的一门新兴技术，它是利用现代计算机图形和数据库技术来处理地理空间及相关数据，是融合地理学、测量学、几何学、计算机科学和应用对象为一体的综合性高新技术。

随着物联网、地理可视化等技术发展，人们逐渐过渡到利用 GIS 独特的视觉化效果和地理分析能力来感知和支持业务对象研究、操作、管理决策，而地理信息系统是满足该需求的基础应用。利用建立的地理数据库，将地理环境中各种要素，包括地理空间分布状况和属性数据，建立有效的数据管理系统，以图形和数字的可视化方式展示分析结果，并自动地生成各种用图、表格和报告，并提供查询检索、空间分析、无级缩放、距离测算、分类图层控制等功能。GIS 技术支持多编程语言和跨平台开发环境，使其具备了良好的开放性、先进性、可拓展性。

1.3　基于 A4 地理信息技术优势分析

数据图幅绘制效率大幅度提升。A4 系统不仅含有当前常见公众地图的全部国家、城市、区域、街道图层，还覆盖了中国石油特有的井、间、站库、井排道路等业务数据。改变先前在原始图片上依次逐点描绘方式，而是以数据并发请求的方式，批量完成地理图层绘制拼接。

采用通用的地理数据标准化 GIS 接口。系统为开发人员分别提供了 Web 网页端及移动端的开发接口，并针对油田网络环境提供了内网访问地址。接口引擎是基于知名地理信息软件 Arcgis 地图开发，仅需掌握一门 Arcgis 提供的 Web 版 JS 接口，学习时间成本较低。同时，每一个地理数据接口都涵盖了 A2 及 A5 系统的井站 ID，更易于与厂内源数据等其他统建项目进行系统性兼容与数据交互。

A4 接口由集团公司项目组统一管理，无须采油厂支付任何数据接口费用。同时，不限制数据接口的免费调用次数及数据瞬时并发量。国内外地图接口优缺点对比情况见表 1，A4 业务图层与常见公众业务地图对比见图 1。

表 1　国内外地图接口优缺点对比

对比项目	国内地图	国内地图	国外	中石油 GIS 接口
免费次数	1000 次/天	2000 次/天	25000 次/天	不限
并发量	15 次	10 次	100 次	不限
数据图层	国家、城市、区域、街道	国家、城市、区域、街道	国家、城市、区域、街道	增加中国石油特有的业务数据
稳定性	稳定	稳定	国外服务器，不够稳定	稳定
访问方式	内网地址通过 DMZ 访问，速度慢	内网地址通过 DMZ 访问，速度慢	内网地址通过 DMZ 访问，速度慢	提供内网专属数据接口，访问更稳定

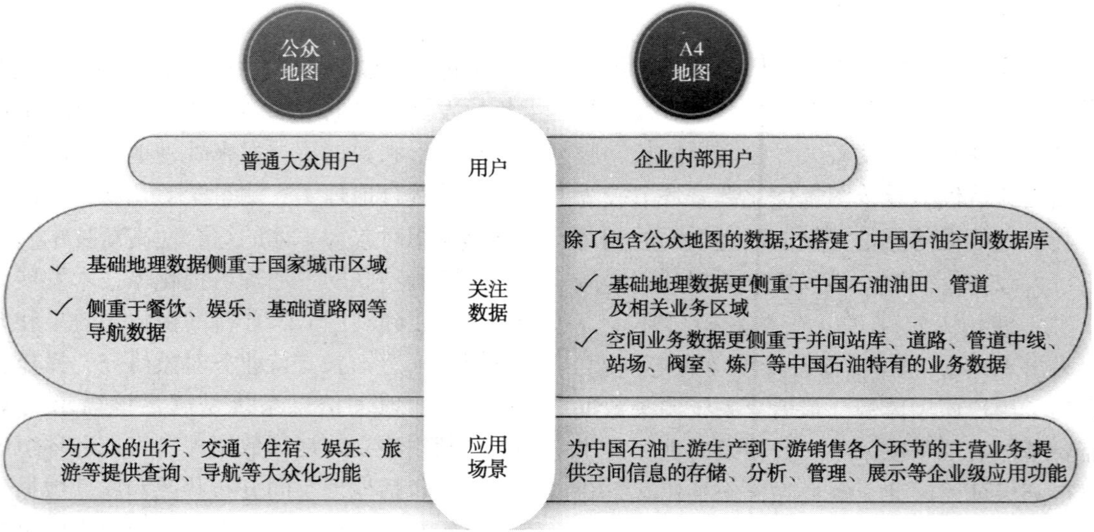

图 1　A4 业务图层与常见公众业务地图对比

2　GIS 重点技术研究与探讨

2.1　A4 自有图层的可视化迭代

GIS 技术在采油厂应用范围较广，最典型应用场景有厂矿指挥管理系统、井站管理系统等。指挥类管理系统可以把图幅元素分为两类，其中，井、间、站、管线、道路等静态元素信息，就是从 A4 的自有图层中提取。这些静态信息不是一个具体的经度纬度坐标，而是经过 A4 进行坐标偏移与数据脱敏处理后，由数据接口返回若干个一级图层板块、二级图层与数据底图。一级图层是指井、间、站的大范围图层，二级图层是指每个一级图层下的细小图层(比如站库图层下面的全厂单个站库图层)，数据底图是指常见灰白色的基础街道图层。

A4 图层控制技术：首先，需要整理管理系统所需要的图层，比如该系统仅使用油水井数据位置，通过用户名及多次握手请求的密码 Token，将油井图层 ID 传送给 A4 内网地址接口 Url，系统将自动返回底图、二级图层数据以及数据库返回的 MD5 加密字符串(蕴含如何拼接二级图层的 Json 数据)。根据数据库返回的拼接算法，将所有二级图层组成一级图层，形成完整的站库图层，并再次根据数据库算法中的位移百分比来拼接底图，从而完成 A4 接口中自带图层的控制拼接(见图 2~图 4)。

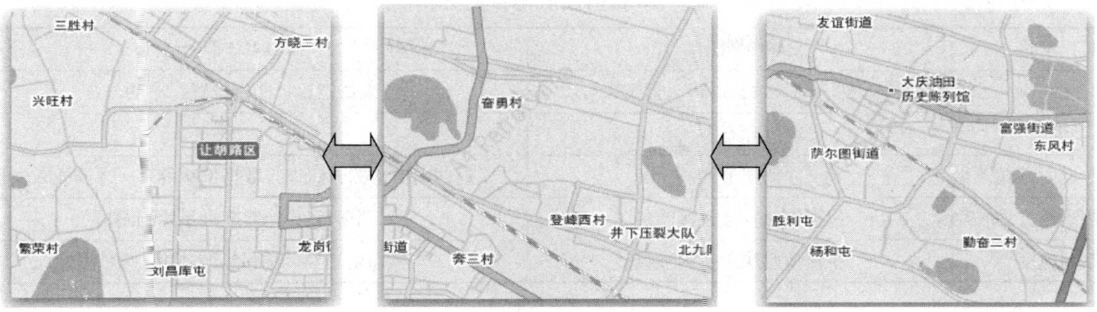

图2 底图碎片通过算法完成底图组合

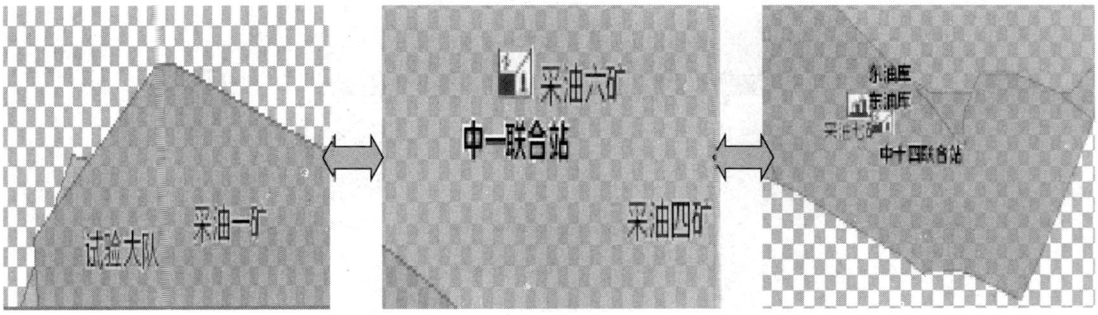

图3 二级图层通过算法组合为一级图层

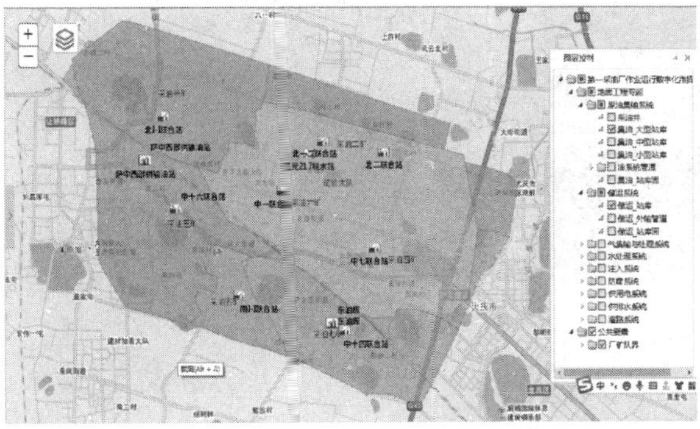

图4 一级图层与底图完成拼接，形成完整图幅

2.2 非A4图层的动态元素标记

生产指挥管理系统除了井、间、站、管线、道路等静态元素信息，还需要自定义绘制人员位置、内外部作业队伍、车辆实时位置以及现场临时摄像头位置等动态信息。车辆实时位置以及外部作业队伍一般获取为真实的GPS定位坐标。这部分数据虽不如井站坐标的安全性重要，但必须加以进行处理后，才能在软件上正式投入使用。需要注意的是，由于需要网络接口进行数据坐标转换，需要采用“懒加载”的方式异步更新数据，目前通过优化，整个系统界面渲染展现已控制为3s以内。

自定义图层控制技术：首先，通过用户名及多次握手请求的密码Token，先将真实的经纬度坐标，进行MD5加密并经过一定的“加盐”规则转换后，传送给A4逆地理位置编码服务Url，A4系统将会自行进行位置的偏移运算。例如，原有的车辆坐标经纬度（124.988866，46.615826）会被转换为偏移后经纬度坐标（125.018463，46.6917924），同时，自动返回底图、偏移后经纬度坐标以及数据库返回的MD5加密字符串（蕴含如何拼接二级图层的JSON数据），根据算法中的位移百分比来而完成自定义图层的控制拼接。虽然真实坐标进行了偏移处理，但是通过A4数据库返回的拼接算法，可恰好与数据底图进行完美重合（见表2、图5～图7）。

2.3 POI搜索定位及路线规划技术

POI是“Point of Interest”的缩写，中文可以翻译为“兴趣点”或“关键点”，油气田内部道路及井站设施错综复杂，公众地图少有涉及。为解决井位上井路线问询难、问询层级多等问题，通过充分发挥地理信息应用价值，研究关键词搜索定位及路径规划技术，减少人员、车辆的在途时间。

表 2　A4 自带图层与自定义图层对比

对比项目	A4 自带图层	非 A4 自带图层
元素	井、间、站、道路、管线	人员位置、队伍位置、车辆位置
动静态	静态	动态
GPS 返回方式	图层形式	返回真实坐标，需进行数据偏移处理，才能投入使用
拼接绘制方式	根据算法直接拼接图层	根据偏移经纬度批量绘制图层
绘制速度	拼接速度快，达到秒级	经纬度转换，拖慢绘制速度，3 秒以内

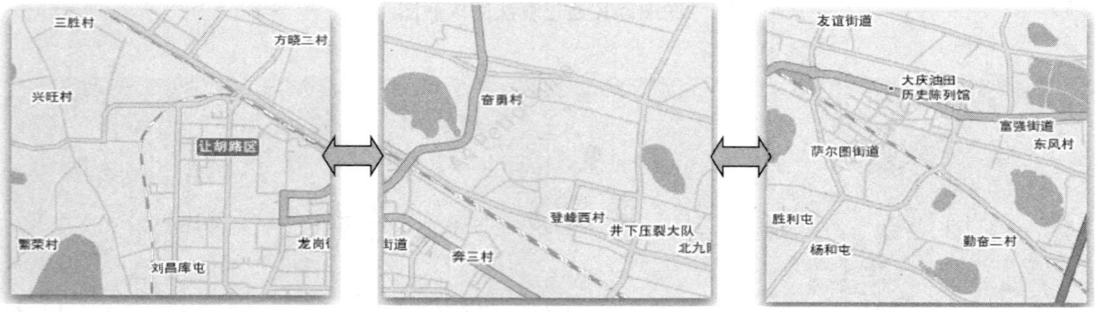

图 5　完成底图组合

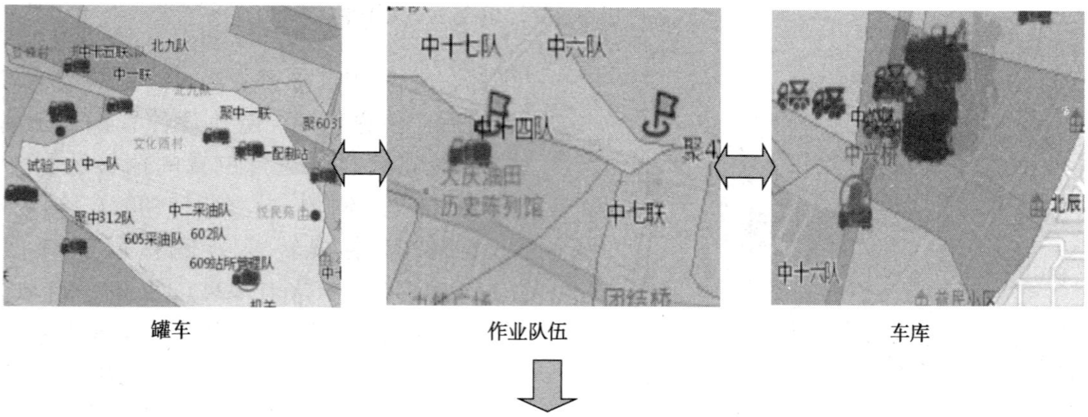

图 6　申请车辆坐标的经纬度偏移，并批量绘制图层

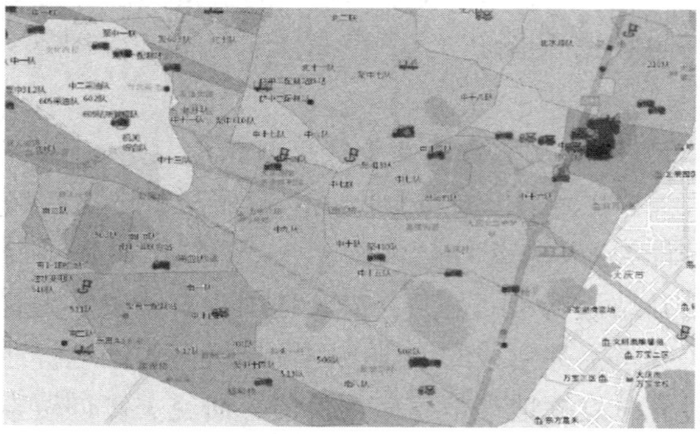

图 7　合并所有自定义图层，并与底图完成融合

POI 搜索定位实现思路：首先，在 POI 查询时，根据用户输入的关键词，自动罗列出相匹配的建议词信息，供用户选择。以“高 150-483”为例，通过访问 A2 及 A5 数据接口，提取单井的静态属性信息，并列出建议词数据供用户选择，同时发送关键词数据至 A4 数据接口，梳理返回的数据图层，通过 Arcgis 的 API 接口语言，绘制红色的定位图标(可依据个人喜好，绘制其他图形)，进而实现关键词的 POI 搜索定位(见图 8、图 9)。

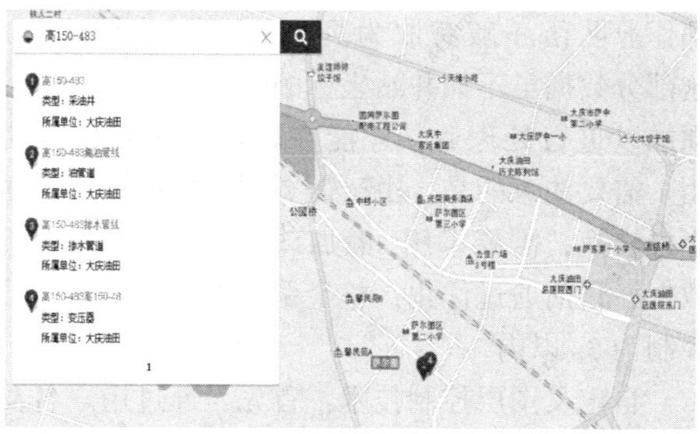

图 8　单井关键字搜索定位

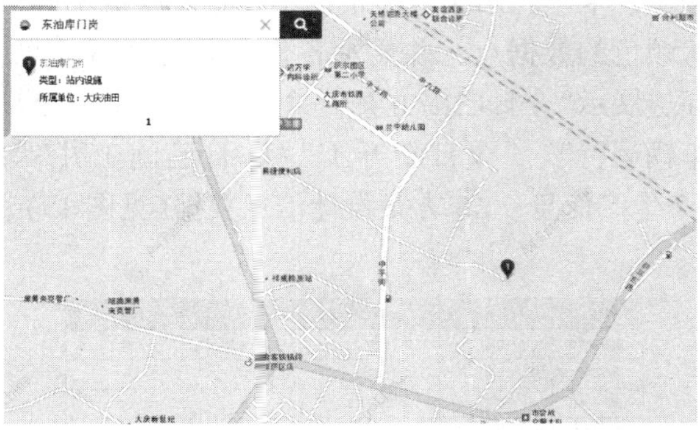

图 9　站库关键字搜索定位

路线导航规划实现思路：此项功能是基于 POI 关键词搜索定位的基础上，为用户提供"最快路线""最短路线""避开高速"三种类型的路径规划。在用户输入起点和终点位置后，像 A4 服务器请求相关的三种类型数据，返回得到 JSON 格式数据（例如，右转进入"世纪大道""行驶 5.22km"……），再次利用 Arcgis 的 API 接口，将"5.22km"转换单位为"m"，并以地图的当前比例尺进行换算，得到地图尺寸距离为"3.82cm"，然后沿"世纪大道"绘制 3.82cm 的绿色曲线，其他曲线依次类推，完成全部路线规划图的制作（见图 10、图 11）。

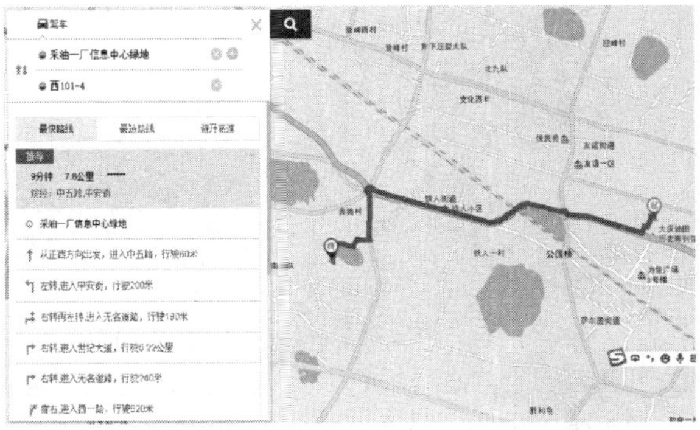

图 10　"最快路线"

图 11　"最短路线"

2.4　卫星瓦片与标准底图切换技术

地理信息瓦片，是指整个底图切分为若干个的细小图层。其中，标准数字底图（DOM 瓦片）与卫星正射影像图（DLG 瓦片）最为常见，需要研究"一键切换"底图技术，满足用户在不同场景、不同业务下的各类需求。

卫星底图切换技术研究：经测算，加载底图的时间耗时约为 2s，当触发切换卫星底图按钮，易造成浏览器假死现象。通过技术研究，在页面加载初期，仅加载普通的数字底图；同时，通过 JS 代码语句设置循环定时器，定时将卫星底图异步下载至浏览器缓存，当用户切换图层时，基本做到卫星瓦片与标准底图的无感切换（见图 12）。

图 12　卫星底图"无感切换"

2.5　常用点的标记收藏技术

在井站业务管理系统中，对于经常访问单井、站库及其他位置信息，可以在地图上标注后，添加至地理信息收藏夹中，下次可直接点击收藏夹，重新定位已经收藏的地理信息。

技术实现思路：用户可以对某地图内的点、线、面进行收藏，在用户鼠标经过的区域，通过 JS 语句构造点、线、面结构区域。支持用户录入关注点的名称、备注信息，通过 A4 服务接口申请收藏点的图层信息，并将名称、备注、图层信息存储在了 ORACLE 服务器中，方便收藏后的再次调用（见图 13、图 14）。

图 13　关注点的标记收藏

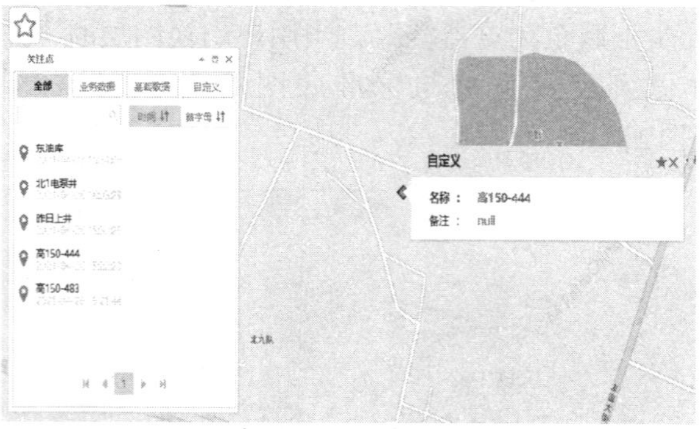

图 14　关注点的再次调用

2.6　数据安全性探讨

A4 自带图层数据安全性：由 A4 统建项目组对收集的空间地理数据进行预处理，并委托国家基础地理信息中心进行坐标偏移处理，返回的井站位置信息蕴含于多个图层中，并非真实的经纬度坐标，基础数据安全性得到保证。

自定义图层开发安全性：经过与 A4 接口的二次握手，取得专属秘钥 Token，在传送车辆等经纬度数据时，使用多次 MD5、大小写转换等加密方式处理。此外，该技术开发方式在 FCP+FR 的系统框架做了技术融合，可在 FR 平台上开发地理数据图幅，有效增强了用户管理及系统的权限管理。

3　GIS 技术在油田生产中的应用场景

通过 GIS 技术的运用，以 A4 基础地理信息为数据载体，实现井站、人员、建筑标记物、车辆的实时坐标融合，并穿透联动 A2、A5 统建项目生产信息，通过一张“空间区域图”，形成“多维度数据管理网”，以可视化方式增强管理决策者与数据间的“信息交流”，该技术已在作业指挥管理大屏中投入使用。

将车辆分门别类，查询条件可选择罐车、锅炉车、卡车、吊车等，根据不同条件生成不同形状颜色的数据点；并显示各作业队的位置信息，穿透展示“今日已出方案”“今日已施工井”“今日车辆运行”、“今日新开工”“昨日已施工井”等 A2 生产信息、A5 方案设计信息数据(见图 15)。

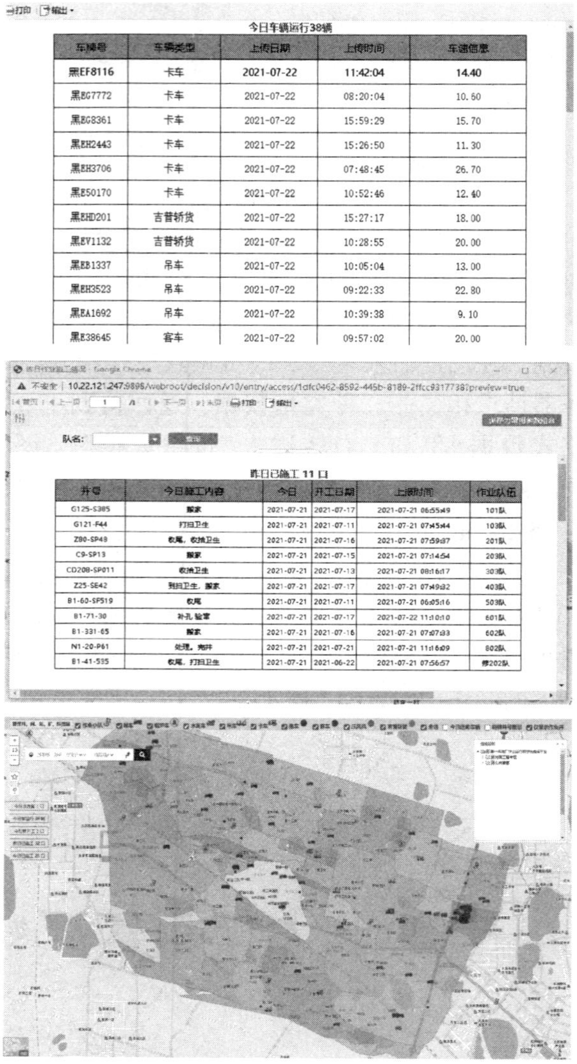

今日车辆运行38辆

车牌号	车辆类型	上传日期	上传时间	车速信息
黑EF8116	卡车	2021-07-22	11:42:04	14.40
黑EG7772	卡车	2021-07-22	08:20:04	10.60
黑EG8361	卡车	2021-07-22	15:59:29	15.70
黑EH2443	卡车	2021-07-22	15:26:50	11.30
黑EH3706	卡车	2021-07-22	07:48:45	26.70
黑E50170	卡车	2021-07-22	10:52:46	12.40
黑EHD201	吉普轿货	2021-07-22	15:27:17	18.00
黑EV1132	吉普轿货	2021-07-22	10:28:55	20.00
黑EB1337	吊车	2021-07-22	10:05:04	13.00
黑EH3523	吊车	2021-07-22	09:22:33	22.80
黑EA1692	吊车	2021-07-22	10:39:38	9.10
黑E38645	客车	2021-07-22	09:57:02	20.00

10.22.121.247:9898/webroot/decision/v10/entry/access/1dfc0462-8592-445b-8189-2ffcc9317738?preview=true

队名：

昨日已施工 11 口

井号	今日施工内容	今日	开工日期	上报时间	作业队伍
G125-S385	搬家	2021-07-21	2021-07-17	2021-07-21 06:55:49	101队
G121-F44	打扫卫生	2021-07-21	2021-07-11	2021-07-21 07:45:44	103队
Z80-SP48	收尾，收拾卫生	2021-07-21	2021-07-16	2021-07-21 07:59:37	201队
C9-SP13	搬家	2021-07-21	2021-07-15	2021-07-21 07:14:54	203队
CD208-SP011	收拾卫生	2021-07-21	2021-07-13	2021-07-21 08:16:17	303队
Z25-SE42	打扫卫生，搬家	2021-07-21	2021-07-17	2021-07-21 07:49:32	403队
B1-60-SP519	收尾	2021-07-21	2021-07-11	2021-07-21 06:05:16	503队
B1-71-30	补孔 验窜	2021-07-21	2021-07-17	2021-07-22 11:10:10	601队
B1-331-65	搬家	2021-07-21	2021-07-16	2021-07-21 07:07:33	602队
N1-20-P61	处理，完井	2021-07-21	2021-07-21	2021-07-21 11:16:09	802队
B1-41-535	收尾，打扫卫生	2021-07-21	2021-06-22	2021-07-21 07:56:57	修202队

图 15　GIS 技术在作业指挥管理平台的应用

此外，GIS 技术还可以在管道高后果风险区、连通井可视化管理、地面设施管理、单井信息查询、移动巡线、井间站关系、上井路线分析、物品配送以及事故点定位，存在广泛的应用场景。例如管道事故点的快速定位，可通过线上管理系统对事故点周边的维抢修队、水系等信息进行查询，通过上下游的站场阀室分布，结合周边环境及物资分布，进一步实现关阀分析、抢修人员调度指挥等功能，提高应急抢险效率。

4 结语

通过对 A4 空间地理数据的 GIS 技术研究，以 A4 基础地理信息为数据载体，实现井站、人员、建筑物、车辆的实时坐标融合，并穿透联动 A2、A5 统建项目生产信息，通过一张“空间区域图”，形成“多维度数据管理网”，以可视化方式增强管理决策者与数据间的“信息交流”，实现在大屏端、PC 端、移动端的高质量、图形化、可视化实时展示，助力油田生产管理提质增效。

该技术已在作业指挥管理大屏、油水井定位、车辆路线分析中得到应用，突破了厂内地理信息系统存在的自主研发壁垒，实现地图合规化利用与定制化绘制，为生产数据、图形处理、信息管理的一体化融合，提供全新技术思路和方向，利用地理信息图幅高效的可视化编程优势，推进井站数字化信息统一集中展示、领导层决策层统一调度布控，该技术在未来数字化建设应用前景广泛。

参考文献

[1] 李志军．油气田开发 GIS 系统中的对象模型研究[J]，西安石油大学学报(自然科学版)，2014，19(1)：82-84.

[2] 何生厚．数字油田的理论设计与实现[J]，中国信息化，2019，4(9)：16-17.

[3] 陈为．前端数据可视化原理[J]，信息通信，2013，5(11)：39-41.

[4] 杨莉．高维数据的可视化和快速聚类算法[J]；计算机科学；2006，3(4)：17-20.

[5] 任永功．一种支持可视化数据挖掘的图像后处理方法[J]；小型微型计算机系统；2014，6(7)：212-213.

基于网防 G01 平台的安全策略部署提高厂级昌平云服务器安全防护能力

王吉海

（大庆油田有限责任公司勘探开发研究院）

摘　要　历年的护网行动攻防演练中，厂内部署在昌平云上的服务器，面临的渗透攻击手段和攻击量不计其数，现有的服务器基本防护措施与安全基线配置难以满足对复杂多元化网络攻击的防护，急需深入研究，细化开展针对性防护策略研究以增强对各类网络攻击的有效防护。通过每年护网行动中对互联网渗透企业内网后对昌平服务器的攻击方式细化分析，以 Windows、Linux 服务器操作系统为主，深入探究昌平云服务器基础防护与部署应用针对性防护规则，在现有访问控制与漏洞修复两方面的基础上，增加护网过程中服务器所遭受的端口扫描、暴力破解、登录限制、特定类型文件攻击篡改等攻击手段制定有效的防护策略，对遭受攻击量较大的 Web 服务器制定 SQL 防注入、溢出攻击防护、文件名解析漏洞防护等专有防护策略。昌平云服务器可以通过安装网防 G01 安全管理系统将以上安全策略按需求推送到指定服务器并加以应用，起到全面防范攻击的效果。以上防护策略的制定与应用，整体提高了昌平云服务器防范攻击的能力，使得服务器防护由被动不可控转变为主动强有力的保护屏障，为大庆油田有限责任公司护网行动期间应用服务不关停提供强有力保障。

关键词　昌平服务器；网络攻击；防护策略

护网行动中，昌平云服务器作为护网行动中重点的攻击对象，暴露出来的安全防护问题也日益突显。攻击方可以使用暴力破解、SQL 注入攻击、缓冲区溢出攻击等多种手段对应用系统或网站进行攻击。

目前，厂内针对昌平云数据中心服务器的安全防护措施主要分为基于访问控制与基于中高危漏洞攻击两个方面。基于访问控制可以通过 IP 白名单的安全设置、严控访问时段、检测系统日志异常等技术来加强服务器基本的自身访问控制安全；基于中高危漏洞攻击防护主要通过现有的漏扫平台对昌平服务器进行漏洞扫描，用系统漏洞修复与系统自身补丁升级的方式防止攻击方利用漏洞隐患对服务器发起渗透攻击。由此可见，厂内面对多样的网络攻击安全防护还停留在较为被动的基础层面，对于渗透攻击的防护能力比较薄弱。因此，需要研究操作系统层面的服务器系统安全保护技术，细化开展针对性防护策略加以应用以增强各类网络攻击对服务器攻击的有效防护，使得服务器系统本身的安全得到保障，将攻击暴露面降低到最小。本文首先分析网络安全攻击中对利用高危端口、暴力破解、准入访问限制等常见攻击方式并制定出安全防护策略，再对受攻击量与较容易被入侵的 Web 服务器制定出细化的防护策略，然后利用网防 G01 安全管理系统的推送与控制机制，将已制定的安全策略按需求分发到各类服务器，以实现针对多元化攻击的安全防范效果。

1　昌平云服务器面临的网络攻击现状分析

在暴力破解方面，攻击方主要利用的是弱口令及密码，管理方面的安全问题通过利用大量猜测和穷举的方式来尝试获取用户口令的攻击，或通过社工获取目标信息，再使用字典生成器生成字典进行暴破，从而获得对服务器的操作权限。

端口扫描攻击，就是逐个对一段端口或指定的端口进行扫描。通过扫描结果可以知道一台计算机上都提供了哪些服务，然后就可以通过所提供的这些服务的已知漏洞就可进行攻击。通过端口扫描，可以得到许多有用的信息，从而发现系统的安全漏洞。护网行动中上每台服务器每日都会遭受数以百计的端口扫描。

在 Web 服务器中，Web 应用和 Web 服务特别容易受到密码暴力破解攻击，因为它们相对来说比较容易实现远程访问，而且数量和种类都非常丰富。从护网行动期间的攻击总量上看，所有类型服务器攻击中 Web 服务器所遭受的攻击量占比最大。其中，Apache 服务器是最为广泛的 Web 服务器软件之一，作为完全开源软件，其安全缺陷主要是使用 HTTP 协议进行的拒绝服务攻击、缓冲区溢出攻击、被攻击者获得 root 权限缺陷等。MySQL 是一款开放源代码关系型数据库系统，数据库程序本身可能存在各种漏洞(如 MySQL 空口令、HASH 绕过认证及缓冲区溢出漏洞等)，并且数据库的安全配置也至关重要，任何疏忽都会导致数据库大门洞开，给攻击者可乘之机。如果网站编写质量不高，还可能引起 SQL 注入、命令行注入等安全漏洞。SQL 注入攻击是目前网络攻击的主要手段之一，在一定程度上其安全风险高于缓冲区溢出漏洞。另外，攻击者可以通过在 PHP 请求中嵌入操作系统命令，获取系统信息或进行入侵。

由此可见，当前针对 LAMP 网站系统的安全防护措施大，而目前厂内的昌平云服务器防护手段都实施于基础管理层，一旦服务被攻破，这些防护措施无法对服务器操作系统本身提供全系统范围的进一步保护。因此，需要在服务器操作系统级进行研究，提出基于有效抵御攻击的服务器安全保护方案。

2 昌平云服务器安全保护策略的制定

服务器作为整个解决方案的服务核心，其安全性至关重要。如果攻击者通过攻击获取了系统访问权限，则可以发起二次攻击，对系统信息进行恣意窃取与破坏，造成严重后果。因此，除设置系统防火墙 IP 准入白名单、入侵检测等应用级防护外，有必要基于操作系统底层提供服务器的安全防护，在上层应用被攻破的情况下，将攻击者对系统的破坏程度降到最小。

2.1 G01 系统简介

主机应用综合防护系统(G01)是公安一所研发的服务器加固软件，通过内核级加固、强制访问控制、应用自保护、沙盒等技术等来提高操作系统对抗黑客攻击及恶意代码的能力，有效检测及拦截已知和未知安全威胁，全方位保障服务器操作系统、业务系统和数据内容的安全(见图 1)。

2021 年护网行动前，受公司生产运行与信息部委托，第一采油厂作为试点单位率先部署并测试系统运行及防护效果，在护网行动期间为全油田制定并开启了应用安全防护策略。

图 1　昌平云 G01 部署示意图

2.2 安全策略制定的基本思想

为了防范攻击方对服务器系统的基础防护攻击，从上层应用角度，应该及时更新应用的版本，结合漏洞扫描平台丰富的系统漏洞库的检查支持，使入侵者无法利用已知漏洞攻击；而从操作系统角度，系统应该对服务的功能权限进行控制，在不影响服务功能的前提下，将服务权限限制到最小，保证即使应用被攻破，攻击方也仅能够在服务内部进行操作，而无法破坏操作系统中其他信息，实现安全隔离。

在基础防护做好的基础上，针对网络安全攻击类型加以细化的针对性防护策略，在服务器上应用后起到全面防护的作用。

2.3 安全策略的制定

2.3.1 IP 访问控制

IP 黑白名单是针对 IP 是否被允许访问服务器的功能，为最基础的安全防护之一。加入黑名单的 IP 拒绝其对网站的访问，而加入白名单的 IP 则不受任何限制，通常由管理员 IP 详细设置。根据护网行动过程中报出的有攻击行为的 IP，还需要管理员实时对 IP 访问黑名单进行管理。

2.3.2 防端口扫描功能防护

端口扫描是指利用 TCP/UDP 扫描工具检测服务器 TCP 端口的分配及提供的服务和它们的软件版本。在近几年的护网行动中，互联网端的渗透攻击多以端口扫描与远程暴力破解为主，端口扫描的原理是利用操作系统提供的 connect( ) 函数系统调用，与目标计算机的端口进行连接。如果端口处于侦听状态，那么 connect( ) 能够成功；否则，这个端口是不能用的，就是没有提供服务。端口扫描器只是单纯地用来扫描目标主机的服务端口和端口相关信息，常见的扫描器有 nmap、portscan。这类扫描器并不能直接给出可以利用的漏洞，而是给出突破系统相关的信息，这些信息对于攻击方是系统所必需的关键信息。攻击方正是利用这些信息寻找攻击的突破点。另外，在服务器系统级，管理员应在防火墙设置集团公司网络安全运行中心明确要求禁用的3389、445、135、137、138、139高危端口，这些端口通常也是攻击方在进行端口扫描过程中经常利用的端口(见表1)。

表1　高危端口及其受攻击的安全隐患

高危端口	受攻击的安全隐患
3389	远程计算机受控风险
139、445	共享服务端口，勒索病毒的传播途径
135	执行远程计算机上的恶意代码风险
137、138	局域网中提供计算机的名字或IP地址查询服务

防端口扫描功能通限制单个IP单位时间内允许扫描的端口数目来防止黑客通过端口扫描工具获取服务器敏感信息，而扫描的端口超过设置数目时则对扫描IP锁定一定时间，默认为10s内扫描端口超过10个则锁定60min。

2.3.3　登录防护

登录防护功能通过增强Windows/Linux远程登录的认证方式实时、主动地对用户远程登录提供保护，防止非法用户入侵服务器，获取服务器内敏感信息。通过对登录用户、IP地址、时间段、计算机名(Windows)以及修改远程登录端口等多重限制对远程登录服务器进行保护，并且可以在一条规则内设置多个限制条件；同时对于登录服务器的行为进行记录。

针对护网行动，默认设置了两种处理方式，分别为允许登录和禁止登录。当设置为允许登录时，则只有符合设置条件才可以登录服务器；而设置为禁止登录时，则符合设置条件的都不允许登录服务器。当多个条件允许登录时，则需所有条件都符合才可登录；多个条件限制登录时，有一个条件符合则禁止登录。

2.3.4　暴力破解防护

暴力破解是指利用穷举的方法对用户名和密码进行匹配，直到匹配到正确的内容。当用户设置的密码较为单一时，则通过工具会很快获取到正确的用户名和密码对服务器进行登录。

通过对单一IP的请求时间及错误请求次数限制暴力破解，当超过设置的条件时则对提交请求的IP进行锁定。对服务器登录规则进行设置，默认为2min内提交错误请求超过10次则锁定60min。

2.3.5　Web服务器采取针对性防护策略

当前服务器上已经部署可以进行防护的应用，针对不同的应用使用不同的方式进行防护。以Web应用服务器为例，常见的网站入侵流程由以下几步组成：

(1)通过脆弱性分析，发现存在漏洞的机器；

(2)入侵获取网站权限，并网站内部范围实施攻击；

(3)提升权限，在服务器系统范围实施攻击；

如果系统存在较为严重的漏洞，例如通过SQL查询可以直接获取服务器系统用户信息，则可以在攻击过程中直接获取服务器系统权限。

(1)SQL防注入。通过制定匹配SQL注入、XSS攻击等攻击类型特征库对用户输入进行过滤的防护策略，实现防止攻击保护网站的目的，并根据不同检测对象(URL、Cookie、Post、UA)进行具体防护规则的配置。

(2)溢出攻击防护。“Web服务器溢出攻击”通常指缓冲区溢出攻击，攻击方通常利用向程序输入缓冲区写入使之溢出的内容从而破坏程序运行并取得程序乃至系统的控制权。对该类攻击的防护措施可以通过制定“Web服务器溢出攻击防护”功能抵御类似的攻击方法，从而防止攻击方获取系统的控制权。

(3)文件名解析漏洞防护。攻击方可以上传类似wooyun. asp；. jpg、wooyun. php. owf. rar的可执行脚本文件，利用IIS和Apache的解析漏洞，使脚本文件执行从而获取系统权限，威胁网站的安全。对该类攻击的防护措施可以通过制定“Web服务器文件名解析漏洞防护”措施防止攻击方利用这些漏洞对服务器进行攻击，对类似攻击行为进行拦截。

(4)禁止浏览畸形文件。攻击方通过构造类似com1. php；jpg之类的畸形文件的后缀名上传到服务器上，再结合IIS的解析特性即可成功执行代码，然后获取必要的网站配置等信息威胁网站的安全。通过制定“禁止浏览畸形文件”策略抵御类似的攻击，保护网站服务器的安全。

(5)仅允许下列请求类型。网络传输中主要通过HTTP协议进行传输，但是熟悉HTTP协议的攻击者可以通过构造或伪装一些请求进行攻击，如使用PUT请求将危险代码传送到网站上，从而威胁到网站的数据。通过制定"仅允许下列请求"策略，以有效抵御类似的攻击，保护网站服务器的安全。

（6）禁止下载特定类型文件。在互联网中用户的数据信息、软件的运行日志等信息都是黑客可以利用的信息，一旦存放这些文件的路径被获取，会给用户和网站带来难以想象的麻烦。通过制定"禁止下载特定类型文件"的策略，保护这类文件不被下载，进而保护用户数据和运行日志的安全。

（7）网页浏览实时防护。服务器经常会被黑客上传网页木马，通过上传的网页木马获取和修改服务器上数据和文件，影响用户的网站正常访问，给用户带来损失。而制定的"网页浏览实时防护"主要是针对攻击方利用其他途径上传了网页木马，通过浏览器访问网页木马时进行拦截，从而保护用户的网站不被修改。

（8）HTTP响应内容保护。部分网站因为网站自身编码问题导致在URL输入一些特殊字符时，返回页面的信息包含网站信息及数据库信息。"HTTP响应内容保护"规则的设置可对该类页面进行保护，避免网站及数据库信息被曝出而导致信息泄露。

当访问网站时，有时在网站访问失败时会显示一些如网站路径、Web容器版本等信息，易被恶意攻击利用进行渗透。

（9）HTTP请求头防护。HTTP（HyperText-TransferProtocol）是超文本传输协议的缩写，它用于传送WWW方式的数据。HTTP消息包括客户机向服务器的请求消息和服务器向客户机的响应消息。这两种类型的消息由一个起始行，一个或者多个头域，一个只是头域结束的空行和可选的消息体组成。HTTP的头域包括通用头、请求头、响应头和实体头四个部分。每个头域由一个域名、冒号（:）和域值三部分组成。域名是大小写无关的，域值前可以添加任何数量的空格符，头域可以被扩展为多行，在每行开始处，使用至少一个空格或制表符。

而请求头域允许客户端向服务器传递关于请求或者关于客户机的附加信息。请求头域可能包含下列字段Accept、Accept-Charset、Accept-Encoding、Accept-Language、Authorization、From、Host、If-Modified-Since、If-Match、If-None-Match、If-Range、If-Range、If-Unmodified-Since、Max-Forwards、Proxy-Authorization、Range、Referer、User-Agent。对请求头域的扩展要求通讯双方都支持，如果存在不支持的请求头域，一般将会作为实体头域处理。

"HTTP请求头防护"的防护测速额是通过对HTTP请求头中的字段进行自定义规则防护的方式保护网站，避免修改了HTTP请求头对网站进行攻击，或者恶意引导流量等。

（10）自动屏蔽扫描器。攻击者通常先使用扫描工具或扫描器探测网站服务器是否有可被利用的漏洞，然后利用漏洞进行攻击。制定"自动屏蔽扫描器"防护策略，当发现有这类行为时，则直接阻断攻击者对网站服务器的扫描。

（11）X-Forwarded-For防护。该项策略主要是防护网站被恶意用户构造异常的"X-Forwarded-For"字段进行访问，从而对网站造成威胁。启用"X-Forwarded-For防护"策略，则通过构造异常"X-Forwarded-For"对网站进行的访问则会被拦截。

（12）隐藏WebServer版本信息。攻击者通常会获取网站Web Server的版本信息，利用对应版本的漏洞对网站进行恶意攻击、渗透等。

"隐藏WebServer版本信息"策略通过自定义WebServer内容将其版本信息进行隐藏，使攻击者无法通过Web Server的版本利用相应的漏洞进行攻击。

除上述针对Web防护的基础防护策略外，设置一些高级防护策略，可以有效拦截未知webshell，及时发现网站程序存在的未知漏洞并支持java类Web应用的漏洞防护，可以制定利用下述漏洞（见表2）进行的攻击行为进行拦截的策略加以防护。

表2　护网期间发现的已知Web应用漏洞

功能	说明
已知webshell自动隔离	将危险进程创建的已知webshell实时自动隔离
未知webshell实时防护	依托云中心无规则脚本虚拟机（沙箱）实时监测并拦截未知webshell
未知SQL注入漏洞防护	采用无特征的基于SQL语法分析的针对未知SQL注入漏洞进行防护

续表

功能	说明
未知上传漏洞防护	对网站中存在上传漏洞的页面进行防护，上传危险页面或程序自动拦截
Struts2 漏洞防护	Struts2 漏洞利用防护（需要在"应用防护"中安装 Java 类 Web 应用插件）
反序列化漏洞防护	对反序列化漏洞被利用攻击进行防护
任意文件读取漏洞防护	对网站中存在任意文件读取漏洞的页面进行防护，在读取发生时阻断
命令执行漏洞防护	对网站中存在命令执行漏洞的页面进行防护，执行命令时阻断

3 结语

昌平云数据中心在护网行动期间面临着高风险的入侵攻击，需要强有力的安全保障。本文提出了基于网防 G01 平台安全的服务器安全保护策略方案，针对各种网络攻击提出了针对性的防护措施，既保障了服务器的系统安全，又对网站内部起到一定的安全防护作用。分析应用证明，策略的制定应用可以有效抵御外来攻击，有效阻止系统权限获取攻击，阻止权限提升，保护整个服务器操作系统的安全不受侵犯。

服务器系统安全是整个网络安全防护工作的重中之重。只有从网络安全、应用安全和操作系统安全全方位构建一体化安全解决方案，才能实现全面的安全防护，保证服务器的整体安全，从而实现护网过程中防护不影响服务器的正常使用。

参 考 文 献

[1] 周敬利，汪健，夏洪涛．基于 Apache 的 Web 应用安全防护研究[J]．计算机工程与科学，2006，28(4)：1－3.

三元运行跟踪系统的研究与应用

李　淼

（大庆油田有限责任公司勘探开发研究院）

摘　要　本文研究构建集统建项目、自建应用表、流程及建模于一体的综合系统。通过自建填报表，流程转建模数据、作业数据跟踪、采油队反馈、技术部门跟踪等方法，将三元加药管理指标数据建立为一个完整的信息化管理链。本文设计B/S模式的系统架构，应用流程与建模联合交互技术、双表运行数据整合技术、单项提取汇总技术及数据整合穿透技术，可解决跨平台数据融合、多维度数据图表整合、修保作业及时跟踪等问题，同时可数据钻取、自动测算和移动端展示，能够轻松处理复杂的报表展现样式，使基层生产单位、外委加药队、厂技术部门的交流信息能可视化直观展示。

关键词　信息化管理链；双表运行数据整合；运行跟踪

加药装置作为三元采出井普遍采用的防垢设备在油田现场广泛应用。三元加药装置基本参数设置、运行情况、三元加药数据分析是管理人员的重要决策依据，贯穿于各业务管理单元与专业技术领域。目前，加药管理和运行步骤方面还存在一定的不足，如何能在油井加药管理中更加有的放矢、更加科学规范，是油井稳产高产的重要保证。三元采出井产液量高、伴生气高、结垢严重、化学防垢效果不理想、检泵周期较短，是严重影响三元复合驱工业化管理的实际问题。

结合当前数字化油田发展的需要，提高三元复合驱采出井的加药时率和加药效率，保证化学防垢效果，减少药剂流失量，并根据曲线分析影响规律，通过参数调节及过程控制进一步延长三元采出井检泵周期，提升三元加药效果，可为三元复合驱的指标管理提供技术支持。根据本单位现有特点，需要在现有技术的坚实基础上，充分考虑数据特点，在该系统内对重要数据信息进行更为深入的分析研判及运行跟踪，所以需要开发出一套综合管理系统来解决这一问题。

面对Excel报表单一维度的展现形式，聚合报表开发技术具有多维度信息整合、多样式展现、多数据钻取的优势，让油田信息管控更加多元化，利用聚合报表开发技术协助油田生产必将成为趋势。

1　开发方案设计及技术选型

三元现场管理工作存在数据分散、使用烦琐等问题。本文构建了基于协同工作平台和帆软相结合的三元运行跟踪系统。应用流程转数据技术、数据穿透分析技术、聚合报表开发技术和SQL编程技术，可将基础数据、损坏数据、修保数据、跟踪数据、检查反馈、化验数据及预警数据建立为一体化关联数据连接，可实现全过程跟踪监控，能完善三元现场管理办法，丰富管理手段提高三元管理工作的工作效率。

本系统要做到人员及时操作，节点实时跟踪，流程衔接紧密，有以下几个设计原则：

（1）建立基础管控机制，基本信息及时调取，编写算法精准计算；

（2）加强过程监管机制，上报维修动态跟踪，提供有力技术支持；

（3）加深时间管控力度，流程过程提醒审批，超时延时及时提醒；

（4）建立监督反馈机制，修保效果检查反馈，三级监督保证质量；

（5）建立手机移动办公，指标查询方便快捷，提高管理运作质量。

通过研究讨论，最终选定流程建模+聚合报表作为开发工具。

2　系统实现及关键技术研究

2.1　系统架构设计

集成提取已有的协同工作平台流程转建模数据及A2、A5系统中基础数据、作业数据、化验数据、自建采集数据等，进行数据优化整合，通过算法得出相应指标，满足指标管理模块的单日及月度可视化查询。通过梳理整合报表，统筹构建涵盖五大类的三元管理指标数据架构。以聚合报表为开发工具、以协同工作平台流程数据库为录入标准进行统一管理。从源头实现数据规范统一，支持历史数据自动提取，不同纬度按需查询，提高数据的准确度及可用性。实现信息的不同指标自主采集、复杂指标自动测算，重点指标穿透查询、复杂数据分类汇总、化验数据统计分析等各种数据功能的可视化集中展示，为领导层、决策层提供多维度、多层次的决策数据支持。

2.2　流程建模数据转化技术

通过流程建模数据转化技术，管理人员可随时查看进度及效果，如没修好或时间过长，这可追踪问题出现的源头和目前的问题处理进度。进度及效果可随时从流程提取，每项过程完毕都会及时回传，可通过时间参数限定当前时段，并筛选出目前能加药运行的，和没有修好的部分，重点关注，及时调整。

“维修流程”“劳服外委加药流程”的操作数据转入建模引擎，进行分权、分层级数据审批；报表引擎为辅助工具，流程转数据是通过将流程中的数据转到建模的模块数据中，实现流程与建模数据的流转。当一个流程中的数据与建模模块中的数据有对应关系时，可以通过流程转数据的方法，设置流程审批完成后，将数据添加到建模模块中。结合建模引擎技术对相应的业务流程进行建模设计，对流程外的采集、交互等功能进行实现。对维修业务进行闭环管理，实现有申请，有监控，有反馈，有统计。在实现上利用模块组件、表单组件、查询组件以及自定义页面等将流程数据与建模相结合，通过数据审批实现针对模块数据做相关操作时，触发相关的审批工作流，并将相关的数据带到流程中进行审批，利用流程转数据将流程中的数据转到表单建模的模块数据中，实现流程与表单建模数据的流转。

维修进度经流程转数据建模及时传输到损坏信息表中，方便管理人员随时掌握，及时管控，有效地提升了维修及加药的效率指标，让修保流程有据可查，随时监控。同时，所有流程可通过移动引擎发起、监控、查看，网上办，掌上办，现场办，随时办，为现场管理、技术管控提供有效助力，提升管理运作效率。

2.3　双表运行数据整合技术

双表运行数据整合技术保障了数据的准确性的同时，降低了每月员工录入的数量，并提升了系统效率和响应速度。在本文中，因每口井参数设置间隔不同，本技术可使采油队每月仅提取上次的数据进行简单维护，在单独添加井、减少井、改变基础信息的情况下依然可以无遗漏、无冗余地提取最近精准数据，可极大地减轻员工录入的工作量。在当月录入中，只需调取分表数据显示，极大地提升了查询速度。

本技术应用填报模块，建立数据结构，将基本数据通过最初填报，在填报界面形成数据调用。每月自动提取分表数据，自动测算部分通过调用每月井史数据，算法测算后自动得出结果。每月只需员工查看设计浓度部分是否与上月一致，如不一致，改动一处数据；如无变动，审查过直接提交即可，保障了数据测算的精准性。提交后直接进入总表，在查询界面显示全部数据。如有基础信息变动或者新加井，则通过录入界面的提交，经过运行数据整合技术进入查询总表和分表，下个月填报时，直接显示出新井新信息的变动情况，避免重复录入及冗余数据占用系统资源(见图1)。

	XH	KM	HZDM	JH	SFTY	SBZT	SBMC
1	20	42	584	B1-D2-446	是	完好	三元加药箱
2	1	42	585	B1-330-P69	是	完好	三元加药箱
3	2	42	585	B1-320-P62	是	完好	三元加药箱
4	3	42	585	B1-320-P64	是	完好	三元加药箱
5	4	42	585	B1-320-P63	否	完好	三元加药箱
6	5	42	585	B1-321-P65	否	完好	三元加药箱

1129 行被选择，耗时 2.048 秒

(a)总表响应速度

	XH	KM	HZDM	JH	SFTY	SBZT	SBMC
1	137	47	613	Z200-SE49	是	完好	三元加药箱
2	138	47	605	Z200-SE50	是	完好	三元加药箱
3	139	47	605	Z200-SE51	否	完好	三元加药箱
4	140	47	605	Z200-SE52	是	完好	三元加药箱
5	141	47	605	Z200-SE53	是	完好	三元加药箱

568 行被选择，耗时 0.672 秒

(b)分表响应速度

图1　双表运行数据整合

2.4　单项提取汇总技术

三元井设备检查需要管理人员将检查问题先期录入后，小队整改人员才能在界面看到本队的问题，并上传整改信息，最终进入查询总表中。

本系统经过 SQL 程序编写及协同工作平台身份验证，并使用 $fine_ username 用户参数，实现登录界面即是本队，保证了生产信息的保密性和专一性。通过单点登录，该参数值可定位该用户的所属单位，通过控件间的参数传递，实现各单位的分权查询。

本文设计中，将所有录入部分全部进入数据总库，在采油队登录时，通过编程筛选出尚未录入整改部分的井，由采油队录入完毕后，进入总库，检查界面清空，查询界面中显示全部内容（见图2）。

1	42	346	B1-2-34	(1)基础资料填写不全	2021/4/20	巡检卡备注填写不全	<BLOB>	2021/4/21	工技大队	王海波	吴非耘
2	42	596	B1-2-P133	(3)井口保温破损或缺失	2021/4/20	井口保温破损	<BLOB>	2021/5/20	工技大队	王海波	吴非耘
3	42	596	B1-1-P46	(3)加药箱内有污油	2021/4/20	加药箱内有油污	<BLOB>	2021/5/26	工技大队	王海波	吴非耘

图2　三元设备检查表

2.5　数据整合穿透技术

三元垢卡信息由40项信息采集组成，跨多个数据库提取数据，员工在以前上报数据时，需进行筛选和复杂计算，每次提交数据均超过30min。本文经过后台算法设计后，只要选择井号，自动提取出各项采集结果，1min之内即可精准显示数据，极大地减轻了员工的录入和测算工作量，并提高了数据的准确性。

本文通过数据整合联动技术，通过字段联动，在填写井号信息时，可以将其他表单中相关联字段的数据带到当前表单对应字段中，通过编程计算整合调用赋值到当前模块信息中，可以省去大量的调取审核筛选计算工作，也保证了数据的准确性和规范性。

通过超链接关联参数穿透技术，实现点击井号即可穿透查询的应用效果。

本技术从主表选取设置的参数名与子表中的参数名一致，数据类型统一，在主表中选定设置参数的单元格，添加超级链接、网络报表地址、链接打开方式、参数传递方式和具体参数。

3　系统实现及应用效果

三元运行跟踪系统自2021年5月上线后使用至今，共收到固定基本信息368条，设备基本信息1129条，设备损坏信息920条，外委加药信息3812条，检查问题信息161条，垢卡信息62条，PC、移动终端分布式的在线协作模式。实现了跨服务器多层次结构的数据钻取功能，为不同用户角色提供数据的多种维度查询，减少员工录入及测算工作量；实现了数据的曲线展示功能，为生产管理人员提供更直观的辅助分析依据；做到全面覆盖各采油矿队，实现生产数据的平稳、准确、高效查询分析的应用效果。

本系统通过数据分析，把实时数据、历史数据和关系型数据转换成丰富的信息展示，并进行各项汇总，让信息集存、查、用于一体，提高信息共享效率。为决策层提供必要、及时、可靠的过程数据，同时也为管理层提供多样图表数据展示。

4　结语

由于大庆油田有限责任公司三元井加药设计灵活、实际操作跟踪情况复杂，随时可能改变三元加药的各项设计参数，因此面对需要随时跟踪的数据，本系统需要提高报表查询效率，保证系统正常运行。同时，通过对数据项认真分析，包括关联关系、变化规律等，充分了解三元井的现状及变化趋势，形成基于数据项的多种分析图表。实现三元运行系统“收、审、修、保、查”全过程跟踪管理，实现办公的协同化、分享化、同步化和信息化，从而进一步提升三元运行管理效率。三元运行跟踪系统的集成，使员工能有效获取处理信息，提高员工工作效率，提高企业整体反应速度，加快了信息化基础设施，使电子化应用更加普及。

参 考 文 献

[1] 周琳．泛微协同管理应用平台 e-cology[J]．CAD/CAM与制造业信息化，2010，(2-3)：41-44.

[2] 王佳音．浅析三元复合驱结垢卡泵的原因及优化[J]．化工管理，2019(11)：212-213.

基于 MVC 架构的绿化物资产供销一体化系统设计与实现

崔　烨

(大庆油田有限责任公司勘探开发研究院)

摘　要　在企业改革浪潮的推动下，园林绿化企业利用自身业务独特性优势，积极开拓市场，力争通过园林绿化产品的生产、销售以及相关的社会服务，为企业带来更大的效益提升。在新的经济环境下，原有的管理模式暴露出很大弊端，苗木产品采购、生产、销售、损耗、库存盘点等靠人工的方式难以精确统计核算，迫切需要通过数字化转型，建立物资原材料采购、生产、销售、服务、成本核算一体化管理模式，精准核算生产成本及营业收入，为企业改革的精准定位、降本增效奠定坚实的基础。根据绿化物资管理的特点，基于 MVC 架构、Activiti 工作流、RFID 识别、云平台等技术，建立了一套绿化物资产供销一体化管理平台，对绿化物资的计划、采购、生产、销售、核算全过程实现统一的数字化管理，精准核算生产成本及营业收入，为促进企业转型提供技术支持和服务。

关键词　绿化物资；产供销一体化；MVC；工作流；RFID

1　背景介绍

绿化物资属于活性物资，在集团 ERP 实施过程中未纳入集中采购的一、二类及下放的三类物资管理，由于苗木的生产、存活、损耗变化比较大，新购置的小的苗木经过生产培育后会变成新的规格型号，同时又可能存在数量的剧增或巨大损耗，而生产后的产品又存在存活期等影响因素，因此管理异常复杂。传统的人工管理模式难以准确核算物资的生产成本及收益，相关管理部门迫切需要通过数字化转型，将园林物资的采购、生产、销售纳入统一平台管理，以解决传统管理模式带来的弊端。

1.1　绿化物资管理存在的问题

1.1.1　管理不规范

绿化物资品类多、数据量大、调配频繁，人工出入库、调配、调拨经常会导致库存与账面不符，给后续的经营核算带来很大难题。

1.1.2　工作效率低

传统建立手工台账的管理模式，需要员工手写大量纸质单据，难免发生记录错误。同时纸质单据存在丢失、传递耗时、查询汇总困难等问题，降低了企业运行效率。

1.1.3　计划不合理

绿化物资计划通常包括年度计划、月度计划和临时计划，计划根据以往经验和需求申报或调整。由于传统模式管理精细程度不足，无法准确把握各类物资的需求和使用情况，计划无法准确贴近实际需求，从而导致库存过大或短缺，资金利用率低。

1.1.4　采购风险大

绿化物资采购通常涉及多家供应商，与供应商交易的过程中存在各种采购风险，包括质量不合格、价格变化、交付延期等。

1.1.5　信息安全

在物资采购环节中，采购计划、最高限价等信息属于保密信息，一旦泄露可能导致围标串标、采购腐败等风险，损害企业利益。

2　解决方案

从建立绿化物资信息库入手，收集公司自有绿化物资名录及可外购的绿化物资名录，通过系统完成计划申报、审批、采购、仓储、调拨等业务管理功能，实现产、供、销一体化管理及业务协同。

2.1　总体设计

系统实现绿化物资全生命周期管理，通过对现有业务的梳理，共划分为基础信息管理、计划管理、采购管理、生产管理、库存管理、销售管理、结算管理等七类主要管理模块(见图 1)。

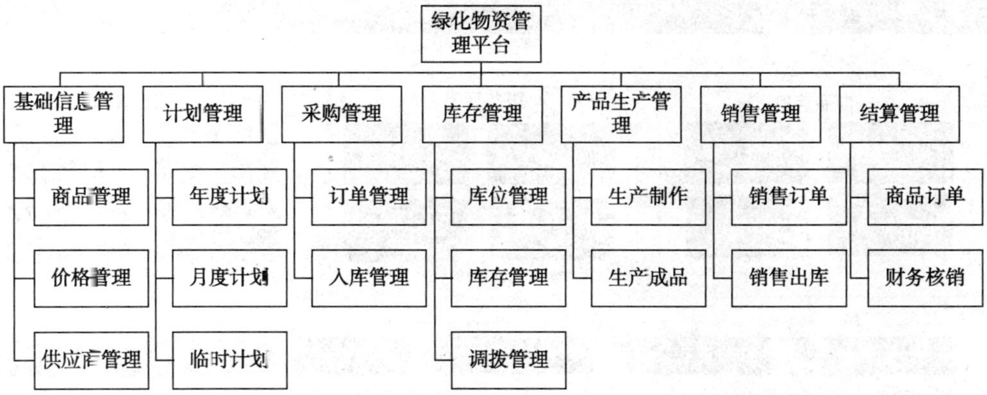

图1　系统功能架构

2.1.1　基础信息管理

对物资的基本信息全面信息化管理，建立包括商品品名、规格、物料组、物资编码、价格等主数据管理，动态管理完善供应商和产品目录，为物资采购及生产提供数据标准。

2.1.2　计划管理

生产部门依据上年度采购情况以及本年度工作情况预估形成年度计划，月度计划从年度计划中进行拆分，当发生紧急物资需求时，采用临时计划的方式进行需求计划的提报。

2.1.3　采购管理

对已经提报的年度计划及临时计划进行需求汇总，通过审批后，形成采购订单。管理部门依据采购订单按照管理规范进行招标、谈判，选定供应商，实现绿化物资采购管理。采购回来的原材料依据采购订单，对供应商送运的物资进行数量与质量的检验，符合采购预期的物资进行入库管理。

2.1.4　库存管理

根据实际生产需要，建立对应不同的下属单位的多个库位，并对库位中已有的物资进行查询及盘点，不同库位间通过跨库位调拨的方式进行库存物资的转移。

2.1.5　产品生产管理

生产部门按照生产计划或者依据生产订单，对需要的原材料进行采购计划提报或者对已有的库存物资进行生产出库申请，绿化物资经生产加工后的物资的规格、数量均会发生变化，在对生产成品进行盘点后即可进行生产成品入库。

2.1.6　销售管理

需求方通过平台提报采购订单，绿化公司对采购订单进行汇总，对于直接采购物资发起采购计划，对于生产库存物资依据库存进行销售出库。

2.1.7　结算管理

系统能够依据采购订单、生产订单、销售订单核算生产成本、销售收入凭证，传递财务核算系统，作为财务核算依据。

3　技术路线

3.1　系统软件架构

系统以MVC架构为基础，划分为数据层、业务层和应用展示层。MVC的分层设计不仅实现了软件层面的系统划分，同时可以将开发者划分为前端、后端、数据模型三个小组(见图2)。各自的代码完成后单独进行单元测试，层级间通过接口衔接，强化了开发团队的协同性，显著提升开发效率和质量。

目前，软件系统主流架构为MVC架构，即模型(Model)、控制器(Controller)、视图(View)的三层架构，能够将数据、业务逻辑、内容展示分层构建，实现系统功能的高内聚、低耦合目标(见图3)。

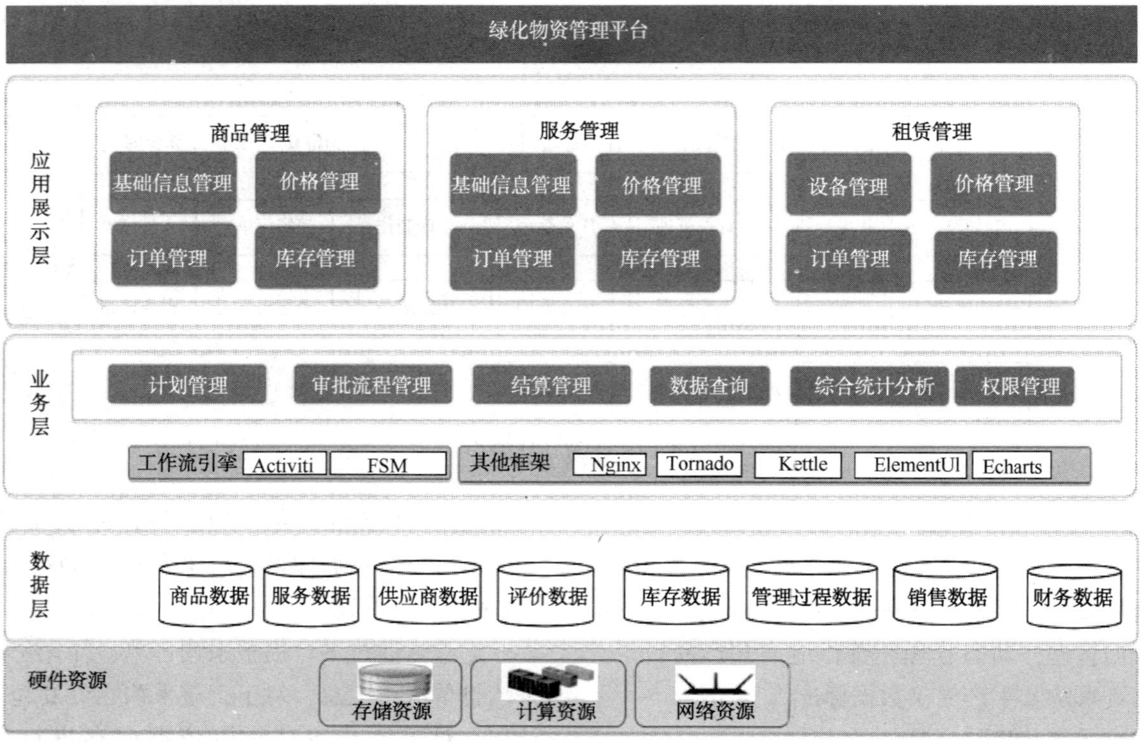

图 2　系统软件架构

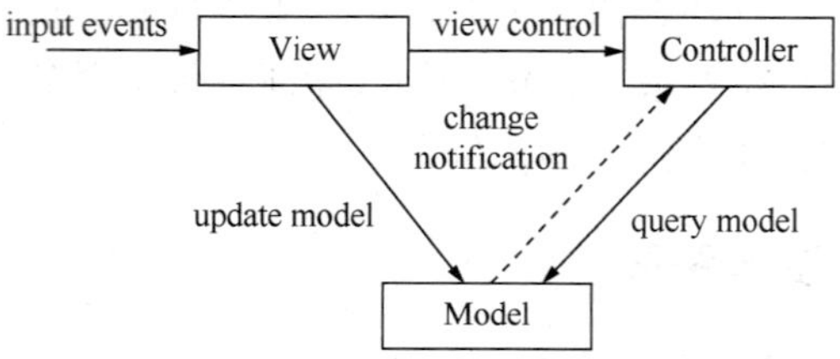

图 3　MVC 架构原理

3.2　开发工具

相较于传统开发模式需要开发者编写大量代码来实现业务逻辑，本项目使用 Activiti 工作流引擎（Workflow Engine），以绘制流程图的方式将管理流程转换为信息流审批。Activiti 工作流引擎是工作流的一种具体实现，它基于 BPMN2 国际化流程标准，是一个开源轻量级流程引擎。工作流引擎的引入，可以让开发人员专注于业务逻辑，无须为每一条业务流程分别编写数据传输、状态控制的代码，显著提升了平台的开发效率(见图 4)。

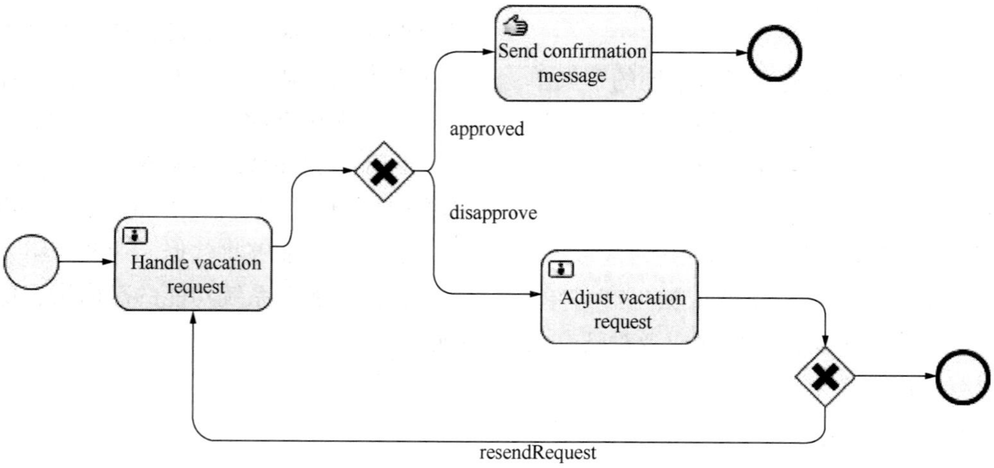

图 4　Activiti 工作流引擎

采用 Activiti Designer 作为流程图形化设计工具，通过图形化界面通过拖拽控件的方式绘制流程图，而无须编制数据流转控制的代码(见图 5)。同时当业务流程改变时，仅需修改流程图的控件及其对应的配置信息，无须修改代码，大大降低了系统变更时的开发成本。同时业务人员通过一段时间的学习，也可以掌握流程图的绘制方法，与开发人员协同开发或独立实现，使最终平台功能更贴合用户需要。

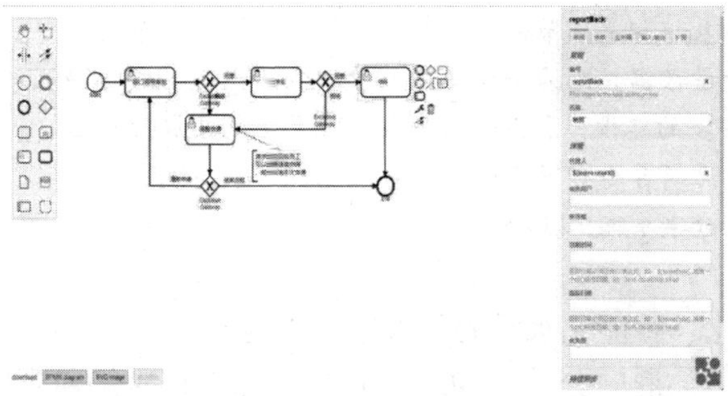

图 5　采购申请流程设计

3.3　数据输入

物资管理涉及的品类多、数量大、出入库频繁，对人工管理提出了巨大的挑战。即使通过信息化管理取代以往台账记录模式，大量、频繁的物资调动依然需要人工数据录入，单纯的信息化管理模式无法有效降低基层的工作量。因此，本系统使用 RFID，即射频识别技术(Radio Frequency Identification)进行仓储管理，降低物资仓储信息的记录成本。

应用 RFID 技术，管理部门可以实时了解货物位置及货物存储的情况，对于提高仓储效率、反馈产品信息、指导生产都有重要的意义。通过接入 RFID 自动识别技术，系统能够显著提升单位时间内处理物资的数量，还可以更便捷地查询物资的各类信息，有效地解决了仓储货物信息管理。

3.4　系统部署

系统采用云平台部署方式，将数据环境与用户访问系统分别部署在不同的云服务器上，根据系统需求动态分配存储和网络资源，降低服务器运行成本。同时，云端统一管理降低了本地运维成本，使开发者能够专注于系统功能扩展和完善。

4　结语

该项目根据绿化物资管理的特点，基于 MVC 架构、Activiti 工作流、RFID 识别、云平台等技术，建立了一套绿化物资信息化管理平台，对绿化物资的计划、采购、入出库、核算全过程实现了统一的数字化管理，提高了管理效率和质量，降低了管理成本。同时，使用工作流引擎的低代码开发模式显著降低了项目开发周期，RFID 识别技术降低了数据输入系统的成本，云平台的弹性资源分配降低了硬件开销和后续运维成本。

参　考　文　献

[1] 徐云松、曹媛媛、王肖奕. 基于 MVC 架构的 ERP 财务管理模块的设计与实现[J]. 微型电脑应用, 2021, 37(03): 155-158.

[2] 欧盛芬, 阳亦斌, 杨将, 等. 基于 Activiti 工作流引擎的电务生产管理平台设计与实现[J]. 技术创新, 2020, 17(06): 50-55.

[3] 刘治国. 市政绿化养护单位物资采购管理[J]. 管理世界, 2016(36): 98-100.

[4] 杨文峰. 供应链管理环境下石油行业物资采购成本问题分析[J]. 经管空间, 2017(33): 98-100.

[5] 孙磊. 基于 J2EE 技术体系的企业物资管理系统的设计[J]. 自动化与仪器仪表, 2015(03): 127-128.

荆门石化智能提货系统集成与应用

张　威

（大庆油田有限责任公司）

摘　要　荆门石化不断创新，力求从改革中求机遇，从转型中求发展，为有效提升企业市场核心竞争力，建成智能提货管理系统，集成了15个系统，实现了采销业务过程中电子化、货车辆调度和运输安全监控实时化、客户预约移动智能化，装车现场秩序规范化、采销相关环节的闭环式自动化。构建了一个集订单信息、订单执行信息、车辆进出厂各业务环节信息、计量数据信息为一体的企业管理应用平台。成功实践了“没有做不到的，只有想不到的”工作思路，通过一年多的建设，取得了良好效果。系统的集成为日后的项目建设提供了新的思路，为荆门石化的信息化水平再上新台阶打下了基础。

关键词　智能提货系统，电子提货；计量管理系统；分单系统；LIMS；定量装车

中国石油化工股份有限公司荆门分公司（以下简称荆门石化）主要产品销售包括炼油销售有限公司（以下简称炼销）、化工销售有限公司（简称化销）、华中销售和自销等渠道，涉及汽、煤、柴成品油、白油、石蜡特种油、液化气、丙烯及聚丙烯和石蜡等产品。根据中国石化总部的安排，中国石化化工产品电子提货（IC）卡系统（以下简称“化销IC卡提货系统）于2016年1月1日配合大集中ERP上线同步上线。通过化销IC卡提货系统的实施，实现了荆门石化化工统销产品销售提货业务的电子化、流程化管理。

随着石化行业提货业务信息化不断发展，提货业务管理水平也不断提升。对于业务源头端，化销公司、炼销公司对业务管理进行了持续优化，相继在业务上前倾，建设了客户入口平台；引入了客户自助、客户预约管理机制，增强了提货业务管理的计划性、合理性，进一步提升了提货管理水平。化工事业部于2018年5月组织召开了“合成树脂包装材料和出厂设施改进专项工作会”（股份公司化〔2018〕第32号），会议要求各企业从中国石化全局的角度出发，推进相关标准化工作，建设智能出厂系统。2018年9月，化工事业部和炼油事业部联合组织召开了“智能出厂系统标准功能和流程研讨会”，对企业智能出厂系统建设提出了以下指导意见：以“提升客户服务、加强业务协同、提高物流效率”为目标，建设企业产品出厂预约提货、物流安全等环节智能应用，覆盖化销产品、炼销产品和成品油等统销、自销产品的管理，提升企业物流自动化、智能化水平的需求迫在眉睫。

荆门分公司IC卡提货系统实施时间较早，其系统覆盖的广度较窄，只覆盖了化工销售统销产品出厂业务，其他销售业务（如炼销、自营、成品油产品）的发货管理仍采用线下纸质单据的管理模式，数据采集基本上还是依靠人工传递的方式进行，未能做到系统级别的自动协作及数据共享，不仅流程长、数据采集慢，同时销售部门无法实时掌握订单执行情况和现场发货情况，也不利于销售部门和发货部门对业务的统一管理。

1　需求分析

1.1　业务现状

1.1.1　荆门石化业务现状

荆门石化产品销售包括炼销、化销、华中销售和自销等渠道，出厂方式包括公路运输出厂、铁路运输出厂和管输出厂，计量方式包括地磅称重计量、流量计计量（定量装车控制系统和无定量装车控制系统两种方式）和定量包装三种方式。因铁路运输出厂和管输出厂由分公司自主安排，无法实现客户自主预约，故智能提货系统预约管理仅包含公路出厂方式。

由于荆门石化产品公路出厂具有计量点及装运点分散性、计量设备多样性和业务流程差异性等个性化特点，为便于项目的实施，将分公司产品公路出厂现状做了统一梳理。

1.1.2　业务需求

通过赴扬子石化、上海石化、青岛炼化，调研上述企业电子智能提货及其他信息系统建设与

应用。通过会议交流、访谈、实地参观等方式进行了调研，结合荆门石化现状，提出如下需求。

一是全面优化荆门分公司产品出厂业务流程，实现身份证进出厂管理，大幅提升系统性能和用户体验，操作界面清晰，操作简单易懂。

二是自助服务功能，提高自动化程度，逐步解放劳动力，提高企业效益。

三是在线开单功能，提高客户提货自主性，实现客户随时随地按需开单，提升客户体验，降低沟通成本，提高工作效率。

四是车辆预约信息的实时共享，减少厂外车辆的拥堵情况，实现提货车辆安排与产品发货能力的高质量匹配，降低司机的等候时间，提高客户的满意度，提升企业形象。

五是进一步加强系统集成度，保证数据交互及时、准确。

六是加强系统数据的汇总、分析与展示，为营销决策提供数据支持。

1.1.3　功能需求

功能需求方面，要求实现如下功能：

一是差异化预约设置，在分公司没有专有停车场的前提下，拟利用装车现场停车场做排队临时停车场，根据实际装车能力和现场停车容量，将预约时间切分为上午、下午或多时间段。

二是自动化加强预约管控，炼销在炼销平台预约，化销、自销、华中销售建议通过企业平台预约。预约设置预留量，避免超订单情况发生。

三是简约化实现智能提货，拟采用身份证方式替换二维码方式，减少纸质单据的产生、扭转。

四是智能化提高工作效率，公路交货单的生成由提货前创建交货单方式优化为装车完毕后自动生成交货单。该方式可有效提高工作效率：订单管理人员无须按车创建交货单，且无须再手动取消因未提货而产生的无效交货单；计量人员不再人工拆分交货单、制提货单。

五是信息化车辆管理，建立车辆数据库，将车辆运营资质、有效期、核载量以及其他安全管理内容纳入车辆管理模块，并与提货凭证进行关联，实时验证，同时实现车辆检查、违规车辆纳入黑名单管理。

六是便捷化移动安检，所有车辆进厂之前都要进行安全检查，只有符合安全要求的车辆才能进厂提货。该功能用于现场登记安检结果，根据安检结论控制车辆是否允许进厂提货，提高产品运输安全性。

六是集成化减少信息孤岛实现与 ERP、e 贸、物联网、炼销平台、计量管理系统、LIMS、门禁、安全培训系统、定量装车、地磅、分单系统、统一身份等系统的集成。

2　荆门石化智能提货建设准备情况

荆门石化智能提货系统（简称电子提货）2017 年立项，2020 年批复实施，为提高系统实施质量和效率，2020 年 8 月 9~19 日，信息管理中心牵头组织计划经营部、技术质量部、检验计量中心成立调研组，分别前往扬子石化、上海石化、青岛炼化对智能提货系统实施内容及应用情况、相关问题进行调研，并学习 3 家企业智能提货信息系统应用的先进经验。

调研过程中发现各家企业各有亮点，也各有不足。调研组结合荆门石化实际，确定了项目建设的总体目标，并对提货凭证进行了变更，对没有停车场进行了方案调整，对出厂流程进行了重新梳理，对系统集成方式进行了规范。收发货点和计量方式梳理如表 1 所示。

表 1　收发货点和计量方式梳理情况

编号	计量方式	收发货点名称	适用产品
F1	定量包装	聚丙烯	聚丙烯
F2	定量包装	石蜡	石蜡
F3	定量装车	5 号门装车站	液化气、丙烯等
F4	定量装车	航煤白油发货	航煤、白油
F5	定量装车	地付	汽柴油
F6	定量装车	润滑油公司内	异辛烷
F7	地磅	新汽车台地磅	石脑油（收货）

续表

编号	计量方式	收发货点名称	适用产品
F8	地磅	五一桥地磅	出厂：苯、润滑油、白油、硫酸、废料、液蜡、液氨、非标石蜡 进厂：甲醇、盐酸、液氮
F9	地磅	重油	重油
F10	地磅	液化气装车台	聚丙烯散料、丙烷等
F11	定量包装	粉状专用脂	粉状专用脂
F12	管输	管输	—
F13	铁路	铁路	—

按照产品的销售、发货和计量模式，荆门石化提货系统中收发货业务流程如表2所示。

表2　荆门石化提货系统中收发货业务流程

流程编号	流程名称	适用产品	对应发货点
B1	固体定重包装公路出厂	聚丙烯、石蜡、粉状专用脂	F1、F2、F11
B2	定量装车公路出厂	液化气、丙烯、航煤、白油、	F3、F4、F6
B3	地磅出厂	苯、润滑油、白油、硫酸、液蜡、废料	F7、F8、F9、F10
B4	非公路出厂	—	F12、F13
B5	地付公路出厂	汽柴油	F5
B6	定量装车与地磅比对	—	—
C1	公路进厂	石脑油、甲醇、盐酸、液氮、催化剂	F7、F8

智能提货管理系统业务复杂，具有涉及部门多、业务多、集成多的特点，其中集成就包括ERP、炼销平台、化销物联网和e贸、计量管理系统、定量装车系统(3套2个厂商)、汽车衡器(6台2个厂商)、分单系统(湖北省石油公司建设)、LIMS、门禁系统、统一身份等系统。为了系统的成功建设，项目组经过多次对接、讨论，制订了详细的设计方案。其中集成方案如图1所示，集成系统说明如表3所示。

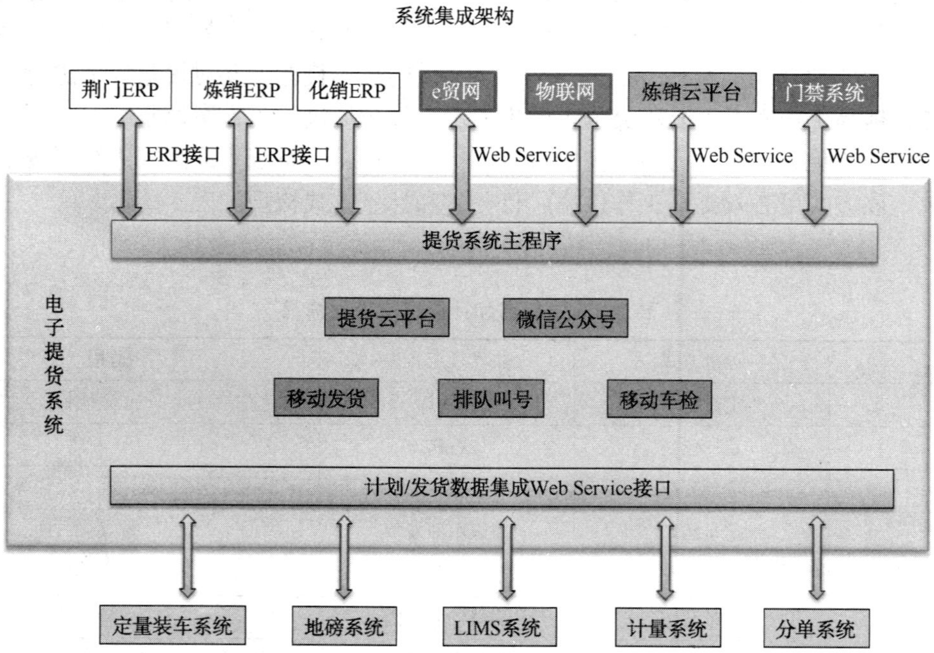

图1　智能提货管理系统集成方案

表 3 集成系统说明

序号	集成系统	基本内容说明
1	ERP	抓取 ERP 订单信息，创建交货单并过账等
2	e 贸	在 e 贸开单预约，推送到电子提货系统等
3	物联网	在物联网开单预约，推送到电子提货系统等
4	炼销云平台	在炼销云平台开单预约，推送到电子提货系统等
5	门禁系统	电子提货系统推送门禁系统满足进厂条件的计划等
6	定量装车(2 套)	预约计划数据推送给定量装车系统，实发量推送给电子提货系统等
7	地磅(2 套)	预约计划数据推送给地磅系统，实发量推送给电子提货系统等
8	LIMS	从 LIMS 系统获取质检报告
9	分单系统(2 套)	分单计划推送到电子提货系统，实发量推送到电子提货系统等
10	计量系统	地付产品：电子提货系统过账后推送计量系统(交货单号)出厂产品：电子提货系统把实发量推送计量系统等
11	统一身份	统一身份登录
12	安全培训系统	司机安全培训

3 荆门石化智能提货系统建设过程中的难点

智能提货系统除了业务复杂外，集成是最大的问题，要想实现多系统的无缝集成，必须制订详细的工作计划，组织好相关集成方的测试工作。其中难度最大的集成工作应属 LIMS、地磅、定量装车、计量管理、门禁、分单系统。

3.1 LIMS

实现无纸化的质检合格证难。原客户提货的产品质量合格证需人工查找后手动打印。为了方便客户，智能提货系统与 LIMS 系统集成，通过订单中指定的罐号或批次号直接获取产品质检合格证，并提供外网(PC 端和手机端)下载电子质检单功能，客户可以自行下载后打印，随时可以在系统中查到某车产品的质量合格证。

3.2 地磅

汽车衡集成难。荆门石化有汽车衡 6 台，分别是 2 个品牌，软件较老，在系统上线计划时间不充裕的情况下，想实现汽车衡集成基本不可能，除了原汽车衡厂商费用高外，还有软件开发周期长等问题。经过反复沟通，最终确定由智能提货软件厂商使用自主开发的软件替代现有的汽车衡称重软件。在实施过程中，又出现了替代软件称重不标准、不规范等问题。针对发生的问题进行整改、测试，最终都得到了解决，满足了现场计量要求。目前，自动化程度度高，数据准确。

3.3 定量装车

定量装车集成难。荆门石化有汽车液化气、汽车滑油台、新汽车台 3 个定量装车系统满足集成要求，前两个物理点均是采用的西安东风装车系统。后一个是深圳微分公司的定量装车系统。前两个投入使用较早，在升级过程中，不仅要实现与智能提货系统的集成问题，还需要解决升级后的软件操作简便的问题。与此同时，升级工作要保证现有业务的正常开展，难度极大，通过一个多月的多次讨论、开发、调整、测试，系统正式投用，在保存了原来的操作模式的同时，满足了与智能提货的集成，对班组提出的操作简便性建议进行了完善。目前，系统运行平稳，流程顺畅，微分公司的定量装车系统也参照西安东风系统的最终版进行开发、设计，大大减少了开发时间和工作量。

3.4 计量系统

计量管理系统作为原荆门石化的进出厂数据管理系统，一方面负责给 MES 每日发送计量单数据，另一方面负责 ERP 发货过账业务，其重要程度不言而喻。智能提货管理系统建设后，交货单从原 ERP 先产生到发货过账时生成，整个数据流程都发生了变化，计量系统也无法再沿用原有的交货单为唯一标识的数据逻辑。同时，公路业务的发货过账也将由智能提货取代，月底数据的处理和地付业务的高度集成业务被替换，想得到数据及时、准确的目标，唯有一次次地对接、讨论。通过项目组的努力，加上充分的准备工作，系统集成工作非常顺利，保障了数据质量，提升了自动化水平。

3.5 门禁

门禁集成难。门禁系统配套集成进度慢，在门禁没有集成的情况下，要保证流程畅通，且具有日后门禁集成的可用性，是一个比较复杂的问题。通过多次讨论，最终确定门卫通过手持机安检作为进厂依据，出厂通过手持机自动检验车辆业务是否完成，完成才能放行出厂。

3.6 分单系统

地付业务复杂。目前，地付业务已有微分系统，承担了分单的功能，最后的发货过账由计量系统完成，但地付业务没有预约、排队和叫号的功能，无法解决车辆拥堵门口和有序进厂提货的问题。经过多次讨论，由智能提货系统承担预约、排队和叫号的功能，发货由微分系统承担，过账由智能提货系统自动完成。此业务由于原有自动化程度较高，替换工作成为本项目的最大难点，也是最后实施成功的。

4 荆门石化智能提货系统使用效果及下一步建议

项目于 2020 年 12 月 8 日上线，采用系统先上线，各物料分步投用的方式，2021 年 6 月 4 日实现全业务流程、全物料覆盖，2021 年 9 月 23 日，顺利通过验收。

（1）实现手机端、电脑端的预约、查看，实现身份证一卡式提卸货便捷流程，进出厂效率及客户满意度大大提升。

（2）已完成 ERP、e 贸、物联网、炼销平台、计量管理系统、LIMS、门禁、安全培训系统、定量装车、地磅、分单系统、统一身份等系统的集成，实现数据的自动采集、回传，提升整体智能化水平。

（3）实现已售未提、已提未售、计量比对等特殊业务的处理，有效提升了数据及时性、准确性，保证了 ERP、MES、计量管理系统、智能提货几套数据的一致性。

（4）已建设普货和危化品车辆、司押人员管理资源库，实现对车辆及人员基础信息有效管理。

根据目前实施情况，结合荆门分公司实际，提出下一步工作的建议：利用信息化手段提升订单管理水平，解决 ERP 系统无法自动纠错的问题，避免错误订单的下达；提升预约的精准性，提高车辆进厂提货的精细化管理水平，避免厂区内和厂外道路拥堵，司机盲目到厂的情况发生；不断提升、完善系统功能，为企业打造安全、可靠、稳定的提货平台。

5 结语

智能提货系统在荆门石化的建设是一次非常好的实践，系统目前运行稳定，多系统之间数据扭转顺畅。实践证明，随着信息化水平的提升，从根本上解决信息孤岛的问题是可行的，但需求分析必须准确，设计必须合理，方案必须详尽。系统的集成为日后的项目建设提供了新的思路，为荆门石化的信息化水平再上新台阶打下了基础。系统的应用成功，为荆门石化客户提供了便捷的提货体验，提高了客户满意度，提升了市场竞争力。

浅谈基于厂内的帆软报表二次开发技术

石玉松

(大庆油田有限责任公司勘探开发研究院)

摘　要　帆软报表是大庆油田有限责任公司在全油田率先引进的软件开发工具，具有学习成本低、编写代码少、开发效率高、安全性高、集成性好等特点。随着该开发工具在全油田的推广普及，以及国家信息安全力度不断加大，厂内各类自主研发的应用软件越来越多地使用该技术进行研发。该开发工具虽然优点很多，但也存在一定的弊端，对于部分超出该开发工具的基本功能的需求，则需要使用二次开发技术来弥补。本文通过该开发工具的二次开发技术与厂内业务需求紧密结合，对二次开发技术的基本原理、需求场景、技术要求等进行全面阐述，并列举了部分使用该技术的相关项目进行深入说明。从理论到实践，从通用到专有，从厂内信息专业技术角度出发，打造适合厂内应用的二次开发技术，实现该开发工具的持续扩展，进一步发挥该开发工具在厂内自主研发应用软件的领域中的积极作用，做出更大的贡献。

关键词　二次开发；持续扩展；帆软报表

1　相关概念

1.1　帆软报表

帆软报表是一款高度集成的报表开发工具，它具有操作简单、管理方便、资源共享、安全性高、易于扩展等特点，同时支持PC端和移动端双模式开发，可以减少一般开发人员的学习成本，提高开发效率，合理优化技术资源。

2017年一厂率先引进该软件技术，2020年油田公司引进并全面推广该技术，开启油田公司所有单位的软件开发新模式。

1.2　二次开发

二次开发是指在现有的软件上进行功能扩展，达到想要的功能，不会改变原有系统的内核。二次开发的前提有三个：一是所需业务功能无法使用现有功能实现；二是现有软件必须提供相关接口及说明文档的基础支持；三是开发人员必须掌握二开所需的编程技术。

1.3　Java编程语言

Java编程语言是一门面向对象的编程语言，具有简单性、面向对象、分布式、健壮性、安全性、平台独立与可移植性、多线程、动态性等特点，可用于编写桌面应用程序、Web应用程序、分布式系统和嵌入式系统应用程序等。

由于帆软报表采用Java编程语言开发，因此后端类的二次开发时必须使用Java编程语言进行开发。

1.4　JavaScript脚本

JavaScript是一种具有函数优先的轻量级，解释型或即时编译型的编程语言，作为开发Web页面的脚本语言而出名。

由于帆软报表表现层主要基于JavaScript进行编写，因此前端类的二次开发时必须使用JavaScript脚本进行开发。

1.5　Eclipse开发工具

Eclipse是一个免费开源的、基于Java的可扩展开发平台，为基于Java编程提供了优质的环境，支持桌面、Web、安卓等各类应用软件的开发，同时提供多种文件格式及智能提示填充功能，大大提高程序开发人员编写速度。

该工具完全支持帆软报表类库的引用，为其二次开发提供全面支持，并且由于免费开源，不涉及使用版权问题。

1.6　Tomcat服务

Tomcat是一个免费的开放源代码的Web应用服务器，属于轻量级应用服务器，一般可以架设在Windows Server或Linux上，属于跨平台的服务，具有版本更新快、安全性高等特点。

帆软报表正常部署在Tomcat中，因此在二次开发过程中，需要架设Tomcat服务来支持功能运行，并且由于它是免费开源，也不涉及使用版权问题。

2　帆软二次开发的架构、原理及方式

2.1　基本架构

帆软报表二次开发包括前端和后端两部分，其中前端使用 JavaScript 脚本技术，主要利用报表 FR 接口和决策系统 FS 接口对表现层的功能进行扩展。后端使用 Java 编程语言，对逻辑处理、导入导出、数据源等业务逻辑层及数据层进行扩展，如图 1 所示。

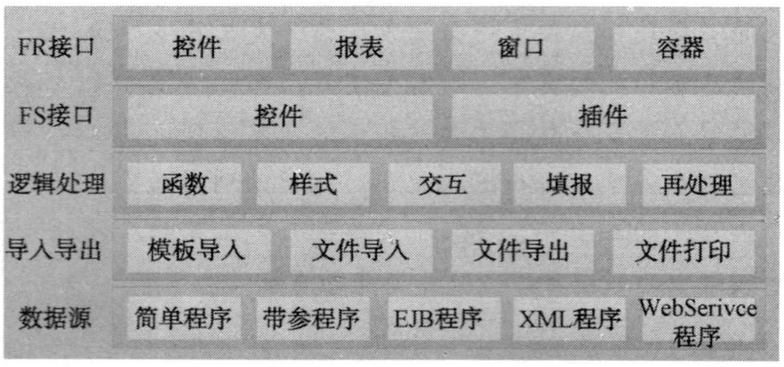

图 1　帆软报表二次开发架构图

2.2　开发及部署原理

该技术分为两个阶段，即开发阶段和部署阶段。

开发阶段共分为三个过程：一是开发环境的架设，包括 JDK、Eclipse 的安装和配置以及 FR 库的配置；二是通过官方提供的技术文档对相关的接口使用进行学习，包括 Java 和 JavaScript 两部分；三是利用编程技术进行代码编写。

部署阶段共分为三个过程；一是将开发完成的模块按照要求部署到 Tomcat 指定位置；二是在帆软报表的服务中进行配置及赋权；三是在项目中进行正确的使用(见图 2)。

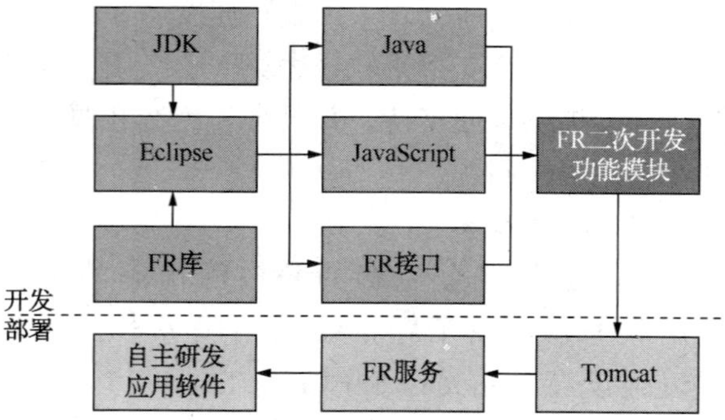

图 2　帆软报表二次开发及部署关系结构图

2.3　方式

帆软报表的二次开发方式主要有三类，下面从与厂内实际应用相合的角度来进行阐述。

2.3.1　函数类

该类采用自定义函数接口来实现，主要应用在功能复用及业务算法标准化等场景中。一是可以使用功能复用减少开发人员重复性工作，提高开发效率；二是使用业务算法标准化有效地规范算法的统一，避免因业务算法不标准产生结果数据的差异性。

2.3.2　数据集类

该类采用自定义数据集接口来实现，主要应用于三方只提供应用接口而不提供数据库使用权限的情况下，可以将三方接口返回的数据格式化为数据集，并在报表中直接展示，或将三方接口返回的数据经过与其他数据库数据进行计算后，将结果数据展示。

2.3.3　插件类

该类采用插件接口来实现，主要用于具有图形界面的功能模块的编写。虽然官方提供了大量三方插件，但大多数为通用插件，对一些专用插件是无法获取的。使用插件的二次开发，可以解决基本功能及通用插件无法实现的功能，可根据单位现有网络安全部署、服务器配置要求以及专业化的功能要求，对所需的功能进行扩展及复用。

3　应用效果及前景展望

3.1　应用效果

一是基于帆软报表技术的公司调度平台，需要向中油即时通中推送信息，通过二次开发，利用中油即时通接口，将此功能集成到软件中，成功实现用户需求(见图 3)。

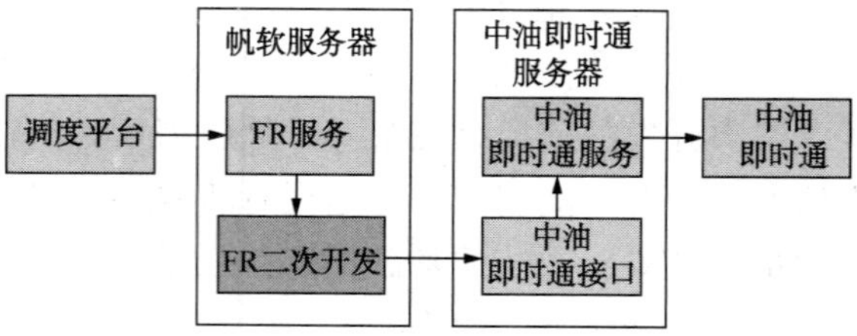

图 3　公司调度平台与中油即时通通信架构图

二是在采油厂作业运行数字化指挥平台中，需要使用信息技术公司提供的 GPS 数据以及与现有数据库中数据进行计算的功能，通过二次开发，实现复杂三方数据标准化为 JSON 格式，并按标准及要求与前端展示层成功对接(见图 4)。

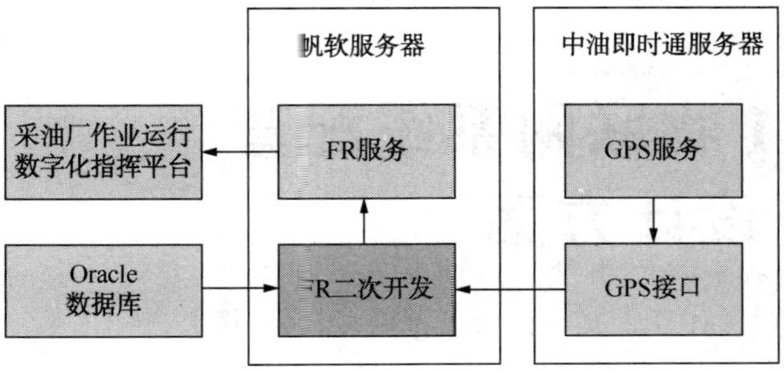

图 4　采油厂作业运行数字化指挥平台获取 GPS 组合数据架构图

三是在化学药剂库存调配管理系统中，导入计划需要导入时日期格式检查比对并计算，现有功能实现过于复杂，通过二次开发，实现该功能简单化且可复用(见图 5)。

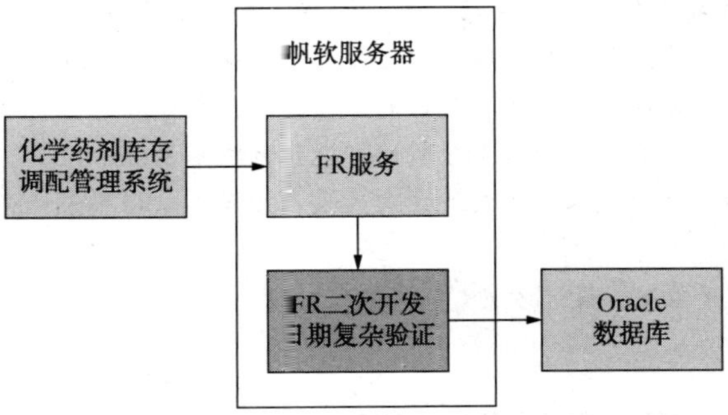

图 5　化学药剂库存调配管理系统日期复杂验证架构图

3.2　前景展望

目前该技术在厂内主要基于后端的 JAVA 技术的方向研究，下一步可基于 JavaSrcipt 的前端技术方向的研究，结合油田专业知识，研发专用各类插件。随着投入的时间及精力的不断增加，使其不断积累各类二次开发的功能模块，提高厂内专有软件功能的开发效率。

4　几点认识

(1) 该技术与厂内应用软件的功能需求是密不可分的。

(2) 使用该技术一定要掌握 JAVA、JavaScript 等编程知识。

(3) 基于厂内应用软件必须熟知业务相关的专业算法。

(4) 团队的力量才能实现该技术的效益最大化。

参　考　文　献

[1] 周宝亮，王敏. 计算机软件开发中 JAVA 编程语言的应用[J]. 电子技术与软件工程，2017(03)：61-62.

[2] 孙卫琴. Tomcat 与 Java Web 开发技术详解[M]. 2 版. 北京：电子工业出版社，2009.

智慧油田平台及A11物联网系统配套终端子系统设计方案

宿伯萍[1]、张胜利[2]、张士奇[3]、尚文涛[3]、刘成双[4]、许箕磊[4]、陆　梅[3]、郝瑞辉[5]、柯文奇[6]、李明江[7]、刘天宇[7]、于　洋[7]、艾　信[7]、刘　丹[7]、宿季鸣[1]

1. 哈尔滨博列石油科技中心；2. 中国石油华北油田公司；3. 大庆油田有限责任公司；4. 中国石油吉林油田公司；5. 中国石油辽河油田公司；6. 中国石化石油勘探开发研究院；7. 中国石油长庆油田公司

摘　要　我国国内油田从20世纪90年代相继开展数字化、自动化设施的建设，近年来已初步形成了多种架构的系统技术。A11系统是利用物联网技术，建立了覆盖全公司油气井区、计量间、集输站、联合站、处理厂的规范、统一的数据管控平台和技术规范，实现了生产数据自动采集、远程监控、生产预警，支持油气生产过程管理，实现了生产方式的变革、生产效率的提高、管理水平的提升。但目前与A11系统配套的单井控制终端仍然不能满足生产管理的需求。本文结合国内相关领域先进的单项技术，充分考虑了油田生产管理的需求，构建了一套基于单井井口产液量连续计量和连续含水分析的智能控制技术系统，阐述了各子系统组成及功能，提出了配套的后台软件平台和扩大的技术系统发展方向的设计方案，以指导未来智慧油田建设中单井智能控制技术的升级完善。

关键词　智慧油田；物联网；抽油机井；智能控制；子系统；设计方案

现阶段国内各油田数字化建设的基础条件不尽相同，在基础设施配套和油田信息化方面都取得了不同程度的进步。目前，海量数据的后期加工处理和单井运行自动控制方面仍不能满足智慧油田建设的需求，现场管理仍然依靠人工操作，生产效率较低。

当前在国际油价不断上下震荡、石油行业开发生产成本逐年加大的形势下，国内油田国内各大油田提质增效、精细化管理的需求日益迫切，对油田数字化升级的要求也逐步加大。希望通过油田生产管理的数字化升级来提升油田生产管理智能化水平，减少一线的劳动用工，提高生产现场的工作效率。

而单井的动态参数优化调整，同样需要实时生产数据的采集和实时优化反馈，所以实现抽油机井的数字化、智能化管理升级，需要在生产数据实时采集、实时分析和动态优化，自动反馈、自动调参等方面持续研究、逐步配套完善，并将研究对象逐步扩大到油水井组，实现注采系统一体化。扩大抽油机及相关井下地质、注水等生产实时数据的采集范围和动态关联，构建系统功能更加强大的智慧油田物联网平台，为智慧油田的技术升级奠定基础。

1　国内外技术发展现状

数字油田是美国人戈尔提出的概念，数字油田是在世界的范围里通过地理的坐标把全部的信息组织起来，建成完整的信息系统，同时提供直观、便捷的使用方式从而为人们服务。数字油田概念的提出是以“数字地球”的概念为参考的，不过前者比后者更有针对性，数字油田的中心思想是要保证将油田的自动化还有信息化彻底地实现。数字油田的发展还有主要的技术手段已经开始于国外的石油勘探公司。(1)10年前，IBM公司和挪威的国家石油公司一起基本实现了可以实时无线感知油田的工作情况，延长油田的使用寿命，大幅度提升产量。(2)沙特国家石油公司在建设智能油田的方案上形成了监测、优化、集成、创新的四层次理论。实时数据涵盖井下信息，配合智能通信技术、自动化技术实现了动态分析和数据资源整合，提高油田井下的作业的效率，提升油田油气资源的采收率。

目前，国内的各个石油公司需要学习国际石油公司先进的管理手段和科学的油田方案规划，而且还应该结合国情，明确石油生产的基本建设路线。

中石油建设推行多年的 A11 项目是利用物联网技术，建立覆盖全公司油气井区、计量间、集输站、联合站、处理厂的规范、统一的数据管控平台，实现生产数据自动采集、远程监控、生产预警，支持油气生产过程管理。通过生产流程的优化、管理流程的优化、资产配置的优化、组织机构的优化，实现生产方式的变革、生产效率的提高、管理水平的提升。

目前 A11 项目在油田生产中管理中也只能做到常规的数据采集和上传，实现常规统计生成固定格式的数据报表，没有真正发挥海量数据的价值优势。

2　智慧油田现场技术需求

2.1　优化劳动组织模式，增产不增人

传统巡井、抄表等工作都需要大量人力去完成，而物联网可以实现一线井场和中小型站场的无人值守，达到人员集中管理、运行集中控制、数据集中处理的数字化管理模式，及时掌握生产运行状况，实现远程操作，劳动组织模式由分散趋向集中。

2.2　提供决策依据，提升生产效率

在生产过程中　可以对单井生产数据进行精细化采集，及早识别出效率低、损耗高的单井，从而进行精细化的生产管理。

2.3　全面工况分析，及时故障预警

根据井下泵冲次和泵吸入口及井口管线压力的变化，可以快速了解抽油泵工况，及时对隐患进行预警，事先介入维修，避免设备进一步损坏造成更大损失。

2.4　故障报警实时上传，缩短设备维修时间

在物联网系统中，任何节点的故障都可以被及时发现，并且可以自动设置警报和上报功能。如此，工作人员可以第一时间得知故障的发生，并迅速组织维修。而维修过程中可以通过分析历史数据，准确分析故障原因和故障点，缩短了维修时间。

2.5　实施视频监控，建设平安油田

在重要井场部署视频监控，实现安全生产，一旦发现安全隐患立即采取措施；在重要卡口部署视频监控，可以实时监控进出作业区的车辆和人员，及时发现偷盗、破坏等行为，并及时制止，减少损失。

2.6　单井智能化控制运行

抽油机单井井口计量、含水分析、动态调参技术是智能化管理升级的基础，老油田开发后期，单井产量及含水是一个不断变化的参数，原有的计量方式和优化调整技术已经无法满足智能化管理的数据需求；智能化的管理需求需要的是实时的、动态的连续数据和前端的数据智能化分析反馈技术。

3　A11 终端系统配套设计

智慧油田 A11 物联网系统配套终端子系统设计方案（单井智能化控制运行）立足以最小的综合消耗实现井筒油气举升，使油田开发效率效益最大化；充分考虑了地质工程一体化以及油田数字化趋势；优选了当前国内已知的先进技术，即技术指标在国内外领先、工作原理具创新性、现场应用两年以上的成熟技术。有些新技术的选用在确定有很好的应用价值和前景的前提下，在生产过程中边实验、边提升、边完善过程中提高，用这种积极推进的方式保持该方案的设计先进和创新性。该项技术方案采用模块化设计，可以根据各油田的特殊性、针对性的调整和组合，满足不同油田的需求，是一套系统功能全面、闭环调整、自动运行的独立控制系统。

3.1　智能单井井口精准连续产液量测量技术

游梁机和塔式机井口连续计量技术是行业的难题，目前已得到了技术突破，并且游梁机和塔式机井连续单冲次连续累计高精度计量得到现场使用的验证（见图 1）。在中石油重点实验室、吉林油田和大庆榆树林油田现场标定实现误差 2%~3%的高精度液量测试结果。该技术在长庆油田页岩油井 1∶200 的油气比得到使用验证，对含气井的井口产液计量是可靠的，该项技术已有专利证书。因为当前的功图法单井计量有很多不确定性，还没有其他技术可以对比，选择该技术应用到终端系统中使用应该是唯一的选择。

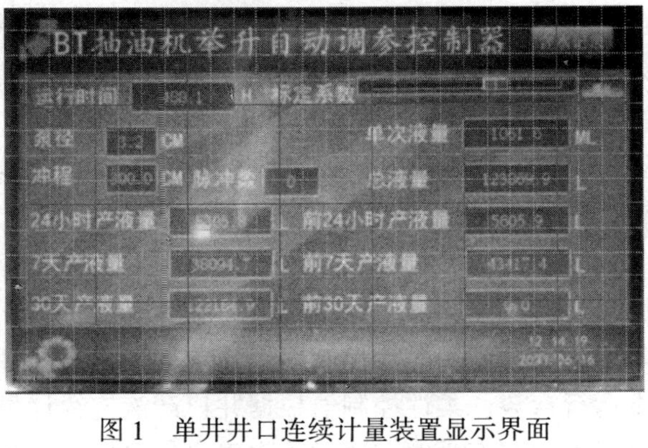

图 1　单井井口连续计量装置显示界面

3.2　智能单井井口连续含水率，含水量实时累计测量技术

油井的产液中含水是每时每刻都在变化的，任何人工采样都不能反映井口产液含水的段塞流总体实际状态。目前研发的连续测含水技术，连续平均 10min 的含水率和产水量的 24h 的曲线展示和水量统计，真实地反映出了油井的动态含水变化趋势和规律(见图 2)。这个技术是国际国内独有的技术。有了这个技术，可以实现地下和地面的数据结合分析和判断分析井下地质变化规律，有助于实现注采平衡工作的开展。

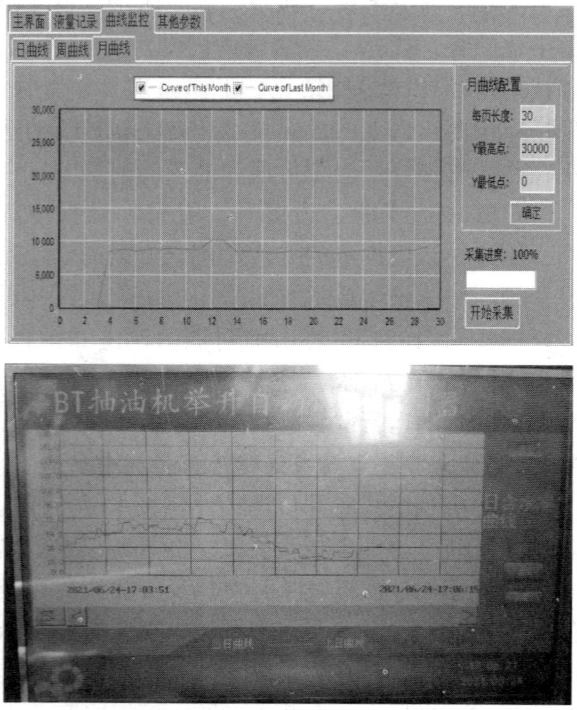

图 2　单井井口连续含水计量显示界面

3.3　抽油机柔性驱动技术

抽油机井柔性运行模式由柔性控制系统来实现。柔性控制系统主要由柔性控制器、变频器、井口产液连续计量装置和柔性控制面板四部分组成。其中，柔性控制器是整个系统的中枢，担负着数据的分析处理和结果输出；变频器是电机实现变转速恒功率运行的直接操控者；井口产液连续计量装置利用井口过流管线的温度、压力变化，负责计量抽油机井每一冲次的液量大小。实现抽油机井柔性运行的基本原理是：有线连接柔性控制器。变频器、井口产液连续计量装置，上电启动，并利用柔性控制面板设置抽油机井的基本运行参数，柔性控制器根据井口产液连续计量装置提供的液量值和通过冲次确定的曲柄位置数据，利用内置的柔性控制算法进行分析计算，并将分析计算结果输出给变频控制器，变频器依据接收到的分析处理结果在特定的时刻输出特定的频率，进而控制电机在不同阶段输出不同的功率，实现柔性控制(见图 3)。

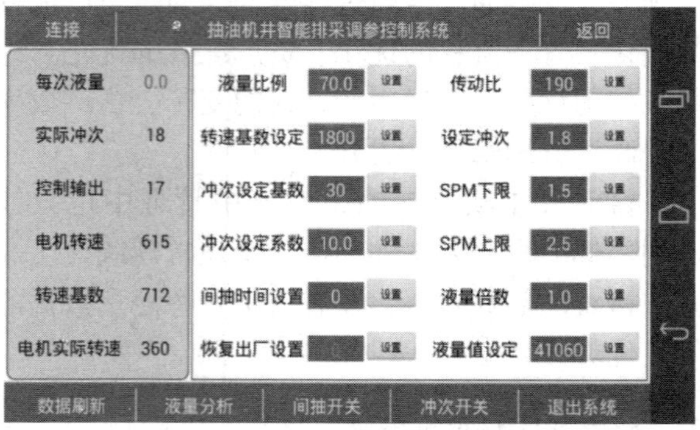

图 3　抽油机井柔性控制设置界面

3.4　单井系统的故障诊断和故障分析故障远程处理技术

关于单井智能举升系统的故障诊断技术、故障分析及远程平台处理技术的应用，BT-CYJTC-1 型单井举升系统技术已经在油田上运行 3 年以上。经历了北方严寒的冬季低温的考验，具体故障诊断内容在 BT-CYJTC-1 型抽油机(塔式机)井智能供(注)采平衡点自动跟踪(调参、量油、测水量)高效运行控制及单井物联网终端系统采集规格表中有具体说明。该技术的采用可以使国内石油行业的生产管理水平得到迅速提高。

3.5　井口连续产液量、含水率、实时产水量数据各参数数据采集与地质注水等油藏数据关联分析技术

经过在行业调研，单井井口连续产液量计量，井口实时含水率测试和产水量的技术在现场应用效果最好的技术是 BT-CYJTC-1 型单井智能举升系统。这套系统在吉林油田扶余采油厂已经安全运行了 8 个月，单井连续产液量计量在大庆榆树林油田运行了 3 年多，200：1 油气比高含气油井在长庆油田页岩油示范区块运行了 2 个多月了。该试验井安装的单井连续计量、含水率和含水量测试技术已经得到了实践的验证。由于有了高精度的单井产液量、连续含水率和产水量的数据采集手段，井下注水驱油与井上举升系统有了实时可靠的关联关系，有了动态准确的数据支持，油田生产的注采平衡关系有了技术保障，

为油田地下和地上工程的有效结合提供可靠条件。

3.6　井口油压与井下工况分析技术

对运行中的油井井口油压在不同运行环节的变化用数据统计分析手段解析出了单井产液计量方法，使单井计量技术有了一个重要的提升，使单井计量的测试的误差成线性关系。由于这个技术的突破，我们可以用单井井口的压力数据演化出井下的数据的演化方法，如果把这种方法继续分解优化，可以得到井下泵在不同的举升运行过程中的压力变化和压力特征点的变化关系。经过试验找出计算误差的方法就可以实现在井上测试出井下的压力变化数据，使井下数据监测的成本和方法有了一个极大的飞跃。这个技术需要一些实验来充实提高该项技术的应用和适应性。

3.7　利用物联网或通讯线路远程干预，调整终端系统运行状态技术

BT-CYJTC-1型抽油机(塔式机)井智能供(注)采平衡点自动跟踪(调参、量油、测水量)高效运行控制及单井物联网终端系统技术，已经具备本系统的远程无线调控技术，该技术的远程干预的技术内容也是全行业功能最多、性价比最优的。可以把本系统的远程操控功能移植到A11平台操作最终实现A11平台的远程功能，使A11平台实现智能化。

3.8　为物联网平台大数据分析选择提供有价值数据链技术

现在国内的油田采集了多年的数据信息，但是这些数据在采集时没有进行有目的性的价值挖掘和筛选，使积累的大量数据不知如何处理而造成了大量的浪费。BT-CYJTC-1型抽油机(塔式机)井智能供(注)采平衡点自动跟踪(调参、量油、测水量)高效运行控制及单井物联网终端系统，针对这些问题设计了一些有可扩展成效的数据采集与分析方法，使该系统所有的信息都会得到最好的应用和发挥。我们可以把井口压力数据连续发送到A11平台进行大数据分析，使这个关联井下和举升系统的数据链真正能得到应用和最大化地发挥数据效益，形成智能油田生态场景。

4　终端系统现场试验应用

2020年通过在XX油田3口井的现场应用(见图4)，成功完成试验内容：(1)井口连续计量结果与翻斗流量计进行对比；(2)井口连续含水测试结果与人工化验含水对比；(3)产量不变条件下的油井最低冲次匹配；(4)相同产液量、不同工作制度下的耗电量对比。

图4　智能控制系统试验井

试验井设备配置：

(1)载荷传感器；(2)电参数传感器；(3)变频控制柜；(4)井口产量连续计量；(5)井口含水连续测试；(6)自动调参控制器；(7)PTU；(8)DTU。

1#试验井的计量方式原为翻斗计量方式，与井口连续产液量计量装置进行同步计量，相同的时间内计量产量对比误差分别为2.97%和0.92%。当然，因为翻斗计量液量存在±1%左右的误差，不排除该实验数据存此误差的影响，对比数据见表1。

表1　翻斗计量与井口实时计量产液量数据同步对比

对比内容	计量时间	翻斗计量	井口计量	相对误差
液量计量	30min	84斗/176L	181.4L	2.97%
	30min	83斗/174L	175.6L	0.92%

1#井应用油井井口连续微波实时测量含水率，每秒采集50次的含水数据，通过单片机计算10min内的含水率平均值。该实验所采用的微波测量仪，可实现油水气三相混合液的瞬时含水测量，针对产出液中游离气的影响，加装段塞气测量模块进行含水率和产液量的实时校正。

该实验井日常含水测试为人工取样分析，共人工取样2次，现场对比结果误差率分别为0.50%和0.02%。因为人工取样分析计量精确度为±1%(见表2)，不排除该实验数据存在人工误差的影响。

依托于微波实时测含水率和数据处理技术，实现了油井实时含水率曲线的绘制，连续含水率曲线测试，突破了传统的人工取样测量含水的模式，使含水率的测量进入一个实时获取、自动回放的时代，大幅度降低了现场的劳动强度，计量智能化程度进一步提高，为油水井动态分析调整

提供了实时的数据依据，为实现地质工程一体化奠定了数据基础。

表 2　人工取样与测量仪表同步测量含水数据对比

对比内容	计量时间	人工化验	井口计量	相对误差
含水计量	单次	94%	93.53%	0.50%
	单次	94%	94.02%	0.02%

通过单片机对实时数据的分析处理，实现了油井举升设备工况的动态监测，提升了现场管理中故障处理的实时性。通过监测油井产出数据的异常，可自动判断抽油机皮带断、抽油机故障停井、油井不上液、井下杆断和杆脱、油管漏、凡尔漏失等异常情况，并及时报警。

××试验井井口连续产量曲线故障判断见图 5。

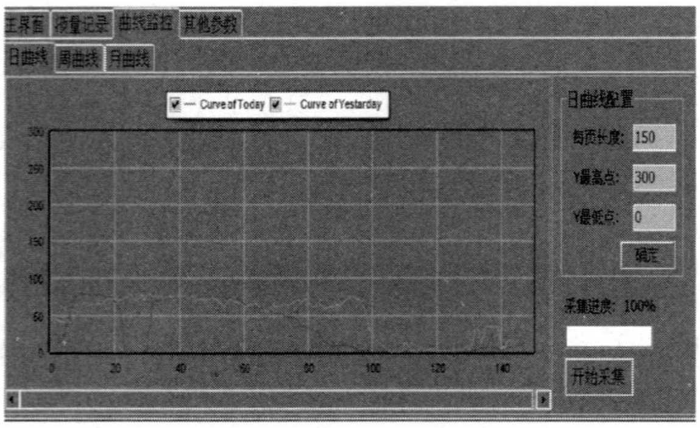

图 5　××试验井井口连续产量曲线故障判断

$2^{\#}$井在产液量基本不变的目标下冲次从 4.4 次下调为 2.4 次，泵效大幅度提升，日耗电量大幅度下降，实现了目标产量下的最低运行能耗的自动寻优(见表 3、表 4、图 6、表 5、表 6)。

表 3　$2^{\#}$井不同运行制度下的泵效及能耗对比

	冲次	理论排量/(t/d)	井口产液/(t/d)	泵效/%	泵效提高/%
工频运行	4.4	20.45	8.1	39.6%	33.1%
优化后运行	2.4	11.15	8.1	72.7%	

表 4　$3^{\#}$井不同运行制度下的泵效及能耗对比

	冲次	有功功率/kW	井口产液/(t/d)	泵效/%	泵效提高/%
工频运行	6.0	13.31	2,42	32.9%	
优化后运行	2.9	7.42	2.39	61.9%	29%
优化后运行	2	5.03	2.29	86.4%	53.5%

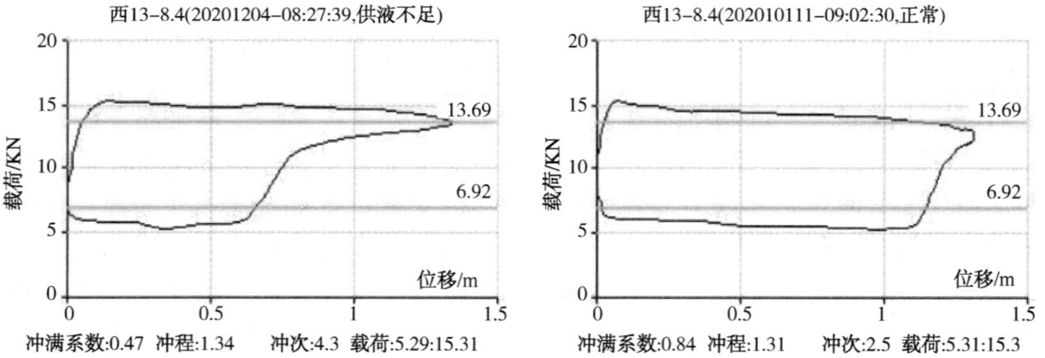

图 6　XX 试验井不同控制模式示功图对比

表 5　$2^{\#}$井试验前后能耗对比

	冲次	冲程/m	有功功率/kW	无功功率/kvar	功率因数	单相电流/A	电流/A	有功节电率/%
工频运行	4.4	1.4	1.79	5.9	0.285	8.7	15.1	
同冲次对比	4.4	1.4	1.38	0.05	0.999	3.3	5.7	22.9
同产液工况对比	2.5	1.4	1.12	0.05	1	2.7	4.7	37.4

表6　1#和3#试验前后能耗对比

井号	状态	冲次/min^{-1}	沉没度/m	有功/kW	无功/kvar	平均电流/A	功率因数	节电率/%
1#井	工频	4.1	288	11.95	21.8	35.2	0.444	
	柔性	4.1	288	9.16	0.76	16.3	0.9	23.3
	柔性	2	288	4.9	0.18	9.4	0.964	59
	工频	6	549	13.31	17.14	30.24	0.541	
	柔性	6	549	14.87	2.86	24.98	0.981	
	柔性	2.9	365	7.42	1.05	13.77	0.991	44.3
	柔性	4	375	8.34	1.48	15.53	0.984	37.3
	变频	4	388	8.64	1.52	15.38	0.984	
	柔性	2	350	5.03	0.1	9.9	0.999	62.2
3#井	工频	6.5	199	9.14	11.99	21.17	0.561	
	柔性	2.6	227	4.17	0.13	8.7	0.992	54.4

5　结论及建议

A11物联网终端配套设计(智能控制部分)是以井口连续计量产液量和含水为基础的智能化测控系统，该设计方案可以满足油田智能化建设的升级需求，在一定程度上实现了设备工况、工作参数、决策信息和自动控制的设备和算法升级，为油田生产现场减少劳动用工，节约运行能耗、提高生产效率，进一步提高智能化水平奠定了技术基础。

(1)以井口实时产液量和含水率为基础的智能控制系统的研发：一是在不需要气液分离的条件下，该技术可实现采油井口在线连续计量产液、含水，误差均小于3%；二是通过对井口实时产液量的测量和趋势跟踪，关联自动调参实现了油井的供采协调；三是利用超柔性控制技术，实现运行功率的“削峰填谷”，节约运行能耗达35%以上，改善了系统工况，延长了油井免修期；四是通过对井口回压的连续监测，获得了回压对油井产液量的关联关系。

(2)抽油机井井口实时产液量和含水的测量成功，可帮助动态分析人员精准描述注采关系，有效地控制注水，提高注水有效性，优化注水参数，减少无效注水及采出水的集输分离处理量，节约生产运行成本，实现智能采油系统的动态优化运行，实施井平均节约电能可以达到35%以上；延长油井免修期40%以上，是低油价环境下油田精细化管理、低成本运行的重要技术手段。

参考文献

[1] 李雪，张战敏，朱丽萍，等．抽油机井人工举升智能控制系统的应用[J]．石油化工自动化，2021，57(01)：12-16.

[2] 鲍云波，张宽慧，杨跃跃．榆树林油田智能化建设思路探讨[J]．油气田地面工程，2020，39(09)：68-71，85.

[3] 陈溯，安鹏，吴刚，等．海上智能油田建设研究[J]．石油科技论坛，2020，39(05)：16-23.

[4] 海涛．智能油田研究与技术发展及趋势探讨[J]．中国石油和化工标准与质量，2020，40(15)：226-227.

[5] 李璐，高炜欣，冯亚军．油田电控一体化装置智能管理系统设计[J]．云南化工，2020，47(12)：147-149.

[6] 杜宗军，杨建晖．西北油田智能化建设全链条创效[J]．中国石化，2020(10)：48-50.

[7] 刘志忠，刘晓垒．油田智能化建设的构想与实践[J]．信息系统工程，2020(08)：128-129.

[8] 岳彩祝，王超．智能油田远程监控技术的研究与应用[J]．化学工程与装备，2017(07)：93-95.

[9] 梁根生，常小虎，马有龙，等．智能化油田技术研究[J]．山东化工，2020，49(09)：142-144.

[10] 许洪东，赵大伟．油田智能化建设的构想与实践认识[J]．电脑知识与技术，2019，15(31)：284-285，291.

大港油田缆控式智能分层注聚技术现场试验

卫海涛[1]　王营营[1]　胡石锋[1]　宋祖厂[1]　杨海超[1]　孙福超[2]　赵　鑫[3]

（1. 中国石油天然气股份有限公司大港油田分公司；2. 中国石油天然气股份有限公司勘探开发研究院；
3. 中国石油集团渤海钻探工程有限公司）

摘　要　针对油田井下分层注聚工艺存在的投捞水嘴对接成功率低，反复投捞占井周期长、效率低，水嘴堵塞导致配注不合格需要频繁测调等技术难题，开展缆控式分层注聚技术研究及现场试验。该工艺配注器采用机电一体化设计，配注器内置电机驱动水嘴在0~100开度范围内精确调节注入量；配套电磁流量计、压力及温度传感器，实时采集井下流量、压力、温度参数；地面控制器通过油管外预置电缆向井下配注器供电及发送数据采集或水嘴调节指令，实现井下分层注入量远程调控；采用一种注聚、注水一体化水嘴结构，可同时满足聚合物低剪切及注聚、注水两种工况转换需求。配注器室内试验检测结果显示在1900万分子量、浓度1500mg/L、60m^3/d流量、水嘴开度由全开到全关情况下，产生节流压差0.1~5.4MPa，聚合物黏度损失控制在2.3%-11%，性能符合现场生产需求。现场在港东、港西油田注聚区块成功试验3口井，实现了分层流量远程测调及在线解堵。该技术的试验成功，对于油田提高聚驱效果及注聚井精细化管理具有重要意义。

关键词　智能分层注聚；缆控；远程调控；水聚驱一体化

水驱是国内油田开发的主要方式，分层注水则是通过封隔器和配水器来加强中、低渗透层注水从而改善水驱效果的重要措施。国内油田分注工艺历经多年发展由固定式水嘴、钢丝投捞水嘴、电缆边测边调，发展到目前能够实时检测及远程测调的第四代智能分注技术，为国内油田稳产开发做出了重要贡献。聚合物驱是水驱油田开发后期提高采收率的重要技术手段，国内大庆、大港、胜利、新疆等油田已经开展了聚合物驱规模应用。常规分层注水配注器水嘴对聚合物造成机械剪切，大幅降低聚合物溶液黏度，从而影响驱油效果。目前，注聚井的分注工艺仍以地面分注及钢丝投捞为主，技术发展相对滞后，因此开展注聚井分注工艺研究是对现有分注工艺体系的拓展与完善。该技术发展成熟后可有效解决面临的生产问题，提高规模应用效益及工作效率，降低生产成本。

1　DG油田分层注聚工艺现状

2011年以来DG油田化学驱应用规模及注聚井数大幅度提升，但注聚井分注率仅为51%，相对较低。目前，分注工艺以井下偏心分注为主，需要钢丝频繁投捞堵塞器芯子，自动化程度低，测试效率不高，且偏心分层注聚技术配套的环形槽堵塞器长度是传统堵塞器2倍，投捞测试难度较大，遇阻遇卡风险高（投捞注聚节流芯实物图见图1），成功率低。统计近3年分层注聚井测调，一次测试成功率不足40%，其中测调遇阻问题占比达到81%，投捞器卡落、仪器无法对接问题占比19%。以上问题严重制约了聚驱开发效果，因此急需开展免投捞测调分注工艺研究。

图1　投捞注聚节流芯实物图

2　缆控式分层注聚工艺

2.1　工艺原理

该技术通过封隔器分隔各层油套环空，每层放置一个缆控配注器，采用油管外预置电缆控制配注器来限制或加强不同层注入量，从而达到提高油层动用程度的目的。各个配注器通过电缆连接到井口控制箱，地面控制箱通过电缆向井下配注器供电和通信，井口控制箱可配套远程通信模块，从而实现分层参数的实时监测与分层注入量的远程控制(见图2)。

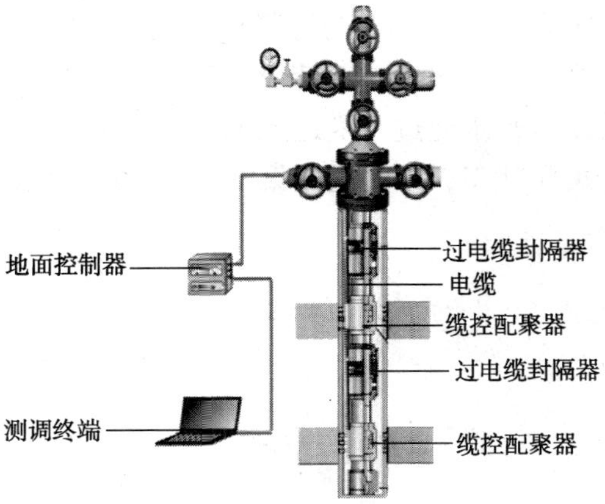

图2　缆控注聚原理示意图

2.2　缆控式配注器

缆控式分层注聚工艺是对缆控式分层注水工艺的发展与改进，其主要不同在于配注器功能与结构设计，其他配套工具包括过电缆封隔器、电缆、电缆保护器及井口密封器、地面控制器等工具在国内注水井已经规模应用，相关文献已有介绍，本文不再赘述。

2.2.1　主体结构

缆控式配注器结构包括上下接头、外套管、电磁流量计、内外压力传感器、温度传感器、线路板、传动部件、限位装置、水聚一体化水嘴。

2.2.2　电磁流量计

常用的井下流量计包括压差、超声波、电磁和涡街四种。压差式流量计会剪切聚合物造成黏度损失，无法适用。聚合物无法稳定发生卡曼旋涡，因此涡街流量计不适用于聚合物测量。超声波流量计受黏度制约，电磁流量计不受测量流体密度、黏度、温度、压力和电导率变化影响，是油田在聚合物流量测量时的普遍应用仪表。缆控式配注器优选适用于聚合物流量测试的中心通道电磁流量计，形成不同测量范围、测试方法的流量计系列，试制了小直径电磁流量计样机(Φ12mm、Φ17mm、Φ25mm)，实现单层流量的直接测量。优选大直径电磁流量计(Φ46mm)，通过递减法计算分层聚合物流量，通过试验得出：电磁流量计内通径对聚合物流量范围影响大，小直径电磁流量计测量聚合物量程远小于水介质。在1900万分子量、1500mg/L浓度下，内通径12mm、17mm电磁流量计量程范围5～30m^3/d；内通径25mm电磁流量计，量程范围5～50m^3/d(见图3)；内通井46mm电磁流量计(递减法测单层)，量程范围可以达到5～120m^3/d(见图4)。

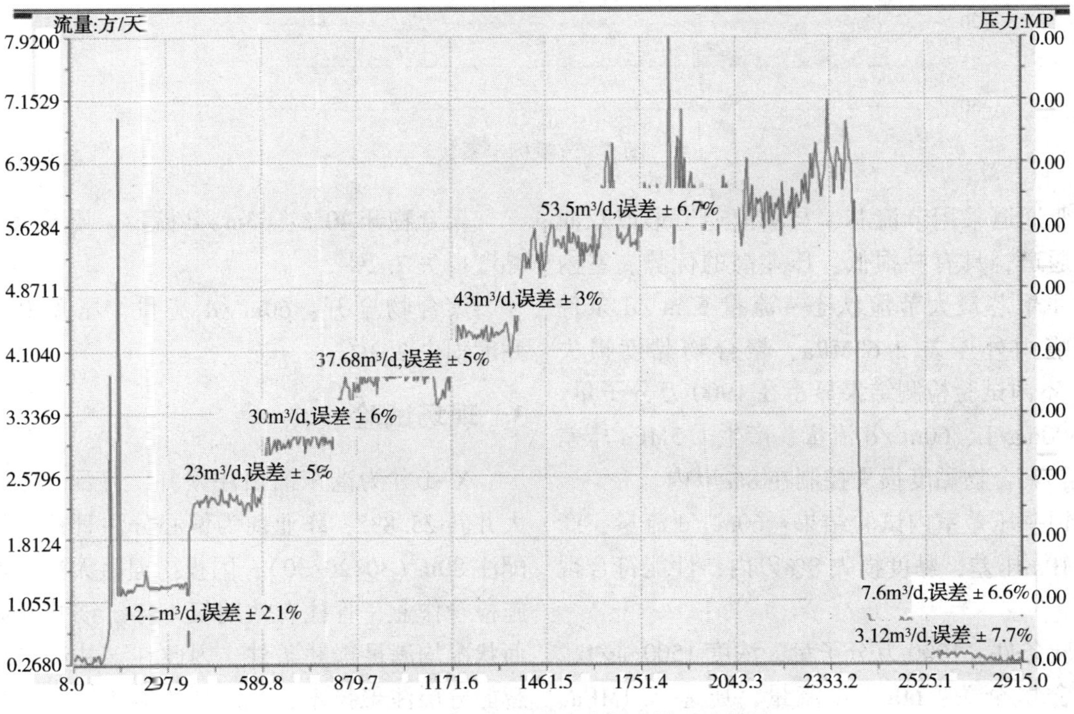

图3　25mm电磁流量计聚合物流量试验结果

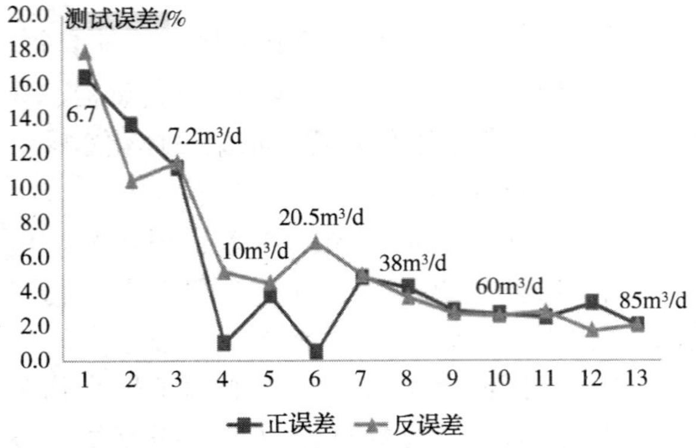

图4　46mm 电磁流量计聚合物流量试验结果

在水中标定的电磁流量计直接用于聚合物测量误差较大，现场应用需要在线标定，流量标定系数相差 1.2~1.3 倍(见图5)。

2.2.3　水聚一体化水嘴

为满足水驱、聚驱介质转换配注器需求，设计一种间隙连续可调水聚驱一体化水嘴结构，兼容注水和注聚，全周期行程短，调节时间短(全开—全关，18min)，调节精度高，注水过程聚嘴关闭，来水通过水嘴进入地层，注聚过程水嘴处于关闭状态，来水通过聚嘴进入地层。

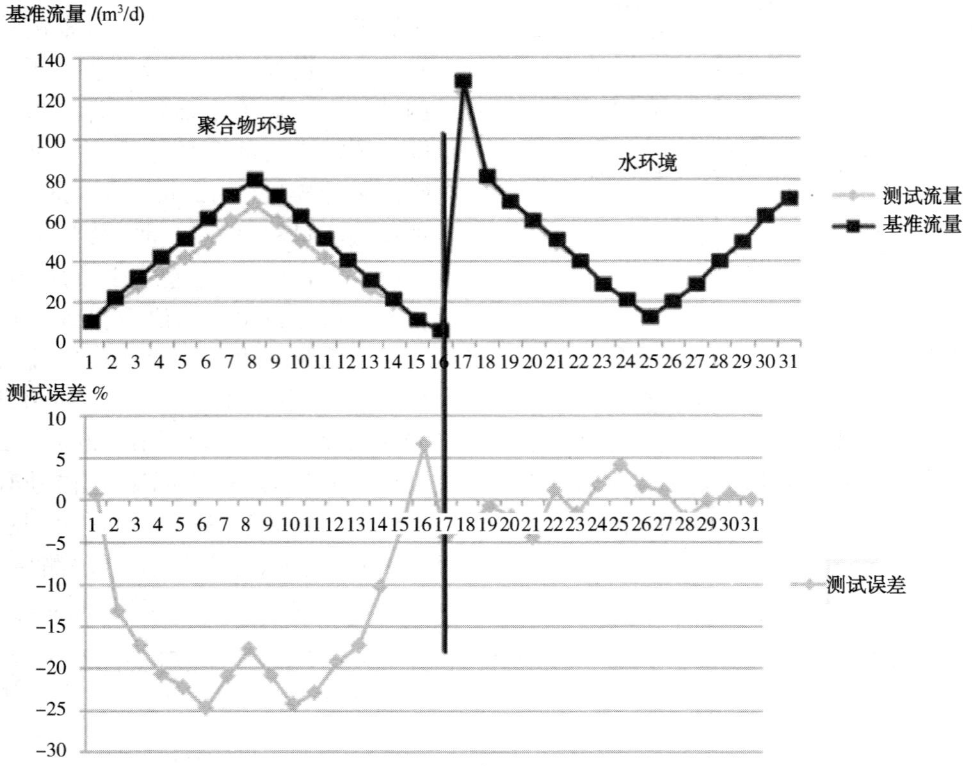

图5　流量标定系数

聚驱通道采用节流芯、与出液通道形成双曲面节流通道，具有黏损低、压差高的优势。室内检测在注聚芯最大节流状态—流量 63m³/d 条件下，水嘴内外压差 2.63MPa，聚合物黏度损失 8.7%。室内试验检测结果显示在 1900 万分子量、浓度 1500mg/L、60m³/d 流量、产生 1.5MPa 压差条件下，聚合物黏度损失控制在 8%以内。

黏损—压差室内试验结果：60m³/d 流量，产生 1.5MPa 压差，黏度损失 8%以内，性能符合现场规定。

试验条件：1900 万分子量，浓度 1500mg/L。

聚合物全关：60m³/d 流量，压差 5.4MPa，黏度损失 11%。

聚合物开 40%：63m³/d 流量，压差 1.5MPa，黏度损失 7.2%。

聚合物全开：60m³/d 流量，压差 0.1MPa，黏度损失 2.3%。

3　现场试验

X-1 井为港东油田注聚井，井深 1855m，最大井斜 25.83°，作业前为偏心分注管柱，初期日配注 80m³(30/20/30)，因投捞遇阻无法测调后实施检管作业，管柱有效期仅 1 年。该井井筒和地面状况均满足选井条件，因此在该井试验缆控式智能分层注聚技术，分注层段数为三段，智能配聚器下井前进行地面测试，三级配水器均开关正常，测试完成后关闭水嘴(控制器显示开度为50%)。该井作业一次成功，配聚器正常打开(见图6、图7)。

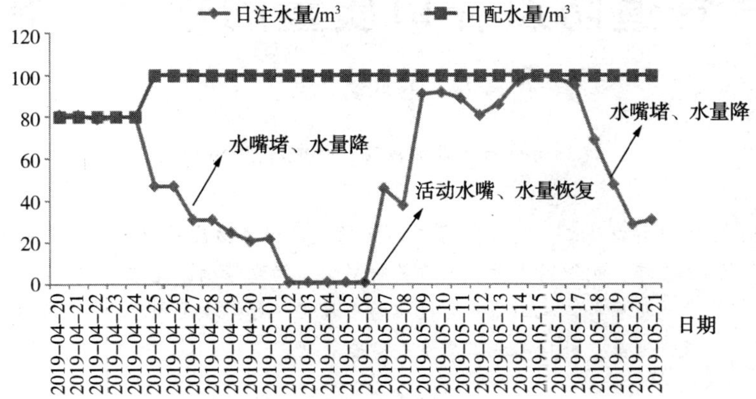

图6　X-1 井注水数据

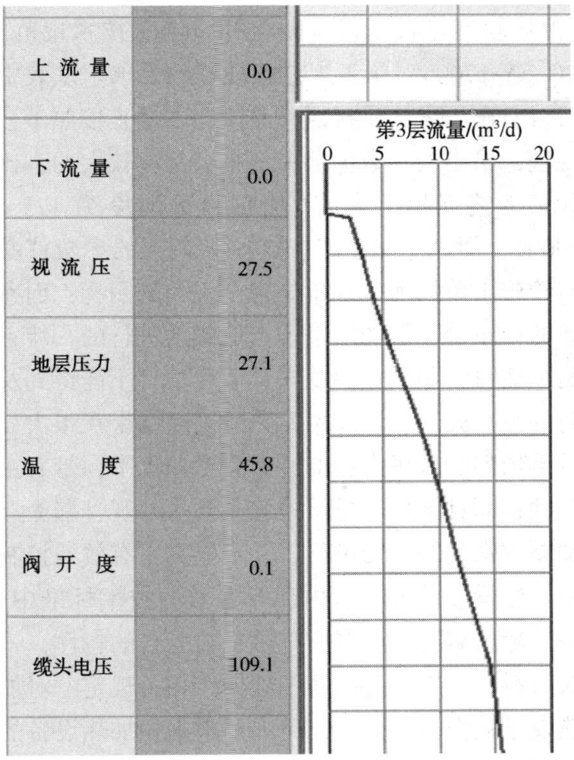

图7　测调时水量动态监测界面

地面验封：打开第2级配聚器水嘴，泵车打压5MPa左右，读取二级配聚器流量数据，读取1级、3级配聚器最后压力变换情况，结果显示坐封成功，流量和压力传感器正常工作。

测调情况：首次测调3天后，全井水量由80m³下降至40m³，油压14MPa，活动各层水嘴水量恢复，后期各水嘴仍有不定期堵塞情况，4个月内累计解堵7次。

注水情况：正常注入压力12MPa，偏1和偏3完成配注，偏2水嘴全开日注8m³，地层吸水性差。

4　结语

(1) 缆控式智能分层注聚技术实现了动态测调由“单车单井”到“远程调控”的智能化升级，能够大幅度降低测调工作量，减少测调成本，提高测调效率，并且能够实时掌握井下分层数据。

(2) 正常注入情况下油压12MPa，水嘴堵塞最严重时油压达到泵压14MPa，注入量为0m³，但通过微调各层水嘴可恢复注水，水嘴结构与注入介质匹配性有待进一步研究。

参考文献

[1] 张玉荣，闫建文，杨海英，等．国内分层注水技术新进展及发展趋势[J]，石油钻采工艺．2011 (02)：102-103.

[2] 刘懿，张茂强，赖建，等．石化技术．浅谈油田精细化注水技术[J]，2017(05)：61.

[3] 刘合，裴晓含，罗凯，等．中国油气田开发分层注水工艺技术现状与发展趋势[J]，石油勘探与开发，2013：(06)“733-734.

[4] 王建华，孙栋，李和义，等．精细分层注水技术研究与应用[J]．油气井测试，2011(04)：41-42.

长输油气管道防腐补口质量的数字化智能管理

代炳涛　王小斌　韩明一

（廊坊中油朗威工程项目管理有限公司）

摘　要　针对目前防腐补口施工质量控制存在的问题，提出了防腐补口施工质量的数字化管理体系，综合考虑人、机、料、法、环、测等因素对施工质量的影响，确立精确、完整的施工工艺参数作为大数据处理的技术支撑，实现管道防腐补口施工质量全过程的可量化、可标准化和可检测化的数字化智能管理。

关键词　数字化；数据采集；补口；施工质量；智能管理

随着我国科技的快速发展，随着计算机和网络的广泛普及，数字化技术在生产和生活中得到了普遍的应用。数字化管道技术是当今长输油气管道工程领域中的前沿技术，通过应用大数据技术可以使数字化管道在勘察、设计、建设和运营的过程中更具高效性和专业性，从而使数字化管道的管理更加方便。长输油气管道的数字化管理，特别是防腐补口施工质量的数字化管理，因其特殊性和复杂性，仍处于研究试用阶段，未能真正应用到现场防腐补口施工。本文针对防腐补口施工质量的现状，提出防腐补口施工质量的数字化管理模式。

1　技术思路和研究方法

1.1　防腐补口质量控制存在的问题

在整个管道外防腐施工中，补口防腐是保证管道防腐完整性的重要工艺，也是整条管道防腐涂层质量最薄弱的环节。目前，我国的长输油气管道防腐补口涂层多采用辐射交联聚乙烯热收缩带(套)和配套环氧底漆的方式。该防腐涂层大多数是由底层液体环氧漆、中间层胶黏剂、外层收缩带聚乙烯基材三种不同材料构成的，施工人员在施工现场通过加热手段(烤把或中频加热设备)实现对钢管表面进行包覆，在补口防腐施工完成后 24h 进行补口质量的检验，包括外观、漏点和剥离强度等三项内容。因此，防腐补口施工质量受人、机、料、法、环、测等因素的影响尤为突出。

图 1 是防腐补口施工工艺过程示意图，在整个施工过程中，每一环节的质量控制是根据防腐补口技术规范和工艺规程进行现场记录和判断的。表 1 是现行国内补口施工中所使用的规范《热熔胶型热收缩带机械化补口施工技术规范》(Q/SY 1700)对施工工艺各环节的要求。从表中可以看出，无论是按照产品说明书还是按照工艺规程，给出的参数值范围都将会是比较大的，比如某工艺规程上规定“加热回火温度为 175～190℃，加热 5～8min”，这些大范围的参数值必然给施工单位和监理单位带来极大的困扰；而参数的记录是零散的、按一定的频次进行的，特别是加热时间和加热温度等重要参数，不能得到及时的归整处理；对技术参数的判断结果在很大程度上依赖于现场人员的经验和专业水平，带有主观性；而且补口质量的检验主要从外观、漏涂点和剥离强度等方面进行，并不能真正有效地控制施工质量。此外，国内现行有效的技术标准中，并未考虑到防腐涂层中三种材料各自的特性，未对材料与加热设备的匹配性做出相关规定。对加热设备只作简单要求，比如要求中频加热设备的温度场的分布应满足热收缩带补口施工的要求，未能提供具体的、可控执行的要求，因此对防腐补口施工缺乏指导意义。这就造成补口材料在施工时，合格的材料出现单层甚至是多层的失效频频出现。如图 2 所示，在施工过程中由于不恰当的加热，导致热收缩带基材过度老化，热熔胶开裂；钢管表面预热温度过高，环氧底漆出现快速流淌和固化，导致涂层表面鼓泡、厚度不均等异常情况。

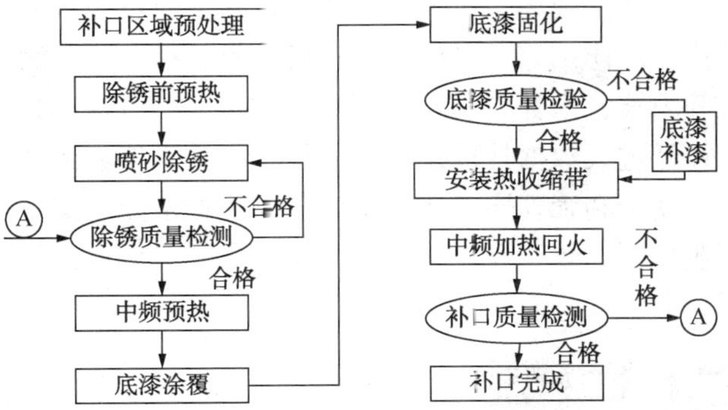

图1　防腐补口施工工艺过程示意图

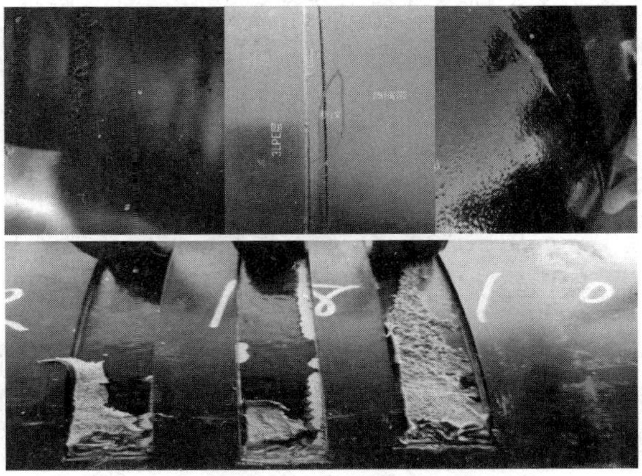

图2　防腐补口涂层失效

表1　防腐补口施工工艺要求

施工工艺项目	工艺参数要求	质量检验
喷砂除锈	表面清理等级为 $Sa2^1/_2$ 级，锚纹深度 40～100μm，灰尘等级应达到 2 级	锚纹、清洁度
补口区中频预热	采用接触式测温仪测量预热温度，每 2h 测量 1 道口，记录加热温度和时间	温度
底漆涂覆	按照产品说明书调配底漆、均匀涂覆、涂覆范围、厚度控制	湿膜厚度
底漆固化	固化方式和干燥时间	温度和时间
安装热收缩带	按照产品说明书的要求	目视
中频加热回火	按照工艺规程规定的温度和时间，用指压法检查热熔胶的流动性	目视、温度和时间
补口质量检验	外观、漏涂点和剥离强度	目视、每一个补口测漏涂点、每 100 个补口抽测一个剥离强度

此外，中频加热设备作为最重要的加热手段，与传统手工烘烤相比，具有高效、加热均匀、环境适用性广、可靠性高等特点，特别适用于大管径管道补口施工。但是，由于补口加热区域含有钢表面和带主干线涂层的搭接区域，中频加热设备对这两个区域的加热质量是不一样的，比如温降速度和温度保持时间，即使同一台设备对补口区域进行加热，也会有不同的有效加热宽度，内外壁温差。这些差异性，施工单位在施工时并未考虑，更不用说设备是否能满足三种补口材料的施工要求了。这就使得一些区域温度偏低，黏接失效。

防腐补口涂层失效往往是由于缺乏具有可操作性的技术要求作为指导造成的，由此引起大家对补口质量管理体系的深思。目前，国内工程建设对控制防腐补口施工质量的管理模式仍处于粗放式管理，主要表现在：各施工工艺程序的质量控制主要依赖施工单位、监理单位的现场把控，缺乏准确的数据依据，缺乏有效的数据管理手段，依赖于人员的经验，存在很多主观判断，导致对过程控制不到位，无法实现数据及时采集、专业处理；热收缩带的安装工艺缺乏有效的管理手段，导致加热过程中胶粘剂粘接失效、材料老化、补口密封性较差；中频加热设备的加热特性不清晰，与各种防腐材料的匹配性欠佳，设备参数任意变更。以上诸多因素结合在一起，最终导致补口防腐层的质量事故频频发生。

1.2　数字化管理体系的提出

针对上述问题，为了提升防腐补口施工质量的管理水平，将补口施工的质量控制从经验和人为判断转向数字化，推行补口施工质量的数字化管理体制。图3是根据目前防腐补口施工工艺的现状，结合数字化管理技术，提出的防腐补口施工质量的数字化管理体系。在补口施工开工前，按施工工艺规程进行工艺评定试验(PQT)验证，确认施工人员、加热设备、补口材料满足实际工程的要求；补口施工时，各个施工标段的现场施工记录、监测记录(包括工况条件、环境)即时传输至防腐补口施工质量控制实时数据库；补口施工完成后，进行补口质量检验，同时将记录上传；数据经快速处理和分析后，及时反馈给管理区和施工现场。可见，防腐补口施工质量的数字化管理体系综合考虑了人、机、料、法、环、测等因素，为补口施工提供详细的动态监测数据，并经过大数据处理系统直接将分析结果传输给施工现场和管理层，使数据信息处理更全面、更专业、更高效。

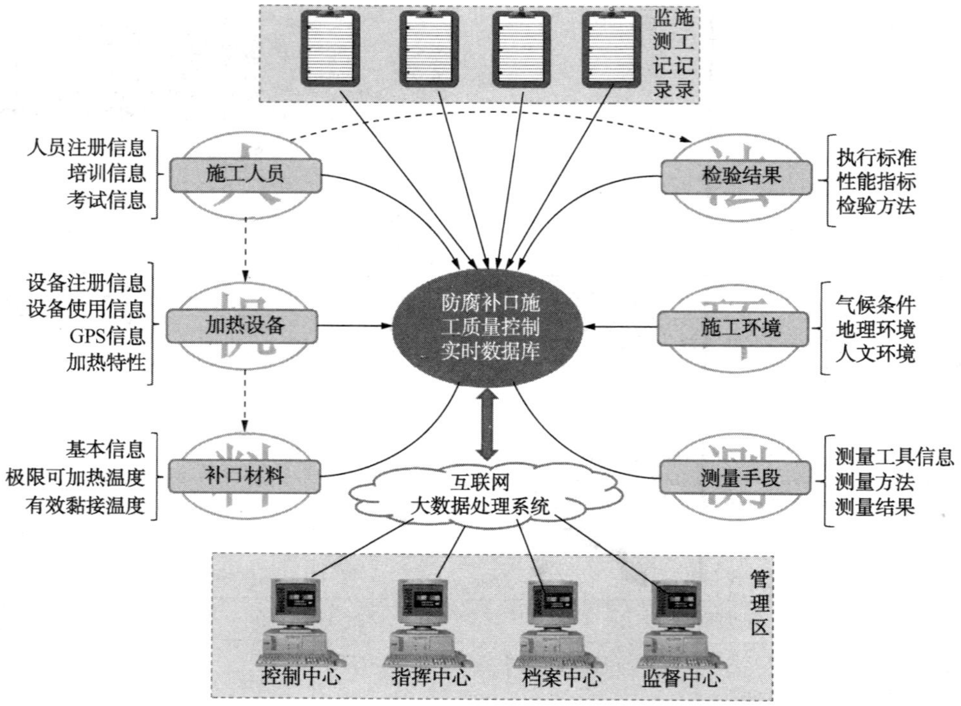

图 3　防腐补口施工质量的数字化管理体系

但是大数据的处理需要依靠完整、准确的数据作为支撑，即有效施工工艺参数的确立。在油气管道补口施工前，通过实验研究获得补口材料(胶黏剂、液体环氧和基材)的施工特性，即它们的极限可加热温度和胶黏剂有效黏接温度，然后根据补口材料的施工特性，选择加热设备，在模拟补口的管段上确认该加热设备的加热温度、加热时间和热分布曲线等相关技术数据；再进行工艺评定试验(PQT)，使用经过确认的人、机、料在施工管道上进行热收缩带的模拟安装，然后将安装后的补口送往第三方实验室进行相关性能的检测和评估；符合技术要求后，将这些工艺参数数据运用到现场施工质量管控中。在施工现场，施工记录、监测记录、图像和曲线等实时传送到数据库，根据已确立的施工工艺参数，经过大数据处理，及时反馈到施工现场，有效地实现对补口施工质量的控制。

1.3　确立有效施工工艺参数的方法

目前，有效施工工艺参数的确立还没有相关资料提出具体的实施方案。我们结合现场防腐补口的施工情况和课题研究成果，提出确立施工工艺参数的方法。

1.3.1　补口材料的施工特性

由于防腐补口使用的补口材料(胶黏剂、液体环氧和基材)均为有机高分子材料。而有机高分子材料因其分子结构的关系容易受热不稳定，尤其是不恰当的加热会导致高分子材料出现热(氧)老化、热降解等，导致材料的分子结构和使用性能发生改变。因此在进行补口施工之前，我们必须知道所施工的补口材料的极限可加热温度，防止因过度加热而导致材料过早出现老化、性能衰减。

补口材料的极限可加热温度是根据国际标准 ISO 11358-1 的检测方法进行检测。环氧涂层、胶黏剂和基材分别在氮气氛围下，在指定的温度条件下，一般以50℃为起始检测温度，每间隔10℃作为一个温度点，测出材料在30min内总的热失重量，以此建立温度与热失重量的关系，从曲线的双切线交点所对应的温度点作为该材料的极限可加热温度 T_c（如图4所示）。从交点可知，环氧涂层、胶粘剂和基材的极限可加热温度分别为185℃、145℃和190℃，则最小极限可加热温度 T_c 为145℃。因此在补口施工时，加热温度不能超过环氧涂层、胶黏剂和基材这三者的极限可加热温度的最小值，否则，材料将过早出现老化衰减。

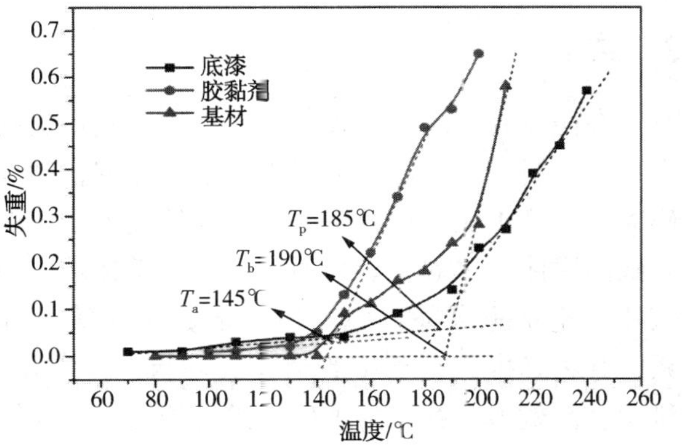

图4 环氧涂层、胶黏剂和基材的极限可加热温度

对补口材料进行加热，主要目的是促使胶黏剂能够熔融黏接，即使热收缩带胶黏剂与底层环氧涂层（底漆层）和主干线聚乙烯层（PE层）搭接处形成黏接。胶黏剂与这两种底材形成有效黏接时的最低温度称为胶黏剂的有效黏接温度 T_θ。该温度是根据欧洲标准EN 828的检测方法进行检测。以不同的钢管预热温度与胶黏剂的烘烤温度来模拟现场安装条件，控制20min作为保温时间，测试胶黏剂分别在PE层表面和底漆层表面的接触角，根据接触角判断胶黏剂对不同表面的润湿特性，然后通过控温模拟安装得到补口涂层系统，并经剥离实验验证，确认胶黏剂的黏接有效性。当控温模拟得到的补口涂层系统的剥离破坏形式呈现胶黏剂内聚破坏时，该系统所使用的钢管预热温度和胶黏剂的烘烤温度则为胶黏剂的有效黏接温度 T_θ。

1.3.2 中频加热设备的加热特性

中频加热设备是利用电磁原理加热钢管的外表面，底漆层和PE层的温度是从钢管表面传递而来。因此，中频加热设备应满足热收缩带在不同部位（底漆层和PE层）的安装温度要求，中频加热线圈的加热质量将直接导致热收缩带补口的安装质量。影响中频加热设备的加热质量的工艺参数包括加热功率、加热时间、加热温度的持续时间、线圈的分布情况以及线圈的有效加热宽度等。在补口施工之前，应对中频加热设备进行调试，获取补口部位的温度分布曲线、温降曲线等加热特性曲线。如图5所示，在实际工程的模拟补口管段上，测试中频线圈的加热情况，获取补口区域的温度分布情况和温降曲线，使得加热温度和温度持续时间满足补口材料的极限可加热温度 T_c 和有效黏接温度 T_θ、有效加热宽度与补口宽度匹配。同时，应记录中频加热设备的参数，如电流、功率、线圈的匝数、距离等。在补口施工过程中，不得更换中频加热设备；如若更换设备或补口钢管参数发生变化（如管径、壁厚），应重新获取中频加热特性曲线，确保中频加热设备的加热特性与补口材料的施工特性相匹配，确保补口施工质量得到有效管控。

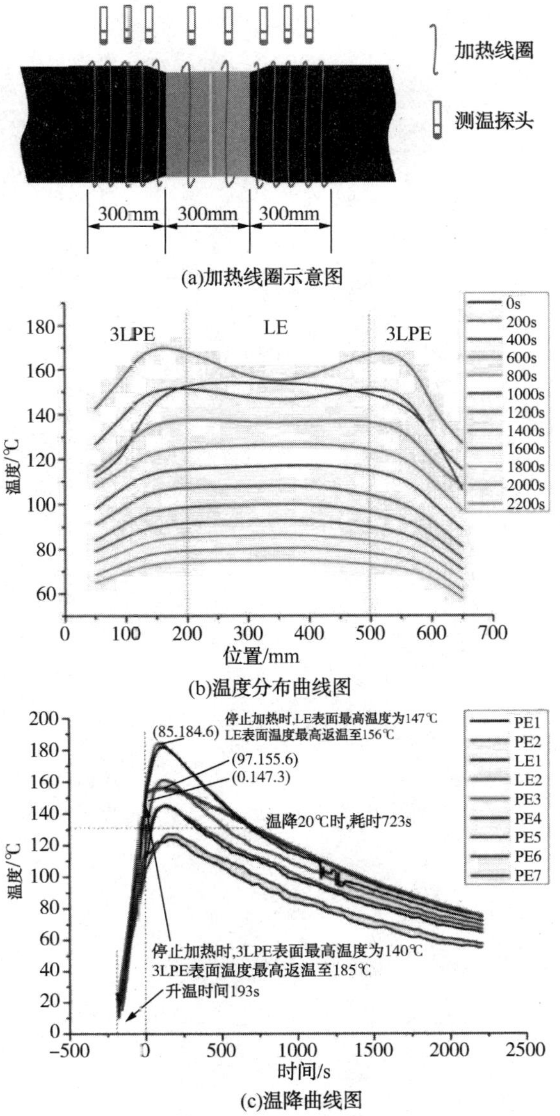

图5 中频加热设备的加热线圈和温度检测示意图

2　结果和效果

某管道项目是国家的重点工程，管道埋设地区环境特殊，管道防腐蚀补口施工质量将直接关系到输油管道的安全，因此采用数字化管理体系管控防腐蚀补口施工质量至关重要。在防腐补口施工前，补口材料的施工特性和中频加热设备的加热特性在实验室研究和工艺评定试验(PQT)中得到有效验证，并将特征性参数文件提交给施工单位和监理单位，以便指导现场补口施工和质量管控。图6是防腐补口施工质量的数字化管理体系的雏形，应用在项目取得一定成效，它完善了项目关键人员、机具设备的信息，实施了对人员、机具设备的信息化管控，有效提高了施工质量管理水平，为今后全面实现油气管道补口施工质量数字化管理奠定了坚实基础。

图6　某管道项目防腐补口施工质量的管理体系

3　结语

在防腐补口施工过程中，补口施工质量受到人、机、料、法、环、测诸多因素的影响，为了确保补口施工质量、减少因不合理的施工工艺而导致防腐涂层失效，必须通过现代科学技术作为依托，建立防腐补口施工质量的数字化管理体系，并将其推广至更多管道建设项目，全方位、科学、高效地对补口施工质量进行管控，保证管道补口安全运行。

智能举升实时产液、含水计量及调参诊断系统在吉林和大庆油田的应用与认识

许箕磊[1]　马　骁[1]　尚文涛[2]　杨　丽[3]　张士奇[4]　张向阳[5]
沉　飞[5]　陈长富[6]　宿伯萍[7]　宿季鸣[7]

（1、3. 中国石油吉林油田公司油气工程研究院；2、4、6. 大庆油田有限责任公司；
5. 中国石油勘探开发研究院西北分院；7 哈尔滨博列石油科技中心）

摘　要　通过对BT-1型智能油井举升系统的实时产液、含水计量及调参诊断系统的现场应用试验，首次在单井计量上实现了游梁式抽油机每冲程液量的实时监测，实现了供液与产液情况的直观性显示，实现了24h产液、供液情况的连续监测与规律分析，实现了管线回压与产液量的影响关系分析，并结合自动控制系统实现了供采关系的自动平衡调节和游梁抽油机井故障分析、报警及远程处理，以及多项技术突破，达到了国际领先水平，为油田的智能化建设提供了有力的技术支持。

关键词　实时监测；智能化；井口；产液；含水；柔性驱动；远程

在全球技术、经济交流日益加深的今天，物联网、大数据、人工智能等高新科技经过数年的发展在很多领域已经占有一席之地。而在石油行业，它们的发展潜力依然巨大，究其原因主要是石油行业面对的自然环境复杂多变，采油过程中一些问题无法预知，井下地层出液情况难以与地面机械采油同步等。

吉林油田及大庆油田榆树林等区块低产低渗区块较多，对于低产液井，常规开采方式投资高，油井数量多，分布范围广，日常工作量大，系统效率低，在近几年的低油价条件下不能完全满足油田效益开发需求。针对此问题，各油田相继开发了油井物联网系统，以实现日常管理和电参数的深度应用。通过停井报警仪实现了抽油机井生产时间的精确计量，为采油时率管理提供准确数据依据；通过测控仪实现了采集三相电压、电流、功率、功率因数、用电量等信息，通过电参的深度分析，实现了明显故障及不平衡状态的报警功能，并可远程遥控启停井。通过井场电子眼实现了抓拍多种分辨率的井场照片，实现电子巡井功能。物联网的扩大应用，对油井分布范围广、数量多的情况下的管理提供了便利，不过在对产液、含水计量及冲次调整等方面，仍旧需要人工手动操作，耗费大量工时，离建设“无人介入”的智能化油田的目标还很远。需要开发智能举升技术，在产液、含水计量及冲次调整等多方面开发自动测量、实时监测诊断等功能，并结合物联网，提升油田的自动化、智能化水平，打造“无人介入”的智能化油田。

1　智能举升系统地设计

2020年在大庆、吉林油田先后试验了BT-1型智能油井举升系统的基于产液、含水实时计量的供采平衡自动控制系统，系统涉及3项核心技术：智能超柔性驱动技术、井口压差产液连续计量技术、井口微波直接测产水量技术。目前可实现井口产液、含水实时自动计量与分析，实现依据产液量和井口油压曲线，分析评估单井运行状况，以供采平衡为原则，自动调整冲次，并实现抽油机电机的柔性运行；通过数据分析处理，进行故障诊断、分析和远程处理；可利用远程调控，实现运行参数和状态调整。

1.1　压差实时产液测量技术

该技术采用压差实时计量装置。压差计量实际上是容积计量，是用压差与液体流动和柱塞位置变化进行了关联测试，在国家认定的测试机构测试误差2%。检验方法完全采用油井现场工况流程中检测，见图1。

1.2　含水率实时测量技术

机械采油举升过程中的单井产液连续含水率的实时测量一直是世界难题，ISO国际标准即使

图1　实时压差计量装置

图2　微波测含水技术示意图

到今天也没有推出统一的标准。而国际上目前针对单井含水数据的收集和处理都是通过加装在井口的含水仪测量瞬时上液的含水率。比如使用在含水测量业内领先的美国OWD公司产品，目前只能够得到瞬间的含水率，但因为含水率变化范围大变化速度快，同时不能实时针对此时的单井产液量进行计量，导致并不能通过此种方式得到实时的含水量，因此这种方法对单井实际含水情况的掌握并无实际的意义。本测量技术可在每秒50个瞬时测量数据的基础上进行一段时间内的平均值的计算，从而实现实时平均含水率曲线的绘制，得到24h之内的平均含水率走势图来显示含水变化轨迹，有望凭此数据对井下的环境进行评估。此数据对于研究、判断、评价单井注水技术有着深远的意义。

在仪器的准确率方面，当前国际所有的测含水率仪器准确率都是在实验台环境下所标定，而在实际的油田使用中存在着因结蜡产生的数据严重漂移问题。而本技术试验仪表则是在油井现场进行标定，结蜡的影响完全被排除，整体的含水测量准确率达到了最佳状态。

本微波实时测含水技术，该技术测液体中的油和水的比例关系反应速度快，灵敏度高，测量精度高(见图2)。瞬间含水值与井口量油进行同步测算，从而得到了10min、24h、7天和30天的产油量和含水量。该微波测试技术实现的测量参数为：每秒测量50次；误差≤5%；工作温度0~120℃；电压24V直流；耐压6MPa。

1.3　电机柔性变频控制技术

该技术针对异步电机、永磁同步电动机实现超柔性驱动运行。该种驱动方法可以大大减少抽油机运行的加速度和悬点载荷，并把抽油杆直线运行的加速度曲线变得平滑，降低了冲程损失，提高了泵效和系统效率，使抽油机在最佳工况运行。

1.4　智能单井控制系统

现今国际上各大石油服务和IT企业都尝试在智能采油的领域开辟新的战场。其中不乏西门子、斯伦贝谢、Weathford等国际知名品牌。然而迄今为止，它们推出的产品都只停留在自动化的范畴。比如西门子和Weathford推出的抽油机自动控制器，都需要经验丰富的工程师事先人工设置启动开机输出功率、上下死点抽油机速度等参数，不能根据实时井况对抽油机进行智能实时调整。而本实验的智能单井控制系统是世界上第一个拥有智能的单井控制系统，其具体表现为以下三点：

一是开机后根据最佳泵效和井口产液量数据变化，精准判断井下地层供液能力，智能设置最佳举升设备的参数，并且根据产液能力变化随时对其进行调整。

二是智能实时控制驱动参数，根据载荷变化实时调整电机输出功率，使负荷需求和实际驱动数据最佳耦合。让突发负载变化和由于液击等原因产生的载荷变化对光杆和抽油机的损伤降到最小。

三是本系统是按着智能逻辑关系运行，一旦任何环节出现异常，智能控制系统立即判断出举升系统运行状态出现的故障类型，并且给出相应故障报警与解决建议提醒或进行远端故障处理。

上述每项技术的解决都是迄今为止采油举升系统面临的难题，而本实验采用的单井举升控制技术把这套完整的技术链完美的整合在一个系统之内，具有稳定、高效、可靠的特点。

2　智能举升系统现场试验与认识

2020年通过在大庆、吉林油田3口井的现场应用，成功完成试验内容，并取得了以下效果和认识。

2.1　每冲次产液量实时计量的实现

2.1.1　实现了深井泵每冲次的液量计量与显示，取得了产液量计量方法的突破

通过与翻斗计量同步对比产液量，误差率在3%以下。通过压力传感器可获取井口出液时压差变化曲线，该曲线可真实地反映泵内液体的充满情况与压力情况，可以此分析供液是否充足，以及深井泵工作状态，及时发现泵、凡尔、油管漏油情况，实现抽油杆断、脱情况的判断。

每冲次实时液量计量的实现，是业内油井产液量计量方法的突破，通过该项成果可以完成多种应用（见图3）。一是通过该冲次下的充满程度的了解，可以直观地了解目前冲次是否达到的较高的泵效，是否需要及时调整。二是设定冲次数的充满程度变化，可以反映动液面的变化情况。实验中发现，以冲次3次为标准，沉没度高的时候每冲程充满程度可达到60%～75%；动液面较低沉没度在50m以下时，每冲程充满程度为30%～45%。

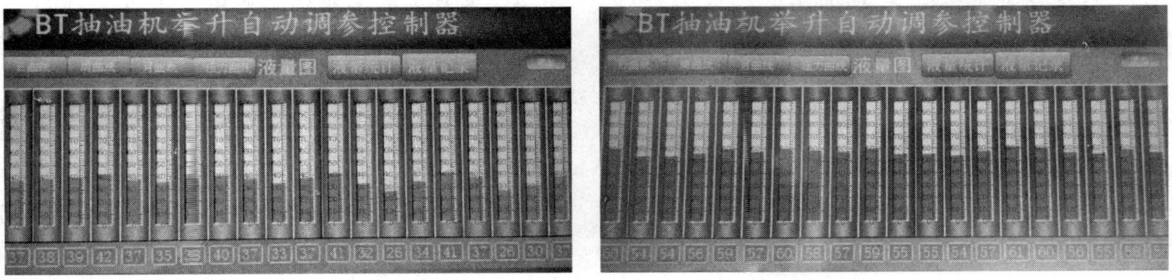

图3　每冲次实时产液量测试情况

2.1.2　实现油井产液量24h动态对比监测并取得突破性的进展

油井产液量24h动态监测的实现，为了解单井的产液量实时变化情况提供了突破性的进展。通过油井实时产液变化情况曲线，可以了解油井产液与时间的变化趋势，指导措施的实施（见图4）。

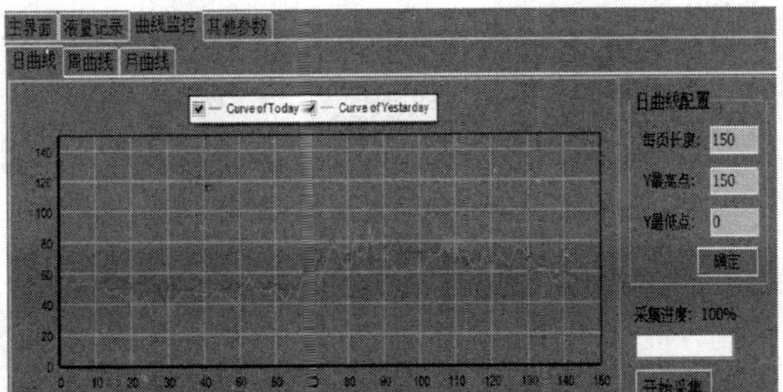

图4　油井产液量24h动态监测曲线

输油管线回压是否对油井产液量以及泵效有影响，是值得探讨的问题，先前相关技术人员也有通过油井计量仪表进行过相关的评价，不过由于不能实现实时监测与泵效的准确对应，并没有得出有效的结论。

通过本井24h产液曲线对比，发现夜间平均产液量要比日间少15%～25%，仔细查找原因发现夜间管线回压要比白天高5%～10%，直接影响了管线入油量；在大庆榆树林油田的试验井进行了相反的验证，夜间管线回压比白天低3%，夜间产液量比日间高5%～8%。两种不同情况的验证直接证明了输油管线回压情况，对油井产液量的直接地影响。同等条件下回压增加，会使深井泵的泵液过程变得更加困难，使深井泵的漏失量增加，引起泵的进液量和泵液量都有所降低。了解了井口压力与产液量的对应关系，给油井举升提供了一个提高产液量的途径，是机械采油开发需要引起重视的一个问题。

2.1.3　实现日、周、月产液量测量

基于实现油井产液量每日动态监测的实现，通过单片机进行数据的累加处理，并可精确地得到日、周、月产液量结果，可以了解油井产液的长期变化趋势，明确产出的精确变化情况，指导油井开发模式的调整。

该油井计量方式原为翻斗计量方式，与井口实时计量仪表进行同步计量对比，相同的时间内对比误差分别为2.97%和0.92%。当然，因为

翻斗计量液量存在±1%左右的误差，不排除该实验数据存此误差的影响，见表1。

表1　翻斗计量与井口实时计量产液量数据同步对比

项目	计量时间	翻斗计量	井口计量	误差
液量计量	30min	84斗/176L	181.4L	2.97%
	30min	83斗/174L	175.6L	0.92%

2.2　实现了油井含水量实时计量的监测，取得了油井实时含水测量的突破

应用BT-1型智能油井井口微波式实时测量含水技术，实现每秒50次的含水测量，并通过单片机获取10min平均值，作为本段时间的含水率值存入存储器。该实验所采用的微波测量仪表，针对油水气三相的测量，当井液中涉及较多气的影响时，可以实时进行校正。所以针对产气多的井，该微波测试仪表可以实时修订数据。该系统还可以加装段塞气测量仪器进行修正，当有段塞气通过时候，同步通知单片机进行含水率和产液量的校正。

该试验井日常含水测量方式为人工取样计量，与测量仪表进行同步测量对比，两次现场对比结果误差率分别为0.50%和0.02%。当然因为人工取样计量精确度为±1%（见表2），不排除该实验数据存在人工误差的影响。

表2　人工取样与测量仪表同步测量含水数据对比

计量项目	计量时间	人工化验	井口计量	误差
含水计量1	单次	94%	93.53%	0.50%
含水计量2	单次	94%	94.02%	0.02%

2.3　实现了24h含水率变化曲线

依托于微波实时测含水技术和数据处理技术，突破性地实现了油井实时含水曲线的绘制，该技术属于国内首创，见图5。打破了含水测量一直用人工取样获取含水数据的传统，让含水测量进入一个实时测量、无须人工干预的自动化模式。该项成果可以清晰地了解注水对于油井的作用，了解水井注水量的变化是否可对油井的含水率造成影响，对注水的有效性及控制注水的方式具有特别重要的指导意义。

另外，该技术有助于开采方式的转变，实现从关注产液情况，到关注产油情况的转变。在高含水开采现状下，目前仍旧只能通过注水提高产液量，没有手段对产油量进行监控及干预。而含水率变化曲线的取得，为监控并寻求最佳的产油量提供了技术支持，为注水开采提供了新的开发思路。

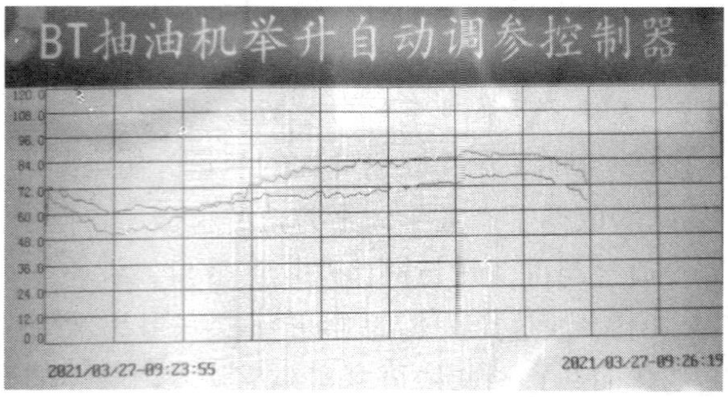

图5　依托于微波实测含水技术和数据处理技术

2.4　实现油井实时动态监测

通过单片机、测量数据和变频器的有效结合和数据处理，实现了油井实时动态数据监测，为了解油井工作状态提供了便利，见图6。如果监测到油井产出数据异常，可自动判断异常原因，并发出异常报警。比如抽油机皮带断、抽油机故障停井、油井不上液、井下杆断和杆脱、油管漏、凡尔漏等异常情况，通过单片机的数据自动分析都可以实现判断和报警。图7为实验过程中出现的液面下降、供液不足的异常情况，通过日曲线可以直观地发现问题并及时进行处理。报警界面如图8所示。

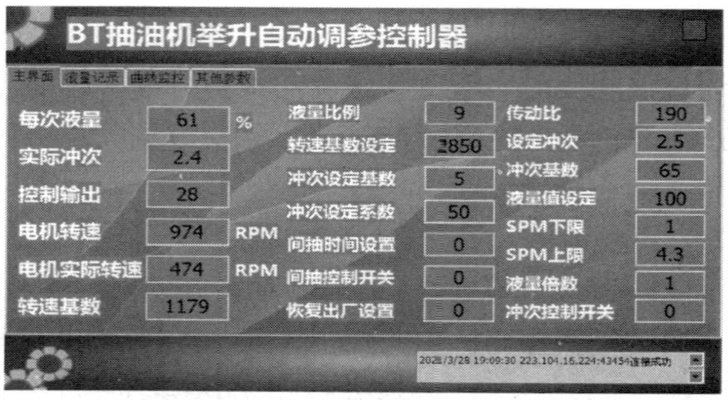

图6　油井实时动态监测的实现

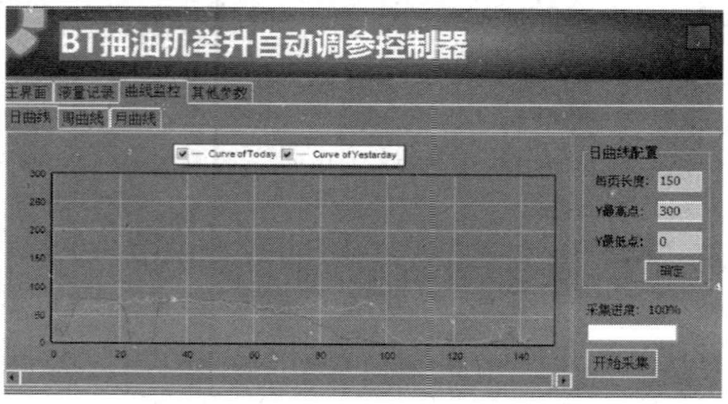

图7　通过产液情况自动发出异常报警

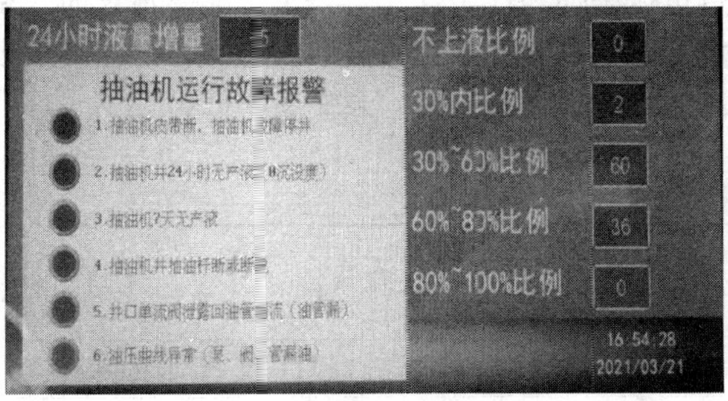

图 8　故障报警功能及不上液比例统计

2.5　供采平衡的实现

实时数据录取、计量及数据分析的最终目的，都是实现供采平衡的自动调整。如果能够通过实时生产数据和冲次实现冲次自动调整，并找到适合生产需求的最合理冲次，便能够在不影响产液量的条件下实现最佳的经济运行方案，能够较大地节省电能，同时提高泵效，最终达到机械采油的最高境界——供采平衡自动调整的目标。

13-8.4 井在不影响产液量的情况下实现了由 4.4 次冲次，自动调整为冲次为 2.4 次，以泵效的提升弥补了冲次的降低，最终同时实现节约电能与提高泵效，实现有效的供采平衡自动控制。表 3 和表 4 分别为吉林油田和大庆油田泵效提高效果。示功图实验前后的状态对比情况见图 9，采用柔性变频控制后，通过冲次的自动匹配，很好地提升了深井泵的充满程度。

表 3　13-8.4 井实验前后泵效计算

运行工况	冲次/min^{-1}	理论排量	井口产液/L	泵效/%	泵效提高/%
工频运行	4.4	20.45	8.1	39.6	—
优化后运行	2.4	11.15	8.1	72.7	33.1

表 4　树 124 井实验前后泵效计算

运行工况	冲次/min^{-1}	有功功率/kW	井口产液/L	泵效/%	泵效提高/%
工频运行	6.0	13.31	2.42	32.9	—
优化后运行	2.9	7.42	2.39	61.9	29
优化后运行	2	5.03	2.29	86.4	53.5

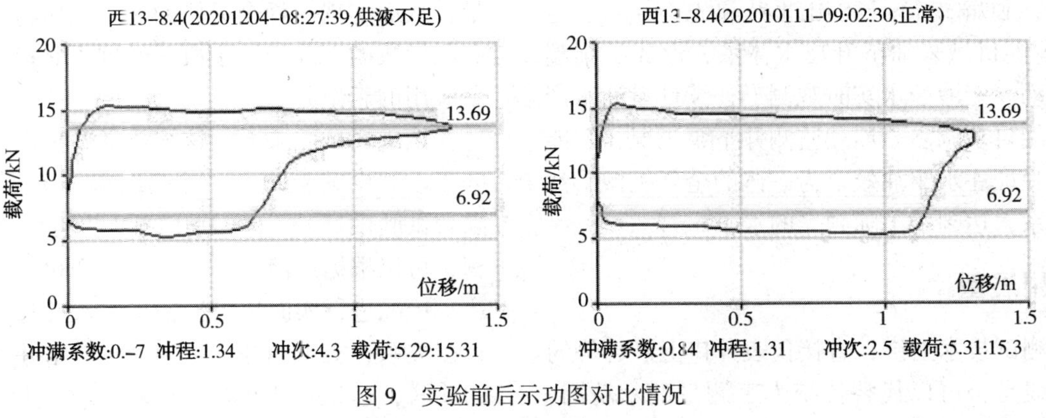

图 9　实验前后示功图对比情况

根据实验电参数据，相同冲次下比较，13-8.4 井通过采用柔性控制可降低有功功率 22.9%；在相同产液量的情况下，冲次可降低为 2.5 次，提高功率因数 71.4%，并实现降低有功功率 37.4%。吉林油田和大庆油田的试验及节电率情况分别见表 5 和表 6。

3　实验结论

一是在不需要气体分离的情况下，该技术可实现采油井口在线连续计量产液、含水，误差均小于 3%。二是通过深井泵连续单次充满系数计算与对比，可自动实现该井供采平衡最佳工艺参数的调整，实现该井系统效率的优化运行，可以节约电能达35%以上。三是利用超柔性控制技术，实现减缓加速度变化，降低能耗，减少抽油机机械磨损和优化杆、管、泵工况，延长油井免修期。四是意外发现井口回油压力，对深井泵充满的影响，压力上升，泵充满降低。

表5　吉林油田13-8.4井实验前后电参计算

运行工况	冲次/min⁻¹	冲程/m	有功功率/kW	无功功率/kvar	功率因数	单相电流/A	电流/A	有功节电率
工频运行	4.4	1.4	1.79	5.9	0.285	8.7	15.1	—
同冲次对比	4.4	1.4	1.38	0.05	0.999	3.3	5.7	22.9%
同产液工况对比	2.5	1.4	1.12	0.05	1	2.7	4.7	37.4%

表6　大庆油田试验井实验前后电参计算

井号	状态	冲次/min⁻¹	沉没度/m	有功/kW	无功/kvar	平均电流/A	功率因数	节电率
树124	工频	4.1	288	11.95	21.8	35.2	0.444	—
	柔性	4.1	288	9.16	0.76	16.3	0.9	23.3%
	柔性	2	288	4.9	0.18	9.4	0.964	59%
	工频	6	549	13.31	17.14	30.24	0.541	—
	柔性	6	549	14.87	2.86	24.98	0.981	—
	柔性	2.9	365	7.42	1.05	13.77	0.991	44.3%
	柔性	4	375	8.34	1.48	15.53	0.984	37.3%
	变频	4	388	8.64	1.52	15.38	0.984	—
	柔性	2	350	5.03	0.1	9.9	0.999	62.2%
树85-葡58	工频	6.5	199	9.14	11.99	21.17	0.561	—
	柔性	2.6	227	4.17	0.13	8.7	0.992	54.4%

本文实验并总结的BT-1型油井智能举升系统技术，独辟蹊径研制出世界领先(第一套全新)的智能机械采油举升技术体系，形成了集超柔性驱动、产液产水实时观测、连续计量油水产量、智能自动调参、连续监测井下泵工况、智能诊断和验证注水驱油效果为一体的全新机械采油技术体系，达到了国际领先的水平。

4　应用展望

从测试技术上讲，直接代表井口上液趋势的压差曲线是否可以代替传统人工测量的示功图，是一个值得下一步继续开展试验的问题。从原理上讲，示功图图形所包围的面积，为上下冲程摩擦力、克服杆柱伸长和泵出液体所做的功，其中包含了摩擦力的干扰。而井口出液压差曲线所包围的面积，直接反映的就是泵出液体所做的功，排除了众多干扰因素，能够直接反映有效功的情况。如果从下一步地试验结果能够确定此项理论，将会使此项技术完美的取代传统的示功图计量，从而实现一种全天候的实时油压与冲程曲线关联形成的工况分析手段，开创了井口油压图扩展应用的新纪元。

从现场试验来看，该智能举升技术目前只是处于小规模试验阶段，并已取得了不错的成效。随着试验的区块化扩大开展以及历史数据的累积，可以根据产液量、含水率的变化与注水井的注水情况进行实时比对，找出注水井与采油井的直接关系，实现油井产量和含水与水井注水参数的关联，达到井井互联，自动调整注水量。基于大数据分析可以根据单井产量及时进行开发调整，有利于区块的整体开发效果。对注水的有效性及控制注水的方式具有指导性的意义，使智能举升技术从供采平衡发展到注采平衡。而注采平衡下的无人干预的智能举升技术，是智能举升技术的一个长远的目标，也是最终的目标。

从油田开发思路上讲，该技术在采油工艺上

完成了供、采平衡，在地质开发管理上就需要解决“供”的问题。设想一个注水驱动的注、采单元，在地质管理上，应用BT-1型智能举升系统获取的数据，可以指导地质开发方案的精准性，确定合理的注水强度和注采比。特别是在中、高含水的采油过程中，“供”既是注水驱动的结果。采油井的工作目的是采出更多的原油，水驱最终的理想是用最少的注水量把地层的原油推到采油井的井底。想达到这个目的，就要获得注、采单元产液量与含水率的准确数据，通过不同产液量的含水变化，选择采油量高、含水率最低的供液量，用这个数据去指导注水量，控制合理的注水强度，选择最优化的注采比。弱注水达不到水驱动效果，采油井产液少，产油也少；强注水使采油井过早水淹，降低采油速度和采收率，使采油井产液多，产油也少，同时浪费了大量的注水费用和产出水的集输处理费用；通过归纳对比选择最合理的注采平衡的那个点，才是最佳的手段，见图10。

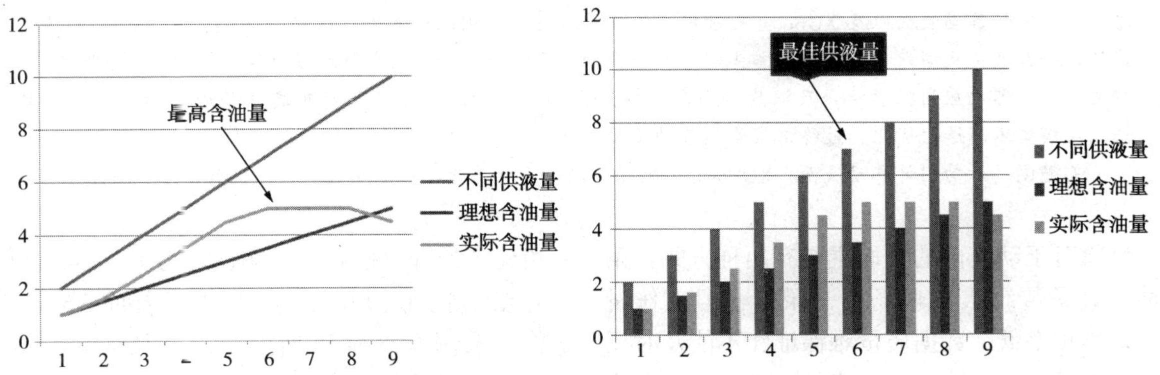

图10 不同供液量下产出液的含油量

5 效益分析

社会效益：提高了油田机械采油开发水平，精确了现场数据的录取，减少了人为因素的影响，降低了现场员工的劳动强度，比如化验的危险和污染没有了，人工取样的不确定性和短时间计量的误差减少等。

经济效益：提高了地质分析数据的准确性，能够精准注采关系，可进行有效的控制性注水，提高了注水有效率，可以达到让油井产液量含油最高，减少无功注水量，减少采出水的集输和处理量，节约大量的辅助采油费用；采油系统效率的优化运行，节约电能可以达到35%以上；延长油井免修期40%以上；同时减少机械磨损，延长抽油机的使用寿命；提高用电功率因数，有利于供电线路良性运行。

参 考 文 献

[1] 李雪，张战敏，朱丽萍，等．抽油机井人工举升智能控制系统的应用[J]．石油化工自动化，2021，57(01)：12-16.

[2] 李璐，高炜欣，冯亚军．油田电控一体化装置智能管理系统设计[J]．云南化工，2020，47(12)：147-149.

[3] 陈溯，安鹏，吴刚，等．海上智能油田建设研究[J]．石油科技论坛，2020，39(05)：16-23.

[4] 杜宗军，杨建晖．西北油田智能化建设全链条创效[J]．中国石化，2020(10)：48-50.

[5] 鲍云波，张宽慧，杨跃跃．榆树林油田智能化建设思路探讨[J]．油气田地面工程，2020，39(09)：68-71，85.

[6] 刘志忠，刘晓垒．油田智能化建设的构想与实践[J]．信息系统工程，2020(08)：128-129.

[7] 海涛．智能油田研究与技术发展及趋势探讨[J]．中国石油和化工标准与质量，2020，40(15)：226-227.

[8] 梁根生，常小虎，马有龙，等．智能化油田技术研究[J]．山东化工，2020，49(09)：142-144.

[9] 许洪东，赵大伟．油田智能化建设的构想与实践认识[J]．电脑知识与技术，2019，15(31)：284-285，291.

[10] 岳彩祝，王超．智能油田远程监控技术的研究与应用[J]．化学工程与装备，2017(07)：93-95.

基于生产信息化实时大数据计算油井动液面在NH201区块应用

汪金如

（中国石化华东油气分公司）

摘　要　油井动液面反映了地层能量状况，是油藏开发效果评价重要参数。本文基于EPBP数据库油井基础数据、生产动态数据以及PCS实时采集功图、电参、温压等实时数据建立两种计算动液面算法模型。示功图计算动液面以及XGBoost大数据方法计算动液面，相比大数据方法精度较高，具有较高的应用价值。在大数据模型建立过程中，首先对影响动液面的因素进行相关性分析和敏感性分析，最终选取24个相关参数；其次应用机器学习及深度学习算法，建立动液面计算模型，并针对具体井进行动液面计算验证，对模型不断迭代优化，最终形成高精度动液面计算模型。

关键词　示功图计算动液面；XGBoost大数据；动液面计算模型；敏感性分析；机器学习；深度学习

目前对于动液面的录取主要有两种方式：第一种方式是传统人工现场测试录取，但工作量大、采集频率低，数据质量难保证，不能及时反映油藏能量现状；第二种方式是配备动液面在线实时测试仪，但受产品技术限制以及生产成本制约，很难得到广泛应用。

近年来，随着油田企业信息化建设推进的完善，已实现生产数据的实时采集以及标准数据库的搭建，为后期数据的深化应用提供了保障。目前对于动液面的计算主要采用示功图计算动液面，已在部分油田进行应用。本文对示功图计算动液面进行应用效果评价，同时基于采集实时数据以及大数据分析理论，利用机器学习技术，对NH201区块井进行试点，建立大数据计算动液面模型，获得高频次、高精度动液面计算结果。

1　区块概况

NH201区块位于溱潼凹陷西斜坡带，单斜构造，为阜三段上倾尖灭岩性-构造复合圈闭，含油面积6.47km^2，沉积相为浅湖，划分为坝砂、滩砂和浅湖泥3个沉积微相，阜三段储层可划分为4个油组18个小层，主力含油小层为Ⅲ-4、Ⅲ-6层，平均厚度3.6m，储层厚度薄但平面分布稳定，平均孔隙度32.1%，平均渗透率656mD，为高孔高渗储层，地层原油黏度3.735mPa·s，地面原油密度0.856g/cm^3，属正常温度、压力系统油藏。NH区块采用边滚动、边建产的开发模式，方案设计为15注44采的反九点注水开发井网，于2018年全面完成产建工作。采用有杆泵机抽生产，泵径44mm、冲程4.2m、冲次1.2次左右，平均泵挂深度1389m，平均沉没度560m，单井日产液5.6m^3，区块综合含水20%。

2　示功图计算动液面

2.1　计算原理

泵沉没度对应的沉没压力与上冲程时泵的吸入压力之间存在一定关系，因此可由泵示功图求出沉没压力，再由沉没压力推算动液面深度。采油厂信息化油田建设进程的推进。示功图录取实现了实时性。示功图的录取包括了光杆示功图和井下泵示功图，且井下泵相对于悬点受力简单、动载荷的影响小，根据油井泵功图分析阀门开闭点，确定泵载，求出泵沉没压力，即抽油泵沉没在油井动液面以下泵吸入口处流体的压力，进而求出动液面深度(见图1)。

2.2　计算所需参数

载荷数据：示功图提供的上下静载荷。

油井数据：产液量、含水率、生产气油比、油层温度、油压、套压、泵径、泵挂、尾管深度、油层中深、冲程、冲次、管杆组合(Σ油管、Σ油杆、套管内径)、井斜数据。

物性参数：地层原油黏度、原油密度、相对气密度。

2.3 现场应用效果评价

通过收集 NH201 区块 28 口井进行应用效果评价，误差在 200m 内的有 16 口，整体准确率 57.1%(见表 1)。

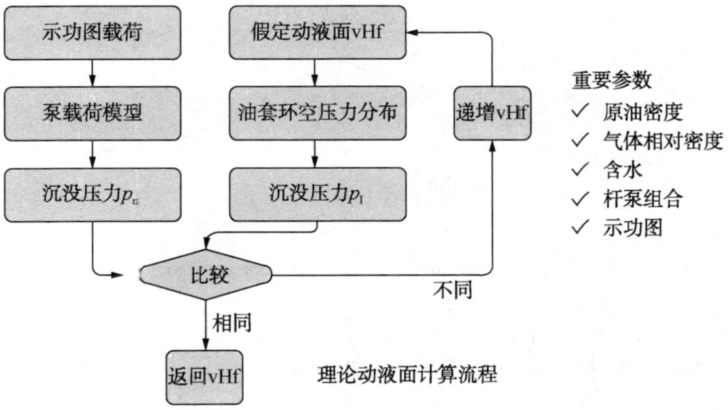

图 1　功图计算动液面计算流程

表 1　NH201 区块实测动液面与功图计算动液面对比

井号	实测动液面/m	计算动液面/m	差值/m	井号	实测动液面/m	计算动液面/m	差值/m
NH2-21	531	1242	711	NH2-43	308	539	231
NH2-22	580	940	360	NH2-45	516	594	78
NH2-23	851	1083	232	NH2-46	440	850	410
NH2-24	800	320	-480	NH4	1120	1186	66
NH2-25	890	960	70	NH2-1	896	958	62
NH2-26	630	720	90	NH2-10	994	1039	45
NH2-27	290	60	-230	NH2-12	841	1174	333
NH2-29	708	955	247	NH2-14	702	901	199
NH2-30	631	260	-371	NH2-15	660	809	149
NH2-32	402	693	291	NH2-17	762	831	69
NH2-34	265	1236	971	NH2-19	1282	1291	9
NH2-40	585	591	6	NH2-20	769	851	82
NH2-41	421	494	73	NH2-6	1245	1179	-66
NH2-42	265	69	-196	NH2-8	1033	1051	18

动液面计算中需要用到储层物性、地下流体物性、杆泵组合、地面流体分析化验、工作制度、生产数据等 32 个参数，任何一个参数的缺失或失真都会造成动液面结果偏差，这也是本次试算部分井误差较大的主要原因。

3 大数据方法(XGBoost)计算动液面

3.1 算法原理

XGBoost 是 boosting 算法的其中一种(见图 2)，是在 GDBT 基础上又进行了算法提升，所用到的树模型则是 CART 回归树模型。

算法思想就是不断地添加树，不断地进行特征分裂来生长一棵树，每次添加一个树，其实是学习一个新函数，去拟合上次预测的残差。当训练完成得到 k 棵树时，我们要预测一个样本的分数，其实就是根据这个样本的特征，在每棵树中会落到对应的一个叶子节点，每个叶子节点就对应一个分数，最后只需要将每棵树对应的分数加起来就是该样本的预测值。

3.2 模型的建立

基于 NH201 区块现场监测的动液面数据，探索与实现井口动液面实时计算，建立动液面与油井基础数据、生产动态数据、流体物性数据和电参数的数学模型(见图3)。

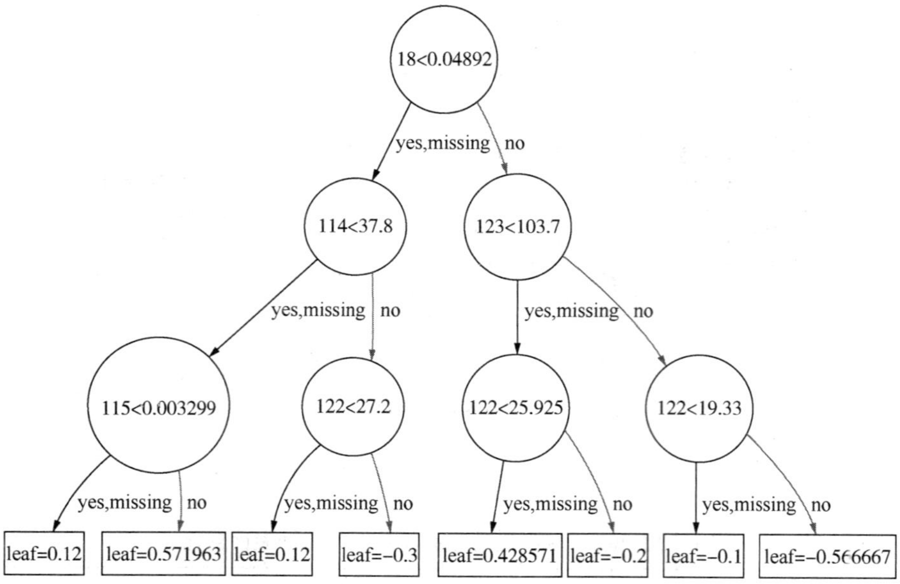

图2　XGBoost 树

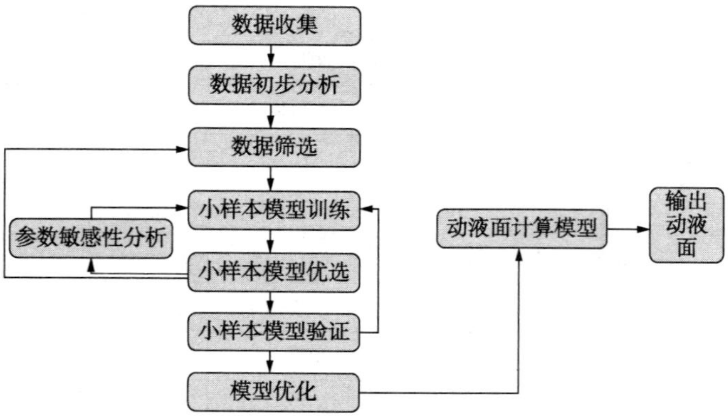

图3　动液面预测模型流程

3.2.1　数据敏感性分析

首先进行全数据的流压初步模型建立，从而初步确立各参数和动液面的相关性，进行个参数敏感性分析，在此基础上进行数据可靠性分析。在初步分析的基础上进行数据敏感性分析，因为在初次模型拟合中发现，当动液面数据异常时，模型计算的数据也出现异常，说明有弱相关的数据项(可能是某些常数项)。经过多次模型调整及结果对比分析，最终选取24项参数作为各井动液面预测模型训练参数(见图4)。

3.2.2　模型迭代优化

以NH201区块实测动液面数据用于模型训练，运用大数据方法建立功图、产量、含水等各种生产参数与动液面之间的关联关系，实现动液面的计算。将最终计算值与实测动液面进行比较，对模型进行迭代修正。

由于实测动液面数据较少，影响模型的计算精度。为了增加样本量，采用二次样条插值算法对动液面数据进行插值，计算区间段内每分钟的动液面数据，增加模拟数据样本量(见图5)。

3.3　现场应用效果评价

NH201区块共35口井为研究对象，其中供液不足井7口，运用动液面计算模型计算对比2019年1~6月份数据，具体成果见表2。考虑到该区块新投入开发区块，生产气油比高，井筒存在泡沫油，常规监测的动液面存在误差，规定误差在150m范围内认为合理。从统计结果上看，供液充足井应用效果优于供液不足井，整体准确率达88.6%，模型在NH201区块具有较高的应用价值，可用于实际生产分析。

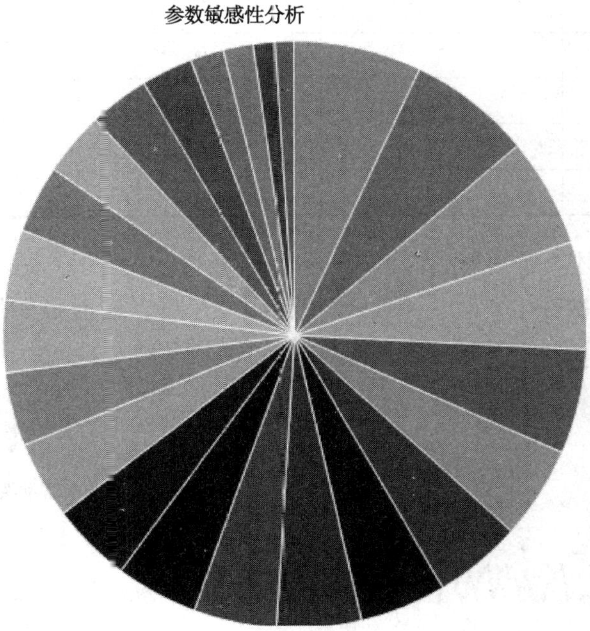

变频器母线电压	6.99214%
油压	6.7254%
A项电流	5.92146%
A项电压	5.89737%
变频器输出电流	5.74985%
B项电压	5.07313%
功率因数	4.79119%
AB项电压	4.71384%
BC项电压	4.64071%
上行电流	4.53377%
C项电压	4.50545%
CA项电压	4.36639%
周期内总功率因数最小值2	4.27593%
周期内C相电流平均值	4.03119%
B项电流	3.96652%
周期内B相电流平均值	3.86127%
周期内A相电流平均值	3.67698%
下行电流	3.48846%
C项电流	3.23273%
变频器输出电压	2.82780%
无功功率	1.82771%
有功功率	1.63835%
视在功率	1.17804%
日产液量	1.02545%

图 4　数据敏感性分析

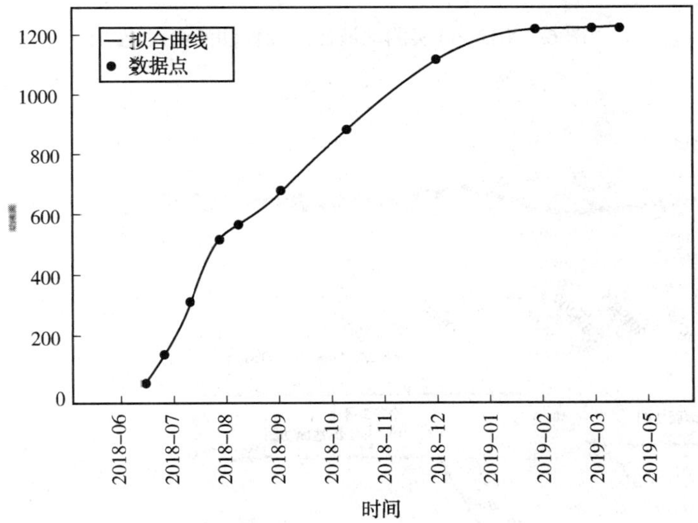

图 5　NH2-47 差值拟合结果

表 2　动液面模型计算效果评价

类别	评价指标	井数/口	效果评价	准确率/%
供液充足	差值≤50m	3	优	92.9
	50m<差值≤150m	23	良	
	150m<差值≤200m	2	一般	
	差值≥200m	0	差	
供液不足	差值≤50m	2	优	66.7
	50m<差值≤150m	2	良	
	150m<差值≤200m	2	一般	
	差值≥200m	1	差	

续表

类别	评价指标	井数/口	效果评价	准确率/%
整体	差值≤50m	5	优	88.6
	50m<差值≤150m	26	良	
	150m<差值≤200m	3	一般	
	差值≥200m	1	差	

NH2-60 模拟计算结果与实测结果基本吻合，应用效果好。2019 年 5 月 20 日进行一次控产措施，通过模拟真实反映动液面变化情况(见图 6)。

NH2-平 1 应用效果好，同时也能反映注水受效能量上涨趋势(见图 7)。

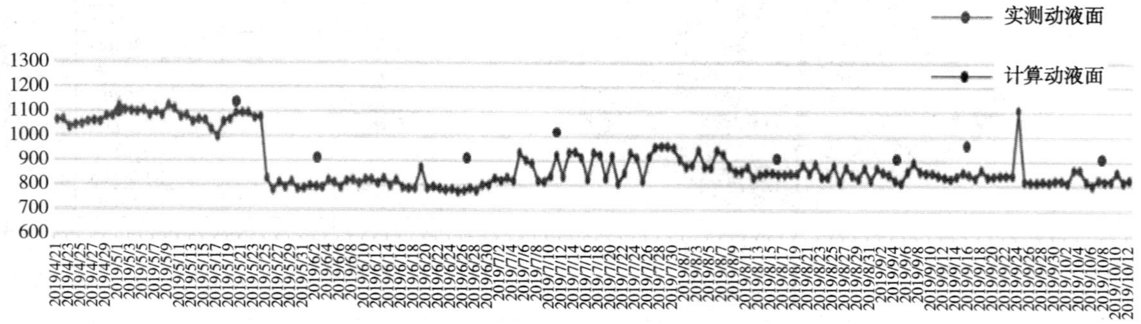

图 6　NH2-60 实测动液面与计算动液面对比

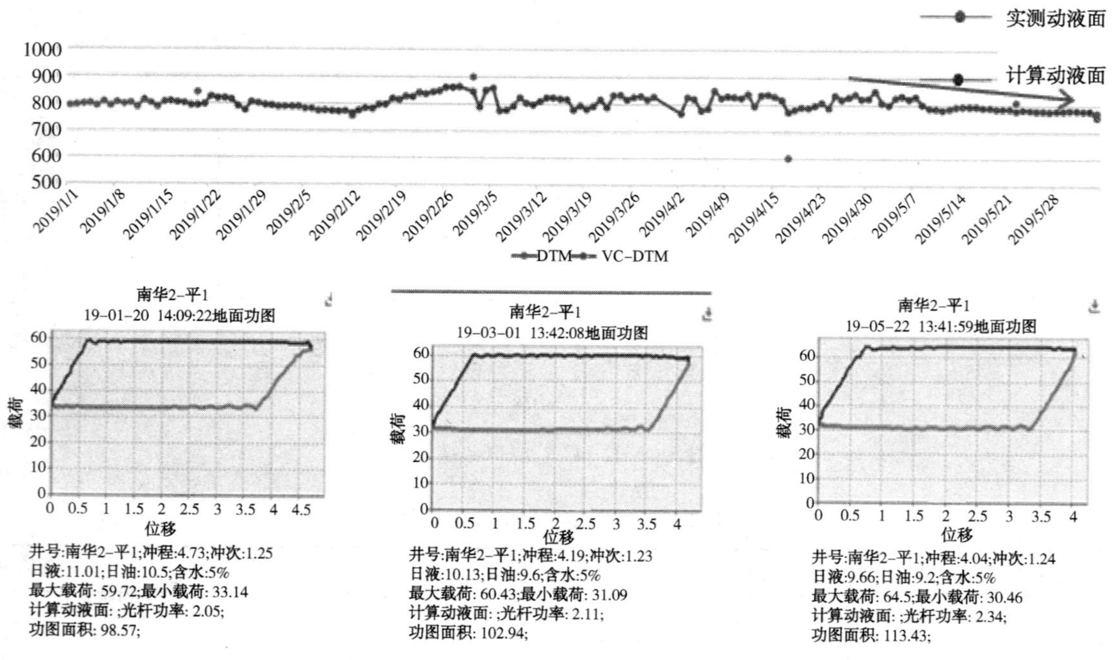

图 7　NH2-平 1 实测动液面与计算动液面对比

4　结语

(1) 本文对于油井动液面计算提出了两种方法，示功图计算动液面与大数据分析计算动液面，相比大数据方法计算精度较高，具有较高的应用价值，可用于实际生产分析。

(2) 采用大数据算法在样本训练与模型建立过程中，样本的数量是模型精度的关键因素，因此样本数据量应足够丰富。

(3) 对于正常生产的井大数据算法具有较好

的适应性，当地面设备以及井下工况出现异常应用效果较差。

参 考 文 献

[1] 杨利平．用示功图计算抽油机井动液面深度[J]．石油地质与工程，2010(5)．101-103.
[2] 杨志，蔡龙浩，等．井下泵功图获取动液面深度计算方法[J]．石油地质与工程，2013，27(3)：139-141.
[3] 韩修廷．有杆泵采油原理及应用[M]．北京：石油工业出版社，2007.
[4] 何龙．深入理解XGBOOST[M]．北京：机械出版社，2017.
[5] 李应扬．数值计算原理[M]．北京：清华大学出版社，2000.

加油站智慧网络管理的提升和实践

赵厚川 陈 清 陈 涛 张学粱 胡朝晖 毛 磊

（中国石油四川销售公司）

摘 要 随着信息化的发展，网络的“简单、智能、安全”化已经成为一种趋势。而在加油站网络的建设中，智慧网络管理成为重要组成部分。本文是在结合本单位加油站视频专网的规划基础上，利用先进的信息技术和设备，提出了加油站加管业务和视频监控双网融合的建设理念，同时全面加强网络安全防护能力，提升智能运维能力，从而实现集团对加油站3.0时代的要求。

关键词 加油站；智慧网络管理；双网融合；网络安全；智能运维；加油站3.0时代

在信息化高速发展的当下，中国石油已全面开启了加油站3.0时代，中国石油将运用大数据、云计算、人工智能等技术，以客户和数据为纽带，把加油站打造成为“安全、便捷、绿色、温馨、智能”的“人·车·生活驿站”。而作为加油站网络的运维管理单位，更需要贴合趋势，结合业内先进的信息化建设理念和技术，打造符合加油站3.0时代要求的网络承载架构和智慧管理体系。

1 加油站网络现状的问题

网络技术的发展日新月异，当前的加油站网络已运行超过10年，网络架构、设备、运维模式、安全能力等均已不能满足加油站3.0时代的要求。本文按以下三类汇总技术存在的问题。

1.1 网络应用问题

在视频监控网络建设前，四川销售加油站的办公网络设备已超期服务近十年，运行时CPU占有率高达60%左右，有时还会出现卡顿、宕机的情况，不能满足网络高可靠高性能的要求。随着视频监控网络建设，我们在成都公司做了试点，蹲点加油站观察应用效果，走访加油站和基层运维管理人员，发现项目实施后，虽然建设有视频监控专网，但只实现了加油站设备的硬件更新和视频流量分流，业务数据网络拥堵有了缓解，但仍存在业务专线没有备份问题。现有加管网络缺乏链路备份，出现链路故障直接导致交易中断影响销量，虽然依托廉价的MPLS链路组建了独立的视频监控专网，但MPLS的技术特点使其无法作为加管网络备份链路，主要因为其安全性低不适宜传输业务数据，同时其配置复杂还需要依托运营商，每次调整参数耗时数天反复协调并多方联调，无法做到即时响应。

1.2 运维问题

四川销售公司在全省各地、市、州拥有在营加油站1786个，站点分布广且运维人员技术能力参差不齐，对加油站的网络管理带来很大压力。各种策略调整任务重，传统手工逐台配置设备方式工作量超大、时效性低，影响网络故障事件响应速度，同时手工录入差错率较高致使网络安全策略无法得到有效执行。

1.3 网络安全问题

2017年6月1日，《中华人民共和国网络安全法》正式施行，标志着网络安全进入法制时代；2019年12月1日，《信息安全技术网络安全等级保护基本要求》2.0版本正式施行；2021年9月1日，《关键信息基础设施安全保护条例》正式施行。集团也多次召开网络安全专题会议，要求加强网络安全建设。整体的加油站网络建设中未充分考虑安全建设，网络安全问题突出，可能直接影响营业收入，同时也违反了国家和集团的相应法律法规。

2 加油站智慧网络管理设计

针对上述问题，信息处多次技术论证，找出关联性，整合现有资源和技术手段，组织技术攻关，通过反复测试验证，制订出可靠有效的技术标准方案，指导成都公司试点，有效地解决了上述问题。并通过试点情况，提炼出加油站视频监控项目中“视频监控专网”建设规范指导全省建设。信息处不拘泥于项目短期目标，不再局限“头痛医头，脚痛医脚”，设立技术标准立足长远，从全局管理高度出发，横向扩展，同步解决关联问题，有效提升管理水平，边际效应显著，避免传统方式解决上述问题所需的巨大资金压力。

2.1 建设目标

为保障集团加管3.0和物联网等云化项目建设的顺利推进，四川销售信息管理正处于推进加油站视频监控专网建设项目中，全方位规划加油站的网络建设，充分融合运营商的链路资源、专业厂商的设备资源、第三方的集成资源，打造以网络承载为核心，智慧管理为抓手，安全运营为基线的加油站智慧网络运营管理体系。

2.2 设计方案

四川销售基于先进的网络技术体系和智慧管理理念，通过高性价比方案快速提升加油站网络出口的专线链路质量，提高网络架构的科学性，提升安全防护能力，并通过平台技术提高管理及运维保障应急能力。

通过前期的技术调研，我们主要采用行业内新一代的SD-WAN（智能广域网）设计架构，将数据转发与控制平面分离，简化加油站的站点网络的部署与管理，通过DPI技术实现基于应用的智能选路，融合应用层安全防护特性，为加油站构建安全合规、高质量访问体验的网络，同时大幅度降低部署和运维成本。

2.2.1 网络架构科学设计

规划建设的加油站网络主要包含两张网，即办公业务网和视频监控专网，包含两条链路，即MSTP和MPLS（新增）。为提升网络的可靠性和融合性，将双网物理合并，即老化的办公网络与新建的视频监控专网共用一套满足5~10年规划的核心主干网络设备，通过逻辑隔离划分安全域，合理优化物理组网。

新增出口智能网关设备作为加油站统一的网络出口接入设备，上行连接两条专线链路，视频监控专网数据走MPLS链路，办公网数据走MSTP链路，下行分别千兆连接交换机：48口的办公网安全交换机和24口的视频监控专网交换机。办公网交换机负责办公网终端接入，视频网交换机负责视频网终端接入（见图1）。

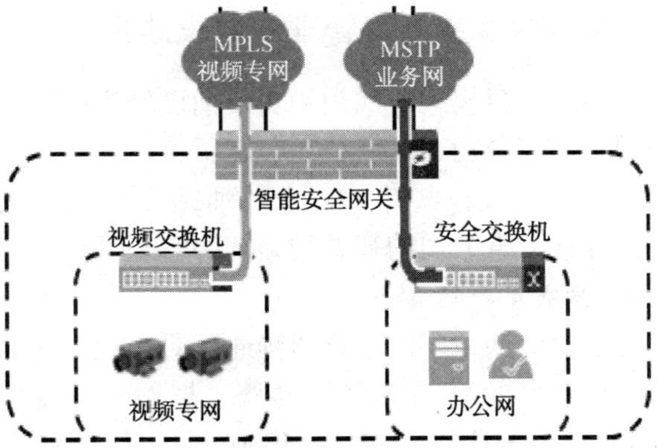

图1 网络架构

2.2.2 网络安全合规设计

基于国家《中华人民共和国网络安全法》《信息安全等级保护制度》以及集团的信息安全要求，分别对加油站网络的出口安全、内网安全、传输安全进行规划设计。

（1）出口安全防护设计。加油站新增出口安全智能网关，具备入侵防御、防病毒、上网行为管理等功能，提供2~7层一体化的安全防御能力，满足等级保护中对于网络边界安全的要求。

（2）内网安全防护设计。加油站内网终端均已安装杀毒软件，但是因为升级库更新不及时或新种病毒出现等因素，导致时常有内网终端中毒事件。此次办公网升级更换的自安全接入交换机，具有对病毒传播、网络攻击、黑客渗透的免疫能力，并提供策略自动部署、环路自检自愈的功能，有效地配合杀毒软件一起提升内网安全的防护能力。

（3）传输安全防护设计。加油站跟省/市公司都有数据传输交互，此次在加油站和市公司之间建立了IPsec VPN传输通道，让加管系统等工控数据在VPN隧道中传输，保障数据传输的安全性。

2.2.3 链路冗余负载设计

新建设的加油站网络具备两条链路，即MSTP和MPLS（新增），正常工作期间，办公网走办公网链路，视频监控专网走视频监控专网链路。此次在加油站出口安全智能网关上设计了负载均衡功能，实现双链路的故障自动切换，提升了链路使用稳定性，保障业务的连续性。

2.2.4 智慧网络管理设计

在四川销售省公司部署一套SD-WAN控制器，即智慧网络统一管理平台，对加油站网络进行集中管控、自动化运维，实现分支IT零值守，并授予市公司对应的区域管理权限，形成省、市、站分级分权限统一运维管理。

3　加油站智慧网络管理的建设成果

通过项目模式，四川销售目前已经完成成都公司、岷江公司、乐山公司、自贡公司、遂宁公司的招标建设，共计 312 个加油站完成网络改造，并接入省公司的智慧网络统一管理平台。

3.1　低成本创效

建设前期跟多家运营商沟通调研发现，加油站需要新增的第二条 50M 链路，按照业务专线价格，单站月资费将达 1880 元，年资费达 2.256 万元，全省 1786 个加油站，年总资费高达 4000 万元。本次建设，实际计费价格 300 元/月，年 0.36 元，全省加油站年总费用测算 640 万元，年节约组建成本 3360 万元。

3.2　提升网络承载能力

网络架构科学，为后续的加管 3.0、物联网等各种云化项目提供坚实的网络基础。

3.2.1　消除链路及网络设备瓶颈

原有加油站链路带宽 4M，新增一条 50M 带宽链路，消除了链路瓶颈，确保视频巡检顺利开展。

新建网络出口网关设备性能 3G，提升约 10 倍；配置 10 个端口，新建接入交换机的交换容量 5.98Tbps，提升约 10 倍。整体网络承载能力大幅度提升，确保业务系统和视频系统的畅通交互。

3.2.2　网络架构升级

充分结合业内先进的 SD-WAN 解决方案，优化了加油站整体网络结构，实现办公网和视频监控专网的双网合一。

3.3　链路负载保障核心业务

当前加油站出口配置两条专线链路，分别为 MSTP(4M)和 MPLS(50M)，实现通过负载均衡功能来充分融合两条链路资源，提升业务稳定性。

3.3.1　专线链路状态感知

加油站出口设备具备对专线链路质量感知的能力，可通过多种健康检查算法，包括 ARP、ICMP、TCP、HTTP 等从网络层、应用层全方位实时探测专线链路的状态，并回传给智慧网络统一管理平台，帮助运维人员实时监测专线链路质量。

3.3.2　链路故障自动切换

在正常工作环境下，办公网走 MSTP 链路，视频监控专网走 MPLS 链路。我们通过 VPN 技术打通了办公网和 MPLS 链路。当 MSTP 链路出现故障时，原有办公业务可以无缝切换到 MPLS 链路上，保障加油站核心业务正常运行(见图 2、图 3)。

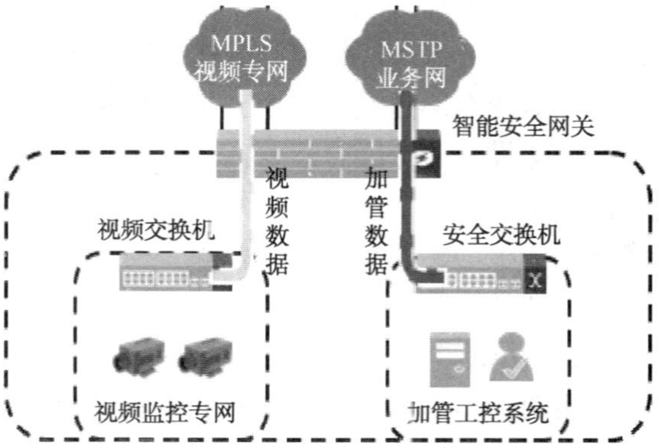

图 2　链路正常工作示意图

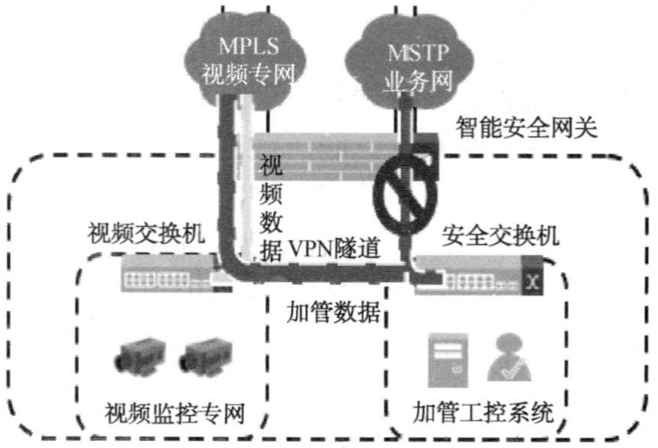

图 3　链路故障切换示意图

3.4　实现智慧运维管理

通过部署智能统一运维管理平台(见图 4)，实现省/市公司对全省 1786 个加油站的智慧运维管理。

图 4　管理平台登录界面

3.4.1　网点状态实时监测

当前已经完成成都公司、岷江公司、遂宁公

司、自贡公司、乐山公司、内江公司加油站的视频专网建设项目，陆续实施312个加油站，其中209个站已经接入智慧网络统一管理平台，可实时监测加油站网络的在线情况和实时流量分析，并可集中远程准确定位故障，提高省市两级运维机构的管理及运维保障能力（见图5~图7）。

3.4.2　安全策略一键下发

安全策略是集团要求的硬性配置指标，数量可达数百条。以前智能逐站配置，站均耗时至少1h，运维人员配置难度很大。现在通过智慧网络统一管理平台可实现安全策略批量下发，替代传统手工逐台配置，并可建立应对不同时期不同地域的安全策略模板，可根据需要实时下发生效，实现应急状态技术响应。省/市公司更可以通过平台实时监管策略的配置和生效情况，避免人为因素导致网络安全事故（见图8、图9）。

3.4.3　智能AI辅助运维

在加油站的网络管理中融入人工智能技术，可实现一键检测网络故障，一键修复相关问题，极大地降低运维难度。全网可视化运维，可通过链路、流量、安全多维度地监控加油站的运行情况，简单高效（见图10）。

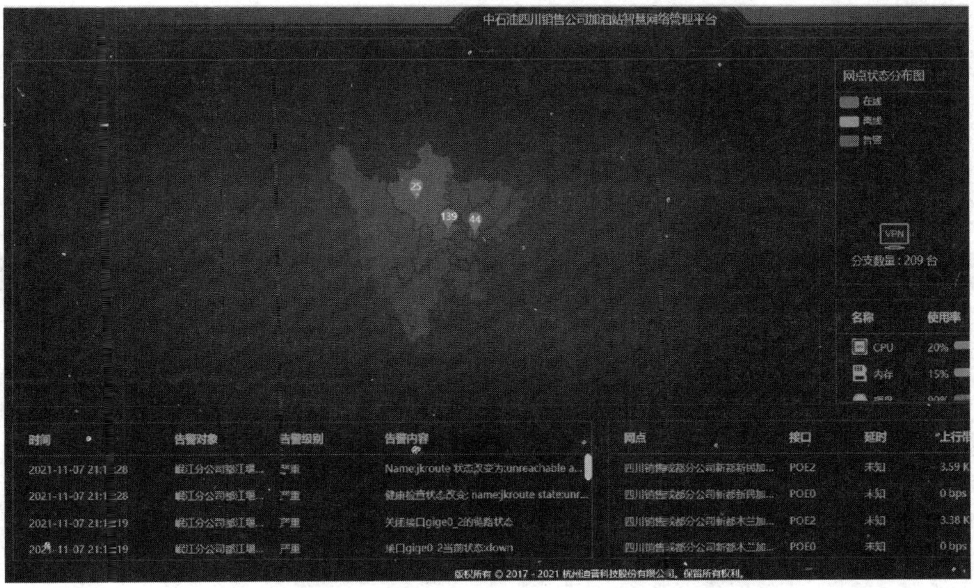

图5　地图化展示网点

图6　在线网点信息

图 7　网点流量报表

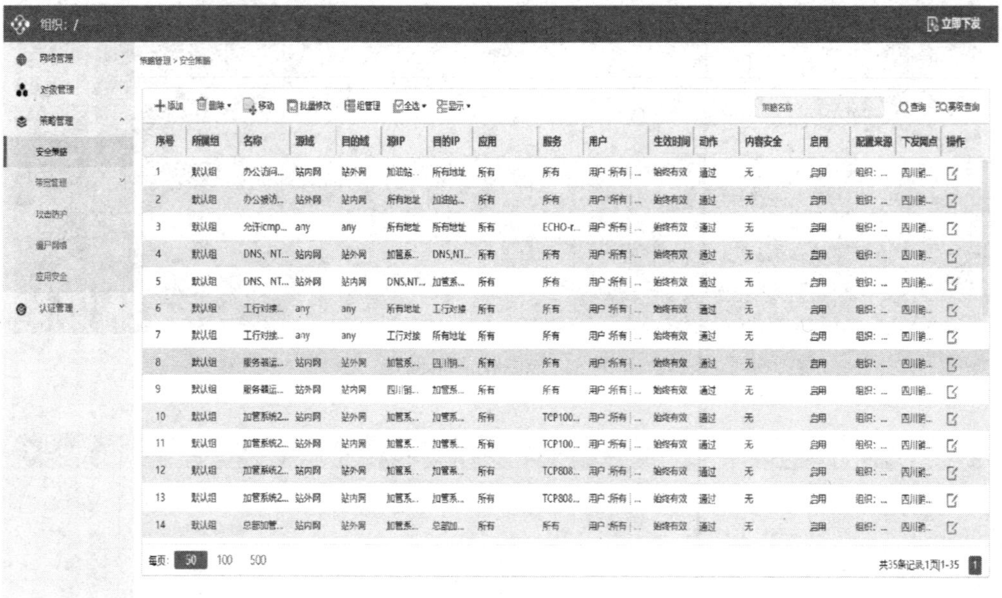

图 8　安全策略配置

3.4.4　分级分权限管理

在省公司部署加油站智慧网络统一管理平台，由省公司统一集中监管，给二级公司分配本地市区域的加油站管理权限账号，由二级公司进行具体的运维管理，分级分权限管理，让工作更智能有效(见图 11)。

3.5　网络安全等保合规

通过对加油站出口边界防护、内网病毒隔离、工控数据 VPN 传输加密的建设，全面防护加油站点的安全威胁，具备全面的 L4~7 应用检测与防御能力，准确隔离变种病毒和未知病毒，确保中石油加油站整体网络安全可靠，符合《中华人民共和国网络安全法》《信息安全等级保护制度》等法律法规的指导要求(见图 12、图 13)。

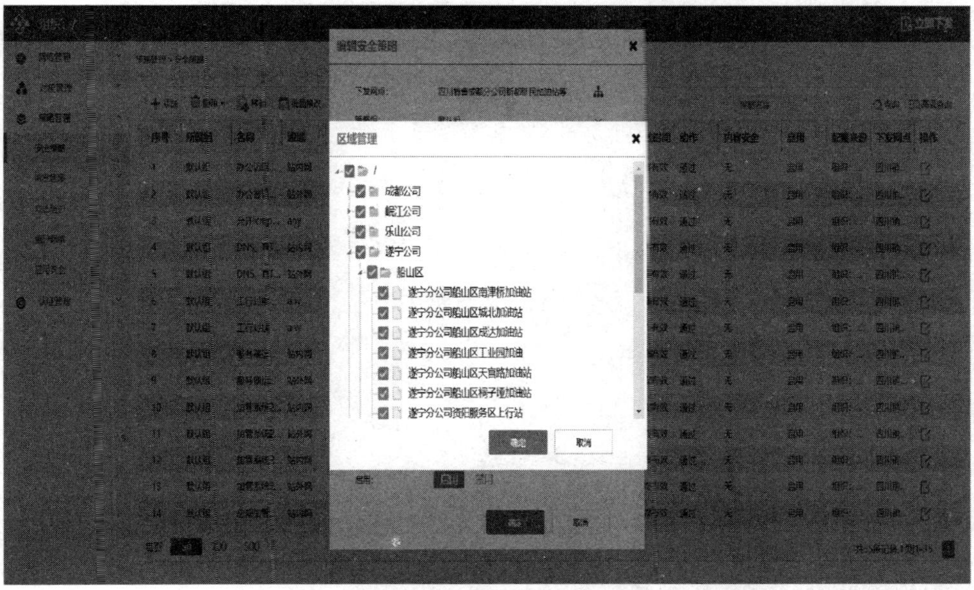

图 9　配置按区域一键下发

图 10　AI 智能运维

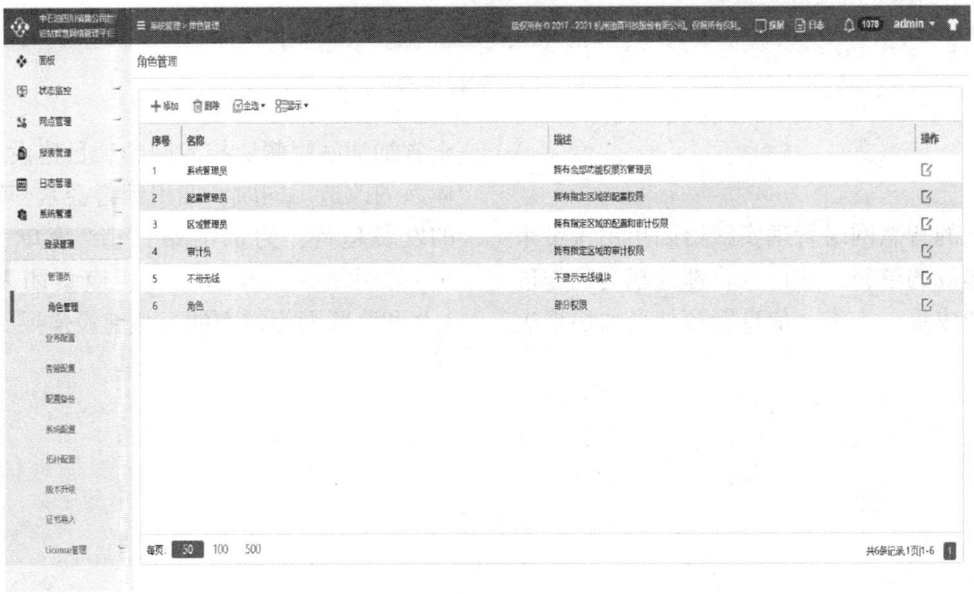

图 11　分权限管理

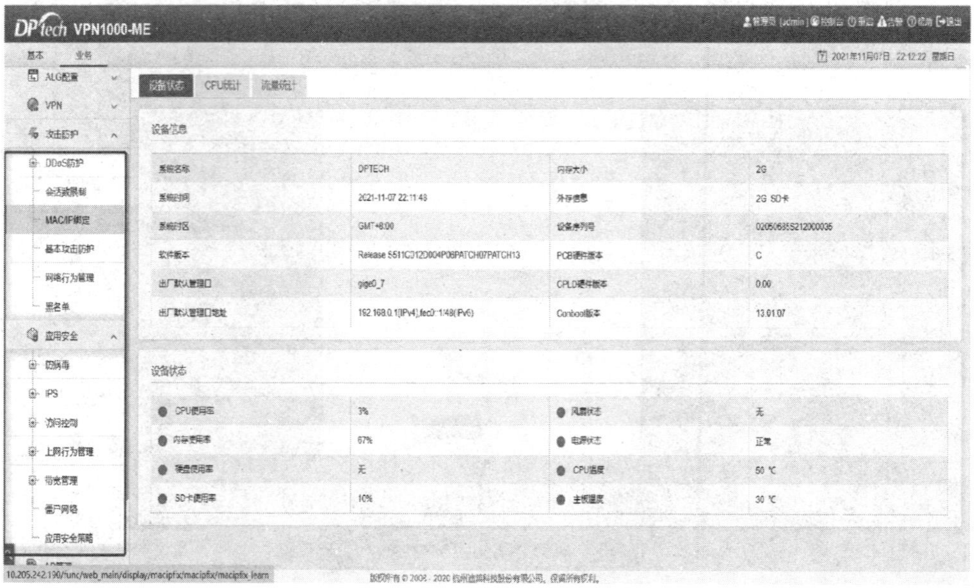

图 12　应用安全防护

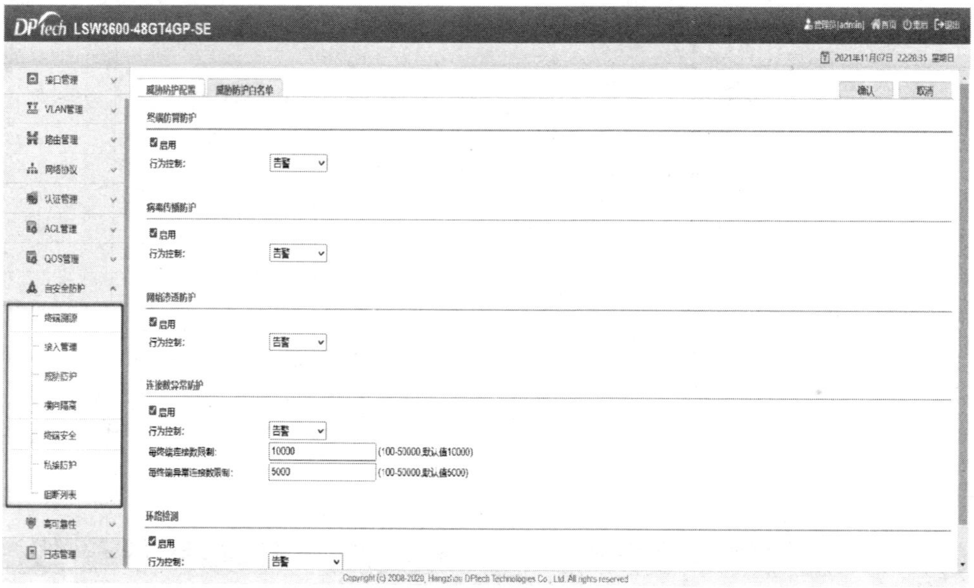

图 13　内网病毒传播防护

4　结语

加油站的智慧网络管理实践给四川销售带来了信息化建设的革新，让信息管理处享受到先进技术带来的成果。未来，信息管理处会加快推进全省加油站视频监控专网的项目建设，促进网络体系的改造。同时，四川销售会紧密结合信息化的发展趋势，为加油站打造“简单、智能、安全”的网络体系架构，以适应集团未来在加管 3.0 和物联网等方面的云化建设需要。

基于 SuperMap 的油气田地理信息系统开发与应用

鲁　岑　张　玮　倪　乐　金　伟　边　编　汪　琼　葛静涛

（中国石化华东油气分公司）

摘　要　油气开发地域环境复杂，点多面广，信息流通手段落后，准确性低，给工程技术人员全面了解工程建设和油气生产信息带来困难。基于 SuperMap 软件，采用二三维一体化专业应用技术、影像金字塔技术、海量三维管线技术、多系统集成技术建设地理信息系统，集成了二维可视化、站库三维模型、集输动态、视频挂接、管网图册、单井图形等功能。实现了油气生产信息共享，为工程建设管理和日常生产提供了有力的工具，有利于提高规划设计的科学性。

关键词　地理信息系统；三维模型；系统集成；油气集输；地面工程

油田企业的油气开发区域和工程建设设施所处的地域都在野外，地域范围较广，地形复杂，现场数据收集难度大、精度低。同时，工程建设与生产信息更新和传递手段落后，准确性和及时性差，给油气生产职能处室、科研部门客观、全面地收集了解工程建设和生产运行等方面的信息带来了较大的困难。

现有业务系统仅注重于数据采集和数据查询功能，但查询手段单一，条件限制复杂，缺乏加合理、直观的展示方式，不便于管理和技术人员高效使用，大量数据沉睡在数据库中，得不到有效利用，限制了系统地推广应用。

近些年来，随着 GIS 技术的不断发展和进步，在油气田物探、油气管网巡检、油库管理等各领域均有了较多应用。沁水煤层气集输管网三维地理信息系统将三维 GIS 技术与集输管网相关情况相结合，实现了煤层气集输系统的模拟与优化。基于 ArcGIS Server 的石油管道巡检系统将管道巡检业务的信息化管理和远程监督管理进行了有机结合，提升了巡检质量。陕北某油田集输管网地理信息系统基于 Skyline 技术完成了油田集输管网的数字化管理系统的建设，在三维化、可视化的基础上增加了空间分析和优化布局的功能。

本文利用 SuperMap GIS 技术和空间数据库技术，结合基础数据录入系统和自动化系统，对数据进行图属结合统一管理，实现地形图、影像图、属性数据、专题地图综合展示，高效率直观化地展示油田地理环境情况、业务空间数据，结合各业务环节进行 GIS 协同分析与展示，提升油田可视化生产的管理水平。

1　技术应用

1.1　总体设计

采用三层体系结构，利用 Html5、WebGL 等技术实现二三维一体化 GIS 平台及应用系统的搭建。整个系统基于勘探开发业务协同平台建设，分为三层结构：数据层、服务层、应用层。数据层主要基于现有的二维矢量数据和影像数据，展示三维站库场景，结合站库静态数据和生产运行数据；服务层主要提供 GIS 服务的发布以及通过数据服务平台发布业务数据；应用层即是在现有的 GIS 框架之上，建立地理信息系统。

系统的总体架构如图 1 所示。

1.2　核心技术

1.2.1　二三维一体化专业应用

二三维一体化技术打破以前三维 GIS 系统相对于二维 GIS 系统在数据、功能、结构上各自独立的弊端，将 GIS 中的二维空间数据与三维空间数据整合在一个平台下。利用 SuperMap RealSpace 二三维一体化 GIS 技术，进行油田联合站设备设施三维展示，实现二三维场景切换、设备设施属性数据的综合展示，生产运行数据的动态展示等功能。高效率直观化地展示联合站及关联的各设施管网情况，配套各业务环节进行 GIS 协同分析，提升油田开发安全管理水平。满足用户动态地叠加二维数据，进行一些二三维空间分析的需求。

1.2.2　影像金字塔技术

影像金字塔是栅格数据集的简化的分辨

率(Reduced Resolution)图像的集合，通过影像重采样方法，建立一系列不同分辨率的影像图层。每个图层分别存储，并建立相应的空间索引机制，从而提高缩放浏览影像时的显示速度。本文采用 SuperMap SIT 影像文件存储格式创建了影像金字塔，可以超快速地显示影像数据，与影像数据大小基本无关，即使在很低配置的机器上也能非常流畅地对海量影像数据进行显示。

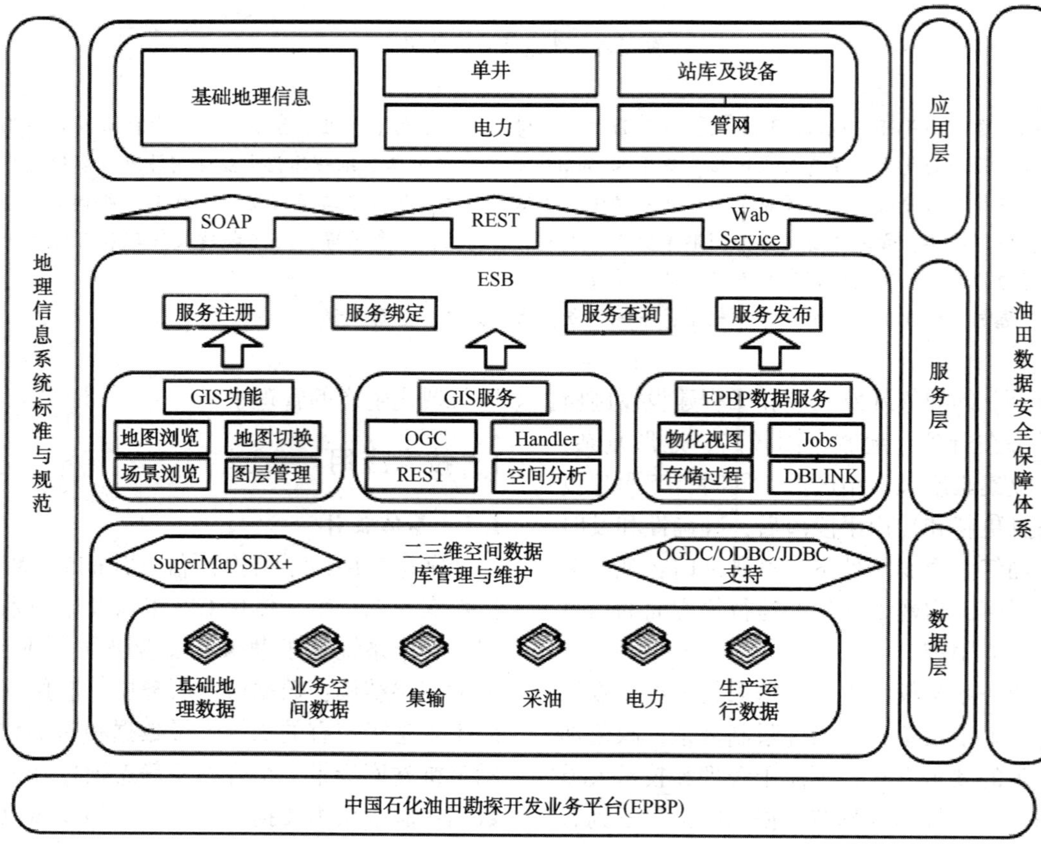

图 1　总体架构图

1.2.3　海量三维管线技术

地上地下各类管网、管线是重要的基础设施，具有规模大、范围广、种类多、分布复杂、变化大等特点。三维管线技术提供快速高效、完善实用的技术方案，基于二三维一体化技术的三维管点、管线符号及自适应管点符号，可由二维点、线数据快速构建三维管网；采用自适应管点符号、实例化渲染、LOD 结构等技术提升性能，突破了海量三维管线的性能瓶颈。综合利用这些技术，保证了平台优越渲染效果和稳定性能，内存、CPU、显存等资源占用少，可承载海量三维管网数据。

1.2.4　多系统集成技术

中国石化勘探开发业务平台和生产指挥系统，两大业务系统在数据采集和数据查询上有了很大提高，为生产管理发挥了很大作用，但仍然缺乏更加合理、直观的展示方式。大量数据沉睡在数据库中得不到有效利用，查询手段过于单调。

地理信息系统不另起炉灶建设自己的数据录入功能，而是结合现有系统，从勘探开发业务平台的井、站、设备、管网的基本信息和生产指挥系统的实时生产数据提取出来，进行进行二次开发利用，以一种更加直观的方式呈现给用户，帮助用户获取感性认识，使用户快速掌握生产状态成为可能。

2　业务功能实现

2.1　功能描述

平台结合周边环境高清晰度影像数据，以二、三维方式直观展示油气生产工区及其周边环境的现实状况，将结构复杂的集输流程、生产设施形象地展现出来。除实现井、站库、管网、电网查询，地图放大、缩小、平移、量算等基本操作功能外，还实现了一些与业务紧密关联的功能。

集输动态功能如图 2 所示，通过与 EPBP、PCS 数据库之间进行灵活、迅速的数据交换，动态展示采油、采气井的井口回压、产量，集输管网的节点压力、温度、流量等实时信息。站库三维模型如图 3 所示，实现站场设施可视化、应急物资位置标注、工艺流程演示、站内视频监控功能。管网图册功能实现在二维地图中绘制多边形区域，系统自动制作该区域内的管网图册，同时导出一个管线相关信息的 EXCEL 文件，建立管道档案。单井专业图形提供组合测井图、岩屑录井草图、井身结构图、井下作业管柱图等 8 种钻侧录和井下作业的专业图形的查询功能。标绘功能支持在二维场景中进行点图元、线图元、面图元的增加、删除、命名、修改和查看，作为地面工程技术人员进行选线、选址时的工具。地图打印功能实现在地图中框选打印范围，调整分辨率，选择图层，最终生成高分辨率大图。

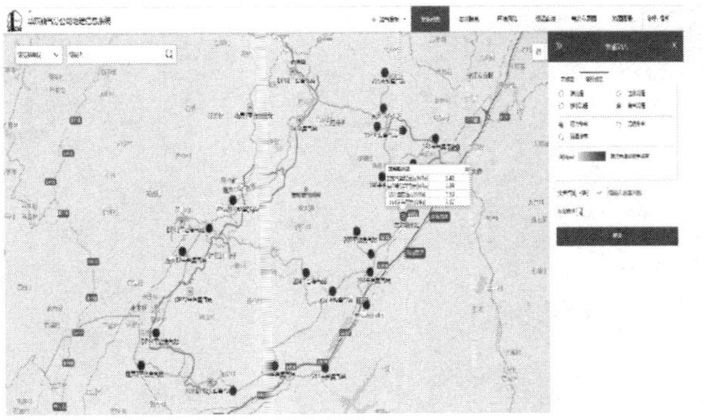

图 2　集输动态

图 3　站库三维模型

2.2　应用效果

以先进的二三维一体化方式实现数据的上传、汇总、查询、展示，既方便了基层人员的日常，又满足决策层的直观查看和可视化调度指挥，有利于加强规划设计的准确性。

以某页岩气管网图册制作为例，该页岩气田包含管网超过 80km，脱水站 1 座，平台集气站 43 座。在没有使用此项功能之前，人工收集各项信息和绘图，需要 10 人·天才能完成。采用管网图册制作功能后，数据由岗位员工在管线、站库建成后随即录入基础数据系统。制作图册时只需人工完成选择制图范围，为图册命名的工作，全程只需 1~2min，管网图如图 4 所示。既省去了到处找资料的麻烦，极大地优化了工作体验，又提高了完成质量。以此例推广到全公司 1000km 以上管线进行计算，可节约 120 余人·天/年，大大节约了人工工作量，提高了工作效率。

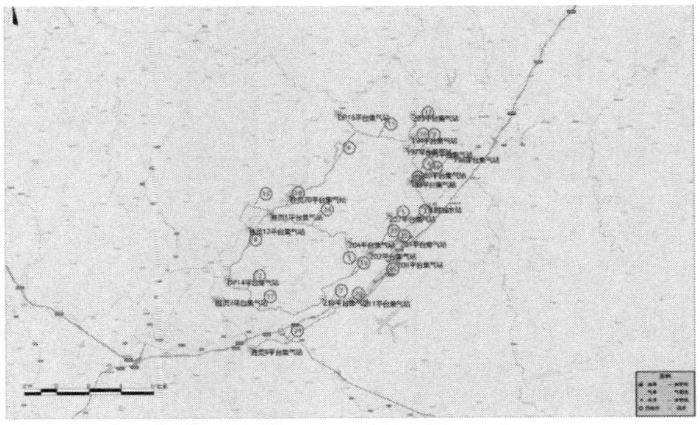

图 4　某页岩气管网图

3　结语

通过油气田地理信息系统的开发应用，可以得到以下结论：

（1）本系统基于 SuperMap 技术，建立了油气田“一张图”WebGIS 平台。通过油气生产信息的共享，改变了各二级单位原有信息孤立的状况，能及时、动态共享采油、采气等信息，实现了油气田多部门、多专业、多管理层面的空间数据应用和共享。

（2）站库三维全息化场景构建提供了全方位、立体化、特效表现查询功能，不仅有助于生产管理，也有效地提升了企业培训水平、培训效果。

（3）管网图册、标绘功能、单井图形化展示、地图打印等特色化定制功能为地面工程管理和设计提供了有力工具，大大提高了工作效率。

参　考　文　献

[1] 刘金萍，唐亮亮，郭学勇，等．石油物探三维 GIS

系统设计与实现研究[J]. 地理信息世界, 2014, 21(3): 105-108, 112.
[2] 周峤. 基于移动 GIS 技术的管道智能巡检系统开发与研究[D]. 大庆: 东北石油大学, 2013.
[3] 刘苏. 成品油库三维数字化应急系统研究[D]. 西南石油大学, 2013.
[4] 郭大成, 李志平. 3D_ GIS 和移动互联技术在第三方交叉管线管理中的应用[J], 油气田地面工程, 2018, 37(2): 98-103.
[5] 梅永贵, 郭简, 王景悦, 等. 沁水煤层气集输管网三维地理信息系统的设计[J]. 油气储运, 2015, 34(12): 1328-1332.
[6] 彭辉. 基于 ArcGIS Server 的石油管道巡检管理系统设计与实现[D]. 湘潭: 湘潭大学, 2016.
[7] 慧立, 徐慧, 李苗, 等. 基于 GIS 技术的油田集输管网数字化管理[J]. 油气储运, 2011, 30(11): 808-810.
[8] 李颖. 基于 GIS 头台油田台 103 区块注水管网系统的研究与应用[D]. 大庆: 东北石油大学, 2012.

油气管道区域管理中心建设思考

邱姝娟

(国家管网集团西部管道公司)

摘　要　目前油气管道站场运营模式逐渐向区域管理转变，随着大数据、物联网、云计算、人工智能等智能技术的不断发展及应用，油气管道行业在关键设备全面智能感知技术、站场智能巡检、分输智能控制、流量计智能检定等方面大胆开展试点应用，提高了生产效率。本文从国内外区域化运行维护差别原因进行了分析，对深入区域化管理模式进行了思考，提出了集成现有信息系统数据、流程，建设企业或区域公司的智能管道运营中心的建议。

关键词　区域管理中心；监视系统；智慧平台；智能管道运营中心

近年来，油气管道按区域管理成为主要生产运营管理模式，即输油气站场按照一定的区域划分、原则整合为作业区的统一管理，形成了远程调控运行、地区公司远程集中监视、作业区集中维修、油气管道站场少人或无人值守的管理模式。运行操作监控上，形成了国家管网集团所属企业按集团油气调控中心、区域公司、分公司、作业区和基层站场5个监视层级对管道站场、阀室设备设施状态、管道运行参数的监控(见表1)。

1　监视系统建设现状

目前监控层级较多、监控系统分立、现场监视分散，监视智能化程度低，监屏人员劳动强度大；集中监视项目实施后，目标未完全实现，从集中监视项目现场调研情况来看，绝大部分作业区/站场均设置了监屏人员，未完全做到24小时不监屏(见表1)。

表1　监视系统建设现状

序号	远程操作/监视设置位置	远程操作/监视内容
1	管网集团总部油气调控中心	通过SCADA系统，重点对一级调控管道进行远程调度指挥与操作
2	管网集团所属企业调度监控中心	通过二级管道SCADA系统，对二级调控管道进行远程调度指挥与操作； 通过集中监视系统对公司所辖管道进行远程监视； 通过电气综保系统、压缩机组远程监视、流量计远程诊断、泄漏监测系统、自动化与通信运维、应急通信等设置的监视平台或维护终端，实现对各系统的远程监视、维护和故障诊断功能
3	管网集团所属企业分公司	通过集中监视反传终端实现对分公司所辖站场生产运行、设备设施状态进行监视； 通过综合安防平台(公司调度监控中心反传)，实现对分公司所辖站场工业电视系统和周界安防等系统远程监视与控制
4	管网集团所属企业作业区	具有本站工艺运行参数、设备设施状态、安防安保、消防等系统全面监视和控制功能； 通过集中监视系统反传终端对下辖站场工艺运行参数、设备设施状态进行远程监视；通过服务器数据，对下辖场站的视频图像能够实现监视控制
5	管网集团所属企业场站	通过SCADA、工业电视控制、电气综合自动化以及压缩机组、流量计算机、消防、周界防范等系统设置的监控终端，实现对全站生产运行、安全保卫的监视和控制。各系统监视终端多为分立设置

2 区域管理中心建设思考

随着我国油气管网的发展，当今数字化转型需求和大数据、人工智能、云计算、5G等核心技术的广泛应用，在油气管道站场运行监控、巡检、应急、安防、消防等多方面应用智能技术，释放更多的生产力，深入推进油气管道站场远程操作、无人值守、区域运维的无人站管理模式，提升企业自身核心竞争力的必然选择。

区域管理中心依托站场就近城镇或站场设置，全面承担起无人场站的各项职责，主要有所辖范围内站场和阀室、线路的资产管理，有计划地开展设备维护与巡检，对突发事件时从驻地赶赴站场开展应急处置；区域管理中心设集中监视终端，实现对站场(阀室)运行状态、设备设施状态、安保安防和消防等系统安全状态的全方位感知；集成大数据、人工智能技术，对站场感知数据融合分析，实现对设备设施状态智能诊断，实现对站场全面安全监控。

巡检模式：由无人机、机器人承担日常“1+3”巡检工作，巡检任务和巡检计划由区域管理中心管控。大风、沙尘等特殊天气以及升级管理、重点作业特殊时期由区域管理中心安排人员驻站巡检。当场站有维检修人员上站检修时，需同步开展综合巡检。每周由区域管理中心值班领导带队综合巡检，区域管理中心每两个小时对场站进行工业电视巡检一次。

区域管理中心设巡检管理平台，实现对巡检机器人巡检任务派送，查看机器人当前的位置、巡检的路线、将要巡检的设备影像、音频等信息实时分析、预警与处理、实时输差统计报表等功能。如发现隐患或紧急情况，需要人员介入处理时，可做到信息可共享、人机可互动、作业有依据、过程有记录。

维检修管理模式：区域管理中心组织专业力量，对辖区内的计划性维修、大型检修作业统筹安排，集中维修，对施工作业集中监管，如有场站设备设施故障及时响应并迅速处理。在集中维修期间，人员可驻站，故障维修及维护保养可以当日往返。随着集中维修模式的深入，将逐渐推广增强现实(AR)、维修大数据分析和维修专家知识库等智能维修技术，开发智能维修数字包及维检修作业管控平台，与智能巡检系统、监控系统、故障诊断及预测系统、设备设施管理系统等的数据交互和共享，实现维检修需求、作业计划、任务分配、现场作业管控、物料与工具智慧化领取、作业人员工时统计、工单自动生成与跟踪、维修方案自动推荐和维修质量分析与评价等功能，全面实现维检修作业的智能化管理，提高集中维修效率和质量。

应急管理模式：增强各种应急情景下的初期处置能力，提升现场自动应急响应能力，增强远端的应急监视和协同指挥能力。现场出现异常情况后，远程一键截断，同时启动与当地消防或政府部门联动机制，由管道当地政府或公司区域管理中心派人，最短时间赴现场进行警戒、疏散、管制。区域管理中心通过公司应急管理系统，确定应急物资位置、一键获取应急预案、抢修道路选择、政府资源调配、周边环境查询等，最快速度奔赴现场进行应急处置。利用大数据、人工智能、VR、融合通信等技术，建立智能控制智慧联动的应急预警系统，实现应急事件自我判断、自我处置。通过移动平台等开展实现突发事件自动快报推送、联动舆情预警、综合应急会商、智能调度指挥、沉浸式视觉应急演练等功能，与指挥协调和救援保障无缝衔接。

安防管理模式：在场站设智能门禁系统，区域管理中心设智能门禁管理系统，实现人员、车辆进出站集中管理；升级场站周界防范摄像头，使其具有智能识别及自动报警功能。设置与周界报警联动的自动喊话系统。周界安防自动派遣无人机跟踪入侵目标，并进行喊话驱离。

消防管理模式：在区域管理中心设消防监控系统，使其具备对场站各类消防设施监视和控制功能。

3 区域管理中心智慧平台建设思考

结合区域管理中心建设，按照“区域化管理、运检维一体化、集中调控、集中监视、集中巡检”的总体思路，搭建区域管理中心智慧平台(见图1)。集成已建/在建信息系统数据、流程和功能，构建管道智能场景应用，建立辅助决策平台，主要内容包括领导驾驶舱、生产可视化、一体化应急指挥三部分内容，实现对海量数据整合优化和挖掘利用，实现管理的标准化、流程化、自动化、数字化和智能化，为企业领导和业务部门的决策优化提供支撑。

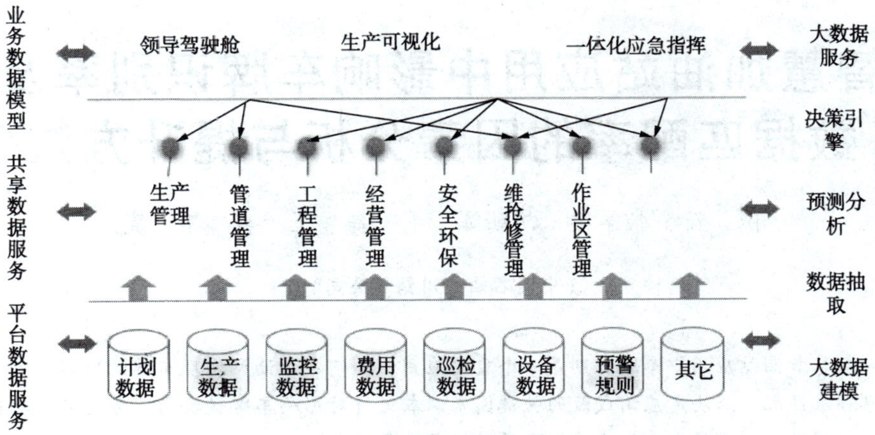

图 1　智慧平台建设框架

4　预期应用效果

企业或区域公司应以业务管控为核心，利用云计算、物联网以及人工智能等先进技术，搭建智能管道管理平台，集成现有信息系统数据、流程和工程，构建管道智能应用场景，对海量数据整合优化、挖掘利用，建设企业或区域公司的智能管道运营中心。

（1）智能管道运营中心可对现有各专业系统进行数据融合，进行全方位实时监控。现已经将SCADA系统、设备设施管理系统、地质灾害系统、光纤预警、智能阴保测试桩等系统的关键实时数据接入，可将历史生产数据进行存储与统计分析。

（2）采用图表形式直观呈现关键生产设备运行参、状态，实现对当日重大作业、站场巡检、安防等情况进行实时、可视化显示，方便管理者决策。

智慧加油站应用中影响车牌识别率及业务数据匹配率的因素分析与提升方法研究

陈　涛　张学梁　胡朝晖　毛　磊　王　睿　李　亮

（中国石油四川销售公司）

摘　要　智慧加油站应用中车牌识别是一个重要应用，如何在加油站实现车牌的准确识别，并与客户现场交易信息精准匹配，是决定应用成败的关键因素。本文将对影响车牌数据与业务交易数据匹配率的因素进行分析，对提升匹配率的方法提出建议，并根据实际应用数据对其效果进行分析。

关键词　智慧加油站；车牌识别；交易数据；匹配率

1　车牌识别技术在智慧加油站的应用领域与意义

智慧加油站的实质在于一切从顾客出发，实现加油站智慧式管理和服务，提升运营效率，提高客户满意度，最终实现平台收益最大化。智慧加油站通过大数据分析，准确地掌握客户信息及消费数据，通过客户画像，了解客户分布、流量、粘性及消费习惯，并据此调整经营策略，实现精准营销，为客户提供更优质的服务。

目前，随着图象识别技术的快速发展，汽车牌照识别技术的应用也已经渗透到了当今社会的各个领域，并且为社会管理和人民生活带来了极大的便利。在智慧加油站中，车牌识别技术可以对加油客户提供精准的识别，补全了客户交易信息的缺失环节。

2　系统概述

本项目中，车牌识别作为其数据基础，通过对进站及消费车辆的车牌数据进行采集和分析，服务于加油站的精准营销和精细化管理。

加油站车牌识别系统由站级数据采集分析子系统、数据传输子系统和中心管理平台子系统三部分组成。

站级数据采集分析子系统主要由摄像机、交易数据采集客户端、站级管理服务器及站级客户端组成。整个站级数据采集分析子系统以站级管理服务器为核心，对摄像机抓拍的数据进行存储、分析，提取车牌信息后上传至中心管理平台子系统。

3　影响车牌识别率和匹配率的因素分析

车牌识别及与交易数据的匹配主要在站级数据采集分析子系统完成，其成功率会受到各种复杂因素影响。

3.1　影响车牌识别率的因素

在实际应用中，由于受到户外全天候的工作环境以及车牌本身的复杂多样等诸多因素的影响，长期以来，车牌识别一直是模式识别领域的一个难点问题。车牌识别失败的原因主要是：采样位置，如距离、角度因素；光照因素；人车遮挡因素。但这些因素在其他场景也同样存在。

3.2　影响数据匹配率的主要因素

3.2.1　数据匹配模式

由于车辆数据和交易数据之间没有直接的数据关联，因此车牌信息和交易的关联方式会极大地影响数据匹配成功率。

3.2.2　设备间的时间同步

交易时间与车牌识别时间如出现较大的时间差，在数据匹配时会严重影响匹配的成功率。

3.2.3　不规范的业务操作

当车辆横停、斜停、未完全驶入加油区域，油枪反拉，同一加油岛两车同时加油等非典型操作时，会出现车牌无法与交易信息进行有效匹配。

3.2.4　油枪号绑定异常

油枪号应与摄像机监控区域正确绑定，以便系统能根据枪号正确找到对应的摄像机。

4　提升车牌识别率和匹配率的方法研究

以上影响车牌识别率和数据匹配率的因素主

要归类为系统设计、加油站管理以及设备维护3个方面的问题。

4.1 系统设计方面

4.1.1 触发识别模式

在传统识别模式中，车辆进入抓拍区域后即触发抓拍识别，识别动作与加油交易系统各自独立，数据分别采集后再进行比对，仅能够依靠时间和抓拍点位进行模糊关联，而时间存在不可控的差异，因此匹配成功率难以保障。

某些智慧加油站在项目演示中，通过人为制造"一对一场景"掩饰了实际问题。例如，进行清场只引导单车进入，没有其他车辆干扰，等待匹配的也只有一笔交易，一对一完美匹配。但加油站实际属于"多对多场景"，同一区域同一时间段，有多个车辆多笔交易，时间差异大，无法进行精准匹配。

针对此问题，我们采取了交易联动自动触发车牌识别机制，即由加油站管理系统在交易加油提枪时，向视频监控系统车牌识别主机发送指令，后者接受指令后启动指定点位识别，并回传识别结果，从而实现了交易与车牌数据的精确匹配。

4.1.2 算法优化

（1）增加识别频次。如提枪调用接口获取枪号对应车牌没有成功，则每10s重新获取一次直至检测到挂枪为止，以提高获取率。

（2）筛选无效车辆。将无效车辆(摩托车、三轮车、无牌照车辆)标记出来，在分析数据时单独处理。

（3）验证存疑车牌。针对异常数据，结合车辆进出信息和轨迹进行修正。

4.2 加强加油站管理

针对人车遮挡、非典型性业务操作，通过加强加油站管理规范降低其影响，引导车辆规范停靠，禁止加油时油枪反拉。

4.3 设备维护

合理优化摄像机安装位置，调整光照条件或增加补光，通过多点位识别、轨迹跟踪等手段优化改善识别率。

另外，检查时间同步信息、设备连接情况等，可有效改善由于设备问题、连接问题、时间同步问题等原因导致的识别误差。

5 应用效果

上述提升车牌识别率与匹配率的方法，在中国石油四川销售公司智慧加油站建设实践中进行了有效应用。以中国石油四川销售公司在其眉山分公司加油站智慧加油站系统建设工程为例，在采取优化措施前，车牌数据与业务交易数据的匹配率仅能够达到56%左右，经应用上述方法，匹配率获得了极大幅度的提升，达到97%以上，为智慧加油站应用提供了可靠的数据基础。

5.1 联动采集应用效果

5.1.1 传统采集方式样本数据

数据采样时间2019-06-10~2019-07-15，获得交易样本数据51714条，车牌抓拍样本数据52642条，匹配成功率为56.32%，分析详情如表1所示。

表1 传统采集方式样本分析表

类型		数量	占比/%	说明
交易样本数		51714	—	—
车牌样本数		52642	—	—
匹配成功		29127	56.32	本项/交易样本数
匹配失败	车牌无法识别或异常识别样本数	10231	19.45	本项/车牌样本数
	无法匹配到交易的车牌样本数	13284	—	由于交易与车牌时间存在差异，双向存在无法匹配的数据
	无法匹配到车牌信息的交易样本数	22587	—	

5.1.2 问题分析

从样本数据可知，总体识别匹配率仅达到56%左右，不具备实用性。

造成匹配率低的主要原因是，交易数据与车牌抓拍数据之间不具有可识别性的唯一对应关系，只能靠时间进行模糊匹配，而抓拍识别时间与交易时间存在较大差异，加上其他非交易车辆干扰，造成大量数据无法匹配。

5.1.3 优化措施

采用交易联动自动触发车牌识别的技术，将抓拍触发条件由车辆进入区域改为交易提枪信号触发，实现了交易与车牌抓拍数据的完全对应。

5.1.4　样本数据二(联动采集后样本)

数据采样时间 2019-08-01～2019-08-30，获得样本数据 43482 条，识别成功率为 80.84%，分析详情如表 2 所示。

表 2　联动采集方式样本分析表

类型		数量	占比/%	说明
交易样本数		43482	100.00	—
车牌样本数		43482	—	—
识别成功		35170	80.84	—
识别失败	无法识别	3830	8.81	—
	异常返回“牌”	3705	8.52	—
	返回双车牌	741	1.70	—
	车牌识别错误	58	0.13	—

5.1.5　效果分析

由数据可见，应用交易联动抓拍后，系统总体数据匹配率上升到了 80%以上，提升极为明显。

5.2　应用二次优化调整效果

5.2.1　样本数据二(二次优化前样本)

应用二次优化调整，其样本分析表见表 2。

5.2.2　问题分析

当前版本存在以下明显问题：

(1) 没有剔除无效车辆(摩托车、农用三轮车等)，将之全部归为识别失败。

(2) 由于油枪反拉、停车位置不正等违规情况造成大量识别失败记录。

(3) 由于识别区域划分不够精确，出现较多将排队等待车辆一同识别双车牌返回情况。

5.2.3　优化措施

针对现场情况调整摄像机角度，增补灯光，优化程序算法处理返回异常信息的问题，加强管理，规范“油枪反拉”，停车位不正，排队车辆过度拥挤问题，精确划定识别范围，增设识别结果检测，无效车辆区分。

5.2.4　样本数据三(整改优化后样本)

数据采样时间 2019-09-15～2019-10-15，获得样本数据 41375 条，匹配成功率为 92.64%，另外 2105 条数据判别其车辆类型为三轮车等无须进行匹配的无效数据，占比 5.09%，分析详情如表 3 所示。

表 3　二次优化后样本分析表

类型		数量	占比/%	说明
有效样本数		41375	100.00	—
识别成功		38326	92.63	获取到正确车牌
无效车辆		2105	5.09	摩托车、农用三轮车等无效车辆
识别失败	无法识别	804	1.94	识别失败，无法读取车牌
	返回双车牌	85	0.21	返回两个车牌，单侧停放两辆车同时识别，无法与交易数据匹配
	车牌识别错误	55	0.13	识别到的车牌错误，例如：“糊 N12111”或者车牌重复识别

5.2.5　效果分析

在采取优化措施后识别率大幅提升。同时，由于剔除了业务上无须进行精确匹配的无效车辆类型，从而使实际有效匹配率达到 97.72%，完全满足智慧加油站应用中客户关系管理、精准营销、业务分析、决策支持等各种应用场景的数据要求。

6　结语

车牌识别作为智慧加油站应用中重要一环，它的识别率以及与交易业务数据匹配率将直接影响起始数据的准确率和覆盖率，进而影响整个智慧加油站的运营效果。从上述分析可以看出，匹配率需要分别从系统设计及算法优化、加油站管理、设备维护几处着手，其中见效最大的是系统设计及算法优化。本项目通过定制接口，实现交易联动自动触发车牌识别，有效地提升车牌识别数据与交易业务数据匹配率，使数据达到了使用标准，取得良好效果。

参考文献

[1] 王会良，万欢，戴家权．智慧加油站的内涵、特点及构成[J]．国际石油经济，2016，24(003)：90-94.

[2] 魏承文．汽车牌照识别技术的研究[D]．广州：华南理工大学，2014.

[3] 李英明．车牌识别系统的研究与实现[D]．沈阳：东北大学，2012.

附录：加油岛车牌识别获取接口

1. 接口描述(具体细节有删节)

用于识别获取加油岛正在加油车辆的车牌信息的接口，提供提枪、挂枪信号、操作时间、油枪编号、加油站编号通知平台，平台接口内部实现车牌识别后将车牌号结果返回。

2. 接口定义

请求类型：HTTP

请求方式：POST

请求地址：http：//{ip}：{port}/hbdc/v1/station/oilgun/optAdd

Accept：application/json

Content - Type：application/json；charset = UTF-8

响应类型：JSON

(1) 输入参数(见表4)。

表4 信息获取接口输入参数表

中文名称	参数名称	类型	备注
操作时间	optTime	String	YYYY/MM/DDHH：mm：ss
操作类别	optCode	int	1提枪，2挂枪，默认填写1
油枪编号	oilgunNo	String	加油站油枪逻辑编号
站点编号	stationNo	String	加油站加管编码
返回类型	seeBusno	int	0无任何返回 1只返回车牌号文字 2返回车牌号文字和车牌号图片

(2) 输出参数(见表5)。

表5 信息获取接口输出参数表

中文名称	参数名称	类型	备注
响应结果码	resCode	String	详见响应码说明
响应结果描述	resMsg	String	—
车牌号	carNum	String	—
车辆抓拍图片	carPic	String	十六进制字符串

(3) 响应码定义(见表6)。

表6 信息获取接口响应码定义表

响应码(resCode)	消息描述(resMsg)
00	提交处理成功
……	……
05	没有识别到有效车牌
06	网络异常
……	……
99	系统异常

3. 补充说明

该接口要求及时响应，响应码除00为提交处理成功，其他为故障信息。该接口会在检测到提枪操作后被调用，在挂枪之前(加油进行中)可能多次发起请求重复识别。

4. 示例报文

URL：http：//{ip}：8013/hbdc/v1/station/oilgun/optAdd

▶ Request：

```
{
  "optTime":"2019-08-01 13：54：13",
  "optCode"：1,
  "oilgunNo":"1",
  "stationNo":"MD01",
  "seeBusno"：1,
}
```

▶ Success Response：

```
{
  "resCode":"00",
  "resMsg":"成功",
  "carNum":"川A00001",
  "carPic":""
}
```

▶ Faile Response：

```
{
  "resCode":"99",
  "resMsg":"系统异常"
}
```

油气管道焊接质量数字化管控研究

廖福金[1] 王小斌[2] 王 震[3] 平 洪[3]

(1. 廊坊中油朗威工程项目管理有限公司；2. 河北省智慧管道技术创新中心；
3. 中国石油天然气股份有限公司广东石化分公司)

摘 要 近几年，国内油气长输管道接连发生质量事故，因而有必要加强焊接质量过程管控，而随着数字化转型的深入，油气管道焊接质量数字化管控的需求也越发迫切。本文在梳理了各项焊接质量管控流程及其达标要求的基础上，提出了油气管道焊接质量数字化管控思路，并给出了焊工、焊机和焊材3个方面数字化管控清单，通过工程项目应用实例验证了焊接质量数字化管控的可行性，为下一步焊接质量全过程数字化管控研究提供参考。

关键词 油气管道；焊接质量；数字化；质量管控

近几年，国内油气长输管道接连发生质量事故，如2018年中缅"6·10"泄漏燃爆事故和2019年泰青威管"3·20"泄漏着火事故，造成了一定的人员伤亡和大量经济损失，也造成了非常不好的社会影响。事故调查报告内容显示，事故的直接原因均为管道焊接质量不合格导致环焊缝断裂，因此，有必要采取新的措施加强施工阶段的焊接质量管控。而随着数字化转型的深入，焊接质量数字化管控的需求也越来越急迫。

1 数字化管控总体思路

焊接质量数字化管控的总体思路是，根据焊接过程的质量管控特点，确定管控对象(如施工单位、机组或者焊工)，然后梳理其各工作流程(如焊机入场报验)中的关键管控要点及其达标要求，建立数字化管控指标体系，最后根据不同的管控指标结果，制定相应的管控措施。

2 焊工管控

根据焊工管理的特点，将焊工管理分为上岗考试前、上岗考试、焊接作业过程中和焊口质量验收4个阶段。焊工上岗考试前要选择焊工上岗考试机构，审查焊工的基本信息、资质、经验和技能培训，以及准备考试设施、场地和材料；焊工考试管控包括焊工考试行为和考试结果的管控；焊接作业过程中主要考查焊工的质量行为是否符合焊接工艺规程要求；焊口质量验收则是通过无损检测的手段按照验收标准判定焊口是否合格，最后以焊工为统计对象，统计焊口的合格率。各阶段的数字化管控项目如表1所示。

3 焊机管控

虽然焊机对焊接质量的影响非常大，但焊接质量管控中对焊机的具体管控要求较少，只要满足焊接工艺和生产安全的需要即可。根据焊接作业的进展阶段，焊机管控可以分为焊接作业前、焊接作业过程中以及焊接作业完成后3个阶段：焊接作业前主要为焊机的进场报验，包括设备规格型号、维修保养、检定检验等；焊接过程中则是监控焊机工作状态的稳定和准确性，判定是否工作异常；焊接完成后则需要根据工程的实际需要是否允许焊机转场或者撤场。详细情况如表2所示。

4 焊材管控

焊材最终将与管材一起成为工程实体的一部分，焊材的质量管控主要在于其本身质量管控，包括入场前的复检和进场报验，以及存储和使用过程中检查，防止焊材损坏、变质和焊材错用的情况，其数字化管控详细如表3所示。

表 1 焊工数字化管控清单

序号	数字化管控项		备注
1	上岗考试前	焊工考试机构的资质和能力	
2	上岗考试前	焊工基本信息	主要包括姓名和身份证号
3	上岗考试前	焊工的资质证书	特种设备安全管理和作业人员证和特种作业操作证
4	上岗考试前	焊工的业绩证明	针对连头口、返修口和变壁厚口的焊接，需要有一定经验的焊工完成焊接作业
5	上岗考试前	焊工的岗前培训证明	针对相应项目的焊接工艺特点组织的培训
6	上岗考试	焊工的考试行为	焊工考试过程中不合格的行为有： （1）替考； （2）替换考试试件； （3）随意改变焊接位置或转管焊接； （4）外观打磨、锤击及补焊，破坏原始焊缝表面； （5）在坡口以外的母材表面上起弧
7	上岗考试	焊工考试结果信息	合格还是不合格
8	焊接作业过程中	焊工的质量行为	焊接过程中，焊工的不合格质量行为主要有： （1）不了解焊接工艺规程要求就施焊的； （2）在管道坡口外起弧伤及母材的； （3）违反劳动纪律造成焊接质量缺陷的； （4）不配合检查，不如实反映焊接施工情况的； （5）焊工违规操作，出现轻微质量问题的； （6）焊工操作的项目超出了上岗考试认定范围的； （7）资格证书过期，仍从事现场操作的行为的； （8）对检查出的质量问题，不闭合、不落实整改的； （9）违反焊接工艺规程的； （10）焊工资格弄虚作假的； （11）不服从管理、不履职，造成严重质量问题的； （12）私割私改隐瞒不报的； （13）私自返修的
9	焊接作业完成后	焊口合格与否	见各无损检测缺陷判定技术标准
10	焊接作业完成后	焊工考核期内的合格率	—

表 2 焊机数字化管控清单

序号	数字化管控项		备注
1	入场前	焊机规格型号	—
2	入场前	焊机合格证	—
3	入场前	焊机年检证	—
4	入场前	焊机校验和维修保养	—
5	焊接过程中	焊机工况	焊机工况数据包括电流、电压、送丝速度、摆动宽度、左右边缘停留时间、保护气体流速、焊接速度、热输入量等
6	焊接过程中	焊机故障	包括故障率和故障原因
7	焊接过程中	焊机维修保养	是否定期进行保养
8	焊接作业完成后	焊机转场/撤场	—

表3　焊材数字化管控清单

序号	数字化管控项		备注
1	入场前	焊材基本信息	包括焊材型号、批号、数量、质保期限
2		焊材质量证明文件	包括焊材质量检测证书和质量合格证书
3		使用保管说明书	—
4		焊材复检取样	见证取样过程的合规性
5		焊材复检结果	—
6	焊材的存储和使用过程	焊材损坏或变质	—
7		焊材错用	焊材是否与焊接工艺相符

5　油气管道焊接质量数字化管控应用实例

在某国际原油管道工程建设项目上，制订并实施了焊接质量管控数字化考核方案，考核周期为1个月。该方案以施工单位为管控对象，基于焊工、焊机、焊材的管理要求，经过项目业主和施工单位的充分沟通和磋商，研究建立了适合该项目的数字化管控指标体系及其相应管控措施：

5.1　焊工管控指标

（1）施工单位上报的焊工考试机构无资质，或者资质无效者，每次扣减2分。

（2）焊工考试前，施工单位上报焊工的基本信息不全或存在造假的，或者焊工工作业绩不合格的，每名焊工每次扣减2分。

（3）焊工考试前，施工单位上报的焊工未取得资质证书的，或者资质证书无效的，每名焊工每次扣5分。

（4）焊工考试前，焊工未参加施工单位针对项目组织的焊接培训，或者培训考核结果不合格，或没有培训记录或档案的，每名焊工每次扣减2分。

（5）焊工考试过程中，发生取消焊工考试资格的事件，每次事件扣减5分；当事件涉及多名焊工时，每多一名焊工，则多扣减5分。

（6）根据焊工的考核结果，每出现一名C级焊工，扣减2分；每出现一名D级焊工，扣减5分。

5.2　焊机管控指标

（1）焊机入场报验时，存在合格证、年检文件缺失或已超过有效期的，或者校验、维修保养记录缺失的，或者规格型号不满足焊接工艺要求的或与报验清单不一致的，每台次扣减2分。

（2）焊机报验入场后，焊机发生故障导致无法继续施焊的，每台次扣减2分。

（3）焊机报验入场后，焊机的年检、校验已过期仍在使用的或者未进行定期保养仍继续使用的，每台次扣减2分。

（4）焊机转场或离场未提出申请，或者转场或离场申请未经业主批准的，每台次扣减5分。

5.3　焊材管控指标

（1）焊材进场报验时，发现现场焊材的规格型号、批号、数量与报验清单不一致，或者焊材不符合焊接工艺规程要求的，或者焊材有损坏的，或者焊材的信息、质量证明书、产品合格证、使用保管说明书缺失或不齐全的，每批次扣2分。

（2）焊材未按要求进行复检，或者焊材复检结果不合格的，每批次扣2分。

（3）焊材的存储过程中，发现存储环境符合与焊材存储使用说明书要求的，每项扣减2分；发现焊材已受潮或变质的，数量不影响施工进度的，扣2分；数量影响施工进度的，扣5分。

（4）焊材使用过程中，焊材未报验或者报验不合格仍继续使用的，焊材已受潮或变质仍然使用的，或者焊材与焊接工艺规程不符的，或者焊材超过质量保证有效期，且未按要求复检的，或复检不合格仍使用的，每次扣减5分。

5.4　考核管控措施

考核周期开始时，上一考核周期扣减分数清零，施工单位评分为100分，项目业主对管道焊口质量进行全过程监督检查，如果发现施工单位存在违反相关焊接质量管理要求的行为或焊口质量达不到工程质量要求，则对施工单位的考核评分予以相应的扣减，并对考核结果进行分级管理：

（1）A级：考核得分90分以上（含90分），优秀，由业主予以项目内通报、并嘉奖×××工程款。

（2）B级：考核得分70～90分（含75分），良好，不予以处理。

（3）C级：考核得分60～70分（含60分），及格，由项目业主下发焊接质量管理预警通知。

（4）D级：考核得分60分以下，不合格，如果该施工单位某一机组考核扣减分数超过20分（含20分），则针对该机组给予停工整顿的处罚；否则，给予施工单位全部机组停工整顿的处罚。停工整顿时间由项目业主和施工单位根据实际情况商定。

（5）同一施工单位连续2个考核周期的考核评级为D级，除予以相应的停工整顿外，还应处罚工程款×××（数额由项目业主和施工单位在开工前商定）；如果该施工单位的同一机组连续2个考核周期内扣分超过20分（含20分），则给予施工单位罚款的同时，将该机组请退出场，且不允许该机组人员并入本项目其他机组。

（6）同一施工单位连续3个考核周期的考核评级为D级，则应终止该施工单位的合同，将该施工单位请退出场，并且该施工单位在往后3年内投标其他工程项目时，扣减技术标分数5分。

6　结语

（1）本文提出了油气管道焊接质量过程管控数字化思路，并针对焊工、焊机和焊材3个方面梳理了数字化管控清单，并通过工程项目应用实例验证了焊接质量过程管控数字化的可行性，为下一步焊接质量全过程数字化管控研究提供参考。

（2）在实际工作中，焊接质量的数字化管控方案与项目业主、施工承包商以及项目的实施环境（主要为管理环境）密切相关，不同的项目业主对焊接质量的管控要求不一样，不同的施工承包商的施工生产水平也不尽相同。因此，在焊接质量的数字化管控方案设计过程中，设计人员一定要根据具体项目的实际情况设置管控指标体系，同时与项目业主和施工承包商充分沟通和交流，获得其双方的认可才能确保方案的顺利实施。

油气管道工程巡检中无人机的应用与管理

谭　力[1]　廖福金[2]

（1. 廊坊中油朗威工程项目管理有限公司；2. 河北省智慧管道技术创新中心）

摘　要　油气管道工程一般工程跨度大，作业面不固定，施工距离长，传统人工巡检暴露出工作效率低、日均覆盖率小、工作周期长的问题。基于无人机不受地缘限制、飞行距离长、作业面覆盖广的特点，在油气管道的质量安全巡检工作中广受应用。使用无人机进行管线质量安全巡检，无人机搭载性能强劲的摄像头，协同数据兼任务处理功能的巡检平台，对油气管道进行立体式工程图像记录，可纠察工程隐患，降低工程事故风险。经过事例证明，无人机技术可以显著提高油气管道工程的巡检效率。

关键词　无人机巡检；安全管理；无人机巡检平台

截至2020年底，我国已建天然气长输管道里程（含跨国管道）达 1.07×10^5km，但与国家发改委、能源局《中长期油气管网计划》提出的2025年达到 1.63×10^5km 这一目标还有不小的差距。总体来看，我国目前天然气管网建设与发达国家还存在一定差距，主要体现在网络化程度较低、互联互通刚刚起步。近年来，油气管道工程建设逐渐提速，为高质量地实现大规模管道工程建设目标，需要发展新技术、新方法。管道工程无人机巡检是实现智能管网建设过程中迈出的重要一步，这种技术在较多民用工程领域都实现了广泛应用，例如：地质勘察时，利用无人机搭载传感元件，完成野外山区的地质监测，辅助地震灾害评估工作；在电力领域，无人机可以进行输电线路巡检；在油气管道行业，部分项目已利用无人机对油气管道线路的施工安全和运营安全进行监测，观察第三方施工、管具管材摆放，纠察人员安全隐患。无人机利用无线电通信技术以及信息传输系统，可以远距离抓取和传输图像，同时具备经济低廉、操作便捷的优势，因此认为无人机具备管线巡检、排查隐患的能力。

1　无人机巡检平台系统

无人机巡检平台主要是应用物联网技术，将前端可控的无人机与后端进行信息处理的应用系统进行结合，实现无人机信息采集、网络线路传输、后台信息处理的工作目标，是一类可实现远距离操作、长距离监控、大面积覆盖的移动式巡检系统。

1.1　无人机

无人机设备目前在市场上品类丰富，为满足长时间安全飞行的工作特性，主要选用续航能力较强的电力动力系统无人机。无人机采用集群数据链网络架构，有效利用响应策略保障无人机内部组件协同应用，整体受控，机身内部数据分析的算法简略，计算能力差异性不大。

一般来说，无人机的关键配置参数包括镜头分辨率、数据传输协议、存储要求、工作时间、工作环境和防护等级。建议油气管道项目中无人机设备参数如表1所示。

为加强油气管道工程质量安全管理，建议在油气管道工程的每标段至少配置1套无人机设备，电池配备数量满足每日工作时长3h，无人机数据传输标准应符合智能监控平台数据接入标准。

1.2　巡检管理平台

巡检管理平台是整个无人机巡检平台系统的指挥中心。整个平台数据运行的工作流程是：由后台系统发布任务后，飞手操控无人机按照设计任务拍摄图像源，经过固定处理后传输到远端场站的数据中心，后端系统可以直观地浏览无人机传输的图像视频等原始数据，也可以利用开发者建立的正射影像，斜射影像实现图像测量功能，包括空间距离、贴地距离、水平面积、贴面面积、方量分析、坡度坡向、淹没分析、坐标定位、分屏对比等图上测量功能和空间分析功能。

表1 无人机参数要求

序号	配置要求	设备参数
1	分辨率	最大分辨率不小于4096×2160P，支持1080P视频实时回传
2	数据传输协议	满足其中之一：GB/T 28181—2016协议、ONVIF、RTMP协议 摄像头支持H.265视频编码标准、实时回传画面不低于1080P
3	连接网络	WIFI网络(支持802.11b/g协议，2.4GHZ)、4G/5G网络(支持全网通：联通、电信、移动)
4	存储要求	机载存储卡不少于64GB
5	工作时间	单次不少于30min，连续工作时间不少于120min
6	工作环境	工作温度：-40～55℃。工作湿度：≤90%
7	防护等级	防风等级不低于6级；IP防护等级不低于IP43

2 无人机的管理

每日开工前检查无人机的运行功能和电池电量，保证设备正常运行且能拍摄有效的施工画面。对于流动式作业现场，主要利用巡检管理平台进行任务管理与分配。巡检管理平台主要实现无人机远程控制、视频画面控制、飞行参数控制、分级管理、信息管理、任务管理等功能，实现现场施工画面监控管理、现场施工质量管理，人场资源管理。具体功能如下：

(1) 通过对飞控人员、设备信息在系统中的注册登记，实现对飞控人员、无人机使用、维修、授权等的信息化管理，可以有效查询无人机的使用状况。

(2) 实现对无人机的远程控制，能够操控无人机的起飞、降落、追停以及空中悬停等操作。

(3) 实现将无人机飞行航拍的视频数据传回数据中心，存入数据库。

(4) 实现无人机对管道进行巡检作业的管理，在后端系统中赋予不同层级的使用权限。

3 油气管道工程无人机的巡检应用

在油气管道工程建设过程中，无人机在监理人员的操作控制下，对施工现场的监控画面和现场数据进行实时传输。利用巡检管理平台接收并处理数据，在远端对施工作业现场进行实时监测与调控。在管材堆放、作业带清理、管沟开挖、布管、回填、清管等工序中都可实施无人机巡检，排查施工现场的质量安全问题。

3.1 管材堆放

采用无人机巡检方式检查材料堆放是否满足规范要求，通过采集的视频或照片检查管口封堵、滚管措施、成品管堆放层数、每层防腐管之间的保护措施、场地排水情况。采集的视频、问题照片和生成的模型存入智能管控平台，检查发现问题按照质量或HSE管理要求执行。

3.2 作业带清理

采用无人机巡检方式检查作业带清理是否满足规范和图纸要求。通过采集的视频影像检查作业带的石块、树木等地上障碍物是否清理干净，沟、坎是否平整，有积水的洼地是否排水，施工便道修筑是否满足规范和图纸要求。通过采集的照片利用建模软件生成二维或三维模型，检查作业带宽度是否符合规范和图纸要求。采集的视频、问题照片和生成的模型存入智能管控平台，检查发现问题按照质量或HSE管理要求执行。

3.3 管沟开挖

采用无人机巡检方式检查管沟成型情况，通过采集的照片利用建模软件生成三维模型，检查管沟成型与设计要求、施工组织设计、施工方案的符合情况；检查管沟中心线偏移情况。生成的模型应存入智能管控平台，检查发现问题按照质量管理要求执行。

采用无人机巡检方式检查管沟开挖作业情况，检查施工作业是否满足HSE相关规范和要求。采集的视频存入智能管控平台，检查发现问题按照HSE管理要求执行。

3.4 布管

采用无人机巡检方式检查布管情况。通过采集的视频检查管墩(沟上布管)设置情况、沟下布管是否错开摆放、吊装作业情况。通过采集的照片生成二维模型，检查安全距离是否满足规范要求。采集的视频、问题照片和生成的模型应存入智能管控平台，检查发现问题按照质量或

HSE 管理要求执行。

3.5 下沟回填

采用无人机巡检方式检查下沟及回填情况。通过采集的视频检查管沟附近异物情况，利用三维模型测量管沟深度进行复查，检查管道下沟过程的施工操作是否伤害管道防腐层，并且利用模型测量管沟壁与管道壁之间间隔是否超过150mm；通过视频检查管沟端部是否保留出空余管段，检查管沟回填覆土层部分是否满足设计要求，检查特殊地貌管段回填部分是否满足设计要求，检查稳管设施的安装是否满足设计要求；检查发现问题按照质量或 HSE 管理要求执行。

3.6 清管

采用无人机巡检方式检查清管情况。通过采集的视频检查清管器收发装置是否放置在无人区或地势较高区域，其附近是否具有警示标志，检查清管结束时管端是否还有杂物排出等。

4 结语

无人机在油气管道工程巡检过程中应用效果突出，在满足工业信息化要求的同时，可以实现提升巡检效率、增大巡检覆盖率的目的。应用无人机巡检平台系统可以同时兼顾无人机的控制管理和巡检平台的信息与任务管理。通过无人机巡检平台系统可以对施工现场的人员投入情况、设备投入情况、现场布置情况、现场环境情况、工程进展情况、施工行为等进行集成管理和展现。

参 考 文 献

[1] 武晓华，赵渊，胡敏．无人机在基站勘察巡检工作中的应用[J]．电信工程技术与标准化，2017，30(04)：18-22.

[2] 陈卫卫，迟凯．无人机集群数据链技术研究[J]．指挥与控制学报，2020，6(01)：43-49.

[3] 王兵．基于人工智能的基站巡检应用实践[J]．电信科学，2018，8(12)：21-23.

[4] 高玥．无人机在油气管道安全领域中的应用探讨[J]．化工管理，2020，11(20)：95-96.

[5] 刘辉，王川洪．运用无人机进行管线巡检探讨[J]．化工管理，2020(3)：202-203.

[6] 郑家志，孙祖强．无人机航拍技术在油气工程中的应用[J]．中国石油和化工标准与质量，2019. 39(16)：235-236.

[7] 张侃．多旋翼无人机在输电线路巡检中的运用和发展[J]．现代工业经济和信息化，2013(16)：72-73.

[8] 武海彬．无人机系统在油气管道巡检中的应用研究[J]．中国石油和化工标准与质量，2014(09)：105-106.

油气管道工程智能工地研究与实践

李义恒[1]　贾　维[2]　苏　军[2]　赵　杰[1]　李伍林[1]　韩明一[1]

（1. 廊坊中油朗威工程项目管理有限公司；2. 廊坊开发区中油龙慧自动化工程有限公司）

摘　要　结合油气管道工程项目的特点和物联网、云计算等信息技术，对油气管道工程智能工地建设和管理进行研究，提出油气管道工程智能工地的总体架构、设备及软件配置要求、关键工序智能工地应用与管理要求，围绕“人、机、料、法、环”关键要素综合应用各种信息化管控手段，提高油气管道工程质量和安全智能化管控水平，提高工程项目管理的效率和效果。

关键词　管道工程；智能工地；硬件配置；应用管理

油气管道工程是一个复杂的工程系统，具有管径大、工作压力高、输送距离长、油(气)输送量大和长年连续运行等特点。油气管道工程的建设环境条件一般比较复杂，多为野外施工，施工难度较大，对工程施工质量要求高，进行智能工地建设非常有必要。智能工地利用智能终端传感设备，将施工现场与移动终端结合起来，实现施工工地与管理人员之间的联通，能够有效地整合施工现场的信息。智能工地建设围绕工程施工现场的“人、机、料、法、环”等关键要素，综合运用物联网、云计算、大数据、移动和智能设备等信息化技术，能够提高工地现场的工作效率、管理效率和决策能力。

1　油气管道工程智能工地架构

1.1　总体架构

油气管道工程智能工地的总体架构由感知层、网络层以及应用层三部分构成。具体系统架构如图1所示。

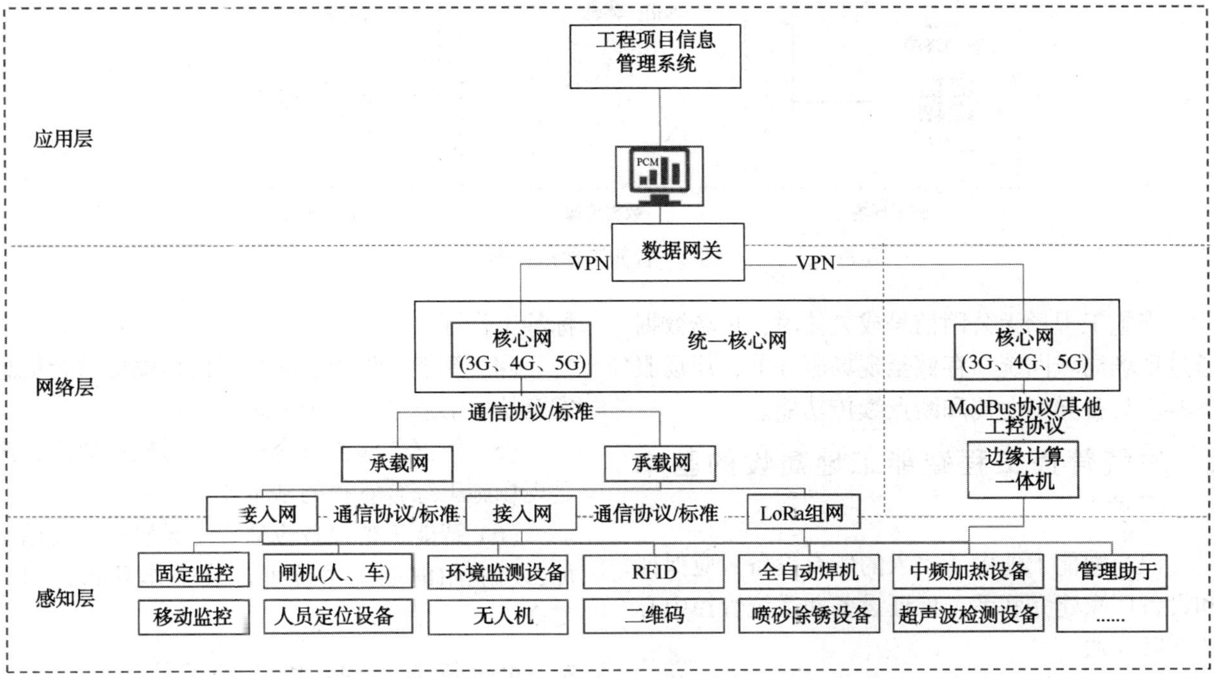

图1　智能工地总体架构

感知层：包含施工现场信息采集、显示等各类设备，以及满足设备运行的基础设施，从而实现对施工现场的各类信息进行传感、采集、识别、控制等。

网络层：由各种私有网络、互联网、有线和无线通信网、网络管理系统和云计算平台等组成，从而实现对施工现场的各类感知的结构化、非结构化以及混合型数据类型进行传输。

应用层：对应于施工现场管理业务应用，包括工程信息管理、人员管理、进度管理、质量管理、安全管理等方面。同时，要提供 PC 端或移动端的一种或两种展现手段，其中，移动端要支持 iOS 或 Android 两种操作系统。

系统宜采用云架构，非云架构下的系统宜向云架构升级过渡。数据分为现场服务器存储和数据中心存储，现场服务器实时存储智能工地数据，依托公网同步或异步上传至数据中心。

1.2　视频监控架构

视频监控由视频采集层、设备接入层、流媒体汇聚层、业务应用层组成。

视频采集层：现场使用的视频监控设备，包含摄像机、可穿戴监控设备、无人机等，设备可直连流媒体服务器，也可连接现场 NVR 后接入至分中心。

设备接入层：各所属企业搭建的视频监控分中心，具备流媒体服务功能。

流媒体汇聚层：搭建视频监控中心，汇聚各监控分中心监控，实现统一管控。

业务应用层：工程项目管理系统通过智能监控对各项目现场进行视频管理。

1.3　智能工地拓扑图

油气管道工程为移动流水作业，现场终端设备优先通过现场局域网将数据传输至现场服务器，现场服务器可初步对数据进行存储和分析，即时反馈预测预警信息，同时通过互联网远传至中心服务器，用于各平台从中心服务器获取数据。智能工地拓扑图如图 2 所示。

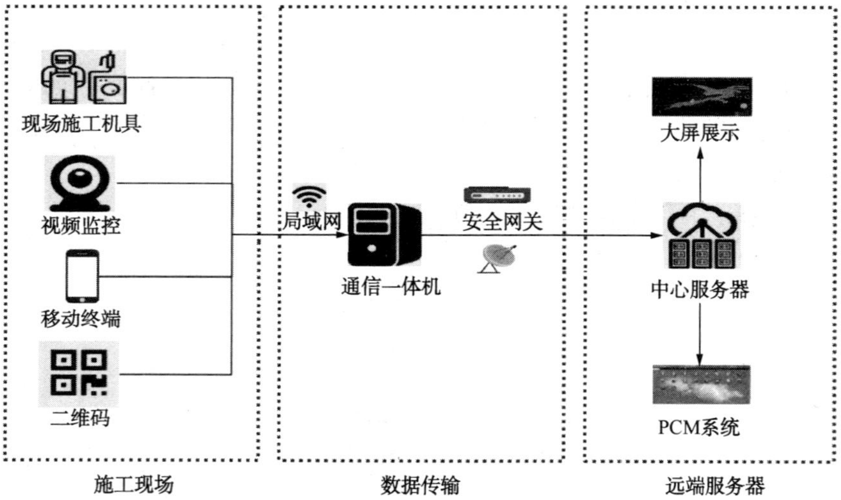

图 2　智能工地拓扑图

当施工现场无公网信号或欠佳时，现场数据通过现场局域网统一存储至现场服务器，现场服务器应具备异步上传和断点续传功能。

2　油气管道工程智能工地建设的基本要求

（1）智能工地中所接入的所有设备，应保证和设备厂家建立联系，保证设备和系统管控中心的互联互通。

（2）智能设备要有良好的技术适应性和兼容性，能够和管道工程项目管理系统相融合。

（3）按照智能工地建设要求，在人、机、料入场前进行电子报验，粘贴或佩戴二维码或电子标签工作证。

（4）智能工地中所有信息的传输应符合信息安全技术信息系统安全管理要求。

（5）数据传输要符合相应的时效性要求，满足现场施工综合管控的基本要求。

（6）智能工地设备应适应全天候户外使用条件，所应用的电源系统可连续工作且满足用电安全。

3　油气管道工程智能工地配置要求

3.1　硬件配备要求

3.1.1　视频设备

（1）移动摄像机。移动摄像机包含布控球或枪机，管道施工的每个移动作业面可配备 1 台并安装三脚架。

（2）焊接棚内摄像机。焊接棚内安装 1 台微型摄像机，清晰监控焊接工作。

（3）固定摄像机。固定摄像机包含云台摄像机或固定枪机，监控范围较大时选用云台摄像机。每个固定区域可配置 1 台，监控可覆盖管控区域。

（4）可穿戴视频设备。可穿戴视频设备包括执法仪、智能安全帽等。现场施工和检查人员在开展现场管理及检查工作时需佩戴并全程开启，现场质量员、安全员、现场监理应各自配备 1 套，其他人员按需配备。

3.1.2　无人机

（1）消费级无人机。主要用于现场监督和检查，通过无人机航拍辅助管理工作开展。

（2）工业级无人机。主要用于航飞建模，通过无人机航飞进行现场环节扫描用于建立二维、三维模型。

3.1.3　电子标签

按照相关电子标签标准，物资设备在出厂前应安装电子标签，用于物资跟踪管理。

3.1.4　二维码

（1）人员二维码。人员入场前需完成系统报验，监理验证合格后参建单位可从人机具库管理系统中打印身份二维码并制作胸牌，开展工作时应佩戴，便于现场管理和检查。

（2）机具二维码。机具入场前需完成系统报验，监理验证合格后粘贴机具二维码，机具施工需确保二维码完整，便于现场管理和检查。

（3）管材二维码。按照相关管材二维码标准，管材在出厂前应粘贴管材二维码，且对管材切割后需粘贴新的管材二维码，用于管材跟踪管理。

（4）焊口二维码。在坡口组对完成后生成并粘贴焊口二维码，用于后续焊口相关的数据采集工作开展。

3.1.5　移动终端

（1）手机或平板。配备可安装项目管理助手的智能手机或平板电脑，用于使用项目管理助手开展现场管理和数据采集工作，可使用个人智能手机或平板电脑。

（2）RFID（射频识别）手持机。中转站配备可读写 RFID 的手持终端，每个中转站建议至少配置 2 台，用于物资管理工作开展。

3.1.6　现有设备新增传感器

（1）焊机设备改造。开工前对焊机进行改造，增加电流、电压、送丝速度传感器，用于实时获取焊接工况数据。

（2）防腐设备改造。开工前对喷砂除锈设备进行改造，增加压力传感器，用于实时获取喷砂工况数据。

（3）中频加热设备改造。开工前对中频加热设备进行改造，增加温度传感器，用于实时获取加热温度数据。

（4）特种设备传感器。

① 特种设备一般包括工程施工现场使用的特殊作业机械设备，特种设备通常在现场某个相对固定的场所进行作业施工，例如塔吊、龙门吊、架桥机等。

② 一般包括监控不同作业状况（如方位、角度、风速、重量、限位、单/双周倾角、长度、高度测量等）的传感设备、监控仪设备和仪表、主机、通信设施、视频设备和其他必要设备组成。

③ 应具备特种设备编码信息，设备供方名录，工程部位信息设置，以及业务规则（如预警参数）等基础设置功能。

④ 宜具备视频终端的信息采集、视频显示、视频数据存储等功能。

⑤ 应为智能工地开放平台提供数据，包括设备监控状态类所有信息。

3.2　软件功能要求

智能工地应配套工程项目管理系统进行管理，系统中对应的功能为智能监控、工况管理、二三维可视化等。

3.2.1　进度管理功能

通过现场数据采集，系统功能可展示施工图设计进度、外协进度、物资调拨进度、施工进度的计划实际对比和趋势分析。

3.2.2　人员管理管理功能

系统应具备人员信息库，可实现线上人员信息报验，并可记录人员在项目中的奖惩情况，对人员投入进行统计分析和资质到期预警。

3.2.3　质量和安全管理功能

通过数据采集和行为分析，能直观展示项目焊接质量和不符合项检查结果，并进行统计分析。

3.2.4　环境管理功能

结合现场传感器，实现施工现场温度、湿度、风速、扬尘实时监控和展示，并对超标情况进行警示。

3.2.5　智能工地可视化

智能工地可视化管理系统，是一项集中控制型的全程、全网、全能化的监控系统。搭建智能工地可视化平台，展示现场所有智能工地设备采集的数据，能够实现视频监控、无人机、闸机等设备的远程操作、采集结果实时分析。

（1）应用于承载工程项目地理坐标位置定位、项目相关的生活、临设、生产、管理等场所位置定位，既有管道线路、构筑物、建筑物位置定位以及相关管理信息承载与可视化显示。

（2）应具备地图的放大、缩小、全屏显示和漫游的可视化操作功能。

（3）应具备地图中相关线路、建筑/结构物及其相关管理信息的位置及属性添加和定义功能。

（4）宜具备图到属性以及属性到图的互动查询。

（5）应为智慧工地开放平台提供数据，包括电子地图基本信息、电子地图上标准的工程项目相关所有信息等。

4　油气管道工程智能工地应用与管理

油气管道工程智能工地管控的范围及工序包含人机具报验、物资采办、现场安全施工、焊接、无损检测、防腐、下沟、竣工测量。

4.1　智能工地现场管理

4.1.1　人员管理

（1）使用项目管理助手核查进场人员数量、二维码上岗证、资格证是否满足作业要求，并在人员库中履行报验程序。

（2）通过项目管理助手扫描二维码胸牌现场确认人员具备上岗资质，人员配备与报验人员名单一致。

（3）特殊工种资质证件扫描上传至人员库中(焊工、电工、操作手、架子工等)，人员资质应符合要求。

4.1.2　机具管理

在机具库中上报进场机具设备、检测工器具，核对数量、性能规格与施工方案相符；机具库中需上传检定证书，确保设备运转正常，保养记录齐全；报验通过的机具需按相关要求粘贴二维码。

4.1.3　物资管理

使用项目管理助手扫描物资二维码或RFID(射频识别)，核对物资信息，检查系统中质量证明文件复印件、合格证、复检报告是否齐全。

4.1.4　安全管理

安全管理的智能工地应用情况见表1。

表1　安全管理的智能工地应用

安全管理项	安全管理内容	智能工地应用
个人劳动防护用品	（1）个人劳动防护用品应符合相关规定，进入施工现场的人员，均应佩戴安全帽。 （2）施工现场的所有人员均应穿戴符合劳动保护要求的工鞋。 （3）在高度超过2m的地方作业时，应佩戴合格的安全带(绳)，安全带(绳)的锚固点应符合安全技术要求。 （4）存在落水危险的作业时，应穿戴合格的救生用具或工作服	（1）现场作业前应进行个人劳动防护验证，在现场移动摄像机前站立1min作业即可。 （2）在现场安全检查时，也可用项目管理助手拍摄作业人员视频进行自动验证
吊装作业	（1）起重机械和索具应有出厂合格证，作业前应按有关标准认真检查，确认符合要求后方可使用。 （2）起重机械操作人员应持证上岗，应熟悉起重方案、设备性能、操作信号和安全要求，起吊前起重人员应明确分工，交底清楚。 （3）在起吊过程中，司机绝不能离开工作室，使吊车处于无人控制的状况。 （4）起重作业现场应设置警戒区，严禁作业人员和行人在起吊物下方，防止坠落伤人。 （5）风力大于6级(含6级)，或雷雨天气时，禁止吊装作业，夜间温度低于-20℃时不得进行吊装作业	（1）吊装前使用项目管理助手扫码操作人员二维码、吊装机具二维码，核查是否符合要求。 （2）吊装前应将移动摄像机对准吊装作业区域，开启警戒区域报警。 （3）作业吊装过程中应确保摄像机保持稳定，其间可识别司机是否离开工作室、人员是否闯入警戒区。 （4）现场现场服务器应放置在作业区附近，可自动采集温度、湿度、风速等参数，确定是否符合吊装要求

4.2 油气管道工程管控重点

4.2.1 焊接工序管控重点

（1）现场检查。使用项目管理助手拍摄现场照片或视频，识别氩气瓶问题隐患。气瓶不得卧放或随意摆放且应附有合格证，现场应标识空瓶、满瓶，附件（防震圈、瓶帽、瓶阀）齐全，防震措施有效，外表不存在腐蚀、变形、磨损、裂纹等严重缺陷，检定有效期。

（2）施工工艺要求。全自动焊接工况采集范围包含预热温度、焊接速度、焊接角度、焊接防线、送丝速度、电压、电流、摆宽、层间温度、保护气流量等。半自动焊接工况采集范围包含电流、电压、送丝速度。

（3）施工环境。现场摆放现场服务器采集现场环境数据，施焊环境监测包含温度、湿度、风速。

（4）管口清理坡口加工。坡口加工后应使用项目管理助手拍摄坡口照片和视频，通过自动识别检查钢管内外表面坡口及两侧是否清理干净，不应有起鳞、磨损、铁锈、渣垢、油脂、油漆和影响焊接质量的其他有害物质。检查坡口及两侧应采用机械法清理打磨至显现金属光泽。

（5）预热及层间温度。通过温度工况采集设备，检查预热温度。测温位置：距管口 25mm 处的圆周上均匀测量 4 点。

（6）焊接。焊机改造后采集的电流、电压、送丝速度和层间温度，对不符合焊接工艺规程的焊口质量重点排查，并要求施工单位后续严格按照焊接工艺规程施工。焊接过程中确保焊棚内摄像机正常工作，通过视频可检查根焊结束与热焊开始的时间间隔。

4.2.2 防腐工序管控重点

（1）施工环境。现场摆放现场服务器采集现场环境数据，主要监测施工天气、风速、湿度、温度。

（2）自动喷砂喷沙效果检查。

① 喷砂处理后，应用项目管理助手拍摄照片或视频，系统会识别焊口表面是否完成喷砂除锈。

② 补口工作开展时需摆放移动摄像机至作业位置，表面除锈与补口施工应跟进作业，表面除锈与补口施工间隔时间宜不超过 2h，表面返锈时应重新进行表面处理。

（3）中频加热。通过机具改造后实时检查中频加热温度，底漆涂刷前管体预热、防腐热收缩带：使用中频加热器对管口及搭接区进行预热。

（4）外观检查。使用项目管理助手拍摄补口外观照片或视频，应拍摄补口外观目测检查项、热收缩带表面、固定片与搭接部位、热收缩带与管体防腐层搭接宽度、固定片周向搭接宽度。

（5）漏点检测。使用项目管理助手拍摄每道补口施工电火花检测照片或视频。

4.2.3 下沟工序管控重点

管沟成沟后、管道下沟后需使用无人机进行倾斜摄影，用于搭建管沟和管道的三维模型。下沟过程中需摆放摄像机至作业面附近，拍摄全过程视频，视屏可识别大型机械设备与管道距离应大于大型机械设备旋转半径。

4.2.4 无损检测管控重点

及时将检测信息上传至工程项目管理系统，从系统中进行审核查验和控制管理。

（1）射线检测管理。管道无损检测底片评定完成 48h 内，使用专用底片扫描仪对底片进行电子化处理，电子底片上传至工程项目管理系统。

（2）AUT 检测管理。无损检测承包商每次 AUT 检测结束后，第一时间将检测结果连同 AUT 焊口扫查图谱、设备校准图上传至工程项目管理系统。

4.2.5 管道线路竣工测量管控重点

利用无人机对下沟后回填前的管道进行航飞建模，通过采集正射和倾斜影响，获取管道实体影像及管道位置参数。

5 结语

智慧工地建设离不开信息技术的支持，随着云平台、大数据和人工智能等信息技术的快速发展，智能工地必将在油气管道工程上更加广泛地推广应用，实现油气管道工程现场的数字化、精细化、智能化管理，从而进一步提高工程项目管理的效率和效果。

参 考 文 献

[1] 毕晓峰．打造智慧工地深化施工现场安全管理[J]．中国房地产业(中旬)，2020(01)：1-5.

[2] 薛延峰．基于物联网技术的智慧工地构建[J]．科技传播，2015，7(15)：64，156.

[3] 谢晓东，莫细喜．智慧工地应用现状与对策研究[J]．价值工程，2020，39(12)：193-194.

网络安全整体解决方案及应用

路宽一　田巧燕　李晓鹏

（中国石油长庆油田公司）

摘　要　根据国内计算机与网络技术的快速发展及广泛应用，企业运营活动的各种业务系统都建立在Internet基础之上。但Internet所具备的开放性、国际性以及自由性在提高应用自由度的同时，对安全提出了更高的要求。如果网络系统安全受到严重的威胁，甚至处在瘫痪情况，将会给企业、社会甚至整个国家带来严重的经济损失。怎样杜绝信息网络系统不被黑客和病毒的侵入，已成为信息行业健康发展所要考虑的重要问题之一。

关键词　企业；网络安全；解决方案；应用

能实现企业作业流、物流、资金流以及信息流的数字化的发展就是企业信息化。针对企业进行网络化的管理，就是推动企业实施制度上的现代化与经营上的现代化。企业信息化的建设主要采用的是现代化的信息技术，经过对企业内外网络信息系统的持续完善与健全来实现企业信息资源和内外知识的有效运用和开发，其过程中会涉及企业生产运行中的所有部门和专业。所以，推动企业信息化制度的创建，不但能为企业的管理决议层及时提供良好有效的数据和信息，而且能为企业未来的设计和规划发挥一定的指导作用，能够使企业顺应千变万化的市场需要，从而对提高企业市场核心竞争力具有重要的作用。

1　企业网络现状分析

在企业持续发展的同时，企业的网络规模也在持续的扩张，由于其自身业务的需求，在不同的地方建设分公司或者分支单位，进而本地庞大的Internet和分布在全国各地的Internet之间相互连接成为一个更加庞大的网络。这样一个网网相连接的企业网结构为企业提升了效率，增强企业之间的竞争力，但是，这样烦琐的网络会出现许多的安全问题。先是本地网络的安全需要保障，同时，总部与分单位之间的机密信息传递问题，以及企业的设施设备管理问题，等等。

1.1　Internet的安全性

目前应用互联网越来越普遍，黑客和病毒无孔不进，这样就使Internet的可靠性与安全性受到了影响。因此，维护Internet、增强网络安全创建已经是刻不容缓。

1.2　企业内部网络的安全性

企业内部的网络安全性同样需要得到关注，出现的安全问题主要包括还未授权访问、破坏数据完好性、拒绝服务侵入、计算机病毒传送、缺少完整的安全措施、缺少监督和预防技术对策以及缺少有效的路径来预估网络系统和实施系统的安全性、缺少自动系统的集中数据备份以及相关恢复对策等。

（1）计算机病毒在企业内部网络传递。

（2）内部网络有可能被外界黑客侵入。

（3）对外的服务没有做好安全预防，很容易被黑客入侵。

（4）内部一些重要的服务或者网络被非法侵入，致使一些重要信息泄漏。

（5）内部网络用户上网举止没有得到良好的监督管理，从而影响到了日常工作的效率，很容易成为内部网络的安全问题。

（6）分公司网络安全隐患。

（7）很多垃圾邮件占据了网络和系统资源，从而影响到正常的工作。

（8）分单位网络和总企业网络连接安全和数据交换之间的安全隐患。

（9）远程、移动端的用户对公司内部网络的安全访问。

2　创建内部安全防范

企业要首先改变“安全不重要”的不正确认知，然后再进行相对应的措施。网络安全制度的制定只是网络安全的首步，网络安全有依赖于企业决定层的大力支持，选择符合自身发展的安全企业计划，并且做到定期评估与改善安全制度，这样才可以确保企业的安全制度处在应有的健康状态。

企业的首要目标就是生存，针对安全级别较高的措施，部分企业是无法建立的，也不需要大量耗费。适当的做法就是利用有限的资金，最大程度地维护企业的核心信息资产。然后，创建科学合理的内部安全对策，有效地贯彻落实。选择安全产品仅仅是企业网络安全工作的基本，特别是不能过多依赖工具，从而忽略了人为原因。对于近几年流行的 P2P 的运用，采用何种模式进行管理，是十分有必要开展思考的。尽管这些应用会使网络应用性能受到影响，但部分企业还在依靠其中某些应用联系一些业务。所以，对于此类问题，企业就要区别对待。合理科学的做法是，用户可以运用 IPS 等设施设备提供的协定分析过滤功能协同交换机，有限制地保存业务应用。网络信息分配如图 1 所示。

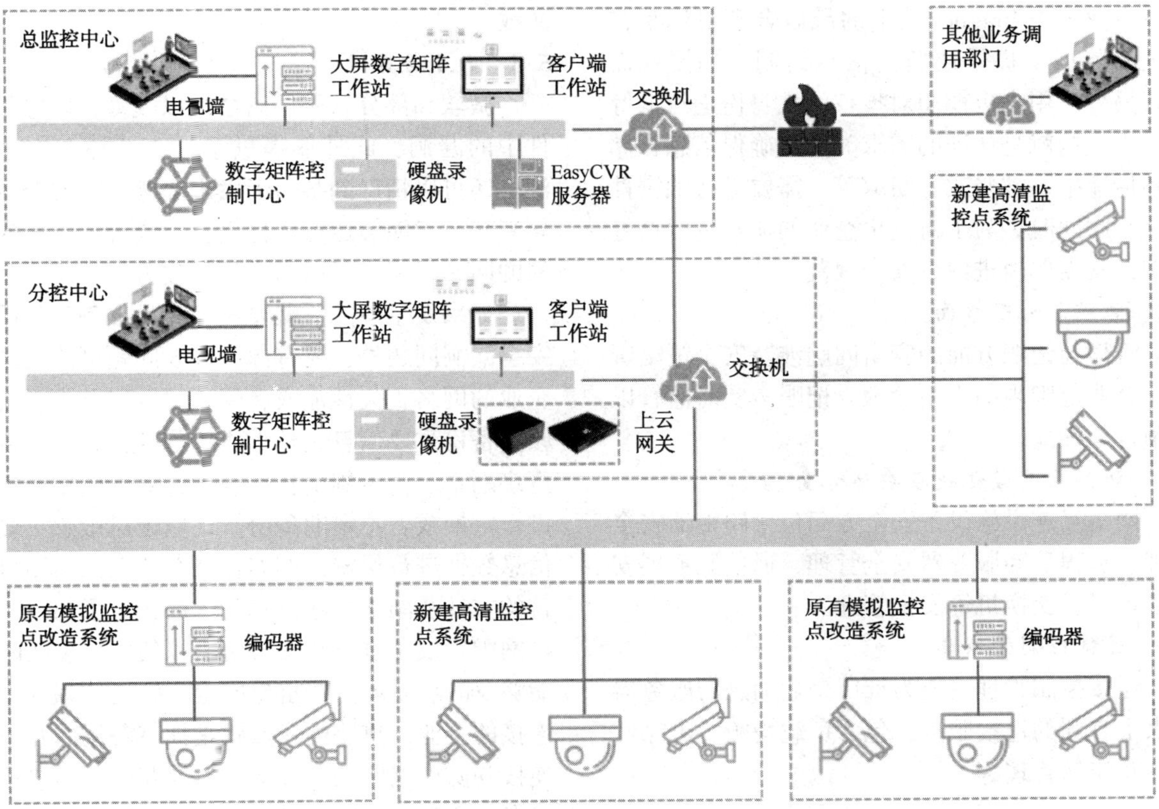

图 1　网络信息分配

3　企业网络安全缺口

安全对策经常会与用户便捷性相互矛盾，进而出现相桲的压力，致使安全措施与安全对策相脱节，这种情况成为安全缺口。为什么企业会存有安全缺口呢？有以下四个因素：

（1）网络设施设备种类较多—目前采用的多样化的网络设备，从 WindowsNT 和 UNIX 服务器到防火墙、路由器和 Web 服务器，每种设施设备都有其不一样的安全状况和加密性能。

（2）访问模式的多种多样——一般而言，企业的网络环境存有多样化进出方式，很多过程拨号登录点及全新的 Internet 访问式可能会使安全策略的创建复杂化。

（3）网络的持续变化——网络不是静态的，一直处在发展变化中。采用全新的硬件设备与操作系统，实行新的应用流程和 Web 服务器时候，安全配置也有所不同。

（4）用户网络安全意识与专业知识的缺乏——很多组织所拥有的对网络进行有效保护的计算机信息安全专业知识十分有限，事实上就是形成了安全缺口最重要的因素。

4　计算机安全分类及基本功能

根据国家计算机安全规范，可把计算机的安全大致分为三方面：一方面是实体安全，包括机房、线路以及主机等；二方面是网络与信息安全，包含网络的流畅、正确以及网上的信息安全；三方面是应用安全，包括程序研发实施、输出输入以及数据库等的安全问题。以下是对第二方面的网络信息安全问题进行相关探讨。

4.1　基本安全方面

基本安全方面包含访问权限、授权以及认证加密安全等。访问权限是提供企业的内部与外部以及内部的不同信息源之间隔离的基本制度，也是企业的基本制度，但提供隔离不是最后的目标，企业采用 Internet 技术的最后合理目标是在安全的前提下提供便捷的信息访问，如授权需求。另外，用户也期望对授权的人身份进行良好的辨识，这就是认证的需求。为了确保信息在储存和传递中不被修改、窃取等，需要进行加密性能。与此同时，为了对进出企业的流量进行良好管制，就需要引进内容安全规范。

4.2　管理与记账方面

管理与记账方面的安全问题涉及安全策略管理、企业范围内的集中管理、记账、实时监管以及预警等性能。

4.3　网络互连设施设备安全方面

网络互连设施设备安全方面包含路由器安全管理、远程访问服务器安全管理、通信服务器安全管理以及交换机等安全管理。

4.4　连接控制管理类

连接控制管理主要为推广企业消息的服务器提供了有利的连接服务，包含负载均衡、可靠性较高及流量管理等。

5　企业需要具有三种网络资源

5.1　防火墙

一些防火墙提供了强化的防火墙保护与其他一些安全服务，而另外部分防火墙只需要提供含有 NAT 转变的互联网连接共享，因此只能提供基础保护。防火墙的主要目的就是拦截不需要的流量，例如准备感染带有指定缺点的计算机的蠕虫。此外，部分防火墙能够防御指定的对外流量，例如文件共享流程等，并且还能防范指定的对内流量，比如信息及时发送，或防火墙管理员选择阻挡的别的任何服务。很多硬件防火墙都提供了一些其他服务，比如电子邮件防范病毒、反垃圾过滤邮件、过滤其他内容以及安全无线的接入点选择。在采用合理的防火墙时候，应确定企业的标准。

5.2　防御病毒

防病毒软件适用于扫描安装了防御病毒软件的计算机上的文件，并且还要扫描电子邮件。在每个计算机上装置杀毒软件之外，还有一点十分重要，就是建立一个防病毒网关：在流量传送到每个客户端计算机前，用流量对本地或者外地设备进行扫描。因为病毒每天都会产生，所以就要时刻完病毒软件。防病毒网关装置在网络进口，它运用自动改善，提供预防最新挑战的第一个防线。

5.3　补丁与改进

微软和部分软件厂商会加以改善，以修复软件中的漏洞，此外还提供了补丁，补全安全漏洞。还可以精确到某一天发出提醒，方便企业领导者和员工能够运行软件更新，或者检验软件厂家的网站，探索可以提供新的改善。

如果发生故障，就要做好充足准备。除网络安全漏洞问题外，还有部分许多问题可能会造成企业的网络丧失性能或者受到侵入。首先，就要频繁备份重要信息。越重要的信息，就应该备份更多副本。应该制定备份制度，对一些重要数据进行定期或者不定期备份。还应该对敏感重要的信息数据进行保密，例如在安全地点保留不可涵盖的文件及副本。建议对防火墙、电子邮件和互联网配置设备进行相关备份，以便发生事故时候能够及时地获取一些重要配置。针对依赖互联网连接的企业，重要的一点就是拥有备用的互联网连接和防火墙网关，方便在主要互联网连接掉线或者主要防火墙网关发生事故的时候，仍能保持连接与运行。多种防火墙网关可以提供流程的自动事故调整和 ISP 备份的选项。例如临时连接丢失，就涵盖着潜在的利益流失，从而保证有事故调整选项。

6　企业信息安全建设

创建良好的网络大部分具有很多共性，对于不同环境和应用中的网络安全，应采用不一样的处理策略和网络安全制度。一整套有效的安全策略会降低信息安全的风险管控，有助于企业充分地发挥网络优势。

6.1　安全从管理开始

企业安全管理最高境地不是产品，也不是服务，是最终的管理。国外权威单位的统计显示，大约有60%的信息安全问题是由管理方面的因素形成的。所以，处理信息安全问题不但要从技术方面入手，在技术和设施设备上持续增强，保证系统的安全，而且要增强信息安全的管理工作，创建正规的信息安全管理制度，从而达到系统地处理信息安全问题。创建有效的管理制度，是确保系统安全的首位。

6.2 对安全风险预估

因为企业内部中的各种信息系统创建的时间不同、技术不同，每种信息的系统错综复杂，这要求企业要了解各种系统网络特征和缺点，并有针对性地分析这些缺点所形成的详细风险，以及这些风险给公司整体带来的影响。在此基础上对各种系统进行类型鉴定，保证安全对策的有效性，从而降低信息安全创建的投入。

6.3 创建安全管理组织

创建安全管理构造是安全保障制度的核心。企业应该建设以主管领导、网络专业管理人员以及安全操作人员等人员构成的多层安全管理制度，主要领导负责安全制度的创建和实行以及各部门之间共同工作，网络专业管理人员负责制定安全对策和组织技术实行，安全操作人员负责安全策略的详细实行，安全专家负责重要安全问题策略的制定和特殊情况下安全问题解决。

6.4 增强网络管理

只有增强网络管理，才能确保网络的安全可靠性运营。网络管理的内容主要包含操作系统安全对策的维护和检索、系统和数据的备份、防火墙路由器等的安全检索、审核分析网络安全故障日志、设备和系统的平常保护等。

6.5 创建网络安全危机管理制度

确保信息安全最重要的环节是创建信息安全危机管理制度，对于不同类型的信息安全危机类型，每个等级拟定详细可行的解决办法，创建一套能够实施的危机预警、预案、解决、归纳等制度，并且要计划好信息安全故障的应对策略。

7 结语

企业网络安全是国家网络安全的前提，也是对以后的信息战增强国防建设的重要基本。一般来说，企业应该对网络中需特殊保护的信息和数据进行详细的经济性预测。企业的网络安全工作可以按照本企业的主营方面来决策，同时创建自己的网络安全服务。

综上所述，网络安全不仅是信息系统的安全问题，还涉及一些技术措施，这些技术措施不是全能的。这就对网络安全维护提出了更严格的要求，导致网络信息安全的地位更加重要。

参 考 文 献

[1] 姜鹤．基于企业信息化建设的网络安全管理问题研究[J]．企业改革与管理，2020(15)：76-78.

[2] 李鑫．高校校园网络安全优化应用研究[J]．山西大同大学学报(自然科学版)，2020，36(02)：32-34.

[3] 梁鸽，秦艳平，孔苏．网络安全人才培养实践与建议[J]．网信军民融合，2019(04)：66-68.

[4] 李艳，王纯子，黄光球，等．网络安全态势感知分析框架与实现方法比较[J]．电子学报，2019，47(04)：927-945.

[5] 王秀波．零信任架构网络安全解决方案[J]．智能建筑，2019(03)：63-67.

浅析丙烷数字化压缩机节能改造可行性分析

刘利娜　赵彦女　段明霞　郑文艳

（中国石油长庆油田分公司）

摘　要　某气田为低碳硫比气田，原料天然气基本不含硫（H_2S 含量≤20mg/m^3），凝析油/重烃含量较低。采用丙烷外部制冷低温分离脱水脱烃工艺，并优化制冷温度，选择丙烷制冷温度为-15℃的浅冷工艺处理天然气，满足产品气外输对水、烃露点的要求，同时可回收一定的凝析油副产品。

关键词　丙烷压缩机；节能改造；可行性

1　天然气处理工艺流程

天然气处理工艺主要由气液分离、凝析油稳定和丙烷压缩制冷三个单元组成。气液分离单元完成气、油、水分离；凝析油稳定单元分离凝析油中的轻组分，稳定凝析油作为商品销售；丙烷制冷单元为天然气脱油脱水提供低温分离条件。原料天然气首先经过滤分离器，除去固体颗粒和液滴，进入冷箱预冷（冷源为制冷分离后的天然气），冷却至-12～-10℃分离凝析液，再经丙烷蒸发器冷却至-18～-15℃，进入三相分离器分离含醇污水和凝析油，分离后天然气进入冷箱与原料气逆流换热，换热后的干天然气去配气外输。液态丙烷在丙烷蒸发器中与预冷后的天然气（-12～-10℃）换热，使天然气温度降至-18～-15℃，吸热后的丙烷蒸气进入丙烷压缩机，压缩、冷却后，进入丙烷蒸发器，从而完成整个制冷过程。

2　天然气处理工艺原理

制冷单元采用丙烷制冷、大面积换热预冷的低温分离工艺，充分利用铝制板翅式换热器足够大的换热面积，利用冷热端较小温差产生较大温降的工艺原理，通过单独设置的丙烷压缩制冷循环为天然气小温降提供冷量。丙烷制冷工艺是一种相变制冷，即利用液态冷剂变为气态时吸热效应进行制冷。冷剂制冷系统一般分为膨胀、蒸发、压缩和冷凝四个过程。

原料气经该装置处理后，天然气的水露点和烃露点满足外输天然气气质要求。由于制冷系统只需要使天然气产生4～6℃温降，因此在冷剂制冷工艺中，所需的压缩机功率也相对较小。

3　丙烷制冷系统运行问题及其措施

实际运行过程中，丙烷压缩机进口滑阀开度在10%～40%，电动机功率为400～520kW，电动机额定功率为900kW，电动机负载是额定负载的40%～60%，电动机空载导致耗能巨大，因此，希望通过改进机组功耗，降低压缩机运行成本。目前，系统运行状态为"大马拉小车"，系统整体效率非常低，若能将供需两侧匹配合理，就能够从提高电动机效率和提高压缩机效率方面来实现节能增效。

根据现有负荷情况，如果采用整体更换压缩机，成本费用太高，因此，考虑采用降低电动机转速，减少电动机功率，增大电动机负荷的方案。

当输入电压一定时，随着电机负荷的提高，效率和功率因数均相应提高。当电机负荷在超过50%以上时，电机效率 η 变化不大；当负荷在超过75%以上时，功率因数 $\cos\varphi$ 未有明显变化。

4　选型依据

4.1　制冷量计算原理

板式换热器是由若干传热板片及密封垫片叠置压紧而成，在两块板边缘之间由垫片隔开，形成流道。垫片的厚度就是两板的间隔距离，故流道很窄，板四角开有圆孔，供流体通过。当流体由一个角的圆孔流入后，经两板间流道，由另一圆孔流出。该板的另外两个角上的圆孔与流道之间用垫片隔断，这样可使冷热流体在相邻的两个流道中逆向流动，进行换热。

4.2 实际运行制冷量

在实际运行中，滑阀开度8%~15%占全年运行时间的90%，滑阀开度30%~40%占全年运行时间的10%，压缩机实际负荷极轻。选取冬、夏天然气净化装置负荷最大、滑阀开度最大时的运行参数，根据丙烷制冷系统的COP值性能曲线图，计算出丙烷制冷系统的实际运行制冷量为180~691kW，电机负荷为300~484kW。按照实际最大负荷的120%计算制冷量，丙烷压缩机改造时，设计制冷量达到840kW就能满足处理厂最大负荷时的制冷量。理论制冷量与实际制冷量有一定的差别，主要是由于实际运行过程中，处理量最大时，进站温度最低，温差最小；而温差最大时，进站温度最高，处理量最小。在确定制冷量时，考虑夏季处理量后期增

大的可能性，以及板翅换热器换热效率逐年降低的情况，选取理论计算时冬夏季天然气处理量最大、温差最大时的制冷量（1091kW）作为压缩机选型的主要依据。

4.3 节能方案

为降低电动机功率，可采取二种节能方案：一是高压变频技术；二是更换现有的电动机，选择合适功率电动机。

（1）电动机高压变频，目前丙烷压缩机组驱动电动机电源为10000V/3Ph/50Hz，变频器不支持高压，因此不能利用原有的变频器实施高压变频改造。但是，目前国内高压变频技术还不是很成熟，设备仍需要进口，存在后期维修、维护困难的问题，而且设备价格高、投资回收周期长，方案整体可行性不高。

（2）更换电动机级数，螺杆压缩机不变，原电动机为900kW，转速3000r/min。根据计算得到的制冷量，以及丙烷压缩机的COP值性能曲线图，即可计算得到压缩机电机功率达到500kW、转速1450r/min时，驱动电机电源不变（10000V/3Ph/50Hz）就能满足1091kW的设计制冷量负荷，且投资相对便宜，投资回收期短，方案可行。

4.4 经济性分析

在稳定负荷状态下，由于压缩机的转速降低，其运行噪声会明显降低。由于电动机启动条件的改善，压缩机转速降低，轴承振动/磨损减小，例行保养周期可适当延长。更换前，机组负载率一般为20%，最低约为8%，最高约为35%，而电动机特性表明在负载率为0.80~0.95时，电动机的效率最高。在电机在3000r/min条件下运行时，电动机的负载率为0.40~0.55，电动机产生的空载耗能较大。从目前的天然气负荷数据分析，电动机只需提供500kW的功率即可，电动机在1500r/min条件下运行时，电动机负载率就可以提升至0.80~0.95，大大减少电动机的空载损失。螺杆压缩机的滑阀开度也可从10%~20%提升至70%~95%，使螺杆压缩机的工作效率得到提高。此方案分别通过提高电机、压缩机效率两个途径，以满足天然气低负荷要求，从而达到机组节能目的。

根据机组生产时效率测试数据（COP值计算表），此时压缩机组效率相比于改造前性能提升了约30%（COP值为改造前的1.3倍），因此，节能率达23%，年节约电费约61万元。改造项目主要内容为更换电机，更换费用约为75万元，因此可以计算得到投资回报期约为14.8个月。由于原螺杆压缩机长期在低负载下运行，偏离机组设计要求，对螺杆压缩机的螺杆、加载滑阀、油路和平衡块等产生不利影响，压缩机的低负荷运行，造成整个系统运行效率较低，COP值较低，压缩机能耗居高不下。更换电动机后，在满足天然气处理负荷的同时，通过提高电动机效率、压缩机效率两个途径达到了机组节能目的，节能减排效果明显。

参考文献

[1] 曾科，孙新亚，罗彩龙，等．苏里格天然气处理厂丙烷电机节能改造研究[J]．石油化工应用，2015，34(08)：56-58，71.

[2] 张新策，王希国，劳伟．天然气处理工艺流程改造及优化研究[J]．当代化工，2017，46(02)：342-346.

[3] 魏江，冯李立，郑小青，等．用夹点技术对丙烷脱氢制丙烯装置换热网络优化分析[J]．石油与天然气化工，2016，45(05)：39-42.

基于 Adaboost-SVM 算法的油井反向压驱效果预测方法

王　梅[1]　田　野[1]　杨二龙[1]　邓庆军[2]　阚春玲[2]

（1. 东北石油大学；2. 大庆油田有限责任公司）

摘　要　使用反向压驱采油工艺可以有效提高油田采收率，然而，反向压驱作为一种实施时间较短的采油技术，对不同油井的采收率提高效果需要进行探究。针对这个问题，提出一个基于 Adaboost 算法与支持向量机(SVM)的油井反向压驱效果预测方法。首先，使用 SMOTE 算法对采集的数据进行过采样，然后使用 Adaboost-SVM 算法对油井的反向压驱效果进行预测。在油井上的实际应用结果表明，这种预测方法可以有效预测油井反向压驱的效果，对提高油井的采收率具有参考价值。

关键词　支持向量机；Adaboost 算法；SMOTE；过采样；反向压驱

1　概述

随着现代社会经济的发展与科学技术的不断进步，当前，中国对油气资源的需求水平逐年增长，油田的建设也随之同样快速发展。我国老油田的地质储量十分丰富，在未来的很长一段时间内，它们仍是我国石油供应的主要来源。然而，老油田开采具有环境恶劣、施工复杂等特点，因此，如何更好地开发老油田、利用老油田，大幅度提高老油田的油层采收率成为油田的当务之急。通过反向压裂渗滤强化采油技术(反向压驱工艺)，可以大幅度提高老油田油层的采收率。判断油井应用反向压驱技术对油层采收率的优化效果，成为需要探究的问题。

近年来，国内外学者提出了多种不同的方法对油井压裂产能进行预测。国内外通常使用公式法或类比法对多段压裂水平井进行产能预测。同时，为了进一步减小预测误差，最近也出现了一些其他针对油井压裂产能预测方法的研究，包括使用增产倍数法，建立直井产能、水平井增产倍数与地质参数三者的相关性，预测压裂后水平井的产能；采用数值模拟技术对压裂井的效果进行评价；以及使用流线积分法、格林函数方法等计算方法推导计算油井的压裂产能。

除使用传统方法预测油井产能外，数据挖掘技术也广泛用于油田开采过程中油井产能的预测，包括采用神经网络、支持向量机、多元线性回归方法等数据挖掘技术，预测实际油井压裂措施后压裂井的产量。现有研究表明，在油田开采过程中，应用数据挖掘方法预测油田产量模型，可以有效适应油田生产数据复杂多变的情况，大大提高油田产量预测的精度。

由于反向压驱工程措施实施时间较短、样本较少，基于支持向量机针对有限样本的使用优点，以及 ADABOOST 分类精度高的特点，本文提出一种基于 ADABOOST-SVM 算法的油井反向压驱效果预测方法，对油井的反向压驱效果进行预测。实验结果表明，该方法对反向压驱效果有较好的预测精度，可为油井使用反向压驱措施提高油层采收率提供参考。

2　Adaboost-SVM 模型构建

使用数据挖掘方法预测反向压驱工艺效果的方式，是通过对油田中进行反向压驱措施油井的相关信息，以及油井采用反向压驱工艺后的采油效果信息进行收集，然后使用这些信息训练学习器，最后对其他油井的压后效果进行预测和结果比对。

2.1　SVM 算法

SVM 算法是一种二分类算法，算法用确定分类的最优决策边界作为完全分离两类样本的分类函数。由于该算法可以有效地将数据分割在超平面两侧，对样本数量的依赖性较弱，对于小样本学习应用具有较强的泛化能力，同时，由于反向压驱油井样本数量较少，本文使用支持向量机作为集成学习的弱分类器。

设训练样本集为：

$$T=\{(\boldsymbol{x}_1, y_1), (\boldsymbol{x}_2, y_2), \cdots, (\boldsymbol{x}_N, y_N)\} \tag{1}$$

式中，$\boldsymbol{x}_i \in \mathcal{X}=\mathbf{R}^n$ 为训练样本；标签 $y_i \in \gamma=\{-1, +1\}$ 表示样本被分别标记为负样本与正样本。定义超平面 $\boldsymbol{wx}+b=0$ 为关于训练数据集的最优决策边界，使用 w 表示分离超平面的法向量，SVM 需要求解的最优决策边界问题，实际是求解：

$$\min_{w,b} \frac{1}{2}||\boldsymbol{w}||^2$$
$$\text{s, t.} \quad y_i(\boldsymbol{w}x_i+b)-1 \geqslant 0, i=1, 2, \cdots, N \tag{2}$$

定义拉格朗日函数：

$$L(\boldsymbol{w}, b, \alpha)=\frac{1}{2}||\boldsymbol{w}^2||-\sum_{i=1}^{N}\alpha_i y_i(\boldsymbol{wx}_i+b)+\sum_{i=1}^{N}\alpha_i \tag{3}$$

式中，$\alpha=(\alpha_1, \alpha_2, \cdots, \alpha_N)^T$ 为拉格朗日乘子向量。

根据线性可分支持向量机的对偶算法，式(3)的对偶最优化问题的表示为：

$$\min_{\alpha} \frac{1}{2}\sum_{i=1}^{N}\sum_{j=}^{N}\alpha_i\alpha_j y_i y_j(\boldsymbol{x}_i\boldsymbol{x}_j)-\sum_{i=1}^{N}\alpha_i$$
$$\text{s, t.} \quad \sum_{i=1}^{N}\alpha_i y_i=0 \tag{4}$$

求得分离超平面 $\boldsymbol{wx}+b=0$，分类决策函数 $f(\boldsymbol{x})=\text{sign}(\boldsymbol{wx}+b)$。将非线性映射 $\boldsymbol{x}\to\varphi_x$ 代入上式，得到 SVM 的最终非线性分类判别式 $g(\boldsymbol{x})$：

$$g(x)=\text{sign}\left(\sum_{t=1}^{T}\boldsymbol{w}_t\varphi_{tx}+b\right) \tag{5}$$

2.2 Adaboost 算法与集成学习

在 1995 年，FREUND 和 SCHIPARE 通过研究线性分配算法首先提出了 ADABOOST 提升方法。ADABOOST 算法是 BOOSTING 的一种扩展算法，同时也是 BOOSTING 算法中最经典的方法之一。ADABOOST 算法根据前一轮分类的结果来改变分类样本的权值，降低被正确分类样本的权值，提高错误分类样本的权值；同时，ADABOOST 使用加权多数表决的方式组合弱分类器，为弱分类器提供了集成框架，具有预测准确率高、算法复杂度低以及易于同其他算法相结合的优点。

在 ADABOOST 集成学习中，首先初始化训练样本的权重 $D_1=1/N$，对每一轮 $m=1, 2, \cdots, M$，进行下列操作：

(1) 使用当前带有权重 D_m 的训练数据集，通过训练得到第 m 个基本分类器 h_m。

(2) 计算基本分类器在加权训练集上的分类误差，得到 h_m 的分类准确率 e_m。

(3) 根据基分类器的分类准确率，按式(6)计算 h_m 的权重系数 α_m：

$$\alpha_m=\frac{1}{2}\log\frac{1-e_m}{e_m} \tag{6}$$

(4) 根据分类器 h_m 的分类结果，更新训练数据集的权重 D_m。

(5) 构建基本分类器的线性组合：

$$f(\boldsymbol{x})=\sum_{m=1}^{M}\alpha_m h_m(\boldsymbol{x}) \tag{7}$$

得到最终的分类器：

$$H(\boldsymbol{x})=\text{sign}\left(\sum_{m=1}^{M}\alpha_m h_m(\boldsymbol{x})\right) \tag{8}$$

2.3 SMOTE 过采样算法

过采样算法是通过增加样本的数据量来实现样本的平衡效果，应用过采样方法可以有效解决数据的分类问题。2002 年，CHAWLA 等提出了样本生成技术 SMOTE，该方法主要是通过使用线性随机插值的方式，人工合成新的样本来降低数据的不平衡性，达到平衡数据集的目的。与其他过采样方法相比，SMOTE 有效解决了数据重复现象。由于石油行业的数据集通常是不平衡数据集，同时，为避免由于反向压驱油井样本较小产生的数据过拟合现象，本文使用 SMOTE 算法对油井数据进行过采样。

对于每一个少数类样本 $\boldsymbol{x}$，计算它到少数类样本集中所有样本的距离，根据结果得到其 K 近邻。

根据样本过采样需求设置一个采样比例，从而确定采样倍率 M。对于每一个少数类样本 x，从其 K 近邻中随机抽选 M 个近邻 $\boldsymbol{x}^{(1)}$，$\boldsymbol{x}^{(2)}$，$\cdots$，$\boldsymbol{x}^{(m)}$。

对于每一个随机选出的近邻 $\boldsymbol{x}^{(i)}$，分别和原样本 $\boldsymbol{x}$ 按式(9)构建新的样本：

$$\boldsymbol{x}_{\text{new}}=\boldsymbol{x}+\text{rand}(0, 1)\cdot[\boldsymbol{x}^{(i)}-\boldsymbol{x}] \tag{9}$$

2.4 Adaboost-SVM 模型构建

检测方法中的 ADABOOST-SVM 算法集合了

两种不同的机器学习算法，同时使用了 SMOTE 算法对因施工范围较小导致数据规模较小的样本集进行数据扩充。针对样本数量有限的情况，SVM 分类器具有不依赖样本数量、泛化能力强的优势；同时，使用 ADABOOST 集成学习方法，既可以提高分类器的预测精度，又能避免数据扩充后易产生的过拟合问题。因此，本文使用线性核的 SVM 作为弱分类器的 ADABOOST-SVM 预测方法，对使用 SMOTE 算法扩充后的油井数据样本进行压驱效果的预测。具体预测流程如图 1 所示。

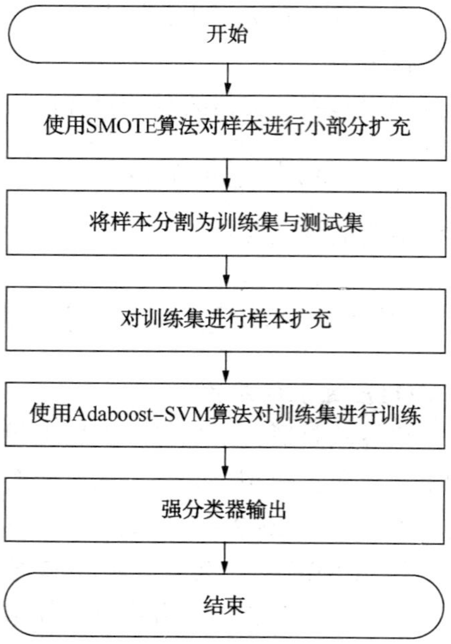

图 1　Adaboost-SVM 流程设计图

本文对油井反向压驱效果的预测流程如下：

(1) 设输入样本为：

$$T=\{(x_1, y_1), (x_2, y_2), \cdots, (x_n, y_n)\} \tag{10}$$

式中，$x_i \in \mathcal{X}=R^n$ 为训练样本，标签 $y_i \in \{-1, +1\}$ 表示样本被分别标记为负样本与正样本。

(2) 对于每个属于类 $y_i(i=1, 2, \cdots, n)$ 的样本，都使用 SMOTE 算法对数据进行小规模的扩充，并将扩充后的样本记为：

$$T'=\{(x_1, y_1), (x_2, y_2), \cdots, (x_m, y_m)\} \tag{11}$$

(3) 将扩充后的样本 T' 分割为训练数据集和测试数据集两部分，分别记为：

$$T'_{\text{train}}=\{(x_1, y_1), (x_2, y_2), \cdots, (x_{tr}, y_{tr})\}$$
$$T_{\text{test}}=\{(x_1, y_1), (x_2, y_2), \cdots, (x_N, y_N)\} \tag{12}$$

(4) 对于扩充后的训练数据集 T'_{train}，再次使用 SMOTE 算法进行较大规模的扩充，得到最终的训练集：

$$T_{\text{train}}=\{(x_1, y_1), (x_2, y_2), \cdots, (x_M, y_M)\} \tag{13}$$

(5) 使用 ADABOOST-SVM 方法对扩充后的模型训练集 T_{train} 进行训练，得到训练好的最终分类器。

(6) 使用测试集 T_{test} 将训练好的分类器进行测试，并计算分类预测的准确率。

3　模型验证与对比

为验证本文算法的有效性，本文在 WINDOWS10、PYTHON3.7 语言编程环境下进行验证实验。在数据采集方面，本文选取大庆油田某厂某井区的实际生产数据进行训练和测试。在对比和验证方面，本文使用未进行数据扩充的数据集进行正确率对比实验，同时，使用同一数据集对 SVM 算法和 ADABOOST 算法进行预测，从而对比算法的正确率。

3.1　数据采集与数据预处理

为验证本文算法的有效性，本文选取 2019 年大庆油田某厂某井区的生产数据进行预测实验，其中，根据数据的特征将数据分为孤立井点数据与非孤立井点数据两部分。对于孤立油井，通过现场测量与分析，选取密切影响反向压驱压后效果的全井砂岩厚度、全井有效厚度、压前含水、压前全井产液强度、压前总压差、压前流压、剩余地质储量、压开层的采出程度作为描述油井的属性特征；而对于非孤立油井，除使用孤立油井的特征外，还选取了井的注采情况、同层系注采井距两个属性作为油井的属性特征。同时，将油井的压后效果作为待测数据，由于 ADABOOST 常用于处理二类分类问题，因此，本文根据生产经验，将油井的压后效果分别划分为好、差两种预测结果。

由于反向压驱措施实施时间较短、施工的井较少，因此实验样本的规模较小。为减少样本规模较小对建模分析的影响，在本文中使用 SMOTE 算法进行数据扩充。同时，为避免过采样后的数据过拟合现象，本文利用 SMOTE 算法，分别对数据及数据的训练集进行两次不同规模的数据过采样。首先，将初始数据的每个类进行小规模的扩充；然后将扩充后的数据进行分割，随机挑选 70% 的数据作为训练集，其余 30%作为验证集；最后再次使用 SMOTE 算法对数据的训练集进行大规模的过采样。过采样前后的数据集规模如表 1 所示。

表 1 数据扩充前后数据集规模描述

油井类型	扩充前	小规模扩充数据	最终扩充数据
孤立井	17	100	300
非孤立井	53	250	750

3.2 实验模型与参数设置

为避免出现过拟合的情况，实验采用线性核函数作为支持向量机的核函数，同时使用交叉验证的方法确定支持向量机的惩罚因子 C。对于 *ADABOOST* 中弱学习器的最大个数 M 和弱学习器的权重缩减个数 α 的确定方式，实验采用网格搜索的方法，确立参数对(M，α)，对 M 和 α 进行网格搜索，两两组合配对，然后应用交叉验证方法找到最佳的 M 和 α。

根据参数选择原则，对于孤立井点，此处将支持向量机的惩罚因子设为 $C=17.759$，弱学习器的个数 $M=60$，权重缩减个数设为 $\alpha=0.479$；而对于非孤立井点，此处选取惩罚因子 $C=25.789$，弱学习器的个数 $M=40$，弱学习器的权重缩减个数 $\alpha=0.062$。

3.3 验证过程与评估结果

实验中，将文中提出的使用 SMOTE 算法进行扩充后的数据，与使用未进行数据扩充的数据集使用 ADABOOST-SVM 预测算法进行正确率对比实验；同时，本文将扩充后的同一数据集，使用基于 ADABOOST-SVM 算法的反向压驱效果检测方法，分别与利用 SVM 算法和 ADABOOST 算法对数据预测得到的准确率进行比较。实验将预测油井压裂效果的准确率作为评估算法性能的指标。

在数据集上取 3 次实验的平均值作为实验结果，最终得到的油井反向压驱效果预测结果如表 2所示。

表 2 预测结果正确率对比

油井类型	未扩充	ADABOOST	SVM	ADABOOST-SVM
孤立井	0.333	0.940	0.920	0.958
非孤立井	0.5	0.729	0.667	0.775

同时，在实验中利用 PYTHON 调用 ROC 相关函数，在测试集上绘制孤立井与非孤立井进行数据扩充前后的 ROC 曲线，其中，横坐标为假阳性率，纵坐标为真阳性率，平均结果如图 2 所示。

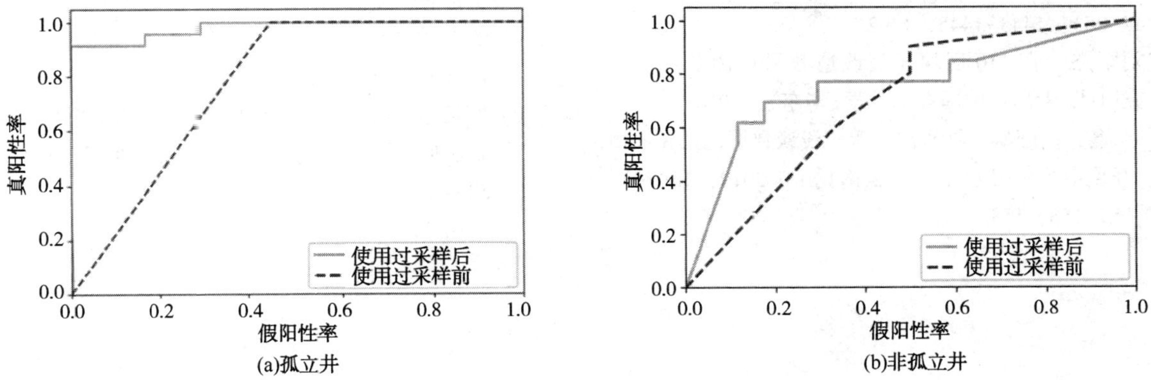

图 2 过采样前后在预测效果的 ROC 曲线对比

通过对比预测结果正确率可知，本文方法的预测正确率相较单一的 SVM 算法和 ADABOOST 检测算法有一定的提高。同时，从图 2 中可以看出，较未进行扩充的数据，使用过采样后的数据可以明显提高预测的精度。

4 结语

本文针对反向压驱采油工艺应用时间较短，提高油田采收率效果有待探究的情况，使用小样本的油井采集数据，提出了一种基于 ADABOOST-SVM 算法的油井反向压驱效果预测方法。该方法利用 SMOTE 过采样算法对样本进行数据扩充，并基于 SVM 弱分类的 ADABOOST 算法结合 SMOTE 算法对油井的反向压驱效果进行预测。在油井实际数据的预测结果表明，本文方法有效提高了分类预测的准确率。但由于数据采集的规模较小，有限的样本在一定范围内代表性较弱，为达到更加准确的预测精度，还需进行更大规模的数据采集；同时，可以对支持向量机使用不同的核函数进行深入研究，或对 ADABOOST 算法的权值更新、弱分类器的选取进行进一步优化。

参 考 文 献

[1] 徐冰．中低渗储层压裂渗滤强化采油机理及数学模型研究[D]．大庆：东北石油大学，2019.

[2] MICHAEL H，MURRAY R. An analytic approach to optimizing well spacing and completions in the Bakken/Three Forks plays[R]. SPE1619066，2013.

[3] 刘文锋，张旭阳，张小栓，等．致密油多段压裂水平井产能预测方法[J]．新疆石油地质，2019，40(06)：731-735.

[4] 刘思聪，严晨．用数值模拟技术评价并预测压裂井效果[J]．化工管理，2017(13)：182.

[5] 刘立之．超低渗透油藏油井压裂产能预测模型研究[D]．青岛：中国石油大学(华东)，2015.

[6] 崔传智，杨经纬，吴忠维，等．高含水期五点法压裂井网的动态产能预测方法[J]．油气地质与采收率，2019，26(03)：78-84.

[7] 王宝萍，曹满利，李得路，等．基于多裂缝间压力场干扰的致密油产能预测[J]．非常规油气，2019，6(04)：60-64.

[8] 姜新祝，许少华．基于径向基过程神经网络的油田措施效果预测[J]．计算机与数字工程，2016，44(08)：1443-1445，1492.

[9] 刘军杰．官 110 区块压裂改造效果预测及评价研究[D]．青岛：中国石油大学(华东)，2016.

[10] 张鑫，高旺雄，杜永波，等．浅谈数据挖掘在油田开采中的应用方法[J]．云南化工，2019，46(10)：155-156，158.

[11] 袁亮．基于 SVM 的特定人脸识别技术研究[D]．重庆：重庆交通大学，2012.

[12] 池亚平，凌志婷，王志强，等．基于支持向量机与 Adaboost 的入侵检测系统[J/OL]．计算机工程：1-7[2020-03-30]. https://doi.org/10.19678/j.issn.1000-3428.0051976.

[13] Yoav Freund，Robert E Schapire. A Decision-Theoretic Generalization of On-Line Learning and an Application to Boosting[J]. Journal of Computer and System Sciences，1997，55(1).

[14] 张文生，于廷照．Boosting 算法理论与应用研究[J]．中国科学技术大学学报，2016，46(03)：222-230.

[15] TYAGI N，SHARMA S. Weighted PageRank algorithm based on number of visits of links of Web Page[J]. Inter-national Journal of Soft Computing and Engineering，2012，2(3)：441-446

[16] 周晓敏，曹付元，余丽琴．一种基于样本分层的双向过采样方法[J]．计算机科学，2019，46(12)：83-88.

[17] Chawla N v，Bowyer K W，Hall L O，et al. SMOTE：Synthetic Minority Over-sampling Technique[J]. Journal of Artificial Intelligence Research，2002，16(1)：321-357.

[18] 李董，迟家俊，相博，等．基于 SMOTE 和 KNN 的石油数据缺失填充算法[J]．数学的实践与认识，2019，49(17)：187-195.

[19] 王佳林，童恩栋，牛温佳，等．基于 CNN-NSVM 的入侵检测模型[J]．信息通信技术，2018，12(06)：48-55.

[20] 琚晓辉，徐凌．基于 Adaboost-SVM 裂缝图像分类方法研究[J]．公路交通科技，2017，34(11)：38-42.

基于点云技术的油气站场三维建模研究与应用

张敬湄　王　楠

（辽河石油勘探局有限公司）

摘　要　油气站场是管网工程中的重要环节，具有占地面积广、工艺流程复杂、地下管线布设交错等特点，运维管理相对困难，而三维数字化站场的构建与应用为管网的科学化管理提供了更多可能。本文具体结合油气站场特点，重点分析站场三维建模技术，并以具体案例为研究对象，对三维站场在管网管理中的应用进行深入研究。结果表明，基于三维激光点云技术构建的三维数字化站场可以立体化地展示站内设备、管网的空间分布和走向，有助于提高管网管理中的空间查询分析能力，辅助提升管网管理及运维的智慧化水平。

关键词　点云技术；三维建模；管网工程；油气站场；可视化管理

随着全球数字化进程的加快，从国家统一部署到企业战略布局，各行业的数字化转型已势在必行。在此数字时代的大背景下，油气行业作为国民经济发展的重要行业之一，其数字化建设进程也随之加快。由于油气管网工程巨大而复杂，具有站场占地面积广阔、大型装置设备投入多、传输管线布设交错复杂等特点，且部分设施和管线处于地下，不便于工作人员及时掌握各站场、管线、储罐以及设备设施的分布、运行情况，管理和运维工作相对复杂。传统的二维数据在空间表现力及空间查询分析能力等方面具有一定的弱势，不能进一步满足运维过程中日益复杂的需要。因此，在站场的数字化建设中，三维数字化站场的构建与应用逐渐成为当前管网数字化建设的热点。例如，通过对天然气站场的三维精细化建模，实现站内真实场景的虚拟现实还原，打造三维数字站场，进而提高燃气管网管理水平。根据天然气站场的特点，采用三维激光扫描点云技术和传统三维建模技术相结合的方式，可以实现站场三维数据的快速获取及精细化建模，具有高效率、高精度的特点。

1　三维激光点云技术

三维激光点云技术是一种通过高速激光对被测对象进行扫描测量，从而快速获取对象表面三维坐标数据的技术手段，具有速度快、精度高、非接触性等特点，经过不断发展，现已广泛应用到各个领域中。例如，应用三维激光扫描技术对天然气站场进行现场扫描，可以快速而准确地获取站场的三维点云数据，并可以在此基础上对采集到的三维点云原始数据进行处理与应用。基于三维激光点云技术获取三维数据的流程如图 1、图 2 所示。

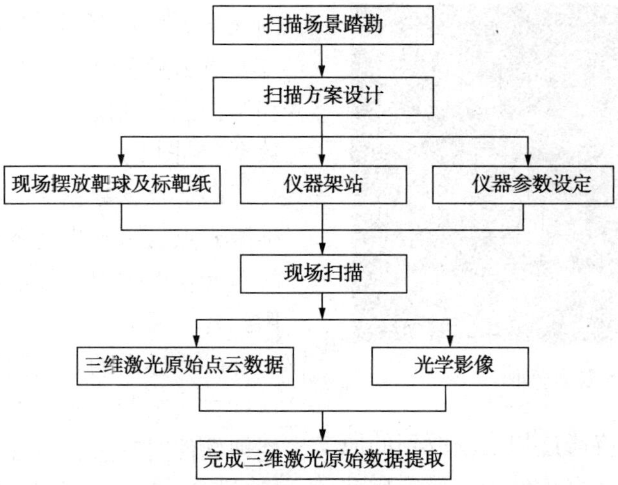

图 1　三维激光点云的快速采集

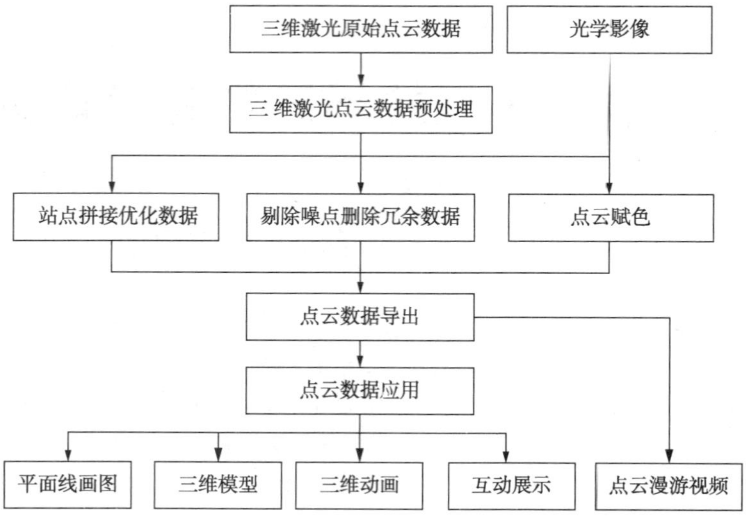

图 2　三维点云数据的处理与应用

如图 1 及图 2 所示，三维激光点云数据采集的主要步骤包括：

（1）扫描场景踏勘：对扫描场景进行详细的现场环境勘察，以便设计更为科学可行的扫描方案，最大程度地保证采集速度与精度。

（2）扫描方案设计：结合现场环境勘察情况，合理设计测量路径，完成扫描方案的设计，要求科学打点，以最少的站点获取最为全面详细的点云数据。

（3）现场扫描：根据预先制订的扫描方案进行现场靶球及标靶纸的摆放、架设好仪器后完成仪器参数的设置，进行现场扫描，在满足成果需求的情况下，以最优的扫描参数获取三维激光点云数据（见图 3），同时通过内置集成相机获取物体表面高清纹理信息，完成光学影像数据获取，最终完成三维激光原始数据的快速采集工作（见图 4）。

图 3　激光点云数据获取

（4）扫描站点拼接：将通过扫描获取到的原始点云数据导入专业点云处理软件中，设置拼站参数，自动进行站点拼接，优化点云数据（见图 5）。

图 4　光学影像数据获取

（5）噪点剔除：通过专业点云处理软件将激光扫描数据逐站导入，利用软件的过滤功能自动去除噪声点云，删除冗余数据，得到滤波点云数据。

（6）点云赋色：扫描仪器内置集成相机拍摄的光学影像具有场景物体表面的纹理信息，通过专业点云处理软件可自动、快速地进行纹理影像和黑白点云匹配，生成具有真实色彩信息的点云数据（见图 6）。

（7）点云数据导出：经过拼接及优化后的三维激光点云可导出为各种格式的数据，可为点云的多元化应用提供原始数据，即根据实际需求应用到各个领域。

（8）导出的点云数据可以广泛应用于三维展示、二三维制图等各类需求，其中利用专业点云处理软件对其进行特征线提取等处理，可建立扫描目标对象的三维模型基本框架，形成三维素模，可用于扫描物体、场景的三维精细化建模中。

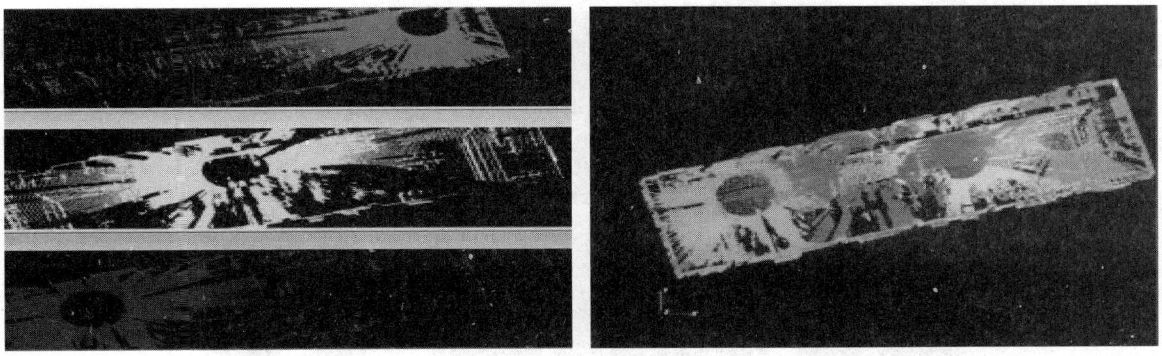

图 5　站点拼接与点云数据优化

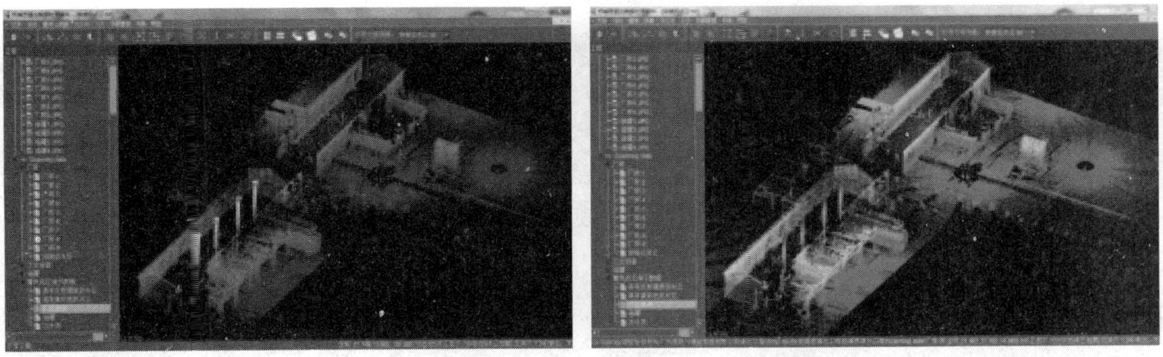

图 6　点云赋色

2　基于点云的三维建模技术

利用三维激光点云技术可以连续、准确、快速地获取到高密度、高精度的目标物体点云数据，在此基础上，融合多种建模技术，可以有效实现精准且快速的三维重建。基于点云的三维建模流程如图 7 所示。

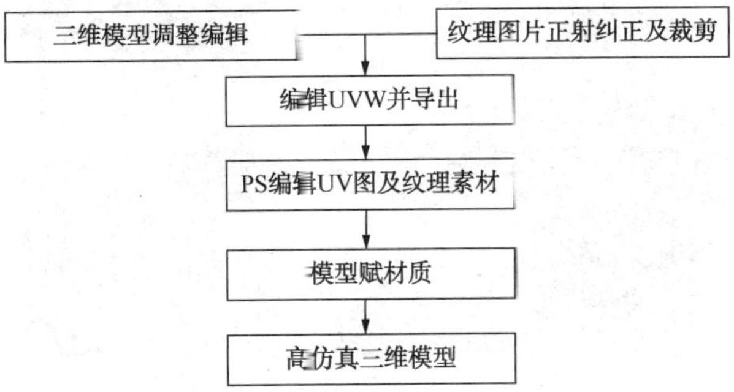

图 7　基于点云数据的三维重建

如图 7 所示，基于点云的三维建模步骤包括：

（1）三维点云原始数据获取：如前文所述，根据扫描方案完成三维激光原始点云数据的获取，包括外业点云数据及光学影像数据。

（2）平面图获取：将获取到的外业点导出到第三方软件 CAD 中，并根据测得的外业点绘制实地平面图。

（3）三维模型编辑：将测得的 CAD 平面图导入到建模软件 3D Studio Max 中，调整模型结构大小，优化模型数据。

（4）UV、纹理图编辑：利用 Photoshop 等图片处理软件将外业拍摄的照片对照模型进行处理，将纹理图调整到与三维模型 UV 线图相对应的位置。

（5）高仿真三维模型：利用 3D Studio Max 中的材质编辑器，选取一个材质球，把保存的带有 UV 线的图片拖到材质球中，最终将贴图赋给相应的三维模型。

3　站场的三维精细化建模

在三维站场的建设中，通过将三维点云数据与三维建模技术相结合，突破传统人工建模等较为粗放的方式，可以有效实现站场的精细化建模，更为真实地还原站内场景，包括管线、阀门等各类设备的精准定位。

3.1 建模流程

站场的三维精细化建模流程如图 8 所示。

3.2 站库内各区域位置确定

通过测绘方式测量站库内各区域重点位置的控制点坐标，坐标系为国家 2000 坐标系，从而确定站内各元素的准确位置，保证建好的模型与现场位置一致(见图 9)。

3.3 三维站场精细化建模效果

图 10 所示为三维天然气站场效果图。

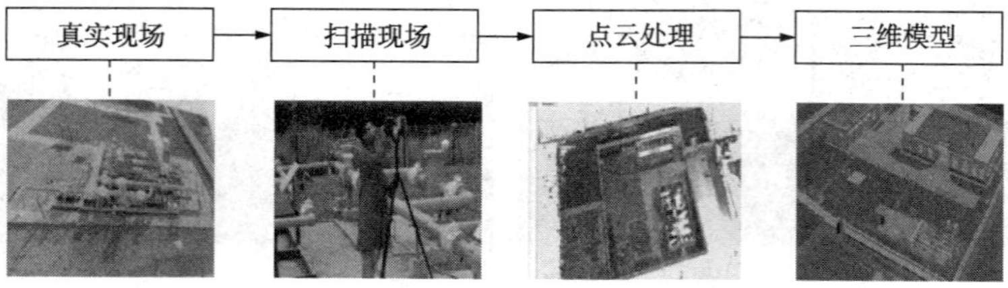

图 8　站场的三维精细化建模

图 9　现场照片

图 10　三维天然气站场效果图

4　三维站场在管网管理中的应用

将三维建模、地理信息、大数据等高新技术进行有机结合，可以有效提升管网的可视化管理水平，为管网的动态监控与辅助分析决策等提供支持，在一定程度上提升管网管理及运维的智慧化水平。例如，天然气站库的三维精细化建模可以实现站场场景展示、站内设备查询等各类应用。

(1) 视觉切换：可支持行走模式(见图 11)和鸟瞰模式。

(2) 自动模式：可根据预设路线进行流程演示，支持暂停、前进、后退、回放等操作(见图 12)。

图 11　行走模式

(3) 地下模式：可切入地下查看地下管线的分布与走向情况(见图 13)。

图 12 自动模式

图 13 地下模式

（4）设备查询：可通过点击设备进行设备属性信息的查看（见图 14）。

图 14 设备查询

5 结语

油气站场是管网工程中的关键节点，同时也是管网管理中的重点。利用三维激光点云技术打造三维智慧站场，可以更为快速地实现站场的精细化建模，更为直观真实地模拟站内实际环境，并在此基础上，通过与 GIS、大数据等技术的有机结合，可以为管网的智慧管理提供更多的可能性，有效提升管网管理的科学化、智慧化水平。

参 考 文 献

[1] 杨希，袁希平，甘淑．地面三维激光扫描点云数据处理及建模[J]．软件．2020，41（02）：230-233，237.

[2] 刘建维．三维激光扫描点云数据处理技术与应用研究[J]．信息与电脑（理论版）．2020，32（02）：20-22.

[3] 张健，李新乐，宋莹，王仁，等．基于噪声点云的三维场景重建方法[J]．计算机工程与设计．2020，41(04)：972-977.

[4] 马钧隆，孟祥印，张钧哲．基于 GIS 的燃气管网 4S 系统的设计与实现[J]．计算机应用与软件．2020，37(03)：28-31，50.

[5] 李世超，涂晋升．三维激光扫描技术在站场扫描中的应用[J]．测绘通报．2020(S1)：28-31.

数字赋能，打造煤化工智造未来
——内蒙古荣信化工有限公司智能工厂建设实践

任庆伟[1] 李 冰[2]

（1. 内蒙古荣信化工有限公司；2. 石化盈科信息技术有限责任公司）

摘 要 随着新一代信息技术与先进制造业的深度融合，智能制造技术在煤化工行业发挥出越来越大的作用。内蒙古荣信化工有限公司为加快推进传统煤化工产业转型发展，由传统制造向智能制造升级，着力打造智能型工厂，建立了业务协同化、生产智能化、控制集中化的业务模式，提升了企业全面感知、预测预警、协同优化、科学决策的四项关键能力，实现生产数据一致性和共享，为生产经营提供科学的决策依据，加速了数字赋能业务的进程。

关键词 智能制造；工业互联网平台；数字转型；生产管控；装置优化；智能决策

1 煤化工行业智能工厂发展趋势

当前新一代数字技术与先进制造业深度融合，煤化工行业加速一体化整合、高效化管理、市场化运作、开放式创新，发展智能制造、绿色制造等新模式、新业态，逐步建立新的创新体系、生产方式和产业形态，提高应对变化的快速适应能力、互联协作能力、高效运营能力，推动产业提质增效、转型升级，逐步实现高质量可持续发展。

现代煤化工是推动煤炭清洁高效利用的有效途径，高端化、多元化、低碳化是未来煤化工产业的发展趋势。现代煤化工生产装置一般规模大、流程长，工艺复杂、环境苛刻，高温高压、低温低压、有毒有害并存，监控参数多，管控难度大，如果没有自动化、信息化、智能化的管控手段，就无法实现现代煤化工的大型化、规模化、高端化发展。

2022年初，工信部等四部委发布《高耗能行业重点领域节能降碳改造升级实施指南（2022年版）》的通知，其中现代煤化工行业节能降碳改造升级实施指南强调，现代煤化工行业先进与落后产能并存，企业能效差异显著，节能降碳改造升级潜力较大。可以通过加强前沿技术开发应用，培育标杆示范企业等工作方向进行节能降耗。

2 荣信化工智能工厂建设实践

内蒙古荣信化工有限公司（以下简称“荣信化工”）是山东能源集团在鄂尔多斯投资开工建设的第一个煤炭转化企业，公司位于鄂尔多斯市达拉特旗工业园区。2014年7月建成投产，企业总资产110亿元，生产甲醇、乙二醇等主副产品10余种，是国家高新技术企业、内蒙古自治区超大型煤气化技术研发中心。先后承担了2项国家“863”课题，1项国家重点研发计划，荣获“国家优质工程奖”、中国石油和化学工业联合会科技进步一等奖等荣誉。“十四五”期间，荣信化工积极落实能耗“双控”政策，对标行业先进企业，围绕打造“煤基化工新材料示范基地”目标任务，进一步延伸产业链，增加产品附加值，加快推进传统煤化工产业转型发展，由传统制造向智能制造升级。

荣信化工以打造国内煤化工行业的智能制造标杆企业为目标，于2020年8月正式启动智能工厂项目建设，基于工业互联网平台构建了界面统一、全面感知、数据集成、服务共享的智能工厂，目前已经全面上线投用。

2.1 建设目标

一是夯实数字化转型基础，构建智能制造平台；二是提升生产管理效率、提高企业经济效益；三是提高企业本质安全水平，提升绿色低碳水平；四是以精益化管理、科学化决策为目标，强化业务赋能。

项目投用后装置投入产出物料数据、能源产耗数据，例如甲醇、乙二醇，蒸汽、原料煤等的自动采集率达到90%以上；运行平稳性各关键工艺参数的标准偏差降低30%以上；基于平稳操作，“卡边”优化相关工艺参数，先进控制系统的投用率达到98%以上。

2.2 建设成果

在煤化工行业内，开创三个“第一”：第一家全面基于工业互联网平台交付开发部署的项目；第一家集中集成无信息孤岛的项目；第一家以个人工作台方式提供决策支持，以聚焦角色视图的方式，提供可配置的设计理念，实现业务驱动、信息聚合、提升用户体验的创新应用项目。

2.2.1 ProMACE3.0工业互联网平台，为数字化转型赋能

荣信化工采用“数据+平台+应用”模式，构建新一代智能工厂应用，具有行业创新性和先进性。平台包含业务中台、技术中台和数据中台三大中台，集成了工业云管控、工业大数据、工业物联接入等先进技术。依托平台赋能，荣信化工智能工厂实现了25个应用“上平台”运行。

荣信化工智能工厂建立了统一工厂模型，覆盖生产组织、生产设施、设施单元、感知仪表4个层面的40类模型要素；通过优化集成实现了25个应用间的流程贯通和跨业务协同；通过数据治理，实现以组织、人员、物料、能源、设备、质量、安全、物资、产品等9大类为主的数据标准化；通过工业物联接入和数据湖应用，实现约9万点控制层数据和9大类业务层数据的集中入湖，保证了数出一门。

2.2.2 角色化决策支持，建设了个性化工作台

决策支持系统基于工业互联网平台，可以统一登录、通过一站办公、待办提醒等方式，简单易用，提高了办公效率。公司领导、管理人员、技术人员、生产人员都有自己的专属工作台，工艺管理、设备管理等不同专业的人侧重点不同，可以更直观、快捷地掌握所辖业务的动态，还可以基于预置界面依据个人习惯自由调整，可把自己需要的操作、关注的数据配置到工作台上，每个人都有专属决策支持视图，实现“千人千面”。

2.2.3 一体化协同操作，提升执行管控力度

实现了整体生产领域的数字化管控，生产运营实时监控系统利用一张图实现对全厂生产运营状况的全面掌控。从原料进厂、生产进度、产品库存到产品出厂，以及能耗、质量、安全、环保等全厂8大类50个关键指标情况一目了然。外操巡检通过智能巡检设备的应用，生产、设备运行数据的集成共享，实现内外操交接班点对点视频交接、智能化巡检等。通过定制巡检路线，达到了“定设备、定内容、定标准、定区域、定路线、定人员”规范化巡检的目标。智能巡检系统可以关联隐患问题登记，巡检过程中发现隐患问题可以直接在巡检界面进行隐患登记并推送给管理人员。同时利用移动技术对于隐患做到及时发现、上报、处理，并可以记录现场的真实情况，留有痕迹、方便追溯，为科学的现场生产调度工作提供依据。能源精细化管理及优化实现了能源的供、产、耗全业务流程可视化展示，综合平衡全局用能，促进了节能减排、降本增效。

2.2.4 全生命周期管理，实现设备智能诊断

一是实现设备资产管控。实现包括设备安装位置主数据、设备主数据、备品备件主数据、分类主数据、特性主数据、文档资料、设备档案、设备台账、工段密封点主数据、三区监控标准等主数据的统一管理，实现对设备资产的位置、数量、价值的清晰掌握。目前全厂29683台设备的设备信息、13576台设备的备品备件信息，管理计量器具7423台等已纳入系统管控。

二是实现设备运行保障。润滑管理实现对加换油记录进行维护，通过加换油提示表进行加换油提示；密封管理主要是装置的密封点管理，查询装置密封点、泄漏点及泄漏率；腐蚀测厚管理主要是维护监测点的监测计划，通过监测数据做出腐蚀测厚数据分析；开停机管理主要是通过对设备状态信号进行采集，当设备运行状态发生变化后及时进行状态确认。对设备变更申请、设备变更验收的管理实现线上流程审批。

三是维护维修。检维修管理主要包括计划管理、通知单管理、工单管理、预防性维护、外委管理等。通过过程工单、检修单等数据的积累形成设备故障情况、设备评比、设备运行状态、完好率等统计报表，根据统计报表分析，得到故障率高的设备、易发生故障的部位，并对检修计划、油品、备品备件的准备情况进行调整，促进设备的稳定。

四是自动感知、预警预测。确保关键设备始终处于受控状态，针对15台大机组实施油液在线监测和大机组运行状态监测及远程诊断系统。油液在线系统能实时监测润滑在用油内出现的污染物、水分含量等参数，如果出现问题，系统自动弹出报警提示信息，对比于系统使用前人工取

样送检，消除了延时，维护人员可在第一时间内获悉润滑缺陷，减少故障损失。大机组状态监测系统可监测大机组运行时的关键数据，诊断人员对图谱进行分析诊断，一方面提前预知大机组的运行隐患，可以避免机组非计划性停机造成的损失；另一方面以前人为判断认为需要检修的大机组，通过专家系统分析机组仍旧可以继续运行，也减少了过度维修的损失及费用。图 1 所示为关键动设备进行状态监测及远程诊断实例。

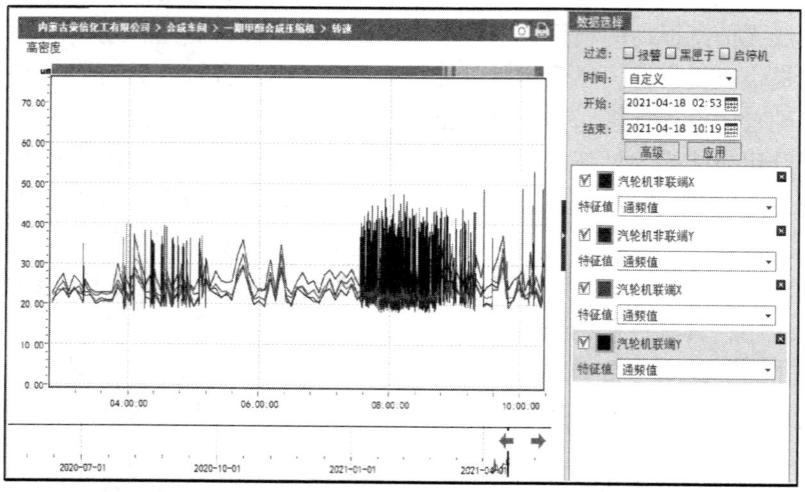

图 1　大机组异常诊断实例

2.2.5　提升全方位安全环保管控，强化过程监管

一是规范安全管理，实现动土、动火、起重、临时用电、登高、受限空间、盲板、断路八大特种作业的作业票证的数字化。投用后作业票的流转效率较之前提升了 25%。

二是作业过程的违规行为及时上报，及时处理巡检中发现的安全隐患，安全管理系统应用后，强化过程监督，实现全业务覆盖、可视化、标准化的作业管理，双控管理全面线上执行。

三是隐患评估矩阵，定性评估工具，整改过程支持创建作业票；整改超时可延期 App 随时随地记录、上传隐患。

安全管理平台示意图如图 2 所示。

图 2　安全管理平台示意图

2.2.6　应急管理系统，实现高效协同应急指挥

通过综合运用 GIS 地图、三维倾斜摄影建模、AI 视频分析、可燃气监测等技术，实现对关键事故隐患的实时监测、及时预警，覆盖 1300 多个气体监测点、1000 多个视频监控点。

探索了人工智能机器视觉技术工业应用：利

用人工智能机器学习、视觉识别等技术，对越界、穿戴、作业、泄漏、明火等7类安全行为的智能识别，建立异常行为识别库，实现异常情况预警。

出现应急事件后系统可以启动应急预案，调动危险区域的视频信号，划分危险源影响区域，提供事故涉及的危化品说明，实现多种应急资源的联动。

2.2.7　先进控制优化，提高自控率降本增效

一是对全厂生产装置实施APC先进控制优化。目前APC整体的控制效果良好，综合自动化率达到93.5%，APC投用率达到98.7%，关键被控变量标准偏差下降76.5%，平稳率大幅提升。控制器稳定运行后，装置的能耗有一定程度的下降，甲醇装置单位产品的低压蒸气消耗降低了4.27%，乙二醇装置单位产品的低压蒸气消耗降低了3.28%，每年可带来1500万元的经济效益。项目实施后，大部分装置的控制工作可交由APC控制，操作人员的劳动强度大大降低。各工艺指标的控制更加平稳，提高了生产的安全性。通过对精馏塔的平稳控制和优化控制，提高了产品质量，降低了能耗。通过一些专家控制器的投用，提升了整个装置的自动化水平，不仅减少了能源成本，而且积极响应了国家节能降耗、绿色环保的政策。

二是通过实施合成气压缩机的控制优化，实现压缩机防喘振的自动控制、入口压力性能自动控制、调速自动控制，全自动无人值守操作，能耗大大降低。蒸汽从手动控制到全自动控制，蒸汽单位时间消耗平均下降3t，全年可节约成本300万元。

2.3　应用效果

在智能工厂的建设和运营过程中，荣信化工在以下方面达到了预期效果。

一是优化业务流程。项目建设打通因业务条块分割形成的数据壁垒和流程隔阂，在提高业务信息集成共享能力、优化业务智能协作能力、提高业务工作效率等方面，取得了明显的效果，企业优化梳理了61项业务流程，实现在线流转。业务流程的优化为信息化、数字化、智能化的应用建设奠定了基础。

二是促进降本增效。通过实施合成车间一、二期的合成气压缩机控制优化实现压缩机防喘振自动控制、入口压力性能自动控制、调速自动控制的功能，在全自动无人值守操作的同时，能耗大大降低，蒸汽从手动控制到全自动控制，蒸汽消耗明显降低，系统投用后全年可节约蒸汽的经济效益约300万元。对全厂装置实施APC先进控制优化，提高操作自控率，实现降本增效。装置的波动大幅降低，操作员的劳动强度大幅下降，综合自动化率达到93.5%，APC投用率达到98.7%。关键被控变量标准偏差下降76.5%，平稳率大幅提升。甲醇单位产品蒸气消耗下降2.5%，产生经济效益约288万元/年。

三是认识水平提高。在公司内部激起了学习、了解智能工厂的热情。特别是公司领导和管理层，通过主动学习、参观并组织参与项目建设，对数字化转型、网络化发展、智能化提升的认识水平有了很大提高，促进了企业团队的学习转型提升，为后期荣信化工智能化运营团队的培育提供了人员准备。

荣信化工智能工厂不仅为企业发展带来了实际效益，也获得了行业的认可，2021年被评为内蒙古自治区智能制造试点，并获得500万元专项资金支持，得到了自治区、市旗及开发区各级政府以及同行业企业的高度关注和大力支持，为企业赢得了良好的政策发展环境，树立起荣信化工现代化、智能化工厂的新形象，提高了企业声誉。

3　结语

智能工厂的建设是一个不断优化演进的过程，数字化转型也是一个长期、持续的工程。在企业不同的发展建设阶段，基于工业互联网平台的荣信化工智能工厂将全面覆盖智能制造各环节、全要素应用，持续为企业赋值、赋智、赋能。一是以数据驱动为企业赋值，将数据作为新的生产要素，加强数据的采集和融合、数据管理、数据分析以及数据利用，逐步实现数据资产化。二是以先进技术为企业赋智，以整体效益提升为出发点，应用机理模型及数据分析模型，推动生产装置的流程优化。三是智能化解决方案为企业赋能，适应企业生产条件和外部环境的变化，强化企业管控能力，应对管理、生产、安全、环保、设备等特定场景的数字化需求。智能制造为企业的持续发展提供支持，帮助企业不断获取新的增量空间，为煤化工企业创造更多的价值。

构建多层次一体化工业互联网平台体系 护航化工企业数字化转型创新发展

张　青

（中国电信（江西）工业互联网研究院）

摘　要　在全球疫情背景下，我国稳居世界第一制造大国。我国主要经济指标世界领衔，已成为全球制造业核心力量。近年来，国家大力发展数字经济，推动互联网、大数据、人工智能同产业深度融合，提升产业数字化和数字产业化水平，促进数字经济与实体经济融合发展。

5G技术、数字孪生、人工智能、大数据、虚拟现实技术等新一代信息技术在高速发展，在智能制造发展新机遇影响下，流程行业智能制造与离散行业智能制造的核心需求，商业、运营、生产、资产管理等模式正发生重大转变，急需多维度数字化转型。目前，许多传统化工企业在数字化转型过程中因没有及时转变业务模式、技术范式、组织方式、文化意识等走入了传统制造管理黑箱与转型误区，导致企业智能制造发展程度受限。

基于上述化工行业数字化转型发展现状，打造一款能打通制造业全要素、全产业链、全价值链的闭环流程管理，激活工业现场，实现全生命周期管理、产品质量检测、设备运行维护等应用场景，提升智能化生产、网络化协同、模式化定制、服务化延伸、虚实化管理的工业互联网平台势在必行。

中国电信（江西）工业互联网研究院在中国电信集团公司、中国电信江西公司及江西各地方政府的指导和大力支持下，围绕工业互联网工业数据汇聚和资源配置的关键枢纽及制造企业的实际需求，依托中国电信云、网、数、智、安能力底座，推出了具有自主知识产权的工业互联网平台维盈WINGplat。

本文主要对贯彻落实习近平总书记关于推送数字经济健康发展重要讲话精神的认识，提出工业互联网平台结合传统制造企业在转型中遇到的问题、企转型需求和发展目标，提出中国电信对工业互联网建设助力化工企业数字化转型的问题分析和建设思路。

关键词　维盈WINGplat；5G技术；数字孪生；人工智能；大数据；虚拟现实

1　选题背景及意义

1.1　选题的背景

当前，第四次工业革命与数字经济发展浪潮形成历史性交汇，互联网、大数据、人工智能等新一代信息技术与制造技术交叉融合。“十四五”时期是我国制造业高质量发展的关键阶段，工业互联网平台作为我国工业体系数字化转型的基础设施，发挥着数据汇聚、智能分析、知识复用、资源配置等重要作用，对于推进两化融合发展迈上新的台阶、促进我国工业经济现代化发展具有重要意义。

1.2　选题的意义

中国电信（江西）工业互联网研究院在中国电信集团公司和江西省公司的指导和大力支持下，围绕工业互联网这个工业数据汇聚和资源配置的关键枢纽，结合江西省工业企业的实际需求，通过认真调研、分析及研发，依托中国电信云、网、数、智、安底座能力推出了具有自主知识产权的工业互联网平台——维盈WINGplat。集合我们在平台研发过程中遇到的问题，及江西省工业企业实际情况、需求和发展目标，提出我们的分析、思路和建议。

2　传统化工企业在数字化转型过程中的问题与需求

2.1　传统化工企业在数字化转型过程中遇到诸多问题和困惑

企业在生产和建设过程中存在很多管理黑箱，限制了企业实现降本增效和提高管理效能的目标，主要表现在生产过程不透明、现场信息反馈不及时、资源浪费不可控、异常状态响应不及时、生产过程和质量追溯困难、数据采集不及时、绩效考核无参照、产品开发周期长、管理决策无支持等方面。

当企业意识到以上问题，谋求信息化建设、数字化转型时，还会出现数字化转型误区，制约了企业向智能制造发展，主要体现在重自动化轻数字化、重单机自动化轻系统柔性化、重局部改造轻整体优化、重单元系统应用轻整体规划与系统集成、重建设轻运维、重数字化设计轻数字化仿真与优化、重信息系统应用轻数据价值体现和管理改善、重显示度轻实用性等方面。

2.2 化工企业数字化发展需求

过去150年以来，化工行业发生了一系列转型，从煤化工发展至石油化工、到20世纪80年代的全球化和精细化工，再发展到当前的循环经济和数字化(见图1)。

目前化工企业进行数字化聚焦内部及外部聚焦两个方向，内部是数字化运营打造数字化企业，外部是通过生态系统内合作实现客户旅程的数字化，构建数字化生态系统，最终实现全面数字化(见图2)。

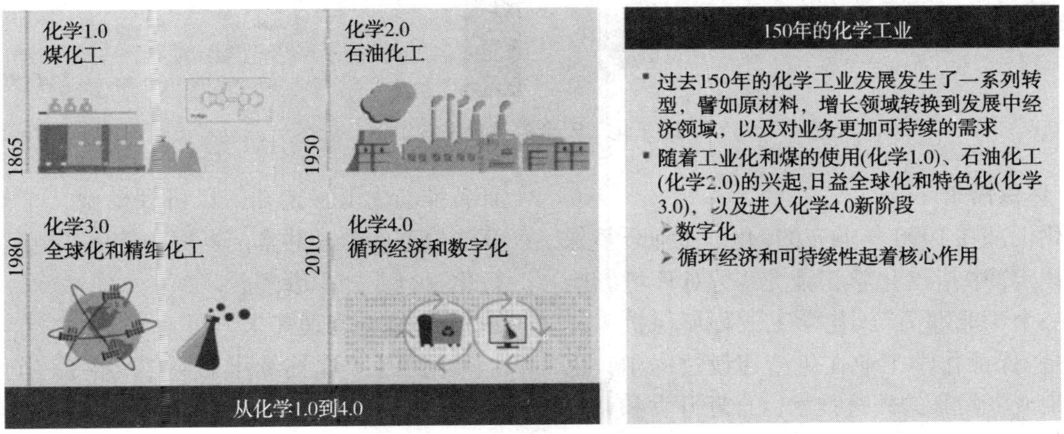

图1　化工行业的历次转型图

资料来源：德国化工协会VCI。

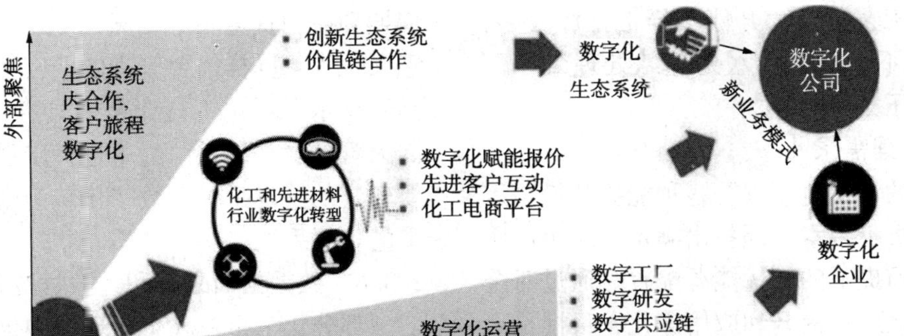

图2　化工企业进行数字化的主要历程

资料来源：麦肯锡、世界经济论坛、埃森哲。

2.3 化工企业数字化转型需求

2.3.1　安全管控需求

一直以来，国内化工安全事故频发，多起化工特大事故不仅造成了严重的人员财产损失，也重创了行业的整体发展。对此，国家层面统筹推进安全生产"一年专项整治"和"三年行动计划"，做好有效防范和坚决遏制化工危险化学品重特大安全事故，切实维护化工行业稳定生产，保证工业劳动者安全。

经过深入研究数以万计的事故案例，发现"人"是导致事故发生的最大因素，人的不安全行为、物的不安全状态是造成事故的主要因素。传统的安全生产管控，都是以人员培训和管理为中心，因此无法覆盖到通过人员巡检和排查以外的各种危险环境。在实时性要求很高的安全场合下，尤其需要采用各类环境传感器实时在线监测和告警，以及基于工艺参数的趋势预测实现智能告警，甚至针对特定场景下的视频监控实现关键危险事件的智能识别，进而避免潜在的风险事件。

例如，安全预警系统利用生产系统信息流，基于安全生产指数型评价体系，展现实时的宏观预警信息。隐患排查治理动态台账实现全员参与、全岗位覆盖、全过程的闭环管理(见图3)。

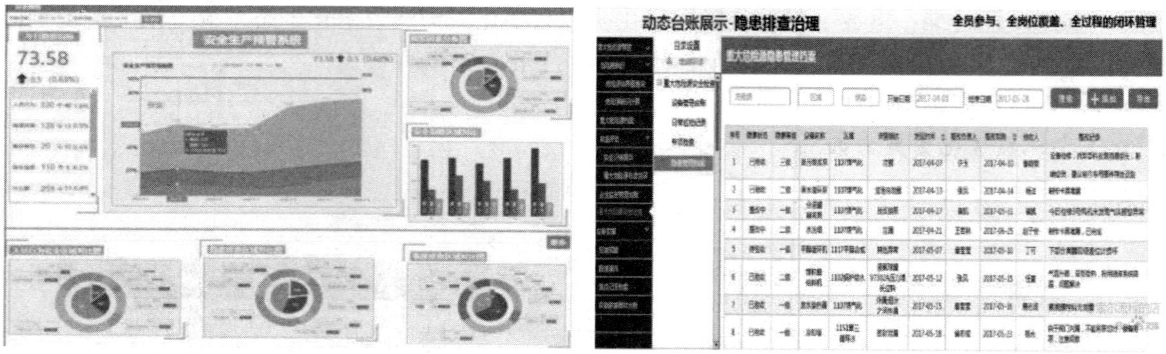

图3　化工安全数字化系统示例

2.3.2　环保需求

原化工部在1990年颁布的《化学工业环境保护管理规定》中指出化学工业是“是对环境影响较大的一个工业部门”，化学工业环境保护工作的任务是“保证化学工业在生产建设过程中，采用无污染或少污染的先进技术，合理开发和利用各种资源、能源、防治废水、废气、废渣、噪声、振动、烟(粉)尘、恶臭气体以及放射性物质等污染”。

化工企业工艺复杂，开停车异常排放较多，加上清污分流不彻底、污水处理站处理效率不高，导致环保压力巨大。

2.3.3　能耗管理需求

化工企业的水、电、气等各种能源消耗是运营成本的关键贡献因素，须找出满足产品生产质量和产能要求前提下的最优能源配置。通过对企业能源管理系统进行提升和应用深化，目标是形成一整套完善的能耗预算管理流程，集成共享能源和物料信息，真实反映装置能耗情况，切实提高能源平衡分析水平，监控装置运行，降低生产消耗，提高经济效益。

2.3.4　知识管理需求

我国化工行业经过几十年的发展，积累了大量的工艺技术、实践经验和专家知识。这些知识大多掌握在少数专家手中，碎片化现象严重，知识传播渠道以线下培训为主，受时间和空间的诸多限制。基于工业互联网平台等应用，通过聚焦炼化生产的工艺优化、质量管控、节能降耗等场景，推动化工工艺知识以机理模型、业务模型、算法模型的形式共享、复用和传播，更高效地进行化工行业知识管理。

2.3.5　综合管理需求

化工生产是连续化工生产，各工序间关联性较强，个别部位失控会影响到整个系统，小小的疏忽很可能会造成重大损失，因此对管理的科学性、严密性要求比较高。化工企业物料吞吐量大，需用材料和备品备件品种多、用量大，采购周期和占用资金不尽相同，实现合理库存难度大意义也大，同样需要管理的严密性和科学性。提高管理水平对化工行业来说具有更重要的意义，因为管理就是效益。为了进一步强化管理，就需要先进的管理手段，数字化转型则是提高管理水平的重要手段。

2.3.6　数据全面采集和大数据应用的需求

部分化工企业在生产环节中仍需要较多的人工干预，尤其是一些特殊场景的数据采集仍有困难，例如固体、粉尘、液体分层监测等。利用泛在感知技术，采集油田地质勘探、钻井、开采、运输、炼化、销售领域的多源设备、异构系统、运营环境、人员等数据，能够实现对油田、运输管道、化工厂运行状态的全面感知，并能满足数据有不出园区的要求。

在全国316家上市化工企业中，有73家企业在年报中至少提到大数据一次，其中有5家企业的年报中提到大数据超过10次。调研结果显示，超过60%的企业已经开始对采集的数据进行分析和利用，并能对生产运营产生一定程度的贡献，其中主要是可视化，因此未来对现场数据的利用仍有较大需求空间，但还有37%的企业对现场数据的利用效果不佳(见图4)。

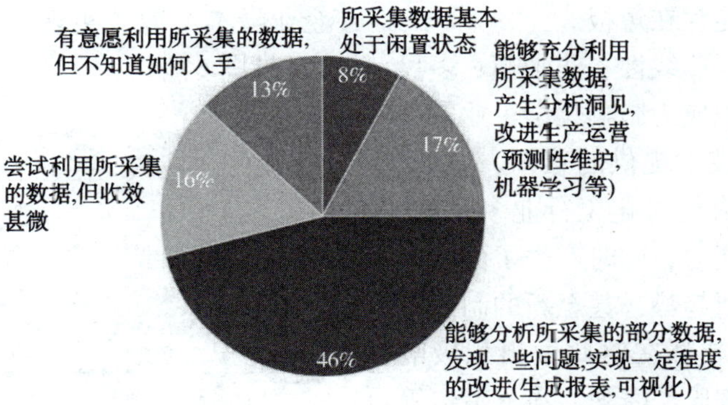

图4 化工企业对现场数据的利用情况

资料来源：中国化工行业数字化转型成熟度白皮书。

2.3.7　企业上云的需求

2020年调研结果显示，仅有38%的企业已经上云，有超过40%的企业尚未实现上云。同时，化工企业在日常运营中会产生海量的数据。这些数据的潜力非常大，如果将其充分挖掘、计算的话，可产生巨大的效益，化工行业对云服务依然存在较大的市场需求。国家推进的“东数西算”工程能够把“算”的成本降下来，企业上云的成本也会降低，可以激发企业更多地使用云服务。

2.3.8　提升数字化系统的部署加快数字化转型的需求

调研数据显示，化工企业已经部署的数字化系统中，工厂自动化系统部署比例最高，达到61%；其余部署较高的数字化系统包括环境健康与安全系统(EHS)、企业资源规划系统(ERP)、工厂设备资产系统(AMS)、仓库管理系统(WMS)等(见图5)。

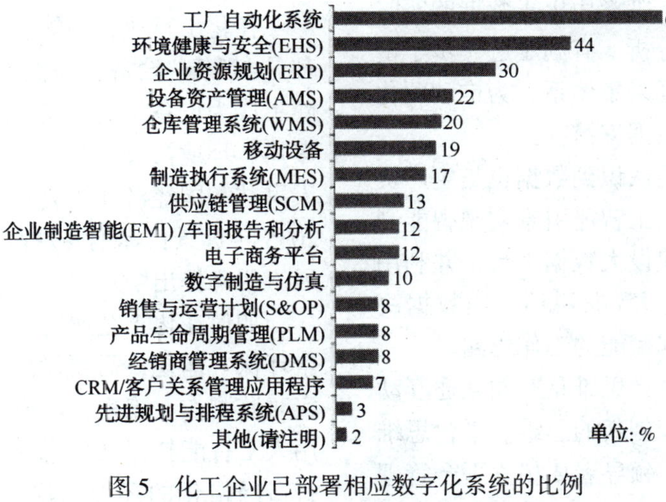

图5　化工企业已部署相应数字化系统的比例

资料来源：中国化工行业数字化转型成熟度白皮书。

从图5中也可以看到，企业资源规划(ERP)、仓库管理系统(WMS)、资产管理系统(AMS)、制造执行系统(MES)、供应链管理系统(SCM)等对于企业运营至关重要的信息化系统在化工行业的普及率较低，只有不到1/3的企业部署了相关系统。企业需要先把信息化的功课先补上，提升数字化系统服务能力，加快实现数字化转型。

3　化工行业数字化转型思路和解决方案

由前文可知，化工行业在数字化转型过程中，由于规划及预算不明确，ERP、WMS、

AMS、MES 等数字化系统部署情况有待提升，部分场景下数据采集仍有困难，未上云率达 40%，37%的企业未充分利用现场数据，网络安全面临挑战，人才与技能存在短板。

对化工过程多相性、非线性、非平衡、多尺度和多时空域特性的认识成为影响化学工业发展的重要因素。现代信息技术提供的感知、通信、计算和控制能力提升了人们对化工行业多尺度、多时空域的认知和管控能力，同时产生了面向全产业链整合的新要求、新趋势，甚至新的制造模式。科研领域和工业领域都在对此做出积极响应，中石化、中石油、陶氏、壳牌、霍尼韦尔等企业就此进行了卓有成效的实践，提出了化工行业发展工业互联网及智能工厂的技术架构和建设路径。

3.1　树立三个数字化转型思维

数字化转型是组织文化、业务流程、商业模式、人员能力变革的过程。政府、企业以及参与到各项工作中的个人，应该如何行动来加速化工行业数字化转型。企业转型工作的参与者首先要建立转型的“三个思维”。

一是云化思维，要充分认识到工业设备上云是加速生产方式变革的重要路径，是推动我国两化深度融合的重要举措。加速工业设备上云，实现设备工况、运行状态、维修历史等数据的实时采集、云端汇聚和精准分析，有利于进一步丰富平台连接要素、完善数据采集体系，为推动两化融合深度发展提供基础数据支撑。

二是数字化思维，要认识到数据也是生产资料，数据是制造业利用人工智能引擎实现智能制造的必备燃料；要树立建设大数据平台，并利用平台在工作管理过程中用数据说话、用数据决策、用数据创新、用数据赋能的工作思路。

三是平台化思维，平台思维是互联互通互动的网状思维，是开放的、创新的思维。平台思维倡导开放、共享、共赢，领导者要树立平台管理的思路，通过建设企业的数字化平台把信息、人才、技术、资本等资源聚合到一起，通过深度挖掘实现价值倍增和创新创造。

3.2　规划化工行业工业互联网平台建设方案

在此背景下，中国电信根据化工行业数字化转型过程中存在的问题和行业需求，结合化工企业在生产和管理过程的实际要求，按照五位一体的思路，深度挖掘企业在供应链协同、生产管控、设备健康、安全环保、应急管理更深层次的数字化管理需要，打造化工行业的工业互联网平台，通过打通各类数据间的交互通道，使其成为企业降本增效、实现数字化管理的智慧化工平台(见图 6)。

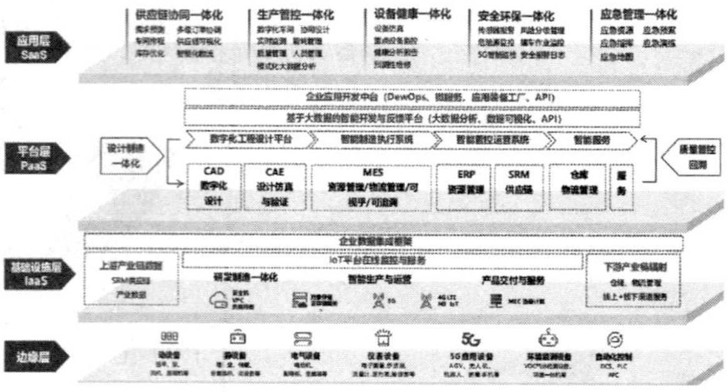

图 6　中国电信维盈 WINGplat 工业互联网平台架构图

4　建设“五个一体化”工业互联网平台助力化工行业数字化转型

在工业互联网应用平台的规划设计和建设上，强化工业大数据应用开发、制造资源配置和解决方案汇聚能力，加快工业知识沉淀、传播和复用，打造“五个一体化”工业互联网平台来助力企业数字化转型。

4.1　实现安全环保一体化，构筑化工企业的“生命线”

在化工行业，高炉、窑炉、锅炉等一直以来都是“黑箱”设备，高温高压、高能耗、高安全隐患成为设备运行痛点和难点，容易发生火灾、爆炸、环境污染事故，造成巨大的损失。《中华人民共和国经济和社会发展第十四个五年规划和 2035 年远景目标纲要》提出加快推动绿色低碳发展，明确提出“双碳”目标。

如何在化工企业的工业互联网平台上做到安全环保一体化，需要做到以下几点：以 5G 网络实时监测作业流程，形成作业流程统一管理；运用人工智能技术实时监测、闭环处理事故隐患；打造网格化的环保监测，因地制宜进行监督管理；建设基于大数据的能耗分析系统，促进节能环保、绿色制造；利用特殊传感器打破“黑箱”设备的盲区，实现上下料工序衔接的实时感知与控制。这样既能提升产品质量稳定性，又能降低能耗，减少排放，实现行业的安全绿色生产。中国电信维盈 WINGplat 工业互联网平台安全环保一体化图见图 7。

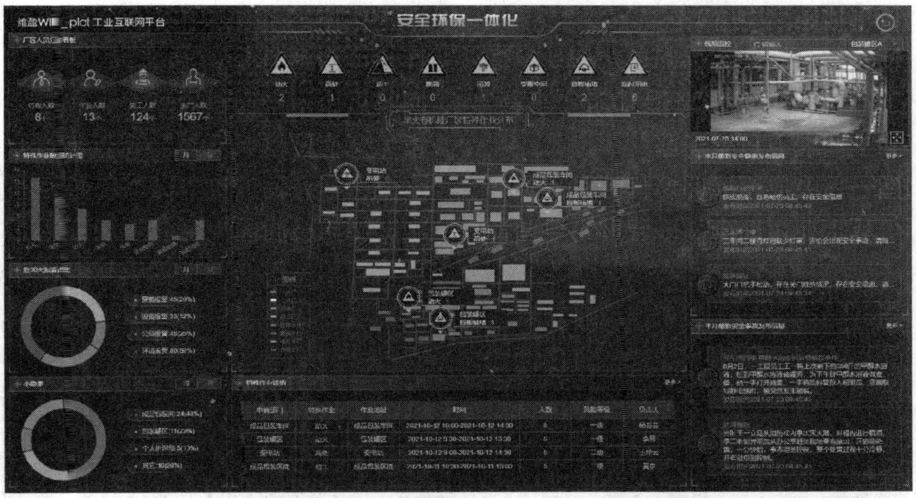

图 7　中国电信维盈 WINGplat 工业互联网平台安全环保一体化图

4.2　实现设备健康一体化，为化工企业智能制造保驾护航

化工企业在生产管理过程中会遇到设备管理不透明无法判断设备状态、非计划宕机导致生产停滞造成巨大经济损失、生产设备复杂多样升级迭代快维保困难等问题。

如何在化工企业的工业互联网平台上做到设备健康一体化，需要做到以下几点：目前，生产设备的自动化率越来越高，要充分利用监测数据传感器，代替人工点检，在线监测动、静态设备，形成实时预测能力；基于机理模型分析产出诊断报告，做到设备状态损坏程度有据可依；实现链条化处置过程，配置故障报警、保养提醒、维修派单等整个闭环的设备维保流程，从而避免设备出现大故障长时间停机所带来的经济损失。中国电信维盈 WINGplat 工业互联网平台设备健康一体化图见图 8。

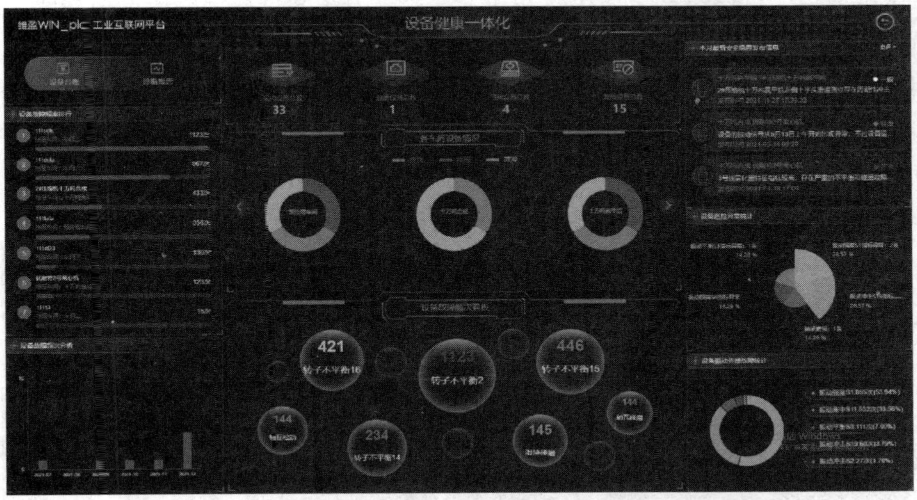

图 8　中国电信维盈 WINGplat 工业互联网平台设备健康一体化图

4.3　实现供应链协同一体化，打造化工企业竞争优势

化工企业生产制造环节多、链条长、时效性要求高；供应链存在多重外部角色，相互协同难，无法满足生产需要；库存孤岛问题严重，信息不互通；供应链的竞争力来自多个竞争优势企业的合力。需要平台通过整合汇聚供应链的数据来解决这些问题。

如何在化工企业的工业互联网平台上做到供应链协同一体化，需要做到以下几点：在平台上实现采购、生产、运输、仓储等活动的数据汇聚、共享协同功能；结合 5G 和机器视觉技术，升级智能物流设备形成无人化仓储；基于仓储供求数据分析，预测销售趋势优化产品出入库管理；建立全供应链线上协作平台，协助生产排程、监控预警和订单物流跟进。中国电信维盈WINGplat工业互联网平台供应链协同一体化图见图9。

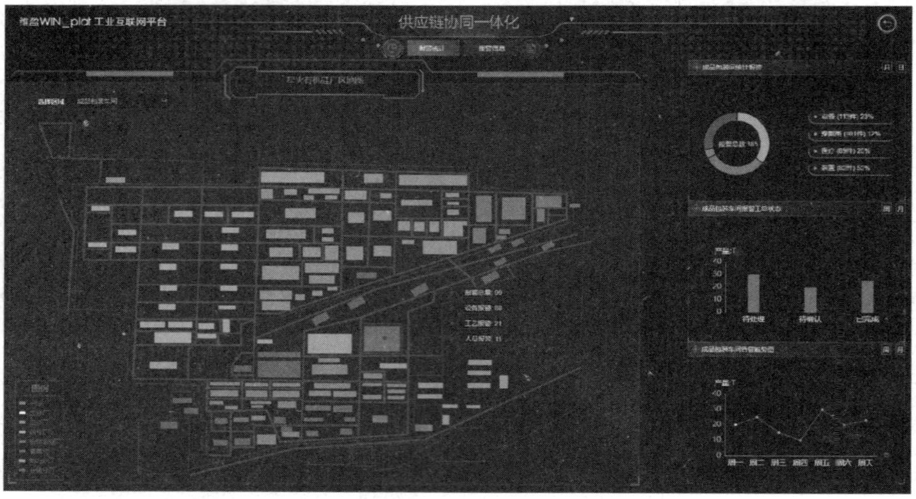

图9　中国电信维盈 WINGplat 工业互联网平台供应链协同一体化图

4.4　实现生产管控一体化，让化工智能制造触手可及

化工企业在生产管理时，会遇到人工排产生产过程缺乏可视化管理、无法适应柔性生产，产品质量检测依靠人工、成本高、效率低，工业机理沉淀少，知识传承难，企业管理成本增加等问题，需要通过“机器换人”的方式推动传统化工实现转型升级。

如何在化工企业的工业互联网平台上做到生产管控一体化，需要做到以下几点：平台建设现场人员管理、流程管理、质量管理等分系统，确保在安全运行前提下降本增效；通过数据采集、业务集成、系统优化三个层次的建设，实现企业生产过程可视可控，质量体系标准化，过程控制精细化；利用监测传感器和数据采集传感器，采集生产过程的实时数据，建立数字孪生系统，在计算机系统里精准映射历史发展过程和数据沉淀，对生产过程进行仿真和管控，对未来态势预测，实现基于数字孪生的工艺规划、生产调度优化、装配和测试检测、产品质量分析与追溯等。中国电信维盈WINGplat工业互联网平台生产管控一体化图见图10。

图10　中国电信维盈 WINGplat 工业互联网平台生产管控一体化图

4.5　实现应急管理一体化，构建化工企业安全生产"护城河"

化工企业在生产过程中会突然遇到不可抗力因素和风险而进行紧急应对。如果在短时间内无法决策和分派有限应急资源进行应对，势必出现人身安全和资源财产上的灾难性后果。

如何在化工企业的工业互联网平台上做到应急管理一体化，需要做到以下几点：利用 5G 通信技术融合资源、横向到边、纵向到底的能力，使应急保障、风险预警听得见、看得清；确保平台在极端恶劣条件下通信顺畅，辅助应急指挥能分析、能决策；在平台上建立一张图指挥，为应急指挥提供数据和信息，支撑情景构建、专题研判、专题辅助决策、模型分析等智能化手段，做到可模拟、可演练。中国电信维盈 WINGplat 工业互联网平台应急管理一体化图见图 11。

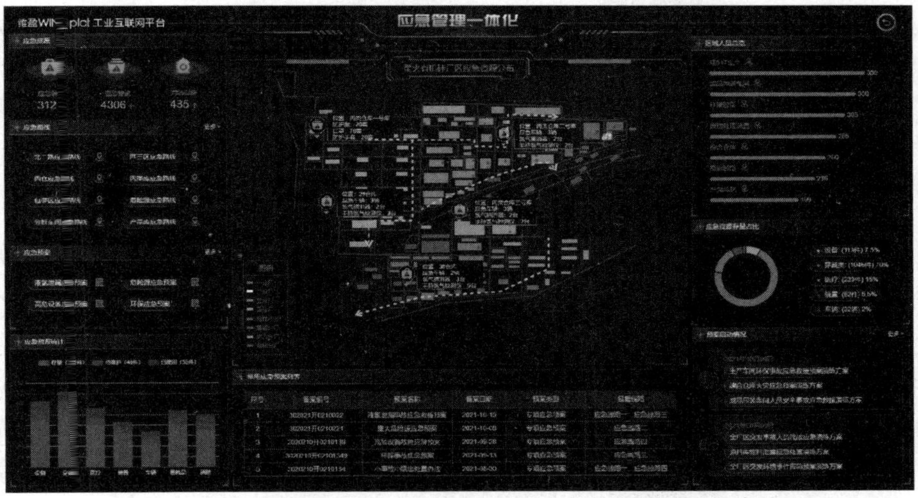

图 11　中国电信维盈 WINGplat 工业互联网平台应急管理一体化图

5　结语

5G+工业互联网平台为化工企业乃至实体经济数字化、网络化、智能化发展提供了新的实现途径，正在成为支撑数字经济高质量发展的重要底座。5G+工业互联网网络、平台、安全三大功能体系初具规模，企业应用不断融合拓展。在 5G+工业互联网产业布局上，中国电信将提供 600 多个开放的原子能力及云网融合基座，推动跨平台合作，促进工业互联网产业协调发展。

基于维盈 WINGplat 工业互联网平台为底座，对全国化工企业进行深入调研和定制开发，其中包括江西蓝星星火有机硅、江苏南通星辰合成材料、湖南恒光科技、江西品汉新材料等重点企业。江西蓝星星火有机硅是中国最大上下游一体化有机硅生产基地，也是全球第三、亚太第一的有机硅领导者，而南通星辰合成材料则是国资委"双百企业"之一，且两个企业都是中国中化控股有限公司下属核心企业，从而打造成具备全国化工行业示范影响力的 5G+智能工厂。

通过维盈 WINGplat 工业互联网平台数字化赋能取得以下成效：江西蓝星星火有机硅违规行为减少 78%，产品送检率提升 75%，生产管理成本降低 20%、工艺安全预判效率提升 80%；南通星辰合成材料的漏液发现率提升 90%，预判准确度提高 85%，违规行为减少 85%，生产管理效率提升 63%；湖南恒光科技劳动生产力提高 15%～30%，质量成本优化 10%～20%，能耗减少 5%～8%，提升设备综合效率 15%～25%；江西品汉新材料人员管理成本下降 21%，现场人员区域识别率提高 99%，设备停机时间下降 30%～50%，预计提升材料利用率 10%。

凭借上述 5G+智能工厂的数字化转型成果，还分别入选了工信部"5G+工业互联网"20 大应用场景和标杆案例、2021 年工业互联网试点示范项目、荣获 ICT 中国创新奖（2021 年度）。同时，也在化工、钢铁、电子、铜产业、稀土产业、建材产业等多个行业得到应用。

维盈 WINGplat 深度融合了 5G、工业互联网、数字孪生、虚拟现实、人工智能、工业大数据、云计算等技术，通过模式创新、技术创新、机制创新构建起多层次一体化的数字化赋能体系，护航全国制造业数字化转型创新发展！

基于工业互联网的 ZH 石化智能化改造

杜锐君

(中韩(武汉)石油化工有限公司)

摘　要　“工业互联网，就是把人、数据和机器连接起来。”石油化工行业流程复杂、工艺要求高，工业互联网是石化企业两化融合背景下对工厂实施智能化改造、提质增效的重要基础。近年来，ZH 石化投入了超 100 亿元的资金用于相关工作。经过几年的持续建设，基于工业互联网的应用，实现了一批成效显著信息化成果和应用，为公司提高精细化生产运作效率、提升经营管理水平、保障安全环保等方面发挥了积极的作用。

关键词　工业互联网；智能化管控；生产执行；数据治理；提质增效

ZH 石化隶属于中国石油化工集团，是国内中部地区最大的炼化一体化企业。近年来，围绕建设“智能工厂、绿色工厂、幸福工厂”的企业愿景，大力推进工业化与信息化深度融合。在“集中集成、创新提升、信息共享、协同智能”方针的指导下，基于工业互联网背景，得益于大数据、人工智能、3D 可视化、5G 等先进技术的应用，公司相继完成了集成共享的经营管理平台、协同智能的生产营运平台、互联高效的客户服务平台、敏捷安全的技术平台的搭建；实现了炼油化工生产管控一体化、智慧物流、工厂设备完整性管理、工艺平稳性管理、HSE 监控管理等业务域智能化应用；提升了企业全面感知、协同优化、预测预警和科学决策能力。

1　推进无人应用，打造数字化工厂

工业互联网被称为“工业技术革命”和“ICT(信息通信)技术革命”相结合的产物。它既是一张网络，又是一个平台，更是一个体系，实现了工业生产过程中所有要素的泛在连接和整合。ZH 石化基于 3D 可视化技术打造的智慧工地和数字化工厂，就是在这张网下编制了一个虚拟现实的智能工厂，将各类资源构建在同一个体系之中。ZH 石化拥有员工 2000 余名，近千个制造单元在这里全部通过物联网联络，大多数设备都可以在无人力操作状态下自动运行，大多数操作都可以在远程监控下规范化进行。

1.1　无人机、智能巡检安全可靠

仅以 ZH 石化乙厂区块来计算，管廊就长约 19km，及时发现盗窃和管道破坏问题并及早修复，才能保障管道安全，维护正常生产秩序。提高巡检质量是石油化工企业现阶段实现安全生产较为现实而有效的重要途径。ZH 石化近年来在构建工艺外操巡检、管廊 GIS 巡检、实时数据对比、异常管理、隐患管理、交接班管理、信息推送等方面定制开发了一系列功能，并与其他业务系统进行数据集成，通过防爆终端等智能采集、处理、传输、存储现场巡检数据，包括文字、图表、图像、温度、震动、音频、视频等不同形式的巡检记录，实现人员管理、设备巡检、缺陷管理、隐患管理、统计分析、报表生成等巡检管理的自动化、信息化、数字化。例如，通过系统可实时查看人员位置信息及轨迹，巡检人员到达必到点范围内会自动识别完成巡检，并自动语音提示需要巡检的内容和安全注意事项，使巡检人员做好保护措施，并按照规定的标准进行巡检；巡线人员轨迹以不同的颜色显示，可判断该人员是否超速和越界，并在终端语音提醒。极大地方便用户及时掌握现场生产运行情况，发现设备缺陷及安全隐患，在保障企业安全稳定生产的同时，经营管理更加精益高效，风险防控和战略、业务决策能力大幅提升。

1.2　3D 可视化技术还原工厂生产

在传统的工厂建设与运维管理中，存在较多痛点。工程管理人员通过二维图纸资料和现场审查，难以直观地、宏观地对施工质量和进度进行全面把控；工艺人员了解装置工艺流程需花大量时间研究工艺管道图纸等。在数字化转型的政策引导下，石化领域工程建设的数字化交付已经成为工厂智能化发展的必经之路。

因此，ZH石化开发了数字化交付平台——基于云渲染技术，进行私有化集群部署、深度二次开发，形成云渲染引擎，实现数字化交付平台的三维可视化功能。包括全厂约2.2km^2范围高精度倾斜摄影数据采集与处理；新建气体分馏装置、新建烷基化装置的属性、文档和三维模型的数字化交付处理；开发数字化交付平台管理上述数字化交付数据，并提供三维可视化应用辅助生产运营管理。在数字化交付后，平台开发了工程管理、设备管理、管线管理和工艺管理等功能模块，可提高工程管理和检维修的效率，减少工艺学习成本和提高员工业务水平。

2 强化数据治理，消除信息孤岛

数据是企业的核心资产，也是工业互联网"人""数据""机器"三要素之一。数据质量支撑着企业人力资源合理配置、内部管理简化、业务流程集成、运营效率提升和经营成果的真实呈现。对数据资源深度挖掘和应用，新的机会和价值才能不断被发现和被创造。

ZH石化致力于数据治理和深化应用，在利用数据、发挥数据信息的价值方面做了大量工作。目前，万兆主干网络覆盖ZH石化全厂，数据采集率达98%。为了充分发挥数据资产的作用，ZH石化建立了实时数据应用平台——实时应用系统，开展了生产数据应用的"众创"活动，激发了用户对生产数据分析应用的热情，产生了较好的效果，促进了生产安全平稳运行，取得了较好的经济效益。2019年进行的联想大数据在1#催化装置的应用，对过往海量历史数据建模分析，从中找到工艺参数的关联性波动规律，在保证装置安全平稳运行的基础上，优化提升催化装置运行参数，提升丙烯收率达4.9‰。该科研成果也将用于未来其他装置，为企业挖潜增效。

近年来，以炼化一体化合资为契机，ZH石化积极推进炼化一体化系统整合；从界面集成、数据集成、业务集成三个层面全面整改公司在用信息系统的信息孤岛。结合设备完整性管理体系、工艺平稳性管理体系、HSSE管理体系建设按不同业务域将相关信息系统进行了集成和优化，实现了数据同源，消除了数据重复录入。建成了以MES为核心的生产执行平台和以ERP为核心的经营管理平台；完成了实时应用、流程管理、工资系统等35套信息系统统一身份集成工作；功能模块协同优化，减少用户重复劳动，提升系统安全性及使用体验。

3 打造智能物流体系，实现资源互联共享

ZH石化的物流管理系统作为公司物流业务的核心环节，为原料和产品的顺利进出厂打下了坚实的基础，确保了公司生产后路畅通及安全平稳生产。ZH石化1.1Mt乙烯脱瓶颈改造项目建成后增加产品销售0.83Mt，物流需求进一步加大，公路通行能力预计增加40%以上。为解决上述问题、打通企业的产、供、销业务流程，整合产、供、销数据，集成业务链上相关的业务系统，ZH石化打造了一个集成了以物流系统为核心，包括化销ERP、化销e贸网、化销物联网、企业ERP、MES系统、立体仓库系统、LIMS系统、视频监控系统、称重系统、门禁系统、计量系统、定量装车系统、定量装船系统等多个系统的具有开放、高效、共赢特点的智慧物流平台。

利用工业互联网、车牌识别抓拍、定位等技术，集成了企业ERP、MES系统和立体仓库系统、无人值守地磅系统、包装机系统，销售方直接依据企业可销库存数据下单；根据企业共享托盘改造的现状，新增"物料运输组"集成功能，无须线下通过表格区分是否共享托盘库存；集成了石化e贸和物联网，客户直接线上预约，企业实时根据预约提货情况安排装车，销售数据实时过账。

包装机系统从LIMS系统获取产品牌号批次等信息后包装；包装完成后采用共享托盘进行码垛套膜并写入RFID信息；立体库系统获取LIMS合格证后自动入库，从MES系统中同步物料基础信息，并将出入库信息定时传递给MES，集成到ERP系统中；出库时物流系统传递车辆进厂信息，立体库系统自动提前备货，出库完成后通过车牌识别到车辆离开，自动调用接口更新ERP库存。对比实施之前：固体产品包装前需要由外操人员将包装通知单送到包装仓库，包装人员从LIMS中查询产品牌号批次等信息后手动输入包装线，包装完成后叉车运送至指定库位地点，人工清点后在系统中入库，更遑论出库过程，各环节费人费时，还容易出错。

立体仓库和无人地磅投用后，真正实现了从产品包装、入库到销售出库的全流程自动化操

作，所有环节无须人工干预和线下沟通。立体仓库和无人地磅的投用更进一步完善了智慧物流平台，实现了网络物联协同化。

智慧物流平台充分发掘了工业互联网的含义，其本质就是开放的通信网络平台，把设备、生产线、员工、工厂、仓库、供应商、产品和客户紧密地连接起来，共享工业生产全流程的各种要素资源，使其数字化、网格化、自动化、智能化，从而实现效率提升和成本降低。

4　结语

ZH 石化遵循"夯实基础，急用先行，注重实效"的原则，从企业层、车间层、生产线层逐步设计工业互联网应用，持续优化改进信息化工作。打造无人工厂、3D 可视化工厂，绘制未来智能化工厂的蓝图，旨在减少人的参与；充分挖掘数据价值、深化数据应用，"让数据说话"；注重信息系统整合、功能协同优化，力求信息互联畅达——依托设备完整性体系建设，实现了设备管理业务域信息系统整合；依托工艺平稳性体系建设，实现了生产管控业务域信息系统整合；依托智慧物流平台建设，采用多技术融合创新，实现了产品出厂各环节一体化、智能化管控；依托 HSSE 安全体系建设，开展应急基地建设，实现了炼油、化工应急指挥系统应用优化。

"十四五"期间，ZH 石化将继续坚持"智能工厂"理念，以总部"信息化 432 工程"为指导，以中石化信息化发展"十四五规划"为方向，"打造世界一流信息化能力，建设智慧石化"为总体目标，积极做好信息化建设工作，通过加强云平台、大数据、物联网、5G 等新技术应用，推进企业数字化转型，逐步提高相关管理过程的信息化水平，充分发挥工业互联网优势，为"智能工厂"打好"数字化"转型基础，逐步实现智能化的生产经营，提升企业管理水平和竞争力。具体措施有：

（1）通过先进信息技术手段的运用，实现海量历史数据传递和信息共享，可供多类人员共享并多角度分析使用，提高了对过往人员经验的依赖。

（2）通过大量历史数据分析对运行参数进行优化，实现装置考核指标的最优解，为提供企业经济效益提供支撑。

（3）提升各操作环节协同作业水平，系统建设将突出业务协同，促进各业务环节的信息共享及数据快速流转，优化协调决策，提高决策的合理性和对变化快速反应的能力。

（4）保证生产平稳安全，降低生产事故发生可能性，避免人员伤亡，降低装置能耗，减少二氧化碳的排放，符合国家要求节能减排、可持续发展。

参 考 文 献

[1] 杨振. 机器人若干控制问题分析与设计[D]. 南京：东南大学，2018.

[2] Cai B，Zhao Y，Liu H，et al. A Data-Driven Fault Diagnosis Methodology in Three-Phase Inverters for PMSM Drive Systems[J]. Power Electronics IEEE Transactions on，2017，32(7)：5590-5600.

[3] Chen Z，Liu Y，Liu S. Mechanical state prediction based on LSTM neural netwok[C]. 2017 36th Chinese Control Conference (CCC). 2017.

[4] Soualhi A，Medjaher K，Guy C，et al. Prediction of bearing failures by the analysis of the time series[J]. Mechanical Systems & Signal Processing，2020.

[5] 易铁虎. 石化行业智能制造现状分析与对策研究[J]. 石油化工管理干部学院学报，2020(1)：67-70.

大数据背景下工业互联网平台的大数据分析系统研究

王多宏　李喜英　吴沐远　赵剑军　李　伊

（中国石油天然气销售东部分公司）

摘　要　在大数据时代背景下，工业互联网平台的形成是智能社会的发展趋势，是石油化工行业转型升级的必然选择。依托工业互联网平台建立、完善大数据分析系统是石油化工行业数字化发展的有效途径。基于此，本文简要阐述了工业互联网平台的发展现状、工业大数据的特点与应用现状，并为大数据分析系统的建立和完善提出建议。

关键词　石油化工行业；大数据数字化发展；工业互联网平台；大数据分析系统

工业互联网作为互联网、云计算、大数据、物联网等新一代信息技术与现代产业深度融合的新模式，为制造强国和网络强国建设提供了重要支撑，为加快经济转型、提升和塑造市场竞争力提供了强大动力。近年来，全球能源行业发生了重大变革，传统的石油、化工行业面临着重大挑战。随着互联网络的发展，数字化转型已经成为石油化工行业的转型发展的必经之路，而工业互联网就是完成数字化转型的有力抓手。工业互联网在我国工业、制造业领域发挥着重要的作用，是企业了解彼此发展、交互数据、呈现行业动态发展的有力工具。但其发展过程中也会出现各种问题，网络时代数据冗杂庞大，如何正确使用和组织数据以促进工业互联网平台的发展是亟待解决的问题。因此，当工业互联网成为可以进一步推动我国工业制造业长久发展的工具，在工业互联网中搭建大数据分析系统是极为必要的。

1　工业互联网的发展现状

工业互联网是一个开放的、全球化的网络，通过网络技术、大数据、云计算、人工智能等新一代数字技术与工业技术的深度融合，规模化供给智能服务与产品，推动工业企业向数字化、网络化、智能化转型，是建设现代化经济体系、实现高质量发展和塑造全球产业竞争力的核心载体，是第四次工业革命的关键支撑。中国、美国、德国、日本等诸多制造大国已将其上升为国家战略。目前，世界上大多数国家已完成了对工业互联网基础概念的普及并迈入了工业互联网应用推广阶段，且对于工业互联网的核心理念、最终目标、发展方向、技术基础和路线等方面均达成了广泛共识。但由于各国在发展基础、优势和短板上存在差异，因此针对工业互联网的具体应用和实践形成了不同的发展策略和应用模式。总体来说，我国工业互联网发展的机遇与挑战并存。一方面，在政府政策支持、高校及研究所技术改革创新，相关产业与用户积极应用与推进的共同助力下，我国工业互联网的发展呈现良好势头；中国石化首先基于工业互联网平台初步实现了生产一体化优化、生产集成管控、全生命周期资产管理三大类工业应用。中国海油惠州石化，开展了基于工业互联网的石化“智能工厂”建设，在装置优化、计划优化、供应链优化等环节扎实推进相关应用。工业互联网平台支撑众多石化企业的智能工厂建设实践，成为国内流程工业加快向产业中高端升级的新型赋能平台。另一方面，尽管发展态势可观，我国工业互联网目前仍处于起步阶段，还存在制造业企业总体信息化水平较低且发展不均衡、互联网产业与制造业不能很好融合、工业互联网平台和生态体系不成熟、工业互联网标准不完善等问题。针对上述问题，可以充分利用大数据技术，依托工业互联网平台构建大数据分析系统，通过数据技术服务于工业智慧化发展，形成具有较强实效性的大数据分析系统。

2　工业大数据的特征

工业大数据是指在工业领域中，围绕典型智

能制造模式，从客户需求到销售、订单、计划、研发、设计、工艺、制造、采购、供应、库存、发货和交付、售后服务、运维、报废或回收、流程再制造等整个产品全生命周期各个环节所产生的各类数据及相关技术和应用的总称。工业大数据主要来源于运营管理的相关数据、设备物联数据和外部数据。工业大数据具备大数据的基本特征：容量大、多样性、实时性和价值密度低，此外，还有时序性、强关联性、准确性和闭环性的特有特征。

数据容量大：传感器和感知技术的运用，使得海量工业数据涌入工业互联网平台，大型工业企业的数据甚至达到1EB级别。

多样性：工业数据分布广泛，分布于设备、生产、管理等各个环节。同时工业数据结构复杂，包含结构化数据、半结构化数据和许多非结构化数据。

实时性：工业数据生成和处理的速度很快，特别生产现场级要求实时性，分析时限达到毫秒级别。

价值密度低：工业大数据拥有大量的非结构化数据，而非结构化数据普遍价值密度不高。但海量的数据环境使得数据价值具有相对性，需要具体情况具体分析，深入挖掘和分析。

时序性：比如，工业订单数据具有先后顺序。

强关联性：在工业生产中，产品的生命周期中同一阶段和同一环节所生产的数据拥有强关联性，不同阶段和不同环节也需关联。

准确性：工业大数据要求数据真实、完整，采集和处理数据时需要判断数据的可靠性，为挖掘和分析数据提供保障。

闭环性：例如，在产品全生命周期横向过程中数据链条的封闭和关联以及智能制造纵向数据采集和处理过程中，需要支撑状态感知、分析、反馈、控制等闭环场景下的动态持续调整和优化。

3 工业大数据的应用

根据有关数据显示，已经有33.9%的工业企业实现了大数据与生产、研发、销售、管理等关键环节的全面融合，成为工业企业进一步优化生产过程、研发生产产品、加强生产管理与故障诊断的重要技术支持。工业互联网平台中的大数据技术的应用主要体现在：信息化与工业化的日益融合；智能制造不断发展，数字化建模水平不断上升，实现了生产工艺与智能系统的融合；引入云技术与大数据技术的结合，实现产供销一体化发展；通过大数据技术，基于工业互联网平台为客户提供定制化服务，充分体现出工业企业的大数据应用水平。

尽管整个石油化工行业都在积极应用大数据技术实现转型升级，但是对于工业互联网平台的大数据分析方面，仍存在一些不足，主要包括：大数据分析处理深度不足，数据利用率低。在工业生产制造过程中，随着工业规模的扩大，其所生产的数据量、数据形式也在不断增多。数据规模的扩大意味着需要刻画的数据特征数量也在不断增多，数据类型的增多直接导致了数据的复杂性增强，降低了数据处理的效率，给数据挖掘和分析带来了极大的难度；大数据分析计算不贯通，数据模型较为复杂，没有切实提高工业互联网大数据时效。在现阶段的工业互联网平台的应用中，采用的数据计算模式较为呆滞，缺乏对全生命周期的计算，从而导致很多数据无法深入落实，无法实现融合计算。

4 大数据分析系统的搭建

由上述分析可知，现阶段的工业互联网平台存在数据分析深度不足、利用率低、缺乏创新技术的应用等问题。因此，在工业互联网平台基础上搭建大数据分析系统就需要把重点放在数据采集、数据分析与挖掘、数据复杂性处理等方面，同时也应引入创新型技术，保证分析系统的时效性与可操作性，提升数据分析系统的整体建设水平。

在实际操作过程中，考虑到工业数据的复杂性与不确定性，需要构建融合了计算构架、大数据预处理、深度分析挖掘、数据可视化与动态监控等技术的系统框架。将大数据分析系统的参数设置精细化，针对当下存在的问题，利用数据预测决策模式与可视化功能，实现数据可视化分析、大数据决策支持等，形成一套完整的能充分发挥工业大数据利用价值，为石油化工行业与社会经济持续发展注入健康活力的分析系统。

4.1 搭建工业数据网络链接

工业互联网已然成为石油化工行业发展的关键路径，要想构建工业互联网的大数据分析系统，就需要立足于工业互联网平台，从宏观整体角度，立足于工业互联网平台，全面规划数字工厂建设，将生产过程中的各个环节与工业互联网连接起来，形成数字化的生产流程。将生产过程中的各设备与大数据分析系统连接，进行实时数据更新，为大数据分析系统的运行提供数据支持。规划构建大数据分析系统的整体架构，分层次分别设置数据采集层、生产控制层、制造执行层、运营管理层等，在不同层级对应连接不同设备与分系统进行数据传导。

4.2 优化架构标准，提升数据处理与响应能力

基于工业互联网平台构建大数据分析系统，要加强对系统架构的设计，提升标准化水平，进一步提升大数据分析系统的数据处理效率与深度，提升系统的响应能力。一方面，工业企业要结合自身实际情况，结合工业互联网原本的架构标准，对大数据分析系统进行优化设计：随着工业数据日益增多，形式越发多样，要及时进行冗余剔除，对错误数据、重复数据、冗余数据等进行处理，在预处理之后实时处理数据，降低大数据分析系统中的计算量，有效改善网络传输运载问题，提高时效性，促使系统更快速地响应数据。另一方面，设计开发平台层架构并进行二次开发，利用海量数据作为生产管理的依据，为客户提供个性化服务。还可以利用数据分析，对生产技术、生产工艺等进行封装、复用，丰富工业互联网平台。

4.3 搭建数据采集平台，加强数据分类分级

鉴于工业数据越来越复杂、种类越来越多的情况，基于工业互联网构建数据采集平台。数据采集是数据分析系统运行的基础，若数据采集环节出现问题，后续一系列数据分析均缺乏实际价值。在完成大数据分析系统的整体规划、构架架构标准设计之后，可以实现产品质量监控、生产设备运行状态监控、生产工序能源成本监控与分析、现场实际情况的监测与预警等。而数据采集平台的搭建正是实现这些功能的基础，因此企业需要搭建不同的数据采集平台，并建立合适的连接，构建合理的逻辑关系。比如，企业可以按照生产工序建立不同的数据采集平台——工艺过程数据采集、生产计划追踪数据采集、检测与化验数据采集等，在数据采集完成之后根据不同的属性自动归类。工业数据分类分级可以拆分为数据分类和数据分级。数据分类可以从数据主题、用途、业务等方面考虑，数据分级可以根据数据遭泄露、篡改等风险后果来考虑。合理的数据分类分级可以为工业互联网数据分析提供便利，可以降低成本，提高效率，同时能加强工业互联网的信息安全。

4.4 加强安全防护，提升大数据系统安全与服务能力

随着数字化、智能化的发展，大量智能物体接入工业互联网，加深了数据分析系统的安全问题。在工业互联网平台中，产品的全生命周期和产业链的各环节都是环环相扣、紧密联系的，数据信息也是高度融合渗透。因此，一旦某个环节数据遭到泄露或者遭遇黑客、病毒的侵犯，会导致风险迅速蔓延至相关企业，甚至整个产业链，造成工业互联网平台处于易受攻击的高风险状态。同时，系统或者设备间的互联使大量生产装备和产品直接暴露在网络攻击之下，给黑客提供了更多可以直接攻击的机会，对社会造成巨大的损失。因此，加强数据分析系统、大数据分析系统中的安全模块建设、加强远程管理模块建设，进一步拓展工业大数据分析应用场景，提升工业大数据系统的应用与服务能力是非常必要的。强化安全管理工作可以有效防范木马、病毒等问题，更好地阻止风险蔓延。加强大数据分析系统的生产安全防御机制，实时采集数据展开分析，结合安全生产监控模型，对生产异常状态和安全风险实时报警，及时发现安全不良信号，积极防御，杜绝潜在风险。同时，也要重视黑客技术、木马、病毒等攻击都是在不停地动态调整和迭代更新，在使用防护技术和系统时，要加强漏洞补丁和新技术的研发。

4.5 加强人才培养和数据备份工作

没有专业的人才进行统一的控制管理，也是现今出现数据分析挖掘不足、效率低下的主要原因之一，因此政府和企业要提高对相关领域人才培养的重视程度，加强培养，填补人才缺口。

此外，要加强对数据的安全备份工作。数据是重要资产，数据的丢失是企业的重大损失，及时对数据进行安全备份可以有效降低数据丢失的概率，减少不必要的麻烦，提高数据处理效率。但由于工业数据体量多且复杂性高，对其进行备份会带来高昂的成本，因此，为了降低成本，应该加强云技术的发展和研究。

5 结语

工业互联网平台是在智能网络、数字经济时代发展的必然产物，是实现石油化工行业智能化发展的基础。为完善工业互联网平台的发展，优化架构标准，需要建立大数据分析系统。实施系统化的采集数据、分析数据，能够在支持工业互联网持续运行的同时满足更多用户的需求，进一步提升行业的发展。

参考文献

[1] 张宏韬，席斌，张晶．工业互联网+核电产业的“化学反应”[J]．上海信息化，2017(07)：24-27.

[2] 于成水，宋春丽．山东加快工业大数据中心体系建设[N]．中国工业报，2021-10-26(003).DOI：10.28076/n.cnki.ncgyb.2021.001946.

[3] 刘佳乐．5G+工业互联网综述[J]．物联网技术，2021，11(12)：53-58.DOI：10.16667/j.issn.2095-1302.2021.12.014.

[4] 段然，潘东麟，邓平，等．基于 ProMACE 的石化行业工业互联网平台服务模式探索[J/OL]．计算机与应用化学，2020(03)：1-6[2022-02-20]．DOI：10.16866/j.com.app.chem202003005.

[5] 余晓晖，杨希，蒋昕昊．工业互联网的发展实践与未来方向[J]．新经济导刊，2019(02)：34-38.

[6] 周天成．大数据时代下的工业互联网信息安全研究[J]．上海管理科学，2021，43(06)：110-112，119.

[7] 彭书浙，王旭，卫鸿涛．基于工业互联网平台的大数据分析系统研究[J]．科技资讯，2021，19(34)：21-23.

[8] 花树天．面向工业互联网的边缘微服务架构的研究与实现[D]．北京：北京邮电大学，2021.

[9] 张兴明，吴涛，杨昶宇，等．流域水电工业互联网平台应用探索与实践[J]．云南水力发电，2021，37(05)：216-219.

[10] 本刊编辑部．首届中国工业互联网大赛决赛展现工业科技能力[J]．中国信息化，2020(03)：13-22.

[11] 赵伟．鞍钢工业互联网平台建设及大数据应用的探索[J]．中国钢铁业，2019(07)：43-46.

大型石油储罐主动安全防护系统风险管控技术研究

王　炯　袁瑞华　张小倚　肖述辉　郝　恩　范玲玲

（陕西延长石油（集团）管道运输公司）

摘　要　在国家互联网、大数据、数字化、网络化、智能化及智能管网、智慧管道等飞速发展下，国家要求老旧设施设备及管道、储罐等转型升级，企业高质量发展，加快智能或机器人系统控制研究研发显得尤为重要。本文的研究目的是欲革新大型石油储罐传统人防管理模式，研发和应用大型石油储罐主动安全防护系统，解决和优化在运原油外浮顶储罐雷击爆炸燃烧和油气挥发损耗等难控技术瓶颈问题，提升原油外浮顶储罐风险管理水平，监控原油外浮顶储罐雷击爆炸和油气挥，降低原油外浮顶储罐雷击爆炸经济损失和常年油气挥发经济损失及其他各种风险。本文通过理论分析法、实验法、数值模拟法（整个研究过程中用到）、比较法、定量法等进行多方面研究，主要得出表1、表2、表3主要技术参数，特别是油气浓度要达到小于10%LEL，氧气浓度要达到小于8%VOL，才能确保遇到雷击储罐不爆炸。另外，本文也发现了该系统存在五个方面不足，对此也给出了今后优化该系统的方向。只有将这些问题解决优化，才能响应国家互联网、大数据、数字化、网络化、智能化及智能管网、智慧管道等发展要求，真正实现企业高质量发展。

关键词　外浮顶储罐；主动安全防护系统；技术参数；风险管控；系统不足；优化方向

原油储罐皆为重大危险源，原油储罐越大潜在风险越大，具有很大的火灾风险。1950年至今，世界范围储罐火灾事故500余起。近年来因雷击原油储罐爆炸事故时有发生，如2006年8月7日仪征输油站16号$1.5\times10^5m^3$原油储罐密封遭雷击爆炸，2007年7月7日管道储运公司白沙湾油库3号$1.0\times10^5m^3$原油储罐密封遭雷击爆炸，2011年11月22日大连港新港油品码头公司海滨北罐区2具31号、32号原油储罐密封遭雷击爆炸，油流成河，大火冲天，造成严重环境污染、巨大经济损失、恶劣不良社会影响。

现在国家安全、环保要求越来越严，2018年国家安全、环保有关单位要求对储罐挥发气体排放进行分析、评价、管控。可是，传统储罐爆炸灭火方法（喷淋冷却、泡沫灭火、消防车灭火）皆为事后处置方法，效果差，响应不及时，还往往造成人员伤亡和财产损失，成本代价更高。目前，陕西延长石油（集团）公司没有理想的消除原油储罐雷击爆炸事先管控先进技术方法，采用人防和事后处置方法，急需技防和事先处置方法。

另外、管道运输公司目前有原油外浮顶罐28具，其中有$1.0\times10^4m^3$储罐15具、$2.0\times10^4m^3$储罐3具、$3.0\times10^4m^3$储罐4具、$5.0\times10^4m^3$储罐6具，而原油外浮顶罐油气挥发安全隐患和雷击爆炸等潜在风险和经济损失明显存在，现急需公司筹集资金和抽调一些具有研发能力的技术人才着手立项、申报、研究和解决原油外浮顶储罐主动安全防护系统风险管控技术难题。

1　研究对象

选地在洛川末站给6具$5.0\times10^4m^3$原油外浮顶储罐做主动安全防护系统技术研究和应用。

2　瓶颈问题

（1）公司原油外浮顶储罐潜在雷击引起易燃易爆风险和隐患及潜在重大经济损失隐患问题；（2）公司输油站原油外浮顶储罐潜在不安全、不环保、不经济运行；（3）目前，公司原油外浮顶储罐雷击爆炸主要靠人防；(4)公司原油外浮顶储罐雷击爆炸事前监控技术滞后；(5)公司原油外浮顶储罐油气挥发损耗严重，常年累计经济损失严重。

3　研究目的

(1) 解决和控制公司原油外浮顶储罐雷击引起易燃易爆风险和隐患及潜在重大经济损失隐患问题；(2)解决潜在不安全、不环保、不经济原油外浮顶储罐输油站问题；(3)解决公司原油外浮顶储罐雷击爆炸人防到技防问题；(4)解决公司原油外浮顶储罐雷击爆炸事前监控技术需求；(5)解决公司原油外浮顶储罐油气常年挥发损耗问题，控制原油外浮顶储罐油气经济损失。

4　研究目标

(1) 实现公司原油外浮顶储罐主动安全防护系统，提升公司原油外浮顶储罐雷击先进技防技术；(2)揭示公司原油外浮顶储罐油气挥发规律，制定原油外浮顶储罐油气挥发安全控制规范或标准，分月份重点监控原油外浮顶储罐油气挥发及雷击爆炸状态；(3)实现公司原油外浮顶储罐安全、环保、绿色、经济运行，降低原油外浮顶储罐潜在雷击爆炸造成重大经济损失及其油气常年挥发造成的经济损失。

5　创新点及关键技术

(1) 解决优化公司在运原油外浮顶储罐雷击爆炸燃烧和油气挥发损耗等难控技术瓶颈问题；(2)研发大型石油储罐主动安全防护系统控制平台；(3)研究、实验原油外浮顶储罐油气挥发规律。

6　研究主要内容或思路

(1) 现场实验、研究原油外浮顶储罐油气挥发规律；(2)研发大型石油储罐主动安全防护系统工作原理、元件设计、系统等设计及完成该系统的安装、施工、验收、运行；(3)研发大型石油储罐主动安全防护制氮系统；(4)研究大型石油储罐主动安全防护系统可靠性、风险评价；(5)研究大型石油储罐主动安全防护系统采样分析、安全判定、惰化保护；(6)本系统相关技术研究。

7　可行性研究

(1) 大型石油储罐主动安全防护技术从燃料和氧气两个要素入手，创新提出控制储罐一、二次密封之间油气和氧气浓度从而实现主动防护的理念，创建了油气控制模型，确定了防火防爆临界参数，为大型石油储罐主动安全防护系统奠定了理论和实践基础；(2) 大型石油储罐主动安全防护技术通过远程取样、在线分析检测密封圈内混合气体，采用在线气体分析与惰化保护相结合的闭环控制方式对大型石油储罐进行主动防护，实现了储罐密封圈安全状态的数据化管理，实现了从“人工防范”到“技术防范”的转变；(3) 大型石油储罐主动安全防护技术对罐区现有电气及场地条件要求低。

8　主动防护系统自动保护判断依据

(1) 氧气浓度≤8%VOL或油气浓度≤10%LEL判定为安全；

(2) 氧气浓度>8%VOL，油气浓度>10%LEL且≤25%LEL判定为一级预警；

(3) 氧气浓度>8%VOL油气浓度>25%LEL且≤50%LEL判定为二级预警；

(4) 氧气浓度>8%VOL油气浓度>50%LEL判定为危险。

9　主动防护系统组成

(1) 防护系统由防护装置、供氮系统、远程控制装置、管网系统组成，如图1所示。

(2) 防护装置是防护系统的核心设备，安装有实现系统主体功能所需的气体浓度分析仪、抽气控制组件、样气预处理组件、氮气控制组件、程序控制组件、安全报警组件、标定组件，并配备有供电、照明、空调及通风部件。

(3) 供氮系统包括制氮装置和氮气储罐，宜由总包方统一建设，制氮装置应与氮气储罐内的氮气压力进行联动控制，储罐储存压力0.8MPa。

(4) 远程监控装置包括工控机，光交换机、显示器等，宜安装在值班室，利用原有琴台柜或新增与原风格一致的琴台柜进行安装，用于数据存储、查询及远程监控。

(5) 管网系统包括安装在储罐密封圈的注氮喷头和采样探头、安装在储罐浮盘、滑梯和罐外壁的注氮/采样管网，安装在地面的注氮、采样管网及供气管网。供氮系统提供的氮气经供气管网到达防护装置后再经注氮管网输送到储罐，经注氮喷头注入密封圈内进行主动防护。

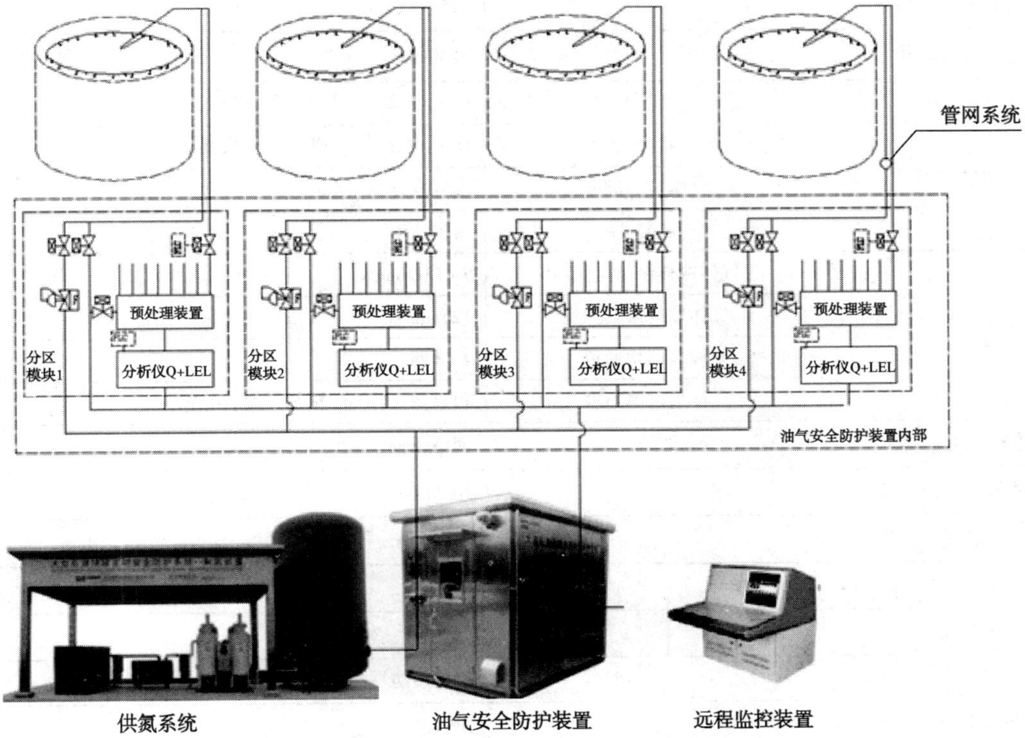

图 1　主动防护系统组成示意图

10　主要技术参数或经济指标

研究本课题有一定经济效益，能够降低或稀释原油储罐油气挥发浓度，降低原油储罐雷击爆炸风险或减少原油储罐爆炸事故，避免油品燃烧泄漏、人员伤亡和财产损失及造成社会负面影响，延长原油储罐运行寿命，保护环境污染。以 $5.0\times10^4m^3$ 原油储罐 1 具估算，一旦发生雷击爆炸起火，仅原油损失费用预测至少 2.5 亿元。另外，在不控制的情况下，$5.0\times10^4m^3$ 原油储罐 1 具每年挥发油气量折合人民币至少 2 万元。具体技术参数或经济指标情况见表 1、表 2、表 3 所示。

表 1　大型石油储罐主动安全防护系统主要技术参数或经济指标

序号	项目或名称	技术指标或经济指标	备　注
1	氧气浓度	小于 8%VOL（雷击不爆炸）	在原油外浮顶储罐油气挥发中
2	油气浓度	小于 10%LEL（雷击不爆炸）	1 具 $5.0\times10^4m^3$ 原油外浮顶储罐每年节省经济损失至少 2 万元
3	原油外浮顶储罐发生雷击爆炸概率	小于 0%	1 具 $5.0\times10^4m^3$ 原油外浮顶储罐不发生雷击爆炸，间接节省经济损失约 2.5 亿元

表 2　大型石油储罐主动安全防护系统平台总体技术指标

<table>
<tr><th colspan="2">项 目 名 称</th><th>技术参数/技术指标</th></tr>
<tr><td colspan="2">(1) 分区额定供气流量</td><td>40~200NM³/h</td></tr>
<tr><td colspan="2">(2) 分区额定供气压力</td><td>0.3MPa</td></tr>
<tr><td colspan="2">(3) 气体浓度分析响应时间 T_{90}</td><td>≤30s</td></tr>
<tr><td colspan="2">(4) 主动防护响应时间</td><td>≤5s</td></tr>
<tr><td colspan="2">(5) 单罐惰化完成时间</td><td>≤30min</td></tr>
<tr><td rowspan="4">(6) 气体检测仪</td><td>量程</td><td>O_2：0~25%。LEL：0~100%</td></tr>
<tr><td>检测器</td><td>O_2：电化学。LEL：红外检测器</td></tr>
<tr><td>响应时间</td><td>≤3s</td></tr>
<tr><td>重 复 性</td><td>≤2%FR</td></tr>
<tr><td rowspan="4">(7)预处理</td><td>气体取样泵额定流量</td><td>7~13L/min</td></tr>
<tr><td>气体取样泵真空度</td><td>125mbar</td></tr>
<tr><td>样气巡检通道</td><td>4~8 路</td></tr>
<tr><td>样气过滤精度</td><td>粗过滤：7μm。精细过滤：0.5μm</td></tr>
<tr><td colspan="2">(8)数据传输方式</td><td>网络传输</td></tr>
<tr><td colspan="2">(9)通信速率</td><td>200kbps</td></tr>
<tr><td colspan="2">(10)远程控制距离</td><td>≥5000m</td></tr>
<tr><td colspan="2">(11)供电电源</td><td>AC380V</td></tr>
<tr><td colspan="2">(12)整机最大功耗</td><td>5kW</td></tr>
<tr><td colspan="2">(13)电器防爆型式</td><td>结构型防爆，应用于 2 区 Ⅱ BT4</td></tr>
<tr><td colspan="2">(14)整机防护等级</td><td>IP54</td></tr>
</table>

表 3　大型石油储罐主动安全防护系统制氮系统技术指标

项 目 名 称	技术参数/技术指标	备　注
(1)额定氮气流量	根据需要选配	标准状态下
(2)额定氮气纯度	≥98%	国标中规定的非氧含量
(3)额定氮气压力	≥0.6MPa(表压)	
(4)成品气露点	≤-45℃	常压露点
(5)氮气温度	≤45℃	
(6)氮气含油量	≤0.001ppm	
(7)氮气含尘量	粉尘滤径≤0.01μm	
(8)碳分子筛	日本武田 3KT-172 型碳分子筛	寿命≥10 年
(9)负荷范围	50%~110%	
(10)最大压力损失	≤0.2MPa	
(11)噪声	≤70dB(A)	
(12)无故障运行时间	≥8000h	

11　主动防护系统远程控制(上位机)界面

当登录管理员账户之后，操作员可根据实际工况对主动防护系统进行几种模式的操作：主动防护、紧急防护、自动检测、强制注氮等。在状态模式为主动防护模式下，系统会根据设置，自动判别实时油罐危险级别并采取相应的动作，实现无人操作，达成真正意义上的主动防护、本质安全的目的。远程控制(上位机)界面如图 2 所示。

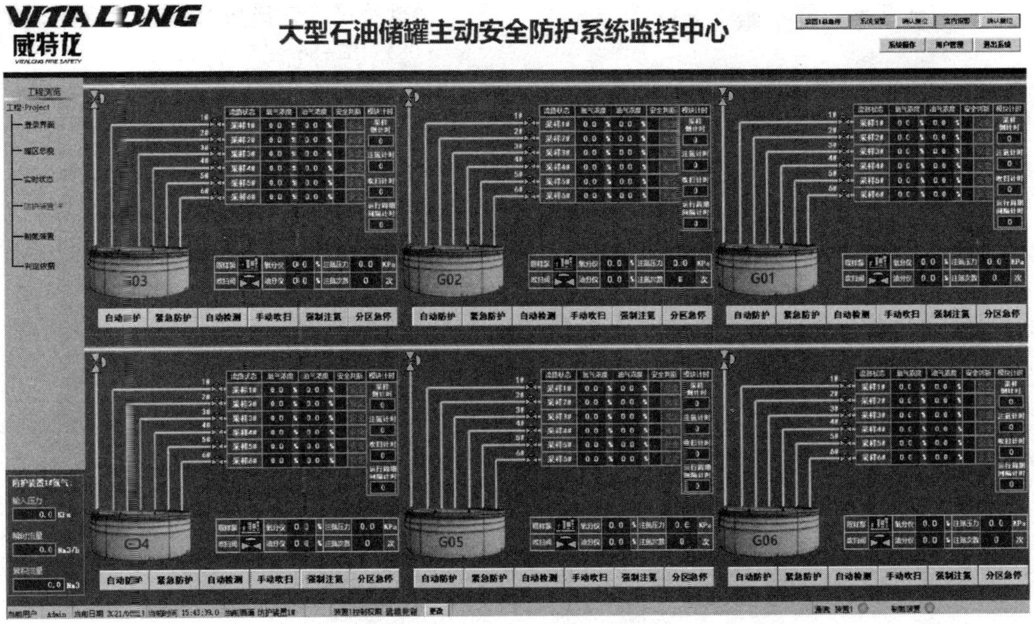

图 2　远程控制(上位机)界面(公司与威特龙合作研发)

通过以上过程，可以通过软件实现与主动惰化防护系统的数据交互。软件接收到来自主动惰化防护系统的数据后，对其进行解包处理，将数据对应显示在界面上；同时，软件也可以对主动惰化防护系统下达指令，根据通信协议封装内容，通过以太网发送控制命令，以达到远程控制主动惰化防护系统的目的。

12　主动安全防护系统不足

通过近 3 年时间对该主动安全防护系统整套平台研究和实践，发现该系统还存在以下几个方面不足：(1)缺少监测储罐外周围的环境温度的传感器或感温器；(2)缺少监测储罐内原油温度的传感器或感温器；(3)缺少监测储罐内原油含水率的传感器或感应器；(4)该系统平台与输油站站控 SCADA 系统平台独立运行没有兼容整合在一起；(5)没有设计直接生成油气挥发规律分析报告。

13　主动安全防护系统未来优化方向

基于上述该系统存在五个方面的不足，建议今后对该系统进一步研究和优化，主要优化方向：(1)给该系统设计增加监测储罐外周围的环境温度的传感器或感温器及配套装置；(2)给该系统设计增加监测储罐内原油温度的传感器或感温器及配套装置；(3)给该系统设计增加监测储罐内原油含水率的传感器或感应器及配套装置；(4)给该系统平台与输油站站控 SCADA 系统平台增加设计独立运行或兼容整合在一起运行控制模块，实现互相转换；(5)给该系统设计增加直接生成油气挥发规律分析报告模块或分析专家系统，实现随时可以打印、调取、查看该系统运行报告，更方便管理人员高效管理。

14　结语

通过本课题研究和实践，其意义在于：(1)从技术角度革新集团公司原油外浮顶储罐雷击爆炸传统人防管理模式，实现集团公司原油外浮顶储罐雷击爆炸从人防到技防的技术进步和技术升级；(2)推进集团公司原油外浮顶储罐雷击爆炸安全防护数字化、网络化、信息化、智能化建设；(3)在线监测集团公司原油外浮顶储罐油气挥发损耗状态；(4)提升集团公司原油外浮顶储罐先进、科学、安全、环保风险管理水平；(5)研究本技术对集团公司原油外浮顶储罐具有巨大的安全效益、环保效益和经济效益；(6)发现了该系统存在五个方面的不足，明确了今后对该系统进一步研究和优化的方向。

参 考 文 献

[1] 蒋慧灵，蒋云涛，杨卫国，等. 基于充氮保护的大型外浮顶罐雷击火灾预防技术研究[Z]. 中国人民警察大学，2020.

[2] 谢恩荣，马腾. 富氮气体防护技术在浮顶油罐中的应用[J]. 广州化工，2010 38(1)：198-199.

[3] 常岳松. 5万立方米外浮顶储罐浮盘结构的改造设计[D]. 大庆：东北石油大学，2018.

[4] 尹法波，吕长军，洪胜，等. 大型石油储罐危险性分析及评价方法研究[J]. 山东化工，2012，41(08)：82-86.

石化行业数字化转型现状及问题分析

张秀坤

（中化石化销售有限公司）

摘 要 近年来，数字化科学技术不断取得重大突破，人工智能、大数据、云计算和物联网技术加速同传统产业融合，数字化技术的应用取得爆发式的增长。本文分析了石化行业的数字化现状和发展趋势，研究了数字化变革对石化行业带来的冲击和影响，并对当前数字化转型过程中容易出现的问题进行了研究。本文的贡献主要体现在三个方面：第一，企业的数字化转型需要提前进行战略性规划，对转型的长期性和复杂性要有充分认识；第二，在数字化平台的设计过程中，要充分考虑企业数字化平台系统结构的合理性和平台未来的可扩展性，数字化转型需要持续更新升级，并非是一蹴而就的；第三，在数字化平台投入使用以后，企业要进行相应的组织结构变革，以适应企业的数字化运营能力的培育。

关键词 数字化；石油化工；B2B；战略转型；运营管理

1 石化行业数字化转型的现状

石化行业是技术密集型产业，具有非常高的专业性，作为现代工业社会的支柱产业之一，是世界经济的重要能源和基础原材料工业。作为我国国民经济的重要组成部分，石化行业的发展在国家能源安全、产业结构升级、制造强国等领域的建设和发展中都发挥着重要的作用。

石化产业链在生产工艺上呈现规模化和连续化，运行上要求安全稳定、高负荷、高开工，工艺条件多为高温高压反应，因此在加工过程中，自动化控制技术被广泛应用。在2015年国家提出“中国制造2025”以来，石化行业在智能制造领域快速发展，为了实现低排放、低污染、低能耗的低碳经济，自动化、信息化、智能化生产经营管理工具被广泛应用，同时带动了智能服务、智能物流、智能园区等一系列智能产业的发展。

随着国内石化产业的升级换代和国家供给侧结构性改革的推进，石化产业面临四个主要矛盾：存量与增量的矛盾、产能过剩与产品选择性短缺的矛盾、高端产品需求迫切与技术能力不足的矛盾、产业发展与环保要求的矛盾。“十三五”期间，国内石化产业将围绕七大石化产业基地的发展规划，优化供给，调整产业结构，通过提升技术和管理水平，实现管理上集成优化、产品向高端升级、产业布局逐步合理、全行业推进节能减排。

1.1 石化产业竞争形势严峻，亟需技术及管理升级

全球石化市场需求重心加快向发展中国家转移。2004年，美、日、西欧等地的石化产品需求占全球需求的74%，到2015年，这些地区的消费占比已经下降到46%，而中国需求占比同期从14%增长到29%，阶段性来看，未来5~10年全球石化产业扩张将集中围绕在以原料为优势的中东区域和以消费为主的中国市场。

随着国内产能快速扩张(见表1)，石化产业将会出现急剧过剩，未来石化产业的发展方向必将面临着参与国际激烈竞争，形势迫切要求国内石化产业的技术水平和信息化管理水平实现快速进步。

表 1　国内炼化装置扩展计划表

集团	区域	企业	产能/10^4t	投产时间	备注
中国石油	云南昆明	云南石化	1300	2017	已投产
中海油	广东惠州	惠炼二期	1000	2017	已投产
中化集团	福建泉州	泉炼改扩建	300	2017	已投产
中国石油	河北任丘	华北改扩建	500	2018	已投产
中海油	浙江宁波	大榭改扩建	600	2021	在建
恒力集团	辽宁大连	恒力石化	2000	2019	已投产
中国石化	广东茂名	中科大炼油	1000	2019	在建
盛虹集团	连云港	盛虹石化	1600	2021	新建
浙江石化	浙江宁波	舟山石化	2000	2019	新建
中国兵工	辽宁盘锦	华锦石化	1500	2021	新建
中国石油	广东揭阳	大南海	2000	2018	新建
中国石化	福建古雷	古雷石化	1600	2019	新建
中海油	大亚湾	惠炼三期	1000		规划
浙江石化	浙江宁波	舟山二期	2000		规划

资料来源：公开资料整理。

面临未来的竞争态势，市场竞争格局逐渐清晰，具有实力的民营企业、国有寡头以及外资企业将在中国市场展开激烈的竞争，清洁化、市场化、技术化和国际化将是未来产业发展趋势。

第一，受到资源、环境的制约，石化行业开始高度重视节能环保，大型石化企业开始从末端治理向全生命周期管理转变，实现绿色低碳、安全环保的可持续发展理念将会是石化产业当前最为重要和迫切的任务之一。要完成这些目标，离不开自动化生产、智能物流等数字化管理工具。

第二，市场化水平不断提高。随着民企和外资的涌入，市场竞争的规则在重塑，竞争形势由原来的卖方市场向买方市场转变，企业需要不断提升自身的服务能力和响应速度来适应市场化变革的趋势。

第三，技术化水平的要求越来越高。对于大宗石化原料，客户的需求就是市场的导向，客户对产品特性的要求需要企业能够及时地调整，因此借助数字化营销手段快速发掘客户需求，并进行积极有效地反馈已经成为提升企业竞争能力的核心能力。

第四，区块化竞争越发激烈。随着石化产业园区的规划发展和众多新装置的密集投放，炼化企业对区域市场的终端营销势在必得，出于保障炼厂开工率的考虑，围绕工厂一定辐射半径内的区块化竞争将会成为炼化营销企业的重点工作，并且可以预计，未来中国将会成为石化产品的输出国，目前在个别产品领域、已经对东北亚地区的装置造成了巨大的压力。

1.2　政策推动，两化融合促进石化产业供给侧改革

当前，信息化和工业化的深度融合已经成为石化产业升级发展的内在动力，在提高工程设计效率、提升生产运营管理水平、提高资源优化配置、落实安全环保实施、集成集团化一体管控等方面取得了全面进步。

随着国家出台《大气污染防治行动计划》，石化产业升级已经上升为国家层面的行动，政府

有意通过市场倒逼供给侧改革，逐步淘汰落后产能，在竞争中重铸市场秩序，促进石化产业向规模化、一体化、规范化、园区化、智能化方向健康发展。

石化行业作为典型的流程型行业，数字化转型对其提质增效效果显著，在石油化工产品一系列的加工和物流过程中，涉及大量数据的采集与分析、生产设备和物料的实时监控、生产调度环节的优化以及市场供需平衡等问题。数字化转型对石化行业的精益化生产、精细化管理、操作控制、巡检安防、供应链协同等领域有着极其广泛的应用场景。信息技术革命改变了石化产业业务模式，推动产业链各个环节的数字化转型，构建数字化炼厂和智能工厂，从生产、经营和管控等领域进行优化，提高企业经营效率和市场竞争力，已经成为产业链上下游的重点工作。

1.3　数字化体系架构基本成熟

国资委在2018年举办的中央企业网络安全和信息化工作会议上提出，中央企业要大力推动核心技术自主创新，在以信息化推动高质量发展中发挥主力军作用。以中石化、中石油、中海油、中化集团等大型国有企业为代表，国内石化行业的数字化以总分联动的方式正在积极部署、统筹推进。

在数字化基础设施方面，以操作控制层、生产执行层、经营管理层为核心的“三层一体”的数字化体系已经基本形成。操作控制层面以PLC、DCS、实时数据库等为核心，基本实现了生产过程中的数据实时采集、设备运行状态动态跟踪；在生产执行层面，通过PIMS、MES、APC等软件系统，基本实现了生产过程的数字化、可视化；在经营管理层面，以ERP系统为中心，基本实现了业务流程规范化、经营管理精细化。

1.3.1　生产环节的数字化

在石化炼厂生产环节，数字化是基础，智能化是核心，智慧化是最终目标。数字化建设，可以实现人、设备、运营的数字化，实现炼厂运营的自动化、可视化可以大幅提高生产与销售的系统管理效率；通过生产计划与调度的优化模型，提高物料产出效率、设备利用率，降低综合生产成本是目前智能化工厂应用的重点；生产企业最终实现价值最大化，通过基于大数据进行决策的智慧供应链管理实现从上游到下游、从采购到销售整个产业链全程可视、可协同、可优化，实现可变成本可控、库存最优、产品结构最合理的智慧工厂是企业最终追求的愿景。不过，制造业的数字化转型是一条漫长的路，对设备的智能化改造是工业互联网技术在成熟期后半段的应用，而工业互联网的打造，更多更难的工作量是在IT层面实时工厂的生产体系，和OT层面操作数据的采集和分析，以及IT和OT的统合对决策系统的支持。

1.3.2　物流环节的数字化

物流环节是劳动性密集产业，具有典型的重资产特征，人工费用和运输费用占据了行业成本的80%以上，市场竞争十分激烈。物流环节是商务活动的重要组成部分，关乎客户满意度和企业运营效率，对于石化行业还涉及安全环保等政策性底线。在物流服务的执行过程中，业务操作大多还停留在手动时代，数据采集过程缺乏痕迹记录，责任界限模糊，信息传递环节多、反馈效率低，同时数据记录的完整性和准确性完全依赖于工作人员的责任心和工作习惯。错误数据会导致大量的沟通核对成本，一旦出现问题，会对企业造成较大人力浪费，化工品运输的安全疏漏甚至会给企业造成巨大的经济损失。随着数字化科技的不断应用，尤其是与物联网、大数据和人工智能技术的有机结合，物流环节的数字化转型已经迫在眉睫，企业管理者也越来越多地意识到传统物流的数字化和智能化的重要性。

目前，在物流环节的数字化应用主要集中在以下几个方面：

（1）可视化管理：实现货物状态可控、运输路线追踪、物品参数监测。

（2）物流安全管理：运输车辆及驾驶人员资质审核、运输路线设定、车速监测。

（3）智能园区管理：智能化车辆管理，排队系统等。

（4）路径优化：运输路径优化和库位优化，智能分拣等。

（5）大数据分析：行为预测、人物画像等。

物流环节在数字化的背后需要更加重视运营能力的维护，尤其是涉及专业性比较强的石油化工商品，很多都是政策类限制的危险品。在物流设施的管理上，需要加强专业性建设。未来物流管理公司将会向第三方资产管理公司发展，除了建章立制，数字化的工具对物流全过程监管发挥着重要的作用，在提高预测准确性、优化运输能力、改进产品跟踪和可追溯、分析产品回报方面都有巨大的潜力可以挖掘。

1.3.3　营销环节的数字化

在营销环节，数字化转型主要通过电子商务平台的方式来实现(见表2)，电商平台可以降低企业在营销、销售、采购环节的综合成本；通过可视化和物联网技术可以大幅提升沟通效率，提升客户满意度。

表2　国内电商平台名录表

<table>
<tr><td colspan="2" rowspan="2">B2B 综合类
电商平台</td><td>金泉网</td><td>金银岛</td><td>中国网库</td><td>马可波罗</td><td>中国制造网</td><td>搜了网</td></tr>
<tr><td>阿里巴巴</td><td>环球资源</td><td>生意宝</td><td>慧聪网</td><td>国联资源网</td><td>环球市场</td></tr>
<tr><td rowspan="4">B2B 垂直电商</td><td>服装纺织</td><td>中国服装网</td><td>环球鞋网</td><td>网上轻纺城</td><td>搜布</td><td>金蚕网</td><td>中国绸都网</td></tr>
<tr><td>化工塑料</td><td>找塑料</td><td>我的塑料网</td><td>摩贝网</td><td>大易有塑</td><td>快塑网</td><td>化塑汇</td></tr>
<tr><td>印包</td><td>阳光印网</td><td>找纸网</td><td>七彩云</td><td colspan="2">中国包装网</td><td>找浆纸</td></tr>
<tr><td>IT 元器件</td><td>科通芯城</td><td>华强电子网</td><td>亿采</td><td colspan="3">捷配电子市场</td></tr>
<tr><td rowspan="6">第三方服
务平台</td><td>支付</td><td colspan="2">汇付天下</td><td colspan="2">中金支付</td><td colspan="2">中国银联</td></tr>
<tr><td>金融</td><td colspan="2">中国银行</td><td colspan="2">宜信</td><td colspan="2">中国平安</td></tr>
<tr><td>资讯数据</td><td colspan="2">文沥</td><td colspan="2">网经社</td><td colspan="2">生意社</td></tr>
<tr><td>培训</td><td colspan="2">瑞云</td><td colspan="2">环信</td><td colspan="2">网聚宝</td></tr>
<tr><td>IT 服务</td><td colspan="2">浪潮软件</td><td colspan="2">石化盈科</td><td>宝信软件</td><td>蜂鸟软件</td></tr>
<tr><td>物流仓储</td><td colspan="2">绿蚂蚁</td><td colspan="2">航运城</td><td>货车帮</td><td>云鸟</td></tr>
</table>

资料来源：公开资料整理。

电子商务是以信息网络技术为手段，以商品交换为中心的商务活动，是传统商业活动各环节的电子化、网络化、信息化。电子商务的发展在各个领域所处的阶段参差不齐，初级阶段的电子商务网站提供电子商情、电子贸易等服务，较为高级的电子商务网站已经整合，或者部分整合了信息流、资金流、物流，形成了各有特色的商业模式。在电子商务环节，不仅将买家和卖家实现网上对接，同时，一些服务机构，如银行、物流公司、政府机构、质量认证机构等也实现了线上服务，个别电子商务网站已经建成了完整的商业生态体系。在交易层面，电商平台利用不同的交易模式来差异化定位产品和客户，目前业务重点大都放在平台业务增量的获取。

1.4　石化企业的数字化探索初具规模

1.4.1　央企带头开展整个产业流程的数字化平台搭建

目前，国内石化行业的数字化应用主要集中在国有大型石化企业，通过自上而下、分期推进的方式统筹开展。整体趋势呈现网络高速化、三维可视化、业务集成化和应用智能化方向发展。

中国石化集团以石化盈科信息技术有限责任公司为实施主体，近几年在数字化信息化方面取得了卓有成效的进展，依托公司资源、行业经验，已经构建起完整的IT服务价值链，在石化行业率先开展了MES、智能工厂、智能管线的研发和设计；与华为共同打造了智能制造工业互联网平台ProMACE，基于ProMACE提供了一系列智能工厂解决方案，开创了“平台+服务”的工业互联网应用新模式。中国石化坚持“建用结合、以用为主”的方针，大力推进信息化改造，逐步形成了信息系统集中集成，深化应用的工作思路，成立了一系列具有清晰定位的信息技术支持中心。

九江石化是国内最早开展智能炼厂建设的石化企业，在“IT管控、计划调度、安全环保、装置操作、能源管理”领域开展智能化技术应用，通过智能化联动平台、智能炼厂平台、生产管控中心，基本实现了信息数字化、生产可视化、装置自动化、业务流程集成化。基于4G网络的物联网智能立体仓库、全流程一体化优化平台、三维数字化平台、CDS集中集成、主数据标准化、基于IP视频技术、催化大数据等一系列先进技术均实现了炼化企业的首次应用，大幅提高了企业经济效益和管理效率。

中海油以“有统有分、统分结合”的方式，建立联邦式信息管理体制，实行分类分级的管理方式，以实现灵活高效和资源共享的效果。目前，中海油的基础网络和系统架构已经基本完善，主要的办公和管理系统已经投入使用，决策分析支持系统正在逐步建成并投入使用。

中化集团自2016年开始加大数字化转型的投入，并于2018年成立了能源科技公司，在炼化生产、石油贸易、成品油分销、供应链以及石化行业B2B交易平台领域进行了综合性的研究与设计，并推出了买原油网、壹化网、66快车、仓海帮、航运帮、小化加油等数字化营销平台。

包括扬农化工、天津大沽化、中国石化天津在内的多家国有企业都在进行智能化工厂的建设规划。不过，智能工厂还是一个新鲜事物，目前尚未有先例可循，我国石化行业现有的装备和技术水平与建造智能工厂还有一定差距，需要持续不断的投入，同时建设周期长、投入大、人才缺乏这些问题都是现在面临的难点。

1.4.2　民营企业在具体生产环节数字化方向纷纷试水

民营企业在生产环节的数字化水平整体还比较落后，主要围绕新IT技术的应用、平台化的商业模式和数字化服务工具来展开。

1.5　电商快速发展，石化行业去中间化

电子商务是传统型企业进行数字化转型的标志，随着社会网络化和数字化的深入发展，电子商务发展形势迅猛。报告显示，仅2018年上半年，中国境内B2B电商交易规模已经达到11.2万亿元，同比增长14.2%；营收规模达到255亿元，同比增长51.7%。随着技术环节的不断突破，在B2B领域，电子商务通过提供仓储物流线上化、数据分析、供应链融资等服务将行业上下游连接在一起，从交易闭环向交付闭环升级。近年来，随着网络科技的发展，石化行业B2B电商平台通过系列供应链服务打通产业上下游，电子商务由“交易实现”到“交付实现”转变，电商平台以整合仓储、物流、生产、金融融资为切入点，深入挖掘价值链，利用数字化工具提升各环节服务能力（见表3）。

表3　国内电商平台商业模式

	自营平台（线下模式重）		第三方平台（线下模式轻）		
商业模式	存量业务线上化	线上自营增量	代买代卖	人工撮合	自动撮合
价值主张	线上ERP	线上CRM	做市商	场外交易	场内交易平台
	线上线下无缝对接	优质服务做大线上业务	基于大量成交信息赚取价差	人工撮合方式提升平台交易规模	自动化匹配，类期货平台
模式描述	平台有货权线下成交，线上操作	平台有货权线上成交，线上操作	无货权：店铺有货权：批发、融资	平台无货权人工促成交易	平台无货权保证金交易自动撮合成交
产品定位	产品具有较强资源属性	标准品/特种商品	定制化交易需求	大宗商品	标准化合约
客户定位	线下客户	线上客户	高附加值客户	中小买卖商家	全网客户
核心诉求	提升体验增加黏度	提升体验自助成交	获取佣金	人工引流	获取佣金价格发现

资料来源：内部数据。

产业互联网的概念让人们对B2B商品流通领域的大数据产生了浓厚的兴趣，掌握了商务流，也就掌握了行业大数据，这对整个产业链条的资源分配和信用评级都将会有巨大的商业价值。随着移动互联网、云计算、物联网技术的发展，产业互联是未来阶段性的爆发点，产业互联网不仅把企业和企业之间、产业上下游之间进行数据互联，还可以把企业和政府、企业实时生产运营数据进行连接。这对构筑智能化工厂、智能化社会提供了重要的基础支持，也是当前电子商务平台发展的核心驱动力之一。

产业互联网发展的根本动力在于整合传统实体产业供应链在信息流、物流和资金流优化的问题。B2B 电商平台累积的交易数据将会有巨大的价值，通过数据分析可以进行客户画像，对客户的交易习惯、产品价格走势、行业景气指数等进行数据化，对产业链的上下游进行匹配，从而为平台未来的发展带来巨大的商机，同时大数据分析还可以向投资者提供重要的一线信息参考，更好地发现交易机会。目前，由于电商规模的局限性，很多数据还是通过资讯企业或信息研究院通过线下采集，随着电子商务的发展，未来大数据的价值会越来越高。

相对于比较成熟 2C 行业来说，B2B 的快速发展受到多方面的限制：一方面 2B 端的决策流程较 2C 端更加复杂；另一方面，2B 的交易普遍涉及到的金额比较高。因此很多平台都在提供供应链融资的服务，通过提供资金支持和信用担保来推动 2B 端的商业合作。目前的问题是，B 端的交易数据还没有形成闭环，还不能进行在线信用评估，是当前大规模拓展的主要障碍。一些平台通过线下融资项目的方式进行合作，未来在此领域的应用空间会非常大。一旦平台能够解决 B 端在线信用评级，资金渠道是可以通过市场化途径快速打通实现的，这样整个商业信用体系将会被改写。

B2B 行业普遍有着较高的行业壁垒，线上平台的优势是，将同行业相关的参与者汇集在一起，在此平台提供的环境下进行信息互通，更容易促进商业合作。打造线上生态圈的优点还在于客户信用体系的建立，通过线上信息共享，企业会对自身信誉更加珍视，在商业活动中会更加自律和规范。

电商平台还有以下优点：降低交易成本，提高交易效率；优化库存，缩短生产周期；发现商机，交易透明。

自 2014 年以来，B2B 领域电商平台快速发展，诸多大型化工企业开始自建电商平台(见表 4)，直接面向各级经销商与终端客户销售，压缩中间层级。

同时，上游厂家也借助主流电商平台，通过信息展示、独立店铺及合同加盟的形式，开拓新的销售渠道(见表 5)。

表 4　主要化工厂家自建电商平台

企业	电商平台	上线时间	行业
神华	煤炭交易网	2013 年	煤炭、煤化工
京博石化	京博石化商城	2014 年	化工品、油品
中石化	易派客	2015 年	煤炭、化工、油品
金发科技	易塑家	2016 年	塑料产品及助剂
中国化工	中国化工电商	2016 年	化工品、油品等

资料来源：公开资料整理。

表 5　上游厂家入驻主流电商平台

形式	定义	知名电商	供应商情况
信息展示	厂家提供产品信息，平台进行撮合，线上交易	摩贝品牌馆：产品展示；供应商认证	全球近 3 万家供应商入驻
独立店铺	通过店铺主页发布现货，线上销售	易塑家、塑化天猫：独立店铺；线上销售	金发科技贸易、金发大商、中耀化工
合同加盟	加盟电商平台自营商城，作为供应商，提供货源	快塑网自营商城：合同加盟；提供货源；平台售货	象屿股份、PTT、浙江明日、广州中储、中海油、Dow Chemical

资料来源：公开资料整理。

2 数字化转型过程中面临的问题和挑战

20世纪末期，国外先进的跨国石化企业就已经在生产运营环节广泛使用ERP和PIMS软件，大型石化企业已经在MES和ERP的系统集成方面实现了经营数据和生产数据的打通。与之相比，国内石化企业的整体信息化水平还有比较大的差距。经过多年的发展，我国石化产业整体素质和实力明显提高，但仍然存在发展方式较为粗放的问题，主要表现在：(1)两化融合的基础还比较薄弱，2017年我国制造设备的数字化率只有44.1%，数字化设备连网率仅有37.4%，ERP普及率51%，MES普及率16.2%，PDM普及率26.3%；(2)信息化观念陈旧，企业对信息化产生的效益认识不足、重视性不够；(3)经验技能匮乏，数字化系统大多为引进技术，信息化人才匮乏，技术水平仍有差距；(4)对IT部门重视度不够。

石化产业供应链条涉及到原油的采购、运输、仓储，炼化企业的优化、计划、生产、输送，销售环节的仓储物流、报关报检、贸易分销，在调度和计划层面需要协调供应商、生产厂家、物流运输及仓储、政府机构、商业合作伙伴多个商业主体。目前，一些企业已经开始探索智慧供应链管理系统，即在采销存环节构建一体化数字化工具，利用大数据分析，实现各个环节的协同管理，实现对业务一致性需求的预测和分析。不过由于产业涉及范围过大，各个环节的数字化进程和标准并不统一，行业整体基本还处于分裂状态。

未来石化产业的数字化转型主要围绕三个方向：第一，如何通过全流程集成和协同，促进产业由高效生产向绿色生产转型；第二，通过数字化转型，将企业内部的供应链优化协同向全产业链协同转型；第三，通过数字化服务平台的搭建，实现石化企业由生产型向生产服务型转变。

2.1 数字化转型统筹规划不足

在国内B2B电商领域，各类数字化平台对盈利模式进行了大量摸索和创新，总结下来，主要有提供信息服务的信息资讯模式；以线下业务线上化的做市商模式；以提供金融附加服务的商务链整合模式。值得一提的是，国外Elemica的产业联盟模式已经发展多年，通过联合多家行业内巨头，通过统一技术标准，打造成一个类似行业协会模式的网站，通过发展会员，提供软件接口，实现数字语言统一、在此平台进行线上的交易和物流协作，值得国内企业借鉴。

电商平台在发展过程中，往往会出现过度投资的情况，一开始觉得面对整个行业，市场很大，随着进一步发展就会碰到客户黏性低、平台毛利低的问题，而有些B端的企业在转型过程中出现了系统不兼容、数据标准不统一、线上流程与线下流程割裂的情况。这些问题都将会导致电商平台的模式走向失败，归纳起来，主要面临以下几种问题。

2.1.1 缺乏顶层设计，战略不清

企业的数字化转型是一个系统工程，需要企业有顶层设计，指明方向、确定目标、把握节奏。数字化的本质是利用信息化工具进行流程梳理再造，使企业的管理系统进化迭代，实现管理模式和商业模式的一个自我革新过程，很多企业都把数字化转型当成软件系统来建设，认为系统只是工具，服务于现有管理职能，最终结果导致刻舟求剑，并未达到数字化革新的目的。流程的优化再造需要跨部门协调，在缺乏协调机制和顶层设计的情况下，会造成流程割裂、按部就班，从而导致转型陷入僵局。

2.1.2 缺乏基层互动，盈利模式不明

回顾中国电子商务的发展，2010—2012年是垂直电商的黄金发展期，涌现了一大批类似当当网、万科、唯品会等知名企业。不过进入2013年以后，行业发展进入了转折点，随着麦科林上市以后股价的大幅缩水、万科亏损6亿元、聚美优品神话的破灭，市场对垂直电商的盈利模式开始质疑和谨慎审视。短期业务的快速扩张依赖的是疯狂式的烧钱行为，在工业品领域，这种例子也是广泛存在，一旦没有了资本的输血，靠讲故事融资的B2B平台都陷入了盈利模式的困局。例如，五矿集团开发的五阿哥、找塑料、卓尔集团等等企业，依靠买流量的方式包装

业绩，一旦潮水退去，这些风口的“猪”很难再飞起来。

没有业务逻辑的数字化必将会是无源之水，很多电商平台的设计都是技术团队根据管理层的要求设计出来的，适合于企业管理层的管理工具，而对业务一线的开放性功能方面考虑不多，这会导致业务开发会失去活力和主观能动性，最终导致平台无法实现业务收入和盈利回报。

2.1.3　平台缺乏客户粘性

一般来说，为了实现稳定的线上交易，需要平台提供给使用者几个基本需求，一是资源的稀缺性，二是价格的有效性，三是运营策略的多样性。资源稀缺导致了资源方自身的强话语权，这类电商基本上都是资源类企业自身未来发展线上销售门户可以实现的；而价格的有效性需要市场投机者的参与，而对于类期货电子交易的政策性限制导致这类平台无法生存；另外在资金结算方面，涉及支付牌照的问题，目前也是政策性监管的重点，很难实现突破。

2.2　信息系统集成能力弱

（1）国产软件研发能力同国际水平比还有比较明显的差距，尤其是在规模化、综合化的软件设计方面。在软件开发能力方面主要存在以下不足：软件底层操作系统和数据库系统支持能力不足；软件设计与其他系统集成度低；软件架构与数据驱动的算法同业务结合不足；软件稳定性、扩展性和协同性方面与国际先进水平相比还有较大差距。

（2）数字化装备能力缺少具有综合优势的大型企业，在软件、设备和自动化方面没有龙头企业。

（3）企业自身数字化能力有限，技术外包导致系统孤岛。很多企业对于数字化转型依赖于技术外包的方式进行，但是在B2B行业，由于专业性的限制，很多外包公司并不能充分了解行业的特性，往往造成信息化系统与企业的管理风格不兼容，与行业习惯不相符，随着多个信息化系统的交叉，系统与系统之间形成各种边界无法整合。针对这种情况，一些大型企业开始打造自主的设计能力，采取自主设计+外包服务的方式，量身定做转型计划，在管控流程、架构设计、功能搭建方面统一思想、统一标准、统一平台。具有能力的企业开始制定自己的技术标准，但是综合技术能力还有所欠缺，标准不全，更新速度跟不上技术进步，外部供应商层面也无法实现技术架构与标准的统一。

（4）数据集成能力弱，业务整体数字化转型困难。石化行业各层次之间数据没有实现连通共享，对全流程的数据综合利用开发不足，大多数企业没有建立自己企业的数据库。各业务系统之间（MES、PIMS、ERP）尚未打通，业务集成度低。

2.3　转型过程中组织保障不力

数字化社会给我们的工作和生活带来了巨大的改变，社会经济的运营和商业管理的模式都发生了极大的改变，但同时也产生了很多全新的社会问题和商业问题。

2.3.1　专业人才不足

石化行业由于产品链条长、种类多、差异大，因此在标准统一方面难度很大。由于石化产业产品资源优势比较突出，在综合能力培养方面有所滞后，随着新型数字化技术的不断涌现，对石化行业的综合能力提出了更高的要求，需要加快培养既要懂业务又要懂信息技术的复合型人才。

2.3.2　组织结构不匹配

在新的数字化运营模式下，企业需要新的组织结构，相应的绩效考核方式也会逐渐发生改变，企业在数字化转型的过程中，要具备组织的驾驭能力。一般来讲，数字化转型的过程需要企业负责人的全程参与。

2.3.3　IT部门转型不充分

在数字化转型过程中，对IT技术的依赖需要传统的IT部门转变角色和职能，加快同业务一线的融入，这需要企业在组织功能的设计方面进行改革。对于传统的非互联网企业来说，公司内部的IT部门是作为成本中心对待的，然而，在新的数字化转型的企业里面，IT部分对企业的业务变革和创新起到了不容忽视的作用：一方面，管理运营线上化将会面临着对整个操作系统稳定性、安全性方面有着非常高的要求(一旦系统瘫痪，将会导致企业运营全面停止)另一方面，IT部门将会全程参与到企业新的运营管理的功能实施中，这必然要求IT管理人员全面掌握企业的运营规律。

2.4 数字化平台持续迭代

由于B2B行业的特殊性，各个行业之间差异较大，在平台设计的初期，由于职能部门和业务部门的理解差异，管理者设置了很多的审批环节以保证流程的可控性，导致后续使用环节效率低下，从而造成平台不能成为快速响应、支持业务快速创新带来业务价值。更多的反馈是，线上操作成为线下操作的二次拷贝，业务链条上的各个经营主体怨声载道，业务流量得不到沉淀和持续发展。

数字化运营的企业需要具备持续优化的能力，在未来运营层面将会出现很多不可预知的问题，只有做好持续更新的准备，才能在数字化运营的舞台上保持优势，而一旦平台失去优化能力，企业运营可能会进入非常危险的境地。

2.5 数字化转型过程中的误区和其他挑战

数字化转型过程存在着人才队伍匹配与否、组织结构设置是否合理、流程设置优化、缺乏数据支持、经营过程容错率低等诸多挑战，很多企业在数字化转型的过程中由于缺乏对任务复杂性的准备，往往会陷入各种误区：盲目追求技术化而忽视了应用场景的可实施性；盲目追求智能化而忽视了数据样本的局限性；项目制导致的系统孤岛。

3 结语

通过本论文研究，可以得出一下结论：(1)数字化转型是社会发展的主流趋势，面对当前“第四代工业革命’的社会形势，数字化转型是企业在未来竞争环境中赖以生存的保命法则；(2)数字化转型是个战略命题，企业需要在资源分配、考核标准、组织领导力等方面进行全面改革；(3)数字化转型具有长期性和复杂性的特点，随着技术的突破和整个社会及各行各业的数字化进展，我们只有做好长期准备，不断更新知识、提升能力，才有可能在未来社会的大重组过程中掌握先机；同时，随着外围环境的改变和技术升级，会对数字化系统提出新的挑战，因此，数字化转型永远在路上；(4)数字化转型企业的组织结构和公司运营管理模式，都会随着数字化能力的提升而重新创造。

参 考 文 献

[1] 顾硕．智能工厂—石化行业发展的必由之路[J]．自动化博览，2019(02)：3.

[2] Benjamin Edelman. How to Launch Your Digital Platform[J]. Harvard Business Review. April, 2015

[3] 魏亚蒙，杨志成．全球石化产业发展格局分析[J]．中国化工贸易，2018，10(5)：2.

[4] 王基铭．推动两化融合 促进石化产业优化升级[J]．当代石油石化，2012，20(10)：1-4，9.

[5] 夜隼008. 石化行业数字化应用现状及未来趋势预判[EB]．工控网，2016-12-01.

[6] 吴青．新态势下的炼化企业数字化转型：从数字炼化走向智慧炼化[J]．化工进展，2018，37(6) 2140-2146.

[7] 焦优静．我国石化数字化应用存在的问题及对策建议[J]．世界电信，2017(02)：68-71.

[8] 彭俊松．卡特彼勒数字化转型案例及其对工业互联网的启示[J]．今日工程机械，2019(01)：038-042.

[9] 马宁，查廿名，谢静．等．石油企业采购业务物流数字化探讨[J]．中国石油企业，2019(03)：86-89.

[10] 唐隆基．数字化供应链的进展和未来十大趋势[EB]．罗戈网，2019-03-05.

[11] 李瑞荣．B2C网上商城后台管理模块的设计与实现[D]．北京：北京工业大学，2007.

[12] 2018年中国B2B电子商务行业发展现状及发展趋势分析[DB]．中国产业信息网，2018-05-11.

[13] 焦优静．石化行业数字化应用需求在哪里？[N]．人民邮电，2016-11-28(006).

[14] 刘航．信息化与现代石油石化产业发展的关系[J]．中国石油石化，2017(11)：190-191.

[15] 龚燕，杨维军，王如强．等．我国智能炼厂技术现状及展望[J]．石油科技论坛，2018，37(03)：28-33.

[16] 李敏．石化行业两化融合推进大会之企业数字化智

能化发展论坛．向智能工厂先驱者“取经”[J]．中国石油和化工经济分析，2015(11)：17-18.
[17] 2018(上)中国B2B电商市场数据监测报告[DB]．电子商务研究中心，2018-09-21.
[18] 王玲．信息化引领石化行业能效未来研究[J]．中国石油和化工标准与质量，2018，38(05)：84-85.
[19] 温智惠．石化行业数字化转型新动能[J]．软件和集成电路，2018(10)：50-51.
[20] 宋世彬．解析企业数字化转型顶层设计[N]．中国民航报．2019-04-04(007).
[21] CIO信息主管D1net.IT部门的转变：从成本中心转变为营收驱动力[EB]．搜狐网，2019-03-04.

化工企业 OA 的部署与实施

崔克静

（天津渤化永利化工股份有限公司）

摘　要　随着信息化发展的不断深入，化工企业的日常办公需要与网络功能结合起来开展协同办公系统建设，实现办公的无纸化、网络化和协同化。本文以天津碱厂新区搬迁协同办公系统为例，详细阐述其整体架构、模块功能和部署实施。实践证明，该系统可在提高效率的基础上增加协同办公能力，文件审批流转节约人力物力，强化决策的一致性，提高决策效能。

关键词　办公自动化；公文流转；协同办公；无纸办公；部署实施

办公自动化（OA），英文 Office Automation 的缩写，它可以通过特定流程或特定环节与日常事务联系在一起，使公文在流转、审批、发布等方面提高效率，实现办公管理规范化和信息规范化，降低企业运行成本。

OA 系统的部署会直接影响企业的工作节奏，可以给工作效率带来巨大的提升，所以建立一套灵活、简便、集成的 OA 协同平台势在必行。天津碱厂搬迁改造工程办公自动化（OA）系统，主要满足天津碱厂搬迁改造工程新区项目建设期间六部一室的办公自动化需要，实现全厂范围的信息共享和系统间互联互通。

1　总体目标的确定

办公自动化高效率、低成本、跨厂区跨地域管理，有效提高企业的内部管理和工作效率，降低经营成本。

（1）将公司工作办理事务的流程及规范导入系统，将公司的工作制度和工作规范，以系统的方式固定下来，增值无形资产。

（2）可以集成其他业务系统，基于有效基础业务数据，为管理者提供最为关心的一些宏观报表数据，以辅助管理决策。

（3）提供良好的信息沟通、信息共享、沟通便捷的交流环境，有效促进协同工作。

（4）营造良好的个人办公环境，提供符合办公习惯、功能完善的办公辅助功能。

3　企业项目需求

（1）符合业务规范：系统遵循公司的管理办法，按照规定的管理范围、职责分工、工作流程进行安排各项业务处理功能。

（2）分角色个性化处理：系统应该能够按照各个岗位职责人员的不同工作情况和权限分配，灵活定制其业务处理的工作界面，满足使用该系统的各个角色分工人员的工作需要。使用者可以根据自身对信息获取的要求和个人习惯设置个性化工作区，如个人待办工作、待阅信息、常用文件起草等。

（3）数据全面完整：系统应能将可以规范化的数据存档，方便列表统计。对于不能规范的数据，以附件方式提交保存备查，不遗漏资料数据。在一个步骤的工作完成时，数据即刻到达下一步骤，及时方便地通知下一个环节的工作人员。

（4）查阅方便：系统应该能够方便使用人员查询所关心的业务情况，如已办工作和待办工作等。

（5）灵活性要求：提供友好灵活的用户管理和使用界面，便于操作的维护。人员、组织、角色等信息，可以由业务人员进行维护。对各个业务的表单信息、办事流程等可以调整配置，包括办事流程、工作步骤的人员安排、各步工作的填写数据等。

（6）集成性和可扩展性要求：系统能方便灵活地集成现有的业务系统，并保证展示风格的一致性，系统对将来可能要集成的业务系统预留接口，满足可扩展性要求。

（7）实用性和美观性：系统切实满足业务的需要，系统性能可靠，易于维护并且网络及系统各方面指标切合实际需要，系统配置设计充分满足业务需求。界面的规划应力求实用性，使门户充分为使用者办公带来方便。在保证实用性的同时，应力求界面的美观、大方。

（8）可靠性和安全性：为了保证系统能稳定可靠地运行，在系统设计时，必须充分考虑系统的可靠性，通过选择优秀的产品和采用必要的技术手段来确保系统的可靠性。提供较强的管理机制和控制手段，具备网络安全保密、数据加密等技术措施。为保证OA系统安全可靠，运作不被中断，该备份系统应提供界面友好、功能齐备的备份手段和策略。存储系统应有良好的备份策略和恢复计划。系统数据和业务数据可联机备份、联机恢复，恢复的数据必须保持其完整性和一致性。为保证数据传输过程中的安全，应考虑在数据传输过程中增加对数据传输的加密。

（9）系统接口要求：应考虑OA系统与工程项目管理系统的接口，保证系统基础数据(如组织机构、人员)的一致性和系统操作的方便性，实现系统的统一登录和统一待办。

（10）移动办公要求：OA系统应能够支持员工外出通过互联网移动办公。

（11）系统安全性要求：对于项目指挥部领导和六部一室领导，系统应提供特殊的安全措施，保证各级领导使用系统的安全性。

4　系统架构设计

4.1　办公自动化(OA)系统总体功能模块规划

办公自动化系统总体功能模块见图1。

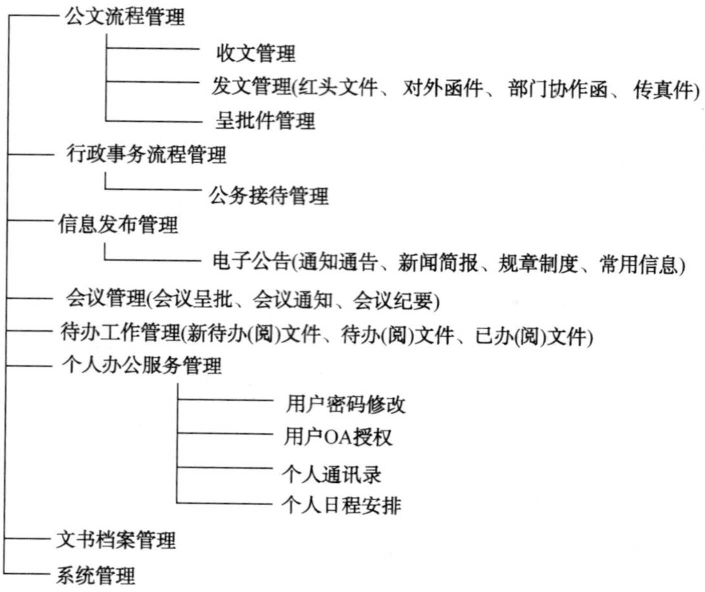

图1　办公自动化系统总体功能模块

4.2　数据库选择

考虑到未来与其他平台的连接需求和信息化发展的趋势，本文案例中的OA系统数据库选择Oracle SE(标准版，Standard Edition)。相对SQL数据库而言，跨平台、高性能、优化的数据操作算法及对数据严格的保护等应该是Oracle很大的特点了。具体优点为：

（1）Oracle能在所有主要的平台(其中包括Windows)上运行，完全支持所有的工业标准。采用完全开放策略，可以使客户选择最适合的解决方案。

（2）Oracle的安全认证获得最高认证级别的ISO标准认证，而SQL Server并没有获得什么安全认证，这方面证明了Oracle的安全性是高于SQL Server的。

（3）Oracle的性能优势体现在它的多用户上，而SQL Server的性能优势在多用户上就显得力不从心了。

5　实施部署OA系统详细功能模块

1.1　公文流程管理

（1）收文管理。填写来文登记单，明确每一类收文的详细流程，如图2所示，包括来文登记、拟办、审批人、相关处室办理等关键节点信息。

（2）发文管理。发文管理包括对红头文件发文、对外函件发文、部门协作函发文、传真件发文等进行管理。部门进行红头文件发文起草，定制在线审批流程，直至成文分发，工程技术部进行归档。

（3）呈批件管理。根据请示的种类，部门呈批起草，定制在线审批流程，其他基本同发文管理。

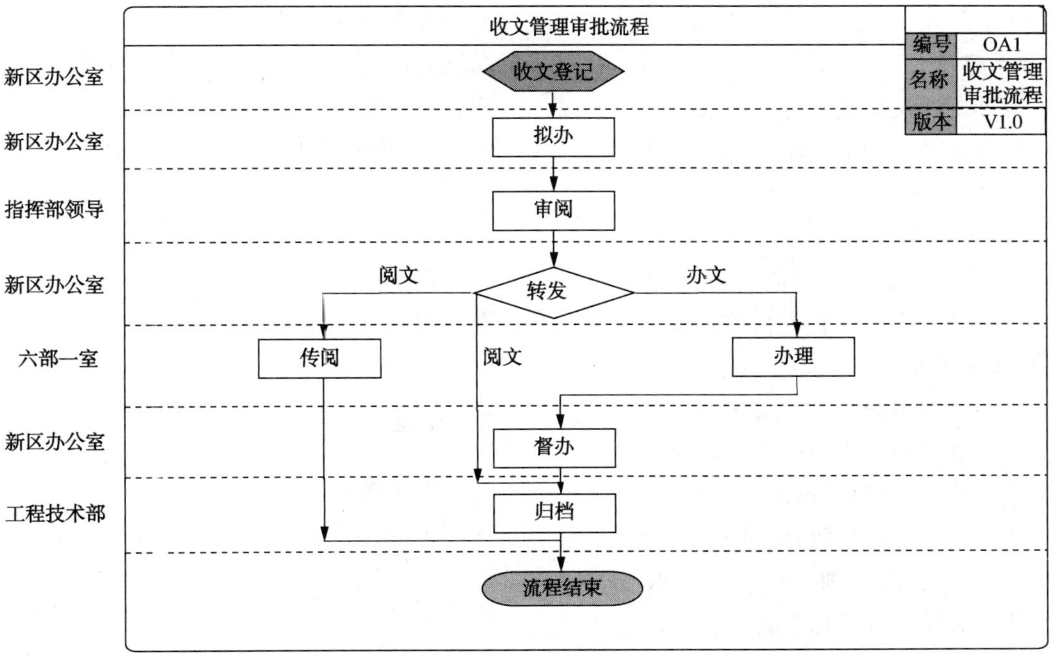

图 2　收文流程

5.2 行政事务流程管理

公务接待管理：由接待部门填写接待登记单，完成后送本部门领导审核；部门领导进行审核，审核完成后送交主管指挥长审核；主管指挥长审核，并做批示后，下达到新区办公室主任或机要秘书；新区办公室主任或机要秘书根据主管指挥部领导的意见批复给接待部门，流程图如图 3 所示。

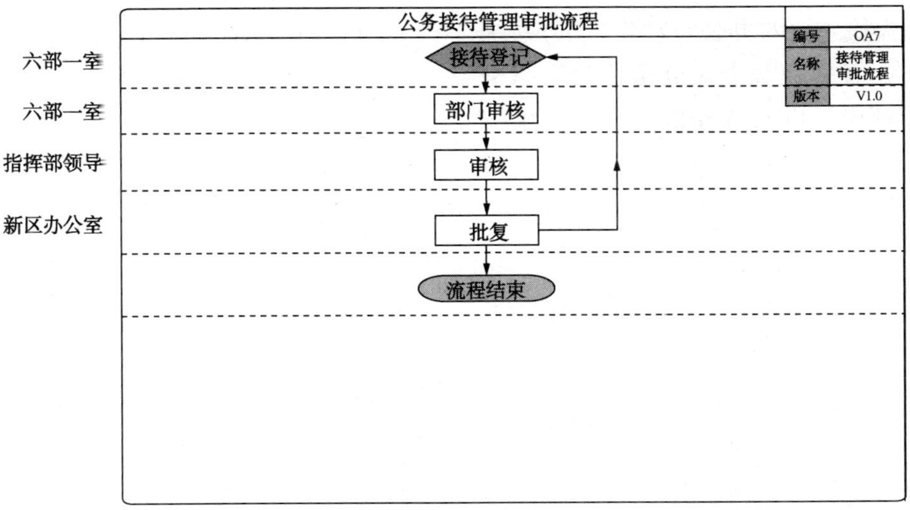

图 3　公务接待管理

5.3 信息发布管理

OA支持其他辅助办公模块，诸如规章制度、学习园地、通知公告等，在OA系统部署期间进行集中的收集、整理、发布。

5.4 会议管理

会议管理包括会议呈批、会议通知、会议纪要。

5.5 待办工作管理

个人待办工作又称为待办事宜，待办事宜管理内容包括新待办(阅)文件、待办(阅)文件、已办(阅)文件三类。

5.6 个人办公服务管理

系统为个人提供用户密码、修改用户OA、授权个人通讯录、个人日程安排等功能。

5.7 文书档案管理

(1) 按照天津市出台的最新档案管理规范，对公文流程管理系统、会议管理系统中产生的文档进行登记、分类、归档管理。

(2) 系统把公文流程管理、会议管理中形成的文档最后进行归档管理，也就是把收文、发文、呈批件、对外函件、传真件、会议纪要六类文档进行归档处理。

(3) 由于档案库文档数在不断增加，为防止因文档数过多、数据库过大而导致操作速度慢，因此在设计时，把收文、发文、呈批件、对外函件、传真件、会议纪要六种类型数据库按年度建立档案库。

5.8 系统管理

系统管理模块主要对办公自动化(OA)系统中的基础数据、各类流程、人员角色与组织机构、系统操作权限、以及意外事件等进行维护管理。

6 部署要求

6.1 对软件公司要求

根据项目需要完工的时间，制定项目实施计划示意图。实施过程中提供相应文档如需求分析报告、系统详细设计、测试报告、安装维护手册、操作使用手册、试运行报告等。质量要求：系统界面简捷、美观，系统运行稳定，处理速度快，用户使用维护操作简单。

6.2 对企业要求

企业与软件供应商一起配合成立专门的推进小组，根据部门工作实际提出的流程化工作审批或文件流转需求，经汇总讨论后确定在OA上部署实施。最重要是，务必明确流程和关键节点负责人，有效沟通、督促进度实施部署。

7 结语

天津碱厂OA系统主要以工作流为中心，在文件型OA的基础上增加了公文流转、流程审批、文档管理、会议管理、信息管理等实用功能。完善了各个职能部门之间的沟通和信息共享机制，建立了企业内部的协同工作环境，将办公自动化拓展到企业的全部办公机构，确保所有员工均可实现办公自动化，并能够根据各自的授权了解需要的信息，完成自己的工作任务。

参 考 文 献

[1] 徐惠琼.OA系统的设计与实现.[J]，机械工程与自动化，2011(6).26-28.
[2] 郭嘉.医院OA系统的部署与实施.[J]，信息系统工程，2016(11).103-104.

打造具有齐鲁特色的衡器无人值守系统

张建华　牛启光　李雅庆　侯玉翠

（中国石化齐鲁分公司）

摘　要　针对齐鲁石化衡器数量多、分散广、人员少等现状，利用网络技术、传感技术等信息化手段，通过与ERP、MES、视频监控、衡器计量等系统深度集成，有针对性地提出一套具有齐鲁特色的衡器无人值守技术方案，实现汽车衡计量业务模式由现场人工计量到现场自助称重、远程集中管控的转变，降低人工成本，减少人员配置；将采购、销售、过衡计量、结算全业务流程进行有机融合，提高齐鲁石化检验计量中心对汽车衡计量业务中常见作弊手段的防范力度，加强管控力度。

关键词　衡器；无人值守；自助称重；远程集中管控

1　背景和目的

齐鲁石化是老企业，在 24.8km^2 厂区内，分布着35台衡器，年均20万笔过衡业务，涉及1000余种物料。过衡的操作方式为司磅员现场人工计量方式，每台汽车衡至少配备操作人员4名，有些24小时过衡的倒班运转岗位需要每台衡7人。全公司共有专兼职司磅人员151人，平均年龄47岁，年龄偏大，知识结构老化。从表1中可以发现存在的诸多问题。

表1　手工称重问题清单

问题	表现
用工多	每班次2人
证照人工检查	费时费力、易出错
车辆上磅人工确认位置	准确性不好把握、易产生错误
老系统手工录入数据	耗时长、易出错
称重计量过账ERP	人二处理
司磅员老龄化	后续缺员严重
计量点分散	无法远程监控
司机作弊	人工监控效率低

随着齐鲁石化改革深入，衡器分布广、用工多、管理难度大等矛盾日益突出。如何发挥信息化优势，通过深化应用，将衡器实行集中管控，优化衡器业务流程，达到优化人力资源和提升计量管控水平，是公司面临的重要课题。通过建设具有齐鲁特色的衡器无人值守系统，实现远程集中管控是解决人员缺口、提升计量管理水平的一种非常好的方式。

2　系统架构及关键技术

2.1　系统架构

齐鲁石化衡器无人值守系统分为两部分：集中称重软件和现场称重设备。

2.1.1　集中称重系统软件

具备装卸流程监控、状态节点监控、数据统计汇总查询和远程称重功能。可对现场设备SCADA流程图集中监控，实现异常报警和远程控制操作，具备数据通信监控、称重数据及抓拍图片浏览、综合查询及异常操作、操作日志等功能。同时曲线监控可对现场称重地磅数据、人体秤曲线进行实时监控。

2.1.2　现场称重设备

在地磅部署智能称重客户端操作站、硬盘录相机及显示器。其中智能称重客户端可实现SCADA监控、异常报警及操作、数据浏览等功能。

现场设备层由自动计量终端及现场设备构成，自动计量终端作为核心控制单元，各自动计量终端之间采用Modbus 、TCP/IP与局域网连接。计量终端采集称重二次表数据、车牌数据、二维码、红外对射信号等，通过通信口输出数据。语音对讲实现控制室与称重终端控制现场的语音播报与对讲功能。计量终端可读取二维码，与电子提卸货管理系统实现双向数据交互。车牌识别一体机自动识别车号，通过RS485信号送至计量自助终端。视频信号通过以太网与关联系统连接。语音对讲设备和集控室进行双向通信。

称重设备与现场多种设备联动，可以有效防止司机作弊，如多台视频摄像机远程监控，判断司机当前操作状态；红外光栅随时监测车辆停放衡器位置；人体秤两次对比，防止司机夹带等。系统架构图如图1所示。

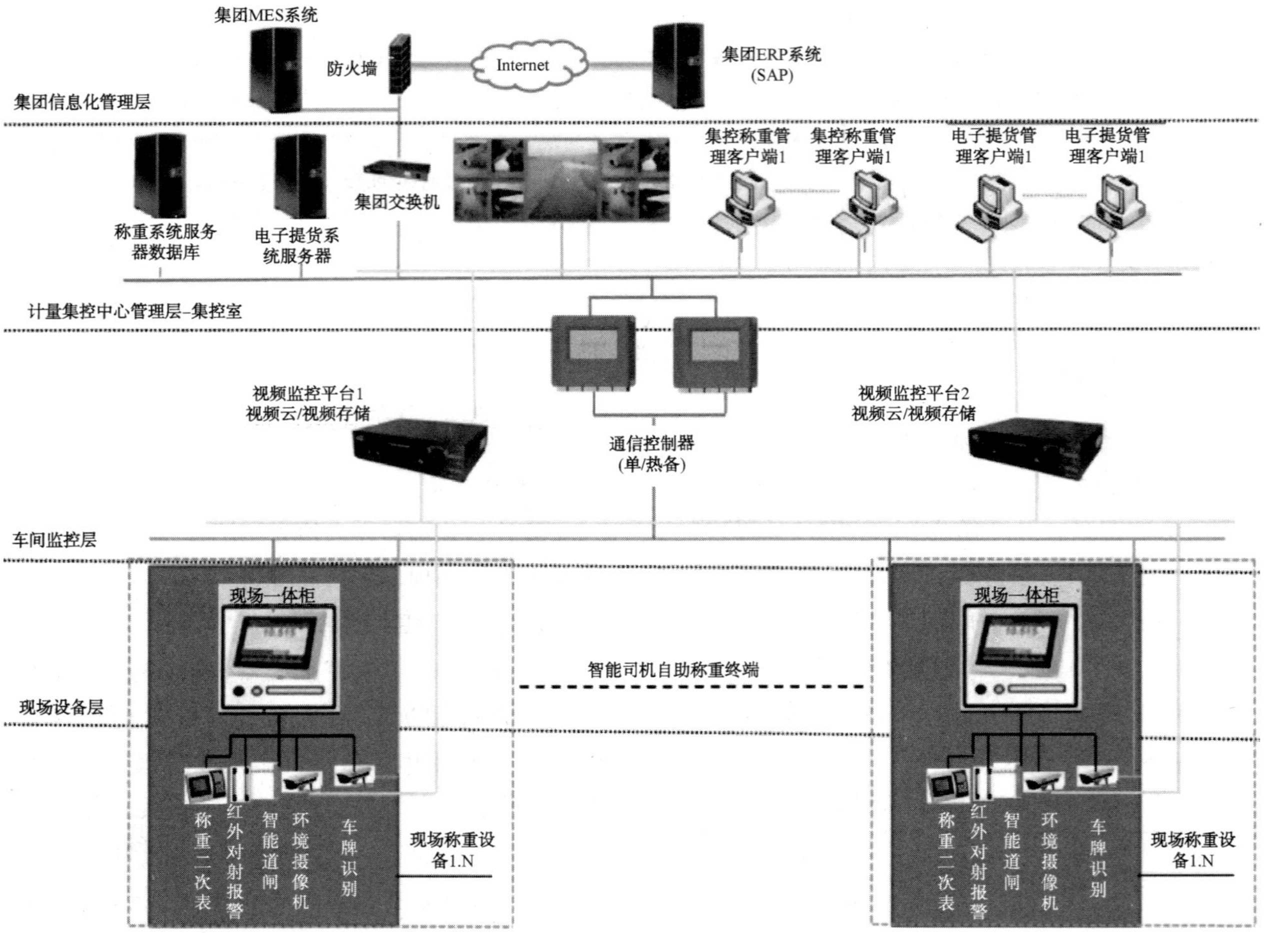

图1　齐鲁石化衡器无人值守系统架构图

2.2　系统部署

齐鲁石化衡器无人值守系统，与多个系统相互集成，上层推送数据至ERP、石化E贸、物联网等系统，下层与齐鲁石化过衡管理系统、MES系统、LIMS系统、储运生产管理系统、EDW、ODS等系统实现了数据交互集成；集成方式采用WEB SERVICE和数据库中间表两种方式。

齐鲁石化内网使用系统专用端口与内部系统实现数据交互，外网以东营区域中心为统一外部出口，区域间均有硬件防火墙保障网络安全。系统部署图如图2所示。

2.3　关键技术及应用

2.3.1　开发微服务 打造创新流程

借助现有的电子提货系统，梳理衡器无人值守模式所涉及的计划开单、现场称重、数据回写等业务流程，优化打造创新流程。后端服务层采用了微服务架构设计，实现高内聚、低耦合。主要流程包括：业务创建→制单→车号识别→道闸抬杆→车辆上榜→自主称重→打印榜单→道闸抬杆→车辆下磅(见图3)。

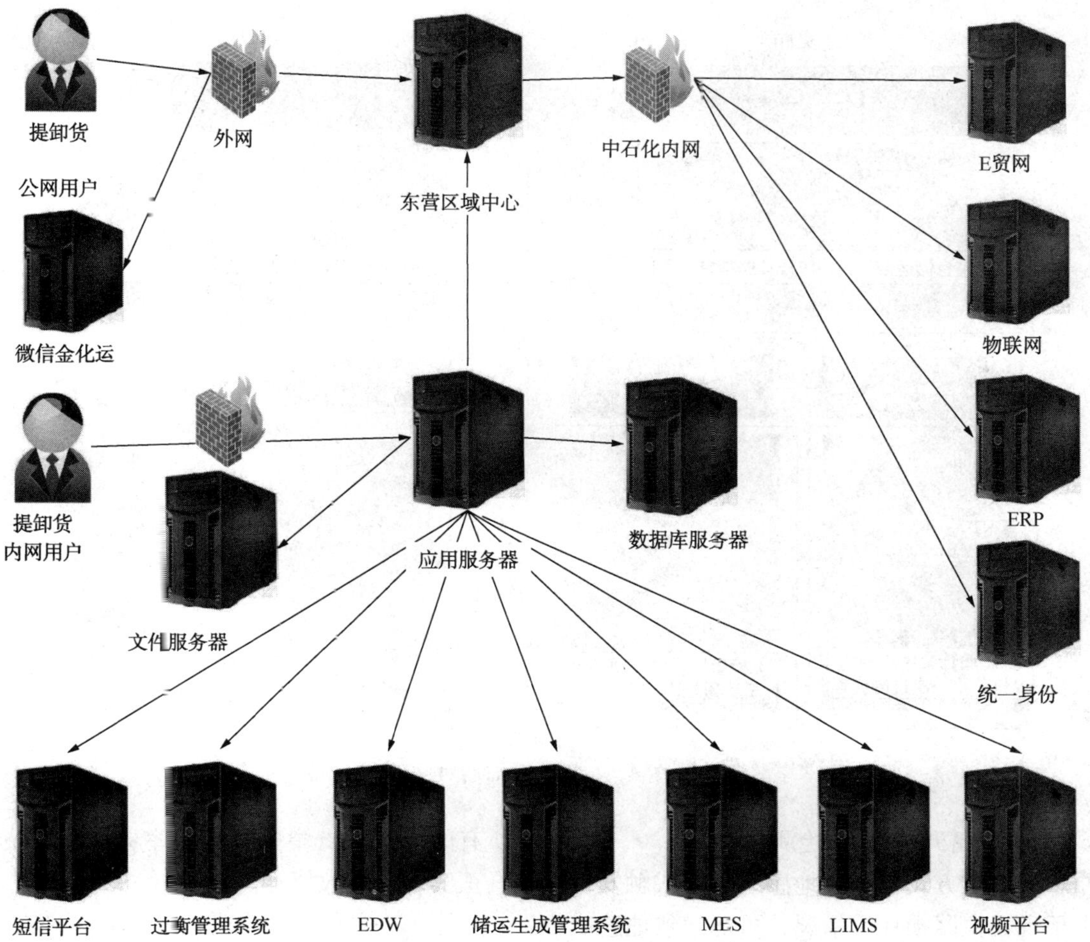

图 2 齐鲁石化衡器无人值守系统部署图

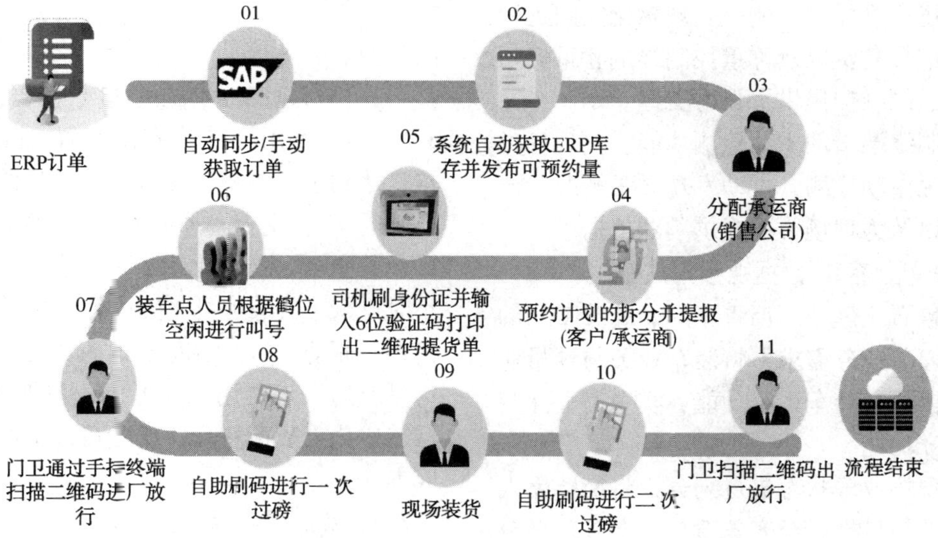

图 3 齐鲁石化衡器无人值守系统主要流程

自助称重前后对比如图 4 所示。

2. 3. 2 建设衡器专网 保障系统运行

建设衡器系统专网，根据地理位置分布就近接入 PTN 主干传输网 不与其他业务混用，保证系统和设备的稳定运行。对于位置点偏远无法接入局域网的衡器，结合齐鲁石化 4G 专网，利用 VPDN 卡，既实现了偏远点衡器入网，又保证了网络安全。

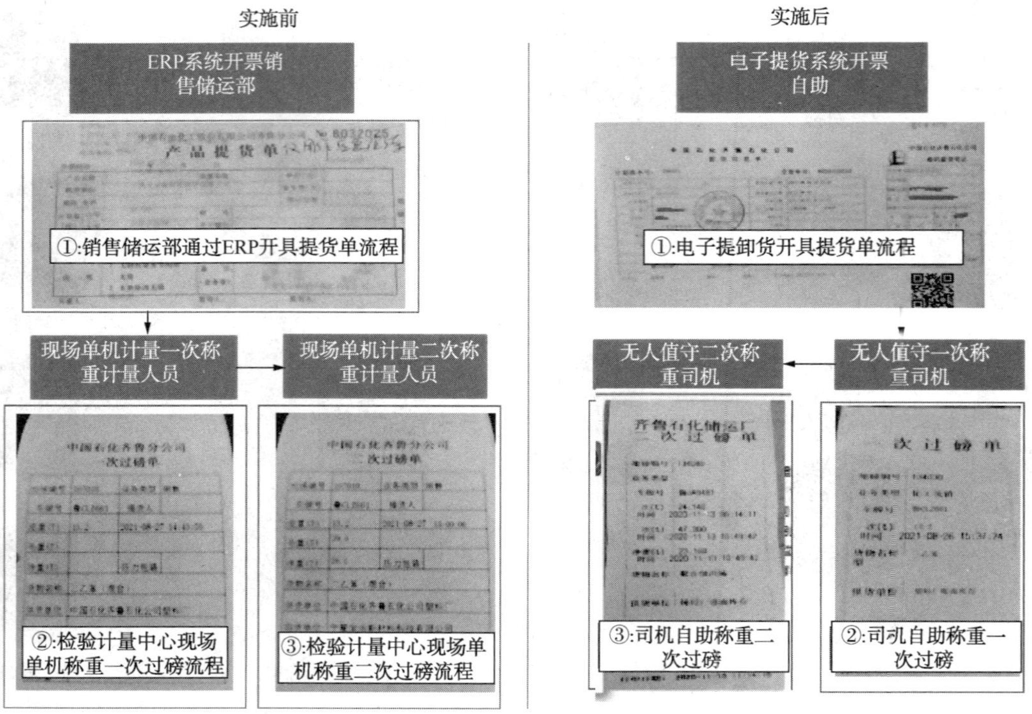

图4　自助称重前后对比

2.3.3　硬件设备升级 软件检测预警

原车牌识别方式是通过地感线圈模式触发识别，由于现场道路损坏等情况，可能导致地感线圈无法被触发，齐鲁石化加入虚拟线圈模式，系统可配置多种触发机制，提升了系统健壮性。

优化现场运维控制功能，实现磁化线圈远程重启，道闸信号复位以及称重控制终端软重启功能，为日常运维维护提供了强力支撑。

称重控制终端增加主动检测功能，实现各类设备异常情况主动检测，主动发现异常情况，便于提前预警以及为现场维护提供判断依据。

2.3.4　实现衡上灌装 数据视频集成

实现齐鲁石化炼油厂沥青车间、硫黄车间的个性化衡上灌装业务需求，将装车业务与计量业务分开，保留原有装车系统功能，实现衡上灌装称重无人值守功能。

通过对现场业务状态进行划分，将衡器无人值守所有视频信号推送至齐鲁石化安全管理平台中，实现齐鲁石化视频集中管理，并提供一键回放功能，提升计量管理人员的管理效率。

3　主要成效

3.1　实现集中管控，降低人工成本

实施衡器无人值守后，建立了计量集控室，所有的司磅人员集中至集控室办公，现场无人，真正实现了无人值守。

原来一台衡器至少需要4个人，现在一个人可以实时管理4台处于不同地理位置的过衡业务。平时仅需监控，出现报警信息或者现场司机求助时再一对一进行处理，大大减轻了司磅人员的负担。

齐鲁石化已经实施的28台衡器，每班仅4~5人当班，优化了人力资源配置，降低了人工成本，达到了实施衡器无人值守的目的。一、二期实施的15台衡器，原有60名司磅员全部撤离现场，其中10人退休、17人转岗，仅有33人24小时进入了计量集中控制室，同时管理着15台衡器。根据2019年度公司人工平均成本测算，年可节约人工费用660万元。三期13台剩余衡器待优化人员配置后，仍然可以节约相似的人工成本。

3.2　具备推广价值

齐鲁石化实施衡器无人值守后，安庆石化、荆门石化等单位相继来参观学习，由于兄弟单位使用的系统具有相似性，故此种操作模式可复制。据悉，安庆石化已经借鉴此种模式，拟进行实施。

4　下一步展望

4.1　优化人员配置

齐鲁衡器无人值守项目已覆盖，化工区域所有衡器人员已完成人员配置优化，炼油区域也将参照整合经验，进行人员配置优化，取消各处磅房值守人员，集中至计量集中控制室，依靠信息化的方式和工具，减少衡器计量人员，进一步降低人工成本。

4.2　ODS 数据更加全面

齐鲁石化实施智能工厂后，ODS 成为齐鲁石化消除信息孤岛的有力工具，衡器无人值守系统集成了大量电子汽卸货、衡器地磅、轨道衡等数据，成为 ODS 中计量底层数据的主要来源。

4.3　信息网络安全更加规范

随着齐鲁石化智能工厂项目的实施，访问互联网的系统也越来越多。互联网信息系统的安全问题也日趋严重。衡器无人值守系统的开单、拆单等功能部署在东营区域中心的 DMZ 区，采用互联网服务单独部署及 IP 地址加端口的访问限制等方式，保证信息安全。这些网络安全防护措施的实施，为齐鲁石化其他互联网访问系统提供了有效范本。

5　结语

齐鲁石化衡器无人值守项目，给齐鲁石化带来的经济效益和人工成本的改变清晰可见；在实施的过程中，齐鲁石化信息中心将开发商的经验和齐鲁石化的实际情况相结合，打造出具有齐鲁特色的衡器无人值守系统。在注重项目建设成效的同时，不忘信息网络安全，重点查找本项目网络安全隐患点，使得本项目成为互联网应用的实施范本。

大牛地气田采出水处理自控系统优化升级

刘 宁 郭 勇

（中国石化华北油气分公司）

摘 要 大牛地气田采出水处理自控系统因建站时间不统一、过程控制系统不统一、部分过程监控系统版本低，过程控制系统精度差、手动操作点多，仪器仪表故障频次高，普遍带病或停用。通过对气田采出水处理自控系统分析，查阅相关文献，完成气田采出水处理自控系统设计与改造。优选计量标准和统一计量，实现计量误差在2%以内；重新编写控制逻辑，实现了装置参数精细化调节，甲醇回收率提高2%；优化上位机画面，实现了数据共享，操作更直观、简洁，提升了水处理自控系统的管理水平。

关键词 自控系统；计量误差；设计改造；效果评价

大牛地气田采出水处理自控系统具有“点多，面广，线长”的特点。突出表现为：仪表型号不统一、过程控制系统不统一、仪器仪表故障频次高、一二站自动化系统老化、仪表带病工作或停用现象普遍、过程监控系统版本低、过程控制系统精度差、手动操作点多等问题。这些问题导致自动化由助力安全生产逐渐变成拖累安全生产的顽疾。因此针对以上问题，通过气田采出水处理自控系统需求分析，查阅相关文献对其进行设计，完成气田采出水处理自控系统改造。

1 工艺流程

从各集气站产出的含甲醇污水经罐车拉运至甲醇污水处理站，首先卸车转水至污水接收罐，经过油水分离，凝析油回收至储罐进行外销，然后经预处理后作为料液储存，料液经甲醇回收装置处理，产出的甲醇产品进甲醇储罐储存，装车拉运至各集气站循环使用；脱甲醇后的废水和生产污水经处理合格后回注地层；水质预处理过程所产生的污泥压滤、外运(见图1)。

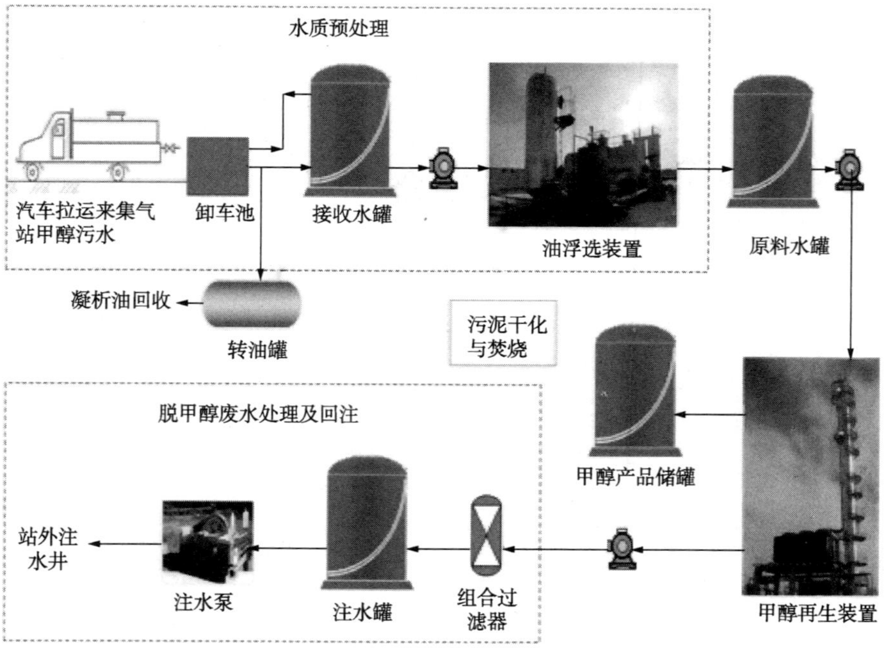

图1 工艺流程图

2 系统硬件结构

现场的硬件系统主要有 2 台 AB 品牌 ControLogix 系统 1756_ L61 处理器、远程 IO 模块、主监控室服务器、站场值班室监控计算机、光纤交换机、现场仪表、变频器等组成。上位机组态软件选用了 AB 品牌 FactoryTalk View Site Edition (SE)组态软件。以下对主要硬件做简要介绍：

(1) ControLogix 系统 1756_ L61 处理器：该控制器系统封装外形小巧且极具成本优势，不仅可提供离散、驱动、运动、过程和安全控制，还具有通信功能和最先进的 I/O。

(2) FactoryTalk View Site Edition (SE)组态软件：该软件用户只需一次设计图形显示画面，然后将其存储在服务器上，就可以在网络上任何一个客户端访问这些画面，无须拷贝、导入、转换、或者重新输入标签或命令。

(3) 全部采用总线通信方式与变频器通信(Mod-bus RTU 协议)。

(4) 现场仪表：主要包括各种温度、压力传感器、可燃气体探测器、流量计，仪表均采用(4-20)mA 模拟量信号进行监控。

3 系统网络结构

系统网络结构如图 2 所示。

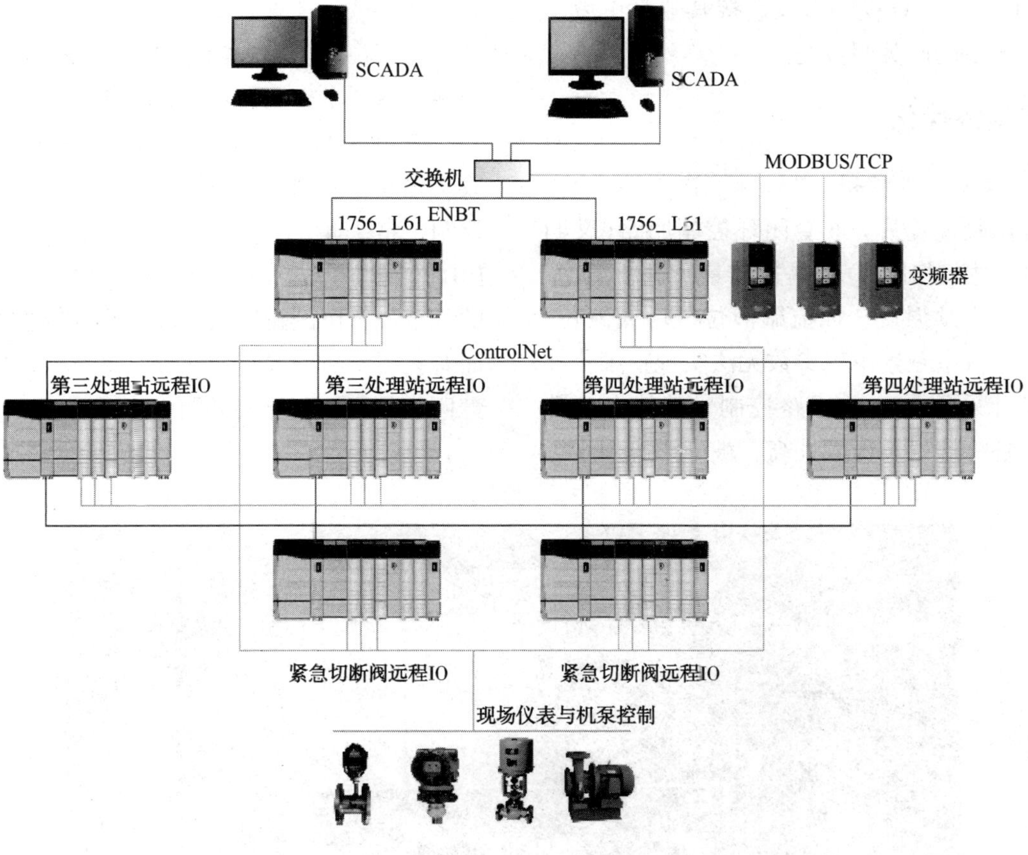

图 2 统网络结构图

从图 2 可知，现场网络可划分 3 个层级：ControLogix 系统处理器和远程 IO 模块之间选用 ControlNet 网络；上位机和控制器选用 ENBT 网络；上位机和变频器之间选用 Mod_ bus_ TCP 网络。以下对三种网络做简要介绍：

(1) ControlNet 网络：ControlNet 是近年来推出的面向控制层的实时性现场总线网络，在同一物理层介质链路上提供时间关键性 I/O 数据和报文数据，包括程序的上载/下载、组态数据和端到端的报文传递等通信支持，是具有高度确定性、可重复的高速控制和数据采集网络，I/O 性能和端到端通信性能都较传统网络有较大的提高。

（2）ENBT 网络：ControlLogix 系列以太网通信模块，用于控制输入输出模块；在以太网链路上作为适配器连接分布式输入输出；用消息方式在以太网上和其他设备通信；作为网桥将消息传输到其他网络。以太网用于工厂管理；在一个单一、高速网络上进行配置、数据采集、控制，对时间要求苛刻的应用，有规律的数据发送，连接 Internet/Intranet。

（3）MODBUS/TCP 网络：是简单的、中立厂商的用于管理和控制自动化设备的 MODBUS 系列通信协议的派生产品，显而易见，它覆盖了使用 TCP/IP 协议的"Intranet"和"Internet"环境中 MODBUS 报文的用途。协议的最通用用途是为诸如 PLC's、I/O 模块以及连接其他简单域总线或 I/O 模块的网关服务的。

4　自控系统优化

4.1　甲醇回收装置控制

甲醇回收装置共有 6 套闭环控制回路（又叫 PID 控制），控制对象分别是进料量、进料温度、塔底温度、塔顶温度、回流罐液位、塔底液位，装置生产运行中频繁出现参数无法实现精细化调节。原设计采用 PID 单回路控制，其特点为算法简单、鲁棒性好及可靠性高，被广泛应用于过程控制和运动控制中，尤其适用于可建立精确数学模型的确定性系统。然而实际工业生产过程往往具有非线性、时变不确定性，难以建立精确的数学模型，应用常规 PID 控制器不能达到理想的控制效果，而且在实际生产现场中，由于受到参数整定方法繁杂的困扰，常规 PID 控制器参数往往整定不良、性能欠佳，对运行工况的适应性很差。

通过分析生产工艺的控制要求与文献调研，采用串级控制，其特点为串级控制系统是改善控制质量的有效方法之一，在过程控制中得到了广泛的应用。所谓串级控制，就是采用两个控制器串联工作，外环控制器的输出作为内环控制器的设定值，由内环控制器的输出去操纵控制阀，从而对外环被控量具有更好的控制效果。这样的控制系统被称为串级系统。PID 串级控制就是串级控制中的两个控制器均为 PID 控制器。

应用 RSLogix5000 编程软件重新编写甲醇回收装置 6 套控制回路逻辑，原理如下：采用串级控制，将采集的两个参数为参考值，串联两个 PID 控制器工作，主控制器的输出作为副控制器的设定值，由副控制器的输出去操纵控制阀，从而对装置参数精确控制，提高甲醇产品质量。甲醇回收装置控制界面见图 3。

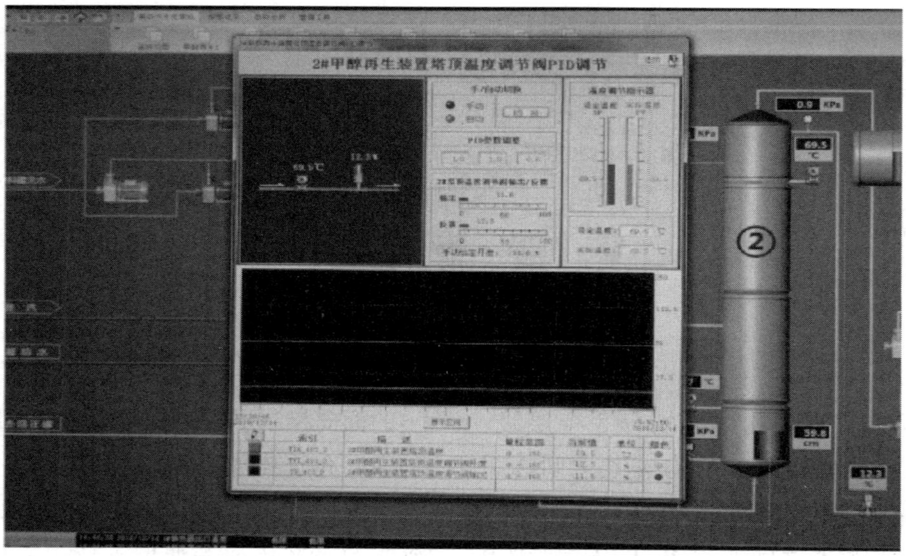

图 3　甲醇回收装置控制界面

4.2　储罐区切断阀控制

储罐区进出口紧急切断阀频繁出现远程不能操纵且缺失高低液位连锁保护，国家标准GB50183 第 6.6.13 条指出："天然气凝液储罐应设液位计、温度计、压力表、安全阀，以及高低液位报警装置或高低液位自动联锁切断进出料装置，影响储罐安全生产运行。"

通过分析储罐液位连锁逻辑关系及切断阀工作原理，应用 RSLogix5000 编程软件重新编写切断阀连锁控制逻辑，原理如下：采用储罐液位为参考值，上位机设置高低液位报警值，通过程序判断液位高低保实现液位高报关闭进口阀门，液位低报关闭出口阀门。储罐区切断阀控制界面见图 4。

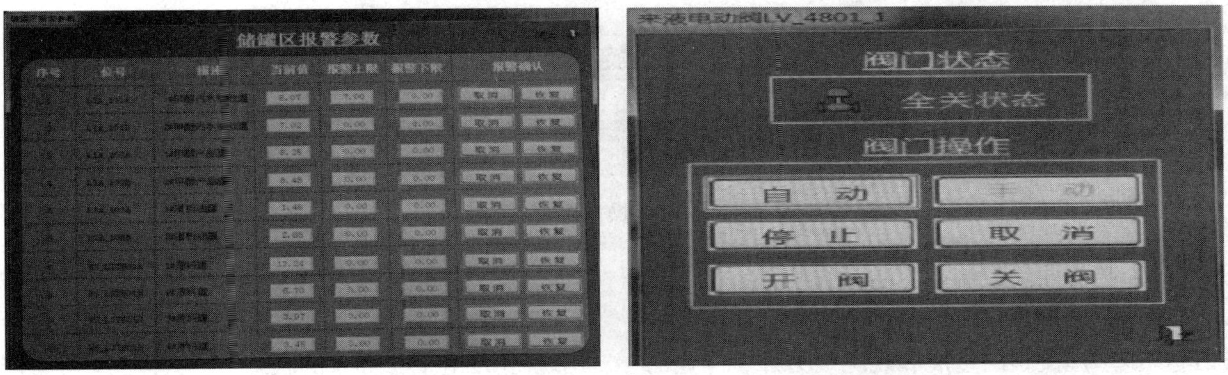

图 4　储罐区切断阀控制界面

4.3　上位机监控画面设计

监控数据画面采用 RSView32 软件由于处理站分批建设，当时没有统一的标准，造成了软件系统版本较多且不支持 winxp 以上系统，没有与数据库连接，不能保证一周 7X24 运行要求，缺失历史报警查询、用户管理和操作记录、SQL 数据库管理功能且工艺管线、设备布局与现场实际位置不符。

通过勘探现场管线、设备布局，绘制工艺流程图，采用 Factory Talk 上位机组态软件绘制甲醇污水处理监控画面，功能如下：

（1）现场参数集中显示：主画面显示处理站的全貌，并分区设有跳转按钮，单击相应的部分即可进入详细画面；画面右下设有系统当前日期时间显示，供操作员观察时间，动态实时显示检测的所有参数值、工艺流程图、设备运行状态，界面统一工艺标识、统一字体、统一颜色标准(见图 5)。

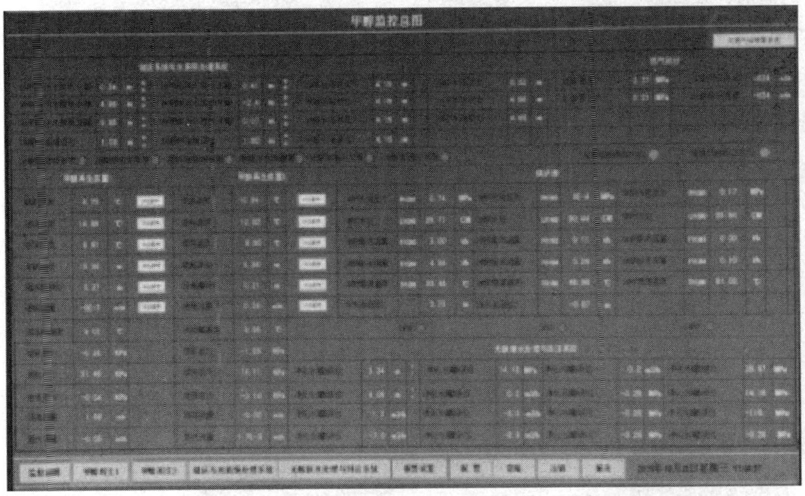

图 5　监控总图

（2）操作权限控制：在处理站管理中有着 4 个不同的权限，分别是系统管理员权限、站场用户权限、调试人员权限(见图 6)。

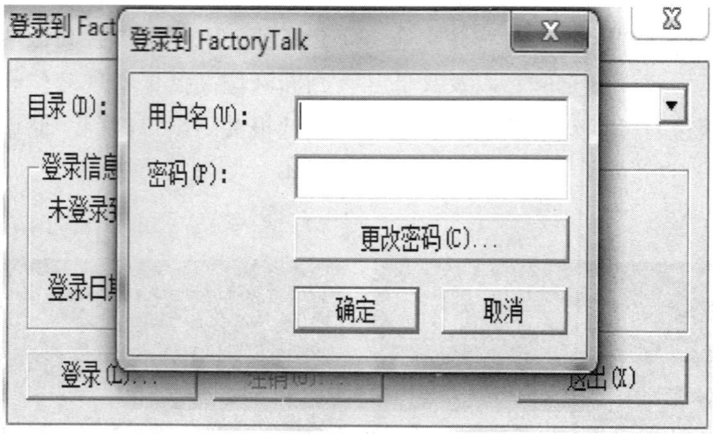

图 6　操作权限

（3）趋势曲线控制：甲醇回收装置系统能够对监控对象形成一张流程趋势曲线图，通过曲线图进一步掌握流程的进展和现况。另外，专业的工作的人员可以对每时每刻的相应的数值进行判断，以方便调整状态，来提高效率(见图 7)。

（4）报警控制系统：当有异常情况发生时，警报可以及时提醒专业的工作人员，可以了解到异常出现在什么位置、异常的状态是什么样的、异常产生的量值是多少。另外，这个系统有着记录的功能，能够记录历史的报警中所产生的问题(见图 8)。

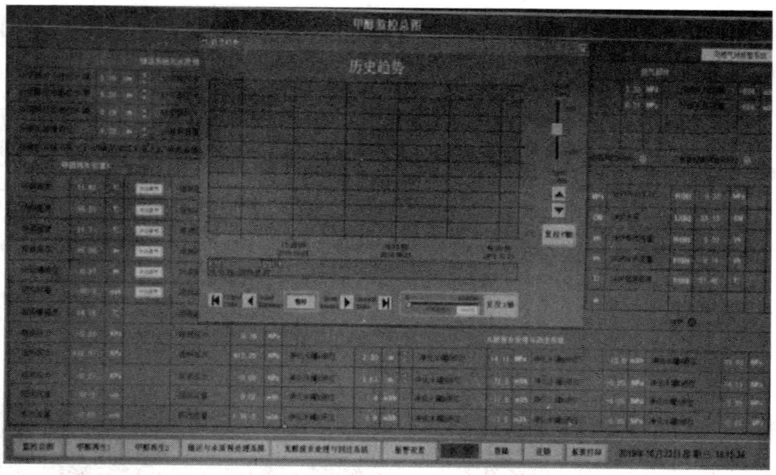

图 7　趋势曲线

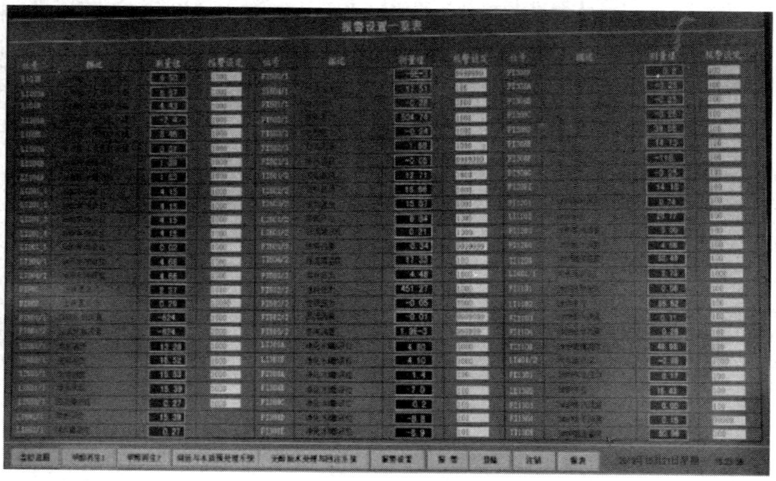

图 8　报警控制系统

(5) 电动阀控制：实现远程操作储罐进出口阀门、连锁保护功能、自动根据液位高低开启相应阀门(液位高报关闭进口，液位低保关闭出口)。

(6) 调节阀控制：根据关键参数变化的信息来进行控制，即通过比较阀位行为(输出)与期望行为之间的偏差，并消除偏差以获得预期的控制值(见图9)。

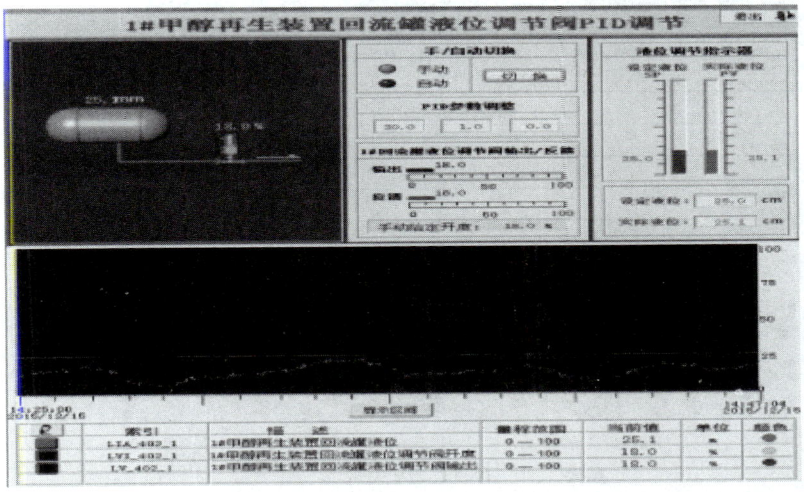

图9　调节阀控制

(7) 事件的记录：通过事件的记录，可以实现控制系统对事件处理方式的记录，在以后的流程中，再次遇到同样的状况时，不再需要人员的解决，而是控制系统自动进行修复(见图10)。

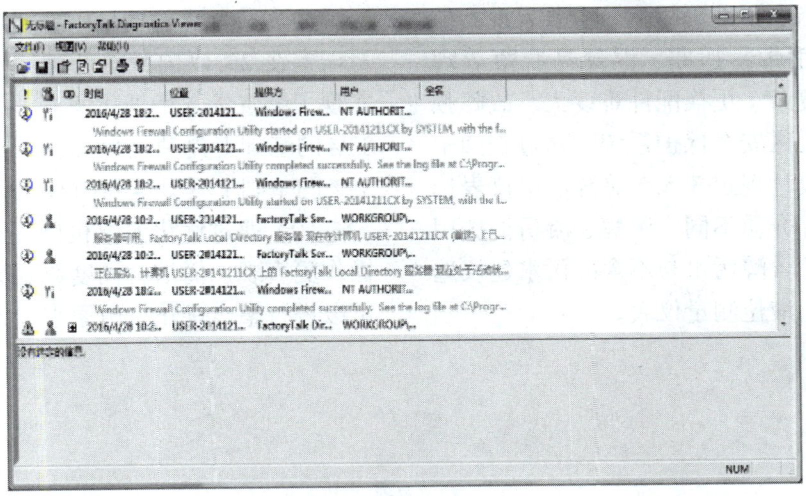

图10　事件记录

(8) 历史数据查询和报表生成：将实时数据记录到后台数据库，可以根据用户自定义要求进行历史数据查询，同时根据生产日报表、班报表及周报表等格式要求实现自动生成报表功能(见图11)。

(9) 扩展功能：应用软件开发利用 EXCEL、VB 等开发平台进行二次开发比如远程访问、仪表等设备故障监测、故障统计、故障诊断等功能。

4.4　仪表选型设计

甲醇回收装置进料流量采集选用椭圆齿轮流量计。该仪表利用机械测量元件把流体连续不断地分割成单个已知的体积部分，根据计量室逐次、重复地充满和排放该体积部分流体的次数来测量流量体积总量。在实际应用时经常发生仪表易堵塞、活动卡件易损坏、精度差影响甲醇回收装置各项参数准确分析。涡轮流量计具有精度高、重复性好、无零点漂移、高量程比等优点。

涡轮流量计拥有高质量轴承、特别设计的导流片，因此极大地降低了磨损，对峰值不敏感，甚者恶劣的条件下也可以给出可靠的测量变量。涡轮流量计输出信号为脉冲，易于数字化。涡轮流量计压力损失小，叶片能防腐，可以测量黏稠和腐蚀性的介质。

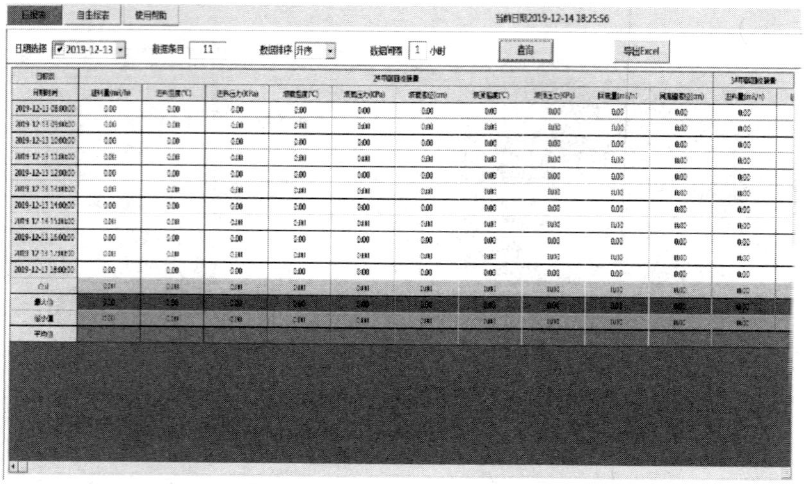

图 11　历史报表

储罐区拥有 24 具储罐，主要存储含醇污水、不含醇污水、甲醇和凝析油介质。均采用光导液位计进行液位计量，该计量仪表利用力平衡和光电进行液位自动测量的原理。在实际应用时经常发生指示失灵或指示不准确故障。主要表现为信息码带易磨损、钢带易扭曲、浮球易脱落等现象，并具有结构复杂、更换配件难度大、故障频次高直接影响着罐区安全保护系统。通过查阅中国石化仪表选型设计规定 3.5.5 储罐液位仪表选型，根据储罐储存介质不同，甲醇、凝析油选用磁至伸缩液位计，含醇污水与不含醇污水建议选用非接触式的雷达液位测量仪表。

5　效果分析

通过对气田采出水处理自控系统升级优化达到以下效果：

（1）通过优选计量标准和统一计量，实现计量误差在 2%以内；重新编写精馏塔控制逻辑，实现了装置参数精细化调节，甲醇回收率在现有 83%的基础上提升至 85%，产品甲醇质量在现有 85%的基础上提升至 86.6%。

（2）通过优化上位机画面实现了数据共享，操作更直观、简洁，调度数据员和中控操作人员可以进行整合优化，由原来 6 人缩减为 3 人。

边缘计算与物联网技术在油气管道的应用与研究

刘　洋

（中国石油天然气销售东部分公司）

摘　要　物联网、云计算（边缘计算）、大数据、区块链等技术随着应用和推广，逐步走向了各个行业。随着数字化、智能化的逐步推进，油气管道的运行管理和生产模式将在技术的加持下产生根本性的转变。本文从边缘计算和物联网技术在能源行业的应用情况为起点，逐步分析和介绍了传统能源领域在使用物联网和边缘计算技术过程中的困境和应用场景，结合已有的工程实例对在开展工程中出现的问题和改进的方向做出了解释和说明。

关键词　边缘计算；物联网；油气管道运行；能源行业；联网技术使用场景

物联网和边缘计算云计算技术据是近年来的热门技术，不但国家开展了相应的顶层设计，推出了多项政策举措，各行各业也相继提出了物联网、云计算、大数据、智能化等先进技术的创新发展要求，并开展了顶层设计研究和落地方案等研究。

1　边缘计算和物联网技术在能源领域的应用情况

1.1　边缘计算和物联网技术在能源行业的发展情况简介

物联网技术的本质是将物体通过信息传感设备与网络连接起来进行信息交换，以实现智能化识别和管理的技术。该技术经过多年的发展，从早期的传感器网络、单片机网络逐渐发展为目前的智能硬件和物联网技术。随着物联网技术的发展，为了解决接入网络的设备增多后，网络边缘侧产生的数据指数级增加，浪费带宽资源；网络中设备数量的增加后对设备进行管理的工作量和难度成倍增长；在网络连通性不能保证情况下，实现低延时、高可靠的现场反馈不可实现的问题，边缘计算技术应运而生。

边缘计算是指在靠近物或数据源头的网络边缘侧，就近提供实时业务、数据优化和隐私保护等方面的智能服务。由于边缘计算在物理位置上靠近现场，所以在低延时、高可靠、低功耗方面具有很大的优势，在实时性、短周期数据、本地决策等场景方面有着不可替代的作用。

边缘计算和物联网技术在全行业内的主要应用场景分别为：数据中心监控、管理和自动化；供应链和库存管理；监控及安全监测；从产品中挖掘客户需求的线索；移动设备管理；建筑和基础设施管理；资产管理；车队管理；健康领域和零售领域。但能源行业在进行边缘计算和物联网技术的适配置和使用方面又有不同。

在石油石化领域，开展了“智能管道”“智慧管网”业务的研究，经过数年的研究与讨论，并在中俄东线智能化工艺运行的等一系列现场工程实践的基础上，初步定义了智慧管网的概念：“是在标准统一以及管道数字化的基础上，以数据全面统一、感知交互可视、系统融合互联、供应精准匹配、运行智能高效、预测预警可控为目标，通过‘端+云+大数据’体系架构集成管道全生命周期数据，提供智能分析与决策支持，用信息化手段实现管道的可视化、网络化、智能化管理，具有全方位感知、综合性预判、一体化管控、自适应优化的能力。”在石油石化领域，在技术上更倾向与宏观地通过交互感知和大数据技术进行优化决策，倾向于总体效果大于解决某单一技术的配套使用。

在电力领域，也在开展“智能电网”的规划

和建设工作，并且实施和落地建设进度快于油气管网，从电力行业发布披露的《泛在电力物联网白皮书》中可以得知，“智能电网”的整体规划和野心更加宏大。该报告在国家尚未提出能源结构调整、共同富裕等战略前，就分别从助力国家治理现代化、推动能源低碳转型、促进电网提质增效、满足人民美好生活用能需要和服务产业链现代化等宏观方面提出了发展方向；同时在太阳能光伏产业、电动汽车服务生态、能源电商服务生态和电工装备服务生态等特定的领域和方向规划了具体的实施路径，既有宏观方向又有具体目标，是一份较系统的指导性文件。

1.2 传统能源领域在计算领域的困境和应用场景

电力、石油石化等传统能源行业的信息化具有接入设备多、服务对象广泛、信息量大、业务周期峰值明显等行业特点，同时作为管道运营15年以上的管道系统，在所辖管道的运营过程中也面临着以下问题：

（1）管线老化灾害频发问题日益严重；

（2）作业人员老龄化问题突出、知识的梳理与传承存在困难，新员工进步速度缓慢；

（3）管理效率低，各运营环节产生的数据无法交换协作，大多数数据均以纸制形式存储，无法产生新价值；

（4）分析决策能力受制于数据分析能力，大多数智能凭经验、拍脑袋做决定。

云计算技术虚拟化、资源共享和弹性伸缩等特点能够很好地解决服务对象广泛及业务周期峰值等问题，但对于大量物联网设备接入产生的大量数据，如果全部上传至云端进行处理，会导致云端计算压力和网络带宽资源浪费的问题。同时，由于电力、石油企业涉及的很多终端设备、传感器处于环境极端、地理位置偏远的地区，大部分都没有很好的网络传输条件，无法满足原始数据的大批量传输工作。

由于边缘计算设备是在单片机技术的基础上进行了迭代升级，目前主要使用ARM架构的移动嵌入式平台，所以在算力和网络通信能力方面较管道行业传统的PLC和SIS系统具有更大的扩展空间。边缘计算设备在现场端可以起到以下作用：利用存储空间的优势，增强边缘端的本地存储能力；利用网络通信能力，进行数据转发和传输，降低控制系统运算压力；利用WEB能力，进行移动端查看和监视，提高安全监控能力。

2 独立于云计算之外的边缘计算领域在油气管道行业的应用情况

2.1 利用存储空间的优势，增强边缘端的本地存储能力

目前，阀室的SCADA系统选用的RTU设备由于不具备数据存储能力，阀室内的工艺状态情况、火灾报警等数据难以长期保留，只能上传至几十公里外的站场或调控中心SCADA系统进行记录，对阀室与外界的通信质量要求较高，一旦阀室通信中断或通信不稳定，就会造成阀室数据中断无记录的情况，如图1所示。

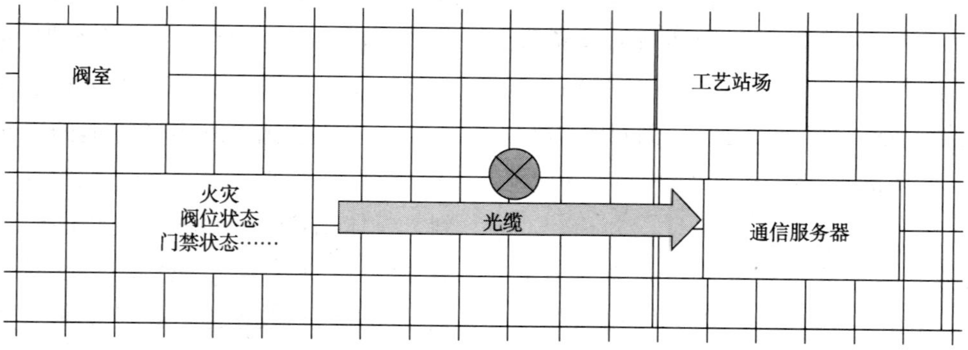

图1　阀室通信示意图

利用边缘计算设备的数据记录和存储功能，可以改善现有的数据记录状况。在较长一段时间内存储现场的工艺和监控数据。在通信畅通时按要求的时间间隔上传到调度中心或站场做永久储存并随时用 Excel 软件导出。在通信情况不好时，将数据存储在边缘计算设备本地，等待通信故障恢复后再次进行上传。

2.2　利用网络通信能力，进行数据转发和传输，降低控制系统运算压力

目前，大量使用串口服务器直接与 PLC 设备进行通信的方式进行场站内的数据传送，采用 Modbus 协议发送给北京、廊坊油气调控中心直读的方式进行远端的数据传送。由于现场 PLC 设备投入时间较久，在承担通信功能的同时进行站场、阀室调控中心的数据交换会给 PLC 的控制器模块带来沉重的通信负担，导致站场通信卡滞，上位机中的操作员指令不能及时下发。

利用边缘计算设备开展通信数据转发和上传的优势为，由于边缘计算设备支持的通信协议丰富，目前站场中常用的 Modbus 协议、AB CIP 协议、西门子 DNP、微软 OPC 以及 IEC 61850-104 等工控协议均能够很好的适应和支持，所以站场 SCADA 系统使用边缘计算设备，可以将站场中第三方智能设备的数据和报警在不同通信协议之间相互转换并缓存，通过将缓存的数据重新排列组合到一张表单中，定期一次写入 PLC 控制器或通信服务器中，有效减少 PLC 控制器中通信程序块的使用和连接数的建立，大大降低 PLC 控制器的程序扫描周期，达到提高控制器整体运行效率的目的，如图 2 所示。

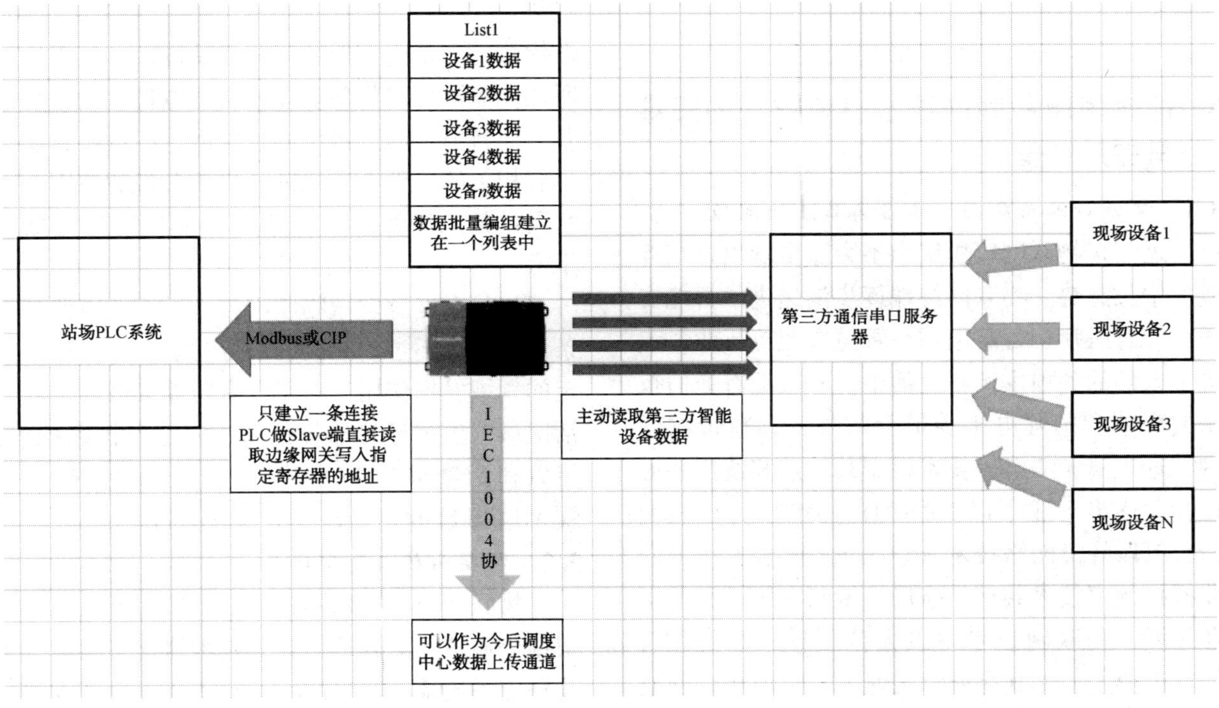

图 2　边缘计算设备的通信过程

2.3　利用 Web 能力，进行移动端查看和监视，提高安全监控能力

目前各站场、井场、阀室系统中如需在现场端进行数据查看，则必须在现场安装上位系统或触摸屏，不但需要专用的设备，还需要开展大量的维护工作；不但使用不方便，而且如设备故障或损坏还面临着产品线停产、采购周期长等困难。

采用边缘计算设备利用其作为 Web Server 的网页功能和丰富的网络通信能力，可以将上位机中显示的流程图网页化，不受硬件制约。可以直接在调试笔记本电脑以及手机等移动端进行实时参数查看，并通过设置不同登录权限授权通过远程或本地 Web 登录的方式实现在网页浏览器上对现场的设备进行管理，如图 3 所示。

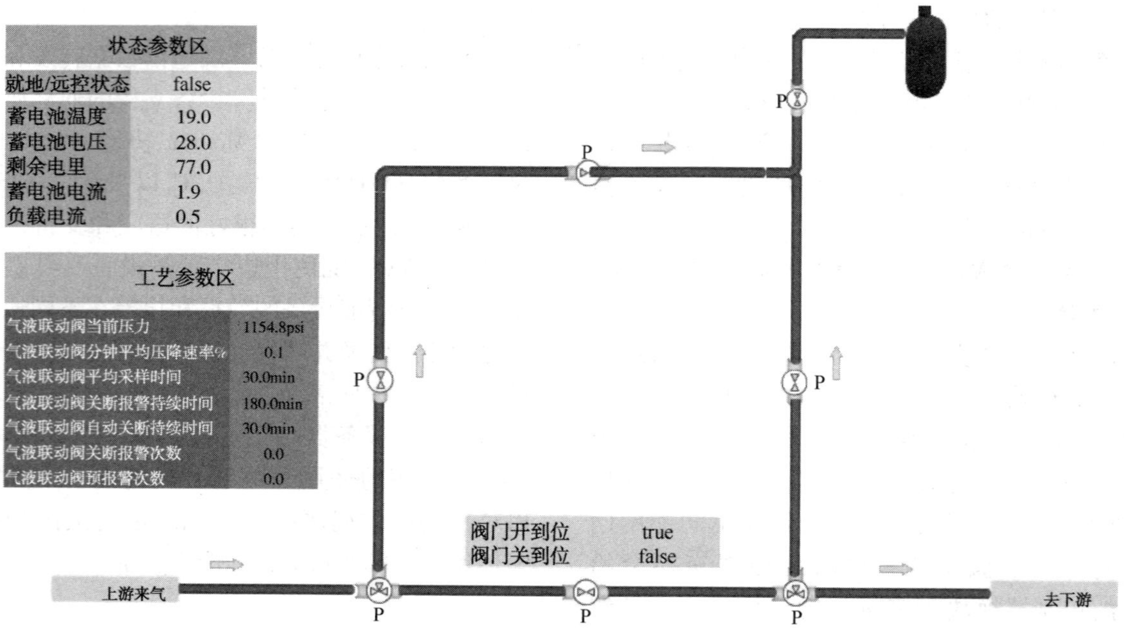

图 3　边缘计算设备的 Web 网页功能

3　能源领域物联网技术当前存在的困难与应用场景

3.1　能源行业物联网技术当前存在的问题

近年来物联网应用层出不穷，呈现出百花齐放的增长态势。物联网终端逐步渗透进了智能交通、智慧医疗、智慧电网、智慧农业等行业，走进了人们的各项生产和生活中。并且随着通信技术的变革和国际电工委员会的加入，窄带物联网、远距离无线电等技术根据其特点和使用环境在我国逐步形成了以 NB-IOT、eMTC 为代表的授权频段蜂窝网络技术和以 LoRa 技术为代表的非授权频率技术共有的格局。虽然在民用和非工业领域，物联网技术得以大范围推广和使用，但在工业上，尤其是能源工业上，目前物联网技术还难以有效推广。一是工业领域尤其是涉及国计民生的能源工业领域往往对网络安全要求较高，较多组织和单位出于对出现网络安全问题的恐惧，对于无线网络和互联网接入往往存在着一刀切的懒政、怠惰思想，不愿意使用新技术。二是目前国内的传感器生产和制造领域较国外落后，生产出来的物联网感知设备从可靠性、可用性和测量准确度和精度方面，均远远不能达到工业使用的要求，所给出的解决方案在短期内难以撼动工业 SCADA 系统的稳定和准确性上的压倒性优势。三是由于能源行业的特殊性，其工作场所往往需要使用具备防爆或防静电特性的特种设备，而目前市面上常用的物联网传感设备普遍不具有相关的特种设备认证。出于合规的原因，物联网设备无法使用在工业现场的情况也是层出不穷。

虽然在能源领域物联网技术还存在着诸多的条件限制，不过物联网的部分功能还是可以在特定的领域发挥作用。对于没有防爆等级要求的生活区域、生产环境监控区域、安全保护区域等，可以利用物联网技术进行补充，以弥补传统 SCADA 系统的在设计、工程方面的不足。

3.2　物联网技术使用场景

物联网技术应用的核心在于使用场景，目前根据分输站场的管理模式和技术情况，设计了十几种应用场景，其目的在于对传统工业系统的补充和完善，通过 IT 和工业自动化技术的融合，完成一些原有工业系统不能完成的工作。应用场景举例如下：

（1）通过使用门磁传感器，监控设备间内出入口门、窗户的开关情况，并根据当地的晴雨情况提示用户及时关闭设备区域的门、窗，以保证台风、暴雨等恶劣天气影响设备间的正常运行。

（2）结合环境质量监控设备，分别监测门厅、值班/待班室、内部食堂入口、各办公室以及宿舍门外(内)用户温湿度环境，通过内部环境监控绘制区域内的温度分布图，明确标识出室内各点的温湿度情况，一方面可以掌握生活区域冬夏的温度情况，另一方面根据设定的供暖情况自动调节室内的空调启闭和温度设定，实现节能和舒适的最佳平衡。

（3）通过使用水浸监测器对机柜间地板下的进水检测和部分要保持干燥区域（如水处理间和消防泵房）进行液体检测，保证电气设备的使用安全。

（4）通过工卡型定位终端主要用于站内外部施工人员管理，通过对站场的分区将施工人员的活动区域限制在工作区域内，避免施工人员在站场内非授权区域活动造成设备设施的误操作和损坏。

从短期来看，现有的传感器技术和数据处理能力仅能用于非高可靠性的生活区域和环境监控，对现有的工业控制领域还难以造成实质性的影响；但从长期来看，工业场景的应用和测试，为传感器的研发提供了技术方向和广阔的市场前景。

参　考　文　献

[1] 宫敬，徐波，张微波．中俄东线智能化工艺运行基础与实现的思考[J]．油气储运，2020，39(02)：130-139.

[2] 物联网安全创新实验室．物联网终端安全白皮书[EB/OL]．[2022-2-10].

[3] 云计算开源产业联盟．云计算与边缘计算协同九大应用场景[EB/OL]．[2022-2-10].

[4] 国家电网有限公司．泛在电力物联网白皮书[EB/OL]．[2019-10-16]．https：//www.in-en.com/article/html/energy-2282291.shtml.

洛阳石化公用工程数字化平台建设与应用

潘万民　赵建忠

（中国石油化工股份有限公司洛阳分公司）

摘　要　本文针对洛阳石化公用工程运行管理中缺乏有效监控、随意燃放火炬、高压瓦斯带液和频繁波动、催化干气中氢气含量高的难点问题，深入业务单位，挖掘业务需求，确立业务实现目标及流程，利用信息技术，采用四层架构模式和优化用户体验 Ajax 技术，综合利用实时数据库、关系数据库技术和企业已有数据源，构建以实时监控、统计分析、产耗预测、管网模拟和调度优化为主要功能的数字化平台，实现对瓦斯、氢气、蒸汽等公用工程产耗、输送及回收等过程的精细化管控，对各装置瓦斯、氢气、蒸汽的产耗情况进行在线统计分析，通过管网模拟计算可实时查看公用工程在管网中的流动状态，根据原料性质数据、装置加工负荷和操作参数对公用工程在未来周期内产耗情况进行预测，进而确定瓦斯、氢气、蒸汽的调度优化方案，有效减少低瓦斯异常排放现象，降低燃放低压瓦斯火炬的次数和时间，提高氢气资源的利用效率，降低蒸汽的燃料成本，为企业节能环保、挖潜增效提供强有力支撑。最后，结合数字化平台应用情况，提出了改进方向，给出了相应的改进思路。

关键词　公用工程；平衡；优化；数字化平台

1　背景

近年来，洛阳石化(以下简称公司)公用工程系统中，低压瓦斯缺乏有效监控、随意燃放火炬、高压瓦斯带液和频繁波动、催化干气中氢气含量高等问题较为突出。瓦斯产耗不平衡、系统波动大、高附加值成分回收利用率低等问题长期存在，影响了装置安全平稳运行，造成了环境污染，压缩了企业整体效益。

目前公司有重整氢气、制氢 PSA 提纯出的氢气以及外购济源氢气等各类氢源氢气纯度不尽相同，通过管网混合后供装置使用，新氢纯度、氢用量等无法及时响应原油性质、加工负荷、产品质量要求的变化，无法进行氢气资源梯级优化利用，难以实现氢气精细化调度管理。

全厂蒸汽系统庞大复杂，蒸汽管线内介质流速、流向及凝结水生成情况难以确定，缺少有效管理监控手段和工具。

根据公司生产管理、数字化建设基础和发展方向，为了实现"节能降耗，降本增效"目标，提高氢气、蒸汽精细化管控水平，十分有必要建立一套符合公司生产实际的公用工程平衡与优化系统，实现公用工程精细化集中管控，提升企业效益及竞争力。

2　挖掘业务需求

（1）需求调研。先后到公司生产调度处了解氢气、蒸汽系统运行现状、现有调度方法及监控手段、应急调度与调整方法、运行过程中存在主要问题、对氢气、蒸汽平衡与优化系统各模块业务需求。

（2）产耗情况调研。到各车间深入调研氢气产耗工艺流程、氢气纯度需求，了解蒸汽生产、消耗和输送过程。收集各车间工艺技术规程、岗位操作规程、氢气和蒸汽的产耗统计表，了解氢气、蒸汽主要产耗装置生产运行状况，现场查看氢气、蒸汽主要管线走向和分布情况，统计与氢气、蒸汽产耗相关仪表位号等信息。

（3）计量及数采情况调研。根据各车间现场仪表及计量情况，查找数采系统确定各关键仪表数采情况，查找 LIMS 化验分析系统确定各关键采样点氢气纯度。

（4）信息化现状调研。了解现有数字化平台的管理方式、权限管理、IP 地址分配情况；明确 InforPlus、LIMS、MES、ERP 等现有信息化系统的数据库类型、数据集成实现方法，开放数据集成接口。

（5）管网结构参数调研。到生产现场核对氢气、蒸汽管线，对氢气、蒸汽管线的管长、管径、管件类型及数量等进行统计，形成管网结构参数台账。

（6）数据核对及需求确认。对调研获得主要产耗装置氢气、蒸汽的产耗情况、工艺流程、管网结构参数、计量仪表位号、氢气纯度等资料进行整理形成氢气蒸汽平衡与优化项目调研报告，并与相关处室和车间进行需求情况进行确认。

3 确立业务实现目标及流程

根据业务需求挖掘情况，经与业务部门反复沟通，确立业务功能及相应流程：实时监控、统计分析、管网模拟监控、产耗预测及调度优化，其中实时监控模块将对瓦斯、氢气、蒸汽系统及车间装置等进行全面实时监控。统计分析将公用工程的产耗平衡数据进行统计和分析，并对调度班组进行关键指标的量化统计。管网模拟模块能够在线计算管线中介质流量、流速、压降、温降等状态参数，能够为管网的日常管理与维护提供方便，并为优化模型计算提供数据支撑。产耗预测模块利用人工智能技术预测装置在未来周期内瓦斯、氢气、蒸汽的产耗量，并为调度优化提供产耗数据。调度优化模块以瓦斯、氢气、蒸汽系统的运行成本最小为目标，优化制氢 PSA 的吸附时间和锅炉的产汽量，确定外购氢气量和锅炉的进煤量。具体流程如图 1 所示。

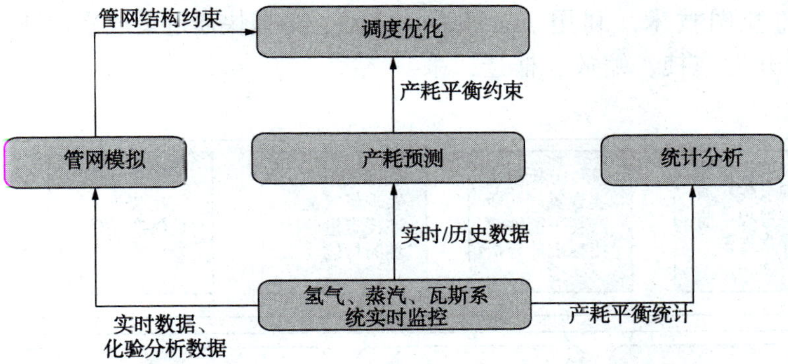

图 1　氢气、蒸汽、瓦斯平衡与优化数字化流程框架

4 系统方案设计与技术实现

4.1 系统开发技术平台

硬件平台：采用公司已有的虚拟化服务器平台。开发环境：Visual Studio 2013。主数据库：Oracle 11g。软件支撑：IIS、Microsoft. NET Framework 4.5；实时数据库数据采集使用 ISYS 实时数据库；与 InfoPlus21API 接口进行连接；LIMS 数据通过 Oracle 进行连接；数据集成主要采用与 InfoPlus21API 接口进行连接、LIMS 等系统的数据访问与集成。系统模式：B/S 模式（IIS 8.5）。

4.2 关键安全技术

4.2.1 数据库安全策略

数据库安全设计主要体现在如何保证数据的安全，以及数据被破坏后能否及时恢复。本系统数据库采用 Oracle 数据库，通过设定用户角色权限、定时备份等方式保证数据的安全。

（1）用户角色管理。这是保护数据库系统安全的重要手段之一。它通过建立不同的用户组和用户口令验证，可以有效地防止非法的 Oracle 用户进入数据库系统，造成不必要的麻烦和损坏；另外在 Oracle 数据库中，通过授权来对 Oracle 用户的操作进行限制，即允许一些用户对 Oracle 服务器进行访问，也就是说对整个数据库具有读写的权利，而大多数用户只能在同组内进行读写或对整个数据库只具有读的权利。为了保护 Oracle 服务器的安全，应保证 $ORACLE_HOME/bin 目录下的所有内容的所有权为 Oracle 用户所有。为了加强数据库在网络中的安全性，对于远程用户，应使用加密方式通过密码来访问数据库，加强网络上的 DBA 权限控制，拒绝远程的 DBA 访问。

（2）数据备份。数据库数据保护主要是数据库备份，当计算机的软硬件发生故障时，利用备份进行数据库恢复，以恢复破坏的数据库文件或控制文件或其他文件。另一种数据保护就是日志，ORACLE 数据库实例都提供日志，用以记录数据库中所进行的各种操作，包括修改、调整参数等，在数据库内部建立一个所有作业的完整记录。还有一种数据保护手段是控制文件的备份，它一般用于存储数据库物理结构的状态，控制文件中的某些状态信息在实例恢复和介质恢复期间用于引导 ORACLE 数据库。

4.2.2 管理层安全策略

系统提供完善的权限控制体系，管理人员对系统具体使用人员进行过授权，可以对使用人员管理范围、操作权限、有效期限等进行细化的控制，有效防止误操作对系统造成的不利影响，对各种用户进行的任何与安全相关的操作进行记录和追踪，为内部人员非法操作或发生安全事故后的追查和审计提供依据。

4.3 总体技术架构设计

根据业务实现目标，本系统采用 flash 在 Web 浏览器上做监控图技术，利用 Jquery 的 JavaScript 框架实现开发拖拽、缩放、框选，采用 Ajax 技术优化用户体验。系统总体架构采用物理层、数据层、存储层、应用层、表现层五层架构，如图 2 所示。物理层：氢气、蒸汽、瓦斯中相关仪表。数据层：采用 Oracel 关系数据库和中控信息化综合平台等智能工厂系列软件及 ISYS 实时数据库为支撑的两大数据仓库与企业现有 Infoplus 数据库、Lims 化验分析等数据互联互通，构建性能强大的公用工程系统信息集成与管理平台，提升各功能模块的响应速度、系统稳定性。应用层：主要集成了 iweb 流程图软件、报表组态软件、基于机理模型开发的 PipeSim 管网模拟系统。表现层：主要通过 Web 方式，实现人机交互处理，包含实时监控、统计分析、管网模拟、产耗预测、调度优化以等应用功能模块，各模块通过集成平台进行统一集成与管理。

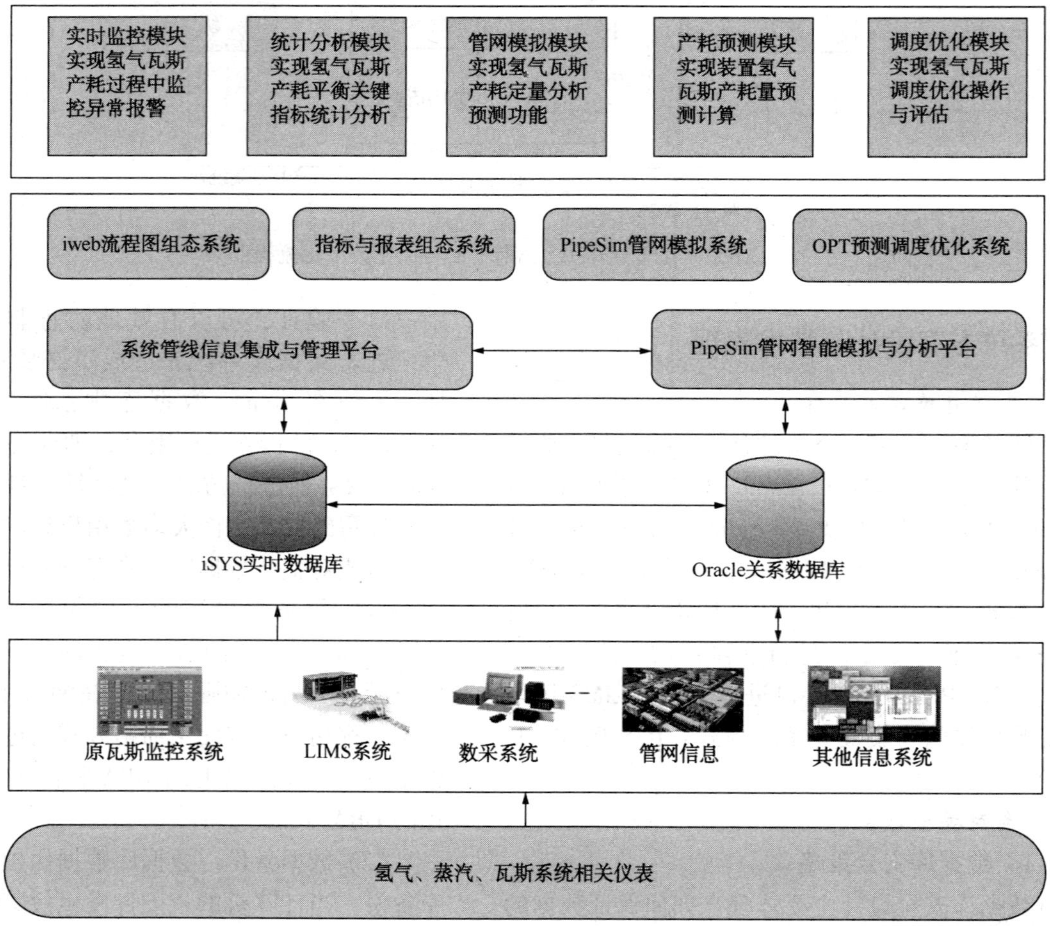

图 2 公用工程数字化平台总体架构示意图

4.4 各模块主要功能实现

4.4.1 实时监控模块

全面监控氢气、瓦斯、蒸汽系统的产耗情况以及各车间装置的工艺流程，从监控总图到各车间装置，实现了各监控图间的分层级浏览、索引及联动报警。另外，实时数据库还采集了化验分析数据，并在氢气系统监控图上展现出临氢装置的氢纯度，后台计算出临氢装置氢油比、氢损耗和氢单耗等指标，通过趋势图的形式展示出其变化规律。实时监控模块的主要功能如下：

（1）瓦斯、氢气、蒸汽系统集中监控：实现产氢装置、耗氢装置氢气产耗量、氢纯度、温度、压力状态参数的展示和监控，用户点击主要装置就可以链接到对应车间和装置，方便用户了解各车间的氢气产耗情况，如图3所示。

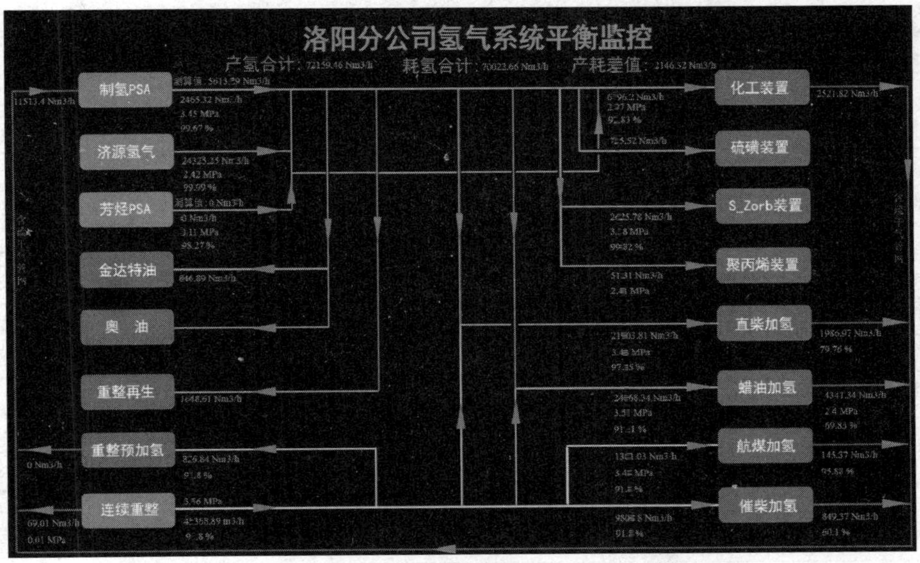

图3　氢气系统监控总界面

（2）各车间运行状态监控：对各车间和装置的运行状态进行了实时监控，对于氢气系统的临氢装置，该系统还在后台计算了装置的氢油比、氢单耗、产氢率、氢损耗等关键指标数据，并以趋势图的形式进行了展示，界面如图4所示。蒸汽系统与之类似。

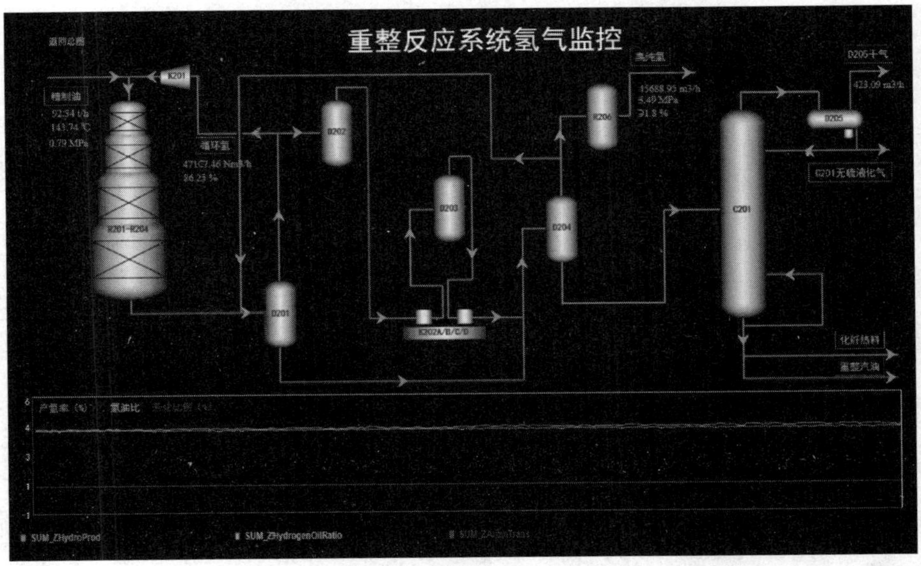

图4　重整装置氢气监控分界面

4.4.2　统计分析模块

统计分析模块采用中控指标3.0组态工具实现氢气、蒸汽、瓦斯产耗平衡跟踪统计，在线生成日/月/年等不同粒度下的统计报表。同时，对氢气系统关键产耗指标（如氢气单产、氢油比、氢损耗、脱硫率等）进行了在线计算。该功能模块的主要功能如下：

（1）产耗平衡统计功能：自动统计汇氢气、

蒸汽、瓦斯的日产量、日消耗量、月累计、年累计，如图 5 所示。对于表格中的每一个数据，用户可进行核对和趋势分析。面向不同组织架构及人员，该模块提供了报表查阅、下载、数据修改、报表审核及确认及报表模块修改等权限。

洛阳分公司蒸汽产耗平衡统计

日期：2019年08月

项目	单位	08月01日	08月02日	08月03日	08月04日	08月05日	08月06日	08月07日	08月08日	08月09日
9.0MPa蒸汽										
产汽										
1#锅炉	t	4449	4698	4933	4794.75	4808	4684	4573	4666	4679
2#锅炉	t	0	0	0	0	0	0	0	0	0
3#锅炉	t	3098	3724	6189	6921.5	6760	6532	6821	6881	6745
总计	t	7547	8422	11122	11716.25	11568	11216	11394	11547	11424
瞬时量	t/h	314.46	350.92	463.42	488.18	482	467.33	474.75	481.12	476
耗汽										
1#机组	t	5681	4616	4570	3635.5	3309	3517	2758	2890	3143
2#机组	t	0	0	0	0	0	0	0	0	0
3#机组	t	3098	3724	6189	6921.5	6760	6532	6821	6881	6745
1#双减	t	1122	1034.4	53.3	-62.94	106.9	103.3	313.1	422.8	185.1
2#双减	t	951.6	695.3	3	0	-29.3	-0.2	0	0	-0.2
3#双减	t	202	60	120	-113.38	-115	-80	-119	-112	-101
4#双减	t	-170	-218	-455	-508.75	-481	-493	-511	-514	-571
PTA用汽	t	480	484	489	485	505	490	483	471	469

图 5　蒸汽统计分析界面

（2）关键指标统计功能：对于氢气系统临氢装置关键指标（如氢气单产、单耗、氢油比、脱硫率、氢损耗、芳烃转化率等）进行计算，并通过报表的形式进行了集中展示，如图 6 所示。

时间窗口：选择月 ▾ 2019年08月 查询报表

洛阳分公司氢气产耗关键指标统计

日期：2019年08月

装置类型	装置名称	指标类型	单位	08月01日	08月02日	08月03日	08月04日	08月05日	08月06日	08月07日
产氢装置	连续重整	氢气单产	%	3.921	3.958	3.954	3.992	4.143	4.321	4.048
		氢气油比	%	3.975	4.010	4.001	3.987	3.977	3.991	3.998
		芳烃转化	%	0.650	0.646	0.656	0.651	0.651	0.651	0.664
提纯装置	制氢PSA	校正产量	Nm3/h	9,230	8,538	8,092	8,272	7,396	7,956	9,042
		氢气收率	%	0.762	0.809	0.784	0.756	0.756	0.802	0.832
	芳烃PSA	校正产量	Nm3/h	1,643	1,437	1,896	998	1,720	2,448	135
		氢气收率	%	0.901	0.809	0.882	0.885	0.885	0.866	0.081
	直柴加氢	氢气单耗	%	0.852	0.886	0.877	0.824	0.843	0.776	0.832
		氢气油比	%	3.914	4.761	4.786	3.796	3.995	3.753	4.348
		氢气损耗	%	0.075	0.071	0.071	0.059	0.060	0.054	0.061
		脱硫率	%	0.999	1.000	1.000	1.000	1.000	1.000	1.000
	催柴加氢	氢气单耗	%	0.809	0.951	0.954	0.923	0.894	0.958	1.025
		氢气油比	%	2.998	3.340	3.396	3.220	3.198	3.379	4.120
		氢气损耗	%	0.062	0.063	0.063	0.065	0.065	0.067	0.079
		脱硫率	%	1.000	1.000	1.000	1.000	1.000	1.000	0.980
	航煤加氢	氢气单耗	%	0.064	0.065	0.070	0.065	0.057	0.068	0.061
		氢气油比	%	2.440	2.294	2.352	2.457	2.386	2.447	2.293

图 6　关键指标统计

4.4.3　管网模拟模块

管网是公用工程主要的输送工具，其运行状况直接决定着介质的利用效率、上下游设备的运行安全，进行管网模拟也是实现瓦斯、氢气、蒸汽系统精细化管控、优化高效运行的关键，管网模拟展示界面如图 7 所示。

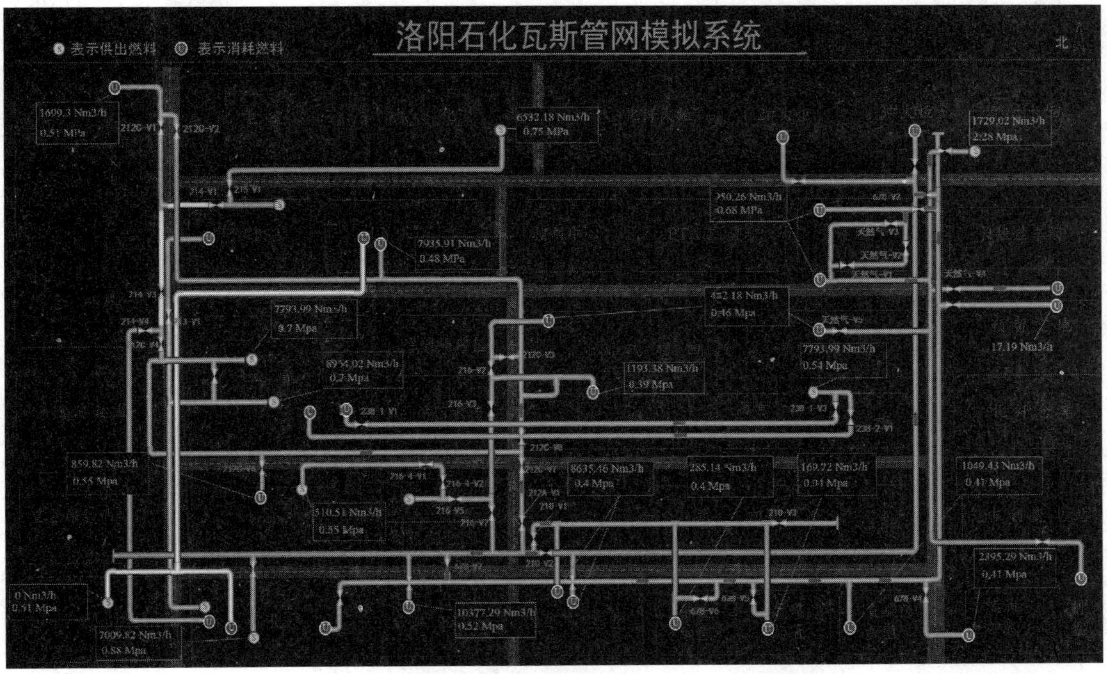

图 7　管网模拟界面

主要功能如下：

(1) 管网在线模拟计算：实时采集氢气、蒸汽、瓦斯系统的产耗数据、化验分析数据，构建热力学、传热学和流体流动的静力学方程机理模型，计算获得管线的介质流向、流速、流量，管段的温降、压降等状态参数信息，使用户可实时了解管线运行状况。

(2) 流向智能标识功能：基于管网在线模拟数据可展示各管段介质流向信息，当介质流向发生变化时流向标识指向会自动变化，当流向与预设置的流向不同时会以不同的颜色进行显示，辅助调度人员进行介质流动状况的判断与调度方案的制订。

(3) 异常管段的报警与定位功能：当管线的介质流速过小时，温降过大，管线会以异常颜色进行报警，与厂区布置矢量图相结合，可实现异常管段的定位，辅助进行异常工况识别。

(4) 管网结构参数的查询与维护功能：将管网结构参数电子化、信息化，形成管网结构参数台账，方便管理人员维护与查询。

4.4.4　产耗预测模块

产耗预测模块主要以装置运行的大量历史数据为基础，结合生产计划数据，采用数据挖掘算法实现未来多个周期内氢气、蒸汽、瓦斯产耗量的在线预测，同时采用偏差校正、在线滚动校正的双重校正技术确保预测误差在合理范围内。该功能模块可以帮助提提前制定生产计划及产耗平衡方案，提升系统管网运行稳定性。主要功能如下：

(1) 在线产耗预测功能：以大量历史数据分析为基础，在线预测在环境温度、原油性质、装置负荷、生产工艺操作变量变化的条件下，主要装置氢气、蒸汽、瓦斯产耗量的变化趋势，如图 8 所示。

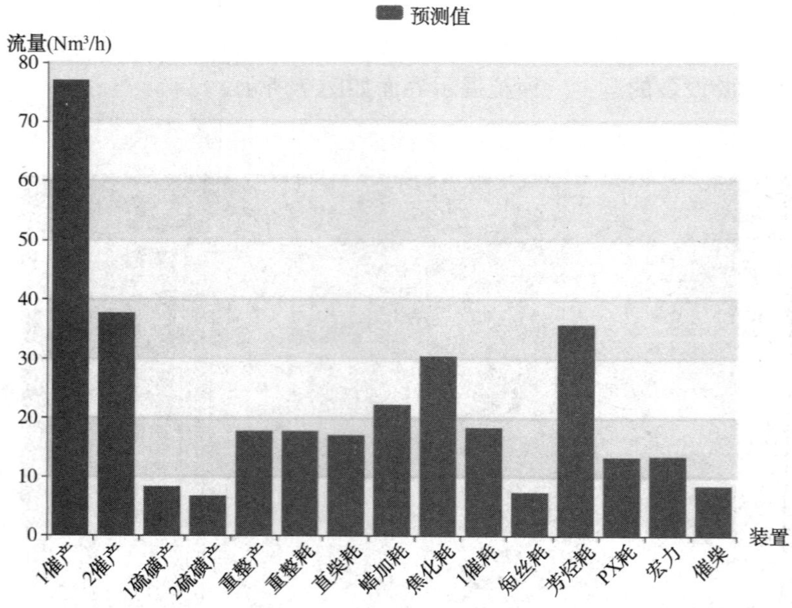

装置名称	预测值
1催产	77.039
2催产	37.779
1硫磺产	8.425
2硫磺产	6.852
重整产	17.817
重整耗	17.818
直柴耗	17.126
蜡加耗	22.311
焦化耗	30.508
1催耗	18.417
短丝耗	7.456
芳烃耗	35.78
PX耗	13.386
宏力	13.565
催柴	8.54

图 8　蒸汽产耗在线预测界面

（2）离线分析测算功能：通过大量历史数据回归训练，采用人工神经网络智能算法，用户通过输入装置负荷、原料性质、工艺操作参数，就能获得装置瓦斯、氢气、蒸汽的需求量和产量，为制定操作调整方案提供支撑工具，如图 9 所示。

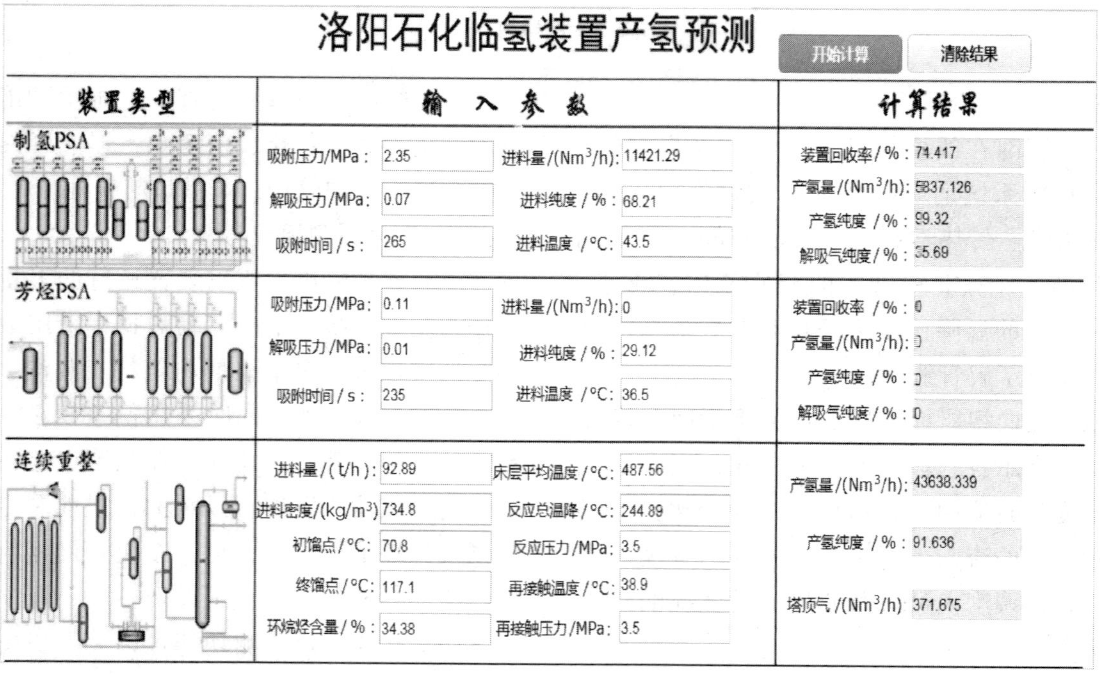

图 9　临氢装置产耗离线预测界面

4.4.5　调度优化模块

调度优化模块采用非线性规划算法，以运行成本最小为目标，优化制氢 PSA 的吸附时间和产氢量、动力锅炉的产汽量，确定外购氢气量和动力锅炉的进煤量，降低外购氢气的成本和蒸汽的燃料成本。该模块主要功能如下：

（1）在线调度优化：采用非线性规划优化算法，对制氢 PSA 的吸附时间进行了优化。从图 10 可以看到，氢气系统优化操作是延长制氢 PSA 的吸附时间。虽然产氢纯度有所下降，但是依然能满足下游加氢装置的需求，此时氢气的收率有所提高，增加了氢气的产量，进而可降低济源氢气的外购量，从而降低了氢气的外购成本。

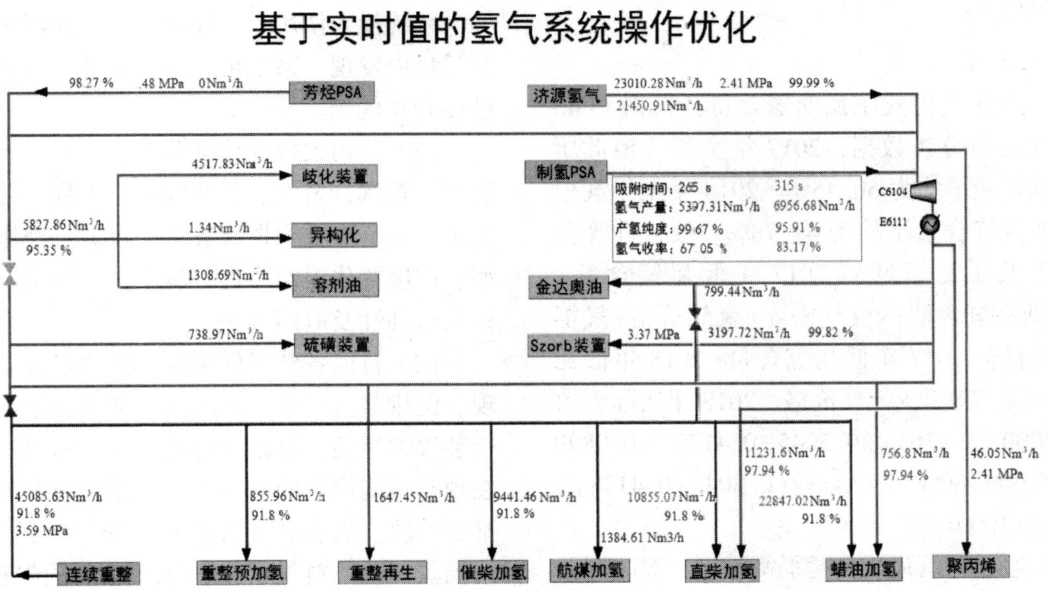

图 10　氢气在线调度优化界面

（2）调度优化离线分析测算功能：采用非线性规划优化算法在保证下游汽机和 PTA 装置蒸汽需求量的前提下，使蒸汽的燃料成本最低，锅炉的整体运行效率最大，对锅炉产汽量进行优化，进而确定出锅炉的进煤量，如图 11 所示。

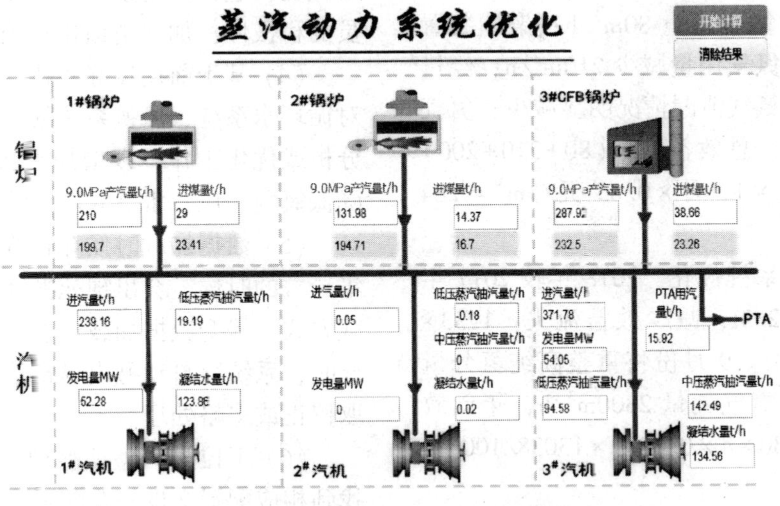

图 11　蒸汽调度优化离线分析测算界面

5　创新点分析

（1）集成 inforplus 实时数据、Lims 化验分析数据，后台实时计算公用工程系统运行的关键指标参数，并以趋势图和报表的形式展现在实时监控和统计分析模块中，方便管理人员了解公用工程系统运行状况。

（2）以产耗数据、管网结构参数为基础，构建了流动、传热计算机理模型，实现公用工程管网输送过程的在线模拟计算，实现管网流量、流速、压降、温降等关键运行状态参数的实时计算与超标定位、报警等功能。

（3）基于装置大量历史数据，结合生产计划数据，采用人工神经网络、多元线性回归等数据驱动方法，实现了公用工程生产及消耗量的在线预测，实现了“以耗定产”“事前调度”。

6　应用成效

6.1　经济效益

（1）降低气柜低压瓦斯氢含量：根据 LIMS 气柜低压瓦斯分析数据，2017 年全年气柜低压瓦斯氢气含量平均为 50.45%，2018 年全年气柜低压瓦斯氢气含量平均为 41.78%。效益计算公式：气柜低压瓦斯量×（2017 年低瓦氢含量－2018 年低瓦氢含量）×氢气密度×氢气价格－气柜低压瓦斯量×（2017 年低瓦氢含量－2018 年低瓦氢含量）×干气密度×干气价格。2018 年实际创效金额：8000×24×365×（0.5045－0.4178）×0.0899×13038/1000－8000×24×365×（0.5045－0.4178）×0.8×2590/1000＝586 万元。

（2）通过高压瓦斯产耗平衡计算，对改制单位合纤公司原使用天然气改为公司直供瓦斯，实现瓦斯产耗平衡，增加用户瓦斯量：2018 年合纤公司共使用公司高压瓦斯 1564t，效益计算：1564×2520（瓦斯价格）＝394 万元。

（3）对氮气系统进行排查和工艺流程优化，一催化装置臭氧发生器喷嘴保护氮气调整为使用蒸汽保护，可减少氮气用量 $80m^3/h$；聚酯装置氮气循环使用后，氮气用量减少 $210m^3/h$；经过排查整改，各装置氮气泄漏情况明显减少，氮气用量减少 $200m^3/h$，总效益为：$(80+210+200)m^3/h\times24h\times31$ 天 ×12 月 ×0.65 元/ m^3 ＝284 万元。

（4）通过氢气系统优化，2018 年较 2017 年外购氢气量减少 1233t，减少效益流失：1233×13038＝1607（万元）。9 月份将重整高纯氢分量至芳烃流程，减少氢气耗量 $2300m^3/h$，年创效金额：2300×24×30×4×0.0899×13038/1000＝776（万元）。

以上合计经济效益为：3647 万元/年。

6.2　管理效益

通过管网模拟计算可实时查看公用工程在管网中的流动状态，根据原料性质数据、装置加工负荷和操作参数对公用工程在未来周期内产耗情况进行预测，进而确定瓦斯、氢气、蒸汽的调度优化方案，有效减少低瓦斯异常排放现象，降低燃放低压瓦斯火炬的次数和时间，提高氢气资源的利用效率，降低蒸汽的燃料成本，为企业节能环保、挖潜增效提供强有力支撑。

7　改进方向与思路

系统投入使用后，经业务单位使用和日常维护过程中发现，系统可以在以下几个方面需要改进提升和优化。

（1）公司大检修后催柴加氢装置、航煤加氢装置、蒸汽、氢气、瓦斯等公用工程消耗情况发生了改变，需要根据装置生产数据对操作优化模型、调度优化模型作进一步修正及调整，以提升模型精确性及应用效果。

（2）目前各装置低压瓦斯排放点的监控已实现，但排放点较多，调度人员又无法始终盯着每个装置的界面，难以及时发现异常问题。有必要在现有功能模块的基础上，增加智能报警、消息推送模块，实现各装置低压瓦斯排放异常情况，包括氢气、燃料气、蒸汽等产耗异常情况的弹窗报警和主动推送，提升监管力度，降低调度人员的工作强度。

（3）班组考核仅实现了调度班组的考核，有必要对各装置、各车间的关键运行指标进行跟踪统计及定量评价，实现在线考核与评比，提升各装置运行过程的定量考核，以促发各车间操作人员的积极性，加强精细化管控。

（4）基于前期良好实践，根据生产实际需求对循环水系统、风氮系统的空分过程等开展评估分析或优化工作，以增加平台优化功能覆盖面，降低氮气、风、水等介质系统的损耗。

（5）数据加载时候存在等待现象，在数据采集异常的时候，会出现死循环。需要优化数据加载方式，提升数据加载速度。当数据出现异常情况时，系统会自动抛出异常信息给用户，可以采取校正或忽略处理。

（6）工位号调整或修改，需要进服务器后，找到相应配置文件修改配置。建议在系统后台管理里面建立相应配置文件修改功能和相应栏目内容的工位号维护管理功能，提高用户的可维护性。

参 考 文 献

[1] 苏宏业，侯卫锋．瓦斯平衡与优化调度技术及其在节能减排上的应用[J]．自动化博览，2010（S1）：28-30.

[2] 伦晓伟，刘新月，王言言．炼厂瓦斯系统平衡及优

化分析[J]. 石油石化节能与减排，2014，4(06)：45-50.

[3] 魏瑞. 炼厂气中氢气资源的回收和利用[J]. 当代化工，2016，45(06)：1292-1295.

[4] 王萍，吴昊鹏，徐以泉. 加氢型炼厂富氢尾气回收氢气技术[J]. 中外能源，2016，21(04)：78-82.

[5] 张龙，方向晨，张英，等. 炼厂氢气系统与轻烃回收系统的集成优化[J]. 石油与天然气化工，2015，44(06)：43-49.

[6] 焦云强，苏宏业，侯卫锋. 炼油厂氢气系统优化调度及其应用[J]. 化工学报，2011，62(08)：2101-2107.

[7] 黄雪琴，龚燕，朱宏武，等. 炼化企业蒸汽动力系统优化分析方法进展综述[J]. 节能，2010，29(05)：6-10.

原油商业储备基地的控制网络剖析

汤红军　周新强

（中国石油化工股份有限公司洛阳分公司）

摘　要　本文介绍了1.6Mt原油商业储备基地项目的SCADA系统，对全库区进行的集中控制、监测、管理、记录、报警和部分数据远传功能，并对故障处理和优化不足进行了总结。

关键词　SCADA　独立；冗余；故障处理

洛阳1.6Mt原油商业储备基地是国家级原油储备基地，生产设施包括原油罐区、泵区、计量区等，区域广、面积大、各个测量点非常分散，储存的原油易燃易爆，具有较高的危险性，这些特点决定了罐区应具有较高的自动化水平和严格的安全措施。

SCADA即数据采集与监视控制系统，它是以计算机为基础的DCS与自动化监控系统，它广泛应用与电力、石油、铁路等领域的数据采集、监视控制以及过程控制，其特点主要用于测量控制点极为分散、分布范围广泛的生产过程的设备的监控。

1　项目自控系统配置

1.1　基本要求

根据《石油化工可燃气体和有毒气体检测报警设计标准》及《石油化工安全仪表系统设计规范》，SIS（Safety Instrumented Sytem）和GDS（Gas Detection System）必须单独设置，区别独立于常规控制系统之外。为此，原油储备库的SCADA系统分为三个部分：常规监视和控制的PLC（Programmable Logic Controller）系统，主要用与储罐计量库存管理系统、计量标定管理系统、储罐的液位监视、电动阀的控制、进出库区的流量监控等；GDS系统主要监视储罐周边原油泄漏时可燃气体（介质）的实际状况；SIS系统用于实现储罐液位工艺联锁、原油泵联锁。

1.2　整体配置

洛阳原油商业储备库SCADA由控制站、操作站、工程师站、调度工作站、服务器及数据通信系统、打印机等构成，如图1所示。主要包括一套控制站（控制器冗余配置）、两套操作站、一套工程师站、两套调度工作站、一套冗余配置实时服务器、一套历史服务器、一套WEB服务器及数据通信系统、两台打印机等。洛阳原油商业储备库SCADA系统集成范围还包括一套原油罐计量系统管理站（硬件）、一套辅助仪表柜。

SCADA的基本配置为：控制单元的CPU等功能卡按1∶1冗余或容错配置；SCADA的电源模块按1∶1冗余配置；SCADA各级网络通信总线和通讯设备及部件按1∶1冗余配置；控制回路的多通道I/O卡按1∶1冗余配置。冗余设备必须能在线自诊断，出错报警，无差错切换。

在系统机柜中，有10%已经接好线的输入输出（I/O）点作为备用，有20%的裕量空间用于安装扩容用I/O卡件；在浪涌保护器柜、继电器柜中，少有20%的裕量端子、浪涌保护器、继电器作为备用；CPU的负载有30%的扩展能力；数据通信网络的负载最高达到50%；电源单元的负载最多为负荷能力的60%；应用软件和通信系统有30%的扩展能力。

CPU（Central Processing Uint）机架与远程IO机架，通过环形网络连接，通信协议采用CIP（Control Network Interface Protocol）协议；上层与站控机即操作站电脑采用双以太网通信，站控机配置双以太网卡，通过网线接入到PLC系统交换机，通信协议 CIP；商储库与分公司信息中心通讯采用 OPC(Ole for Process Control)通信协议和专门的 OPC 服务器。

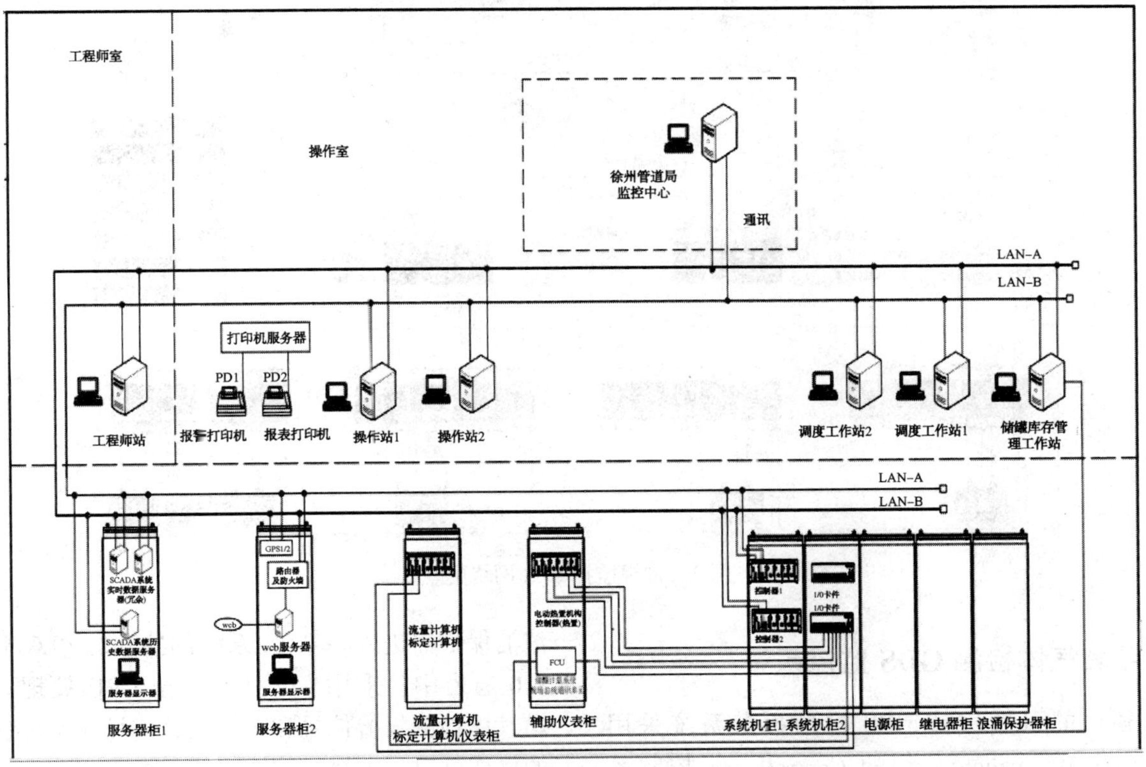

图 1　SCADA 基本配置

2　PLC 监视控制系统

PLC 监视控制系统包含 7 个 PLC 柜、1 个电源柜、1 个辅助仪表柜、1 个服务器柜。PLC 系统配置的冗余电源，供电为一路市电、两路 UPS 电源，由正常供电转换到备用电源的切换时间为≤5ms，充分保障 PLC 系统供电的绝对安全。系统负荷在设计负的 60%以内。

2.1　核心控制柜 FCU

PLC 系统的 FCU 柜，是整个 PLC 系统运行的核心。柜内配置的冗余防火墙、交换机和网关负责系统内部网络通信及外部以太网转换，负责系统的运行调度及控制。PLC 系统采用 CIP 协议，从 CPU－远程 I/O－CPU，组成一个环型网络。

2.2　现场设备到 PLC 柜信号联络

原油泵棚 5 台原油泵电机绕组温度、启停命令、过滤器差压、泵的状态、泵的进出口电动阀的控制及状态等信号；污水池雨水池、雨水池、事故缓冲池的液位信号、6 台提升泵的状态信号及启停命令；8 个原油罐罐前及罐根阀的开关命令、8 个原油储罐液位信号；计量间内外流量计、电动阀、差压、温度、压力信号；库区外围的仪表风、蒸汽、污水流量信号，经各个控制柜数字量和模拟量浪涌保护器，进入 PLC 卡件通道，采用 CIP 协议，至 CPU 处理，最终在操作上位机上显示和控制。

2.3　网络通信

原油商业储备库 SCADA 系统设置了与生产调度信息管理系统相连的以太网通信接口，如图 2 所示。建立实时数据库，为其提供所需的数据和网络结构基础。

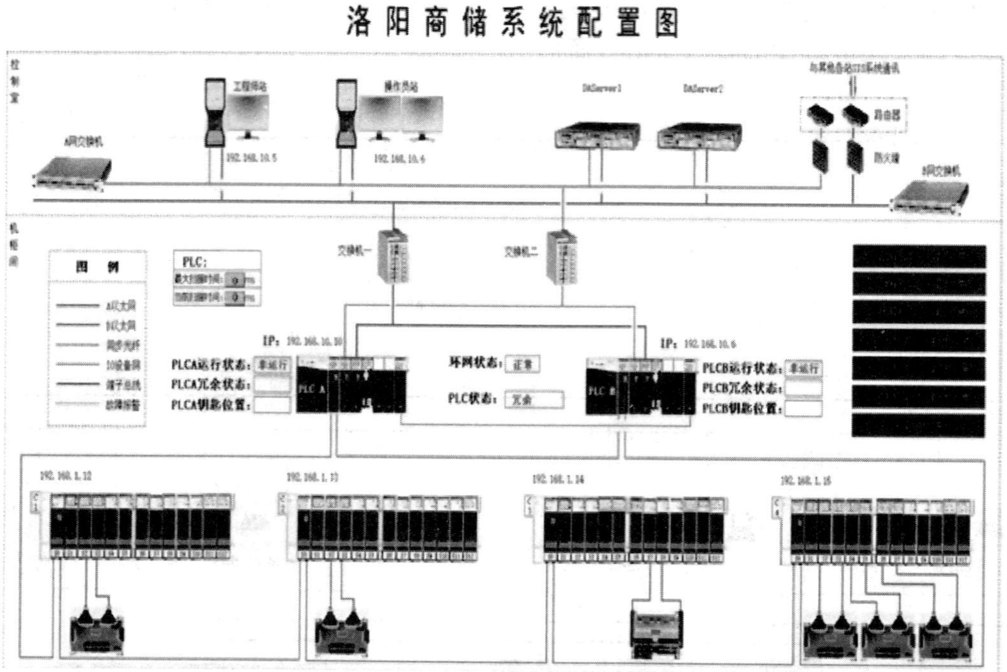

图 2　常规监控 PLC 网络配置

3　可燃气体检测 GDS 监控系统

独立的可燃气体 GDS 检测报警系统采用 Rockwell Automation 公司的 ControlLogix 控制系统，有 3 个机架，冗余电源配置在火气控制柜 3#机架内。

3.1　现场检测器信号联络

1#和 2#罐区、雨水和事故水池、原油泵棚、计量间内外的可燃气体检测变送器的 4～20mA DC 信号进入火气控制柜的 1#和 2#柜，经模拟量浪涌保护器进入 SCADA 系统的独立的 PLC 卡件 I/O 通道中，采用 CIP 协议，至 CPU 处理，可燃气体检测报警信号和区域报警信号在系统独立的操作站显示可燃气体浓度值和报警。

3.2　GDS 检测报警系统管理

可燃气体报警系统网络结构，如图 3 所示。在操作站上显示可燃气体检测器的浓度数值和报警状况，同时通过专门的 OPC 服务器，采用 OPC 通信协议送至分公司信息中心，最终传输到河南省应急管理中心，实现多级覆盖监控。

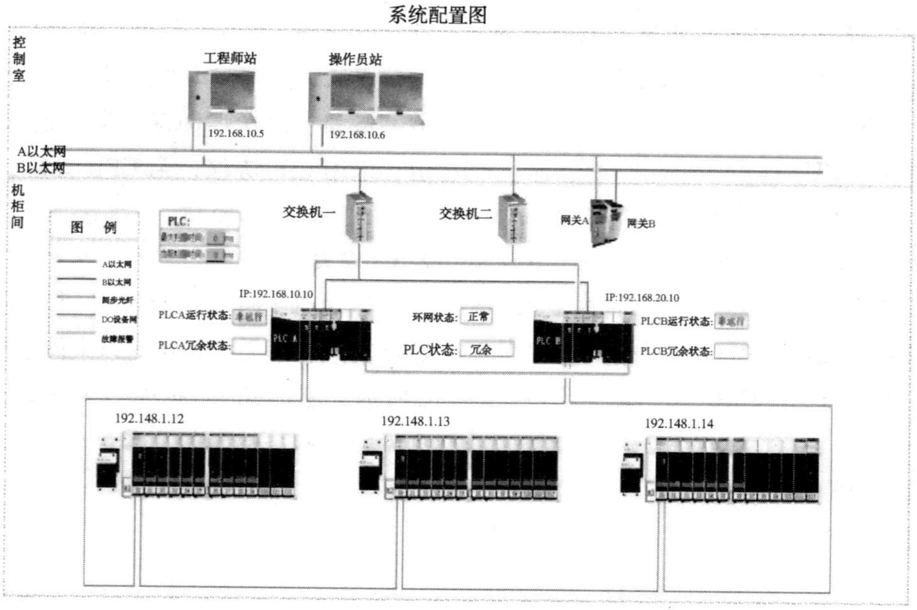

图 3　GDS 网络配置

4 设备及工艺联锁 SIS 系统

原油商业储备库 SCADA 系统的安全联锁和报警功能，在独立的安全仪表系统 SIS 显示和报警。

ControlLogix 热备全冗余结构、冗余控制器、冗余电源、冗余 IO 网络、冗余以太网 CIP 网络，任何一个冗余部件发生硬件故障，均可以保障生产不受影响；控制系统具有良好的在线组态和维护功能。这一特性赋予极大的灵活性，减少系统停机、加快故障恢复并减少停机损失。

SIS 系统采用 Rockwell Automation 公司的 ControlLogix 控制系统，1∶1 独立冗余的控制器 CPU，型号为 1756－L72，配置 5 个独立 I/O 机架。

4.1 联锁过程

SIS 2#～5#柜接入原油罐设高高、低低报警液位开关，经浪涌保护器至全套冗余的 PLC 系统，实现液位高高、低低报警，联锁切断原油罐进口电动阀门，防止冒罐事故发生；接入原油泵入口压力低低、出口压力高高联锁报警信号，信号远传至 SCADA 系统显示，同时发出联锁信号至电气停泵。

4.2 网络通信

原油商业储备库 SIS 网络配置如图 4 所示。SIS 控制系统主控制器采用光纤通信，通过同步光纤实时同步冗余控制器执行逻辑，使备用 CPU 实时达到热备状态。控制器与扩展机架采用以太网通信，通过以太网环网总线技术，使得系统机架和 CPU 之间构成冗余配置。SIS 系统与 SCADA 控制系统采用 Modubus 总线通信技术，通过 Modubus 总线通信总线，将控制系统的状态、诊断信息、设备状态依次通讯至 SCADA 系统，供工艺操作监控使用。

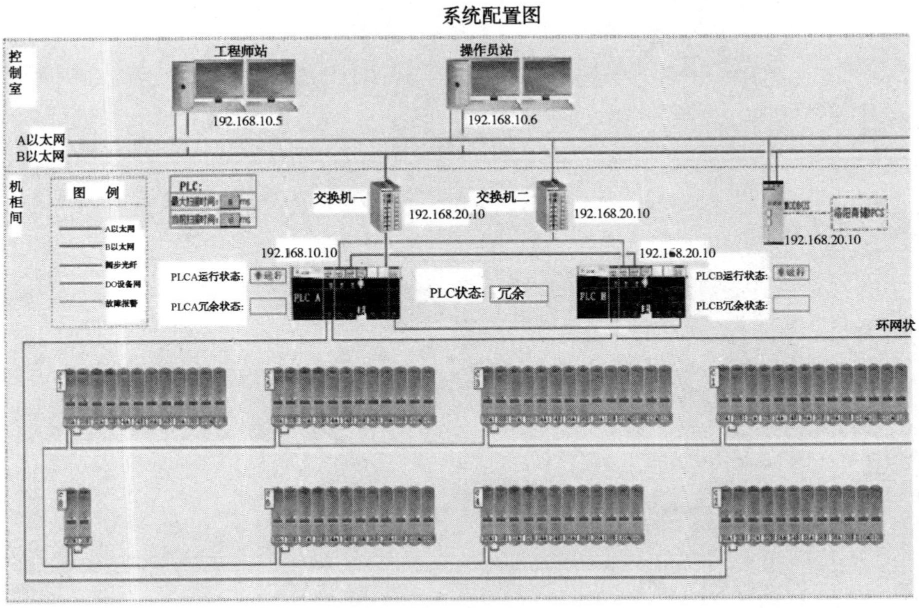

图 4 原油商业储备库 SIS 网络配置

5 故障处理

5.1 PLC 与阀门控制器通信故障异常报警

从 2020 年 6 月底开工初期，至 2021 年 3 月，上位机出现 PLC 与阀门控制器通信故障报警。通过修改后台下位程序，即 PLC 通信 A 口读取阀门控制器数据包的时间寄存器编号[1]改为[0]，彻底区分 PLC 通信 B 口读取阀门控制器数据包的时间寄存器，从根本上解决了 PLC 与阀门控制器通信故障异常报警问题。

5.2 不能在上位机上实现油品混输功能

进入后台程序，发现 PID 控制器后的批量处理模块取数端口组态错误，修改后正常。

6 其他

6.1 储罐计量

现场仪表信号采用现场总线以数字通信方式送入控制室储罐计量系统(HIMS)管理站，储罐计量系统仪表进行计量。

6.2 油品交接计量系统

原油入库计量以商检为准，储罐计量系统核对数据。流量计量系统仪表信号以数字通信方式送入 SCADA 系统进行过程监控。

6.3 电动阀门遥控及阀门状态指示

电动阀门的状态指示等信号采用双环路总线 MODBUS TCP 通信协议、以太网接口转 RS48 与 SCADA 系统通信，在控制室系统统操作站显示，阀开关命令及过程控制可在控制室 SCADA 系统操作站通过环网遥控，也可就地控制。

7 优化不足

原油储备库的 SCADA 自控系统，特别适合原油储备库测控点极为分散、对控制要求不是很高的场所，可靠稳定采集监控生产状况、设备状态。强大的软件功能基本涵盖满足商储油库商储的所需功能，但其也有不足：

（1）操作是以鼠标为最基本的操作方式，无法满足快速操作的要求；

（2）页面动态刷新、响应速度慢，无法及时反映现场数据；

（3）功能弱化，难以实现传统模式相对复杂的特殊功能要求。

以上不足，可通过软件优化，提升 SCADA 系统的应用性能进行弥补，逐步完善原油储备库的 SCADA 自控系统。

基于虚实结合模式的智慧油田生产仿真实训基地实践与探索

孟 琦 韩福勇 刘丰臻 倪 攀

（天津石油职业技术学院）

摘 要 智慧油田是我国油田生产企业今后的发展趋势。为提高石油高职院校学生对油田信息化、智能化的的适应能力，开发建设慧油田生产仿真实训基地，基地根据“工艺认知、设备学习、操作训练、事故应急处置”的培训思路，分别建设一套培训课程体系、一个培训学习管理平台和三套仿真实训单元，形成“1+1+3”培训架构。实训基地以“学—练—考—评”为培训主线，依托典型工艺流程实物模拟装置和模拟中控室，通过虚拟与现实相结合的方式，情景再现生产现场，实现各种工况的设定、生产过程仿真再现、生产事故模拟、操作训练过程的可控制、可评价、可记录，有效提升学员的工艺设备认知、操作技能、故障诊断及事故应急处置能力。

关键词 虚实结合；虚拟实训；智慧油田

基金项目 天津市教学成果奖重点培育项目“基于智慧油田先进技术引领下的校企协同育人模式研究与实践”（项目编号：PYZJ-09）。

1 背景

石油工业在我国能源领域中有着极其重要的地位，属于高度自动化、技术密集型工业，生产过程伴随着严重的安全问题。油气开发和油气处理工艺复杂，存在高温高压、高风险、高污染、高成本、不可及或不可逆等特点，因此高素质的操作人员对于安全生产显得尤为重要，但油气生产过程的危险性决定了在实际生产过程中无法依靠生产现场对操作人员进行技能培训。因此，如何满足石油工业生产人员的培训需求、提高培训质量，已成为一个亟待解决的问题。

随着人工智能、大数据、物联网技术在油田现场的应用越来越多，现场对操作人员的综合要求也越来越高，“智慧型”员工需求量越来越大。因此，通过以数字化油田示范单位为蓝本，充分运用现代科学的思想、方法、技术、手段，以虚实结合的模式建立智慧油田仿真实训基地，再现生产现场的真实训练场景，使学员置身于仿真生产环境之中，实现应现场的生产岗位的训练。

2 基地建设思路

智慧油田生产仿真实训基地建设是以“学—练—考—评”为培训主线，以角色任务为培训主题，以操作规程及故障处置规程为蓝本，以典型现场生产数据为支撑，依托典型工艺流程实物模拟装置及仿真阀门仪表和模拟中控室，通过虚拟与现实相结合的方式，情景再现生产现场，在管路无介质的条件下，保证真实操作手感的同时，实现各种工况的设定、生产过程仿真再现、生产风险点分析、生产事故模拟与应急，操作训练过程的可控制、可评价、可记录，旨在提升学员的数据分析与调控能力，标准化作业能力、故障分析与处置能力、风险点分析能力、事故应急能力及锻炼各岗位人员的协同能力（见图1）。

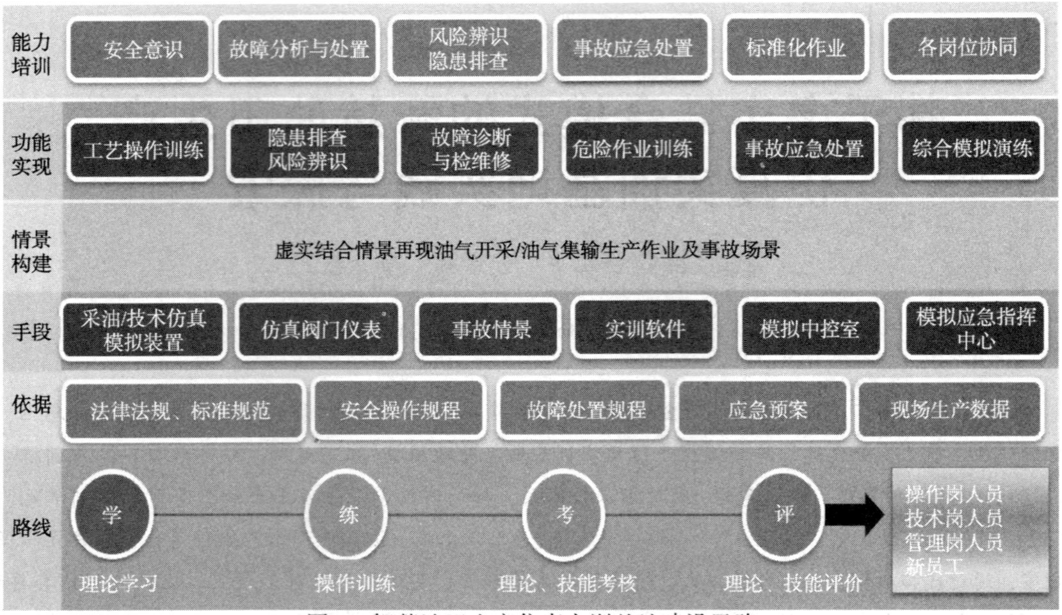

图 1　智慧油田生产仿真实训基地建设思路

3　基地建设构架

针对不同的受众对象，按照“工艺认知、设备学习、操作训练、事故应急处置”的培训思路，智慧油田生产仿真实训基地构建“1+1+3”总体构建：建立 1 套油气生产培训课程体系，搭建 1 套在线培训学习管理平台，分别建设采油作业实训单元、原油及水处理实训单元以及模拟中控室 3 个实训单元，同时配套知识学习、数值模拟、控制系统、培训管理以及考核系统等软件平台，以实现培训人员基础知识、操作技能以及应急处置能力等方面的提训练(见图 2)。

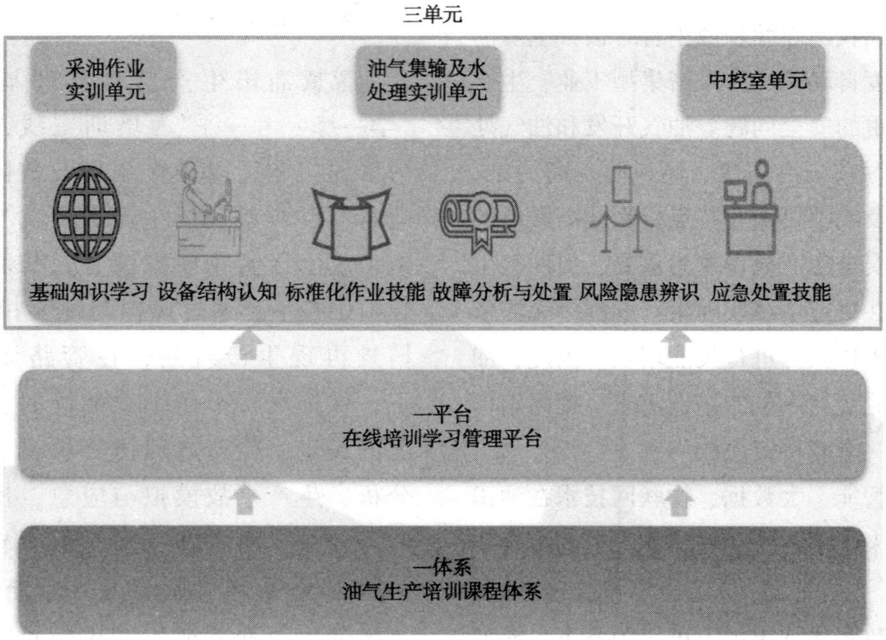

图 2　智慧油田生产仿真实训基地建设构架

4　基地建设内容及主要功能

4.1　油气生产培训课程体系

油气生产培训课程体系主要针对油气生产作业的技术技能各层级能力标准，完成专业/岗位划分、能力模型、课程设计及体系建立四部分工作任务。根据各作业岗位特点，明晰组织机构，描述岗位工作任务，划分岗位序列；按照岗位序列，进行能力识别，对能力进行分类，然后进行分级，形成能力模型；根据能力模型，设计匹配课程，并进行课程分级，建立考评体制，形成课程库；根据不同岗位级别，匹配相应学习课程，形成可规划可定制的培训体系。课程(培训)资源主要完成支撑培训规划的课程库建设工作任务。

参考油田的岗位设置，将课程专业培训课程划分为设备操作与维护、采油作业工艺、原油集输作业与工艺、操作以及事故安全响应4个类别。按照对应岗位的能力要求，课程专业包含理论部分和实操部分；实操部分按照岗位需求进设计规划，理论内容与实操部分对应匹配。二者相互支撑，满足岗位的培训需求。

培训资源类型是将不同培训内容的培训方法进行归纳获得的培训资源的类型。根据实训基地设计需求，我们将培训资源分为知识学习类、技能操作类、故障处置类以及安全应急类4种类别。

根据设立的课程类型和培训课程，我们采取多种培训模式，以期达到预期的培训效果。设立的培训模式包括课堂讲解、视频学习、实物操作、在线仿真实训、在线实物操作、现场体验、VR体验学习、AR体验学习及模拟演练等方式。

4.2 在线学习培训管理平台

在线学习培训管理平台是基地实现培训学习及管理的控制端，其分为学生端和管理端两部分。学生端具备在线学习、练习、考核和成绩查询等功能。管理端主要具备学员管理、课程管理、培训资源管理、试题库以及考核管理等功能，满足学员日常学习和考核功能需求。

4.3 采油作业实训单元

采油作业区主要由采油井口单元、电泵井口单元、自喷井口单元、螺杆泵井口单元组成，按五点注水法进行布局。同时辅助原油泄露、火灾等模拟装置，配套相应的控制系统、数据模拟以及三维仿真系统，实现采油作业生产的培训。主要实现培训功能如下：

(1) 采油作业工艺流程模拟操作训练；

(2) 采油作业故障诊断及模拟处置训练；

(3) 采油作业自动化及控制系统操作维护训练；

(4) 采油作业应急事件模拟处置训练；

(5) 在线操作培训；

(6) 抽油机、井口设备、部件实物更换拆装训练；

(7) 操作技能、故障诊断与处置、自动化、应急处置训练项目考核、记录；

4.4 油气集输/水处理实训单元

原油及水处理区建设一套典型的原油集输、污水处理及注水工艺流程，主要由原油集输单元、污水处理与配注水单元组成(见图3)。

原油集输单元主要包含来液计量装置、加药装置、真空加热装置、气液分离装置、原油沉降装置、原油净化装置、外输装置、外输加温装置、外输计量装置等。污水处理与配注水单元主要包含沉降罐、除油罐、清水罐、污水处理装置、清水过滤装置、喂液泵、注水泵、配水装置、注水井等。其主要实现功能如下：

(1) 原油及水处理故障诊断及处置训练；

(2) 原油及水处理工艺流程模拟操作训练；

(3) 原油及水处理应急事件模拟处置训练；

(4) 原油及水处理工艺设备(仪表自动化)技能训练；

(5) 在线操作培训与考核；

(6) 操作、故障诊断、应急处置训练项目考核、记录；

图3 采油及油气处理区

4.5 中控室

中控室作为工艺仿真区配套设施，承担着工

艺仿真区数据传输与控制系统，承载着本系统核心软件，作为教师下发培训任务及学生自动化操作和考核使用，旨在提高学生生产中技能操作能力，特别是学生对控制系统的使用经验。

中控室主要包含中控大屏、音响、网络系统、摄像系统、教学设备、训练硬件环境及辅助系统等(见图 4)。

图 4　智慧油田中控室

4.6　配套软件培训系统

配套基地课程体系，系统配备相应的软件培训系统，主要包括知识学习、数值模拟系统、控制系统以及三维仿真系统等内容。

其中知识学习包括多媒体课件资源、AR 展示系统以及二维码扫描学习系统等内容。

5　应用与特点

智慧油田生产仿真实训基地依托于油气开采工艺流程实物模拟装置及仿真阀门仪表，借助模拟仿真、多媒体、数据库及网络等技术，在管路无介质的条件下，保证真实操作手感的同时，实现各种工况的设定、生产过程仿真再现、生产事故模拟、操作训练过程的可控制、可评价、可记录。系统采用虚实结合的设计理念，源于生产，高于生产的训练内容，充分体现了系统的先进性和实用性。

基地集多种教学和实训功能于一身，不受时间、季节的限制，全工况可操作、真实感强、无须物料、没有产物和副产物、维修简单、节能、安全、环保，真正做到生产现场、教室融为一体，完全满足了油气生产培训与考核的需求。

参 考 文 献

[1] 吴重光，夏迎春，纳永良，等．我国石油化工仿真技术 20 年成就与发展[J]．系统仿真学报，2009 21(21)：6689-6696.

[2] 曲本全，郄兆辉，苏晓伟，等．虚拟现实仿真技术在油气田及化工培训系统设计与实现[J]．石油仪器，2013 27(1)：4-6.

[3] 魏彬．虚拟现实技术在可视化仿真系统中的应用[J]．油气田地面工程．2011(08)：71-72.

[4] 曲本全，张忠涛，李芳，等．基于虚实结合模式的采油 OTS 系统设计及应用[J]．石油化工高等学校学报，2017，30(01)：54-59.

[5] 杨光辉．工程教育背景下油气开发工艺虚拟仿真实践教学中心的建设及应用[J]．化工设计通讯，2020，46(04)：38-39.

[6] 杨位平，朱希收，杨位磊．虚拟现实技术在油田生产中的应用探讨[J]．信息系统工程，2017(03)：104.

华北油田云计算资源池整体建设的研究与实践

姜　新

（中国石油华北油田分公司）

摘　要　近年来，大数据中心全面贯彻落实油田公司和集团公司信息化总体工作部署安排，并结合华北油田公司业务实际情况，不断持续推进油田公司信息化建设。大数据中心在信息基础设施、数据资源应用、网络安全、灾备等信息化建设方面都取得了较为全面的发展，为公司全面推进智慧油田建设，进行数字化转型打下了坚实的基础。本文主要针对华北油田云计算资源池建设过程中的需求，从多方面进行规划设计，分基础云平台、云安全防护系统、灾备系统、运维平台等，综合考虑不同的信息业务场景，根据实际需求选择适合技术手段，逐步建成面向油田不同业务领域提供支撑服务和云服务的云资源中心。

关键词　云计算；虚拟化；超融合；云安全；灾备

1　项目概述

1.1　数据中心的发展趋势及面临的挑战

云计算、大数据、区块链、5G、物联网等新兴技术正在推动IT和数据中心的新一轮变革。日益多元化和异构化的数据中心既支持了企业不同阶段的业务发展，也带来了巨大的运营管理成本。传统的数据中心架构已经不再适应于快速变化业务的需求，一个个孤立的IT信息孤岛，不能解决传统数据中心的面临的诸多问题，相反可能带来更多的运维和管理上复杂的新问题。传统数据中心的IT环境中对每一个新的应用需要重新部署一套新的系统，由此造成了服务器、存储设备部署数量过多，物理位置分散，不仅利用率较低，系统的灵活性、数据的完整性和可用性差，而且增加了整个IT基础设施的总拥有成本与管理成本以及复杂性。

数据中心的发展经历着从分散到集中，从虚拟化到超融合发展阶段，再到软件定义数据中心向云原生阶段发展的演进。数据中心的变革绝不是抛弃现有的投资，而是遵循开放的技术路线和架构，通过对各种资源的不断整合，最终的愿景是通过虚拟化和超融合技术等新技术，建立能被整个IT环境共享的资源池，动态分配资源，并提供按需使用，降低系统的总拥有成本，建成面向服务和面向业务的新型云资源中心。

1.2　数据中心在信息化建设中面临如下问题：

（1）现有应用系统多数物理部署，利用率和扩容能力有限。随着信息业务的不断增多，扩容能力有限，不能满足未来公司应用业务系统增长的需求。

（2）空间环境受到挑战、运维管理成本高。由于信息业务系统的不断大量上线，服务器、存储等相关设备不断购置，机房、制冷系统改造，电费持续升高，运维管理成本不断增长，对提倡绿色环保、低碳经济、控制成本构成了巨大的挑战。

（3）业务连续性保障差、容灾备份机制不足。随着油田各业务领域对IT依赖度越来越高，应用系统的不间断持续运行的需求越来越强烈。硬件和软件故障、单点故障、自然灾害，甚至计划维护所导致的停机时间，都有可能影响到业务运行和数据安全。

（4）信息系统安全防护能力薄弱，没有实现统一的安全防护能力。目前，针对数据中心及服务器的攻击事件越来越多，传统防病毒软件只能对已知的病毒问题进行基础防御，可是黑客在利用应用程序漏洞对数据中心服务器及应用程序进行攻击时，传统的安全防病毒软件是无法抵御这些新型风险的。

鉴于上述原因，数据中心只有通过技术变革，利用基于云计算、云安全、存储、灾备等方面的新技术，实现数据中心内IT资源的整合和按需调配，集中化的统一管理以及基于策略的灵活安全管控，才能适应快速发展的信息业务发展需求，才能降低IT总持有成本，实现信息业务系统的可靠性和可持续安全稳定运行。

2 技术方案

资源池的整体建设内容包括以下四个方面。

2.1 统一的云计算平台

利用虚拟化技术、超融合技术、VNC远程桌面、数据库集群等技术进行基础设施的建设，对资源进行集中管控，避免传统基础设施烟囱式架构；开发建设云计算管理平台，形成各自统一的基础设施云平台，实现数据中心资源的共享和实现资源的按需分配和系统自动化部署。

2.2 统一的安全防护平台

利用多种安全防护手段建设形成数据中心统一的安全防护体系，建立虚拟化、超融合基础设施和物理环境的安全保护能力，确保虚拟机、主机、应用系统之间的安全隔离，实现对基础设施和各类信息系统的安全防护加固，抵御来自内外部的各类安全威胁，实现精细化的全方位的安全管控。

2.3 业务连续性灾备建设

建立数据中心灾备体系，提高核心业务系统的高可靠、安全性，保障油田关键业务系统7×24小时持续可靠地运行。通过存储双活技术建设同城双活数据中心，保障关键信息系统可持续运行；同时建设统一的备份管理平台实现本地数据的完整备份；利用存储快照技术建设异地灾备中心，实现云环境数据异地灾备。根据业务类型的不同，实现数据中心数据级灾备。

2.4 统一的监控运维管理平台

建立基础云环境监控运维管理平台，实现统一的运行维护和管理模式；在云环境下进行容量估算，提前预知资源使用期限；基于策略实现自动化运维监控，实现运维监控的智能化。

2.5 总体架构设计

华北油田数据中心云资源环境总体架构按照面向不同信息业务需求的设计理念，基于模块化的设计，采用数据中心基础设施架构模块与不同信息业务松耦合的模式，保证数据中心IT资源的合理利用和信息业务快速上线运行。

云环境资源池逻辑架构如图1所示。

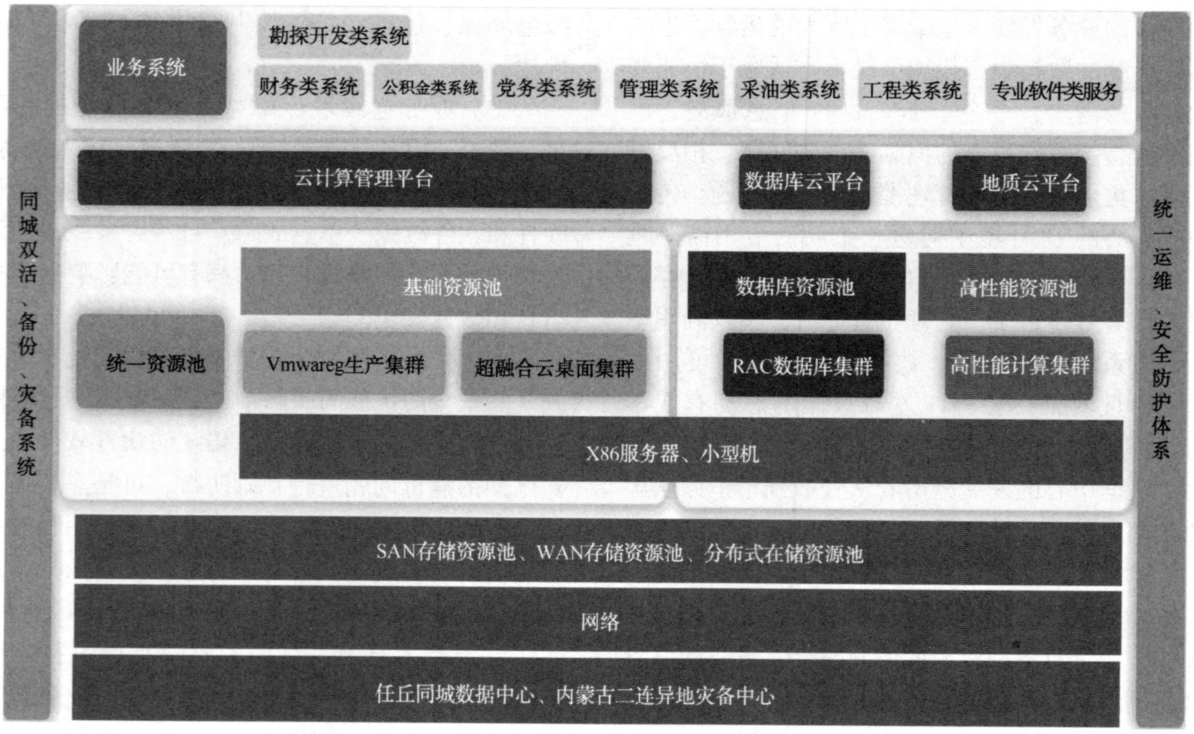

图1 云环境资源池逻辑架构

本地数据中心内划分为不同的资源池：计算资源池（基础资源池、超融合资源池、数据库资源池、高性能资源池）、存储资源池、业务连续性灾备、运维及安全等几个部分，由不同的云管平台统一管理各自的资源。

计算资源池里面包含基础云、桌面云、地

质云和数据库云的计算资源，基础云计算资源包括生产虚拟化集群和采用超融合架构的云桌面虚拟化集群、安全防护系统、备份系统以及数据库集群等。地质云计算资源包括高性能地震资料处理集群、地震资料处理集群、地震资料解释集群。

存储资源池包括NAS资源池和SAN的资源池。地震处理集群产生的数据、部分信息系统业务的数据全部存储到统一的NAS资源池里面。基础云业务系统产生的数据以及数据库数据，统一到SAN存储资源池。同时，我们利用存储的双活和复制技术，建立同城双活和异地灾备数据中心，保障华北油田公司各类信息系统业务的连续性和可靠性；依赖可靠的网络系统、全方位的安全防护系统，保障华北油田基础设施及各类信息系统和数据的安全。物理架构图如图2所示。

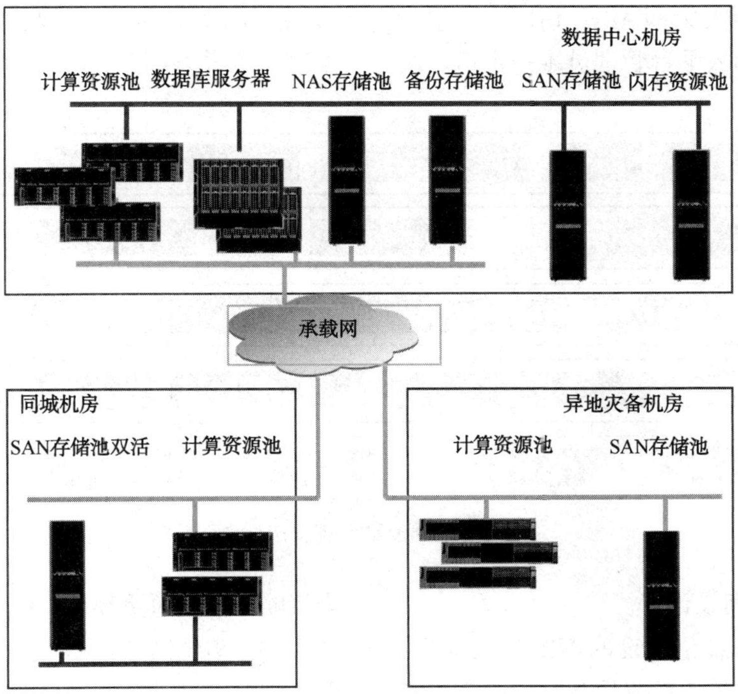

图2　云环境资源池物理架构

2.5.1　基础云方案设计

传统数据中心烟囱式的信息孤岛导致计算资源利用率严重不足，而且增加了管理和运维方面的成本；云计算技术的发展，使得数据中心的计算资源可以被统一管理和动态分配，以资源池的方式提供给用户使用，可以提升计算资源的整体利用率，简化管理和运维，降低运营成本。

油田公司信息业务分为勘探开发、经营管理、生产运行、工程技术、安全环保、协同研究等方面，涉及不同的专业领域。数据中心根据不同的业务应用对计算资源进行架构规划设计，实现通过开发建设不同的云计算管理平台对各类计算资源进行统一管理、自动部署和按需分配，满足油田公司各类不同应用系统对于计算资源的不同需求。上层应用对资源的需求决定了底层基础架构的建设模式，因此数据中心在对云计算技术及油田业务进行充分评估的前提下，将计算资源池规划设计为三类：一是满足常规信息业务需求的基础云计算资源池；二是满足数据库业务需求的数据云计算资源池；三是满足地震资料处理解释业务需求的高性能计算资源池。

基础云计算资源池以软件定义的方式式构建计算、存储和网络资源池。整合油田公司各类应用业务系统至云计算管理平台，平台为各个业务部门提供安全、可靠的IT资源，建立自助服务门户，将云平台服务推向全华北油田全业务领域，为不同的单位和部门提供基础支撑服务。

基础云平台逻辑架构图如图 3 所示。整体规划设计按照混合云的模式，采用模块化设计按照业务逻辑分为若干层次，实现各自特定的功能。采用面向服务的架构弱耦合，各模块可独立调整并升级版本。通用模块是与云业务逻辑不直接发生关系的软件系统标准模块，即用户管理、权限管理、日志管理等；业务模块为云平台门户提供云服务的全生命周期流程，包括订单管理、审批管理、产品定义、镜像管理、资源池管理等功能；核心模块包括异构的多云管理接口，用于连接 VMware 和 Openstack 云的 API；访问入口包括用户自助管理入口和云平台管理员维护入口。左右两侧分别是建设的运维监控系统（采用 Zabbix+Grafana 实现）和统一认证系统，支撑起整个平台的运行。基础云资源池采用 24 台 4 路主机构建为 3 个跨站点集群，其中 20 台来自本地数据中心，4 台来自异地数据中心。本地数据中心有 15 个计算节点，同城数据中心有 5 个计算节点，这两个集群的虚拟机可以在两个数据中心之间迁移，以实现高可用和负载分担。6 个 4 路主机构建桌面超融合集群，部署在本地数据中心，用于支持桌面云业务。2 个 8 路服务器构建 Oracle RAC 集群，提供高性能和高可靠性的数据库资源服务。

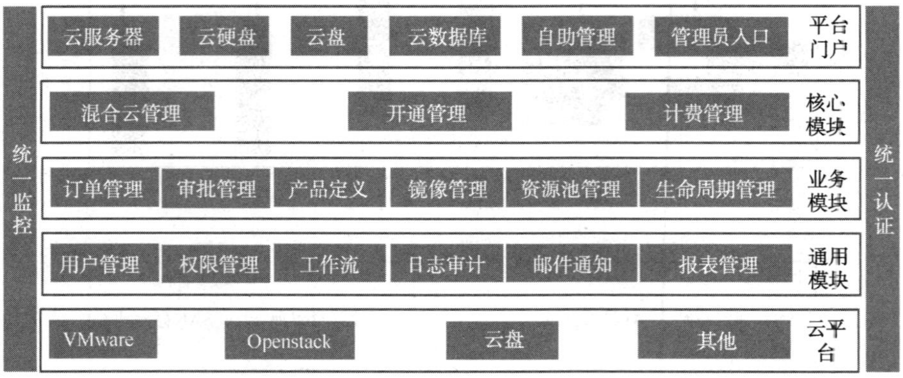

图 3　基础云平台逻辑架构图

2.5.2　安全防护方案设计

随着华北油田信息化建设的不断深入推进，越来越多的与生产相关的重要的业务应用系统部署在云端，数据中心的建设利用云计算带来好处的同时，也带来了新的安全风险。传统的安全防护解决方案对于虚拟化技术来说已经不能完全满足需求，因此如何确保云环境内重要基础设施、应用系统和数据的安全成为重中之重。

近几年，大数据中心在进行云资源池整体建设的同时，也考虑到物理基础设施、网络安全、虚拟化安全、应用和数据安全等多方面安全防护系统的建设。这是一个循序渐进的过程，需要不断地积累完善，才能形成一套有效的数据中心整体安全防护体系。

云资源环境存在以下多方面的问题：

（1）内部安全威胁越来越多，虚拟机之间的相互攻击的问题。

（2）虚拟机随时启动的防护间隙的问题，安全策略不能及时更新。

（3）传统防病毒统一查杀、更新造成的资源争夺问题。

（4）虚拟机自动迁移之后无法实现策略一致性的问题。

（5）虚拟机补丁兼容性问题等。

为了应对云环境中面临的安全挑战，华北油田数据中心云资源池环境安全防护系统采用传统安全防护和具有云计算安全特点的深度安全防护技术相结合的方式。在虚拟化环境中，基于主机或虚拟化管理程序底层的防护是比较全面的方案。横向实现在基础设施、虚拟层、应用层、数据层的安全防护。通过 NSX 网络安全虚拟化平台和亚信深度安全防护集成，实现无代理防病毒和入侵防御；通过分布式防火墙在不同虚拟机之间和安全组做访问控制策略，实现虚拟机之间的有效隔离并且策略可随虚拟机进行迁移，实现虚拟网卡级别的最细化的安全管控，确保云资源池各个层面均得到有效的安全防护；纵向贯穿云资源池 4 个层面的系统补丁防护、远程登录审计、监控和数据灾备，形成多维度立体的安全防护体系，全面增强云资源池的安全防护能力。

2.5.3 灾备方案设计

近年来，各类信息安全事件频繁发生，数据的集中存储、管理、运维所面临的风险问题仍然非常严峻。尤其是在大数据时代背景下，如何保障信息业务系统高效、持续、稳定、安全的运行，对数据中心的灾备管理提出了更高要求。华北油田大数据中心部署着 300 多台 X86 服务器、存储、小型机等各类设备，虚拟机 500 多台，280 多套应用系统和几百 TB 级的科研和生产数据。业务应用系统和数据的集中化，导致传统的备份不再适应目前复杂的云计算资源池环境，业务应用系统所面临连续性的压力也越来越大。再加上大数据时代结构化和非结构化数据的多样性，以及呈爆炸式增长的状况下，对关键业务系统可持续运行的要求也越来越高，然而传统单一的备份方式存在恢复时间长、恢复效率低甚至难以恢复等诸多问题，成为我们面临的巨大挑战。因此，在进行灾备方案设计时从灾备服务的角度，以提供可持续服务和高可用为目标，根据不同资源池的特点进行同城和异地灾备中心的建设。

（1）VMware 虚拟化集群双活设计。VMware 生产集群以共享存储为基础，通过共享的存储资源，同城两个数据中心分别部署多台 ESXi 主机，组成虚拟化集群；桌面虚拟化集群采用超融合架构。结合 VMware HA 功能，保证当任一主机或单数据中心故障时，部分关键业务虚拟机可以自动切换到正常的主机运行，数据无丢失，业务中断时间趋近于零；结合 VMware DRS 功能，业务虚拟机可跨数据中心自动实现负载均衡，实现主机资源均衡分配使用。当系统需要计划内维护或者主机资源重新分配时，可通过 vMotion 功能手动将业务虚拟机在主机间迁移，迁移过程中业务不中断。异地灾备中心虚拟化集群也以共享存储为基础，主要用于异地灾备数据的恢复验证。

（2）Oracle RAC 双活设计。随着油田信息化建设的不断深入，在经营管理、勘探开发、生产运行、工程建设、安全环保、科研协同方面都已实现系统化的管理，各专业领域在应用系统建设方面大多数都采用 3 层架构，都安装有独立的数据库，经过调查发现 Oracle 数据库的安装使用率达到 60%，这其中包含油田多个重要的业务系统。随着这些业务系统负载的增加和业务范围的扩展，各使用单位对数据库的高可用性、性能、数据安全等方面的需求变得日益苛刻。在对数据库容灾技术的充分调研的基础上，结合目前数据库资源应用的情况，搭建了基于 Cloud Control 13c 的数据库云平台，实现对油田公司关键数据库资源池的管理和监控（见图 4）。

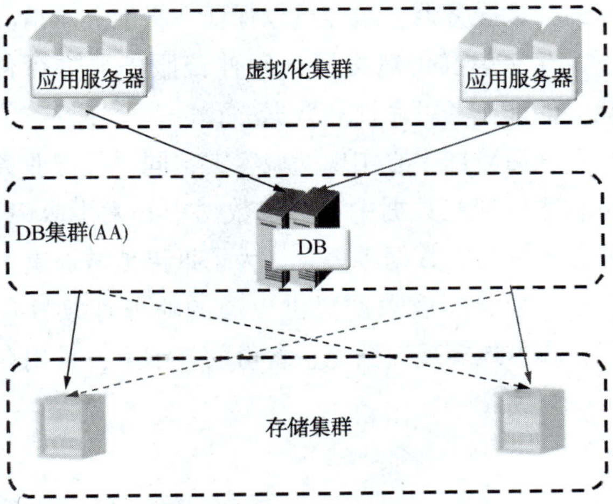

图 4 Oracle RAC 双活设计

2 节点 Oracle RAC HA 集群以共享存储为基础，通过共享的存储资源，实现各节点对数据文件、重做日志文件、控制文件和参数文件的并行访问，且在单个节点出现故障时，业务能自动切换到正常节点，从而保证数据库系统高可用，消除了单点故障。

（3）存储层双活、异步复制设计。

对于华北油田的关键业务系统，通过同城数据中心的双活容灾架构，确保关键业务系统的连续性。在同城的两个机房部署 2 台华为 OceanStor V3 存储系列，配置双活特性 HyperMetro，使得两台存储构建成集群模式。两个数据中心的磁盘阵列利用 HyperMetro 双活技术对两中心的磁盘阵列做镜像冗余配置，实现两个数据中心存储数据实时镜像，互为冗余。任意数据中心故障，数据零丢失，如图5所示。

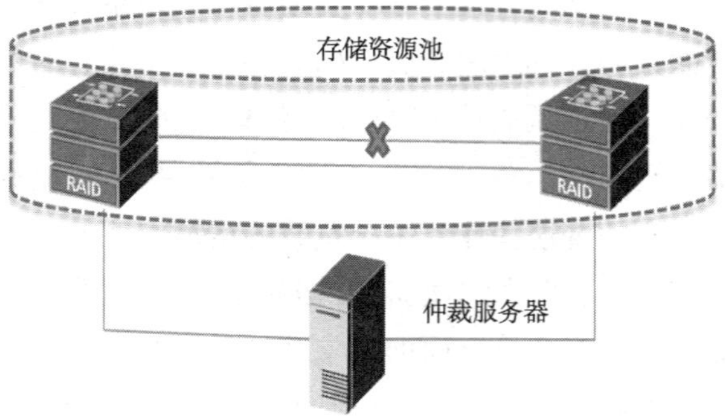

图5　存储层双活、异步复制设计

为保证任一存储整体故障或中间链路故障等情况下主机业务的连续性，部署一台物理服务器作为仲裁服务器，这样可以保证在极端灾难情况下，存储集群仍然可以访问仲裁服务器进行仲裁，保证业务可靠性和数据一致性。

双活数据中心实现同城容灾，同一关键业务负载均衡到双数据中心，单数据中心发生故障，业务零中断，数据零丢失。为了抵御地域性重大灾难，为云环境数据提供更高的业务连续性保障，在本地实现数据完整备份的基础上，采用存储底层异步复制方式将虚拟化集群、oracleRAC的数据同步到异地灾备中心，提供数据级别的容灾，实现两中心互备；通过本地备份管理平台，实现操作系统、数据库、应用、文件、虚拟机的本地完整备份。发生灾难时保证本地和异地灾备中心都有备份数据留存，并可实现数据恢复。拓扑图如图6所示。

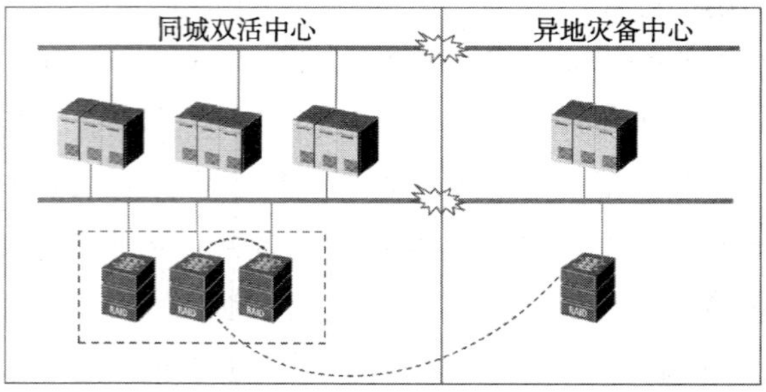

图6　拓扑图

因此，对于异地灾备中心而言目前只作为一个二级的灾备中心，它更大的作用是作为一个异地数据保存。当同城两个数据中心均出现故障时，异地灾备中心完整数据备份可以恢复，保证数据不丢失。

2.6　运维管理平台设计

云平台除了面向用户提供服务目录外，还有面向管理运维人员的运维平台(见图7)。

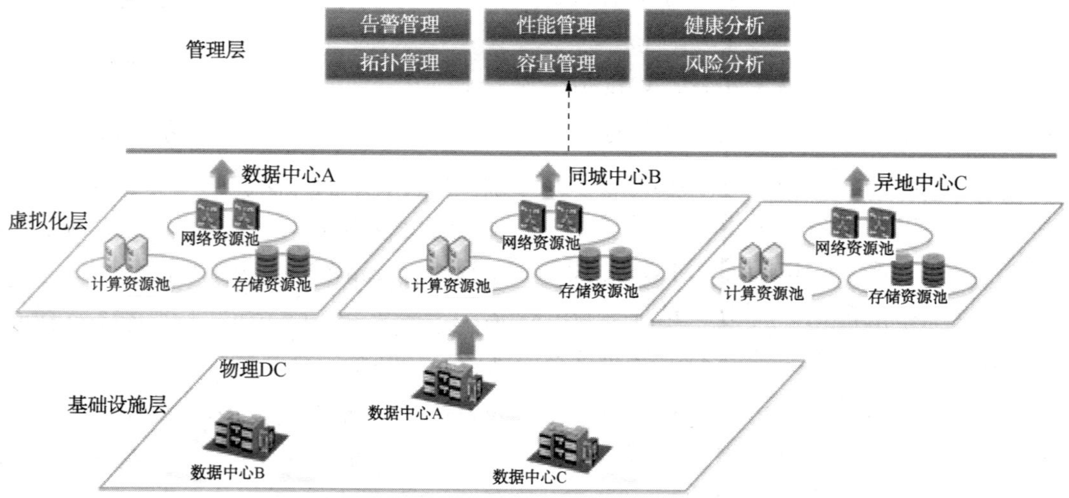

图7　面向运维人员的运维平台

云环境是动态变化的环境，所有的资源与应用的关系不再是固定不变的，而是时刻都在变化，因此传统的运维方式比较难以管理。在数据中心部署统一的运维管理平台，将云资源监控信息汇聚起来进行统一运维管理，通过采集物理服务器、虚拟化、网络、存储的数据，实现以图形化界面展示云平台整体环境状态信息。尤其是在日常运维中，在容量管理方面关注度比较高，因为不同的业务系统对资源的需求都不一样。资源是否被充分利用、是否闲置、是否出现资源瓶颈，闲置资源是否可以回收，为规避这些资源风险，管理员需要随时掌握这些情况。通过运维平台实现将运维监控数据与业务相关数据进行容量分析，出现资源不足或过量分配时提前告知管理员，为管理员提供资源扩容和回收依据。

3 结语

华北油田大数据中心在进行资源池建设的过程中，通过对信息领域主流新技术的研究分析，制订出适合油田公司的信息业务架构设计方案，自主研发建设具有石油特点的不同业务云管理平台，面向油田全业务领域提供资源服务，在满足华北油田信息化发展需要的同时，提高了 IT 资源的利用率，节约了成本，提高了工作效率，保障油田公司信息业务系统持续高效、稳定、安全运行。

油气开发应用系统上云改造的研究与实践探索

郭晓东

（中国石油化工股份有限公司西北油田分公司）

摘　要　中石化云平台为油田企业信息系统提供统一的上云集成环境，以云平台为依托，结合现代信息技术集成整合油田开发业务系统，是深化“两化”融合，解决重复建设和消灭信息孤岛现象，提升工作效率与管理水平的新思路。本文遵从云平台架构体系，结合油田开发业务系统集成整合的现状，围绕业务应用“如何规范拆分、如何快速组装、如何部署上云”的思路开展相关关键技术研究工作，包括支撑业务应用组件化拆分的微服务架构技术、支撑业务组件快速组装的可视化定制技术以及支撑系统上云的Docker容器技术。本文介绍了为什么采用微服务架构、微服务拆分的粒度、业务系统如何拆分为公共组件和应用组件以及在组件拆分好的基础上利用可视化定制技术快速组装生成新系统、新系统如何部署上云等内容，为油田开发业务系统集成整合提供了一种可行的技术思路。

关键词　油气开发；传统应用；平台；解耦；服务；中台

“十三五”以来，西北油田面临着生产成本上升、盈利能力下降的困境，西北油田从完善体制机制、加强油藏认识、提高开发水平、发展采油技术等方面开展了信息化和数字化建设。2019年分公司完成数据资源中心建设，数据管理能力得到有效提升；2020年分公司为主动应对数字革命，进一步提升数据资源共享能力，在中石化统一框架下开展了西北油田采油三厂智能油气田与配套数据湖试点建设。“十四五”以来，中国石化提出信息化要按照“数据+平台+应用”模式开展建设，油田事业部提出信息化建设要与国内外油田公司对标，按照总部统一部署、分步推进，2021年西北油田分公司对标兄弟油田，按照急用先上原则，以油气开发业务域相关应用集成整合为突破点，提出利用平台化开发、交付、运行、服务、共享、安全等多种技术优势，在建设模式、运维模式、应用模式上进行创新应用，加速推进分公司信息化建设“数据+平台+应用”模式的实现。

1　油气开发应用系统现状

西北油田油气开发类应用系统是分公司最核心信息系统，经过多个版本的迭代升级后取得了较好的应用效果，为油田增储上产提供了有力的支撑。但由于油气开发应用采用传统模式建设，自2003年开始建设至今相关问题逐步显露。首先，多家开发商各自运维、各有平台、各自垄断，个别系统甚至重复建设、以建代维，截至2019年底，在用系统多达22套，年度运维成本最高达到120万元以上；其次，传统建设模式导致系统众多，相互独立，尤其是规划、标准、数据、建设、管理不统一等问题突出，数据难以共享；再次，由于开发商知识垄断、甲方缺乏代码管控能力，软件核心资产难以掌控；最后，由于多系统多账号、用户重复登录、界面单一导致用户体验感差，使用效能较低。

2　上云改造技术路线

针对油气开发业务的特点，基于油田发展的需求扩充业务功能，基于石化智云平台细化专业模块，基于数据共享开展数据集中服务，全面落实集团公司数据+平台+应用的要求分别设计平台和数据改造路线。

2.1　建设技术路线

利用云平台提供的动态云服务器、容器、模块、组件等多种资源，以满足业务用户服务为导向，按照业务贯通、数据共享，分解重组、合并同类的方法，通过不同颗粒度模块化开发，数据解耦合服务可视化，以较小成本、较短的时间，将油气开发类20多套业务进行重组整合，构成一个平台(见图1)。原有应用全部关停，整合上云后形成油气开发业务App，通过平台化建设，改变烟筒式传统建设模式，打破系统壁垒，消除信息孤岛。

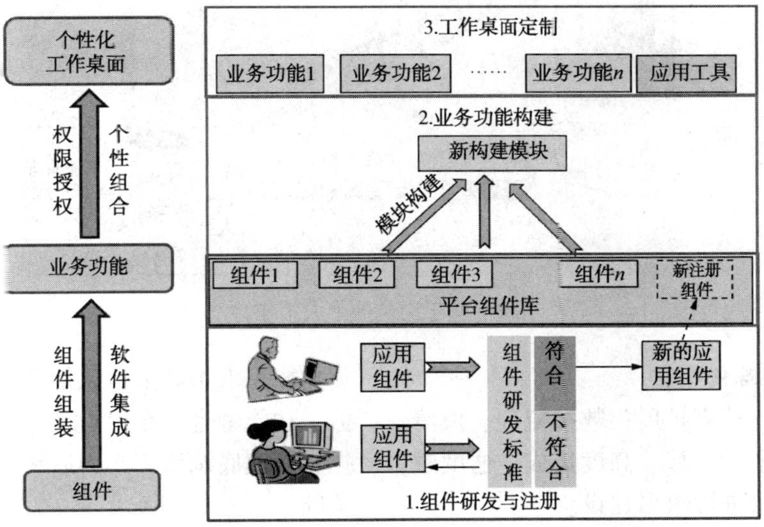

图1　系统功能解耦平台模块重构

2.2　服务技术路线

通过技术中台、业务中台、服务管理中心、持续交付中心、租户管控中心等统一的PaaS公共服务资源(平台即服务)建设，为“六统一”落地提供管理有力抓手(见图2)；通过功能复用新模式消灭系统重复建设；通过代码交付新模式掌控应用核心资产；通过平台化运维模式实现成本可控，打破独家运维垄断，通过平台化运维模式一系列老大难问题得以解决。

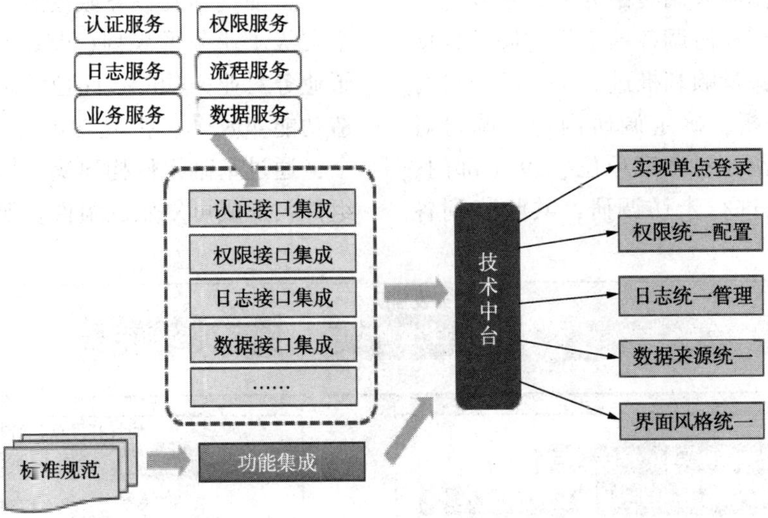

图2　中台建设技术路线

2.3　应用开发技术路线

以个人工作台为统一入口，按照岗位业务需求进行，通过磁贴功能开发应用统一界面、统一身份、个性应用、综合查询的使用新模式(见图3)，实现开发业务协同和资源共享。

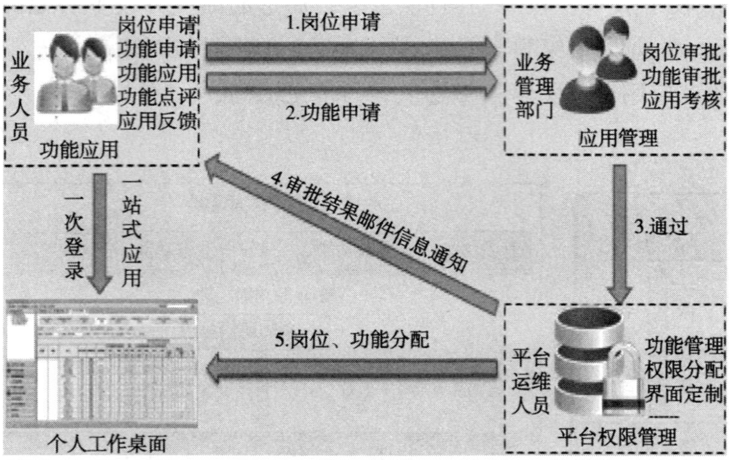

图3　基于岗位的个人工作台

2.4　数据入湖技术路线

按照统一设计、按需扩展、数据梳理、摸清家底、分步实施、平滑迁移、高度集成、适度融合、入湖支撑的方法进行数据建设。

3　上云改造方法论述

3.1　成立专项促进组，统筹推进上平台工作

为加强各专业系统整合的统筹协调，分公司成立了由油气开发管理部、信息化和档案管理中心、勘探开发研究院、石油工程技术研究院，5个采油气厂等部门核心业务人员组成的开发信息化提升促进工作组，协调项目开发上云工作；为保障工作进度，工作组采用集中办公，各专业负责人按关键节点跟踪和协调各项工作进展，各项工作按时、保质、保量顺利推进。工作组通过对现有软件的使用分析，确定调研内容、调研对象、调研计划等工作，对7家单位、19个部门、67个关键岗位员工进行走访调研，共收集到各类功能需求168个，包括急需新增报表、新增指标、功能融合、个性化定制、贯穿查询等需求，扎实的摸底调研工作为后续整合上平台打下坚实基础。

3.2　统一硬件架构，搭建先进的应用云平台

按照石化智云统一技术架构，开展分公司应用云平台服务器集群的搭建，为保证集群运维的可靠性，分公司选用可靠成熟的华为FusionSphere作为云操作系统，组建后分公司Iaas层共计34台服务器集群和存储，提供1835核CUP计算服务能力。

3.3　开发业务域再规划，按岗位对功能进行扩展

将油气开发业务域按照7个一级子业务，28个二级子业务再规划(见图4)，按照28个二级子业务对业务功能按岗位需求细化重组，其中改造功能408个、扩充功能535个、停用功能13个，通过基础组件构建满足服务业务要求的复合组件，形成可复用的组件资源。

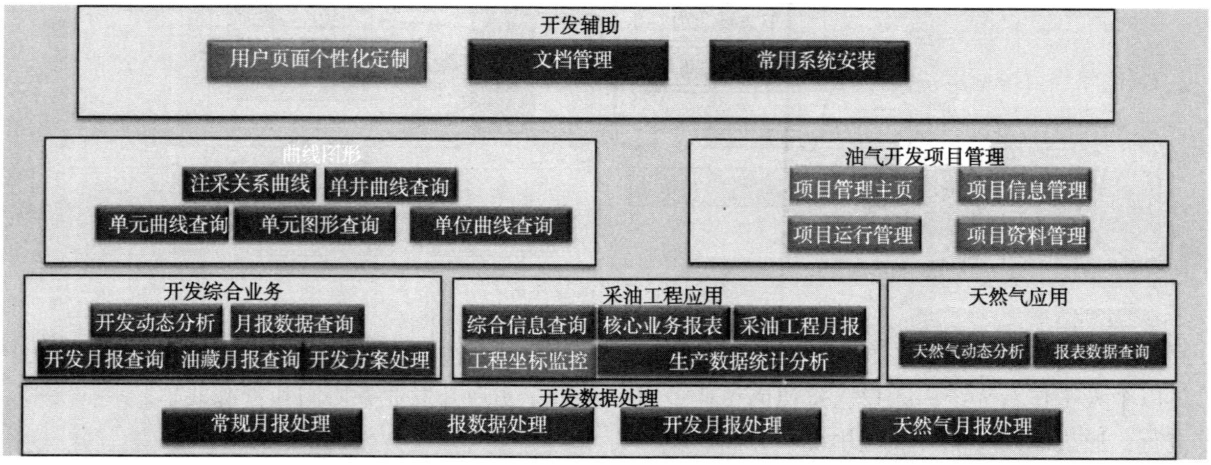

图4　开发业务域规划与功能扩充

3.4 按照上平台规范，解耦分离定制模块

按照上平台规范，进行油气开发中台化设计，进行功能前后端分离解耦，将解耦重组后的功能按照模块、组件、服务标准进行定制化开发，开发上云模块数总计为 1197 个。

3.5 按照大中台的方式，组建分公司公共服务中心

采用石化智云成熟的中台模块，搭建分公司云平台 PaaS 层的技术中台、业务中台、数据中台、服务管理中心、持续交付中心、租户管控中心、消息日志中心等公共服务资源，为应用系统建设提供一次建设重复使用的能力。其中，数据中台按照中国石化智云数据中台技术规范建设：第一，要开展数据梳理，摸清家底，进行了数据全面盘点、数据字典编制、元主数据抽取、数据质量清洗等准备工作，采用技术元数据方式，按照物理和逻辑两种方式注册；第二，将原油气开发系统数据库按照 23 个二级子业务进行数据标准化建设；第三，通过数据服务方式将业务主题库平滑迁移到数据湖中。

3.6 通过持续交付，把控 App 建设全过程节点管理

通过云平台持续交付中心管控机制，有效管理 SaaS 层代码交付与迭代、容器化快速部署、租户权限分配、服务统一注册等上云建设。

3.7 建设个人工作台，实现个性化呈现

基于云平台构建形成个人工作台，按照石化智云开发规范，开发出 30 多个符合业务需求的个性化磁贴，此磁贴允许用户自定义调整位置大小，并实现了磁贴间的交互通信。个人工作台通过统一模板进行呈现，并允许用户按照其工作习惯进行个性化的调整设置。

3.8 开展云平台建章立制，规范应用上云后续建设

以油气开发应用上云平台试点工作的编制《分公司应用云平台与上云应用管理细则》，开展云平台运营流程、开发规范的制定等工作。

4 改造效果

分公司油气开发平台上线后每日平均用户人数为 289 人，日访问人次 5677，日调用模块 3 万余次，改造上平台后建设取得以下成果。

4.1 油气开发应用迁移上云迈向“统一”管理新生态

采用统一开发工具实现云端协同开发；统一界面风格满足企业管理要求；统一资源管控实现资源的集中管理；统一开发规范使系统研发更标准化；统一交付发布管理使应用迭代更加可控。统一硬件集群使应用处理效率和系统响应效率显著提升；统一的平台运营实现应用运维成本大幅降低。

4.2 平台化显著提升各部门工作协同和信息共享能力

由多系统分散应用转变为功能模块集成应用，数据流通性显著提高，专业人员工作协同和信息共享能力显著提升；通过个人工作台统一实现了岗位人员功能与应用界面的自主选择和功能组合，由多点多户多次登录实现向单点一次快捷登录转变，通过磁贴功能用户可以在自主定制的工作台查看与日常工作相关 90%以上的内容。

4.3 中台化公共服务建设提升应用标准化水平

通过技术中台和业务中台建设，解决同一业务功能在多套系统中重复建设，打破了部门单位之间的应用资源盲区和壁垒；通过数据中台建设，将 SQL 与模块解耦合，按照统一接口提供可视化服务，数据服务水平大幅提高；另外通过功能标准化机制，确保算法和数据一致，油气开发应用标准化水平得到较大提升。

5 结语

直接效益方面，由于分公司油气开发应用建设迈向“统一”管理的新时期，上云后采用统一开发工具、统一资源管控、统一开发规范、统一交付发布、统一硬件集群使应、统一的平台运营，原 22 套系统由 6 名运维人员减少为 2 人，按软件开发人员 20 万元/年的使用成本计算，年度运维费用从 120 万元降低为 40 万元，运维成本降低 67%。另外，中台化公共服务建设提升至应用标准化水平。通过技术中台和业务中台建设，解决同一业务功能在多套系统中重复建设，开发周期至少减少 20%的时间。

间接效益方面，首先是平台化显著提升各部门工作协同和信息共享能力。由多系统分散应用转变为功能模块集成应用，数据流通性显著提

高，专业人员工作协同和信息共享能力显著提升。其次，通过个人工作台统一实现了岗位人员功能与应用界面的自主选择和功能组合，由多点多户多次登录实现向单点一次快捷登录转变，大幅节约用户访问时间；通过磁贴功能用户可以在自主定制的工作台查看日常工作相关90%以上的内容，油气开发专业用户获取跨部门数据的时间从一天减少为几分钟、几秒钟。最后，通过云平台整体安全防护提高油气开发数据安全防护水平。

参 考 文 献

[1] 邱锦明，成宝芝，韩维良. 云应用系统开发[M]. 北京：人民邮电出版社，2019.

[2] 李剑锋，肖波，等．智能油田[M]. 北京．中国石化出版社，2019.

[3] 宁波市经济和信息化委员会. 工业企业上云应用指南[M]. 北京：人民邮电出版社，2001.

[4] 王从镔，吴海莉，姚刚．基于 PaaS 的信息系统管理[J]. 信息系统工程，2018(05)：119-120，122.

[5] 赵然，朱小勇．微服务架构评述[J]. 网络新媒体技术，2019，8(01)：58-61.

[6] 张杰，司维超，王丽娜，等．一种面向微服务的通用考核系统设计与应用[J]. 计算机与数字工程，2018，46(12)：2463-2467，2533.

[7] 蔡凯．恒丰银行微服务化理论探索——服务粒度和服务划分原则[J]. 金融电子化，2017(09)：74-75.

[8] 章仕锋，潘善亮．Docker 技术在微服务中的应用[J]. 电子技术与软件工程，2019(04)：164.